ヘーゲル初期論文集成

【全新訳】

Ausgewählte Schriften vom frühen Hegel

村岡晋一
吉田　達　訳

作品社

ヘーゲル初期論文集成／目次

Ⅰ　哲学論文

Ⅱ　宗教論文

ヘーゲル初期論文集成

I

哲学論文

フィヒテとシェリングの哲学体系の差異
――ラインホルト『一九世紀初頭の哲学の状況をもっと簡単に概観するための寄与』第一部との関連で

目次

序文

フィヒテとシェリングの哲学体系の差異に気づいているのがわかる出版物はわずかしかないが、そんなわずかな例外からでさえ、この違いを明確に意識するどころか、なんとかそれを避け、見て見ぬふりをしようとする姿勢がうかがえる。両体系が読者を前にして直接語る見解も、とりわけエッシェンマイアーが観念論の立場から自然哲学にたいしておこなった批判にたいするシェリングの反論も[†1]、この違いを話題にしてはいない。逆に、たとえばラインホルトはそれをおぼろげなりと予感するどころか、むしろ両体系の完全な同一性をあらかじめ周知のこととみなすために、シェリングの体系にたいする彼の見方はこの点でも狂ってしまう。[†2]（論理学に還元することによる哲学の革命が迫りつつあるとか、あるいはすでに起きているとラインホルトが触れまわっていること[†3]より も）ラインホルトのこうした混乱ぶりこそが以下の論文の執筆動機をなしている。

†1　K・A・エッシェンマイアーの論文「自発性＝世界霊あるいは自然哲学の最高原理」と、シェリングの「自然哲学の真の概念とその諸問題の正しい解決方法にかんするエッシェンマイアー氏の論文への補遺」。いずれもシェリング編集の『思弁的自然学年報』第二巻第一号（一八〇一年一月刊行）に掲載された。

†2　カール・レオンハルト・ラインホルト『哲学者たちの従来の誤解を是正するための寄与』（一七九〇年）第一巻の序文一四頁、本文八二頁以下、一四〇頁以下、一五一頁以下。カント、ラインホルト、フィヒテ、シェリングの関係については「解題」を参照。

†3　同書序文三頁以下を参照。ラインホルトはここでバルディリの『第一論理学綱要』を念頭に置いている。バルディリによる哲学の革命については、本文第四章を参照。

カント批判

カント哲学が必要としていたのは、その精神を文字から分かち、純粋に思弁的な原理を、多弁を弄する反省に属するかあるいはその手段になりうるようなほかのものから際だたせることであった。この哲学が真の観念論であるのは、カテゴリーの演繹[†4]という原理があればこそであり、フィヒテが純粋かつ厳密なかたちで際だたせ、カント哲学の精神と呼んだのも[†5]、この原理にほかならない。たしかに、物自体は（客観的には対立の空虚な形式しか表現しないはずなのに）ふたたび実体化され、独断論者のいう事物のように絶対的客観性として設定されてしまうかと思えば、カテゴリーそのものがかたや知性の静止し死んだ仕切りでありながら、かたや最高の原理に祭りあげられたせいで、たとえばスピノザの実体のような絶対者そのものを言い表わすような表現は捨てさられ、こうして否定的な屁理屈があいかわらず哲学の座にふんぞりかえり、批判哲学の名のもとにますます傲慢さを発揮することしかできなくなっている。しかし、こうした事態はせいぜいカントのカテゴリーの演繹の形式のせいであり、その原理や精神のせいではない。もしわれわれがカントから受けとった哲学の部分がこうした原理や精神だけだったなら、あのような変貌はほとんど理解できないだろう。悟性の形式〔カテゴリー〕のあの演繹においては、主観と客観の同一性という思弁の原理がじつにはっきり語られており、この悟性の理論は理性の洗礼を受けている[†6]。

それにたいして、いまやカントがこの同一性そのものを理性として哲学的反省の対象にすると[†7]、同一性はひとりでに消え失せてしまう。悟性が理性によってあつかわれていたのに、理性が悟性によってあつかわれるようになる。主観と客観の同一性がどんなに低い段階で捉えられていたかが、ここであきらかになる。主観と客観の同一性は十二あるいはむしろたんに九つの純粋な思考活動に制限されてしまう。なぜ九つだけかと言えば、様相〔のカテゴリー〕は真に客観的な規定を与えるものではなく、そこにあるのは本質的に主観と客観の非同一性だからである[†8]。カテゴリーによる客観的規定の外部には感覚と知覚の広大な経験的領域、つまり絶対的にアポステリオリなものが残されており、それにたいしてはどんなアプリオリなものも反省的判断力の主観的格率でしかないことが示される。†9 つまり、非同一性が絶対的な原則に高められるのである。理性の産物である理念から同一性つまり理性的なものが連れだされて存在に絶対的に対置されてしまえば、さらには、理性が実践的能力として、つ

---

†4　カント『純粋理性批判』B版一一六頁以下を参照。

†5　フィヒテ『全知識学の基礎』、I・H・フィヒテ編『フィヒテ全集』第一巻九九頁、一八六頁註ほか（隈元忠敬訳、『フィヒテ全集』第四巻、哲書房、一九九七年、九九〜一〇〇頁、一九七〜八頁）。「知識学への第二序論」『フィヒテ全集』第一巻、（鈴木琢真訳、『フィヒテ全集』第七巻）も参照。

†6　ヘーゲルの言葉づかいは独特だが、イェーナ時代以降の哲学的著作では、悟性が有限なものにかかわるのにたいして、理性は思弁と同義であり、無限な絶対者（「主観と客観の同一性」）にかかわるものというふうにおおよそ使い分けられている。

†7　カント『純粋理性批判』「超越論的弁証論」B版三四九頁以下。

†8　カントのカテゴリーについては、『純粋理性批判』B版一〇六頁を、様相のカテゴリーの特殊性については同書B版一〇〇頁と二六六頁を参照。本文中の「純粋な思考活動」とはカントの言うカテゴリーのこと。量（単一性・多様性・全体性）、質（実在性・否定性・制限性）、関係（実体性・因果性・相互性）、様相（可能性・現実性・必然性）の計十二。量と質と関係の九つのカテゴリーは対象の構成に、様相のカテゴリーは対象と人間主観の関係にかかわるが、ヘーゲルは、前者は「主観と客観の同一性」に、様相のカテゴリーは「主観と客観の非同一性」にかかわるとみなしている。

†9　カントは『判断力批判』で「規定的判断力」と「反省的判断力」を区別した。前者はすでに存在する普遍に特殊なものを包摂する能力であり、後者は逆に特殊なものから出発して適切な普遍を発見する能力である。カント『判断力批判』序論の第四節、同書・本論の第七五〜六節を参照。ヘーゲルはこの反省的判断力を評価しながらも、それが主観的なものとして考えられていないことを批判する。ヘーゲルのそうした批判は、後年の『哲学的諸学問のエンツュクロペディ』第五五節以下にも見られる。本書三三一頁の†46も参照。

まり、絶対的同一性ではなくむしろ無限な対立のうちにある純粋な悟性的統一、有限な思考でしかない悟性がそうとしか考えられないような統一として叙述されてしまえば、そうならざるをえなかった。そしてそうなれば、悟性にとっては絶対的な客観的規定は存在しないのに、理性にとっては存在するという対照的な結果が生じることになる。

フィヒテの功罪

自分自身を純粋に思考する働き、つまり自我＝自我というかたちをとる主観と客観の同一性がフィヒテの体系の原理である。カント哲学においてカテゴリーの演繹の基礎に据えられた超越論的原理と、[†10]〔フィヒテの〕この原理だけに直接依拠しているかぎり、われわれは大胆に表現された思弁の真の原理を手にしている。しかし、この思弁はそれがみずからについて設定する概念から歩みでて体系化されるやいなや、みずからとその原理のもとを立ちさってそこには戻れなくなる。思弁は理性を悟性にゆだね、意識の有限なものの連鎖に入りこむばかりで、そこからみずからを同一性と真の無限性として再構成することがない。このために、超越論的直観という原理そのものが、そこから演繹される多様性に対立するというゆがんだ態度を取るようになる。こうした体系の絶対者は、哲学的反省によって捉えられると、現象というかたちでしか現われず、反省によって絶対者に与えられるこの特定のありかた、つまり有限性と対立は除去されない。主観＝客観という原理は、主観的な主観＝客観でしかないことがあきらかになる。したがって、そこから演繹されるものは純粋意識つまり自我＝自我のひとつの条件というかたちを取り、純粋意識それ自身も無限な（in infinitum）時間進行という客観的無限性によって条件づけられたものという形式を取る。そして、この無限な進行において超越論的直観は失われ、自我は絶対的な自己直観へとみずからを構成できず、こうして自我＝自我は「自我は自我に等しくあるべきだ」という原理に変わってしまう。[†11]そうなれば、絶対的な対立のうちに置かれた理性、つまり悟性のポテンツまで貶められた理性が、絶対者がみずからに与えなければならない形態の原理となり、学問の原理ともなる。

ラインホルトの見落とし

フィヒテの体系のこの二つの側面——理性と思弁の概念を純粋に提示して哲学を可能にした側面と、理性と純粋意識を同一視し、有限な形態において捉えられた理性を原理にまつりあげた側面——を区別しなければならないということが事柄そのものの内的な必然性であることは、おのずとあきらかになるにちがいない。その外的なきっかけを与えるのが時代の欲求であり、さしあたりはまず、この時代の欲求のなかを泳ぎまわるラインホルトの『一九世紀初頭の哲学の状況をもっと簡単に概観するための寄与』〔以下『寄与』と略記[†12]〕である。同書では、フィヒテの体系を真の思弁とし、したがって哲学としている側面が見落とされているばかりか、シェリングの体系をフィヒテの体系から区別し、主観的な主観＝客観に自然哲学における客観的な主観＝客観を対置して、両者を

†10　もともとはカントの用語。『純粋理性批判』によれば、人間に認識可能なのは経験の対象だけであり、絶対者は「理念」として要請できるにすぎない。経験の可能性の条件を究明し、それを無視する越権行為を批判するのがカントの「超越論的」立場である。それにたいして、フィヒテ、シェリング、ヘーゲルは絶対者も認識可能だと考え、「超越論的」という概念も「人間が有限者でありながらそれを乗り越えて絶対者にかかわる」という意味をもつようになる。ここでヘーゲルは、この新たな意味での「超越論的な」原理がカント哲学にも気づかれないままに潜んでおり、フィヒテはそれを展開しようとしたが不十分なままに終わっていると批判する。

†11　ポテンツはシェリング哲学の用語。シェリングは自然も精神も段階的に発展すると考え、その各発展段階をポテンツと呼ぶ。たとえば、有機的自然は無機的自然より高次のポテンツにあり、理性は悟性より高次のポテンツにある。

†12　同書の序文には「一八〇〇年十一月、キールにて」とある。

主観よりも高次のものにおいて統一されたものとして叙述するような側面も見落とされている。

時代の欲求

時代の欲求について言えば、フィヒテ哲学は大いにセンセーションをまき起こし一時代を画したので、彼の哲学に異を唱えて独自の思弁的体系を打ちたてようとする人びとでさえ、フィヒテ哲学の原理に取りこまれ、それから身を守ることができずに、かえって前よりもどっちつかずの不純なものになってしまっている。一時代を画するような体系にまず現われる現象は、その敵対者の誤解とぶざまなふるまいである。ある体系が成功したと言えるときには、それ自体は哲学するように生まれついてはいない（もしそうならみずから体系を創造して満足するだろう）ながらも哲学を求めるようなもっと普遍的な欲求が、体系に心惹かれるものを本能的に感じているものである。体系の受動的な受容などという見かけが生じるのは、体系が語るものが内面のうちにすでにあって、いまやそれをだれもがそれぞれの学問領域や生活領域で主張するようになるからである。フィヒテの体系はこうした意味で成功したとは言えない。それは時代の非哲学的な傾向のせいも大いにあるが、同じように次のことも考慮されなければならない。つまりそれは、悟性と有用性がのさばり、狭量な目的が幅をきかせるようになればなるほど、とりわけ偏見のないまだ若々しい世界においては、もっとすぐれた精神の衝動もそれだけ強くなるということである。〔シュライアマハーの〕『宗教論』[†13]のような一連の出版物（Erscheinung）は思弁の欲求に直接にはかかわらないとはいえ、そうした現象（Erscheinung）とその受容は、ある哲学への欲求を暗示しており、さらにあいまいか意識的かの違いはあれある予感とともに詩と芸術全般が真の領域内で威厳をもちはじめていることも、哲学への欲求を暗示している。そうした哲学は、カントやフィヒテの体系において不当な扱いを受けている自然をなだめ、理性そのものを自然と調和させるだろう。もちろん調和といっても、そこでは理性が自分を放棄したり、自然のつまらない模倣者にならざるをえないというのではなく、理性が内的な力にもとづいてみずから自然へと自己形成することによる調和である。

本書の冒頭に置かれた哲学の欲求や前提や原則などについての一般的な考察について言っておくと、それらは一般的な考察であるという欠点をもっている。そうした考察をしてみようという気になったのは、前提や原則などの形式によって哲学への入り口があいかわらず覆い隠されており、したがっていつか哲学そのものが徹底的に論じられるようになるためだけにでもそうした考察にかかわることがある程度必要だからである。これらのテーマのうち比較的興味深いいくつかのものについては、別の機会にもっと立ちいって論じることにしよう。

一八〇一年七月、イェーナにて

†13 『宗教論――宗教を侮蔑する教養人のための講話』（一七九九年、ベルリン）〔深井智朗訳、春秋社、二〇一三年〕。

第一章　現代の哲学に見られるさまざまな形式

第一節　哲学体系を歴史的に見るということ

現代の哲学的状況

こんなにも多くの哲学体系を過去のものとして乗り越えてきたような時代は、なにごとにも無関心にならずにはいられないらしい。生はありとあらゆるかたちで自分の力を試したあとでは無関心になってしまうものである。個人が柔軟性を失ってみずからあえて生に飛びこむことをもはやしなくなれば、全体性への衝動は情報を完璧にかき集めようとする衝動として現われるのがせいぜいである。彼らは、多様なものをもつことによって、自分を実際とは違うように見せかけようとする。彼らは学問を情報に変えてしまうことによって、学問が要求する生きたかかわりを拒み、学問を自分には縁遠いあくまで客観的な形態において受けとり、普遍性に高まろうとするどんな要求にも抵抗して、みずからのわがままな特殊性に頑なに閉じこもる。この種の無関心がたとえ自分の殻を破って好奇心を抱いたとしても、それが夢中になるのは新たにできた哲学に名前を与えるぐらいのことである。アダムが動物たちに名前を与えることで彼らにたいする支配権を主張したように†14、名前を見つけだすことで哲学にたいする支配権を主張しようというわけである。こうして、哲学は情報という地位に身を落としてしまう。情報は縁遠い対象にしかかかわらない。哲学の知識においてこれまで内的なものの全体性が躍動することがなく、無関心な態度がすっかり幅をきかせていたのも、その知識が情報でしかなかったからなのである。

こうした受容のされかたがありえないような哲学体系はひとつもない。哲学体系はどれも歴史的にあつかわれかねない。どれほど生きいきとした形態も同時に現象の一部であるように、哲学も現象であるかぎりは、それを死んだ意見に変えて、最初から過去の遺物あつかいするような力に引きわたされている。哲学に宿る生きた精神があらわになるためには、同類の精神によって生みだされる必要がある。生きた精神は、なんらかの関心に駆られてさまざまな意見にかんする情報を手に入れようとする歴史的な態度にたいしては、なじみない現象としてその前をかすめすぎ、みずからの内面をあかさない。この精神にとっては、余計なミイラ・コレクションや偶然事の漫然たる堆積を増やすことに貢献することなどはどうでもよい。というのも、この精神自身は好奇心にもとづく情報収集の支配を逃がれているからである。好奇心から情報収集するようなひとは、真理に無関心なみずからの立場にしがみつき、意見を受け容れるにせよ退けるにせよ、あるいはどちらとも決定しないにせよ、みずからの独立性にこだわる。そういうひとはたとえ哲学体系にかかわっても、そんなものは意見にすぎず、意見のような偶然事はなんの足しにもならないというふうにしか考えられない。彼は真理が存在することがわかっていないのである。

ラインホルトの哲学観

とはいっても、ひとが学問を拡張しようという衝動にもとづいて哲学史に専念するならば、哲学史はもっと有

†14　「創世記」第二章一九〜二〇節。

用な側面をもつようになる。というのもラインホルトによれば、哲学史はかつてないほど深く哲学の精神に入りこみ、人間的認識の実在性の究明にかんする先人たちの独自な見方を新たな独自の見方によってさらに前進させることに役立つからである。哲学の課題を解決しようとする試みは、それ以前の予行演習的な試みについてのそうした情報によってのみようやく現実に成功しうる――もっとも、そうした成功が人類に約束されていればの話だが――と言うのである。†15

こうした探究の目的の根柢には、哲学の一定のイメージがあることがわかる。それによれば、哲学とは新たな技術が発見されるたびに改良されてゆく一種の工芸品のようなものである。そのつど新たな発明がなされるためには、それまで用いられていた技術とその目的についての情報が前提となる。だが、これまでのありとあらゆる改良にもかかわらず、あいかわらず主要課題が、つまりは普遍的に通用する究極の技術を発明するという課題があとに残っており、この技術に精通しさえすればだれでも作品をおのずとつくれるようになると、ラインホルトはどう見ても考えているらしい。重要なのはこうした発明であり、学問がよそよそしい技能の生みだす死んだ作品でしかないなら、学問に認められる完成度はたしかに機械的技術に可能な程度のものでしかなく、いずれにせよ従来の哲学体系はどれも偉大な頭脳の予行演習としかみなされないだろう。しかし、絶対者とその現象である理性が永遠に同一であるならば（じっさいそのとおりなのだが）、おのれ自身に向きなおりみずからを認識した理性はそのつど真の哲学を生みだし、課題――その解決と同じく全時代を通じて同じであるような課題――を解決してきたのである。哲学においてはおのれ自身を認識する理性はもっぱら自分だけにかかわるのだから、理性そのもののうちにはその全作品と全活動もまた含まれており、哲学の内的本質にかんしては先行者も後継者もない。

哲学と独自性

哲学にかんするかぎりその絶えざる改良などと同様に、その独自の見方も問題になりえない。†16 理性的なものが独自であるなどということがどうしてありえようか。ある哲学にとって独自なものは、それがまさに独自だからこそ体系の形式にしか属さず、哲学の本質に属することなどありえない。じっさい、独自なものが哲学の本質をなしているなら、それは哲学ではないだろう。それにもかかわらず、ある体系がみずから独自なものをおのれの本質だと言いたてるとすれば、その体系はまぎれもない思弁から生まれてはきたのかもしれないが、その思弁は学問という形式でみずからを表現する試みには失敗したのである。独自性にとらわれているひとは、他人のうちに独自性しか見ない。特殊な見方が哲学の本質のうちに場所を占めることが許されるのなら――じっさいラインホルトは最近自分が注目するようになったもの〔バルディリの哲学〕を独自の哲学だとみなしているのだが†17――、

†15　「認識の実在性の究明はすべての哲学の第一の本質的な課題である」（ラインホルト『寄与』第一巻二頁）。「哲学の第一の課題がさまざまな時代の哲学によって、また同じ時代にあってもさまざまな哲学者によって提示されもすれば解決されもし、その仕方もさまざまであったというのは周知の事実である。たとえ失敗したものであっても、すくなくともそれらの試みのうちでもっとも注目に値するものは、いつかは成功するであろう試み（そうした試みが人類に約束されているとしてのことだが）を予行演習として準備し導くために不可避かつ不可欠だったように思われる」（四頁）。「認識の究明に努力してこなかった者は、哲学の精神をすくなくとも予感していたなどと誇ることさえできない。また、認識の究明にかんする先行者の独自の見解を新たな独自の見解によってさらに引き継いだのでなければ、かつてないほど深くこの精神の奥義を極めたなどと誇ることはできない」（五頁以下）。

†16　哲学の独自性への注目は、ラインホルトにしばしば見いだされる。たとえば、「古代と近代のどんな哲学の学派も、認識の実在性にかんするそれぞれ独自の見解から出発しており、ほかの学派から根本的かつ本質的に区別されるのもただこの独自性によってにほかならない」（『寄与』第一巻五頁）。

†17　本書九頁の†3を参照。

ラインホルトに与して、哲学の課題を叙述し解決しようとするこれまでのすべてのやり方を、独自性と予行演習としかみなさないのはたしかに可能である。しかしそれでもなお、こうした予行演習によって成功にいたる企てが準備されることになろう。なぜなら（われわれが恋いこがれる哲学の至福の島々の浜辺が難破船の残骸でおおい尽くされているばかりで、入り江に無事碇泊している一艘の船も見あたらなくても）、目的論的な見方は放棄されてはならないからである。

それと同様に、フィヒテがスピノザは自分の哲学が信じられなかったし、生きいきとした内的な確信をもてなかったと語れたのも、古代人が哲学の課題を自覚的に考えていたかどうかさえ怪しいと語ることができたのも[†18]、フィヒテ哲学がみずからを語る形式の独自性から説明がつくにちがいない。

フィヒテ哲学にあっては、彼自身の体系の形式の独自性や、その形式の強靭な性格の全体が前述の発言を生むのだが、それにたいしてラインホルト哲学の独自性は、さまざまな独自の哲学的見方とそれを得ようとする歴史的な努力に専心するような究明と基礎づけの傾向にある。真理への愛と信仰が吐き気を催させるほどの高みにまでひたすら高められるので[†19]、真理への信仰は真理の殿堂への参入を正しく究明し基礎づけるために広大な前庭をつくりだすが、真理への愛のほうは殿堂に入らずにすませようとして、この前庭にとどまって分析や方法論や歴史物語に時間をついやしたあげくに、他人の大胆な歩みを予行演習か精神錯乱でしかないと言いたてて、哲学にたいするみずからの無能を慰める始末である。

独自なものにとっては、哲学の本質はまさに深淵である。身体が独自なものの総体を表現しているとすれば、哲学に到達するには〔文字どおり〕身を捨てて（à corps perdu）飛びこまなければならない。というのも、意識において理性は特殊なものにとらわれた状態で見いだされるので、そうした理性が哲学的な思弁になるには、おのれ自身へと高まり、ひたすらおのれ自身とに身をゆだねると同時に、その対象となる絶対者に身をゆだねるしかないからである。理性がそのためにあえて危険にさらすのは、意識の有限性にほかならない。理性は意識の有限性を克服して絶対者を意識のうちで構成するために、みずから思弁へと高まり、さまざまな制限されたものや独自なものの根拠のなさに気づいて、おのれ自身の根拠づけをみずからやってのける。思弁はただひとつの普遍的な理性がおのれ自身にかかわっていく活動なのだから、（さまざまな時代と頭脳が生みだす哲学体系のうちにさまざまな方法や純粋に独自の見方ばかりを見るだけではなく）自分自身の見解を偶然的なものや制限されたものから解放したあかつきには、特殊な諸形式をくぐりぬけておのれ自身を見いださなければならない。そうでなければ思弁は、たんに雑多な悟性的な概念や意見しか見いださないにちがいないが、そんな雑多なものは哲学ではない。哲学の真に独自のものとはその興味をそそる個性だが、それは理性が特殊な時代の建築材料を使ってみずからに形態を与えるときに取る姿にほかならない。特殊な思弁的理性はそこにみずからの霊の霊を、みずからの肉の肉を見いだし[†20]、この霊と肉のうちにあってもみずからが一にして同一であり、なおかつそれとは別の生きた存

†18　「古代人は哲学の本来の問いを自覚的に引き受けていたかどうかさえ疑わしい。〔…〕スピノザは確信をもてなかった。彼はおのれの哲学を思考できただけで、信じることはできなかった」（フィヒテ「知識学への第二序論」〔『フィヒテ全集』第一巻、五一三頁。鈴木琢真訳、『フィヒテ全集』第七巻四六六～七頁〕。

†19　「したがって、哲学とは…真理と確実性への愛から出発して認識を究明する努力であり、あるいは同じことだが、認識の実在性をそのものとして証明し確実なものにする努力である。真理としての真理への愛は、すぐにいとも容易に哲学の本質的条件として認められる。真理としての真理への信仰は、そうはいかない。しかし、さきの愛にそうした信仰が、それも真理への生きいきとした信仰がないならどうなるか、試しに考えてみたまえ。私は「考えてみろ」と言っているのであって、けっして予感したり夢想したり空想したりしてみろと言っているのではない。そうだとすれば、真理への愛は真理への信仰なしには考えられないし、真理への信仰も真理への愛なしには考えられないことがおわかりになるだろう」（『寄与』第一巻六七頁）。

†20　「創世記」第二章二三節「わたしの骨と骨、わたしの肉の肉」。

在であることを見てとるのである。哲学はそれぞれそれ自身において完結しており、真の芸術作品のようにそれ自身のうちに全体性をもっている。〔ルネサンス期の〕ラファエロやシェイクスピアが〔古代ギリシアの〕アペレスやソフォクレスの作品を知っていたら、それを自分たちのためのたんなる予行演習ではなく、似たような精神の力とみなしただろう。それと同様に、理性がみずからの先行形態のうちに自分のための有用な予行演習しか見ないなどということはありえない。ウェルギリウスはホメロスを自分と自分の洗練された時代のそうした予行演習（Vorübung）とみなしたために、彼の作品は二番煎じ（Nachübung）にとどまったのである。

第二節　哲学の欲求

時代の教養と分裂

哲学がまとう特殊な形式をもっと詳しく考察してわかることは、哲学は一方で精神の生きいきとした根源から生まれ、精神は引き裂かれた調和をこの根源において自力で回復し、自発的にそれをかたちづくるが、他方では分裂の様相を呈する特殊な形式から生まれ、この分裂からは体系が生じるということである。分裂は哲学の欲求の源泉であるが、時代の教養となってしまっているという点では、〔精神の〕形態がもつ不自由な所与という側面でもある。時代の教養においては、絶対者の現象であるものが絶対者から分離され、なにか自立したものとして固定されてしまう。だが同時に、この現象はみずからの根源を否定できず、みずからの多様な制限をひとつの全体として構成することを目指さざるをえない。制限する力である悟性は、みずからが人間と絶対者のあいだに設ける〔体系という〕建築物に、人間にとって価値があり神聖であるものならすべて結びつけ、本性と才知のかぎりをつくしてこの建築物を堅固にし、はてしなく拡張する。そこには制限の全体がまるごと見いだされるが、絶対者そのものだけは見いだされない。絶対者は部分のうちに迷いこんでみずからを見失っており、悟性を駆りたて多様なものをはてしなく展開させる。悟性のほうはと言えば、おのれを拡張して絶対者にまでいたりつこうと努力するのだが、際限なく自分自身を生みだすばかりで、自嘲するしかない。理性が絶対者に到達するには、この多様で部分的なありかたから抜けだすほかはない。悟性の建築物が堅固できらびやかになればなるほど、そこに部分として閉じこめられている生がそれを脱して自由になろうとする努力もそれだけ激しいものになる。生が理性となって遠くに歩みだすと同時に、すべての制限は根絶され、この根絶のなかで絶対者へと関係づけられ、それによって同時にたんなる現象として把握され設定される。絶対者と制限の全体との分裂は消滅するのである。

悟性は理性のこうした絶対的な設定の行為を模倣し、こうした形式によってみずからが理性であるかのように装う。もっとも、そのようにして設定されたものはそれ自体が対立をはらんでおり、したがって有限なものでしかない。悟性は理性の否定の働きをなんらかの所産にすり変え固定してしまうので、その分だけますます理性のように装わざるをえなくなる。有限なものに対置されるかぎりでの無限なものは、悟性によって設定された理性的なものである。無限なものはそれ自体では理性的ではあっても、有限なものの否定を表現するにすぎない。悟性は無限なものを固定し、有限なものに絶対的に対置する。そこで、有限なものを捨てさることで理性へ高まっていた反省は、理性の行為を対立のうちに固定することで、ふたたび悟性に転落してしまう。しかもいまや反省は、こうした逆戻りをしておきながら理性的であると言いはる。

こうした対立物は、理性の所産であり絶対者だとみなされてはいるが、さまざまな時代の教養がさまざまな形式で提出し、その時代ごとの悟性が精を出してつくりだしたものにほかならない。この対立は、かつては精神と物質、魂と肉体、信仰と悟性、自由と必然性などといったかたちを取り、もっと狭い領域でならさらに多様なかたちで影響力を発揮して、人間の関心の全重量を担ってきたが、教養の進展とともに、理性と感性、知性と自然の対立、さらに一般的な概念としては、絶対的な主観性と絶対的な客観性の対立という形式を取るようになった。

このように固定してしまった対立を撤廃することこそが、理性の唯一の関心事である。理性がこうした関心を抱くからといって、理性が対立や制限にことごとく反対するというわけではない。というのも、必然的な分裂は永遠に対立をはらみつつ自己形成していく生の〈一〉要素であり、最高の生命力をみなぎらせているような全体性は、最高の分裂からの回復によってのみ可能だからである。むしろ理性が反対するのは、この分裂を悟性が絶対的に固定することであって、絶対的な対立そのものが理性に由来するのであってみれば、なおさらそうである。

統一の力が人間生活から消えうせ、対立物が生きいきとした関係と相互作用を失って自立するとき、哲学の欲求が生じる。そのかぎりで、哲学の欲求は偶然のものである。だが、分裂が所与の事実になっているばあいには、固定してしまった主観性と客観性との対立を撤廃し、すでに生成してしまった知性界と実在界を生成活動として理解し、所産としてのその存在を産出活動として理解することは、どうしても試みられなければならない。生成と産出の無限な活動性のなかで理性は分離していたものを統一し、絶対的な分裂を根源的な同一性によって制約された相対的な分裂へと格下げする。

理性のこうした自己再生が、いつどこでどんなかたちで哲学として登場するかは偶然である。こうした偶然は、絶対者がみずからをひとつの客観的な全体性として設定するということにもとづいて理解されねばならない。この偶然は絶対者の客観性が時間における進展とみなされるかぎりでは、時間における偶然である。だが、その客観性が空間的な並置として現われるかぎりでは、分裂がその風土となる。この分裂は、固定された反省というかたちを取って現実の世界に対置された思考し思考される本質の世界としては、北西ヨーロッパの人間〔デカルト〕に属することになる。[†21]

教養が繁栄し、分裂がはびこるような生の表現の展開が多様化すればするほど、分裂の威力は増し、風土としてのその聖なる地位は確固たるものになり、調和に復帰しようとする生の努力は教養の全体にとっては疎遠で無意味なものになる。全体から見れば取るに足りないとはいえ、現代の教養に対抗すべくなされてきた一連の試みや過去や異国のもっと有意義な美しい形態が、世間の注目を集めたこともあるにはあるが、そんなことが可能なのは生きいきとした芸術のいっそう深遠で真剣な関係が理解できていないからでしかない。生の諸関係の体系全体がそうした芸術から遠ざかるにつれて、芸術の包括的なつながりという概念は失われ、迷信という概念か、さもなければ娯楽的な遊びという概念になってしまう。人間がいっさいの分裂を乗りこえ、恩寵の国において主観の自由も客観の必然性も消滅するのが見られるような特定の宗教においては、たしかに最高の美的な完全性がつくりだされはするが、そうした完全性が力を発揮しうるのは、一定の教養段階までであり、世間一般や賤民たちが野蛮な状態にある段階においてでしかない。文化は発展していくにつれてそうした完全性と不和になり、それをみずからに並置したり、みずからをそれに並置するようになってしまう。そして、悟性が自信をつけたせいで、文化と美的な完全性はまったく孤立した領域に切り離され、相手のがわに起きていることになんの意味も認めなくなるので、ある意味で安心して並存できるようになってしまう。

悟性と理性の闘い

とはいえ、悟性がみずからの領域にあるときに理性によってじかに攻撃されることもありうる。そしてそのさいには反省そのものによって分裂を根絶し、それとともに悟性の絶対性を根絶しようという試みは理解してもらいやすくなる。そのために分裂は、自分が攻撃されたと感じると、悟性の王国が強国にのしあがり理性から安全に身を守れるようになるまでは、憎しみと怒りをこめて理性に刃向かいつづける。

だが、偽善が自分を徳であるかのように見せたがることが徳の最高の存在証明だとよく言われるように、悟性も理性から遠ざけることはできない。悟性は理性であるかのように装い、それによってみずからの特殊性を繕うことで、内面的にはからっぽだという感情と、みずからの偏狭さにつきまとうひそかな不安から身を守ろうとす

†21　本書一七〇頁以下にも同じ趣旨の議論があり、そこでは明確にデカルトの名が挙がっている。

る。理性の蔑視は、理性があらわに誹謗中傷されることによってではなく、むしろ偏狭な連中がさも自慢げに哲学の達人づらをしたり友人づらをしたりすることによってこそ、もっとも強烈に表現される。哲学はそんな不実な試みとの交友を拒絶しなければならない。こうした一連の試みは、さまざまな制限から出発し、しかもこの制限を救いだし確保するために哲学を手段として使っておきながら、特殊性を根絶していると不誠実にも自慢するのである。

理性との闘いにおいて悟性に勝目があるとすれば、理性がみずからを放棄するばあいだけである。したがって闘いの勝利は理性自身と、理性の源である全体性の回復への欲求の真剣さにかかっている。

哲学の二つの前提とその綜合

おのれ自身を出発点とする哲学のためにある種の前庭《まえにわ》をしつらえようというのであれば、哲学の欲求こそが哲学の前提だと言えようし、現代においては絶対的な前提ということがしばしば話題にされてきた。哲学の前提と呼ばれるものは、公然と語りだされた欲求にほかならない。それによって欲求は反省のまえに置かれるので、二つの前提がなければならない。

そのひとつは絶対者そのものである。絶対者は探しもとめられる目標だが、すでに存在してもいる。さもなければ、どうしてそれを探しもとめることができるだろうか。理性が絶対者を生みだすのは、意識をさまざまな制限から解放することによってのみである。制限のこうした撤廃は、無制限なものが前提されることによって実現される。

もうひとつの前提は、意識が全体性から抜けだしてしまい、存在と非存在、概念と存在、有限と無限に分裂することであろう。分裂の立場からすれば、絶対的な綜合はある種の彼岸（分裂のさまざまな諸規定とは対立する無規定で無定形のもの）である。絶対者は夜であり、光は夜よりも若い。両者の区別にせよ、夜からの光の出現にせよ、ひとつの絶対的な差異である。無こそが、有限なもののすべての存在すべての多様がそこから出現してきた最初のものである。しかし哲学の課題は、この二つの前提を統一し、存在を非存在のなかに生成として位置づけ、分裂を絶対者のなかにその現象として位置づけ、有限なものを無限なもののなかに生として位置づけることである。

とはいえ、哲学の欲求を哲学の前提と表現するのは不適切である。そうなれば、欲求は反省という形式をとるからである。反省の形式は、のちに述べるように[†22]、矛盾しあう命題として現われる。命題についてはその証明が要求されてよいが、前提であるこうした命題の証明はまだ哲学そのものであるはずがなく、したがってこうした究明と基礎づけは、哲学にさきだって哲学の外部で始まるのである。

第三節　哲学の道具としての反省

二つの反省――哲学的反省と孤立した反省

哲学の欲求こそが前提だと言うのであれば、それがまとう形式によって、われわれは哲学の欲求から哲学の道具へ、つまり理性としての反省へ移行することになる。絶対者を意識にたいして構成することが哲学の課題である。だが、反省の産出活動も反省の所産も制限されたものでしかないので、これは矛盾である。絶対者が反省され設定されるべきだが、しかしそれによって絶対者は設定されるどころか廃棄されてしまう。というのも、絶対者は設定されると制限されてしまうからである。この矛盾を調停するのが哲学的反省である。とくにあきらかにされるべきは、反省がどこまで絶対者を捉えられるかということである。反省は〔一方では〕絶対的な直観と綜合

†22　第一章第五節「絶対的な根本命題という形式を取った哲学の原理」を参照。

されながらも自立的で主観的で完全でありつづけなければならないし、また同時に〔他方では〕絶対者のほうもこの反省の所産であり、意識において構成された絶対者なのだから、意識的であると同時に無意識的なものとして存在しなければならないのだが、反省は思弁としてのみずからの仕事において、こうした両事態の必然性と可能性をどこまで引き受けられるかが、あきらかにされるべきなのである。

孤立した反省は、対立しあうものを設定する働きなので、絶対者を廃棄することになるだろう。このような反省は存在と制限の能力である。だが反省は、理性としては絶対者に関係しており、この関係によってのみ理性である。そうであるかぎり反省は、おのれ自身であれすべての存在と制限されたものであれ、それを絶対者に関係づけることによって根絶する。だが同時に、制限されたものは絶対者に関係することによってこそ存在する。

理性と悟性のかかわり

理性は、否定的な絶対者の力として、したがって絶対的な否定の働きとして現われると同時に、客観的な全体性と主観的な全体性との対立を設定する力としても現われる。一方で理性は、悟性を実力以上に高め、悟性なりのやり方でひとつの全体を形づくるように駆りたてる。理性は悟性をそそのかして客観的な全体性を産出させるのである。いかなる存在も、それが設定されている以上は対立的であり、条件づけられたものであると同時に条件づけるものでもある。悟性は、対立しあう制限を条件として設定することによって、みずからのこの諸制限を完全なものにする。しかし、条件もそれはそれで同じように完全なものにする必要があるのだから、悟性の課題は果てしなく広がることになる。反省はこの点では悟性的であるようにしか見えないが、〔反省が〕このように必然性の全体へと導かれることには理性が関与し、ひそかに働いている。理性が悟性を無制限なものにすると、悟性とその客観的世界は無限の豊かさのなかで没落してしまう。というのも、悟性が産出する存在はどれも規定されたものであり、規定されたものはその前後を無規定のもので挟まれているからである。雑多な存在は二つの夜のあいだにあって、寄る辺ない身であり、無のうえに置かれている。なぜなら、無規定のものは悟性にとっては無であり、無に終わるからである。頑迷な悟性にできることといえば、規定されたものと無規定なもの、有限性と課題として課せられた無限性の対立を、統一しないままに並列しておき、存在を悟性にとってはそれと同じくらい必然的な非存在に対置したままにしておくぐらいのことである。悟性は本質的に一貫した規定を目指すものだが、悟性によって規定されたものは無規定なものとじかに接しているので、悟性の設定と規定の働きはけっして課題を果たせない。設定と規定がなされても、その働きそのもののうちになんらかの非設定と無規定なものが含まれているために、設定し規定するという課題がくり返されるのである。

悟性が有限なものと無限なものというこの対立を固定し、両者を対立しあうものとして同時に存在させようとすれば、悟性は自壊してしまう。というのも、有限なものと無限なものの対立とは、その一方が立てられれば他方は廃棄されることを意味するからである。理性はこれを認識することで、悟性そのものを捨てさる。理性からすれば、悟性の設定の働きは非設定にしか見えないし、悟性の所産は否定の働きにしか見えない。理性のこうした根絶する働き、言いかえれば対立をともなわない純粋な設定の働きは、それが客観的な無限性に対置されるなら、主観的な無限性になり、客観的世界に対置された自由の国だということになろう。こうしたかたちでは自由の国はそれ自身が対立的で制約されたものになるので、理性はこの対立を絶対的に捨てさるために自由の国の自立性をも根絶しなければならなくなる。理性は〔主観的な無限性と客観的な無限性の〕両者を統一することによって両者を根絶する。というのも、両者は統一されていないばあいにしか存在しないからである。だが同時に、両者の本質はそうした統一のうちにある。というのも、対立したものは、したがって制限されているものは、統一されることによって絶対者に関係づけられるからである。だが、対立し制限されたものはそれだけで独立に存在するのではなく、絶対者のうちにあるかぎりでのみ、つまり、同一性として設定されているかぎりでのみ存在する。制限されたものは、それが対立の一方であり、したがって相対的な全体性に属するかぎり、必然であるか自由であるかのいずれかである。制限されたものが両者の綜合に属するかぎり、その制限はなくなる。制限されたものは自由であると同時に必然であり、意識的であると同時に無意識的なものである。有限なものと無限性のこの意識的な同一性、感性界と知性界、必然の世界と自由の世界という両世界の統一が意識のうちにあるとき、それが知識である。理性においては有限なものの能力である反省とそれに対立する無限なものは綜合されており、理性の無限性は有限なものをみずからのうちに含んでいる。

　反省が自分自身を対象にするとき、その最高法則はみずからを根絶することである。この法則は理性から反省に与えられ、反省はそれによって理性になる。反省はすべてのものと同じく絶対者のうちにのみあるが、反省であるかぎり絶対者に対立する。したがって、反省は存在するために自壊の法則をみずからに課さなければならない。反省がみずからを自力で絶対的なものとして構成するような内在的法則があるとすれば、それは矛盾律、つまり反省によって設定されたものが存在し存在しつづけるという法則であろう。だからこそ反省は、みずからの所産を絶対者に絶対的に対立するものとして固定し、あくまでも悟性でありつづけ理性にはならないということを、そして絶対者と対立すれば無に等しい（なおかつ制限されたものとして絶対者に対立している）みずからの作品に固執することを、みずからの永遠の法則にしたのである。

ラインホルトの同一性の思想

　こうして理性は対立のうちに置かれると悟性的なものになり、その無限性は主観的な無限性となるが、反省作用を思考の働きとして表現する形式も、まさにそうしたあいまいさと誤用に陥りかねない。思考の働きをそれに対立するものがいっさいないような理性そのものの絶対的活動とみなさずに、いっそう純粋な反省作用、つまり対立が捨象されるにすぎないような反省作用とみなすだけならば、そうした捨象をおこなう思考の働きが、悟性を脱して、理性がみずからのうちに含むべき論理学にたどりつけるはずはないし、ましてや哲学にたどりつけるはずがない。ラインホルトは、思考であるかぎりでの思考の本質ないし内的性格を、同一のものが同一のものとして、同一のもののうちで、同一のものによって無限に反復可能であること、つまりは同一性だとみなしている。[†23] いかにも同一性らしいこうした性格に惑わされて、ひとはこの思考のうちに理性を見るかもしれない。しかし、この思考が主観と客観の絶対的な同一性、つまり両者の対立を否定しながらも両者をみずからのうちに包括しているような同一性ではなく、純粋な同一性、つまり捨象によって成立し、対立によって条件づけられているような（統一性の抽象的な悟性概念であり、固定された対立の〈一方〉であるような）同一性であることは、この思考が(a)思考の適用に対立することによって、そして(b)絶対的な素材性に対立することによってあきらかになる。[†24] ラインホルトは従来のすべての哲学の誤りを、現代の哲学者たちにかくも広くゆきわたり、かくも深く根をおろしている習慣、つまり、思考を一般的にもその適用においてもたんに主観的なものとして思い描く習慣にあると見る。[†25]

ラインホルトがこの思考の同一性や非主観性をほんとうに真剣に受けとっていたら、彼は思考とその適用を区別することさえできなかっただろう。思考が真の同一性であり、主観的なものでないのなら、思考とは区別された適用などというものがそれでもなおどこで生じてくるだろうか。ましてや、適用のために要請される素材などは問題になりえない。分析的な方法がなんらかの活動をあつかうばあい、その活動は分析されるものである以上は、その方法にとってはなんらかの綜合的な活動として現われる。そしていまや分析によって、統一性とそれに対立する多様なものという両項が生じることになる。分析が統一性として示すものは主観的と呼ばれ、思考は多

---

†23　『寄与』第一巻一〇〇頁、および本書一四五頁参照。
†24　同書第一巻一〇八〜一一二頁。
†25　同書九六頁、および本書一四六頁を参照。

様なものに対立するそうした統一性として、つまり抽象的な同一性として特徴づけられる。そうなると思考は純粋に制限されたものになり、その活動にしても、もともと存在する素材への法則どおりの決まりきった適用となり、知識にまではたどりつけない。

反省は絶対者と関係するかぎりでのみ理性であり、その行為は知識である。ところが、この関係によって反省の作品は消滅し、関係だけが残り、関係だけが認識の唯一の実在性である。したがって、孤立した反省の真理、つまり純粋な思考の真理は、みずからを根絶するということでしかない。だが絶対者は、哲学においては反省によって意識にたいして生みだされるので、それによって客観的な全体性、知識の全体、認識の有機的組織になる。この有機的組織にあってはどの部分も同時に全体である。というのも、どの部分も絶対者への関係としてあるからである。各部分は他の部分を自分の外にもつので制限されたものであり、他の部分によってのみ存在する。それは制限されたものとして孤立すれば欠陥のあるものになる。部分が意味をもつのは全体と連関することによってのみである。したがって、個別的な概念そのものも、個別的な認識も、知識としては問題になりえない。個々の経験的な情報はたくさんありうる。それらは経験的知識なのだから、経験において、つまり概念と存在、主観と客観の同一性において正当化される。それらは制限された相対的な同一性においてしか正当化されず、意識のうちで有機的に組織される認識の全体の必然的部分として正当化されることもなければ、それらのうちで絶対的な同一性も絶対者への関係が思弁によって認識されることもないので、いかなる学知でもない。

第四節　常識にたいする思弁の関係

常識の真理と思弁の真理

いわゆる常識が知っているような理性的なものもまた〔経験的知識と〕同様に、絶対者から意識に引きいれられた個別的なものであり、全体性の夜からばらばらに輝きでている光点である。人間はこの光点のおかげで人生を理性的に切りぬけていく。人間にとってそれは、そこから出発してそこに帰っていくれっきとした立脚点なのである。

だがじつのところ、人間がそうしたものの真理をそれほど信頼するのも、そこで絶対者が一種の感情というかたちで人間に付き添い、感情だけがそれらに意味を与えるからにすぎない。常識のこうした真理がそれだけ取りあげられ、たんに悟性的に認識一般として孤立させられるなら、それらはたちまち歪み、中途半端な真理として現われる。常識は反省によって混乱させられかねない。常識が反省にかかわり合うやいなや、いま常識が反省向けに語った命題が、それだけで知識であり認識であることを認めてほしいという要求を掲げるようになる。そうなると常識はみずからの力を、つまりは感情というかたちで現前している漠然とした全体性によってのみみずからの発言を支え、感情によってのみ不安定な反省に抵抗する力を手放してしまう。常識はたしかに反省に向かって発言するが、その発言は意識にとっても絶対的な全体性への関係を含むようなものではなく、むしろ絶対的な全体性は発言されない内なるものにとどまる。したがって、思弁は常識をよく理解するが、常識のほうは思弁の営みを理解しない。思弁が認識の実在性として認めるのは、認識が全体性のうちにあるありかただけである。思弁からすれば、規定されたものはすべて絶対者への関係が認識されるかぎりでのみ実在性と真理をもつ。したがって思弁は、常識の発言の根柢にあるもののうちにも絶対者を認識するが、思弁にとって認識は絶対者のうちにあるかぎりでのみ実在性をもつのだから、反省に向かって語られそれによって特定の形式をもつにいたったような認識され知られたものは、思弁の前では同時に根絶されてしまう。常識の相対的な同一性は、まったく現われるがままの制限された形式を取りながら絶対性を要求するが、そんなものは哲学的な反省〔つまり思弁〕にとっては偶然的なものになる。常識は、自分にとっては直接に確実なものが哲学にとっては同時に無であるのはどうしてかが理解できない。というのも常識は、みずからの直接的な真理のうちに絶対者への関係だけは感じるものの、この感情をみずからの真理の現象から切り離さないからである。この現象によって常識の真理は制限されたものとなっており、しかもそのような制限されたものであるがままに存立し絶対的な存在をもつともされているのだが、しかし、そうした真理は思弁の前では消滅してしまう。

常識と信仰

ところで、常識は思弁を理解できないばかりか、思弁について知ればさらに思弁を憎まずにはいられないし、まったく無関心に安心していられなくなると思弁を嫌悪し迫害せずにはいられない。というのも常識にとっては、その発言の本質的要素と偶然的要素とは絶対的に同一であり、制限された現象は絶対者から切り離せないのだが、他方ではまた常識は、みずからがその意識において分離するものを絶対的に対立させたままであって、みずからが制限されたものとして認識したものを無制限なものと意識において統一することもできないからである。制限されたものと無制限なものは、常識においてはたしかに同一だが、この同一性は内的なもの、感情であり、認識されていないもの、語りだされていないものであって、そうしたものであるにとどまる。常識が制限されたものを思いだしそれを意識したとたんに、この意識にとっては無制限なものが制限されたものに絶対的に対立するようになる。制限されたものの絶対者にたいする連関や関係のなかで、ただ対立だけが意識され、それにたいして同一性についてはまったくの無意識が支配するような関係は、信仰と呼ばれる。信仰が表現するのは感情や直観から綜合されたものではない。信仰は反省の絶対者へのひとつの関係だが、この関係において反省は、なるほど理性であり、分離し分離されるものとしての自分も、自分の所産（個別的な意識）も根絶してはいるが、それでもなお分離という形式を保持している。信仰の直接的な確信こそは意識の究極にして最高のものだとしばしば語られてきた。こうした確信は同一性そのものであり、理性にほかならないが、この理性はみずからを認識してはおらず、対立の意識に付きまとわれている。ところが思弁は、常識には意識されることのない同一性を意識にまで高める。言いかえれば思弁は、常識の意識においては必然的に対立するものを意識的な同一性へと構成する。信仰においては分離されているものをこのように統一することは信仰にとっては暴虐である。信仰の意識においては神聖で神的なものは客体としてのみあるのだから、信仰は対立を廃棄してそれを意識的な同一性に高めることを、神的なものの破壊としか見ないのである。

思弁と常識にとっての有限なものと無限なもの

とはいえ、常識がそうした根絶に直面せざるをえないのは、とりわけ次のような哲学体系、つまり、対立する〈一方〉を――とりわけそうでもしなければ時代の教養によって固定されてしまうときには――絶対者にまで高め、他方を根絶するというやりかたで分裂を捨てさることで同一性を意識しようという要求を満足させるような哲学体系においてである。このとき思弁は、たしかに哲学としては対立を廃棄しているが、体系としてはみずからのありきたりのなじみの形式にしたがって、制限されたものを絶対者に高めている。ここで考慮に値する唯一の側面つまり思弁的な側面は、常識にとってはまったく存在しない。この思弁的な側面からすれば、制限されたものは常識にとってそう見えるのとはまったくの別物である。つまり、制限されたものは絶対者にまで高められているのだから、もはや制限されたものではないのである。唯物論者の物質はもはや、生に対立し生によって形成されるような死んだ物質ではないし、観念論者の自我にしてももはや、制限されたものであるがゆえに無限なものをみずからの外に設定しなければならないような経験的な意識ではない。体系は有限な現象を無限なものに高めはしたが、ほんとうにそれをすべての有限性から純化したのかどうか、思弁は常識とそれがおこなう対立物の固定化からどれほど遠ざかろうとも、絶対者のひとつの形式を、したがって絶対者とは本質的に反対のものを絶対的に設定してしまうというみずからの時代の運命に屈服しているのではないかといった問いは、哲学が答えるべき問いである。思弁が有限なものを無限なものにして、すべての現象形式からじっさいに解放したのであれば、ふだんは思弁の仕事などまったく気にもとめない常識がここで気に入らないのは、さしあたり名称だけということになろう。そうではなく、思弁がただ行動としてのみ有限なものを無限なものに高め、それによって有限なものを根絶しただけなら（物質や自我は、全体を包括するものとみなされれば、もはや物質や自我ではなくなりはするが）、哲学的反省の最後の行為つまり有限なものの根絶を意識することが抜けおちてしまおう。それに、こうした根絶を行為としてやってのけただけでは、体系の絶対者はまだ特定の形式を保持してしまうにしても、すくなくとも真の思弁的な傾向は見のがしようがないのだが、常識はそうした傾向をなにも理解しない。常識が目を向けるのは、分裂を廃棄する哲学の原理ではなく体系の原理だけであり、対立の〈一方〉だけが絶対者に高められて他方が根絶されるのをまのあたりにするのだが、分裂にかんするかぎり常識のがわにはそれでもなおひとつの強みがある。体系と同様に常識のうちにも絶対的な対立が存在しているが、常識はなにしろ対立を余すところなく背負いこんでおり、それだけに対立に腹を立てるのも〔思弁の〕二倍分だからである。

さらに、ある面ではなお対立するものを絶対者にまで高めてしまうという欠陥がまつわりついているような哲学体系にも、哲学的な側面を別にしてもなおひとつの強みと功績がある。その強みとは、ある有限なものを無限な原理にまで高めることによって、対立する原理に依存する有限なもののすべてを一挙に鎮圧したことであり、教養という点でのその功績とは、分裂をますます過酷なものにすることによって全体性における統一への欲求をますます強めたことだが、常識はそんなものをなにひとつ理解しないばかりか、嫌悪の念さえ抱かずにはいられない。

常識は頑固なのでその惰性の力のままに、もともと鈍重で意識と対立している無意識なものを意識から守り、物質を差異から守ろうとする。光が差異を物質のうちにもちこむのは、物質をより高次のポテンツのうちでふたたび綜合へと構成するためにすぎない。常識のこうした頑固さを克服するには、北方の風土のもとでは比較的長い時間が必要であり、しかも克服するとは言ってもさしあたりせいぜい次のような程度にすぎない。つまり、原子論の言う物質そのものがいっそう多様になり、そしてまずは物質の結合と分解がいっそう多様化し、そこからさらに多くの機敏な原子が生みだされることによって、惰性が根柢から揺さぶられる結果、常識の悟性的な活動と知識はますます混乱してしまうので、常識はついには、この混乱と対立の撤廃にみずから耐えられるようになるのである。

常識には思弁の根絶する側面しか見えないが、この根絶の働きにしてもその全範囲が見えるわけではない。全範囲を捉えられるのであれば、常識は思弁を敵とはみなさないだろう。というのも、思弁は意識的なものと無意識的なものの最高の綜合において、意識そのものの根絶さえも要求し、それによって、理性は絶対的同一性についてのみずからの反省と知識と自分自身をそれ固有の深淵へと沈め、たんなる反省と理屈をこねる悟性のこの夜において、つまり生の真昼であるこの夜において、常識と思弁はたがいに出会うことができるからである。

第五節　絶対的な根本命題という形式をとった哲学の原理

反省的根本命題の二律背反

哲学は反省によって知識の全体として生みだされるときに体系となり、諸概念の有機的な全体となる。そして、その最高の法則は悟性ではなく理性である。悟性はみずからが設定した対立しあうものや、みずからの限界や根拠や条件を正しく示さなければならないが、理性はこれら矛盾しあうものを統一し、両者を設定すると同時に廃棄する。諸命題の有機的組織である体系にたいしては、反省の根柢にある絶対者がたとえ反省という仕方によってではあれ最高の絶対的な根本命題として存在すべきだという要求がなされるかもしれない。だが、そうした要求はすでにそれ自身において空しい。というのも、命題というものは反省によって設定されたものである以上、それ自体が制限され制約されたものであり、みずからを基礎づけるために別の命題を必要とし、その命題もさらに別の命題を必要とする、というぐあいに無限に続くからである。絶対者が思考による思考に妥当する根本命題というかたちで表現され、その命題の形式と質料が等しいということになれば、たんなる相等性だけが設定され、形式と質料の不等性は排除されて、この根本命題はこの不等性によって制約されることになるか――このばあい、それは絶対的ではなく欠陥があり、たんなる悟性概念や抽象しか表現しない――、あるいは、形式と質料はたがいに等しくないものでありながらも同時に根本命題のうちに含まれており、この命題は分析的であると同時に綜合的であるかのどちらかである。こうして、根本命題は二律背反《アンティノミー》であり、したがって命題ではなくなる。根本命題が命題であれば、自己矛盾しても自己否定的であってもならず、設定されたものでなければならないという悟性の法則に従うことになるが、しかし、この根本命題は二律背反なのでみずからを否定してしまうのである。

反省にとって設定されたにすぎないものが最高の絶対的根本命題として必然的に体系の先頭に立たねばならないとか、どんな体系の本質も思考にとって絶対的であるような命題で表現できるなどという思いこみにもとづくかぎり、ひとつの体系を評価するのは造作もない仕事である。というのも、なんらかの思考内容が命題によって表現されていれば、それが対立物によって制約されており絶対的でないことはきわめて容易に証明できるし、さらに、その命題に対立するものも設定されねばならず、したがってさきの命題によって表現された思考内容が空しいということも証明されるからである。体系自身がみずからの原理となる絶対者をひとつの命題や定義のかたちで表現するようになれば、ひとはそうした思いこみをますます正しいとみなしてしまう。だが、そうした命題や定義は根本的には二律背反であって、したがってたんなる反省にとってだけ設定されたものだから否定されてしまう。たとえばスピノザの実体概念は、原因であると同時に結果、概念であると同時に存在だと説明されるが、対立しあうものが矛盾のまま統一されているので概念ではなくなる。[†26]

哲学の始まりとしては、スピノザのように定義で始めることほど拙劣に見えるものはない。こうした始めかたは、知識の原理を根拠づけ究明し演繹することや、すべての哲学を苦労して意識の最高の事実に還元することとはおよそ対照的である。とはいえ、理性が反省の主観性から純化されたあかつきには、哲学を哲学そのものによって始め、理性をすぐさま二律背反とともに登場させるようなスピノザの素朴さもしかるべく評価できるようになるだろう。

哲学の原理が反省向きに形式的な命題のかたちで語られるべきだとすれば、この課題の対象としてさしあたり存在するのは知識、一般的にいえば、主観的なものと客観的なものの綜合、つまり絶対的な思考でしかない。ところが、反省は絶対的な綜合を命題というかたちでは――つまり、その命題が悟性にとって真の命題として通用しなければならないというのであれば――表現できない。反省は絶対的な同一性においては〈ひとつ〉であるものを分解し、綜合《ジュンテーゼ》と反定立《アンティテーゼ》を二つの命題に分けたうえで、一方の命題で同一性を、他方で分裂を表現せざるをえない。

第一命題（A＝A）と第二命題（A≠AあるいはA＝B）

A＝Aという同一性の命題にあっては、関係づけられているということが反省される。この純粋な同一性においては、このように関係づけること、ひとつであること、相等性だけが含まれ、不等性はすべて捨象される。A＝Aという絶対的思考つまり理性の表現は、悟性的な命題で語る形式的な反省にとっては悟性の同一性、純粋な統一性、つまり対立が捨象されているような統一性という意味しかもたない。

しかし、理性はこうした一面的な抽象的統一性ではみずからを表現できないことに気づく。理性は、純粋な相

---

†26　スピノザにおいて「実体」とは「自己原因」であり、「自己原因とは、その本質が存在を含むものである」（『エティカ』第一部定義一、工藤喜作・斎藤博訳、中公クラシックス、三頁）。つまりヘーゲルによれば、「原因であると同時に結果、概念であると同時に存在」だということになる。なお、本書一九五頁以下を参照。

等性において捨象されたもの、つまり対立するものと不等性をも設定するように要請する。一方のAが主語〔主観〕であり、他方Aは目的語〔客観〕である。そこで、両者の差異の表現はA≠AあるいはA＝Bとなる。後者の命題は先の命題〔A＝A〕とは完全に矛盾する。さきの命題が純粋な思考――これは絶対的思考つまり理性とは別物である――の形式を立てていたのにたいして、後者の命題では純粋な同一性が捨象され、非同一性、非思考の純粋な形式が立てられている。そもそもA＝Aという命題を立てることができるのは、非思考もまた思考され、A≠Aもまた思考によって立てられるからでしかない。A≠AやA＝Bのなかにも同様に同一性の関係が、最初の命題〔A＝A〕における等号（＝）が存在しているのだが、ただしあくまで主観的に、つまり非思考が思考によって立てられているかぎりで、存在するにすぎないのである。ところが、非思考が思考にたいして立てられるというこうした事態は、非思考にとってはまったくの偶然であり、〔A≠AないしA＝Bという〕第二命題のたんなる形式であって、この命題の内容を純粋に保持するためには、それは捨象されなければならない。

この第二命題は第一命題と同じく無制約であり、そうであるかぎり、第一命題の条件でもあればその逆でもある。第一命題が第二命題によって条件づけられているのは、それが第二命題が含む不等性の捨象によって成りたっているからであり、第二命題がそうであるのは、命題であるためには関係を必要とするからである。

第二命題は、かつては根拠律という従属的な形式で語られていた。[†27] あるいはむしろこの命題は、因果律だとされることではじめて、このようなきわめて従属的な意味に貶められてしまった。Aが根拠をもつということは、Aには Aの存在ではないような存在が帰属するということ、Aは設定されたものであり、Aそのものによって設定されたものではないということであり、つまりはA≠A、A＝Bである。Aが設定されたものであることが捨象されるなら、そして第二命題を純粋に保持するには捨象されなければならないとすれば、第二命題はそもそもAが設定されていないことを表現していることになる。Aを設定されたものとしてと同時に設定されていないものとして設定するということは、すでにして第一命題と第二命題の綜合である。

両命題は矛盾する命題だが、ただし、それぞれ逆の意味においてである。同一性の命題〔同一律〕である第一命題は矛盾＝0であることを表現し、第二命題は第一命題に関係づけられるかぎりで、矛盾が無矛盾と同じく必然的であることを表現している。どちらも命題としては、それぞれ単独に設定されたものであり、同じポテンツをもっている。第二命題が語られるときには同時に第一の命題がそれに関係づけられるのだから、第二命題は悟性による理性の表現としてはありうるかぎり最高のものである。両者のこうした関係は二律背反の表現であり、二律背反としては、つまり絶対的な同一性の表現としては、A＝Bを立てようとA＝Aを立てようと、どちらでもよい。つまり、A＝BもA＝Aも両命題の関係として受けとられるなら、どちらでもよいのである。A＝Aは主語〔主観〕のAと目的語〔客観〕のAの同一性と同時に差異を含み、A＝BもAとBの差異と同時に同一性を含んでいる。

両命題の関係である根拠律のうちに二律背反を認識するのでなければ、悟性はまだ理性にまで成長しておらず、第二命題は形式的には悟性にとって新たな命題ではない。たんなる悟性にとって、A＝Bは第一命題以上のことを語りはしない。というのも、このとき悟性はAがBとして設定されていることをあくまでもAの反復としか理解しないからである。つまり、悟性は同一性を堅持するばかりで、AがBとしてあるいはBにおいて立てられ反復されることによって、非Aという他者が立てられ、しかも非AがAとして、したがってAが非Aとして立てられるということを捨象するのである。

†27　『全知識学の基礎』においてフィヒテは、第一根本命題「自我は自我を設定する」、第二根本命題「自我は非我を対立的に設定する」、第三根本命題「自我はみずからのうちで可分的な自我を可分的な非我に対立的に設定する」を、それぞれ同一律、矛盾律、根拠律に関連づけている。ヘーゲルはここでフィヒテの議論を自由に読みかえているのであろう。

思弁の形式面ばかりを顧慮して知識の綜合を分析的な形式のもとに保持すれば、二律背反という自己否定的な矛盾が知識と真理の最高の形式的表現だということになる。

第一命題と反省

矛盾が真理の形式的な表現と認められれば、二律背反においては理性が反省の形式的な本質を支配下に置いていることになる。しかし、抽象的な統一という性格をもち第二命題に対立する第一命題というただひとつの形式のもとにある思考こそが哲学の第一の真理だとみなされ、そうした思考の適用の分析にもとづいて認識の実在性の体系を樹立すべきだとされるのなら、〔反省の〕形式的な本質が優勢になる[†28]。そうなれば、この純粋に分析的な作業の全過程は次のような経過をたどるだろう。

思考は、AをAとして無限に反復しうる可能性なのでひとつの抽象であり、第一命題は〔そうした思考の〕活動として表現される[†29]。だがそうすると、第二命題、つまり非思考がなくなってしまう。だが第二命題は第一命題の条件なのだから、どうしても第二命題に移行せざるをえず、非思考という質料もまた設定されなければならない。こうして、対立項がすっかり出そろい、移行は対立しあう両者のある種の相互関係になる。この相互関係は思考のひとつの適用を意味するが、きわめて不完全な綜合である。ところが、この非力な綜合それ自体でさえもが、思考はAをAとして立てることの無限の反復だという前提に反している。というのも、適用[†30]をおこなえばAが同時に非Aとして立てられ、AのAとしての無限な反復である思考は絶対的な存在であることを否定されてしまうからである。

思考に対立するものは、思考に関係づけられることによって思考されたもの＝Aと規定される。ところが、こうした＝Aを思考し設定する働きは、捨象によって制約されており、したがって対立するものであるから、思考されたものもまた、＝Aであるという以外に、＝Bといった別の規定をもつことになる。しかも、これらの規定は、純粋な思考によるたんなる規定からはまったく独立しており、思考にたいして端的に与えられている。こうして、分析的哲学の原理であるかぎりでの思考にとっては、なんらかの絶対的な質料がなければならないことになるが、これについては後に論じよう。[†31] こうした〔思考と質料の〕絶対的な対立が根本にあるために、哲学を論理学に還元するというあの〔バルディリの〕有名な着想[†32]のもとになっている形式的な作業には、Aを無限に反復する悟性的同一性の綜合以外のいかなる内在的な綜合も許されない。ところが、この悟性的同一性が反復をおこなうためだけにでも、反復されるAを立てられるようなBやCなどが必要である。これらのB、C、DなどはAの反復可能性のための多様なものであり、たがいに対立するものであって、そのいずれもAによって設定されたのではない特殊な規定をもっている。つまり、なにか絶対的に多様な素材があって、この素材のB、C、DなどがAに適合しなければならない[†33]し、またそれが可能だというわけである。こうして、根源的同一性にかわって、適合などというつじつまの合わないたわごとが登場する。根本的な誤りは、形式的な観点ではA＝AとA＝Bの二律背反が顧慮されていないことにあると考えられる。こうした分析的な態度にはそもそも、絶対者の純粋に形式的な現象などというものは矛盾だという意識がない。この意識は、思弁が理性から出発し、主観〔主語〕と客観〔目的語〕の絶対的同一性としてのA＝Aから出発するときにしか生じないのである。

†28　英訳の註によれば、ラインホルトとバルディリが念頭に置かれている。
†29　以下の論述については、ラインホルト『寄与』第一巻一〇〇頁以下、とくに一〇六頁以下を参照。
†30　同書第一巻一〇〇頁、一一〇頁などを参照。
†31　本書一四六頁以下を参照。
†32　『寄与』第一巻九八頁。
†33　英訳の註によれば、「適合する（sich fügen）」はバルディリの術語。本書一四八頁を参照。

第六節　超越論的直観

知識の肯定的側面としての直観

思弁をたんなる反省の側面から見たのでは、絶対的な同一性は対立物の綜合つまり二律背反というかたちでしか現われない。絶対的な同一性が差異化して生じるさまざまな相対的同一性はたしかに制限されており、そうであるかぎり悟性の対象であり、二律背反的ではない。だが同時にそれらは、同一性であるからには純粋な悟性概念ではないし、哲学にあっては絶対者との関係なしにはどんな設定されたものもありえないから、それらは同一的なものでなければならない。ところが、この関係の側面からすれば、どんな制限されたものといえどもひとつの（相対的な）同一性であり、そうであるかぎり反省にとっては二律背反的なものである。これこそが知識の否定的な側面であり、理性に統治されれば自壊してしまうような形式的なものである。知識は、この否定的な側面以外にも、肯定的な側面をそなえている。それが直観である。純粋な知識（つまり直観なき知識）とは、対立しあうものを矛盾するがままに根絶することである。対立物のこうした綜合を欠いた直観は経験的であり、与えられたものであり、無意識的である。超越論的な知識は反省と直観の両者を統一する。それは概念であると同時に存在である。直観が超越論的になることによって、経験的な直観においてはばらばらであった主観的なものと客観的なものとの同一性が意識されるようになる。知識は超越論的になれば概念とその条件、言いかえれば両者の二律背反という主観的なものを設定するばかりではなく、同時に客観的なもの、存在も設定する。哲学的な知識にあっては、直観されるものは知性の活動であると同時に自然の活動であり、意識の活動であると同時に無意識の活動である。直観されるものは、観念の世界と実在の世界という二つの世界に同時に属している。観念の世界に属するのは、それが知性のうちに、したがって自由のうちに置かれているからであり、実在の世界に属するのは、客観的な全体性のうちに身を置いていて、必然性の連鎖の一環として演繹されるからである。反省や自由の立場に身を置けば、観念的なものが第一の本質的なものであり、存在は図式化された知性でしかなくなる。必然性や存在の立場に身を置けば、思考は絶対的な存在のひとつの図式でしかなくなる。超越論的な知識にあっては、存在と知性の両者は統一されている。同様に、超越論的な知識と超越論的な直観も同じひとつのものである。表現の違いは、観念的な要素と実在的な要素のどちらに優位があるかを示すにすぎない。

超越論的哲学と直観なき哲学

超越論的直観なしに哲学することはできないと〔フィヒテやシェリングによって〕あれほど真剣に主張されたことは、きわめて重要である。直観なしに哲学するとは、いったいどういうことか。絶対的な有限性のなかをどこまでも散り散りになっていくということである。これらの有限なものが主観的なものであれ客観的なものであれ、概念であれ事物であれ、あるいは一方の種から他方の種へと移行するのであれ、いずれにせよ直観なき哲学は有限性の果てしない系列をどこまでも進んでいき、存在から概念への移行も、概念から存在への移行も不当な飛躍になる。こうした哲学は形式的な哲学と呼ばれる。というのも、事物も概念もそれぞれそれ自体は絶対者の形式でしかないからである。形式的な哲学は、超越論的直観の破壊を、つまり存在と概念の絶対的な対立を前提している。この哲学は、無制約なものについて語ると、無制約なものをも、たとえば存在に対立する理念というかたちでふたたび形式的なものにしてしまう。方法が洗練されればされるほど、そうした結果はますます顕著になる。思弁にとって有限なものは、無限の焦点をもつ半径のようなものであり、この焦点は複数の半径を放射すると同時にそれら半径によってつくりだされる。焦点は半径において定められ、半径は焦点において定められるのである。超越論的な直観においてはすべての対立が廃棄され、知性による知性にとっての宇宙の構築と、客観として直観され独立して現われる宇宙の有機的組織との区別はすべて否定される。こうした同一性の意識を生みだすのが思弁であり、そこでは観念性と実在性が〈ひとつ〉なので思弁は直観なのである。

第七節　理性の要請

反省によって設定された二つの対立物が綜合されるためには、この綜合が反省の作品であるかぎりでは直観において補完されなければならなかったし、二律背反が廃棄されるかぎりでは、この綜合は直観においてはじめて存在できた。思弁的な知識は反省と直観のそうした同一性として理解されねばならないのだから、たとえ反省の関与（つまり、理性的でありつつ二律背反でもあるような関与）ばかりが強調されたとしても、やはりそれは直観と必然的に関係する以上は、このばあい直観は反省によって要請されると言える。〔だが、カントのように〕理念を要請するなどというのは論外である。というのも、そのような理念は理性の所産、あるいはむしろ、悟性によって所産として想定されたような理性的なものだからである。理性的なものは、その特定の内容にしたがって、つまり特定の対立物の矛盾から演繹されなければならない。なにしろ、理性的なものとは対立物の綜合にほかならないからである。要請されてよいのは、この二律背反的なものを満たし保持するような直観だけである。かつて要請されたそうした理念のひとつが無限進行であり、経験的なものと理性的なものとの混合である。経験的なものは時間の直観であり、理性的なものはすべての時間の廃棄であり、時間の無限化である。それにたいして、経験的な進行においては時間は純粋なかたちでは無限化されていない。というのも、時間はそこでは有限なものとして、制限された諸契機としてあるとされているからである。経験的な進行は経験的な無限性なのである。真の二律背反は制限されたものと無制限なものの両方を並置するのではなく、同時に同一のものとして立てるのだから、それと同時に対立を廃棄しなければならない。二律背反は時間の特定の直観を要請するので、この直観は、現在という制限された瞬間であると同時に、この瞬間がみずからの外に置かれているときの無制限のありかた、つまり永遠性でなければならない。〔理念を要請することがありえないのと同じく〕直観を理念に対立するものとして、もっと適切に言えば、必然的な二律背反に対立するものとして要求することもまたありえない。理念に対立している直観は、それがまさに理念を排除するので制限されたありかたをしている。直観はたしかに理性によって要請されるものではあるが、制限されたものとしてではなく、反省の作品の一面性を補完するために要請される。つまり、直観と反省はたがいに対立したままではなく〈ひとつ〉になることが要請されているのである。そもそもあきらかなように、このような仕方で要請がなされるのは反省の一面性から出発するからにすぎない。この一面性のせいで、その欠陥を補うためにそこから排除された対立物を要請することが必要になるわけである。だが、こんな見方をしてしまうと理性の本質はゆがめられてしまう。というのも、ここでは理性は自足したものではなく、困窮したものであるように見えるからである。それにたいして、理性がみずからを絶対的であると認識するならば、反省から出発するようなあのやりかたが終わるところから、つまり理念と存在の同一性から哲学が始まる。哲学がそのどちらか一方を要請することはない。というのも、哲学は絶対性によって両者を直接に設定し、理性の絶対性とは両者の同一性にほかならないからである。

第八節　哲学体系にたいする哲学の関係

哲学の欲求としての体系

哲学の欲求が満たされるのは、すべての固定した対立を根絶するような原理にまで突き進み、制限されたものを絶対者に関係づけることによってである。こうした欲求を絶対的な同一性の原理において満たすということは哲学全般に見られる。〔だが、〕分裂を根絶することによって知られたものが〔同一性として〕生じてきたのだとしても、その分裂が所与のものであるがままに消えさってしまい、それ自身があらためて構成された綜合ではないかぎり、知られたものもその内容からすれば偶然的でしかないだろう。そうした哲学の内容はそもそもたがいに連関がなく、知識としての客観的な全体性をなさないだろう。こうした哲学であっても、その内容にとりとめがないというだけなら、かならずしも空理空論になるわけではない。空理空論は、もろもろの設定されたものをますます多様に拡散させるばかりであり、それがそうした流れに落ちこんで寄る辺なく漂流するなら、悟性がかかわる多様性そのものも落ち着きなく広がっていくばかりであろう。それにたいして哲学にとっては、それがたとえとりとめがなくても真なるものであるかぎりは、設定されたものもそれに対立するものも消えうせてしまう。というのも、哲学はそれらをほかの制限されたものと関連づけるばかりではなく、絶対者に関係づけ、そうすることでそれらを廃棄するからである。

だが、制限されたものは多様なので、制限されたものの絶対者へのこの関係もまた多様であり、したがって哲学はこの多様性そのものを関係づけることを目指さざるをえない。知識のひとつの全体性、ひとつの体系を生みだそうという欲求が生じずにはいないのである。こうしてはじめてあの多様な関係も偶然性から解放される。というのも、それらは知識の客観的な全体性の連関に位置づけられ、そのすべてが客観的に出そろうからである。体系にまで構築されないような哲学は、さまざまな制限からの絶えまない逃避でしかないし、みずからを確信し明晰に理解している理性の純粋な自己認識であるよりは、むしろ自由を求める理性の苦闘でしかない。自由な理性とその行為は〈ひとつ〉であり、理性の活動は理性そのものの純粋な自己表現なのである。

理性のこの自己産出のなかで絶対者は形態を与えられてひとつの客観的な全体性となり、この全体性は、自立し完結したひとつの全体であり、自分以外にはいかなる根拠ももたず、その始まりと中間と終わりにおいてそれ自身によって基礎づけられている。このような全体は一連の命題と直観の有機的組織として現われる。理性のすべての綜合とそれに対応する直観はいずれも思弁において統一されており、意識的なものと無意識的なものの同一性としてそれぞれが絶対者のうちにあり無限である。だが同時にこの同一性は、客観的な全体性のうちに置かれ、みずからの外にほかの同一性をもつかぎりでは、有限であり制限されている。分裂なき同一性の最たるもの（つまり、客観的には物質、主観的には感情〔自己意識〕）は同時に、無限に対立をはらむ同一性であり、徹底的に相対的な同一性でもある。理性という〔客観的であるかぎりでの〕全体性の能力は、相対的な同一性をそれに対立するものによって補完し、両者の綜合によって新たな同一性を生みだすが、この同一性そのものも理性の前ではまたもや不完全なので、ふたたび同じようにして補完される。綜合的とも分析的とも言えないような体系の方法がもっとも純粋なかたちで登場するのは、それが理性そのものの展開として現われるときである。理性は、みずからの現象の流出が〔相対的同一性とそれに対立するものという〕二つに分裂したかたちを取るからといって、その流出をくり返しみずからのうちに回収したりはしない。そんなことをすれば理性はみずからの現象の流出を根絶するだけである。そうではなく理性は、流出のうちにとどまってこの分裂によって制約された同一性へとみずからを構成し、この相対的な同一性をふたたびみずからに対立させ、そしてその結果、体系は完成した客観的な全体性にまで前進し、この全体性をそれと対立する主観的全体性と統一して無限な世界観とするのであり、それによってこの世界観の拡張は同時にもっとも豊かでもっとも単純な同一性へ収縮するのである。

哲学と体系という二つの概念

真の思弁がその体系のなかではみずからを完全に語らないとか、体系の哲学と体系そのものが合致しないとか、ある体系がすべての対立を根絶しようという意図をもっとも明確に表明しているのに、それ自身はもっとも完全な同一性にまで突き進まないといったことはありうる。〔哲学と体系という〕この両観点の区別は、哲学体系の評価にあたってはとくに重要になる。ある体系において根本をなす欲求が完全にはかたちを与えられておらず、対立したかたちでしか存在しないような制約されたものが絶対者に高められてしまえば、それは体系としては独断論となる。だが、相手を独断論とか精神錯乱[†34]とかののしりあうようなどれほど異なる哲学のうちにも、真の思弁は見いだせる。こうした視点を堅持するときにのみ、哲学史は価値ある興味ぶかいものになる。そうでなければ哲学史が提供するのは、無限に多様な形式のうちで自己表現する永遠で一なる理性の歴史ではなく、人間精神の偶然事や無意味な意見の物語にすぎないだろう。[†35]こうした偶然事や意見は理性に押しつけられる。というのも、それらのうちに〔真に〕理性的なものを認識せずに曲解しているような人にとっては、そんなものは重荷になるだけだからである。

独断論の原理としての因果関係

とはいえ真の思弁は、みずからを体系として完全に自己構成するにいたっていなくても、必然的に絶対的な同一性から出発する。この同一性が主観的なものと客観的なものに分裂するのは絶対者の産出作用のひとつである。したがって、根本原理はまったく超越論的であって、この立場からすれば主観的なものと客観的なものの絶対的な対立など存在しない。だがそうなると、絶対者の現象はひとつの対立だということになる。絶対者はみずからの現象のうちにはなく、両者はそれ自身対立しあう。現象は同一性ではない。この対立は超越論的には廃棄できない。つまり、それ自体としてはいかなる対立もないというふうには廃棄できない。したがって、現象はただ根絶されるほかないが、それでいて同様に存在すべきでもある。そうなると、絶対者はみずからの現象においては自分の外に出てしまっていると主張されることになろう。こうして、絶対者は現象そのもののうちにみずからを設定しなければならない。つまり、現象を根絶するのではなく、それを同一性へと構成しなければならない。絶対者と現象のあいだの因果関係などは偽りの同一性である。というのも、因果関係の根柢には絶対的な対立があるからである。この関係のうちには二つの対立するものがあるが、それらは身分を異にしている。したがって両者の統一は暴力的であり、一方が他方を支配下に置く。一方が支配し、他方が服従する。統一性が強制されるのは、相対的同一性でしかないような同一性においてである。〔フィヒテに見られるような〕絶対的であるべき同一性とは、不完全な同一性である。こうして、体系はその哲学に反して独断論（つまり客観性を絶対的に設定する実在論か、主観性を絶対的に設定する観念論）になってしまう。どちらも真の思弁に由来するにはちがいない（この点については観念論にくらべて実在論のほうがあいまいである）のだが。

超越論的哲学と独断論の関係

哲学の独断論である純粋な独断論は、その傾向からしても対立のうちに内在したままである。この独断論において根本原理として支配的であるのは、因果関係であり、相互作用というそのいっそう完全な形式でいえば、知性的なものから感覚的なものへの、そして感覚的なものから知性的なものへの作用である。〔それにたいして、〕一貫した実在論や観念論においては、因果関係は従属的な役割しか演じない。たしかに、因果関係こそが支配的であるように見えるし、じっさい実在論においては主観が客観の所産として、観念論においては客観が主観の所産とみなされはする。とはいえ、因果関係は本質的には廃棄されている。というのも、〔ここでの〕産出活動が絶対的な産出活動であり、その所産は絶対的な所産だからである。つまり、その所産は産出活動のうちにしか存在せず、独断論の形式的原理である純粋な因果関係においてのように、産出活動に先だってそれとは独立に存在する自立的なものとしては設定されていないのである。純粋な因果関係においては、所産はAによって設定されるものであると同時に、Aによって設定されないものでもある。したがってAは絶対的にただ主観でしかなく、A＝

---

†34　ラインホルトがドルバックの唯物論に用いたことば。ドルバックにたいするラインホルトの評価は本書第四章を参照。

†35　ラインホルト流の哲学史への皮肉。

Aはたんに悟性的な同一性を表現するにすぎない。なるほど哲学は超越論的な作業のなかで因果関係を利用するとはいえ、主観に対立するように見えるBは、それが対立するということからすればたんなる可能性であり、絶対的にひとつの可能性であるにとどまる。つまり、それはたんに偶有性でしかない。思弁の真の関係は実体的関係だが、〔ここでは〕この実体的関係が因果関係の外見をまとって超越論的な原理となっている。形式的にはこれを次のように表現することもできる。つまり、真の独断論はA＝AとA＝Bという二つの根本命題を認めはするものの、両者は二律背反であるにとどまり、綜合されることなくばらばらに並置されるのである。独断論はそこに二律背反があることも、したがってまた対立しあうものの存在を廃棄する必然性も認識しない。因果関係による一方から他方への移行こそが、不完全ではあれ独断論にとって唯一可能な綜合なのである。ところで超越論的哲学は、独断論とはこのように明確に区別されるにもかかわらず、体系にまで構築されるかぎりでは独断論に変質しかねない。というのはつまり、超越論的哲学は（絶対的な同一性以外にはなにも存在せず、そこではすべての差異と対立物の存在が廃棄されてしまうのだから）たしかに実質的な因果関係は認めないが、それでも（現象が〔絶対者と〕同時に存在すべきであり、絶対者から現象への関係には、現象の根絶とは異なるもっと別の関係もあるべきであるかぎり）因果関係を導入して現象を従属的なものにするからであり、したがって超越論的直観をただ主観的なものとみなすだけで、客観的なものとはみなされず、言いかえれば同一性を現象のうちに設定しないからである。A＝AとA＝Bはどちらも無制約なままだが、妥当すべきなのはA＝Aだけである。ということはしかし、両者の真の綜合はたんなる〈そうあるべきもの〉ではないはずなのに、そこには両者の同一性は表現されていない。こうして、フィヒテの体系においては自我＝自我が絶対者である。[†36]〔しかし、〕理性の全体性からは、非我を設定する第二命題〔自我＝非我〕が導かれる。両者を設定するこの二律背反だけで事がすむわけではなく、両者の綜合もまた要請される。だが、この綜合には対立が残ってしまう。自我と非我のいずれも根絶されるべきではなく、二つの命題が存立すべきであり、一方が他方よりも序列の上では上位にあるべきなのである。体系の思弁は対立するものの廃棄を要求するが、体系そのものはそれを廃棄しない。体系が到達する絶対的綜合は自我＝自我ではなく、自我は自我に等しくあるべきだということにすぎない。絶対者は超越論的な視点にとっては構成されているが、現象の視点にとってはそうではない。二つの視点はいまだ矛盾している。同一性が同時に現象のうちに設定されておらず、言いかえれば、同一性が客観的になりきってはいないので、超越論的なありかたそのものがひとつの対立するもの、主観的なものでしかなく、そこで現象は完全には根絶されていないと言ってもよい。

次章のフィヒテ論の展望

フィヒテの体系にかんする以下の叙述では、純粋意識が、つまり、この体系において絶対的なものとして提示されている主観と客観の同一性が、主観と客観の主観的な同一性でしかないことをあきらかにすることに努めたい。その叙述は、体系の原理である自我が主観的な主観＝客観でしかないことを証明し〔①〕、それにつづいてただちにそれをまず自然の演繹の方法に即して〔②〕、次にとりわけ道徳と自然法という特殊な学問における同一性の諸関係に即して〔③〕、さらには美的なものにたいする体系全体の関係に即して〔④〕証明するというふうに進められる。[†37]

すでに述べてきたところからあきらかなように、この叙述においてはさしあたりまず問題になるのは体系であ

†36　フィヒテ『全知識学の基礎』第一節以下を参照〔九〇頁以下〕。
†37　①は第二章の「第一節　理論的認識」と「第二節　実践的認識」に、②は「第三節　自然にたいする自我の関係」と「第四節　『自然法の基礎』における自然の演繹」に、③は「第五節　法と国家の理論」と「第六節　人間の倫理的共同体」に、④は「第七節　フィヒテにおける美学と倫理学」に対応する。

るかぎりでのフィヒテ哲学である。たしかにフィヒテ哲学は、きわめて根本的で深遠な思弁でもあれば真の哲学でもあって、さらには真の思弁の概念がもはや失われ、カント哲学でさえも理性を思弁へと駆りたてられなかったような時代に登場しただけになおのこと注目に値するが、そうしたかぎりでのフィヒテ哲学が問題になるのではない。

第二章　フィヒテの体系の叙述

第一節　理論的認識

純粋意識（超越論的意識）と経験的意識

フィヒテの体系の基礎は知的直観であり、純粋な自己思考であり、純粋な自己意識つまり自我＝自我であり、〈私はある〉である。絶対者は主観＝客観であり、自我は主観と客観のこうした同一性である。

普通の意識においては自我は対立のうちに現われる。哲学は客観とのこの対立を説明しなければならない。この対立を説明するということは、対立が別のなにかによって条件づけられていることを示すこと、したがって、対立が現象でしかないことを証明することである。〔たしかに〕経験的意識が純粋意識に完全に根拠づけられており、たんにそれによって条件づけられているだけではないことが証明されれば、つまり、〔対立の〕説明が完全であり、純粋意識と経験的意識の部分的な同一性が示されるだけではないのなら、両者の対立は廃棄されるだろう。〔しかし〕経験的意識のがわに純粋意識によっては規定されない無条件な側面が残るようなら、この同一性は部分的なものでしかなくなる。そして、経験的意識が無条件であれば、純粋意識と経験的意識は最高の対立の両項としてしか現われないのだから、純粋意識そのものが経験的意識によって規定され条件づけられることになってしまうだろう。そうなれば〔両者の〕関係はたがいに規定し規定されることを含んでいるひとつの相互関係ではあっても、相互作用しあうものの絶対的な対立を前提するような、したがって、分裂が絶対的同一性に解消不可能であることを前提するような相互関係になってしまうだろう。

哲学者〔フィヒテ〕にとってこの純粋な自己意識が生じるのは、彼がみずからの思考のうちで、自我ではない異質なものをすべて捨象し、主観と客観の関係だけを堅持するからである。経験的直観にあっては主観と客観は対立しあっているが、哲学者はこの直観の活動を捉え、直観を直観し、それによって経験的直観の働きを同一性として把握する。この直観の直観は、一方では哲学的な反省であり、普通の反省や経験的な意識一般に対立する。普通の反省や経験的な意識は自分自身やみずからのさまざまな対立を超えることはないからである。他方、この超越論的な直観は同時に哲学的な反省の対象、つまり絶対者であり、根源的な同一性である。哲学者は自由へと高まり、絶対者の立場に高まっている。

いまや彼の課題は、超越論的意識と経験的意識の見かけ上の対立を廃棄することである。一般にこの課題は、経験的意識を超越論的意識から演繹することでなしとげられる。当然のことながら、この演繹はなんらかの異質なものへの移行ではありえない。超越論的哲学は、経験的意識を外部にある原理からではなく内在的な原理から、その原理の能動的な流出つまり自己産出として構成することだけをひたすら目指している。経験的意識においては、純粋な自己意識から構成されないものはなにも生じないし、純粋意識にしても経験的意識と本質的に異なるものではない。両者の形式が異なるのは、経験的意識においては客観として主観に対立したかたちで現われるものが、この経験的直観のなかでは同一のものとして設定され、そのために経験的意識はみずからの本質をなしてはいるが自分では意識していないようなものによって補完されるという点においてでしかない。

フィヒテの知的直観

課題はこんなふうにも表現できる。概念としての純粋意識は哲学によって廃棄されるべきであるというふうに。知的直観つまり純粋な自己思考は、経験的意識に対立しているばあいには、概念として現われる、言いかえればいっさいの多様と主観と客観のいっさいの不等性を捨象したものとして現われる。たしかに知的直観はひたすら活動であり、行為であり、直観であって、みずからの生みだす自由な自発性のうちにしか存在しない。この作用は、すべての経験的なもの、多様なもの、対立するものから解き放たれ、思考の統一へ、自我＝自我へ、主観と客観の同一性へと高まるとはいえ、ほかの諸作用とは対立している。そうであるかぎり、この作用はひとつの概念として規定されうるし、思考一般の領域というさらに高次の領域をみずからに対立するほかの諸作用と共有することにもなる。自己思考のほかにも別の思考が、自己意識のほかにも多様な経験的意識が、客観としての自我のほかにも意識の多様な客観がある。自己意識の作用がほかの意識からはっきりと区別されるのは、その客観が主観に等しいからだとされる。そうであるかぎり、自我＝自我はある無限な客観世界に対立している。

そうなれば、超越論的直観によってはどんな哲学的な知識も生じず、それどころか逆に、反省が超越論的直観を独占してほかの直観に対立させ、この対立に固執するなら、どんな哲学的な知識も不可能になる。自由な自発性というこの絶対的な作用〔超越論的直観〕は哲学的な知識の条件ではあるが、まだ哲学そのものではない。哲学は経験的知識の客観的な全体性と純粋な自己意識とを同一視するので、後者は概念つまり対立的なものとしてはまるごと廃棄され、それとともに前者も同じく廃棄される。〔フィヒテの〕主張によれば、そもそも存在するのは純粋意識だけであり、自我＝自我こそが絶対者である。〔その通りだとすれば〕すべての経験的意識は自我＝自我の純粋な産物にすぎないし、この経験的意識のうちに、あるいはこの意識によって、なんらかの絶対的な分裂が存在するということにでもなれば、つまり、この意識のうちに自我が自分のために自分で設定したのではないようなものが現われることにでもなれば、経験的意識は頭から否定されてしまう。すべては自我の自己設定の働きによって設定されるのであり、この働きがなければなにものでもない。〔だが、ほんとうは〕純粋意識と経験的意識の同一性が両者の根源的な対立の捨象ではなく、むしろ逆に、両者の対立のほうが両者の根源的な同一性の捨象なのである。

　こうして〔フィヒテにおいては〕知的直観はすべてのものと同一視される。知的直観は全体性である。すべての経験的意識と純粋意識がこのように同一であるということが知識であり、このように同一であることを知っている哲学が知識学（die Wissenschaft des Wissens）である。[†38] この哲学は経験的意識の多様性が純粋意識と同一であることを実際の行為によって、つまり客観的なものを自我から実際に展開することによって示し、経験的意識の全体性を自己意識の客観的な全体性として叙述しなければならない。この哲学にとっては、自我＝自我のうちに多様な知識がまるごと与えられている。〔普通の意識がおこなうような〕たんなる反省にとっては、〔自我＝自我からの多様な知識の〕こうした演繹は統一性から多様性を、純粋な同一性から分裂を導出するという矛盾した始まりかたをするように見えるが、自我＝自我の同一性は〔ほんとうは〕なんら純粋な同一性、つまり反省の抽象作用によって生じるような同一性ではない。〔じっさい〕反省は、自我＝自我を統一性として捉えると同時に、それを分裂としても捉えざるをえない。自我＝自我は同一性であると同時に分裂でもあって、自我＝自我のうちには対立があるからである。自我はあるときは主観であり、またあるときには客観だが、自我に対立するものもまた同じく自我であり、対立しあっているのは同一のものである。したがって、経験的意識が純粋意識の外に踏みだすなどとはみなせなくなる。こんな見方をすれば、知識学は純粋意識から出発するわけだから、むろん馬鹿げたものであろう。経験的意識が純粋意識の外に踏みだすというこうした見方の背後にはすでに述べた抽象の働きが潜んでいて、反省はみずからの対立させる働きをそれだけ切り離してしまう。悟性としての反省は、超越論的直観を捉えるにはどう見ても不適格である。たとえ理性が自己認識にまで突き進んだとしても、反省はみずからの居場所を与えてくれる理性的なものをまたもやひとつの対立するものに変えてしまう。

フィヒテにおける主観的自我と客観的自我の対立

われわれはこれまで〔フィヒテの〕体系の純粋に超越論的な側面を叙述してきた。そこでは反省にはなんの力もなく、哲学の課題は理性によって規定され叙述されていた。この真に超越論的な側面のせいで、反省が支配している別の側面をその出発点から把握することはおろか、そもそもそれを心に留めておくことさえむずかしくなる。なぜなら、反省は理性的なものを悟性的なものに変えてしまいはするが、その悟性的なものには超越論的な側面に立ちもどる道がいつでも開かれているからである。したがって、この体系には思弁の立場と反省の立場という二つの立場が本質的にそなわっており、しかも反省の立場が従属的な地位にあるどころか、どちらも体系の中心にあって絶対に不可欠でありながら統一されていないということが示されなければならない。

言いかえれば、自我＝自我は思弁の絶対的原理だが、それにもかかわらずこの同一性は体系によって証明されていないのである。客観的な自我は主観的な自我に等しくならず、両者は絶対的に対立したままである。自我はみずからの現象つまりみずからの設定作用のうちに自分を見いだすことがない。自我がみずからを自我として見いだそうとすれば、みずからの現象を根絶しなければならない。自我の本質とその設定作用とは合致しない。つまり、自我はみずからにとって客観的にならないのである。

フィヒテの三つの根本命題

フィヒテは知識学においてみずからの体系の原理を叙述するために根本命題という形式を選んだが、この形式が不適切であることはさきに論じておいた。[†39] 第一根本命題は、自我の絶対的な自己設定であり、無限な設定作用

†38　フィヒテの「知識学（die Wissenschaftslehre）」が念頭に置かれている。

としての自我である。第二根本命題は、絶対的な対立設定つまり無限な非我の設定である。第三根本命題は、自我と非我の絶対的な分割による両者の絶対的な統一であり、無限の領域を分割可能な自我と分割可能な非我へと分配することである。これら三つの絶対的な根本命題は自我の三つの絶対的な作用を表現する。絶対的作用がこのように複数あることから、これらの作用も根本命題も相対的でしかないこと、言いかえれば、意識の全体性を構成するかぎりでの観念的な要素でしかないことが、ただちに帰結する。自我＝自我がほかの絶対的な諸作用に対立するこうした位置にあるなら、それが純粋な自己意識という意味をもつのは、この純粋な自己意識が経験的な自己意識に対置されているかぎりでしかない。そうしたものであるかぎり、自我＝自我は経験的な自己意識の捨象によって条件づけられていることになる。第二根本命題と第三根本命題と同様、第一根本命題もまた条件づけられたものである。こうしたことは、絶対的な作用の内容がまったく未知であっても、それが複数存在することからただちに読みとれる。自我＝自我という絶対的な自己設定が条件づけられたものとして理解されるというのは、けっして必然ではない。逆にすでにわれわれは、自我＝自我が超越論的な意味では絶対的な同一性である（つまり、たんに悟性的な同一性なのではない）ことを見ておいた。[†40] ところが、自我＝自我を複数の根本命題のひとつと立てるこうした形式のもとでは、この根本命題は、経験的な自己意識に対立する純粋な自己意識、普通の意識に対立する〔がゆえにまだ不完全な〕哲学的反省という意味しかもたない。

しかも、純粋な設定〔第一根本命題〕と純粋な対立設定〔第二根本命題〕というこれらの観念的な要素が設定されうるのは、哲学的な反省のためでしかない。この哲学的反省は、根源的な同一性から出発するにもかかわらず〈まさしくこの同一性の真の本質を叙述するために〉絶対的に対立するものの叙述から始めて、同一性を二律背反に結びつける。これは絶対者を叙述する反省の唯一のやりかたである。その結果、反省は絶対的な同一性を概念の領域からすぐさま連れさり、主観と客観を捨象しないような両者の同一性としてでっちあげてしまう。この絶対的同一性を捉えるために、〔フィヒテがそうしたように〕純粋な自己設定と純粋な対立設定はどちらも同じ〈ひとつ〉

の自我の活動だと考えるわけにはいかない。そんなことをすれば、それはけっして超越論的な（transzendental）同一性ではなく、超越的な（transzendent）同一性になってしまう。対立するものの絶対的な矛盾が存続し、両者の統一はどちらも〔自我の〕活動であるという一般概念の統一にまで縮小されてしまうだろう。要求されているのは超越論的な統一であり、〔自己設定と対立設定という〕二つの活動の矛盾そのものが廃棄され、観念的であると同時に実在的でもあるような真の綜合が観念的な要素から構成されるような統一である。こうした綜合を表現するのが第三根本命題、つまり「自我は自我のうちで分割可能な自我に分割可能な非我を対立設定する」[†41]ということである。無限な客観的領域つまり対立設定されたものは、絶対的な自我でも絶対的な非我でもなく、さまざまな対立するものを包括するものであり、対立する諸要素によって満たされたものである。対立する諸要素は、一方が設定される分だけ他方が設定されず、一方が増える分だけ他方が減るという関係にある。

フィヒテの第三根本命題における綜合

しかし、この綜合において客観的自我は主観的自我に等しくない。主観的自我は自我だが、客観的自我は自我＋非我である。この綜合においては、根源的な同一性は現われない。純粋意識は自我＝自我だが、経験的な意識は自我＝自我＋非我――非我が構成されるさいのすべての形式をそなえた非我――であり、両者はたがいに対立したままである。第三根本命題が表現しているこの綜合は、第一根本命題の作用と第二根本命題のそれが絶対的

---

†39　本書第一章の「第五節　絶対的な根本命題という形式を取った哲学の原理」を参照。これ以後の叙述については、フィヒテ『全知識学の基礎』第一～三節〔九〇～一二七頁〕を参照。
†40　本書五七頁以下を参照。
†41　『全知識学の基礎』一一〇頁〔一一四頁〕を参照。

に対立する活動であるだけに必然的に不完全である。それどころか、根本的にはいかなる綜合も不可能である。綜合が可能になるのは、自己設定の活動と対立設定の活動が観念的な要素として設定されるばあいでしかない。けっして概念であるはずのない活動をあくまでも観念的な要素としてあつかおうというのは、それだけでたしかに矛盾のように思える。だが、自我と非我、主観的なものと客観的なものといった統一されるべきものが（設定と対立設定のような）活動として表現されるか、（客観的自我と非我のような）所産として表現されるかは、それ自体としても同一性を原理とする体系にとってもどうでもよい。絶対的に対立しあっているというその性格のゆえに、まさしく両者はたんなる観念的なものになっており、フィヒテも両者のこうした純粋な観念性を認めている。フィヒテにとって対立しあうものは、綜合以前と綜合以後とではまったく異なる。綜合以前には、それらはたんに対立しあうものにすぎず、それ以上のなにものでもない。それぞれはたがいに他方がそうでないものである。それぞれはいかなる実在性ももたないたんなる観念であり、そればかりか、たんなる実在性の観念であるにすぎない。一方が登場すると他方が根絶される。しかし、一方は他方の反対という述語のもとでしか登場できず、したがって、一方の概念とともに他方の概念も同時に登場してきて、この一方を根絶してしまうので、この一方そのものもまた登場できなくなる。そのために、まったくなにも存在しないことになる。たんに対立するだけのものをいつのまにか実体化して、それらについて思考できるようにしてくれたのは、想像力の慈悲深い錯覚でしかなかったのである。[†42]

対立しあう要素が観念的であるということからわかるのは、それらが綜合の活動のうちにしか存在せず、そうした要素の対立も要素自身も綜合の活動によってのみ設定されるということであり、それらを対立させる作用はただ哲学的な構成のためにのみ、つまり綜合の能力を悟性にも理解できるようにするためにのみ用いられたにすぎないということである。産出的想像力は、活動としてイメージされた絶対的同一性そのものであり、そしてその活動は、限界という産物を設定することによって同時に対立しあうものをたがいに限界づけあうものとして設定するにすぎないとされる。〔しかし〕産出的想像力が対立しあうものによって制約された綜合的能力として現われるなどというのは、反省の立場にとってのみ言えることにすぎない。反省は対立しあうものから出発して、直観をそれらの統一としてしか理解しないからである。だが同時に哲学的反省は、この見方を反省に属する主観的なものと呼ぶためには、超越論的立場を確立しなければならない。この立場が確立されるのは、哲学的反省があの絶対的に対立しあう活動を観念的な要素でしかないもの、絶対的な同一性に比べればまったく相対的でしかない同一性として認識し、それにたいして絶対的な同一性にあっては、経験的意識もそれに対立する純粋意識も――純粋意識も経験的意識の捨象であるかぎりは経験的意識と対立している――廃棄されていることを認識することによってである。自我が二つの対立しあう活動の超越論的な中心点であり、両者に中立的であるのはこうした意味においてでしかなく、両者の絶対的な対立が意味をもつのは両者が観念的だからでしかない。

とはいえ、第三根本命題で表現されているような綜合は客観的自我が自我＋非我となるような不完全な綜合であることからしてもすでに、対立しあう活動をたんに相対的な同一性や観念的な要素とだけみなしてよいのかという疑念が呼びさまされる。対立しあう活動をそのようなものとみなせるのは、綜合にたいする両活動の関係だけに注目して、両活動も第三の活動も絶対的なものという称号を帯びていることを度外視するばあいだけであろう。

だが〔フィヒテの体系において〕自己設定と対立設定は、たがいのあいだでも綜合的な活動にたいしてもそのような関係になるはずがない。自我＝自我は絶対的な活動であり、いかなる点でも相対的同一性や観念的要素とみなされるべきではない。この自我＝自我にとって非我は絶対的に対立するものだが、両者の統一は必然的であって、思弁の唯一の関心事である。しかし、絶対的に対立するものを前提しながらどのような統一が可能だという

†42　『全知識学の基礎』二二四頁以下〔二三四頁〕からの自由な引用。

のだろうか。あきらかにいかなる統一もまったくありえないか、あるいは、〔すくなくとも部分的には両者の対立の絶対性から離れて第三根本命題が必然的に登場しなければならないが、対立はその根柢にとどまりつづけるのだから〕せいぜい部分的な同一性しかありえないかのいずれかである。絶対的同一性はたしかに思弁の原理ではあるが、「自我＝自我」というその表現と同じく、その無限な実現が要請されながらも体系においては構成されないような規則にとどまるのである。

重要な点は、自己設定と対立設定が体系において絶対的に対立する活動であると証明することであるにちがいない。フィヒテの言葉はたしかにそうであることを率直に表明しているが[†43]、この絶対的な対立は産出的想像力が可能になる唯一の条件であるともされている。ところで産出的想像力が自我であるのは、それが対立を乗り越えられない理論的能力であるかぎりでのことにすぎない。実践的能力にとってはもはや対立はなくなり、実践的能力だけが対立を廃棄する〔と、フィヒテ自身は主張する〕。そうだとすれば〔フィヒテの体系を批判するには〕、実践的能力にとっても対立は絶対的であり、実践的能力においてさえ自我はみずからを自我として設定せず、客観的自我も同様に自我＋非我であって、実践的能力は自我＝自我にまで到達しないことが証明されなければならない。〔実践的能力が自我＝自我に到達するどころか〕逆に、体系の最高の綜合さえもが不完全でいまだ対立をはらんでいるということから、対立の絶対性があきらかになる。

観念論と唯物論（実在論）の対立

独断的観念論が原理の統一性を保つのは、客観一般を否定して対立の〈一方〉である主観を規定されたものであるにもかかわらず絶対者として設定することによってだとすれば、独断論とその純粋な形態である唯物論が原理の統一性を保つのは、主観的なものを否定することによってである。哲学の根柢に置かれているのが、対立の一方を否定し絶対的に捨象することによって実現するとされるような同一性への要求だけなら、主観的なものと客観的なもののどちらが否定されるかはどうでもよい。意識されているのは両者の対立であり、両者いずれの実在性もその対立に根ざしている。経験的意識において純粋意識は独断論者のいう物自体とまったく同様に証示されえない。意識を満たしているのは主観的なものだけでもなければ客観的なものだけでもない。純粋に主観的なものは、純粋に客観的なものと同じく抽象の産物である。独断的観念論は主観的なものを客観的なものの実在根拠とみなし、独断的実在論は客観的なものを主観的なものの実在根拠とみなす。そもそも首尾一貫した実在論は、意識が自己設定の自発的活動であることを否定する。しかし、実在論はみずからが意識の実在根拠とみなす客観さえも〔自我＝自我から派生するような〕非我＝非我として表現し、みずからの客観の実在性が意識のうちにあることを示し、したがって意識の同一性こそが絶対者だと主張して、有限なもの同士の客観的な並列に対置するので、純粋な客観性というみずからの原理の形式をむろん放棄せざるをえない。この実在論がなんらかの思考の働きを容認すれば、その思考の分析からはただちに自我＝自我が示されなければならない。自我＝自我は命題として表現された思考である。というのも、思考は対立しあうものを自発的に関係づける働きであり、関係とは対立しあうものを等しいものとみなすことだからである。とはいえ、観念論が意識の統一性を主張するように、実在論も意識の分裂を主張することができる。意識の統一性は分裂を前提し、関係は対立したありかたを前提する。自我＝自我には、もうひとつ別の命題が同じく絶対的に対立する。つまり、主観〔主語〕は客観〔目的語〕に等しくないという命題〔自我≠自我〕である。両命題は対等の地位にある。フィヒテがみずからの体系を叙述したさいのいくつかの形式には、みずからに対立する原理を否定してしまう独断的観念論の体系であるかのように誤解させかねないところがある。じっさいラインホルトは、フィヒテの原理の超越論的意味からすれば自我＝自我においては主観と客観の差異もまた同時に設定される必要があるということを見落とし、フィヒテの体系のうちに絶

†43 『全知識学の基礎』二一五頁以下〔二二五頁〕を参照。

対的主観性の体系を、つまりは独断的観念論を見ている。[†44] だが、フィヒテの観念論は、それが提示する同一性が客観的なものを否定せず、むしろ主観的なものと客観的なものを同等の実在性と確実性において設定し、純粋意識と経験的意識が〈ひとつ〉であるというまさにそのことによって〔独断的観念論からは〕区別される。主観と客観の同一性のゆえに、私はみずからを設定するのと同じ確実さで私の外にある事物を設定する。自我が存在するのと同じ確実さで事物も存在する。

しかし、自我が事物か自分自身かのどちらか〈一方〉だけしか設定しないならば、あるいは両者を同時に設定してもばらばらにしか設定しないならば、この自我は体系においてみずからにとって主観＝客観になることがない。主観的なものはたしかに主観＝客観だが、客観的なものはそうではなく、したがって主観は客観に等しくないのである。

理論的能力としての自我

自我は理論的能力であるかぎり、みずからを完全に客観的に設定して対立から脱することができない。「自我はみずからを非我によって規定されたものとして設定する」[†45] とは第三根本命題の一節であり、これによって、自我が知性的〔理論的・観照的〕なものとして構成される。ところで、客観的世界は知性の偶有性であることが証明され、知性が自分は非我によって規定されていると想定するさいの非我は〔それ自体としては〕無規定なものであり、その規定はすべて知性の所産だとしても、理論的能力には制約を受けるような側面があいかわらず残っている。つまり、客観的世界は知性によって無限に規定されているにもかかわらず、知性にとってはいつでも同時に無規定でもあるような〈なにものか〉でありつづけるのである。非我はたしかに肯定的な性格はまったくもたないが、なんらかの他者、つまりなんらかの対立するもの一般であるという否定的な性格をもっている。あるいはフィヒテの表現を借りれば、知性はある障害によって制約されているが、この障害それ自体はまったく無規定である。[†46] 非我はこうした否定的なもの、無規定なものを表現するだけなので、こうした性格が非我そのものに帰属するのは、自我のひとつの設定作用、つまり自我はみずからを設定されていないものとして設定するという設定作用によるしかない。対立設定一般、つまり自我によっては絶対に規定されないものを設定する働きは、それ自身が自我のひとつの設定作用なのである。こうした表現において主張されているのは、自我はたとえ知性としてなにか他なるもの＝Xによって制約されていようとも〔あくまでおのれの内部にあって〕内在的だということである。しかし〔こんなふうに表現したところで〕、矛盾は別の形式を取って、それ自身が〔自我に〕内在するだけである。つまり、自我の対立設定する働きと自我の自己設定する働きがたがいに矛盾することになるのである。そして、理論的能力はこの対立を脱することができず、したがって、この能力にとって対立は絶対的でありつづける。産出的想像力は絶対的に対立しあうもののあいだの動揺であり、この対立を一定の限度内で綜合するばかりで、対立する両極端を統一することができない。

自我は理論的能力によってはみずからにとって客観的にはならない。自我は自我＝自我に達するかわりに、自我＋非我としての客観がそれにたいして生じる。言いかえれば、純粋意識は経験的意識に等しくないことが証明されてしまう。

ここから客観的世界の超越論的演繹の性格があきらかになる。自我＝自我は思弁の原理、つまり経験的意識に対立する主観的な哲学的反省の原理なのだから、経験的意識との対立を廃棄して、みずからが哲学的な原理であることを客観的に証明しなければならない。経験的意識の多様性に匹敵するだけの活動の多様性を純粋意識が自

†44　ラインホルト『寄与』第一巻八二頁以下、一二四頁以下、七七頁。
†45　フィヒテ『全知識学の基礎』一二五頁以下〔一三二頁以下〕。
†46　同書二一〇頁以下、二四八頁以下〔二二一頁以下、二六二頁以下〕。

フィヒテの体系における自由

分のうちから産出すれば、あの対立は廃棄されるにちがいない。そうなれば、自我＝自我こそがたがいに外的なかたちで存在する客観全体の内在的な実在根拠であることが証明されるだろう。ところが、経験的意識のうちには、自己設定の働きであるがゆえに純粋意識がみずからのうちから産出することも克服することもできず前提するしかないような対立するもの、ひとつのXが存在する。絶対的同一性が理論的能力として現われながらも、経験的意識との対立や主観性を完全に捨象し、〔理論理性という〕この領域内でおのれ自身にとって客観的になり、A＝Aになりうるかどうかは疑問である。しかし、この理論的能力はみずからを非我によって規定された自我として設定するような自我なのだから、そもそも純粋な内在的領域ではない。この内在的領域のうちにおいてさえ、自我のすべての所産は同時に自我によっては規定されないものである。したがって純粋意識は、それが経験的意識の多様性をおのれのうちから産出するかぎり、欠如という性格を帯びて現われる。そうだとすれば、純粋意識がもつこうした根源的な欠如こそが、客観的世界一般の演繹の可能性を成りたたせていることになる。この演繹においては純粋意識の主観的性格がもっともはっきりと現われる。自我が客観的世界を設定するのは、自我はみずからを設定するときにみずからを欠如あるものと認識するからである。そしてそれとともに、純粋意識の絶対性は崩れさる。客観的世界は自己意識にたいしてその条件となるような仕方でかかわるようになる。純粋意識と経験的意識はそれぞれがたがいの条件となっており、いずれも等しく必然的である。フィヒテの表現によれば、純粋意識が経験的意識にまでいたりつくのは、それがなんら完全な意識ではないからである。

この相互関係のうちには両者の絶対的な対立が残ってしまう。ここに成りたちうる同一性はきわめて不完全で皮相な同一性である。純粋意識と経験的意識をみずからのうちに含みながらも、両者をあるがままのものとしては廃棄するような別の同一性がどうしても必要になる。

客観的なもの（つまり自然）がこの種の演繹によって手に入れる形式についてはのちほど語ることにしよう。[†47] しかし、これまで検討してきた演繹の形式から純粋意識の主観性があきらかになったことからすれば、この演繹の形式にはもうひとつあって、そこでは客観的なものを産出する働きが自由な活動の純粋な作用となっていることも説明がつく。自己意識が経験的意識によって条件づけられているなら、経験的意識は絶対的自由の所産ではありえないし、自我の自由な活動なるものがあるとしても、それは客観的世界の直観を構成する一要素にすぎないだろう。世界は知性の自由の所産であるということこそが、はっきりと表明された観念論の原理であり、フィヒテの観念論がこの原理を体系にまで構築しなかったとすれば、その理由はこの体系において自由が登場するさいの性格のうちに見いだされるだろう。

哲学的反省は絶対的な自由の作用であり、所与の存在の領域をまったく自由気ままに抜けだし、経験的意識のうちでは知性が無意識に産出しているために所与のように見えるものを意識的に産出する。哲学的反省にとっては多様な必然的表象は自由によって生みだされるひとつの体系として生じるのだが、客観的世界の無意識的な産出作用が自由の働きだと主張されるのはそれと同じ意味ではない（というのも、そうなれば経験的意識と哲学的意識は対立してしまうからである）。むしろそう主張されるのは、〔自由と客観的世界の〕どちらも同じひとつの自己設定の働きによるものだからである。自己設定つまり主観と客観の同一性は、自由な活動である。[†48]〔しかし、〕純粋意識つまり自己設定の働きからの客観的世界の産出を前述のようなやりかたで叙述すれば、どうしてもある絶対的な対立が現われてしまう。そうなってしまうのは、客観的世界が自由の作用として演繹され、自我のおのれ自身による自己制限として現われなければならないからである。そうなると産出的想像力は、無規定で無限に進

---

†47　自然にたいする自我の関係については、本章第三節を参照。
†48　本書六六頁以下の「理論的能力としての自我」についての叙述を参照。

む活動と制限的で有限化をめざす活動という二つの要素から構成されることになる。〔後者の活動である〕反省する活動はここでは観念的な要素であり絶対的に対立するものだから、前者の活動と同じくこれもまた無限な活動として設定されなければならないのだが、もしそうなら、この反省する活動そのものも自由の作用として設定されてよいわけであり、自我は自由によってみずからを制限することになる。そうなれば自由と制限とはたがいに対立しなくはなるが、しかし今度はみずからを無限なものとして設定することと、有限なものとして設定することが対立することになろう。これは、以前に第一根本命題と第二根本命題の対立として生じたのと同じ事態である。たしかに、これによって制限は内在的なものになる。というのも、自分自身を制限しているのは自我だからである。客観が設定されるのは、この制限を説明するためでしかなく、知性の自己制限こそがただひとつの実在的なものである。経験的意識が主観と客観のあいだに設定する絶対的な対立はこうして廃棄されるものの、この対立は別のかたちをとって知性そのもののうちにもちこまれる。知性は一方で理解できない制限に包囲されており、自分自身を制限するということは、知性には絶対に理解できない法則である。だが〔他方では〕、普通の意識〔つまり経験的意識〕のこの対立が当の意識にとっては理解できないということこそがまさに思弁へと駆りたてるものである。とはいえ、この理解不可能性は体系のうちに残ってしまう。というのも、制限された圏域を突破することが哲学の欲求の唯一の関心事だというのに、その制限が知性そのもののうちに設定されてしまうからである。

制限する活動に自由が対置され、自己設定の働きとして対立設定の働きに対置されるなら、自由は制約されてしまうが、そうあるべきではない。先に自己設定の働きと対立設定の働きいずれもが自我のうちに設定されたように[†49]制限する活動さえもが自由の活動として設定されるならば、自由は絶対的同一性ではあるが、みずからの現象に矛盾する。現象はいつでも非同一的なもの、有限なもの、不自由なものだからである。自由は体系においてはみずからを産出できない。所産が産出者と一致しないからである。自己設定の働きから出発する体系は、有限なもののなかで有限なものから知性を回復するどころか、知性を条件からそのまた条件へと連れまわして有限なもの無限連鎖に拉しさってしまう。

第二節　実践的認識

実践的能力が必要になる理由

思弁は自我＝自我という原理を無意識的な産出作用においては完全に示すことができず、理論的能力の客観は自我によっては規定されないものをみずからのうちにどうしても含んでしまうので、実践的能力が引きあいに出されることになる。自我は無意識的な産出作用によってはみずからを自我＝自我として設定することもできなければ、主観＝客観として直観することもできない。そこで、自我がみずからを同一性として、主観＝客観として生みだし、つまりは実践的に生みだすべきだという要求、みずから客観に変容すべきだという要求が依然として残ってしまう。この最高の要求は、フィヒテの体系にあっては要求であるにとどまる。それは真の綜合へ解消されないばかりか、要求のままに固定されてしまい、そのために観念的なものは実在的なものに絶対的に対立し、自我がみずからを主観＝客観として捉える最高の自己直観は不可能になる。

自我＝自我が実践的に要求され、そうすれば自我は自我のままでみずからの客観になるとされる。というのも、自我は非我と因果関係で結ばれるようになり、それによって非我は消滅し、客観は自我によって絶対的に規定されたもの、つまり＝自我になるからだというわけである。〔しかしじっさいには〕ここでは因果関係が支配的になるので、理性つまり主観＝客観は対立するものの〈一方〉として固定され、真の綜合は不可能になってしまう。

†49　本書五九頁以下、とりわけ六六頁以下を参照。

フィヒテにおける当為と自由

自我は、無意識な産出においてみずからに生じるXと主観性との対立からみずからを再構成して、みずからの現象と〈ひとつ〉になることができないのだが、こうした事態は、〔フィヒテの言葉では〕体系が示しうる最高の綜合は当為（Sollen）であるというふうに表現される。「自我は自我に等しい」が「自我は自我に等しくあるべきだ」に変わってしまう。体系の成果はその出発点に帰らないのである。

自我は客観的世界を根絶すべきであり、非我にたいして絶対的な原因という性格をもつべきである。[†50] これは矛盾であることがあきらかになる。というのも、そうなれば非我は廃棄されるだろうが、対立設定の働きつまり非我を設定する働きが絶対的になってしまうからである。こうして〔フィヒテの体系では〕、客観にたいする純粋な活動の関係は努力[†51]（Streben）というかたちでしか想定できない。主観的な自我に等しい客観的自我は、自我＝自我を示すのだから、なんらかの対立設定の働きを、ということはつまり、みずからに対立するなんらかの非我をも同時にもっている。〔こうして〕前者の観念的[†52]な自我は、後者の実在的な自我に〔等しいのではなく〕等しくあるべきだということになる。絶対的な当為へのこうした実践的要請は、ひとつの直観へと統一されないような対立のたんなる思考の上での統一を、つまり第一根本命題と第二根本命題の対立《アンティテーゼ》を表現するものでしかない。

こうして自我＝自我は思弁からは見棄てられ、反省にゆだねられてしまう。純粋意識はもはや絶対的同一性としては登場せず、どうがんばっても経験的意識に対立する。

この体系において自由がどのような性格をもつかがここからあきらかになる。つまり、自由とは対立しあうものを廃棄することではなく、むしろ対立しあうものと対立することであり、この対立のうちで否定的な自由として固定されるのである。理性は反省によって、多様性に絶対的に対峙するような統一性として構成されてしまう。当為とは、こうした永続する対立と絶対的同一性の不在を表現している。純粋な設定作用、自由な活動は抽象の結果として、主観的なものという絶対的形式のもとに置かれてしまう。つまり、体系の出発点である超越論的直観が主観的なものであったのは、それが哲学的反省という形式のもとにあったからであり、この哲学的反省が絶対的な抽象によって主観的なものの純粋な自己思考にまで高められたからである。超越論的直観をそうした形式にとらわれない真相において捉えるには、主観的なものというこの性格が捨象されなければならなかった。思弁はみずからの主観的な原理を主観と客観の真の同一性に高めるために、その原理からこうした〔主観的な〕形式を遠ざけねばならなかった。だがそうであるにもかかわらず、哲学的反省に属するかぎりでの超越論的直観と、主観的でも客観的でもないかぎりでの〔真の〕超越論的直観とが、〔フィヒテにおいては〕依然として同じ〈ひとつ〉のものであるにとどまっている。主観＝客観はもはや差異と反省から抜けだすことがなく、主観的な主観＝客観——つまり、現象とは絶対的に疎遠なものであり、みずからの現象においておのれ自身を直観するにはいたらないような主観＝客観——であるにとどまるのである。

フィヒテにおける努力

自我の理論的能力は絶対的な自己直観に到達できなかったが、実践的能力も同様である。理論的能力と同じく実践的能力もある種の障害によって条件づけられているのだが、この障害は事実なので自我からは導出できない。というのも、それを導出することは、その障害が理論的能力と実践的能力の条件であることを証明するという意

†50　『全知識学の基礎』二五〇頁以下、二五四頁以下〔二六四頁以下、二六八頁以下〕。

†51　同書二六一頁以下〔二七六頁〕。

†52　原文において文法的には、「前者」は「客観的自我」と「後者」は「主観的自我」を指すが、ここでは逆に読む。フィヒテは主観的自我＝観念的自我、客観的自我＝実在的自我と考えているからである（たとえば本書七五頁参照）。

味をもつ〔が、フィヒテにとってはそんなことは不可能だからである〕。二律背反は二律背反であるにとどまり、努力として表現されることになる――努力とは当為が活動のかたちを取ったものである――。反省には二律背反による以外に絶対者を捉えられないが、こうした〔二律背反にとどまるだけの〕二律背反は絶対者が反省に現われる形式ではない。むしろこの二律背反の対立は揺るがしようのない絶対的なものである。この対立は活動としては、つまり努力としては最高の綜合であるべきであり、無限性の理念はカント的な意味での理念、つまり直観に絶対的に対立するような理念にとどまるべきである。理念と直観のこうした絶対的な対立と両者の綜合――これは自滅的な要求、つまり、実現されるべきではないような統一の要求でしかないのだが――とは、無限進行というかたちで表現される。こうして、絶対的な対立は一段低い立場の形式に押しこめられ、この形式が長いあいだ対立の真の廃棄であり理性による二律背反の最高の解決とみなされてきた。現にある存在（Dasein）が永遠に先送りされればたしかに理念の無限性と直観の無限性のいずれをも含むことにはなろうが、しかしそれは両者の綜合を不可能にするようなかたちにおいてでしかない。理念の無限性はすべての多様性を排除するが、それにたいして〔直観の形式である〕時間は対立と相互外在を直接に含んでおり、時間における存在はたがいに対立しあう多様なものであって、無限性は時間の外にある。

空間〔における存在〕も同じく相互外在的なありかたをしているが、その対立の性格からして空間は時間よりも無限に豊かな綜合と呼ぶことができる。〔無限〕進行は時間のなかで起こるとされている点では時間が〔空間にたいして〕優位に立つにしても、それは努力が外的な感覚世界に絶対的に対立し、内的なものとして立てられるからでしかありえない。そこでは自我は絶対的な主観、点の統一性として、もっと通俗的にいえば魂として実体化されてしまう。

時間が無限の時間として全体性とみなされれば、時間そのものが廃棄されてしまう。したがって、時間という名前とか現にある存在を先送りする〔無限〕進行とかに逃げこむ必要はなかったのである。時間を真に廃棄するものは無時間的な現在、つまり永遠であり、そこでは努力も絶対的な対立の存続もなくなる。〔それにたいして〕あの先送りされた存在は時間の綜合というかたちで対立を取りつくろうにすぎない。こうした時間の綜合の不十分さは、それに絶対的に対立する無限性と結合していると取りつくろったところで、補完されるどころかますます目立ってしまう。

理念と相互規定

努力のうちに含まれているものをさらに展開しつくし、そこから生じてくる対立を綜合しても、そこには非同一性の原理が含まれている。体系がさらに敷衍されてもその全体はひとつの一貫した反省に属しており、思弁はそれにはまったく関与しない。絶対的同一性はひとつの対立するものというかたちで、つまり理念としてあるにすぎない。絶対的同一性とそれに対立するものとのどんな統一も不完全な因果関係にもとづいている。対立のうちにみずからを置く自我つまり自分自身を制限する自我と、無限に進みゆく自我が、それぞれ主観的自我と客観的自我と名づけられて、次のように結合される。つまり、主観的自我の自己規定は、絶対的な自発的活動であり無限性である客観的自我を理念にもとづいて規定するのにたいして、客観的自我つまり絶対的な自発的活動のほうは主観的自我によってこの理念にもとづいて規定されるのである。両者の規定は一種の相互規定ではある。主観的な観念的自我は客観的自我から、言ってみればその理念の素材を、つまり絶対的な自発性と無規定性を受けとり、客観的自我、無限に進みゆく実在的自我のほうは主観的自我によって限定されるのである。しかし、主観的自我は無限性の理念にしたがって〔みずからを〕規定するのでその限定をふたたび廃棄し、客観的自我をその無限性のままにたしかに有限化しはするが、しかし同時にその有限性のままに無限化しもする。こうした相互規定にあっては有限性と無限性、実在的な規定性と観念的な無規定性の対立が残ったままである。観念性と実在性は統一されていない。言いかえれば、自我は観念的な能動性であると同時に実在的な能動性であり、ただその方向の違いによって区別されるだけなのだが、のちほどあきらかになるように、[†53]衝動や感情といった個々の不完全な綜合においてその異なる方向性を統一しはしても、そんな綜合では自我は自分自身を完全に表現するにいたらない。自我は存在を先送りする無限進行のうちでみずからの部分を果てしなく生みだしはしても、自分自身を主観＝客観として直観するような永遠性のうちでみずからを産出しはしないのである。

第三節　自然にたいする自我の関係――『倫理学の体系』における自然の演繹

フィヒテの「自然の演繹」

〔フィヒテの体系は〕超越論的直観の主観性に固執するので、自我は主観的な主観＝客観にとどまってしまうのだが、こうした固執がもっとも顕著に現われるのは自然にたいする自我の関係において、つまり、あるときは自然の演繹、またあるときはそれにもとづく学問においてである。

自我は主観的な主観＝客観なので、なんらかの客観が絶対的に対立しそれによって制約されるという側面が自我に残ってしまう。〔そこで〕この観念論はさきにみたように、[†54]絶対的な客観を独断的に設定する働きを（自由な活動に絶対的に対立するような）自己制限の働きに変える。このようにして自然が自我によって設定されるということが自然の演繹であり、超越論的観点というものである。この超越論的観点がどこまで有効でありどんな意味をもつかを、これからあきらかにしよう。

〔フィヒテの体系では、〕もともとなんらかのかたちで規定をこうむっているということが知性の条件として要求される。このことはさきに、[†55]（純粋意識は完全な意識ではないので）どうしても経験的意識にいたりつかなければならないという必然的な事態として現われた。自我はみずからを絶対的に限定し、みずからに絶対的に対立すべきである。自我は主観であり、したがってその制限は自我のうちに、自我によって存在する。こうした自己限定は、主観的な活動つまり知性を限定することともなれば、客観的な活動を限定することともなる。限定された客観的な活動が衝動であり、[†56] 限定された主観的な活動が目的概念である。この二つの規定されたありかたの綜合が感情であり、そこでは認識と衝動が統一されている。だが同時に、感情はたんに主観的なものにすぎず、[†57] 自我＝自我という無規定的なものに対立するような規定されたもの一般として、しかも、客観的なものとしての自我に対立する主観的なものとして現われることは言うまでもない。〔さらに〕この感情は、無限の実在的活動にも観念的な無限性にも対立する有限なもの一般として現われ、後者の無限性との関係においては客観的なものとして現われる。ところが、感情はそれ自体が主観的なものと客観的なもの、認識と衝動の綜合という性格を与えられており、そしてそれが綜合である以上は、それと無規定的なものとの対立はなくなる――この無規定なものが無限な活動であるとしても、その活動は客観的なのか主観的なのかということは、このさいどうでもよい――。そもそも感情が有限であるのは反省にとってのことにすぎない。上述のような無限性の対立を生みだすのは反省だからである。感情それ自体は物質と同じく、主観的であると同時に客観的なものであり、同一性――ただしまだ全体性にまで再構築されていないかぎりでの同一性――なのである。

感情も衝動も限定されたものとして現われ、限定されたものと限定するものとのわれわれにおける現われが衝

---

† 53　本章第三節第三段落以下を参照。

† 54　本書六六頁以下を参照。

† 55　本章第一節を参照。

† 56　フィヒテ『知識学の原理による倫理学の体系』、『フィヒテ全集』第四巻、一〇九頁〔藤澤賢一郎・高田純訳『フィヒテ全集』第九巻、哲書房、二〇〇〇年、一三五頁以下、以下『倫理学の体系』と略記〕。

† 57　『全知識学の基礎』二八九頁〔三〇九頁〕。

† 58　『倫理学の体系』一〇九頁〔一三六頁〕。

動と感情である。もろもろの衝動と感情からなる根源的な規定された体系が自然である。[58] こうした自然の意識はわれわれに付きまとい、そして同時に、さまざまな限定されたものからなるこの体系が見いだされる実体は自由に思考し意欲するような実体であり、われわれが自分自身として設定する実体だとされるので、この体系はわれわれの自然〔身体〕である。自我とその自然が主観的な主観＝客観をなしており、その自然そのものが自我のうちにある。

自然と自由

ところで、自然と自由、つまりもともと制限されたものともともと無制限なものとの対立の媒介には二種類が区別されねばならず、そこで、その媒介が異なる方法でおこなわれることを示すことが重要である。そしてこれによって、反省の立場が超越論的な立場を押しのけてしまうという両立場の違い（この体系の出発点と成果の不一致）が新たなかたちでわれわれにあきらかになるだろう。

まず一方では自我＝自我であり、自由と衝動は同じひとつのものである。これが超越論的な観点である。

「私に属するもののある部分は自由によってのみ可能であり、ほかの部分は自由から独立し、自由のほうもこの部分からは独立しているべきだが、両者が属する実体は同一でしかなく、同一のものとして設定される。感じる私と思考する私、衝動に駆られる私と自由意志によって決断する私は同じものである[59]」。

「自然に存在するものとしての私の衝動も、純粋な精神としての私の傾向性も、〔…〕超越論的観点からすれば私の本質を構成している同じひとつの根本衝動であり、それが二つの異なる側面から見られているにすぎない[60]」。

両者の違いはたんに現象のうちにあるにすぎないのである。
だが他方では、両者は区別され、一方は他方の条件であり、一方が他方を支配している。衝動としての自然は、たしかに自分で自分を規定するものと考えられなければならない。

「だが、自然は自由と対立するという性格をもつ。したがって、自然が自己規定するということは、自然がみずからの本質によって、みずからを規定するように定められているということであり、形式的に言えば、自然は、自由な存在がたしかにそうでありうるようにはけっして無規定ではありえないということである。自然はまた実質的にも、まさにそのように規定されており、自由な存在者のように、ある特定の規定とそれに対立する規定とのどちらかを選択できるわけでもない」[†61]。

そこで自然と自由が綜合されて、同一性が分裂を脱して全体性へと再構築されるとはいっても、それは次のようにおこなわれる。つまり、知性という無規定的なものとしての自我と、衝動に駆られる自我つまり自然という規定された自我とは、衝動が意識されることによって同じものになるというわけである。衝動が意識されるかぎり、いまや衝動は「私の支配下にある。〔…〕この領域では、働いているのはけっして衝動ではなく私である。あ

†59　『倫理学の体系』一〇八頁以下〔一三五頁〕。
†60　同書一三〇頁〔一六一頁〕。
†61　同書一一二頁以下〔一三八頁以下〕。ヘーゲルによる要約。
†62　同書一二五頁以下〔一五六頁〕。

るいは私は衝動にしたがって働いているのではない」[†62]。

反省するものは反省されるものよりも上位にある。反省するものつまり意識の主観の衝動のほうが上位の衝動であり[†63]、下位の衝動である自然は上位の衝動である反省の支配に服さなければならない。自我の一方の現象が他方に服従するというこの関係が最高の綜合とされるのである。

フィヒテの体系の始まりと終わり

しかし、こうした同一性と超越論的観点での同一性とはまったく対立する。超越論的観点においては、自我＝自我はたがいに実体的な関係に置かれた自我、あるいはすくなくともいまだ相互関係に置かれているような自我である。それにたいしてこうした再構成された同一性においては、一方が支配するもの、他方が支配されるものであり、主観的なものは客観的なものに等しくはなく、両者は因果関係に置かれ、一方が他方に服従し、自由と必然性の二つの領域のうち、必然性が自由の支配に服する。そうなると体系の終わりはその始まりを、成果はその原理を裏切ることになる。原理は自我＝自我だったのに、成果は自我≠自我である。前者の同一性は観念的かつ実在的な同一性であり、形式と実質が〈ひとつ〉であるのに、後者の同一性はたんに観念的な同一性でしかなく、形式と実質は分裂している。後者はたんに形式的な綜合でしかない。

支配にもとづくこうした綜合は以下のような仕方でおこなわれる。絶対的な自己規定をするために活動のための活動を目指す純粋な衝動には、ある客観的な衝動が、つまりさまざまな制限されたものからなる体系が対立している。〔純粋な衝動においては〕自由と自然はひとつになるのだから、自由はその純粋性を、自然はその不純性を放棄することになるが、この綜合する活動はそれが純粋で無限であるためには、すべての自然からの絶対的な自由、絶対的な独立を究極目標とするような客観的な活動と考えられなければならない。〔ところが、〕この究極目標はけっして達成できない[†64]。というのも、この究極目標はひとつの無限な系列だからである。たしかに自我はその系列をどこまでも進んでいけば絶対的に自我＝自我になるとされる。つまり、自我は客観としてのおのれをみずから廃棄すれば、それとともに主観としても廃棄することになるが、自我はおのれを廃棄するはずがない。そのため自我に残るのは、さまざまの制限や量で満たされながらも、定めなくどこまでも引き延ばされた時間でしかない。こうして、あのおなじみの〔無限〕進行が急場を救うわけだが、そこでは最高の綜合が期待されているのに、あとに残るのはいつもただ制限された現在とその外部にある無限性との同じ対立である。自我＝自我こそが絶対的なものであり全体性であって、自我以外にはなにもない。だが〔フィヒテの〕体系において自我はそこまでは偉くなれないし、時間が混入されることになればけっしてそうはなれない。自我はなんらかの非我によって絶対的に触発され、いつでもただ一定量の自我としてしか設定されないのである。

フィヒテ倫理学における自然

そうなると自然は、理論的観点からも実践的観点からも、本質的に限定された死んだものになってしまう。理論的観点からすれば、自然は自己限定の働きが直観されたもの、つまり自己限定の客観的な側面である。自然は自己意識の条件として演繹され、自己意識を説明するために設定されるのだから、説明のために反省によって設定されたもの、観念的につくりだされたものでしかない。自己意識が自然を条件としていることが証明され、自然が自己意識と同等の自立性を得たとしても、しょせん自然は反省によって設定されているにすぎないのだから、その自立性はそれによってもだいなしになり、対立という性格がその根本性格になってしまう。

無意識的な自己規定と概念による自己規定との綜合、自然の衝動と自由のための自由の衝動との綜合という実

†63　『倫理学の体系』一三二頁〔一六一頁〕を参照。

†64　同書一三二頁〔一六一～二頁〕。

践的な観点においても同様に、自然は自由の因果性によって実在としてつくりだされたものになる。その結果、概念は自然にたいする因果性をもち、自然は絶対的に限定されたものとして設定されるべきだということになる。

反省が絶対者についてのみずからの分析を完全に二律背反のもとに置き、その一方の項を自我、無規定性ないし自己規定の働きと、他方の項を客観、規定されたありかたとみなして、そのいずれもが根源的であることを認めるなら、そうした反省は両者が相対的に無条件でありなおかつ相対的に条件づけられてもいると主張することになる。反省は、たがいに条件づけあうこの相互作用を乗り越えられない。〔とはいえ、〕反省が自分を理性として証明するのは、条件づけられた無条件のものという二律背反を立てることによってでしかないのである。反省は、この二律背反によって自由と自然の衝動との絶対的な綜合を示そうとすれば、この両者の対立と存在を主張するか、それとも、その一方の存在だけを主張し、自分のことは絶対的で永遠のものと主張せずに、自己を否定して、みずからを完成したあげくに深淵へと身を投げてしまうかしかなかった。これにたいして、反省が〔そうした深淵に身を投じることなく〕自分自身や対立物の〈一方〉を絶対的なものだと主張し、因果関係に固執するなら、〔今度は〕超越論的観点と理性のほうがたんなる反省の観点と悟性に屈服してしまう。悟性は理性的なものを理念という形式に押しこみ、絶対的に対立するものとして固定することにまんまと成功する。そうなれば理性に残されるのは、自滅的な要求の無力さと、自然と自由の見かけだけの（悟性的で形式的でしかないような）媒介でしかなく、媒介とは言っても、諸対立の廃棄というたんなる理念における媒介、つまり自我は自立しているが否定されるべきもの、絶対的に依存的なものとみなされた自然は絶対的に規定されたものであるという理念における媒介にすぎない。だが、そんなことでは対立は消滅するどころか（対立の〈一方〉が存在するときには他方も存在するのだから）、むしろ対立は無限なものにされてしまう。

〔フィヒテの体系における〕このような最高の立場では、自然は絶対的な客観性あるいは死んだものという性格をもつ。自然が生命であるかのような見かけをまとい、主観=客観として現われるのは、もっと下位の立場においてでしかない。最高の立場においては、自我が主観というみずからの現象形式を失わないのにたいして、主観＝客観という自然の性格はたんなる見かけだけのものとなり、絶対的な客観性こそが自然の本質になってしまう。つまり、自然は自我の無意識的な産出作用であり、そして自我の産出作用は自己規定の働きなのだから、自然はそれ自身が自我であり、〔自我であるかぎりでの〕主観＝客観だというわけである。

「私の自然〔身体〕が設定されているように、私の自然の外にもなお自然が存在している。私の自然は自然のすべてではないからである。私の外なる自然が設定されているのは、私の自然を説明するためである。私の自然は衝動という規定、つまり、自分で自分を規定するという規定をもっているのだから、私の外なる自然もまたそのような規定をもっているにちがいなく、私の外なるこの規定が私の自然を説明する根拠なのである」[†65]。

ところで、この自分で自分を自己規定するものについて、原因と結果、全体と部分といった反省の産物を用いて語るなら二律背反に陥らざるをえない。つまり、自然は自分自身の原因であると同時に結果でもあり、全体であると同時に部分でもあるとみなされ、その結果、生きた有機体であるかのような見かけをまとうのである[†66]。だが、反省的判断力が客観的なもの〔自然〕を生きたものとして性格づけるこうした立場は、〔フィヒテの体系においては〕下位の立場になってしまう。というのも、自我がみずからを自然として見いだすのは、自分の根源的に限定されている状態だけを直観し、根源的衝動の絶対的な制限を、つまり自分自身を、客観的なものとみな

†65　『倫理学の体系』一一三頁〔一四〇～一頁〕の要約。
†66　同書一一四頁〔一四一頁以下〕。

すかぎりのことでしかないからである。これにたいして、〔フィヒテの〕超越論的立場では、純粋意識、無制限の自己設定の働きのうちに主観＝客観が認められるにすぎない。とはいえ、この自己設定の働きは自分自身にたいするある種の絶対的な対立設定の働きを含んでおり、したがって、この対立設定の働きは根源的衝動の絶対的な制限という規定をもつことになる。自我が衝動としてみずからを無限性の理念にしたがって規定せずに、したがって有限なものとみなすかぎりで、この有限なものが自然だということになる。この有限なものはそれが自我であるかぎりでは、同時に無限でもあり、主観＝客観である〔はずである〕。しかし超越論的観点は無限なものしか自我とみなさないので、そのために有限なものと無限なものをばらばらにしてしまう。超越論的観点は自然として現われるものから主観＝客観という性格を取りさってしまうため、自然に残されるのは客体性という死んだ外皮だけである。以前には有限なものとして無限だった自然から無限性が取りさられ、自然は自我＝自我に対立するまったくの有限性にとどまり、自然において自我であったものは主観のほうへ引き寄せられる。そこでいまや超越論的観点が、主観的なものも客観的なものもない自我＝自我という同一性から、自己設定の働きである自我＝自我に対立しつづけるような両者の差異へと進み、対立しあう両者をさらにこまかく規定していけば、この観点もまた自然それ自体を主観＝客観とみなすような立場にたどりつきはする。しかし、こうした自然観が下位の立場における反省の所産でしかないことを忘れてはならない。〔じっさい〕超越論的演繹における根源的衝動の制限（これが客観的に設定されれば自然となる）は、根源的衝動が自我＝自我、主観＝客観であるような真の本質なのであってみれば、それに絶対的に対立する純粋な客観性であるにとどまる。この対立は、自我が実践的になる条件、つまりは自我が対立を廃棄しなければならなくなる条件である。〔ところが〕こうした対立の廃棄は、一方が他方に依存するものとみなされることだというふうに考えられてしまう。自然は実践的観点からすれば概念によって絶対的に規定されたものとみなされる。自然が自我によって規定されないなら、自我は原因性をもたず、つまりは実践的ではないというわけである。こうして、自然を生きたものとみなしていた立場はまたもや消えうせる。というのも、自然の本質、自然それ自体は制限であり否定でしかなくなるだろうからである。こうした実践的立場においては、理性はそれ自身が死んでもいれば死をもたらしもするような形式的統一の規則でしかなく、反省の手にゆだねられている。そして反省は、主観と客観を一方が他方に依存する関係つまり因果関係のうちに置き、こうして思弁の原理である同一性を全面的に排除してしまう。

第四節　『自然法の基礎』における自然の演繹

自然法の体系においておこなわれている自然の記述と演繹においては†67、自然と理性の絶対的な対立と反省の支配とがじつに露骨なまでにあらわになる。

つまりこういうことである。理性的存在者がみずからの自由のためにひとつの領域をつくりださなければならず、その領域こそは自分のものだと主張する。しかし、この領域そのものがそうしたものであるのは対立においてでしかない。つまり、その理性的存在者が自分ひとりでその領域を独占し、ほかのだれもそれを選択できないようにするかぎりにおいてでしかない。理性的存在者はその領域を自分のものだと主張することによって同時に、それを本質的にみずからに対立させる。主観は（それ自身において活動的であると同時に、客観の思考へと自己規定するような絶対的なものなので）、自己に属するはずのみずからの自由の領域を自分の外に立て、みずからを

†67　フィヒテ『知識学の原理にもとづく自然法の基礎』（一七九六年、以下『自然法の基礎』と略記、『フィヒテ全集』第三巻）第二節と第五節以下を参照〔藤澤賢一郎訳『フィヒテ全集』第六巻、一九九五年、三六頁以下、七六頁以下〕。

†68　同書五七頁以下〔七六頁〕。

それとは区別されたものとして立てる。[†68]〔そうなると〕この領域にたいする主観の関係は所有する〔という関係〕でしかなくなる。自然の根本性格は、有機的なもののひとつの世界であり、絶対的に対立的なものだということになる。自然の本質は原子論的な死物、つまり、より流動的であったりより堅固で安定していたりはするものの、多様な仕方でたがいに原因とも結果ともなるような物質[†69]である。相互作用の概念をもちだしてみても、たんなる原因とたんなる結果との完全な対立をほとんど和らげることにはならない。〔たしかに〕この概念によって物質はたがいに多様に変化しうるものにはなるが、〔相互作用という〕この貧弱な結合を実現する力そのものは物質の外部にある。各部分はたがいに独立しているおかげでそれ自身において有機的なひとつの全体をなしているとみなされはするが、そうした〔ひとつの有機的全体としての〕各部分の独立性にしても、さらに諸部分の全体への依存関係にしても、概念への目的論的な依存関係になってしまう。というのも、こうした〔物質の〕分節構造[†70]が想定されるのは、ある他者のためであり、つまりは物質とは本質的に区別された理性的存在者のためだからである。空気[†71]や光などは彫塑可能な原子論的物質になってしまう。しかもここで言う物質とは、そもそも通常の意味での物質であり、自分自身を設定するものに端的に対立するものとしての物質なのである。

　こうしてフィヒテはカントをさらに一歩進めて、自然と自由の対立をとことんまで突きつめ、自然を絶対的なつくりものにして死物として示すまでになる。カントにおいても、自然はやはり絶対的に規定されたものとみなされてはいる。だが、自然はカントが言うところの悟性によって〔完全に〕規定されていると考えるわけにいかず、自然の特殊で多様な現象はわれわれ人間の論弁的悟性によっては規定されないので、それらはなにか別の悟性によって規定されていると考えられなければならないのだが、これはわれわれの反省的判断力の格率とみなされるだけであって、なにか別の悟性が現実にあるかどうかについてはなにも決定的なことは語られていない[†72]。人間の悟性とは違う独特の悟性〔直観的悟性〕の理念を介してはじめて自然を規定されたものにするという、こうした〔カントのような〕回り道はフィヒテには不要である。自然は知性によってなおかつ知性にとって直接に規定されたものである。知性は自分自身を絶対的に制限する。そして、この自己制限は自我＝自我からは導出（ableiten）できず、できるのはそこから演繹（deduzieren）すること、†73つまり、自己制限の必然性を純粋意識の不完全性から証明することだけである。知性がこのように絶対的に制限されている状態の直観、つまり否定の直観が、客観的な自然なのである。

---

†69　『自然法の基礎』六七頁以下〔八九頁以下〕。

†70　同書六一頁〔八二頁〕。フィヒテはこの箇所で、身体器官における全体と部分の分節構造について論じている。邦訳者はArtikulationを「分節」と訳し、訳註でこう述べる。「「分節」ということでフィヒテが何を考えているのかを正確に突き詰めることは難しい。おそらく随意筋を伴って（時として関節によって）分化しているかぎりでの「分肢」ではないかと思われる。すると分節の典型は四肢や顔の諸部分となる。たとえば、眼球はかなり随意に動かすことができるものであり、眼球を動かすときには、全体である眼や顔は相対的に静止していると見なされる。また、眼球の諸部分は眼球全体と同じ運動をするが、固有の運動はしない」（五一四頁）。

†71　同書七五頁以下〔九九頁以下〕を参照。この箇所でフィヒテは、理性的存在者としての人間同士がたがいの姿を見たり、言葉を交わしたりして交互作用できるための媒体となる「微細な物質」として空気と光を考えている。なお、こうした空気や光は、同じ「微細な物質」という言葉で呼ばれているが、人間の身体内部の「動物精気」のような「微細な物質」とは区別される。邦訳の訳註（五一四頁）を参照。

†72　カント『判断力批判』「緒論」第四節および第七六～七節を参照。

†73　ヘーゲルはableitenとdeduzierenの違いについてどこにも説明していない。「導出」とはおそらく、形式的な論理操作によって「自我＝自我」から「自己制限」の必然性を説明することであり、「演繹」は、「自我＝自我」が表わす「純粋意識」だけでは説明できない事態がこの世には存在するので「自己制限」も必然的だと考えるような思考方法であろう。ヘーゲルが「自然の演繹」を批判的に論じている箇所（本書一一三～五頁）を参照。

第五節　法と国家の理論

二つの人間共同体

自然が概念に依存するというこうした関係、つまり理性の対立的関係は、そこから生じる帰結にかんしていえば、人間共同体の二つの体系[†74]においていっそう顕著になる。

この共同体は、概念の支配という回り道をしなければならないような理性的存在者たちの共同体として描かれる。理性的存在者はたがいに、(a)自由な理性的存在者であるとともに、(b)どうにでも変えられる素材、つまりたんなる物件としてあつかえるようなものでもあるという二つのありかたをする。[†75]この二重のありかたを分離するというのは取り返しのつかないおこないであり、そうした分離が不自然なやりかたでひとたび根本に据えられてしまうと、根源的な同一性が示され認識されるかもしれない純粋な相互関係はもはや不可能になる。むしろどんな関係も一貫した悟性の法則にしたがって支配し支配される関係になり、生きいきとした存在者の共同体という建築物がまるごと反省によってつくりあげられてしまう。

理性的存在者の共同体は、自由の必然的な制限をその条件としているように思われる。自由はみずからを制限するという法則をみずからに課すのである。[†76]この制限という概念はたしかにある種の自由の王国を樹立しはするが、そこでは生きいきとしたものが概念と素材とに引き裂かれ、自然がある種の支配に服してしまうために、生の真に自由な、それ自身において無限で無制限な相互関係、つまり美しい相互関係はすべてだいなしにされてしまう。

自由は理性的であることの特徴であり、それ自身においてすべての制限を廃棄するものであり、フィヒテの体系の最高のものである。だが、他者との共同体においては、共同体に生きるすべての理性的存在者の自由が可能であるために自由は放棄されなければならない。そして、共同体もそれはそれで自由の一条件なのだから、自由は自由であるためにはみずからを廃棄しなければならない。ここからまたしてもあきらかになるのは、自由がたんに否定的なもの、つまり絶対的に無規定なものでしかないか、あるいは自己設定の働きについてさきに指摘されたように、[†77]純粋に観念的な要素でしかないということ〔つまり、反省の立場から見られた自由でしかないということ〕である。こうした自由は理性〔そのもの〕としてではなく理性的存在者として、つまり、みずからに対立するある有限なもの〔人間の身体〕と綜合されたかたちで見いだされる。[†78]だがそうなると、人格のこの綜合もすでに、ここで自由がそうであるように、観念的要素の一方であるという制限を含んでいる。理性的存在者であるかぎりでの理性と自由は、もはや理性と自由ではなく、ひとつの個別的なものである。したがって、人格相互の共同体は本質的には個人の真の自由の制限ではなく、むしろその拡大とみなされなければならない。〔そうだとすれば〕最高の共同体こそが、その力からみても、その力の実際の行使からみても、最高の自由だということになる。

---

†74　「二つの体系」とは自然法と倫理学の体系のこと。『自然法の基礎』第一巻第三部「権利概念の体系的適用すなわち法論」（九二～一一〇頁〔一一八～一二八頁〕）および同書第二巻「応用自然法」（一九一～三〇三頁〔二二七～三五三頁〕）と『倫理学の体系』第三部「倫理の原理の体系的適用あるいは狭義の倫理学」（一五七～三六五頁〔一九四～四三三頁〕）を参照。

†75　『自然法の基礎』八六～七頁〔一一〇～一一一頁〕。

†76　同書八九頁〔一一四頁〕には、「「汝以外に他者もまた自由であることができるように、汝の自由を制限せよ」という権利の定式を、各人は自分の意志と行為との法則にするべきである」とある。

†77　本書六〇頁以下。

†78　『自然法の基礎』第二部第五節以下〔七六頁以下〕を参照。ここでフィヒテは、理性的存在者が人格として身体をもたなければならないことを証明しようとする。

しかしあいにくなことに、そうした最高の共同体にあってはひとつの観念的な要素としての自由も、自然に対立するものとしての理性も、消えうせてしまう。

理性的存在者の共同体が本質的に真の自由の制限でしかないなら、そんな共同体はどう見ても専制の極みであろう。もっとも、〔フィヒテの体系において〕さしあたり制限されるのは無規定〔無拘束〕なものであり観念的な要素であるような自由にすぎないので、そのような考えかただけならまだすぐには共同体における専制は生じない。しかし、ほかの理性的存在者の自由が可能になるために自由が制限されるやりかたしだいでは、専制がそれ以上ないほど完全に生じてしまう。つまり自由は共同体のせいで、観念的で対立的なものであるという形式を失うどころか、むしろそのようなものとして固定されて支配的なものにならざるをえないのである。〔それにたいして〕生きいきとした関係からなる真に自由な共同体に生きていれば、個人はみずからの無規定な状態であるような自由を断念している。生きいきとした関係においては、自由が成りたつのはそれがみずからを廃棄し、ほかの諸関係を受けいれる可能性を含んでいるかぎりでしかない。つまり、自由は観念的な要素としては、無規定〔無拘束〕なありかたとしては、消えうせるのである。無規定〔無拘束〕なありかたは、自由であるかぎりでの生きいきした関係にあってはたんに可能的なものでしかなく、支配権をふるう現実的なものでもなければ、命令を下す概念でもない。ところが〔フィヒテの〕自然法の体系において個人の自由の自由な制限ということで考えられているのは、無規定〔無拘束〕なありかたが廃棄されるということではない。それどころか、この制限は共同の意志によって法則に高められ、概念として固定されるので、真の自由、つまりある特定の関係を廃棄する可能性はだいなしになる。生きいきとした関係はもはや無規定〔無拘束〕である可能性を失い、したがってもはや理性的ではなく、絶対的に規定され、悟性に囚われてしまう。生は膝を屈し、反省が生にたいする支配権と理性にたいする勝利を奪いとる。こうした強制状態こそが自然法なのだと言いたてられ、しかもこの強制状態を解消し、こんな悟性的で非理性的な共同体のかわりに概念へのどんな隷従からも自由な生命の有機的組織を理性によって構築することが最高の目標だとは主張されない。それどころか、この強制状態も、それがすべての生命活動にどこまでも拡張されることも、絶対的な必然とみなされる。悟性の支配下にあるこうした共同体にとっては、次のようなことをおのれの最高法則にしなければならないとは思いもよらない。つまり、悟性のせいで生が置かれているこの強制状態と、この際限のない規定〔拘束〕と支配を、美しい共同体の真の無限性において解消し、法を人倫（Sitte）によって、満たされない生の放埒を聖別された享受によって、抑圧された力の引き起こす犯罪を偉大な対象に向かうありうべき活動によって不要なものにするといったことを最高法則にしなければならないなどとは考えられないのである。それどころか逆に、概念の支配と自然の隷従が絶対化され、無限に拡大される。

フィヒテの「強制国家」

悟性が陥らざるをえないこうした際限のない規定の泥沼は、悟性の原理の欠陥を、つまり概念による支配の欠陥をもっとも直接に示している。

〔際限のない規定でがんじがらめになっている〕こうした強制国家[†79]（Notstaat）でも、市民への侵害行為がすでになされてからそれに報復するよりは、むしろそれを防止することを目指している。そこでこの国家は、じっさいになされた侵害行為を処罰するだけでなく、侵害行為の起きる可能性を予防もしなければならず、この究極目的のためには、それ自体はだれの害にもなりそうもない、まったくどうでもよさそうな行為でも、他人への侵害行為を容易にするとか、他人の保護や犯罪者の発見を困難にするという理由で禁止しなければならなくなる。[†80]ところで、たとえ人間が一方ではできるだけ自由にみずからの財産を使い享受したいという欲求だけで国家に服従して

†79　「強制国家」については、『自然法の基礎』三〇二頁〔三五二頁〕、およびヘーゲル『法の哲学』一八三節を参照。
†80　『自然法の基礎』二九四頁〔三四三頁以下〕を参照。

いるとしても、他方では、この国家の徹底的な悟性から見て他人を侵害する可能性がないと予測できるような行為はただのひとつもない。そこで、それを防止しようとする悟性とその権力である警察の職務は、この際限のない可能性に振りまわされることになる。この理想の国家にあっては、一挙手一投足といえども、かならずなんらかの法に服従させられ、直接に監視され、警察やそのほかの統治機関に注視されざるをえない。こうして、「このような原理にしたがって制定された憲法をもつ国家では、市民の一人ひとりが一日のどの時刻にどこにいてなにをしているかを警察がおおよそ知っている」（〔『自然法の基礎』〕第二部一五五頁）。†81＊

＊規定が際限なく追求されるあまりにそれがみずからの目的も、それ自身さえも見失ってしまうことは、以下のいくつかの例によってもっともあきらかになる。警察が完備されれば、たとえば手形や貨幣の偽造のような、不完全な国家で起こりうるすべての犯罪行為は防げる。それがどのようにしておこなわれるかは、〔『自然法の基礎』〕一四八頁以下を読めばわかる。

「手形を振りだす人はだれもが、自分は身元の確かな人間であって、どこに住んでいるかなどを身分証明書で示さなければならない。次に手形の受取人は、手形の裏面にある振り出し人の氏名に〈どこそこの役所発行の身分証明書を携帯している〉とだけ書きくわえる。さらに二つの単語を書かねばならず、身分証明書とその人物をよく見くらべるのにもさらに一、二分ほどが必要である。そのほかの点では用件はいままでどおり簡単である」†82。（あるいはむしろ、もっと簡単である。というのも、用心深い人物ならば、どんなにまともに見える手形であってもまったく見ず知らずの人間からそれを受けとることはおそらく避けるだろうし、身分証明書と人物を見くらべることは、もっとほかの方法で当人についての情報を得るのに比べればはるかに簡単だからである）。

「それでも手形が偽物のばあいには、〔手形の経路を〕さかのぼって捜査すれば犯人はすぐに見つかる。だれも一定の場所から旅行に出ることは許されない。そんなことをしても、市門で彼を足どめすることができる」†83。（われわれの村や町の多くには門はないし、ぽつんと建っているような家にはなおさら門などないのが現実だとしても、反論にはならない。むしろ、門の必要性が演繹されるだけである）。「彼は旅行の目的地をはっきりさせなければならず、それが当地の記録簿と身分証明書に記入される」[†84]（この点で、市門の記録係には、旅行者とそのほかの通行者を区別できることが求められる）。「彼は身分証明書に記載された場所以外のどこにもいないとみなされる」[†85]。「身分証明書にはその人物についての正確な記述がある。もしくは、そうした記述はつねにあいまいにならざるをえないので、したがって、それを金で買いとれるような重要人物のばあいには」、いまの例で言えば手形を偽造できる人物のばあいには、「そうした記述のかわりに本人そっくりの肖像画が貼付されている」[†86]。「身分証明書は、それ専用に製造された紙に記入される。この紙は最高官庁とその管轄下にある官庁によって管理され監視されている。これらの官庁は消費される紙に要した費用の〈使途明細書〉を提示しなければならない。この紙は偽造することができない。というのも、一枚の偽造手形には〈一枚の〉身分証明書があればよいが、その一枚のためにじつに多くの措置が講じられ、じつに多くの技術が統合されなければならないからである」[†87]。（そうなると、よく整備された国家ではたった〈一枚の〉偽造身分証明書の需要しかありえず、したがって普通の国家でときおり摘発されるような身分証明書の偽造工場には一人も客がいないと考えられる）。

---

†81　『自然法の基礎』、『フィヒテ全集』第三巻三〇二頁（三四三頁以下）。
†82　同書二九七頁（三四七頁以下）。
†83　同書二九七頁（三四七～八頁）。
†84　同書二九八頁（三四八頁）。
†85　同書同頁。
†86　同書二九五頁（三四五頁）。
†87　同書二九八頁（三四八～九頁）。

ところで、特許を与えられた紙の偽造防止には、(一五二頁によれば)「偽造硬貨の防止」に当たる別の国家機関も協力するだろう。「というのも、国家は金属などの独占権をもっているので、それらの金属を小売業者に支給するさいには最初に与えられる金属がだれになんのために支給されたかを証明しなければならないからである」[†88]。

プロイセンの軍隊では外国人一人の監視に当たるのは信頼されている部下一人だけで済むが、市民の監視や使途証明書などに従事する人間は市民一人につき〈一人〉どころかすくなくとも半ダースも必要であり、しかもこの監視人のそれぞれにも同様〔に監視が必要〕であるため、結局は際限がないことになる。それは、どんなに単純な仕事でもその一つひとつが多くの仕事を限りなくつくりだしてしまうのと同じである。

規定し規定されるという状態は、このように際限なく続かざるをえなくなるので、おのずから否定されてしまう。自由の制限そのものが無限なものたらざるをえず、無制限の制限というこうした二律背反においては、自由の制限も国家も消滅してしまう。この規定作用の理論は規定作用というみずからの原理を、際限なく拡大することによってだいなしにしてしまうのである。

通常の国家は[†89]、上級警察権をめったに起こりえない犯罪にしか及ぼさず、それ以外は市民の自治にゆだねている点で首尾一貫していない。これは、はじめからなんらかの概念や法律によって規制しなくても、他人のどうにでも変えられる素材をだれも変えたりしないと期待してのことなのだが、じっさいにはだれもがそうしたことをやりかねない。というのも、だれもが理性的存在者なので、みずからの自由にしたがって非我を規定するものだというふうに自分をみなし、自分には素材一般を変える能力があると思っているにちがいないからである。したがって、不完全な国家が不完全であるのは、なんらかの対立を固定せずにはいられないからであり、不完全な国家が首尾一貫しないのは、みずからの対立をあらゆる〔社会的〕関係のすみずみにまで浸透させないからである。しかし、だからといって〔フィヒテのように首尾一貫性を追求して〕、人間を理性的存在者とどうにでも変えられる素材とに絶対的に引き裂いてしまうような対立を無限化し、規定作用を際限のないものにしてしまっては、そうした首尾一貫性はおのずから自滅するのだから、首尾一貫しないというあの状態こそが不完全な国家におけるもっとも完全な状態だということになる。

〔フィヒテの考える〕自然法は、〔理性的存在者の〕純粋な衝動と〔どうにでも変えられる素材である身体の〕自然な衝動の絶対的な対立によって、悟性の完全な支配と生きいきしたものの隷属の表現となる。こうした自然法は、理性の関与する余地がなく、したがって理性をはねつけるような建築物である。なぜなら、理性は、それがみずからに与えうるもっとも完璧な有機的組織においてこそ、つまりはみずからを民族に形成することにおいてこそ、もっとも明確にみずからを見いだすのでなければならないからである。ところが、〔フィヒテの〕あの悟性国家は有機的組織ではなく、ひとつの機械であり、[†90]民族は、共同の豊かな生の有機的身体ではなく、生彩を欠いた原子論的な多数性である。そして、その多数性の要素は絶対的に対立しあう実体であり、なかば理性的存在者という点の集合であり、なかば理性によって（ということは、この形式では悟性によって）どうにでも変えられる素材である。それら要素を統一するのはひとつの概念であり、それらを結合するのは際限のない支配である。こうしたもろもろの点の絶対的な実体性こそが、実践哲学の原子論の体系を基礎づけている。そこでは自然の原子論のばあいと同じく、もろもろの原子とは疎遠な悟性が実践的なものにおける正義を自称する法となり、全体性の概念となるが、この概念はどんな行為にも（そのいずれもが特定の行為であるという理由で）対立し、それらを規定し、

†88　『自然法の基礎』二九九頁〔三四九～三五〇頁〕。
†89　同書三〇一頁〔三五一～二頁〕を参照。
†90　〈機械としての国家〉については、『ドイツ観念論最古の体系プログラム』（本書二六五頁†2）、『ドイツ体制論』（本書六三一頁†17）を参照。

したがってその行為における生きいきとしたものを、つまり真の同一性を殺してしまう。「正義はおこなわれよ、たとえ世界が滅ぶとも（*Fiat iustitia, pereat mundus*）」がその法であるが、これは「正義はおこなわれよ、たとえ世界の悪人どもがことごとく滅びようとも」というカントが解釈したような意味[†91]においてではけっしてなく、「正義がおこなわれなければならない、たとえそのために信頼や喜びや愛のような真に人倫的な同一性のすべてのポテンツが、いわば根こそぎにされようとも」という意味においてなのである。

第六節　人間の倫理的共同体

国家と倫理の国

人間の倫理的共同体の体系に移ろう。

〔フィヒテの〕倫理学（*Sittenlehre*）は、理念が衝動を、自由が自然を絶対的に支配するという点では自然法と同じだが、次の点では異なる。つまり、自然法においては自由な〔理性的〕存在者が概念一般に服従することが絶対的な自己目的であるために、共同の意志という固定された抽象物は個人から独立しても成りたち、個人を支配するのにたいして、倫理学においては概念と自然がまったく同一の人格のうちに統一されなければならないのである。国家においては権利だけが支配するのにたいして、倫理の国においては義務だけが、しかも個人の理性によって法として承認されるかぎりでの義務だけが、力をもつとされるからである。

おのれ自身の主人であり奴隷であることは、人間が他人の奴隷である状態よりはたしかにまだましなように見える。だが、倫理における自由と自然の関係は、自然法における関係よりもはるかに不自然なものになってしまう。というのも、その関係は倫理においては主観的な支配と隷属の関係に、つまり自然の自己抑圧にならざるをえないのにたいして、自然法のばあいには、命令し権力を握るものは生きた個人の外にあるなにか別のものとして現われるからである。生きいきとしているものは、この関係のうちにあってもあいかわらず自己完結した自立性をもっており、みずからのうちでひとつになっていないようなものはみずからのうちから排除してしまう。みずからに抵抗するものはよそよそしい権力でしかない。たとえ内的なものと外的なものの一致という信念がなくなっても、自分の内的な一致、性格としての同一性にたいする信念は残る。内的な自然〔本性〕はみずからに忠実である。それにたいして倫理学にあっては、命令するものが人間自身のうちに移され、命令するものと服従するものが人間自身のうちで絶対的に対立するために、内的な調和は破壊され、不一致と絶対的な分裂が人間の本質をなすことになる。人間はなんらかの統一を求めずにはいられないものだが、絶対的な非同一性が根柢に据えられているために、人間には形式的な統一しか残らない。

多様な義務の衝突

支配をおこなうべき概念の形式的な統一と自然の多様性とは矛盾しあい、両者のあいだの緊張関係はただちに重大な弊害を示す。形式的な概念が支配すべきだが、それは空虚であり、衝動に関係することで満たされなければならない。そうなると、無数の行為の可能性が生じてしまう。だからといって、倫理学がこの概念を統一的な状態のままに保つなら、そんな空虚で形式的な原則によってはなにひとつ果たされない。

〔純粋な〕自我は、客観的世界を廃棄する絶対的な自発性という理念にしたがってみずからを規定すべきであり、客観的な自我を左右する原因となるべきなので、客観的自我に関係することになる。〔だがこの関係によって〕倫理的な衝動は不純な衝動になり、そのために客観的な衝動そのものと同じくらい多様なものになる。そうなればきわめて多様な義務が生じる。フィヒテのように概念の普遍性に踏みとどまれば、この義務の多様性はかなり減

†91　カント『永遠平和のために』（アカデミー版第八巻三七八頁）を参照。

らせようが、しかし、そうなるとひとが手にするのはまたしてもたんなる形式的な諸原則でしかない。多様な義務同士の対立は〔義務の〕衝突という名のもとに現われ、重大な矛盾をともなうことになる。演繹された義務が絶対的だとすれば、たがいに衝突することなどありえない。それでもそれらが必然的に衝突するのは、それらが対立しているからである。どの義務も等しく絶対的だからどれを選択してもかまわないが、たがいに衝突するのだから必然的にどれかを選択しなければならない。その決断を下すのは恣意でしかない。どんな恣意も許されるべきではないというのであれば、どの義務も同じく絶対的というわけにはいかなくなるだろう。そうなれば、ある義務がほかの義務よりも絶対的であるにちがいないと言わねばならないが、そんな言いかたは概念に矛盾する。というのも、どんな義務も義務としては絶対的だからである。だがじっさいのところ、こうした衝突があっても行為しないわけにはいかず、したがって義務の絶対性は放棄され、ある義務がほかの義務に優先されなければならないのだから、いまや、〔どれかひとつの義務を選ぶという〕自己決定がなされうるには、ある義務の概念がほかのそれよりも優れている点を価値評価によって突きとめ、条件つきの義務のなかから最善の洞察にしたがって選択することこそが、いまやなによりも重要になる。最高の概念による自由の自己決定においては〔個人的な〕好みの恣意性や偶然は排除されるが、今度はこの自己決定は洞察の偶然性に、したがってある偶然的な洞察を無自覚のうちに決定的なものだとみなすような態度に陥ってしまう。周知のように、カントは倫理学において、絶対的なものとして立てられた義務のそれぞれに決疑論的な問いを付けくわえているが、[†92] じつはそれによって彼は提示された義務の絶対性をあざ笑うつもりだったと思う人はいないだろう。そうだとすれば、彼はむしろ倫理学には決疑論が欠かせないことを、したがってしょせんはどこまでも偶然的なものにすぎないおのれ一人の洞察に身をゆだねない態度が欠かせないことを、示唆していたと考えなければならない。偶然はまさに倫理学によって否定されるべきものにほかならず、〔個人的な〕好みの偶然性を洞察の偶然性に変えてみたところで、必然性を求めてやまない倫理的な衝動は満たせない。

倫理学と自然法のこうした体系にあっては、自由と必然性は絶対的な対極として凝りかたまっているので、どんな綜合も無差別点も考えようがない。〔そうした綜合や無差別点を可能にする〕超越論的な観点は、現象とその能力である悟性においてはあとかたもなく失われてしまう。〔自由と必然性の〕絶対的な同一性は現象のうちに見いだされもしなければ、打ちたてられることもない。〔両者の〕対立は、たとえ無限進行をもちだして言いつくろったところで絶対的に固定されたままである。その対立は、個人にとっては心情の美しさとその所産との無差別点に解消されることはありえないし、諸個人の完全な生きた共同体にとってもひとつの共同体へと真に解消されることはありえない。

第七節　フィヒテにおける美学と倫理

たしかにフィヒテは、さまざまな身分の義務のひとつとして芸術家の義務にも言及し、それを道徳の最後のつけ足しだとしているが、その彼にしても美的なセンスは悟性と心情を結ぶ紐帯であると語っている。そして、芸術家が頼りとするのは、学者のように知性だけでもなければ、民衆説教師のように心情だけでもなく、諸能力の統一であるような心の全体だからという理由で、フィヒテは芸術家と美的教養こそ理性の目的の推進にきわめて有効なかかわりがあるとみなすのである。[†93]

†92　カント『人倫の形而上学』「第二部 徳論」(アカデミー版第六巻四二二〜三頁、四二五頁、四二七頁)を参照。「決疑論」とは、一般的な道徳的・宗教的義務がほかの義務と矛盾したり、具体的な状況にそぐわなかったりしたときにどうすればよいのかという議論のこと。

†93　『倫理学の体系』三五三〜六頁〔四二〇〜三頁〕。

〔だが、〕この倫理学の体系のように絶対的な対立にもとづく学問において、悟性と心情を結ぶ紐帯とか、心の全体とかがどうすれば話題にできるのかは理解に苦しむところである。というのも、なんらかの概念にもとづいて自然を絶対的に規定するということは、悟性によって心情を絶対的に支配することであって、そのような支配は〔悟性と心情の〕統一の廃棄を条件とするからである。それは別にしても、美的教養が〔道徳の最後のつけ足しのひとつという〕まったく従属的な位置に置かれていることからしてすでに、それが体系の完成にそもそもほとんど貢献していないことを物語っている。芸術は、道徳に地盤を用意することによって理性の目的の促進にもっとも有効な仕方でかかわるべきだとされる。というのもそうなれば、道徳が登場するときには、感性の桎梏からの解放という仕事はなかばなしとげられているからである。[†94]

フィヒテが美について卓見を披瀝しながらも、その語るところが彼自身の体系とはつじつまが合わないことは注目に値する。彼はもろもろの卓見をみずからの体系には適用せず、それをただちに倫理法則の考えに誤ったかたちで適用してしまうのである。

フィヒテの語るところによれば、芸術は超越論的な観点をだれもが共有できる観点にしてくれる。というのも、前者において世界はつくられ、後者においては与えられるのにたいして、美的な観点において世界はつくられているとおりに与えられているからである。[†95] 知性による産出作用と与えられたものとして知性に現われる所産との真の統一、つまり、みずからを無制限のものとして設定しながら同時に制限されたものとしても設定する自我の真の統一、あるいはむしろ知性と自然との統一が承認されるのは、美的な能力によってである。自然はまさにこうした統一が可能だからこそ、知性の所産であるにはとどまらないもっと別の側面をもつようになる。産出活動と所産との美における統一を承認することは、絶対的な当為や努力や無限進行を想定するのとはまったく異なる事態である。〔当為や努力や無限進行といった〕概念は、あの〔美による〕最高の統一が承認されるやいなや、従属的な諸領域の対立関係であるか、そうでなくてもせいぜいその綜合にすぎないことがあきらかになり、したがってもっと高次の綜合を必要とすることがあきらかになる。

二つの美的自然観と倫理法則

美についての見解はさらにこうも述べられる。与えられた世界つまり自然には二つの側面がある。それは〔第一に〕われわれの制限されたありかたの所産であるとともに、〔第二に〕われわれの自由な観念的行為の所産でもある。空間内のすべての形態は、その形態をまとっている物体そのものの内的な充実と力の表出とみなされるべきである。〔だが〕前者の見方にしたがう者は、ゆがんで抑圧された、いじけた形態しか見ない。彼は醜さしか見ないのである。〔それにたいして〕後者の見方にしたがう者は、自然の力強い充実、生命と向上を見る。彼は美を見る。[†96] 自然法における知性の行為は、自然をどうにでも変えられる素材として産出したにすぎない。したがってこの行為は自由な観念的行為でも、理性の行為でもなく、悟性の行為であった。いまや美的な自然観が倫理法則にも適用される。それでいてなおかつ、自然が美的な見方を受けいれうるからといって倫理法則にたいして優位に立つわけではないのはもちろんである。

「倫理法則は絶対的に命令し、すべての自然な傾向を抑圧するというふうに倫理法則をみなす者は、倫理法則に奴隷のようにかかわっている。だが、倫理法則はそういっても同時に自我そのものであり、われわれ

---

†94　『倫理学の体系』〔四二一頁以下〕。
†95　同書三五三頁以下〔四二〇～一頁〕の要約。
†96　同書三五四頁〔四二一頁〕。
†97　同書三五四頁〔四二一頁〕。強調はヘーゲル。

自身の本質の奥深いところに由来する。倫理法則にしたがうとき、われわれは自分自身にしたがっているにすぎない。このように倫理法則を見る者は、それを美的に見ているのである」[†97]。

〔だが、こうしたフィヒテの考えにたいしては、次のように批判したい。〕われわれが自分自身にしたがうとは、われわれの自然な傾向がわれわれの倫理法則にしたがうということである。しかし、自然を物体の内的な充実と力の表出とみなすような美的自然観にあっては、なにかに服従することにつきものの分裂状態は生じてこない。一方、フィヒテの体系にしたがえば倫理とは自己自身に服従することであって、そこでは自然な傾向が隣りあう理性によって制限され、〔自然な〕衝動は概念に服従しているのが見てとれる。倫理についてのこうした見方は〔フィヒテにとって〕不可避であって、それは美的な見方であるどころか、ゆがんでいじけた、抑圧された形態、つまり醜さを示すような見方にならざるをえない。

〔フィヒテにおいて〕倫理法則の要求する自立性とは、概念にしたがって概念によって〔みずからを〕規定することでしかなく、自然が権利を得るのは多くの理性的存在者の自由という概念にしたがって自由を制限することによってでしかないとすれば、そして、この二つの抑圧的な方法が、人間が人間として構成される最高の方法だとすれば、美的なセンス——これはもっとも広義に解されなければならない——が存在する余地は見いだせない。つまり、美的センスとはそれが無制限に自己を享受するときにこそ純粋な姿で現われるのだから、自由と必然、意識と無意識の統一においてか、あるいは、そうした自己享受の制限された現象である市民的正義と道徳性において、全体性が完全に自己形成しなければならないのだが、そうした自己形成の存在する余地はない。というのも、美的なセンスにあっては概念にしたがう規定作用はことごとく否定されており、支配し規定するということの悟性的な活動が美的センスに接近しようものなら、それはこの活動性を醜いものとみなし、憎むしかないからである。

第三章　シェリングとフィヒテの哲学の原理の比較

フィヒテとシェリングの同一性の原理

フィヒテの原理の基本性格としてあきらかになったのは、主観＝客観はこの同一性から飛びだしはするが、その結果区別されるものが因果関係に置きいれられるために、もはや同一性に復帰できないということである。同一性の原理は〔フィヒテの〕体系の原理とはならない。体系の形成が始まったとたんに、同一性は放棄されてしまう。体系はそれ自身が有限なものの一貫した悟性的な寄せ集めでしかなく、根源的な同一性はそれらを全体性の焦点のもとにまとめあげ、絶対的な自己直観たらしめることができない。こうして、主観＝客観は主観的な主観＝客観になり、この主観性を捨てさってみずからを客観的に設定することができない。

同一性の原理こそがシェリングの体系全体の絶対的な原理である。哲学と体系は一致し、その同一性は〔体系の〕部分において失われることはないし、ましてや成果において失われることもない。

絶対的な同一性が体系全体の原理であるためには、主観と客観のいずれもが主観＝客観として設定される必要がある。フィヒテの体系においては、同一性は主観的な主観＝客観として構成されるにとどまっている。これを補完するには客観的な主観＝客観が必要である。そうなれば、絶対者は主観と客観のどちらにも現われ、両者がそろってはじめて完全なかたちでそこに見いだされる。主観と客観が対立しているかぎり、絶対者は両者の根絶によって最高の綜合をなしとげる。つまり、両者の絶対的な無差別点として両者をみずからのうちに含み、両者を生みだすとともに、両者からおのれを生みだすのである。

分裂の廃棄が哲学の形式的な課題として立てられると、理性は対立するものの〈一方〉を根絶して他方を無限なものに高めるというやりかたで、この課題の解決を試みることもできる。じつのところ、これがフィヒテの体系でなされたことである。だが、こうしたやりかたでは対立が残ってしまう。というのも、絶対者として立てられた一方が他方によって制約されており、一方が存在すれば、他方もまた存在するからである。分裂を廃棄するには、主観と客観という二つの対立しあうものが廃棄されなければならない。それらが主観と客観としては廃棄されるのは、両者が同一のものとみなされるときである。絶対的な同一性においては、主観と客観はたがいに関係づけられ、それによって根絶される。そのかぎりでは、反省や知識にとってはなにも存在しなくなる。体系になれない哲学が一般に到達できるのはこの程度までであって、そうした哲学はすべての有限なものを無限なもののうちに埋没させてしまうような否定的な側面で満足する。たしかに、そのような哲学でもみずからを脱してふたたび知識にいたりつくことはありうる。そのばあいでも、それに体系への欲求が結びつくかどうかは主観的な偶然でしかない。しかし、この否定的な側面そのものが原理になっているかぎり、知識などに手を出すべきではない。というのも、どんな知識も一面ではすべて同時に有限性の領域に足を踏みいれているからである。熱狂にとらわれた人は無色透明の光をなにがなんでも見たがるものであり、彼がなんらかの多様性を認めるのは、彼が多様なものを制圧しようとするかぎりでしかない。そうした熱狂には自分自身についての意識が欠けており、みずからが収縮できるのもある種の拡散によってであることに気づかない。この熱狂は、対立するものの一方にみずから固執して、絶対的な同一性を対立するものの一方にしてしまうので一面的である。絶対的同一性においては、主観と客観は廃棄されているが、いずれも絶対的同一性のうちにあるのだから同時に存在してもおり、両者のこの存在こそがなんらかの知識を可能にするものにほかならない。というのも、知識においてはある面では両者の分離が想定されているからである。この分離する活動が反省である。分離する活動はそれだけ単独にあるものとみなされるかぎりでは同一性と絶対者をだいなしにしてしまう。そしてそうであるかぎり、どんな認識もなんらかの分離を含むのだから誤謬以外のなにものでもない。認識することは分離することであり、その産物は有限なものでしかないというこうした側面からすれば、すべての知識は制限されたものになり、したがって虚偽になる。だが、すべての知識は同時にひとつの同一性でもあるかぎりでは、絶対的な誤謬などありえない。

同一性が主張されるなら、分離もまた主張されなければならない。同一性と分離がたがいに対置されるかぎり、両方はどちらも絶対的である。そこで、分離を根絶して同一性だけを堅持しようとしても、両者はたがいに対立したままである。哲学は主観と客観への分離の活動にもそれなりの権利を認めてやらなければならないが、とはいえ、哲学がこの分離をそれに対立する同一性とともに絶対的なものとして立てたのでは、制約されたものとしてしか立てなかったことになるし、同一性のほうも（対立するものの根絶によって制約されているのだから）これまた相対的でしかない。だがそうだからこそ、絶対者はそれ自身が同一性と非同一性の同一性なのであり、絶対者においては対立することとひとつであることとが同時に存在するのである。

哲学が分離をおこない、分離されたものを設定しようとすれば、それらを絶対者のうちに設定するよりほかない。というのも、そうしなければ両者は純然たる対立物になり、一方が存在するかぎり他方は存在しないという以外のどんな性質ももたなくなるからである。だからといってさらにまた、両者をこのように絶対者に関係づけるからといって、両者がまたもや廃棄されるということでもない。というのも、そんなことになればそもそも分離ということが成りたたなくなるからである。むしろ、両者が絶対者のうちに設定されるなり、あるいは絶対者のほうが両者のうちに設定されるなりするというのであれば、両者は分離されたものとしてありつづけ、そのような性格を保つ必要がある。もっと言えば、両者はともに絶対者のうちで設定されなければならない。一方が他方に優越するどのような権利があるというのだろうか。どちらにも同等の権利のみならず同等の必然性がある。

というのも、〈一方〉しか絶対者に関係づけられないなら、両者の本質は同等ではないものとして設定されてしまい、両者の統一も、したがってまた分裂を廃棄するという哲学の課題も不可能になるからである。フィヒテは対立するものの〈一方〉だけを絶対者のうちに置き、絶対者として設定した。フィヒテにとって権利と必然性は自己意識のうちにある。というのも、自分で自分を設定する働きであり主観＝客観であるのは自己意識だけであり、自己意識は絶対者に自分よりも高次のものとしてはじめて関係づけられるのではなく、むしろそれ自身が絶対者であり、絶対的な同一性だからである。絶対者として設定されるというより高次の権利が自己意識のがわに認められるのは、ほかでもなく、自己意識が自分自身を設定するのにひきかえ、客観はそんなことをせず、もっぱら意識によって設定されるにすぎないからである。だが、客観のこうした位置づけが偶然的なものにすぎないということは、主観＝客観が自己意識として〔つまり主観＝客観の一方の項として〕設定されるかぎりでもっている偶然性からすればあきらかである。というのも、こうした主観＝客観はそれ自身が制限されたものだからである。したがって、この主観＝客観の立場は最高の立場ではない。そうした主観＝客観は制限された形式のもとに置かれた理性であり、客観が自己規定的なものではなく、絶対的に規定されたもののように見えてしまうのは、こうした制限された形式の立場からでしかない。したがって、主観と客観のどちらもが絶対者のうちに、あるいは絶対者が両方の形式のもとに置かれると同時に、両方が分離したものとして存在しなければならない。こうして、主観は主観的な主観＝客観であり、客観は客観的な主観＝客観であることになる。そしていまや分割が設定されることになれば、対立するもののそれぞれが自分自身と対立するものになり、この分割が無限につづくので、主観と客観のどの部分もそれ自体が絶対者のうちにあり、主観と客観の同一性であって、どのような認識もひとつの真理であり、どのような塵もひとつの有機体であることになる。

主観＝客観と自我＝自我の関係

客観そのものがひとつの主観＝客観であるときにのみ、自我＝自我は絶対者である。自我＝自我が〔フィヒテの体系にみられるような〕〈自我は自我に等しくあるべきだ〉に変質せずにすむのは、客観的なものが自我そのものであり、主観＝客観であるばあいだけなのである。

主観も客観も主観＝客観であることによって、主観と客観の対立は実在的な対立となる。というのも、両方とも絶対者のうちに置かれ、それによって実在性をもっているからである。対立するものの実在性と実在的な対立は対立する両項の同一性によってのみ成りたつ。*

＊プラトンは絶対的な同一性によって成りたつ実在的な対立を次のように表現している。

「真に美しいきずなは、おのれ自身とおのれが結びつけるものを〈ひとつ〉にするようなきずなです。というのも、たとえば三つの数でも、三つの量でも、三つの力でもいいのですが、それらに真ん中があって、最初の項と真ん中の項の比が真ん中の項と最後の項の比と同じであり、そして逆に、最後の項と真ん中の項の比が真ん中の項と最初の項の比と同じなら、真ん中の項は最初の項にも最後の項にもなるし、逆にどちらも真ん中の項になるので〔つまり、a : b = b : c かつ c : b = b ならば a = c : b なので〕、こうして三者はすべてが必然的に同じものだということになるでしょう。ところで、たがいの関係において同じものは、どれも〈ひとつ〉のものです†98」。

客観が絶対的な客観であれば、そんなものはたんに観念的なものにすぎず、その対立もたんに観念的な対立にすぎない。客観が観念的なものにすぎず絶対者のうちになければ、主観もたんなる観念的なものでしかなくなる。そのような観念的な要素が〔フィヒテの言う〕おのれ自身を設定する働きとしての自我であり、みずからを対立設定する働きとしての非我である。自我が端的に生命であり活動性であろうと、行為そのものであろうと、万人の

†98　プラトン『ティマイオス』三一C〜三二A。

意識においてもっとも実在的で直接的なものであろうと、なんの役にも立たない。自我は客観に絶対的に対置されたとたんに実在のものではなくなり、頭で考えられただけのもの、反省の純粋な産物、認識のたんなる形式になってしまう。たんなる反省の産物からは、同一性は全体性として構成されようがない。というのも、反省の産物は絶対的な同一性の捨象によって生じるのであり、絶対的な同一性はそれらの産物にたいして直接にはそれを根絶するものとしてかかわるだけで、構成するものとしてはかかわれないからである。無限性と有限性、無規定性と規定性などがまさにそうした反省の産物であり、〔反省の産物であるため〕無限なものから有限なものへの移行もなければ、無規定なものから規定されたものへの移行もない。両者の綜合であるような移行は二律背反になる。他方、反省は絶対的な分離の働きなので、無限なものと有限なもの、規定されたものと無規定なものの綜合を実現できないが、ここで法則を立てるのは反省である。反省には〔法則のような〕形式的な統一だけは主張する権利がある　なぜなら、無限なものと有限なものの分裂は認められ受けいれられたが、そうした分裂は反省の産物だからである。それにたいして理性はこの分裂を二律背反というかたちで綜合し、それによって根絶する。観念的な対立が絶対的同一性を完全に捨象する反省の産物であるのにたいして、実在的な対立は理性の産物である。理性は、対立するものを認識の形式だけでなく存在の形式においても設定し、同一性と非同一性を同一のものとして設定するからである。そして、こうした実在的な対立だけが、主観と客観がともに主観＝客観として設定されるような対立であり、両方が絶対者のうちにあることによって両者のうちに絶対者があり、したがって両者のうちに実在性があるような対立である。したがってまた実在的な対立においてのみ、同一性の原理は実在的な原理となる。対立が絶対的であっても観念的でしかなければ、同一性はたんに形式的な原理であるにとどまり、対立する形式の〈一方〉のうちにしか置かれず、主観＝客観としての効力を発揮できない。形式的なものを原理とするような哲学はそれ自身が形式的な哲学になってしまう。じっさいフィヒテもまた、自分の体系は神の自己意識（自我が設定されることによってすべてのものが設定されるような意識）にとっては形式的な正しさしかもたないというようなことをどこかで語っていた[†99]。それにたいして、物質つまり客観がそれ自身ひとつの主観＝客観であれば、形式〔形相〕と物質〔質料〕の分離はなくなり、体系もその原理ももはやたんに形式的なものではなく、形式的であると同時に物質的〔実質的〕なものとなり、すべてが絶対的な理性によって設定されていることになる。絶対者が主観か客観のいずれかの形式で設定され、本質的に主観が客観に移行したり、あるいは客観が主観へ移行したりできるのは、実在的な対立においてでしかない。〔実在的な対立において〕主観が自分自身にとって客観的になりうるのも、それがもともと客観的だから、言いかえれば、客観そのものが主観＝客観だからであり、客観が主観的になりうるのは、それがもともと主観＝客観にほかならないからである。このばあいにはじめて、主観と客観の両者が主観＝客観であるという絶対的な同一性が成りたつと同時に、両者にとって可能な真の対立も成りたつのである。主観と客観がいずれも主観＝客観でなければ、対立は観念的であり、同一性の原理は形式的である。形式的な同一性と観念的な対立にあっては、不完全な綜合しかありえない。つまり、〔カントの〕カテゴリー〔表〕にしたがえば、同一性は、それが対立するものを綜合するかぎりではそれ自身たんなる量にすぎず、差異は質的である。このカテゴリー〔表〕においては、たとえば実在性という第一のカテゴリーは、第三のカテゴリー〔制限性〕においては、第二のカテゴリー〔否定性〕と同じく量的なものとして設定されているにすぎない[†100]。だ

---

†99　『全知識学の基礎』第一巻二五三頁〔二六八頁〕。

†100　カントのカテゴリー表については、本書一一頁の†8を参照。このカテゴリー表のいずれの項目においても、第三のカテゴリーは最初の二つの綜合となっている。だが、実在性と否定性と制限性はカントにおいては「量」ではなく、「質」のカテゴリーである。同一性が「対立するものを綜合するかぎりでは…たんなる量にすぎない」とか、綜合されるカテゴリーのほうも「量的なものとして設定されているにすぎない」という議論は、ヘーゲルがみずからの論理思想を言葉足らずのままに語りだしたものであろう。

が逆に、対立が実在的ならば、差異は量的でしかない。原理は観念的であると同時に実在的であり、唯一の質である。量的な差異から再構成される絶対者はけっして量ではなく、全体性である。

知性の体系と自然の体系

主観と客観の真の同一性を設定するために、両者が主観＝客観として設定されると、いまやどちらもそれぞれ単独に特殊な学問の対象になりうるが、この学問はどちらも相手の原理の捨象を要求する。知性の体系においては、客観はそれ自体としては無であり、自然は意識においてしか存在しない。客観は自然であり、知性は意識であるかぎり客観によって条件づけられているということが捨象されてしまう。自然の体系においては、自然は認識されたものであることが忘れさられる。というのも、自然が学問において受けとる観念的な諸規定は自然のうちにも同時に内在しているからである。しかし、たがいに捨象しあうからといって、それらの学問が一面的になるわけではないし、一方〔知性の体系〕が他方〔自然の体系〕の実在的な原理を主観的に捨象するわけでもない。そのような主観的な捨象は〔フィヒテの知識学のように〕知識のためになされることはあろうが、〔シェリングのような〕もっと高い立場では姿を消してしまうだろう。というのも、〔フィヒテ流の〕観念論においては意識の産物でしかない意識の客観といえども、それ自体として見れば〔意識とは〕絶対的に異なるものであり、意識の本質の外に絶対的な存在をもつからであり、それにたいして自然は、それについての学問においては自己規定的でそれ自身において観念的なものとして設定されるが、それ自体として見れば〔意識の〕客観であるにとどまり、理性が自然において認識する同一性はすべて知識が自然に貸し与えた形式にすぎないからである。〔そうだとすれば、〕捨象されるのは、他方の学問の内的原理ではなく、独自の形式だけであり、〔しかし〕それは、それぞれの学問を純粋なままに保ち、両方の学問の内的な同一性を保つためになされるのだから、他方の学問の独自性の捨象は一面性の捨象なのである。自然と自己意識はそれ自体では、それぞれ固有の学問において思弁によって設定されるとおりに存在している。それらがそれ自体でそのように存在しているのは、両者を設定するのがほかならぬ理性だからである。理性はそれらを主観＝客観として、つまり絶対者として設定する。そして、唯一それ自体として存在するものは絶対者である。理性が自然と自己意識を主観＝客観として設定するのは、理性自身がみずからを自然としても知性としても産出し、そこに自己を認識するものだからである。

主観も客観も真の同一性のうちに置かれているのだから、つまり、両者がどちらも主観＝客観であり、したがって両者の対立は実在的な対立であり、一方は他方に移行できるのだから、両学問の立場は異なってはいてもけっして矛盾しない。主観と客観が絶対的に対立し、どちらか〈一方〉だけが主観＝客観であるならば、両学問が同じ資格で肩を並べることなどありえず、どちらか〈一方〉の立場だけが理性的な立場であることになってしまうだろう。両学問が可能であるのはあくまでも、そのどちらにおいてもまったく同じ〈ひとつ〉のものが必然的な存在形式において構成されるばあいだけである。どちらもそれぞれにおいて絶対者が対立した形式のもとに置かれているので、たがいに矛盾するように見える。しかしこの矛盾は、どちらか〈一方〉だけが唯一の学問だと主張し、自分の立場から他方の学問を根絶したのでは解消されない。どちらの学問の一面性をも真に廃棄するより高次の立場とは、どちらにもまったく同一の絶対者を認識するような立場である。これまで主観的な主観＝客観の学問は超越論的哲学と呼ばれ、客観的な主観＝客観の学問は自然哲学と呼ばれてきた。両者がたがいに対立しているかぎり、前者においては主観的なものが、後者においては客観的なものがそれぞれ第一のものである。どちらの学問においても、主観的なものと客観的なものは実体〔と属性〕の関係のうちに置きいれられている。超越論的哲学においては知性としての主観が絶対的な実体であり、自然は客観であり属性だが、自然哲学においては自然が絶対的な実体であり、主観つまり知性が属性であるにすぎない。したがって、〔超越論的哲学と自然哲学を統合する〕より高次の立場は、どちらかの学問が廃棄されて主観と客観のどちらか一方だけが絶対者だと主張される立場でも、両学問が混合されるような立場でもない。

超越論的哲学と自然哲学を混合する立場

この混合について触れておけば、〔まず一方で〕自然学に属するものが知性の体系にまぎれこむと、意識的なものと無意識的なものが統一しているかのような誤った見かけで人の目を欺きかねない超越的な仮説が生じる。そうした仮説は自然なものだと自称し、じっさい意識の繊維理論†101のように触知できるものを超えでることもない。それにたいして、知性的なものそのものが自然学にまぎれこむと、超自然的な説明が、とりわけ目的論的な説明が生じる。混合によるどちらの誤りも説明をつけたがる傾向から生まれる。説明をつけるために知性と自然が因果関係のうちに置かれ、〈一方〉が根拠、他方が根拠づけられたものとみなされるが、しかしそれでは対立だけが絶対的なものとして固定され、因果的な同一性のように形式的な同一性のせいで絶対的な統一への道はすっかり閉ざされてしまう。

二元論的立場

両学問の矛盾点を廃棄すると称する別の立場は、どちらか一方を絶対者の学問とはみなさない立場であろう。二元論は知性の学問にきわめて従順でありながらも事物を固有の存在として認めることができるし、この目的のためには自然学を事物の固有の本質の体系とみなすことができる。二元論にとってはそれぞれの学問は望むがままに学問として通用するだろう。両学問は仲よく並びたつことになる。しかしそうなれば、絶対者の学問であるという両学問の本質は見すごされてしまう。というのも、絶対者はけっしてたがいに並びたつものではないからである。

いわゆる「超越論的観念論」の立場が構築する自然学

どちらかの学問が絶対者の学問とはみなされない立場がもうひとつある。つまりそれは、一方の学問の原理を絶対者のうちに置くこと、ないしは絶対者をこの原理の現象のうちに置くことを否定するような立場である。この点でもっとも注目に値するのは超越論的観念論と通称される立場である。この主観的な主観＝客観の学問はそれ自身が哲学の不可欠の学問のひとつではあるが、あくまで〈ひとつ〉にすぎないということはすでに述べたとおりである。この学問が自分こそ卓越した（κατ᾽ ἐξοχήν）学問だなどと主張すれば一面的なものになってしまうことも、自然がこの学問からどのような形態を受けとることになるかについても、すでに〔フィヒテについて論じたさいに〕指摘しておいた。ここでさらに考察されるのは、自然学がこの〔超越論的観念論という〕立場から構築されるさいにどのような形式をもつかということである。

カントは客観を（悟性によっては）規定されないものとみなすことで自然を承認し、さらに自然の産物を自然目的（Naturzweck）とみなし、それが目的概念を欠いていながらも合目的的であり、機械的な仕組みを欠いていながらも必然的であって、その概念と存在が同一であるとみなすことによって、自然を主観＝客観として描いた。だが同時に、こうした自然観は目的論的なものでしかないとされる。†102 つまり、それは論証的に思考するわれわれ人間の制限された悟性の格率でしかなく、〔ニュートン力学によってとらえられるような世界にかかわる〕人間悟性の普遍的概念には〔有機的な〕自然の特殊な現象〔個々の生物につきもののさまざまな変異〕は含まれないというのである。こうした人間的な考察方法では、自然の実在性についてはなにも語られないと主張される。こうしてこの考察方法はどこまでも主観的なものにとどまり、自然は純粋に客観的なもの、たんに思考されるだけのものに

†101　矛盾を神経繊維のあいだの葛藤と理解するJ・C・ロッシウス（一七四八〜一八一三）の学説のことと思われる（英訳の註を参照）。

†102　カント『判断力批判』第六二〜八節を参照。

とどまる。たしかに、悟性によって規定されると同時に無規定でもあるような自然という綜合は、感覚的悟性においてはたんなる理念でしかなく、機械論にもとづく〔自然の〕説明が合目的性と一致することもわれわれ人間には不可能だとされる。[103] だが、この見さげはてた非理性的な批判的見解は、〔こんなふうに〕人間の理性と絶対的な理性を完全に対置しながらも、感覚的悟性の理念つまりは〔絶対的な〕理性にまで昇格させられる。なにしろ、自然の機械論的構造と自然の合目的性が一致することは、それ自体としては、つまり、理性においてはありえないことではないからというわけである。とはいえ、カントはそれ自体としては可能であるものと現実的なものの区別を捨てさったわけでも、感覚的悟性には欠くことのできない最高の理念を現実のものにまつりあげたわけでもない。したがって、一方でカントの自然学[104]は根本的諸力の可能性の洞察をそもそも不可能とみなし、他方では自然を物質つまり絶対的な対立物としかみなさず、みずから自己規定するものとはみなさないような自然学であるがゆえに機械論しか構築できない。〔しかも、〕カントの自然学は引力と斥力という貧弱な道具立て〔を物質にほどこすことによって〕[105]、すでに物質を豊かすぎるものにしてしまっている。というのも、力は外的なものを生産するような内的なもの、つまり自分自身を設定する働き＝自我であり、そんなものは純粋に観念論的な立場からすれば物質には与えられないからである。観念論的な立場は物質をたんに客観的なもの、自我に対立するものとしてしか捉えない。この立場からすれば、あの諸力は余分であるばかりか、まったく観念的である。したがって、それは力ではないか、さもなければ超越的であるかのどちらかである。この立場に残されるのは、現象の力学的な構成ではなく、数学的な構成だけである。〔『純粋理性批判』のカントにしたがえば〕諸現象はあらかじめ与えられていなければならないのだから、カテゴリーによるその展開は、たしかに正しい概念を与えはしても、現象にかんしてはなんの必然性も与えず、必然性の連鎖は構成という学問的なものの形式にかかわるものでしかない。概念は自然にとって、自然は概念にとって偶然的なものでしかない。だとすれば、カテゴリーによって綜合が正しく構成されたからといって、その例証がかならずしも自然そのもののうちに見いだされるとはかぎらず、自然は悟性法則にとっては偶然的な図式とみなされかねないような多様なたわむれしか提示できない。自然が示す実例は、そこに反省がもちこんだ規定しか認識できないなら、その独自の生きいきした性格を失ってしまうだろう。逆に、カテゴリーは自然の貧弱な図式でしかなくなる。†106

自然が物質にすぎず主観＝客観でなければ、認識するものと認識されるものが〈ひとつ〉でなければならないような自然の学問的構成は不可能なままである。たしかに理性のなかには、客観と絶対的に対立することでみずから反省となるようなものもあり、そうした理性であれば、自然についてアプリオリに、演繹だけによって、物質という自然の一般的性格にとどまらないそれ以上のことを語ることもありうる。このばあい、自然の一般的性格が基礎に置かれ、それ以上の多様な規定は反省にたいして反省によって立てられる。こうした演繹がアプリオリであるように見えるのは、それが概念という反省の産物を客観的なものとして立てるためである。この演繹はそれ以上はなにも立てないので、たしかに内在的でありつづける。こうした演繹は本質的には自然に外的な合目的性しか認めない見方と同じである。この演繹のほうがもっと体系的に、たとえば理性的存在者の身体のような特定の点から始まるところが違うだけで、どちらにおいても自然は概念（という自然には疎遠なもの）によって絶対的に規定されたものである。自然を外的な目的にしたがって規定されたものとしか認めない目的論的見解は、

†103　カント『判断力批判』第七五～七節を参照。「感覚的悟性」という表現は第七七節における「直観的悟性」と対をなし、客観をあくまでも感覚的に与えられるものとして前提するしかない人間の悟性を指す。
†104　以下では、カント『自然科学の形而上学的原理』の序論、第二章と第三章（力学と機械学）が論じられている（アカデミー版全集第四巻四六八頁以下、四九六頁以下、五三六頁以下）。
†105　同書第二章定理一の説明二（アカデミー版第四巻四九八頁以下）を参照。
†106　同書一六頁。

自然を経験的に与えられているがままに受けいれるので、完全さという点ではまさっている。これにたいして、特定の点から開始しておきながらそれが不完全だからといってさらにそれ以上のものを要請するような自然の演繹は（そうした要請にこそこの演繹の本領があるのだから）、要請をおこなったとたんにもう満足してしまう。要請は概念が要求するとおりのものをただちになしとげるというわけである。自然の演繹は、概念が要求することがらだけで自然のなんらかの現実的客観を実現できるといった問いをみずから引き受けることはなく、それを経験によって見いだすことしかできない。直接に要請された客観が自然において思いどおりに見いだせなければ、次々に別の客観が演繹されていき、目的が果たされるまでそれが続けられる。これらの客観の演繹される順序は、出発点となる特定の目的しだいであり、これらの客観がたがいに連関するのは、なんらかのかたちでこの目的に関係するかぎりにおいてでしかない。だが、本来それらに内的な連関はありえない。というのも、直接に演繹された客観が満たされるべき概念には十分にあてはまらないことが経験においてはっきりしたら、その客観は外的には無限に〔どのようにも〕規定可能なのだから、このたったひとつの客観のせいで無限の拡散が生じてしまうからである。こうした拡散が避けられるとすれば、たとえば演繹がみずからの多様な点を回転させてひとつの円環にすることによってであろうが、しかし演繹は最初から外的なもののうちにあるので、その円環の内的な中心には身を置けない。概念にとって客観は、客観にとって概念は、外的なものである。

自然哲学と超越論的哲学の真の関係

こうして〔自然哲学と超越論的哲学の〕両学問はどちらも単独のものとしては構成されえず、たがいを廃棄することもできない。それができれば絶対者はただひとつの存在形式において設定されるだろうが、〔そんなことはできないのだから〕存在という形式において設定されるやいなや、分裂した形式のうちに設定されざるをえない。というのも、現象することと分裂することは〈ひとつ〉だからである。

両学問は（絶対者がどのようにして〈ひとつ〉の現象形式の下位のポテンツから生まれてこの形式における全体性になるかを叙述するのだから）内的には同一であり、したがって、どちらもその連関と順序からすればたがいに等しい。それらはたがいの証明になっている。昔のある哲学者がこれについておおよそこう語っている。「観念（主観的なもの）の秩序と連関は事物（客観的なもの）の秩序と連関と同じである」†107、と。すべてはただ〈ひとつ〉の全体性のうちにあり、客観的な全体性と主観的な全体性、自然の体系と知性の体系は同じひとつのものであり、主観的規定にはまったく同じ客観的規定が対応するのである。

両学問は学問であるからには客観的な全体性であり、制限されたものから制限されたものに進んでいく。だが、制限されたものはそれ自身がどれも絶対者のうちにあり、したがって内的には無制限なものである。制限されたものは客観的な全体性の体系的な連関のうちに置かれることによって外的な制限を失う。それは制限されたものでありながらも客観的全体性のうちに真理をもち、その位置を規定することがそれを知ることである。体系は組織化された無知であるというヤコービの表現†108には、無知（つまり個別的なものの認識）は組織されることで知識になると付けくわえさえすればよい。

両学問は独立して存在するかぎり外的に等しいが、それだけではなく同時に両者の原理は必然的にじかに浸透しあっている。一方の学問の原理が主観的な主観＝客観であり、他方の原理が客観的な主観＝客観であってみれ

---

†107　スピノザ『エティカ』第二部定理七「観念の秩序と連結は、ものの秩序と連結と同じである」（工藤喜作・斎藤博訳、中公クラシックス、九一頁）。

†108　「われわれの学問は、ただそのものとしては人間精神が暇つぶしに考えだしたゲームです。人間精神は、そうしたゲームを考えだすことによっておのれの無知を組織しているだけで、真理の認識には髪の毛一筋ほども近づいていていません」ヤコービのフィヒテ宛書簡二四」（『ヤコービ全集』第三巻二九頁）。

ば、主観性の体系には同時に客観的なものが、客観性の体系には同時に主観的なものが含まれているからである。自然が内在的な観念性であるように、知性は内在的な実在性である。認識と存在の両極はたがいのうちにあり、したがってどちらも自分のうちに〔両者の〕無差別点をもってもいる。ただし、一方の体系では観念的なものの極が、他方の体系では実在的なものの極が優勢である。観念的なものの極は、自然において絶対的な抽象という地点にまではいたらない。つまり、この抽象が〔自然という〕無限の拡張にあらがう点としてそれ自身のうちに立てられ、観念的なものが理性というかたちで構成されるにはいたらない。実在的なものの極も知性においては、無限なものの展開にまではいたらない。つまり、無限なものが〔知性における〕この収縮のうちにありながら、みずからを無限なものとしてみずからの外に立て、実在的なものが物質というかたちで構成されるにはいたらないのである。

どちらも自由の体系であると同時に必然性の体系である。自由と必然性は観念的な要素であり、したがって実在的に対立するものではない。両形式のどちらか一方だけで絶対者が絶対者として立てられることはありえず、哲学の両学問の一方が自由の体系で、他方が必然性の体系だということもありえない。そんなふうに分離された自由は形式的な自由にすぎず、分離された必然性も形式的な必然性にすぎないであろう。自由とは絶対者が内的なものとして立てられたときにもつ性格である。〔そのばあいの〕絶対者は、客観的な全体性のなんらかの特定の形式や特定の地点に身を置いても、おのれ自身でありつづけ、制限されないものでありつづける。つまり自由とは、絶対者がおのれの存在に対立するもの、つまりは内的なものとみなされ、したがって、おのれの存在を後にしてもっと別の現象に移行する可能性をもつものとみなされるときにもつ性格なのである。〔それにたいして〕必然性とは、絶対者が外的なもの、客観的な全体性、つまりは相互外在——しかも、その諸部分には客観性の全体のうちに存在するという以外にどんなありかたも帰属しないような相互外在——とみなされるときにもつ性格である。知性にしても自然にしても、絶対者のうちに置かれることで実在的に対立するようになるのだから、自由と必然性という観念的な要素はどちらにも帰属する。それにたいして、恣意が自由であるかのように見えてしまうのは、自由のうちで必然性が、つまりは全体性としての自由がすっかり捨象されているからであろう（だが、そんなことは自由がすでになんらかの個別的な領域の内部に置かれているばあいにしか起こりえない）。同様に、必然性にとって〔自由にとっての〕恣意に該当するのは偶然であるが、この偶然の手にかかると、個別的な部分は客観的な全体性においてこの全体性によってのみあるのではなく、まるで独立してあるかのようにみなされてしまう。こうした恣意や偶然は下位の立場においてしか居場所をもたないので、絶対者の学問の概念からは追放されている。それにたいして、必然性は自然と同じく知性にも属する。というのも、知性は絶対者のうちに置かれているので、それにも同じように存在の形式が帰属するからである。つまり、知性はみずから分裂して現象しなければならない。知性とは認識と直観の完璧な有機的組織である。知性のどの形態も対立する形態によって条件づけられており、したがって、諸形態の抽象的な同一性が自由としてそれらの形態そのものから分離されても、その抽象的同一性は知性の無差別点の〈一方〉の観念的な極でしかなくなり、この無差別点は客観的な全体性をもう一方の内在的な極としてもつことになる。他方、自然は自由をもつことになる。というのも、自然は静止した存在ではなく、同時に生成活動でもあるからである。たとえ存在だとしても、外から分裂させられたあげくに綜合されたような存在ではなく、自分自身のうちでみずから分離し統一するような存在、自然のどんな形態にあってもみずからをたんに制限されたものではなく全体として自由に設定するような存在である。自然の無意識的な発展は、みずからを果てしなく分裂させながらも限定された形態のすべてにおいてみずからを設定し自己同一であるような生きいきとした力の反省であり、そのかぎりでは自然のどの形態もけっして制限されるどころか自由なのである。

自然の学問と知性の学問における理論的部門と実践的部門

したがって、自然一般の学問が哲学の理論的部門、知性の学問が実践的部門とすれば、どちらの学問も同時にそれはそれでまた独自の理論的部門と実践的部門をもつ。自然の体系では、光のポテンツのうちにある同一性は、重さをもつ物質にとっては、それ自体としてではないにせよ、ポテンツとしてはなにか疎遠なものである。つまり、そうした疎遠なものが物質を分裂させるとともに統一することをくり返しながら物質を凝集させていき、非有機的自然の体系を生みだすのである。それと同様に、客観的な直観においてみずからを産出する知性にとっては、自己設定の働きというポテンツのうちにある同一性は存在せず、この同一性は直観において自分自身を認識しない。両者〔非有機的自然の体系と客観的直観〕は同一性の産出活動によるものだが、同一性はみずからの働きを反省しないので理論的部門の対象である。それにたいして、知性が意志の段階においてはみずからを認識し、自分を客観性に組みいれながらそれをあくまで自分自身だとみなして、無意識的に産出された自己直観を否定するのと同様に、自然も有機的自然の段階においては、光がその産物のうちへと差し染め内的なものになるので、実践的になる。光は、非有機的自然において収縮点を外に向かって設定し、それを外的同一性として結晶化するのにたいして、有機的自然においてはみずから内的なものとなって凝縮して脳をつくりだす。光はすでに植物においてみずからを花として形成する。花においては光の内的原理はさまざまな色彩に拡散し、そこで急速に衰滅していくが、それでも植物において――これは動物においてもっとはっきりと現われることだが――光の原理は性の両極性〔雌雄の分化〕によってみずからを主観的なものとしてと同時に客観的なものとして設定する。個体はそれぞれが別の個体のうちにおのれ自身を探しもとめ、それを見いだす。動物のばあいには、光はもっと集中を強めて内的なもののうちにとどまりつづける。動物において光は多少とも変化する声となり、その動物の個体性を普遍的に伝達された主観的なものとして、つまりたがいに認識しあい承認しあうべきものとして設定するのである。自然学は、同一性がどのようにして非有機的自然の諸契機を内側から再構成するか、を叙述するので、みずからのうちに実践的部門をもっている。再構成された実践的な磁気は、外に向かって両極へ拡張していく重力を廃棄し、それを脳という無差別点へとふたたび凝縮させ、両極を内に向かって凝縮させて、自然が惑星の楕円軌道のうちに立てているような二つの無差別点にする。内側から再構成された電気は有機体の性差をつくりだす。有機体のそれぞれは自分から差異を産出するが、それだけでは欠けるところがあるためにみずからを観念的なものとみなし、別の有機体においてみずからを客観的に見いだし、それと融合することでみずからに同一性を与えなければならないのである。化学的過程によって実践的になるかぎりでの自然は、区別されたものを媒介する第三者を、内的なものとして区別されたものそのもののうちに据える。この内的なものが音であり、自分自身を産出する内的な響きである。非有機的な過程における第三の物体がポテンツを欠いたものであり、したがって消えうせるのと同様に、この内的なものは区別された存在の絶対的な実体性を解消して相互承認という無差別点にもたらす。この相互承認は理念的な設定作用であって、この設定作用は性的関係のように実質的な同一性においてふたたび消滅してしまうことはない。

われわれはこれまで〔知性の学問と自然の学問という〕両学問を、内的な同一性があるにもかかわらず対立させてきた。一方〔知性の学問〕においては絶対者は認識というかたちをとる主観的なものであり、他方〔自然の学問〕においては存在というかたちをとる客観的なものである。存在と認識は、たがいに対置されることによって観念的な要素ないし形式となる。どちらの学問にもこの両方が含まれているが、一方においては認識が素材〔質料〕、存在が形式〔形相〕であるのにたいして、他方においては存在が素材、認識が形式である。絶対者はどちらにおいても同じであり、これらの学問は〔知性と自然という〕対立するものを形式として記述するだけでなく、それらのうちに主観＝客観が設定されているかぎりでも記述するのだから、両学問そのものは観念的な対立ではなく実在的な対立のうちにあり、したがって両者は同時に〈ひとつ〉の連続性において、連関する〈ひとつ〉の学問として考察されなければならない。両学問は対立しあうかぎりでは、たしかに内的にそれ自体において完結しており、二つの全体性ではあるが、しかし同時に相対的な全体性でしかなく、そうであるかぎり無差別点を目指して努力する。この無差別点は、同一性と相対的な全体性としては両学問そのもののいたるところにあるが、絶対的な全体性としては両者の外にある。だが、この絶対者をあつかう両学問もその対立も実在的なものなのだから、無差別の両極である両学問はこの無差別そのものにおいて連関している。両学問そのものが極を中心点と結びつける線なのである。ところが、この中心点そのものがあるときは同一性でもあれば、またあるときは全体性でもあるという二重性を帯びており、そのかぎりでは、両学問は同一性が全体性に向けて発展ないし自己構成していく歩みとして現われる。両学問は、その観念的な要素という側面から考察すれば対立しあっているので無差別点を目指して努力するが、この無差別点こそは全体であり、絶対者のひとつの自己構成として表現されれば、その自己構成の究極にして最高のものである。自然として自己構成する同一性からこの同一性の知性としての構成へと移り変わる中間地点は、自然の光が内面化する地点であり、シェリングが言うように[†109]、観念的なものの閃光が実在的なものに落ちかかる地点であり、観念的なものが点として自己構成する地点である。両学問の転換点をなす理性としてのこの地点は、自然のピラミッドの頂点であり、自然がみずからを完成してたどりつく究極の産物であるが、点であるからにはそれもまた同様に〔知性という〕もうひとつの自然へとみずからを拡張しなければならない。学問はこの点を中心点としてそこに身を置き、この点からみずからを二つの部門に分割し、一方には無意識的な生産活動を、他方には意識的な生産活動を割りあてるが、そのさい同時にこの学問は、知性がひとつの実在的な要素でありながら他方では同時に自然の自己構成の全体もみずから引きうけ、知性に先行するものやそのかたわらにあるものをもみずからのうちにもっていると知ってもいれば、もう一方の実在的な要素である自然には、学問において自然に対立するものが内在していると知ってもいる。これによって諸要素のすべての観念性も一面的な形式も廃棄される。これこそがより高次の唯一の立場であり、そこでは両学問はたがいのうちに解消される。というのも、両者の分離はあくまで学問上のものとしか認められず、諸要素の観念性にしても学問のために設定されたものとしか認められないからである。こうした見方は直接にはたんに否定的なだけで、両学問と絶対者が立てられている両形式の分離を廃棄するにすぎず、実在的な綜合でもなければ、両形式が統一されながらもどちらも存在することで根絶される絶対的な無差別点でもない。根源的な同一性は、みずからの無意識的な収縮状態（主観的には感情、客観的には物質という収縮状態）を、どこまでも果てしなく有機的に組織された空間の並存と時間の継起関係にまで、つまり客観的な全体性〔自然〕にまで拡張し、さらにこの拡張状態の破棄によって（主観的な）理性という自己認識する点への収縮状態つまり主観的な全体性〔知性〕をつくりだしたうえで、先の拡張状態〔自然〕にこの収縮状態〔知性〕を対置したのだったが、いまや根源的同一性はこの両者を統一して、完成された全体性において自分自身にとって客観的になるような絶対者を、神の永遠の受肉を、つまりは〔「ヨハネ福音書」の冒頭で語られているような〕「始めにことばがあった」というあの証言を直観するにいたらなければならない。

芸術・宗教・思弁

自分自身を形態にする、言いかえれば自分を客観的に見いだす、絶対者のこうした直観にしても、この均衡状態の両要素のどちらかが、つまり一方の意識か他方の無意識的なものかが優勢だと想定されるばあいには、これまた同じようにある種の両極性において考察することができる。芸術においては絶対者の直観はどちらかといえば一点に集中して意識を圧倒するものとして現われる。つまり、いわゆる芸術においては、客観的なものとして長続きすることもあれば、悟性によって死んだ外的なものと受けとられかねないこともあるような作品として、つまり天才である個人の産物でありながらも人類に属するような作品として現われる。そうでなければ宗教においては、この直観は主観的なものとしていくらかの瞬間を満たすだけで悟性からはたんに内的なだけのものと想

†109　たとえば、『私の哲学体系の叙述』（一八〇一年）第一四五節の補遺三には次のようにある。「光が重力に最初に落ちかかることも、観念的な原理が実在的な原理一般に落ちかかるときも、経験的な方法では叙述できない」（『シェリング全集』第三巻、北澤恒人訳、燈影社、ただし、この個所は訳出されていない）。

定されかねないこともあれば、ある集団の、ある普遍的な天才の産物でありながらどんな個人にも属するような生きた運動として現われることもある。さらに思弁になると、あの直観はどちらかといえば意識として現われ、意識のうちで展開されるものは客観性と無意識的なものを廃棄するような主観的な理性の行為として現われる。絶対者は、真の意味での芸術にとってはどちらかといえば絶対的な存在というかたちで現われるのにたいして、思弁にとってはどちらかといえば無限の直観において自分自身を生みだすものとして現われる。しかも思弁は、絶対者をひとつの生成過程と捉えることによって、生成と存在の同一性も同時に設定するので、みずからを生みだすものとして思弁に現われてくるものも同時に、存在するかぎりでしか生成しえないような根源的な絶対的存在として立てられることになる。このようにして思弁は、意識が思弁においてもつ優位をみずから手放すことをわきまえている。そのような優位はいずれにせよどうでもよいからである。芸術と思弁はどちらも本質的には神への奉仕であり、絶対的な生命の生きいきとした直観であり、したがってこの生命との一体性なのである。

　こうして、思弁とその知識は無差別点にあるにはあるが、真の無差別点に名実ともにあるわけではない。思弁が真の無差別点にあるかどうかは、思弁がみずからを無差別点の〈一〉側面にすぎないと認識しているかどうかで決まる。〔人間の知性という主観に立脚する〕超越論的哲学は絶対者の〈ひとつ〉の学問でしかない。というのも、主観はそれ自身が主観＝客観であり、そのかぎりでこそ理性だからである。理性がこの主観的な理性でしかない自分自身を絶対者とみなすなら、その理性は純粋な理性つまり形式的な理性でしかなく、その産物である諸理念は感性ないし自然に絶対的に対立し、現象にとってはよそよそしい統一の規則としてしか役に立たない。絶対者が主観という形式に押しこめられているのだから、この学問〔超越論的哲学〕はある内在的な限界をもち、絶対者の学問と絶対的な無差別点に高まろうとすれば、みずから限界を知り、みずからとその限界を撤廃する、しかも学問的に撤廃するすべをわきまえるほかはない。というのも、たしかに人間理性の限界を示す境界標についてはかつて多くのことが語られてきたし、超越論的観念論にしてもわれわれがかつて閉じこめられていた自己意識の

郵便はがき

料金受取人払郵便

麹町支店承認

8043

差出有効期間
平成30年12月
9日まで

切手を貼らずに
お出しください

1 0 2 - 8 7 9 0

1 0 2

［受取人］
東京都千代田区
飯田橋2—7—4
株式会社**作品社**
営業部読者係　行

【書籍ご購入お申し込み欄】

お問い合わせ　作品社営業部
TEL 03(3262)9753／FAX 03(3262)97

小社へ直接ご注文の場合は、このはがきでお申し込み下さい。宅急便でご自宅までお届けいたしま
送料は冊数に関係なく300円（ただしご購入の金額が1500円以上の場合は無料）、手数料は一律23
です。お申し込みから一週間前後で宅配いたします。書籍代金（税込）、送料、手数料は、お届け
お支払い下さい。

書名	定価　　　円	
書名	定価　　　円	
書名	定価　　　円	
お名前	TEL　（　　　）	
ご住所 〒		

フリガナ
お名前
男・女　歳

ご住所
〒

Eメール
アドレス

ご職業

ご購入図書名

●本書をお求めになった書店名

●ご購読の新聞・雑誌名

●本書を何でお知りになりましたか。
イ　店頭で
ロ　友人・知人の推薦
ハ　広告をみて（　）
ニ　書評・紹介記事をみて（　）
ホ　その他（　）

●本書についてのご感想をお聞かせください。

購入ありがとうございました。このカードによる皆様のご意見は、今後の出版の貴重な資
とこして生かしていきたいと存じます。また、ご記入いただいたご住所、Eメールアドレス
、小社の出版物のご案内をさしあげることがあります。上記以外の目的で、お客様の個人
報を使用することはありません。

不可解な制限を認めてはいるが、[110]しかしそうした制限が前者のばあいには理性の境界標と呼ばれ、後者のばあいには不可解なものと呼ばれているからには、学問は決死の跳躍（salto mortale）というやりかたを取らずには自力で自分を撤廃できず、理性がみずからを閉じこめてしまった主観的なものをふたたび捨象できないという自分自身の無能力を認識していることになるからである。

超越論的哲学はみずからの〔体系において叙述される〕主観を主観＝客観とみなし、したがって絶対的な無差別の一方のがわをなしているのだから、たしかにそこには全体性がありはする。自然哲学の全体そのものもひとつの知識である以上は超越論的哲学の領域に属している。知識学にしても、超越論的哲学の一部をなすにすぎないとはいえ、それが知識に与える形式や知識のうちにある同一性を論理学に劣らず自分の権利として要求したり、それどころかそうした形式を意識として孤立させたり、現象を自力で構成したりすることも、むげに退けるわけにはいかない。だがしかし、純粋な自己意識としてありとあらゆる多様な知識をそぎ落とされたそのような同一性は、どの形式を取るにしても対立物によって制約されたありかたから抜けだせないのだから、相対的な同一性でしかないことがわかる。

フィヒテ哲学についての総括

フィヒテ哲学においてもシェリング哲学においても哲学の絶対的原理、唯一の実在根拠、確固たる立脚点は知

---

†110　フィヒテ『神の世界統治にたいするわれわれの信仰の根拠について』に次のような箇所がある。「世界は、われわれ自身の内的な行為が理性の理解可能な法則にしたがって感覚的な姿を取った眺望にほかならず、言いかえれば、われわれがかつて閉じこめられていた不可解な制限の内がわにあるたんなる知性にほかならない」（『フィヒテ全集』第五巻一八四頁〔『フィヒテ全集』第一一巻、久保陽一訳、哲書房、三三頁〕）。

的直観であり、反省向きの言いかたをすれば主観と客観の同一性である。知的直観は学問においては反省の対象となるので、哲学的反省はそれ自身が超越論的直観であり、みずから客観になり客観と一体である。こうして哲学的反省は思弁になる。したがって、フィヒテ哲学は思弁のまぎれもない産物である。哲学的反省は条件づけられている。言いかえれば、超越論的直観が意識されるのは、経験的な意識のあらゆる多様性を自由に捨象することによってであり、そうであるかぎりで哲学的反省は主観的である。哲学的反省は、そのかぎりでみずからを対象化しているのだから、条件づけられたものをみずからの哲学の原理にしていることになる。超越論的直観を純粋に捉えるには、哲学的反省はこの主観的なものをさらに捨象しなければならない。哲学的反省にとってこの直観は、哲学の基礎である以上は主観的でも客観的でもあってはならないし、物質に対立する自己意識でも自己意識に対立する物質でもあってはならず、むしろ主観的でも客観的でもない絶対的な同一性、純粋な超越論的直観でなければならない。超越論的直観も反省の対象となれば、主観でもあれば客観でもあるものになる。哲学的反省は、こうした純粋な反省の産物を、あくまでも対立した状態のままで絶対者のうちにもちこむ。思弁的反省のもたらすこうした対立はもはや客観と主観ではなく、主観的な超越論的反省と客観的な超越論的反省〔の対立〕であり、前者が自我、後者が自然である。どちらも自分自身を直観する絶対的理性の最高の現象である。この両対立物がいまや自我と自然と呼ばれようと、純粋な自己意識と経験的な自己意識、認識と存在、自己設定と対立設定、有限性と無限性などと呼ばれようと、とにかくそれらを同時に絶対者のうちに置きいれるというこの二律背反のうちに、普通の反省は矛盾以外のなにものも見ない。この絶対的矛盾、つまり両者が設定されると同時に根絶され、両方いずれも存在しないと同時に存在するという矛盾に、真理を見てとるのは理性だけなのである。

第四章　ラインホルトの見解と哲学

いまなお残されているのは、かたやフィヒテとシェリングの哲学にかんするラインホルトの見解について、かたやラインホルト自身の哲学について、いくらか語ることである。

前者の見解について言えば、ラインホルトは第一に体系としての両者の差異を見落としており、第二に両者を〔そもそも〕哲学とはみなさなかった。

ラインホルトのシェリング理解

ラインホルトは、この数年来公衆の前にあるのが純粋な超越論的観念論とは異なる哲学だということに気づかなかったらしい。不可解なことに、彼はシェリングが提示した哲学のうちに主観性という理解可能なものの原理である自我性のほかにはなにも見ない。ラインホルトは〈ひとまとめに〉こう言ってのけることができる。つまりシェリングは、絶対者がたんなる主観性でなければ、たんなる客観性すなわちたんなる自然そのものでしかなく、またそうでしかありえないのであって、絶対者にいたる道はそれを知性と自然との絶対的同一性のうちに置きいれることだということを発見したというのである。[†三] だから彼はシェリングの原理を〈一気に〉次のように紹介できるのである。

(a)絶対者はたんなる主観性でなければ、たんなる客観性であり、したがって両者の同一性ではない。
(b)絶対者は両者の同一性である。

逆に言えば、主観と客観の同一性という原理は、同一性であるかぎりでの絶対者はたんなる主観性でもたんなる客観性でもないことを洞察するための方途でなければならなかったのである。このあとラインホルトは〔超越論的観念論と自然哲学という〕二つの学問の関係を正しく紹介する。両者はたしかに同じひとつの事柄についてではないが、絶対的な自同性つまり〈全にして一なるもの（Alleins）〉についての異なった見解にすぎない。まさしくだからこそ、どちらの学問の原理もたんなる主観性でもたんなる客観性でもなく、ましてや両者がそこでのみ浸透しあうもの、つまり自我性でもない[†112]。そんなものは自然と同じく絶対的な無差別点に呑みこまれてしまうからである。

ラインホルトの考えかたによれば、真理への愛と信仰のとりこになり体系など眼中にない人なら、上述の解決法の欠陥が課題の捉えかたにあることは簡単に納得できるだろうと言う[†113]。だが、シェリングの言う哲学がなんであるかについてのラインホルトの記述のどこに誤りがあり、その哲学をどうすればこんなふうに理解できるのかを説明するのはそれほど簡単ではない。

シェリング『超越論的観念論の体系』についてのラインホルトの理解

〔シェリングの〕『超越論的観念論〔の体系〕』そのものの「緒論」[†114]では、哲学全体にたいする超越論的観念論の関係とこの哲学全体の概念とが提示されているが、それを参照するよう〔ラインホルトに〕求めてもなんの役にも立たない。というのも、超越論的観念論を評価するにあたってラインホルトはみずから「緒論」に焦点を絞っているに

†111　ラインホルト『寄与』第一巻八五頁以下。「彼〔シェリング〕が発見したのは、絶対者はたんなる主観性でないかぎりで、たんなる客観性ないしたんなる自然にほかならず、それ以外ではありえないということである。この結論にいたる最短経路を彼がとったのは、次のようにしてである。そもそも彼は、哲学の第一の課題を立てるさいに実在的な認識——彼の呼びかたにしたがえば知識——は客観的なものと主観的なものの同一性において成りたつということにしておき、それから今度は根源的な真理つまり実在的な絶対者は、自我（つまり知性）と自然との全にして一であるようなありかた、自同性であり、両者の絶対的同一性であるというふうに想定している。そしてこの絶対的同一性は知識において、もっぱら知識の説明のためにのみ、説明にさきだって撤廃されなければならないが、しかしまさにこの説明において、またこの説明によって、まさにそのためにこそふたたび恢復されなければならないのである」。

†112　同書八六頁以下。「超越論的哲学つまり純粋な知識学（絶対的主観性の学問）と自然哲学つまり純粋な自然学（絶対的客観性の学問）とは、同じひとつの事柄——つまり、絶対的な自同性、全にして一なるもの——のふたつの異なる側面でしかない。純粋な観念論である知識学と純粋な物質論〔唯物論〕である自然学は同じひとつの主観＝客観において浸透しあい、同じ〈ひとつの〉哲学をなす根本学問であることになる。完成された観念論は物質論に、物質論は観念論に復帰する。そのとき両者は、独断的であるかぎりでの懐疑主義を、つまり客観的なものと主観的なものの区別の実在性を端的に否定するかぎりでの懐疑主義をもみずからのうちに受けいれる。こうして思弁のこれまでの誤った努力はそのいずれもが、これまでにもすでに意識的無意識的に求めてきた当のものをたんなる純粋な自我性のうちに見いだすのである」。

†113　同書八七頁。「すでに上述の哲学のどちらか一方のとりこになってはおらず、真理にたいする信仰と愛によって鼓舞されている人であれば、哲学の第一の課題にかんする上述の解決法すべてに共通する欠陥は、すでにそれらが課題を捉えるさいのやりかたに含まれていること、いいかえると、この欠陥はそもそも課題を捉えるにあたって、あるいは同じことだが、認識の暫定的な概念を提示するにあたって、思考が幻想によって悪用されていることに起因するということは、きわめて容易に納得できるだろう」。

もかかわらず、そこに書いてあるのとは正反対のものをそこに見るからである。[†115] さらにまた、真の立場がこれ以上ないほど明確に語られている緒論の個々の箇所にとくに注意を求めることもできない。というのも、この体系を最初に評価するさいラインホルトみずからが明確このうえないそれらの箇所を引用しているからである。[†116] これらの箇所には、主観的なものは哲学の不可欠な根本的学問の〈一方〉である超越論的観念論においてのみ第一のものにすぎず、哲学全体の第一のものでないということが、そしてさらに、主観的なものが超越論的観念論の原理であるにしても、純粋に主観的なものとしてではなく、主観的な主観＝客観としてだということが含意されているのに、ラインホルトは事態をすぐにねじまげてしまうのである。

明確な表現からそれとは正反対の内容を読みとる才能の持ち主でなければ、『超越論的観念論の体系』そのものの「緒論」だけでなく『思弁的自然学雑誌』の最近の号のいくつか、とくにその第一巻第二号も参照するよう求めてもおそらくむだではあるまい。そこでシェリングはこう述べている。

「自然哲学は観念論の自然学的な説明である。〔…〕自然は、はるか以前からすでにみずからが理性において到達することになるこの高みの素地をつくってきた。哲学者がこのことを見のがしてしまうのは、彼がみずからの客観を最初の働きからしてすでに最高のポテンツにあるもの（つまり意識をもつ自我）として受けいれるからにほかならない。この錯覚をかぎつけるのは自然学者だけである。〔…〕観念論者が理性を万物の自発的な創造者とみなすのは正しい。〔…〕観念論者は自然そのものが人間にたいして抱いている意図を捉えてはいる。だが、それはまさに自然の意図であるからには、〔…〕この観念論そのものも説明がつくものになり、したがって観念論の理論的な実在性は崩れさる。人びとは純粋に理論的に思考することを、つまり主観的なものをまったくまじえずひたすら客観的に思考することを学ぶときにはじめて、そのことを理解できるようになるだろう[†117]」。

ラインホルトは、これまで思考をたんに主観的な活動という性格のもとにイメージしてきたところに従来の哲学の根本欠陥があるとみなし、思考の主観性を捨象するよう試みることを要求するのだが、先の引用のみならずシェリングの体系全体の原理からも見てとれるように、超越論的直観の主観的なものの捨象こそがこの哲学の形式上の基本性格である。この基本性格は、『思弁的自然学雑誌』第二巻第一号にエッシェンマイアーによる自然哲学にたいする反論が掲載されたことがきっかけとなって、もっとはっきり語られるようになる。[†118] この反論が超越論的観念論を根拠にしてなされており、そこでは全体性がもっぱら理念、思想として、つまりは主観的なものとしかみなされていないからである。

フィヒテとシェリング両哲学についてのラインホルトの理解

いずれも思弁哲学であるという〔フィヒテとシェリング〕両体系の共通な面にかんするラインホルトの見解について言えば、ラインホルトの独自の立場からすれば両体系もどうしても独自のものと見えざるをえず、したがって哲学であるように見えない。ラインホルトによれば、認識の実在性を分析つまり分離によって基礎づけることが哲学のもっとも本質的な仕事であり、テーマであり、原理なのだから、[†119] 主観と客観の分離を両者の同一性にお

†114 『超越論的観念論の体系』、『シェリング全集』第三巻三三九頁以下。

†115 ラインホルト『寄与』八五頁以下。

†116 じっさいにはラインホルトはシェリングからの引用をしていない。

†117 シェリングの「力学的過程の一般的演繹」（『思弁的自然学雑誌』第一巻第二号八四～五頁）からの自由な引用。

†118 本書九頁の†1を参照。

いて撤廃することを最高の課題とする思弁などは当然まったく無意味であり、したがって思弁という哲学体系のこのもっとも本質的な側面など問題になりようがない。残るのは独自の見解だけであり、そのひどさに程度の差こそあれ精神錯乱だけである。したがってラインホルトは、たとえば唯物論にしても精神錯乱という側面しか見ずに、そんなものはドイツ生まれのものではないと語る。[†120] そして、彼は唯物論のうちに、精神と物質という形式をとった分裂を撤廃しようという真の哲学的欲求をすこしも認めない。〔唯物論という〕この体系は西の地域〔フランス〕ならではの教養から生まれたのだからドイツには縁遠いというのであれば、そうした縁遠さは西の地域のそれに対立する一面的な教養によるのではないかが問題になるだろう。また、たとえこの体系の学問的な価値がまったく取るに足らないにしても、同時に次のことは見のがすべきではない。たとえば、〔ドルバックの〕『自然の体系』[†121]には、その時代に精神錯乱に陥りながらも学問において再生する精神が表われている。その時代にあまねくゆきわたった欺瞞や、自然の底なしの混乱や、真理や正義を自称する果てしない嘘への憤慨が〔『自然の体系』という書物の〕全体を貫いているばかりか、生の現象から逃げだしてしまった絶対者を、真の哲学的欲求と真の思弁を含んだ真理としてひとつの学問のかたちでみずから構築するだけの余力を保っている。その学問の形式はある地域では客観的なものの原理となって現われているのにひきかえ、ドイツ的教養は、しばしば思弁を欠いた主観的なものという形式（〔ラインホルトの言う〕愛や信仰もこれに含まれる）に住みついてしまう。

〔哲学の〕分析的な側面は絶対的な対立に依拠しているので、哲学のまさに哲学らしい側面、つまり絶対的な統一を目指すという側面を見のがすしかない。したがって、分析的な側面にとっては、ラインホルトの表現を借りればシェリングが有限なものと無限なものの結合を哲学に導きいれたことは、このうえなく奇妙に見えてしまう（まるで哲学することは有限なものを無限なもののうちに置きいれるのとは別のことだといわんばかりの話である）[†122]。別の言いかたをすると、分析的な側面からすれば、哲学に哲学的思考が導入されるべきだなどというのは、奇妙このうえないことに見えてしまうのである。

ラインホルトは、フィヒテとシェリングの体系における思弁的で哲学的な側面一般をそんなふうに見のがすだけではない。この〔思弁的な〕哲学の諸原理が一転してまったく特別なものに変わり、主観と客観の同一性というもっとも普遍的なものがもっとも特殊なものに、つまりフィヒテとシェリング両氏に固有の個体的個体性に変わるのをまのあたりにすると、彼はそれを重大な発見であり啓示であるかのようにみなしてしまう。†123 ラインホルトがこうしてみずからの偏狭な原理と独自の見解の山上から〔フィヒテとシェリングの〕体系についての偏狭な見解の深淵へと墜落するとしても、それは当然で避けられないことである。だが、ラインホルトがまず『ドイツ・メ

†119 『寄与』一頁以下、九〇頁以下を参照。

†120 同書七七頁。ラインホルトはドイツにおける唯物論について次のようにいっている。「ここではこうした精神錯乱についてはほんのひとこと触れておけばよい。それはドイツに固有のものではなく、これまでのドイツ哲学の歴史においてほとんど言及するに値しないであろう」。

†121 ポール・H・D・フォン・ドルバック『自然の体系、あるいは物理的世界と道徳的世界の法則』〔高橋安光・鶴野陵訳、法政大学出版局、全二巻、一九九九年・二〇〇一年〕。ドイツ語初版は一七八三年。

†122 『寄与』八五頁。「シェリングに残されていたのは、無限なものの絶対的な有限性を哲学にもちこむことであった」。

†123 同書一五三頁。「フィヒテ氏やシェリング氏らにしてみれば秘密であり、おそらく秘密でありつづけるであろう本当の秘密を、本論文の筆者である私は暴露したと信じるものである。両氏は〔自分自身の〕固有の個体的個体性を捨象したと信じ、両氏以外のわれわれ非哲学者だけはそれを捨象できる頭脳をもっていないと信じている。ところが、まさにこの固有の自我は〔しょせんは〕個体性一般、現実の実在的な経験的自我一般にすぎず、彼らはじっさいのところこの自我一般を無視しただけ〔なのに、自分自身の個体的個体性を捨象しえたと勝手に思いこんでいる〕、というのがその秘密である。この無視された個体性一般の背後には、無視しようのないもの、つまりフィヒテやシェリングなどの個体的個体性が、自分自身から見られることなしに自分自身を注視するために身をひそめている」。同書一四六頁も参照。

ルクール』誌において、[†124] もっと冗長なかたちでは『寄与』の最新巻〔第二巻〕においてこれらの体系の特殊性を不道徳から説明しようともくろみ、[*] しかも、これらの体系においては不道徳が原理と哲学のかたちをとっているなどと語るとすれば、そうした豹変ぶりはとってつけたようで悪意がある。

＊こうしたやりかたは、ラインホルトが〔『ドイツ・メルクール』において〕問題の議論を書きはじめたときからなされている。

こうした豹変ぶりについては、あさましいとか、頭に血がのぼったあげくのとっさの行動だとか、なんとでも好きなように言って罵倒すればよい。そんなものは問題外だからである。たしかに哲学というものはみずからの時代から生まれてくるし、時代の分裂を不道徳として理解したいのであれば、その不道徳から生まれてくる。だが、それは時代の混乱に抗して人間をそれ自身から再興し、時代が切り裂いてしまった全体性を獲得するためなのである。

ラインホルト自身の哲学

ラインホルト自身の哲学について言えば、彼はだれもが知っているみずからの歴史を語っている。それによれば、彼はその哲学的輪廻の過程でまずカント哲学に迷いこみ、それを棄てたあとはフィヒテ哲学に、そしてそこからヤコービ哲学に運ばれ、それも棄てたあとはバルディリの論理学に引きこまれたという。[†125]『寄与』の一六三頁によれば、彼は「わがままな想像力を押さえこみ、旧来の超越論的なタイプの哲学を新しい合理主義的タイプの哲学によって金輪際、頭から一掃するために、バルディリの論理学に取りくむにあたってはひたすらにそれを学び、虚心に受けいれ、もっとも本来的な意味で追思考することに専念した[†126]」あと、いまや同じ『寄与』においてバルディリ論理学の手直しを開始する。この『寄与』は、人間精神の教養の進展に新世紀を拓くようなきわめて重要な転機を捉え、この世紀の「幸運な成功を祈っている。すべての哲学革命の原因が、一八世紀最後の年の前年〔一七九九年〕より遅くも早くもない時点にじっさいに発見され[†127]、それによって事柄そのものにおいては否定されてしまったのだから[†128]」というわけである。フランスで「革命は終わった（La révolution est finie）」ということがいくどとなくくり返し布告されたように、ラインホルトも哲学的革命の終結をこれまでも何度か宣言してきたが、いまや彼は今度こそはほんとうの最後の最後であることを認識するにいたった。とはいえまた、「超越論的な革命の憂慮すべき帰結はまだかなりのあいだ生きのびそうだが[†129]」と語って、さらにこんな問いを付けくわえる。「私は今回もまた思いちがいをしているのだろうか。この真実でほんとうの終わりも、これまた新たないかがわしい転換の始まりにすぎないのだろうか[†130]」。むしろこう問われるべきではないだろうか。この終わりは終わりではありえ

---

†124 ラインホルト「哲学の精神としての時代の精神」（『ドイツ・メルクール』第三分冊一八八頁、一一八頁以下、一八〇一年）。

†125 『寄与』一頁以下、一一八頁以下など。

†126 同書一六三頁下段における、バルディリからの一八〇〇年二月三日付書簡にたいするラインホルトの返答を参照。

†127 バルディリ『第一論理学綱要』の出版は一八〇〇年だが、同書の「序文」の日付は「一七九九年八月一八日」となっている。この日付を念頭に置いてラインホルトはこのように述べたのだろう。

†128 『寄与』序文三頁以下、五頁以下の自由な要約。

†129 ラインホルトに言わせれば、（バルディリによって）超越論的革命の内的な原因が発見され、それによって事柄そのものにおいて否定されたことで超越論的革命は終わったという。「とはいえ、この革命の憂慮すべき帰結はまだかなりのあいだ生きのびるだろうし、よい帰結は永遠に生きのびるだろう」（同書序文四頁）。

†130 同書序文五頁以下。

ないと同様になにかの始まりでもありえないのではないか。

ということはつまり、基礎づけをし徹底的に究明しようとする傾向、つまり哲学にさきだって哲学するということが、ついに完全にみずから発言できるようになったのであり、なにをなすべきかを精確に見いだしたのである。なすべきことは哲学を認識形式に、論理学〔バルディリの『第一論理学綱要』の立場〕に変換することである。

全体としての哲学はみずからと認識の実在性を形式と内容にしたがっておのれ自身のうちで基礎づけるのにたいして、〔ラインホルトのいう〕基礎づけと究明作業は、やれ証明だのやれ分析だのに追いまくられ、「…だから」とか、「どの程度までは」とか、「そうだとすれば」とか、「…であるかぎりにおいては」に追いまくられて、一向に自分の外に出ることも哲学へと踏みこむこともしない。そんなせわしない状態では落ちつきのない不安が増すばかりである。そんな不安からすれば、どんな探究も時期尚早であり、どんな始まりも先取りであり、どんな哲学も予行演習でしかない。〔これにたいして真の〕学問は、そのいずれの部分も絶対的に設定し、それによって端緒のうちにもそれぞれの個々の点のうちにもただひとつの同一性と知識を構築するという仕方で自分を基礎づけているると主張する。知識は自己形成すればするほど客観的な全体性としての自己をも同時に基礎づけることになるし、知識の諸部分は認識のこうした全体と同時に基礎づけられるしかない。中心と円周は、円周を描くときの最初の点がすでに中心と関係しており、中心のほうもその関係のすべてである円周全体が完成しなければ完全な中心とはならないというふうに、たがいに関係している。こうした全体は基礎づけなどという特別な手続きを必要としない。それはちょうど地球を太陽の周りに回転させると同時に、その生きいきとした多様な諸形態のうちに保持しもする力に捉えられるために、地球が特別な手続きを必要としないのと同じである。

ところが、〔ラインホルトの〕基礎づけ作業は、いつでも手続きを探しもとめ、生きた哲学への助走ばかりにうつつを抜かしている。それは助走を真の仕事にしてしまい、知識や哲学に到達することをみずからの原理によって不可能にしている。〔だが、本来ならば〕論理学的認識は、それがほんとうに理性にまで進みいくならば、理性においてみずからを否定するという結果にいたりつかねばならないし、二律背反こそがみずからの最高法則であることを認識しなければならない。ラインホルトの主題である思考の適用においては、思考とはAがAとしてAにおいてAによって無限に反復可能であることとされているので、そうした思考はたしかに二律背反的でもある。というのも、Aは適用されるとじっさいにはBとして設定されるからである。[†131] だが、この二律背反はまったく無意識的であり、それとして認められないままに存在するにすぎない。というのも、思考とその適用と素材とは平和的に共存しているからである。そのために抽象的統一の能力としての思考も認識もたんに形式的でしかなく、ひとが蓋然的で仮定的なものを進んでいくなかでしだいに真なるものにおいて根源的に真なるものに出会い、根源的に真なるものを通じて真なるものに出会うまでは、基礎づけの作業の全体が蓋然的で仮定的なものにすぎないとみなされてしまう。[†132] だが、一方でこんなことは不可能である。というのも、絶対的な形式性からはどんな質料性にもいたりつけず（両者は絶対的に対立している）、ましてやたんなる継ぎはぎ以上のものでなければならない絶対的な綜合にはいたりつけないからである。また他方では、仮定的で蓋然的なものによってはそもそもなにも基礎づけられない。だがそのどちらでもないとすれば、認識は絶対者に関係づけられており、主観と客観、思考と素材の同一性だということになり、したがってもはや形式的ではないことになるが、そうなるとある厄介な

†131 『寄与』一〇六頁以下ほか。

†132 同書一〇一頁。「思考としての思考の性格は、この予備的な探究において見いだされるさいにも、のちに思考としての思考の適用の分析のさいにも、当初はただ仮定的で蓋然的なものとして基礎をなしているにすぎないが、これこそが唯一可能であり現実に真なる性格である。このことがなによりもまずあの〔思考の適用の〕分析においてあきらかになることができ、またあきらかになるべきなのは、この分析において、真なるものにおいて根源的に真なるものに到達し、根源的に真なるものをとおして真なるものに到達することによってであり、またそのかぎりにおいてである」。

知識〔主観と客観が関係しあった知識〕が生じてしまい、知識にさきだつ基礎づけ作業はまたしても失敗に終わる。〔基礎づけ作業をしないうちに〕知識に迷いこんでしまうのではないかという不安に残されるのは、みずから愛と信仰と目標に固着しがちな傾向とを頼りにして分析し、方法化し、物語ることに熱をあげることくらいである。

助走によって溝を跳びこせなくても、その失敗はいつまでも助走ばかりしているせいではなく、助走の方法のせいにされてしまう。だが、その真の方法なるものは、知識を溝のこちらがわで早くも助走そのものの領域に引きいれ、哲学を論理学に還元してしまうような代物なのである。

哲学の前提としての真理への愛と信仰

われわれは哲学を助走の領域に移しいれようとするこの方法の考察にただちに取りかかるわけにはいかない。まずはじめにラインホルトが哲学にとって不可欠とみなす諸前提、つまり助走のための助走について語っておかなければならない。

認識を究明しようとする努力の出発点とならなければならない哲学の前提条件を、ラインホルトは真理と確実性への愛と呼ぶ。[†133] このことはすぐさま簡単に承認されるからというわけで、ラインホルトはこの愛についてもそれ以上は立ちいらない。じっさい、哲学的反省の対象は真実で確実なもの以外にはありえない。ところで、意識がこの対象で満たされているならば、主観的なものへの反省は愛というかたちではそこに存在する余地がない。反省は主観的なものを固定することによってはじめて愛をつくりだすからである。しかも反省は真理のような対象をもつ愛を崇高このうえないものに仕立てあげ、同様にして愛に鼓舞されて真理を要請する個人〔ラインホルト自身〕までも崇高このうえないものに仕立てあげるのである。

哲学の第二の本質的条件である真理としての真理への信仰は、ラインホルトの考えでは愛ほどには簡単に承認されない。[†134] おそらく信仰と言うだけなら表現すべき事柄を十分に表現できただろうし、たとえ哲学に関連させたにしても、たとえば本物の健全さとしての理性への信仰という言いかたをすることは許されるだろう。「真理としての真理への信仰」などという過剰表現は、その表現をいっそう敬虔なものにするどころか、かえっていかがわしいものをもちこんでしまう。重要なことは、ラインホルトが大まじめにこんなふうに宣言している点である。

「真理への信仰がなにかなどと私に尋ねてはならない。この信仰がおのずからあきらかになっていないような者は、それを知識として確証したいと欲することもなければ、そのような欲求を感じることもない。知識はこの信仰からしか生じえないからである。彼は先の問いを問うとき自分がなにをしているのかわかっていない。そんな人物にそれ以上言うべきことはない」[†135]。

ラインホルトが要請の正当性を信じているとすれば、すべての証明を超えた崇高なものという前提も、そこから帰結する要請の権利と必然性も、どちらも同じく〔第一章第七節で論じた〕超越論的直観の要請に含まれている。じっさいフィヒテとシェリングは、ラインホルト自身が語るように、純粋理性の固有の行為である超越論的直観を自己帰還的な働きとして記述した[†136]。ところがラインホルトは、みずからの信仰の記述に疑問を投げかけそうな人にはなにも言うべきことがない。それでも彼は、自分がしなければならないと信じている以上のことをしては

---

†133 『寄与』六七頁。本書二〇頁および二一頁の†19を参照。
†134 同書同頁。
†135 同書六九頁。
†136 同書一四一頁。「フィヒテ、シェリング両氏によってはじめて、純粋理性の固有の行為が絶対的に自己へと立ちかえる行為として叙述された」。

いる。信仰をすくなくとも知識に対置して、どんな知識によっても確定されない〈真理だという思いなし〉と規定し、[137]知識とはなんであるかという規定は蓋然的で仮定的な基礎づけの進展とともに証示され、同様にして知識と信仰に共通する領域も証示されて、こうして記述は完全にうまくいくだろうという。

ラインホルトは、要請を立てたことでそれ以上なにも語らなくてすむと信じているくせに、フィヒテ氏やシェリング氏が要請するのは奇妙に思えるらしい。彼は両氏の要請を、そのための特殊な感覚をそなえた特定の異常な個人の意識における特異体質とみなし、そうした人の著作においては純粋理性そのものがみずからの行為する知識と知る行為とを公けにするという。[138]ラインホルトは自分もまたこうした魔法陣のうちにいたが、いまはそこから抜けでて秘密を暴露できる立場にあると信じている(『寄与』一四三頁)。それではいったい彼がこっそりもらす秘密とはなにかと言えば、理性の行為というもっとも普遍的なものが彼にとってはフィヒテ、シェリング両氏の特異体質というもっとも特殊なものに変貌するということでしかない。[139]

ラインホルト流の愛と信仰を自力では理解できず、ラインホルトからもそれについてなにも言ってもらえないような人は、ラインホルトも〔両氏に〕劣らず秘密の魔法陣のうちにいるとみなすにちがいない。そしてそうした人は、その秘密の所有者が愛と信仰の代表者としてまさに特殊な感覚をもっていると言いたて、またその秘密はこうした異常な個人の意識においてこそ現われ記述され、〔バルディリの〕『〔第一〕論理学綱要』とそれを手直しした〔ラインホルトの〕『寄与』によってみずからを感覚界において公けにしようとしたなどとみなすにちがいない。

超越論的直観といういかにも奇妙な要求よりは、愛と信仰の要請のほうがいくぶん耳に心地よく緩やかに聞こえる。公衆というものは緩やかな要請にはどちらかといえば感動するが、逆に超越論的直観などという耳ざわりな要請には反感を抱きかねない。しかし、そんなことはなんら肝心なことではない。

いまやわれわれは最終的には哲学という行為にもっと直接にかかわるような主要な前提にたどりつく。[140]哲学がたんに試みとして考えられうるためだけにでもさしあたり前提しなければならないものを、ラインホルトは根源的な真理と呼ぶ。*

*ラインホルトはここでヤコービのことばをとどめているが、その問題の核心まではそうではない。みずから語っているように、彼はヤコービを見捨てなければならなかった。†141 ヤコービは、真なるものを前提する能力としての理性について語るとき、†142 真の本質としての真なるものを形式的な真理に対置するが、懐疑主義者としては前者の

---

†137　『寄与』六八頁。「私が主張し、またいずれ時がきたら証明するつもりでいるのは次のようなことである。つまり、哲学的思考は、それがひとつの努力であり試みであるかぎりでは、真理への信仰を本質的条件として前提しているが、それが成功した試みであり、したがってもはやたんなる努力ではなく真の知識であるかぎりでは、この思考は、たんなる信仰にすぎないような、つまりどんな知識によっても確定されない〈真理だという思いなし〉にすぎないような真理への信仰など必要としなくなる」。

†138　同書一四〇頁以下。「純粋理性が行動的な知と知的な行動そのものを、そのための特別な感覚をそなえたある種の異常な個人の意識において提示し、表現し、それらの個人の著作をつうじて感覚世界に公表するとすれば、そのかぎりにおいて、ついには純粋理性それ自身さえもが、純粋に哲学するような、つまりは純粋に思弁的な理性として登場せずにはいられないだろう。じっさい、こうしたことを上述の純粋理性は、フィヒテ、シェリング両氏の意識と著作において同時に実現したのである」。

†139　本書一三三頁および同頁の†123を参照。

†140　『寄与』七〇〜七五頁のヘーゲルによる要約。

†141　同書一二六頁。「バルディリの立場はフィヒテとヤコービの哲学のあの中間的立場などでは断じてない。私はヤコービの立場を永遠に捨てなければならなかった。というのも私はバルディリの立場から、主観的でも客観的でもない純粋な存在を思考することを学んだからである」。

†142　ヤコービのフィヒテ宛書簡。『ヤコービ著作集』第三巻五二頁。ラインホルトはこの箇所を『寄与』一二四頁で引用している。

真理が人間によって知られうることを否定する。これにたいしてラインホルトは、形式的な基礎づけによって自分はそれを思考できるようになったと言う。ヤコービからすればそんな形式的基礎づけのうちに真理は見いだされないのだが。

これはただそれだけで真実で確実なものであり、理解可能なすべての真理の説明根拠である。ところで、哲学の始まりとなるものは、〔このように〕第一の理解可能な真なるものであり、しかも真なる第一の理解可能なものでなければならない。そうしたものは、努力であるかぎりでの哲学においてはさしあたり蓋然的で仮定的に想定されるにすぎないが、知識であるかぎりでの哲学においてはじめて唯一可能な第一のものとして確証される。そうした確証が成りたつのは、あの第一のものそれ自身と認識可能なものおよび認識の可能性と現実性が、可能的なものと現実的なものにおいて現われるすべてのものの根源的根拠である根源的に真なるものによって可能になるということが、そしてなぜそうであるかがまったく確実にあきらかになるとき、そのかぎりにおいてであり、さらには根源的に真なるものも、それがあらわになる可能的なものや現実的なものとの関係の外がわでは、端的に理解しがたいもの、説明しがたいもの、名状しがたいものであるにもかかわらず、第一のものがまさにそうした根源的に真なるものによって真理となるのはどうしてであり、なぜであるかがあきらかになるとき、そのかぎりにおいてである。[†143]

根源的に真なるものとしての絶対者のこの形式から見てとれるのは、そうなってしまえば理性によって知識と真理を産出することなど哲学においては問題になりえず、真理という形式における絶対者は理性の作品ではなく、すでにそれ自体で真なる確実なもの、つまりすでに認識され知られたものになってしまうということである。理性は絶対者に能動的にかかわれなくなり、それどころか理性のどんな活動も、理性によって絶対者が受けとるどんな形式も、絶対者を変質させるものとみなされざるをえず、根源的に真なるものの変質は誤謬を生むことになる。そうなると哲学とは、すでに完全にできあがった既知のものをまったく受け身の態度で受容することになってしまう。こうしたやりかたの安易さは否定しがたい。〔ラインホルトが考えるような〕認識の外部にある真理と確実性などは、ここで言う認識が信仰であれ知識であれナンセンスであって、絶対者は理性の自発性によってのみ真なる確実なものとなるということは、わざわざ注意するまでもない。だが、できあいの根源的に真なるものをすでに前提するような安易な立場からすれば、思考は理性の自発性によってみずから知識へと高まるべきだとか、自然は学問によって意識の面前で創造されるべきだという要求や、主観＝客観はみずから自発性によってそのようなものとして自己を創造しないかぎり無に等しいといった要求がどれほど奇妙に思えるかは理解できる。この安易なやりかたによれば、知識における反省と絶対者との統一は完全に哲学的なユートピアの理想にしたがっておこなわれる。つまり、絶対者は真なる確実なものになるべくすでにみずから調理されており、受け身の思考にまるごと味わってもらうにはこの思考が口を開けさえすればよいというわけである。このユートピアからは、断言的で定言的な創造や構成といった骨の折れる作業は追放されている。疑問や仮定による揺さぶりをかければ、基礎づけという砂のうえに立つ認識の樹から果実が落ちてきて、おのずから嚙みくだかれ消化される。〔しかし〕哲学が切り詰められ、蓋然的で仮定的な試みや一時しのぎでしかあろうとしなくなれば、その仕事の全体にとっては、絶対者は必然的にすでに根源的に真なる既知のものとして設定されざるをえない。そうでなければ、どうして蓋然的で仮定的なものから真理と知識が生じうるというのだろうか。

ところで、哲学の前提はそれ自体では理解できない根源的に真なるものであるがゆえに、そしてそうであるかぎり、それはなんらかの理解可能な真なるものにおいてしか予告されえないはずである。哲学は理解できない根源的に真なるものからは出発できず、なんらかの理解可能な真理から出発せざるをえない〔とラインホルトは推論

---

†143　『寄与』七三頁。

する〕。

論理学に還元された哲学の仕事

〔しかし、〕こんな推論はなにものによっても証明されないばかりか、むしろ正反対の推論がなされるべきである。つまり、哲学の前提である根源的に真なるものが理解できないものなら、根源的に真なるものが理解できるものにおいて予告されるのはその反対物によってなのだから偽なるものとして予告されるというわけである。そうなるとむしろ、哲学はたしかに概念によってではあるが、理解できない概念によって始まり、進展し、終ると言わなければならないだろう。というのも、なんらかの概念の制限が加われば、理解できないものは予告されるどころか廃棄されてしまうからである。対立する概念を二律背反のままに統一することは概念的理解の能力〔つまり悟性〕にとっては矛盾であるが、たんに蓋然的で仮定的な統一ではなく、むしろ矛盾と直接につながっているからこそ、矛盾の断言的で定言的な現象であり、概念における理解できないものの真の顕現、反省によって可能になる顕現である。ラインホルトによれば、絶対者が理解できないものであるのはみずからが顕現する現実的なものや可能的†144なものとの関係の外部においてのみであり、したがって可能的なものや現実的なものにおいては認識できるのだが、そうだとすればこれは悟性による認識にすぎず、絶対者の〔理性による〕認識ではないことになろう。というのも、現実的なものや可能的なものの絶対者への関係を直観する理性は、まさにそれによって可能的なものや現実的なものを可能的なものや現実的なものとしては廃棄するからである。理性の前では、これらの規定もその対立も消滅し、したがって理性は外面的な現象を〔本質である絶対者の〕顕現として認識するのではなく、みずから顕現する本質を〔そのものとして〕認識する。それにたいして、理性は思考の抽象的単位としての孤立した概念を本質の予告ではなく、意識からの本質の消滅として認識せざるをえない。もちろん本質はそれ自体が消滅するわけではないが、〔ラインホルト流の〕そうした思弁からは消滅してしまうのである。

論理学に還元された哲学の真の仕事とはなんであるかの考察に移ろう。つまりその仕事とは、思考であるかぎりでの思考の使用の分析をつうじて、真なるものとともに根源的に真なるものを、そして真なるものを根源的に真なるものによって発見し提示することだとされる。[†145] そのために必要なさまざまな絶対的なものを見てみよう。

「a．思考は適用において、適用をつうじて、そして適用されるものとしてはじめて思考になるのではなく、ここではその内的な性格が理解されなければならない。そしてその性格は〈同一のもの〉の〈同一のもの〉における〈同一のもの〉による無限な反復可能性であり、純粋な同一性であり、たがいに外的だったり前後していたり横ならびだったりするありかたをすべて排除するような絶対的な無限性である。[†146]

b．思考の適用は思考そのものとはまったく別ものである。思考そのものがけっして思考の適用でないのはたしかだが、この適用において適用によって思考にさらに第三のもの＝Cが付けくわわらなければならないのもたしかである。[†147]

c．それはつまり、思考の適用の質料である。一方で思考において根絶されながらも他方では思考にうまく適合するような質料（Materiatur）[†148]が要請される。こうした質料を受けいれ前提することができ、また前提せ

---

†144　『寄与』七三頁。

†145　同書九一頁。「したがって、思考としての思考の適用の分析が真の哲学なのであってみれば、この分析によって真なるものとともに根源的に真なるものが、また根源的に真なるものをつうじて真なるものが発見され提示されるにちがいない」。

†146　同書一〇〇頁、一〇六頁以下の要約的引用。

†147　同書一一〇頁。

†148　バルディリが『第一論理学綱要』で用いていることば。

ざるをえないのは、質料がなければ思考の適用が不可能になるからである。ところで、質料は思考と同じものではありえないのだから（というのも、同じなら質料は〔思考とは〕別ものではなくなり、〔思考の〕適用がなされないことになるだろう）、（そして、思考の内的性格は統一性なのだから、）質料の内的性格は思考のそれとは反対のもの、つまり多様性である」[149]。

以前ならまったく経験によって与えられていると考えられていたものが、カントの時代以来、要請されるようになり、そのさいそうしたものは内在的であるにとどまるとされている。だがそうなると〔ラインホルトのばあい〕客観的なものは要請されなければならないのだから、経験的に与えられた法則であれ形式であれ、そのほかどのようなものであれ、そのようなものが意識の事実[150]という名のもとに依然として認められるのは主観的なものにおいてでしかないことになる。

ラインホルトにとっての思考と質料

まず思考について言えば、さきほどすでに指摘したとおり[151]、ラインホルトは思考をたんなる主観的活動とみなすような根本的な先入見と悪習こそが近代哲学すべての根本的な欠陥とみなしており、思考の主観性と客観性のすべてをまず一度捨象することを試しにだけでもやってみるよう要求する[152]。だが、思考が純粋な統一、つまり質料を捨象し、したがって質料と対立するような統一とみなされ、さらにこの捨象につづいて思考とは本質的に異なる独立した質料が当然のこととして要請されるやいなや、あの根本誤謬と根本先入見そのものが猛威をふるうようになるのは難なくわかることである。思考は主観と客観の同一性だからこそ理性の活動とされ、同時にいっさいの主観性と客観性は、思考が同時にその両者だというそれだけの理由で捨象されるにもかかわらず、ここにおいて思考は本質的に主観と客観の同一性ではない。むしろ客観は思考のために要請された質料であり、したがって思考は主観的なものでしかない。これでは、思考の主観性を捨象してそれを主観的であると同時に客観的なものとして設定し、したがってこれらの述語のどちらか一方と同時にあるものとして思考を設定しないようにしようという〔ラインホルトの〕要求を好意的に受けとりたくとも、できない相談である。むしろ、思考は客観的なものに対立するがゆえに主観的なものと規定され、絶対的な対立は論理学に還元された哲学〔バルディリを受けいれたラインホルトの哲学〕の主題と原理にされてしまう。

じっさいまた、このような原理にしたがえば綜合は失われてしまう。それは通俗的なことばで適用と表現されるようになり、そしてこのようなみすぼらしい形態にとっては、二つの絶対的に対立するものから綜合にいたったところでたいしたことになるはずもないが、それでも綜合は、哲学の第一の主題が理解可能なものであるべきだということとは折りあわない。というのも、適用という取るに足りない綜合でさえ統一の多様への移行、思考と質料の統一を、したがっていわゆる理解不可能なものを含んでいるからである。思考と質料が綜合できるためには、両者は絶対的に対立するのではなく、もともと〈ひとつのもの〉として設定されなければならないだろうが、そうなればわれわれは主観と客観のやっかいな同一性とか、超越論的直観とか知的思考といったもののもとに身

---

†149 『寄与』一一二頁以下の要約的引用。

†150 「意識の事実」については、本書一六五頁および一八〇頁以下を参照。

†151 本書第一章第三節を参照。

†152 『寄与』九六頁。「現代の哲学者のあいだにこんなにも広まり深く根づいてしまった習慣、つまり、思考一般をしたがってまた適用される思考としての思考をたんなる主観的な活動という性格のもとで思いえがく習慣のせいで、この習慣を捨てさることのできない人びと全員にとってはたしかに、適用される思考としての思考を、ほんの試しだけでもよいから主観性と客観性を捨象したうえで考えるということは不可能になっているにちがいない」。

を置くことになろう。

だが、ラインホルトはこの予備的で導入的な解明では、絶対的な対立に含まれているような種類の困難を和らげるために〔バルディリの〕『第一論理学綱要』〔以下『綱要』と略記〕から利用できるものをすべて利用するわけではない。それというのも『綱要』は、質料を要請してその多様性を演繹するだけでなく、思考されうるという質料の内的な能力と技量も要請するからである。だがそうなると、思考において根絶されなければならない質料のほかに、思考によっては根絶されないなにか、馬の知覚にさえ認められるようななにかも要請されなければならないし、思考から独立した形式ではあるが、自然法則によれば形式が形式によって破壊されることはない以上は思考の形式のほうがそれに適合しなければならないようなそうした形式が要請されなければならない。さらには、物自体という思考不可能な質料以外にも、表象するもの〔人間の意識〕から独立していながら表象において形式に関係づけられるような絶対的でありかつ表象可能な質料が要請されなければならない。[153] ラインホルトはこのように形式を質料に関係づけることをいつも思考の適用と呼び、バルディリが用いる〈表象作用〉という表現を避けている。つまり、『綱要』は基礎哲学の焼きなおしにほかならないと主張されているわけである。[154] ラインホルトが哲学好きの読者からもはやもてはやされなくなってしまった基礎哲学をほとんど変わりばえのしないこんなかたちでふたたび哲学の世界にもちこもうとあえて画策したとは思えない。むしろ『綱要』を虚心に受けいれ純粋に学ぶうちにいつのまにかほんとうにひとりでに〔バルディリの〕学派に入門してしまったということらしい。こんなものの見方にたいしてラインホルトは『寄与』において次のような論拠を対置する。

第一に、彼は『綱要』のうちにみずからの基礎哲学を探しもとめるどころか、観念論との親和性をそこに見ており、しかもバルディリがことあるごとにラインホルトの『理論』[155] に激しい嘲笑を浴びせたので、それが自分とはおよそかけ離れた哲学であることをそれだけ容易に予想できた。

〔第二に、〕表象、表象されるもの、たんなる表象といったことばは『綱要』において、基礎哲学の著者が用いるのとは正反対の意味で用いられている。これはまさしく〈著者〉自身がいちばんよくわかっているにちがいない。〔第三に〕あの『綱要』はおよそ考えられるいかなる意味においてもラインホルトの基礎哲学の改作にすぎないと主張する人は、まさにその主張によってみずからが評価しているものを理解していないことを白日のもとにさらけだしている[†156]。

激しい嘲笑という第一の論拠にはこれ以上立ちいらないでおこう。そのほかの論拠が説得力のある主張であることは、〔ラインホルトの〕『理論』の主な論点を〔バルディリ〕の『綱要』と少しばかり比べてみればわかる。

---

†153 この段落冒頭からここまでは、バルディリ『第一論理学綱要』でくり返される基本思想のヘーゲルによる要約。

†154 フィヒテが匿名で『エアランゲン文芸新聞』に発表した書評「バルディリ『第一論理学綱要』への批評」（一八〇〇年一〇月）でも同様のことが言われている（『フィヒテ全集』第二巻四九一頁〔訳出されていない〕）。

†155 『人間の表象能力についての新理論の試み』（プラハとイエナ、一七八九年）のこと。以下『理論』と略記。

†156 『寄与』一二八頁以下の「フィヒテ宛書簡」。「とはいえ、思考としての思考を完全に理解するようになるまでは、私は〔バルディリの〕『綱要』によって論駁されているのはカントの批判主義と私の基礎哲学だけであって、あなたの知識学ではないと信じていました。しかも、私が同書に好感をもったのは、じつのところ純粋観念論との親和性があると誤解したせいなのです。同書はことあるごとに私の哲学に激しい嘲笑を浴びせながら言及しており、そのせいで私は、とにかく自分の哲学とはおよそかけ離れた哲学を予想せずにはおれませんでした。同書において、表象、表象されるもの、たんなる表象といったことばは、基礎哲学の著者〔である私〕が用いた意味（これは私がおそらくいちばんよくわかっているにちがいありません）とは正反対の意味で用いられています。エアランゲン〔文芸新聞〕の二番めの書評者〔フィヒテ〕は、『綱要』は考えうるいかなる意味においてもラインホルトの基礎哲学の改作でしかないと主張しました。まことにバルディリの『綱要』のどんな読者にとっても——とはいえ、そこにフィヒテ本人やその追随者は入りませんが——、この主張ほどに批評対象にたいする書評者の無理解をさらけだしたものはありますまい」。

『理論』によれば、表象作用にはその内的な条件として、〔以下のような〕表象の本質的な構成要素が必要である。

a．表象の質料。これは受容性にたいして与えられるものであり、その形式は多様性である。

b．表象の形式。これは自発性によって産出されるものであり、その形式は統一である。[†157]

それにたいして『綱要』においては以下のようなものが必要である。

a．思考。これは活動性であり、その根本性格は統一性である。

b．質料。その性格は多様性である。[†158]

c．両者の相互関係。『理論』においても『綱要』においても表象作用と呼ばれるが[†159]、ただし、ラインホルトはいつも思考の適用と言っている。[†160] 形式と素材、思考と質料はいずれにおいても同じように独立している。

さらに質料について言えば、

a．その一部分は、『理論』でも『綱要』でも物自体である。『理論』ではそれは表象可能ではないような対象そのものだが、それにもかかわらず表象可能な対象そのものと同じく否定することはできない。『綱要』では、それは思考において根絶されなければならない質料であり、質料のうちの思考可能ではないものである。[†161]

b．客観のほかの部分は、『理論』では表象のおなじみの素材であり、『綱要』では思考から独立した根絶できない客観の形式であって、形式は形式を根絶できないので思考の形式がこの客観の形式に適合しなければならない。[†162]

客観はこのように二つの側面をもっている。つまり客観は一方では、思考にとって絶対的な質料（Materiatur）であり、思考はそれに適合するすべを知らず、それを根絶する、つまり捨象することしかできないが、他方では、これまたすべての思考とは独立に客観に属するような性質でありながらも、客観がうまく思考されるようにし、思考が生に飛びこもうとするのであれば[†163]できるかぎり適合しなければならない形式でもある。〔ところが〕哲学においては、そうした絶対的な二元性に飛びこんで首が折れてしまったような思考が愛好される。この二元性は果てしなくかたちを変えることができるが、いつでも判で押したような非哲学しか生みださない。ラインホルトはおのれ自身の学説を装いも新たに公表してくれたこの理論においてすべての希望と願いが満たされ、新世紀の哲学的革命は終わり、こうしていまや哲学をあらゆる場面で論理学に還元すれば哲学的な永久平和がすぐさま始まりうるとみなしている。ラインホルトは、知らないうちにわが家の地下貯蔵庫の品々でもてなされて大満足の男に似ていなくもない。

ラインホルトは、かつて〔ハンブルクの〕『政治新聞』[†164]で毎号やっていたように、この哲学的なぶどう畑で新たな仕事を始めるにあたって、事態は予告していたのとはくり返し異なるものになってしまったと述べる。

「〔ドイツにおける哲学的革命は、〕私がその始めにおいて予告したのとは異なる結果になり、その中ごろに私がその進展を促そうとしたものとも、その終わりごろに目標を達成したと私が信じたものとも異なる結果になった。私は、四度目も思いちがいをしているのではないかと自問している」[†165]。

†157　ラインホルト『理論』第一五節以下、とくに第二三節。
†158　バルディリ『綱要』三頁以下、六七頁以下。本書一四五頁以下も参照。
†159　『綱要』のたとえば六八頁、『理論』第一五節以下、とくに第二三節。
†160　ラインホルトが最初に「思考の適用」という言葉づかいをするのは、『寄与』のバルディリに関連する箇所においてである。『寄与』一〇〇頁、一一〇頁。
†161　『理論』の第一七節、『綱要』三一、三五、三九頁以下、六七頁。本書一四五〜六頁も参照。
†162　『理論』一五節以下、とくに二三節、『綱要』七九〜八一頁、一一三〜五頁。
†163　「生に飛びこむ」は、『綱要』六九頁の表現。
†164　ハンブルク学者協会編集の「政治新聞および学問そのほかの報知」。

それればかりではない。思いちがいの回数でその確からしさの評価がしやすくなり、権威と呼ばれる人物に配慮することでその評価が考慮に値するものになるのであれば、この権威の面前で、あの三つの認知された思いちがい以外にさらにいくつかの思いちがいを『寄与』から数えあげてもよいだろう。そうなれば、あの権威はなんら本物ではないことになるだろう。

すなわち〔第一に〕、ラインホルトはフィヒテ哲学とヤコービ哲学のあいだに中間的な立場を見いだしたと信じたのに、一二六頁以下では、それを永遠に放棄しなければならなかった[166]。〔第二に、〕ラインホルトは、〔バルディリの仕事を知った当初は〕バルディリ哲学の本質はフィヒテ哲学の本質に還元でき、その逆でもあると信じ、それを望みもした(『寄与』一二九頁)。そこで彼は大まじめになってバルディリが観念論者であることを本人に納得させようとした。ところが、バルディリは納得しなかったばかりか、逆にラインホルトのほうがバルディリの手紙(〔『寄与』〕一三〇頁)によって観念論全般を放棄せざるをえなくなった[167]。〔第三に、〕バルディリにたいする試みが失敗したので、ラインホルトはフィヒテに『綱要』をしつこく薦め、そのさい〔バルディリに〕こんなふうに大声で語りかけている(『寄与』一六三頁)。

「フィヒテが自分とあなた(バルディリ)のあいだの文字の防護壁を突破してあなたと一致するにいたれば、正義にとってなんという大勝利になることでしょう[168]」。

だが、それがどんな結果に終わったかは周知のとおりである。

最後に、歴史観についても忘れてならないことがある。ラインホルトはシェリング哲学の一部を見ただけで体系全体を見たつもりになって、この哲学を一般に観念論と呼ばれるものとみなしたが、それはラインホルトが考えていたようなものとは異なるのである。

　哲学を論理学に還元すれば最終的にどんな結果になるかについて、なにごとかを予言するのは容易ではない。哲学の外部に身を置きながらも哲学しようというのであれば、そうした〔論理学の哲学への還元という〕着想は有益であり、むしろ歓迎すべきものであろう。ただし、この着想はそれ専属の裁判官を引き連れている。というのも、この着想は反省の立場の多くの可能な形式のうちから任意のどれかを選択せざるをえないので、別の形式を生みだすことも各人の任意にゆだねられているからである。そうなると、この程度のことでも新たな体系によって古い体系を駆逐したということになるし、〔ラインホルトにおいては〕反省の形式が体系の本質とみなされざるをえないのでそうならざるをえない。だからこそラインホルト自身も、バルディリの論理学にみずからの理論とは別の体系を見てとれたのである。

ラインホルト哲学についての総括

〔ラインホルトに見られるような〕哲学を論理学に還元することを目指すような基礎づけの傾向は、哲学の普遍的な欲求の一側面の——たとえ硬直しているとはいえ——現象ではあり、そのかぎりでは教養の多様な努力のうちにその必然的で特定の客観的な位置を占めるにちがいない。というのも、教養の多様な努力もまた、哲学にかかわりながらも、哲学そのものに到達する以前に固定した形態を取ってしまうものだからである。絶対者は、自分

---

†165　ラインホルト『寄与』三頁の要約的引用。
†166　本書一四一～二頁の原註を参照。
†167　『寄与』一二九頁以下のラインホルトの「フィヒテ宛書簡」。
†168　同書一六三頁以下のラインホルトの「バルディリ宛書簡」。

自身を完成するまで一連の自己展開を産出すると同時に、それぞれの地点にとどまってみずからをひとつの形態として有機的に組織せざるをえず、そこで絶対者はこうした多様性において自己形成するものとして現われる。

絶対者は内的なものであると同時に外的なものであり、本質であると同時に現象であるが、哲学の欲求が中心点に到達していないばあい、それはこの両面を分裂したままの状態で、とりわけ内的な本質と外的な現象というかたちで提示してしまう。外的な現象はそれだけで絶対的に客観的な全体性、無限に拡散する多様性になってしまう。この多様性は無限量を目指す努力においてみずからの絶対者との無意識的なつながりを表明しているので、非学問的な労苦といえどもそれが経験的なものを無限に拡大しようと努力しているかぎり全体性の欲求を〔なにがしか〕[169]感じとっているということは正当に評価してやらなければならない。たしかに、素材はそれによって最終的にはどうしてもひどく希薄なものになってしまう。無限の客観的素材にかかわるこの労苦は、あくまでも内的な本質のうちにとどまりつづけようと努力して緊密な素材の凝集から学問的な拡大にはいたりつけないような濃縮の極とは対極をなす。〔外的な現象ないし客観的な素材にかかわる〕前者の労苦は、仕事にたいする無限の熱意によってみずからのあつかう死んだ本質のうちに、生命をではないにせよ、しかしそれでも雨をもたらす。ダナオスの娘たち[170]が器を満たせないのは水が永遠にもれてしまうためだが、あの労苦が満たせないのは、たえず水を注いで自分の海をどこまでも広げてしまうせいである。この労苦がもうこれ以上注ぐものがないという満足にいたりつくことはないとなれば、仕事にたいする熱意は、まさにそこにこそ永遠の糧を手に入れることになり、果てしのない表面のうえにとどまることになる。この熱意は、被造物の精神は自然の内奥に入りこめないという決まり文句[171]を後生大事に抱えこんで、精神と内的なものを創造することも、死んだものを自然へと生き返らせることもあきらめてしまうのである。

それにたいして、夢想家の内的な重力は水を軽蔑し退ける。重力はその濃縮状態に水が加わると特定の形態へと結晶化してしまいかねないからである。しかし、なんらかの形態を産出するという自然の必然性から生まれる醗酵衝動は、自然必然性のそうした可能性に反発して、自然を精神に解消し、形態なき形態へとつくりなす。そうではなく反省が〔夢想家の〕空想よりも優位に立てば、真の懐疑主義が生まれる。〔凝集と拡大、濃縮と多様への拡散という〕両者のあいだの虚偽の中心点をなしているのが通俗的で紋切り型の哲学である。この哲学は両者のいずれも理解しておらず、したがって両者それぞれの原理の本質はそのままでも、なんらかの修正によってたがいに折りあいをつけてやればどちらにも満足してもらえると信じている。この哲学は両極を掌握しているどころか、両者の本質は、表面的に修正され親しげに統一されてしまうので、この哲学にとっては消えうせてしまう。この哲学は両者のみならず〔真の〕哲学にも無縁なのである。この〔通俗的な〕哲学は拡散の極から対立の原理を受けとるが、対立しあうものはどこまでもたんなる現象や概念ではなく、そのうちの〈一方〉は無限で概念把握できないものとみなされもする。そうだとすれば超感覚的なものを求める夢想家の欲求は満たされるだろう。しかし、夢想の原理が、超感覚的なものが対立のうちに置かれてなんらかの制限されたものがそれと並びたつという事態を軽蔑的に退けるように、拡散の原理も超感覚的なものを軽蔑的に退ける。同様にして、通俗的な哲学は有限なものと無限なものの絶対的な非同一性というみずからの原理に一見中心点らしきものを与えはするが、そんな見せかけはことごとく哲学によって退けられる。哲学は分裂したものの死を絶対的同一性によって生命へと高めるのであり、分裂した両者をみずからのうちに飲みこんで両者を慈母のように分

---

†169 ズーアカンプ版の補足。

†170 古代ギリシア神話に登場するダナオスの五十人の娘たちのこと。ヒュペルムストラをのぞく四十九人は新婚初夜に夫を殺した報いとして、死後ハデスの国で穴のあいた容器に水を汲みつづける刑を受けた。

†171 アルブレヒト・フォン・ハラー（一七〇八－一七七七　啓蒙期のスイスの医師・植物学者・詩人）の『スイス詩の試み』（一七三二年にハラーが匿名で出版した詩集）所収の「人間の徳の虚偽」のなかのことば。

け隔てなくあつかう理性によって、有限なものと無限なもののこの同一性の意識、つまり知識と真理を追求するのである。

（一八〇一年）

哲学的批判一般の本質、とりわけ哲学の現状にたいするその関係について

哲学的批判の尺度としての哲学の理念

批判〔批評〕が芸術や学問のどの分野においておこなわれるにせよ、それには尺度が必要である。しかもその尺度は、評価するものからも評価されるものからも独立しており、個々の現象や主体の特殊性からではなく、事柄そのものの永遠不変の原像から取ってこられたものでなければならない。芸術作品の理念が芸術批評によってはじめてつくられたり、考案されたりするのではなく、端的に前提されているように、哲学的批判においても哲学そのものの理念はその条件でもあれば前提でもあり、そうでなければ哲学的批判は、いつまでも主観的なものを主観的なものに対置できるばかりで、制約されたものに絶対的なものを対置することはけっしてできないだろう。

哲学的批判が芸術批評から区別されるのは、作品のうちに客観性への能力が現われているかどうかの評価によってではなく、もっぱらその対象によって、あるいは対象の根柢にある理念そのものによってでしかない。しかもこの理念は哲学そのものの理念以外ではありえない。そうだとすれば〔〈客観性への能力という〉前者にかんするかぎり、哲学的批判は芸術批評と同じく普遍的に通用することを要求しているのだから〕、哲学的批判にはやはり判断の客観性を認めたくないという人は、さまざまな哲学の理念は〈同一〉であってただ形式だけが異なるとい

う可能性ではなく、哲学は本質的に異なっていながらどれも同じように真理であるという可能性を主張せざるをえないだろう。〔だが〕こんな考えは、それがどんなに大きな慰めを与えてくれるにせよ、本来まったく考慮に値しない。哲学がただ〈ひとつ〉であり、ただ〈ひとつ〉でしかありえないのは、理性がただ〈ひとつ〉だからである。さまざまな理性などがありえないのと同じように、理性とその自己認識のあいだに壁が立てられ、それによってその自己認識が〔理性とは〕本質的に異なる現象になるなどということもありえない。というのも理性は、それが絶対的に考察されるならば、そして、それが自己認識においておのれ自身の客観となり、したがって哲学となるばあいには、ふたたび〔その自己認識と〕同じ〈ひとつ〉のものになり、したがって一貫して等しいものになるからである。

哲学そのものに違いがある理由は、完全に〈ひとつ〉である哲学の本質にもなければ、哲学の理念に客観的なかたちを与える能力が均等ではないことにもない。というのも、哲学的に見れば、理念そのものがすべてであって、理念を表現する能力などは理念をもつことに比べれば付け足しであって、せいぜい哲学に固有ではない別の側面をもたらすだけだからである。だがそうなると、それぞれが本質からしてたがいに異なっており、たがいに自己主張する同等の権利をもつような無限に多くのさまざまな反省の産物が可能であるという事態は、次のことによってしか説明がつかない。つまりそれは、哲学が絶対的なものの認識と規定されたうえで、この絶対的なものが、神としてであれ、あるいは別の観点から自然としてであれ、主観的なものとしての認識作用に固定的かつ絶対的に対立すると考えられているからである。

しかし、たとえこうした見方をしても、哲学にはさまざまなものがあるという考えは放棄され、修正されざるをえないだろう。というのも、認識が形式的なものとみなされれば、認識は対象との関係においてはあくまで受動的なものと考えられ、神性を受容したり、自然を純粋に客観的に直観したりできるとされる主観にたいしては、そうした受容の純粋性を曇らせないために、そもそも制約されたものへのほかの関係をすべて退け、みずからの活動もすべて控えるよう要求されるからである。だが、このように受容の働きが受動的で客観が一様なら、その結果とみなされるもの、つまり絶対的なものの認識も、そこから生じる哲学も、これまたただ〈ひとつ〉の、いたるところで同じものにならざるをえないだろう。

理性の真理も美も〈ひとつ〉しかないからこそ客観的な評価としての批判〔批評〕が一般に可能なのであり、ここからは、批判が意味をもつのは同じ〈ひとつ〉の哲学の理念をもつ人びとにとってだけであり、同様に批判がかかわるのも、この理念が程度の差こそあれ明瞭に語りだされていると認められるような作品だけだということがおのずから帰結する。そんな理念などなくてもよいと主張するような人びとや作品においては、批判の仕事はまったくむだになってしまう。批判は、このように理念が欠けているときにもっとも途方に暮れる。というのも、すべての批判は〔批判の対象を〕理念に包摂することなので、理念を欠いてはすべての批判は必然的に停止し、〔批判対象を〕退けるという以外にどんな直接的な関係ももてなくなるからである。だが、そうした退ける態度を取れば、批判は哲学の理念を欠いているものとみずからが奉仕しているもの〔理念〕とのすべての関係までも完全に断ち切ってしまう。それによって相互承認が放棄されるので、現われるのは相互に対立しあう二つの主観性だけである。たがいになにも共有しないものが、まさにそれによって同等な権利で登場する。批判は自分の相手を、ほかのどんなものとみなそうとも哲学とだけはみなさないが、相手のほうはあくまで哲学であろうとするので、批判はそれをまったくの無とみなすようになる。そのために批判は主観的なものの立場に転落し、その要求も有無を言わせぬ一方的な断言として現われてしまう。こうした立場は、批判の行為は客観的であるべきであるだけに、その本質とただちに矛盾する。批判の判断は哲学の理念に訴えるが、その理念は相手からは承認されていないので、この相手にとってはなじみのない法廷でしかない。批判が非哲学を哲学から分離し、みずからは一方のがわに立ち、非哲学を反対のがわに置くというこうした事態にたいする救済策は、直接にはまったくない。非哲学は哲学にたいして否定的にかかわり、したがって哲学が問題にされることなどありえないのだから、残る手立ては、この否定的な側面がみずからをどのように言い表わし、みずからの虚しさ――これが現象するとき陳腐と呼ばれる――をどのように告白するかを述べることぐらいしかない。はじめから無であるものは、事態の進展とともにますます無として現われるばかりであり、その結果かなりの程度まで一般に無とみなされるのはまちがいないのだから、批判にしても、最初の取るに足りないものから一貫した構成を続ければ、〔批判の〕最初の主張に独断と恣意しか見なかった無能な人びとをもふたたびなだめることになる。

それにたいして、哲学の理念がほんとうに存在するばあいには、この理念が自由にはっきりと現われるようになる仕方と程度を、そしてまた、理念が学問的な哲学体系にまで彫琢される範囲をあきらかにすることが、批判の仕事である。

後者のばあいについて言えば、哲学の純粋な理念がたとえ機知に富んだ学問的な広がりをもたずに、素朴な姿で現われ、体系的な意識といった客観的な段階にまで達していなくても、ひとはそれを喜んで受けいれるにちがいない。〔だが〕それは美しい魂[†1]と似たようなものである。美しい魂は怠惰であるために思考という原罪を犯さずにすんではいるが、しかしまた、この原罪のうちに飛びこんで、みずからの罪が消えるまでそれを貫くだけの勇気もないので、学問という客観的な全体のうちにみずからを直観するにいたることもない。こうした連中は無粋にも空虚な形式を使って短いことばで哲学の本質と要点を語ろうとするが、そんな形式には学問的な意味もなければ、さらに興味を惹くような意味もない。

哲学的批判の三つの方法

しかし、哲学の理念がもっと学問的になれば、哲学の理念とその純粋に客観的な叙述の同一性をそこなわずにその性格を表現するような個性を、哲学の理念に混入する主観性や制約からきちんと区別する必要がある。そうした主観性や制約によって曇らされると、見せかけだけの哲学が生じてくるので、批判はとりわけこの見せかけに目を向け、それを引きはがさなければならない。

そうした見せかけにおいても、人びとの念頭にあるのが哲学の理念であることがあきらかになれば、批判はそこで表明されている要求や欲求と、その欲求が満足を見いだそうとしている客観的なものとを照らしあわせ、制限された形態を、完全な客観性に向かおうとするその形態固有の真の傾向にもとづいて否定することができる。

ただし、そのさい二つのばあいがありうる。第一は、主観性についての意識がほんとうには育っていないばあいである。哲学の理念は自由な直観によってはっきりと捉えられるにいたっておらず、どちらかと言えばあいまいな背景にとどまっている。その理由はと言えばたとえば、多くのものがさまざまな形式で表現され、しかもこれらの形式が大きな権威をもっているために、純粋な没形式に突き進むことも、あるいは同じことだが、最高の形式に突き進むことも妨げられてしまうからである。批判は、作品や行為を理念の形態としては認めることができなくても、〔理念へ向かおうとする〕その努力を見誤ることはない。〔批判の〕真に学問的な関心は、そうした内的な努力が日の目を見るのをいまだ妨げている外皮をこすり落とすことである。そのそれぞれが哲学に座を占めるべき精神の多様な反省の産物と、哲学としては副次的で欠陥があるものとを見分けることがたいせつである。

第二は、哲学の理念はいっそう明瞭に認識されているが、主観性が保身に走ると哲学を寄せつけまいとすることがあきらかになるばあいである。

このばあいたいせつなことは、哲学の理念を掲げることではなく、主観性が哲学を逃れるために用いるさまざまな逃げ口上を発見し、制約されたありかたを安心できるよりどころとみなすようなさまざまな弱点を、ある面

†1　「美しい魂」とは、シラーやゲーテが掲げた理想的な人間像で、義務に縛られることなくおのれ自身の心情のままに行動することが、結果的には義務の実現になっているような人間のありかたを指す。たとえば、ゲーテ『ヴィルヘルム・マイスターの修業時代』の第六巻「美しい魂の告白」を参照。

ではそれ自体として、またある面では主観性と結託しているような哲学の理念との関連においてあきらかにすることである。というのも、哲学の理念のエネルギーと主観性とは両立しないからである。

しかし、批判がとりわけこだわらなければならないもうひとつのやり口がある。つまり、哲学をもっているふりをし、偉大な哲学体系がみずからを表現するような形式とことばを使い、多くのことに口をはさみはするが、根本的には内実のない空虚な言葉のもやでしかないようなやり口がそれである。哲学の理念を欠いたそうしたおしゃべりがその冗長さと固有の尊大さによってある種の権威をまとうのは、ひとつには、これほど厚い外皮に核がないとは信じがたいように思われるからであり、またひとつには、この空虚さにある種の一般受けするものがあるからである。哲学の真剣さがこんなふうに凡庸さに変わってしまうほど不快なことはないのだから、批判はこうした災いを寄せつけないよう全力を傾けなければならない。

ドイツ哲学の現状

これらのさまざまな形式は程度の差こそあれ、現在のドイツ哲学全般を支配しており、この『批判雑誌』はそれを標的にしている。だがそのさいこれらの形式はつぎのような特徴をもっている。つまり、カントによって、さらにはフィヒテによって学問の理念、とりわけ学問としての哲学の理念が提出されたために、たとえばアカデミー論文においてあれこれの対象についていろいろな哲学的思想を展開しただけで自分を哲学者だと主張することができなくなり、個々の哲学がすべての信用を失ってしまってからというものは、どんな哲学的な試みもひとつの学問や体系に拡張されるか、あるいはすくなくとも哲学全体の絶対的原理として立てられるので、多くの体系や原理が生まれており、そのために哲学にかかわる公衆〔の状況〕は、ある程度すぐれた哲学的頭脳であればだれでも哲学の理念をみずからの個性にしたがって練りあげていたギリシアにおける哲学の状況と、外見上は酷似するまでになっている。同時に、われわれのもとでは哲学的自由と権威からの超越と思考の自立性が蔓延しているので、既存の哲学にもとづいて哲学者を自称することはどうやら恥とみなされているらしく、自立した思考はまったく独自の新しい体系を案出するような独創性によってのみ示されなければならないと思いこんでいる。

哲学の内的な生が外的な形態として生まれでるときには、独自の有機的組織の形式をそれにもたせてやるのは必然的なことではあるが、天才の独創は、みずからを独創的とみなしそう自称するような特殊性とは違うのも必然である。というのも、こうした特殊性はくわしく見てみれば、じっさいには一般的な文化の王道に身を置いており、それを脱して哲学の純粋な理念に到達したと誇ることはけっしてできないからである。この特殊性は、かりに理念を捉えても、それを認識するのは別の哲学的体系においてであり、だからこそ、おのれ固有の生きた形式を保っているにはちがいないとはいえ、独自の哲学だと自称するわけにはいかないだろう。この特殊性が前述の王道のうちにあってみずからのためにつくりあげる独自のものとは、個別的であるがゆえに副次的な立場によって取りあげられるような特殊な反省形式であって、悟性をきわめて多面的に形成し、とくに哲学においてきわめて多様に消費しているような時代においては、こうした反省形式は安値で手に入る。このような独創的な諸傾向や、独自の形式と体系を目指す多様な努力を集めることによって得られるのは、ギリシアの哲学の庭園においてじつに多様な生きた形態が自由に成長していたような光景であるどころか、みずからの制限に永遠につなぎとめられているか、さまざまな制限に次々に手を伸ばし、そのすべてに讃嘆したあげくに、それらを次々に投げすてざるをえないような永劫の罰を受けた人びとの苦悩の光景でしかない。†2

そうした特殊性を体系にまで拡張し、全体的なものとして叙述する作業にかんして言えば、この作業はむろんいっそう困難なものになろうし、特殊性はこの作業において破滅せざるをえないだろう。というのも、制限されたものがひとつの全体にまで拡張されながら、まさにそれによって粉砕されないなどということがどうして可能

†2　哲学の独自性については、本書一八頁以下を参照。

だろうか。なんらかの特殊な原理を探究することからしてすでに、知識の客観性や全体性への要求から退却するような独自なもの、たんなる自己満足をもつことを目指している。それにもかかわらず、全体は多少の差こそあれ客観的な形式において、すくなくとも知識のさまざま素材、多量の知識として存在する。こうした全体に暴力を加えて、この全体をそれ独自の概念で首尾一貫して押し通すのはむずかしいし、同時にまたこの全体を、それがとにかく現に存在するという理由で好意的に、なんの脈絡もなく引きあいに出すこともけっして許されない。ところが、そうした脈絡など気にせずに、みずからのこのうえなく独自な原理をともかく唯一の原理として立てるのが、もっとも天才的なやりかたであるかのように見えてしまう。この原理にかんする脈絡を気にかけることはほかの知識にお任せしたいというわけである。むしろ、根本原理に学問的で客観的な外延を与えることは低級な仕事であるらしい。この外延は欠かせないながらも、多様な知識をたがいに関連させたり、制限された原理と関連させたりする労は省きたいなら、これら〔たがいに矛盾する〕要求のすべてを調停するのは、暫定的に哲学するというやりかたである。つまり、現に存在するものを、知識の体系への要求からではなく、それには頭を鍛えるというそれなりの使い道があるらしい（そうでなければ、なんのためにそれはあるのだろう）という理由から引きあいに出すのである。

批判哲学の功罪

この点で、〔カントの〕批判哲学はとりわけ重要な貢献をした。つまり、批判哲学はそれ自身のことばで言えば、悟性概念は経験にしか適用されず、理性は認識するものであるかぎりは、その理論的な理念によって矛盾に巻きこまれるばかりであり、一般に知識には感性によってその対象が与えられなければならないということを証明したが、この証明が、学問において理性を放棄し、もっとも極端な経験主義に没頭することに利用されているのである。どれほど粗野な概念でも経験のうちにもちこまれさえすれば、また陳腐な反省のどれほどけばけばしい産物によって汚染されていても直観でさえあれば、内的経験や外的経験であり意識の事実[†3]であると申したてられ、この肩書きのもとにすべてが、意識のうちに見いだされるという素性の知れない保証を頼りにかき集められるばあい、これは批判哲学をよりどころとしておこなわれる。批判哲学は経験と知覚が認識にとって不可欠であることを証明し、理性には知識にたいする構成的ではなく統制的な関係しか認めないというわけである。哲学にも学問にも縁のない人びとが、いつもなら哲学をあけすけに軽蔑しているのに、自己正当化のためにある種の哲学的な形式を採用しているばかりではなく、それによって同時に、もっとありがたい利益を手に入れる。つまり、常識やすべての制限された意識、さらにこうしたものの最高の精華、すなわち人類のそのときどきの最高の道徳的関心を哲学と和解させるのである。

哲学にとっての仮定の意味

しかし、主観性は、それが体系として叙述されるにあたって直面する困難を度外視しても、すでに批判哲学がすくなくともかなりの範囲の有限な形式を疑わしいものや使えないものにしているので、みずからが制限されているという自覚とある種の良心のやましさにとりつかれており、自分を絶対的なものに見せかけるのをはばかるだろう。そうだとすれば、以前よりも自分のことをよく知るようになり、その眼前には哲学の理念があるというのに、主観性はどうしてそのままの自分を維持したまま自分を主張したりできようか。〔これにたいして主観性はこう答える。〕有限だと認められた形式から出発しはするが、さしあたりそうするだけである。この形式は恣意的な出発点に見えるにすぎない。この出発点はたしかに自力ではやっていけないが、その有用性はきっとあきらかになるのだから、さしあたり認められるべきであり、とりあえず立ちいった要求をせ

---

†3 「意識の事実」については、本書一四六頁および一八〇頁以下を参照。

ず請われるままに、ただ暫定的に蓋然的なもの、仮定的なものとして甘受されるべきである。そうなればやがては、この出発点の正当性はきっと認められるだろう。[†4]

いまやそこから真なるものにたどりつけば、われわれはこの恣意的な出発点を道しるべとしてありがたいものと思い、それが必然的であることを認識し、その真であることが証明されるだろうというわけである。しかし、〔ほんとうに〕真なるものは幼児用の歩行バンドに導いてもらう必要はなく、すぐに自力で歩ける力をもっているにちがいない。〔それにたいして、いま話題になっているような〕真なるものは、みずからのうちに存在するに足る内実をもたず、仮定的で蓋然的なものでしかないことを告白しているのだから、制限されたものであることはおのずから承認されているが、結局はやはり真の意味で真なるものであることが証明されるという。これでは、そもそも肝心だったのが有限性の救済だったのは明白である。のちにもはや仮定的でなくなるはずのものははじめから仮定的ではありえず、はじめに仮定的であるものがあとから定言的なものになることももはやありえない。そうでなければ、それはいきなり絶対的なものとして登場するはずである。だが、それはさすがにはばかられるので、絶対的なものを密輸入する回り道が必要なのである。

そうした有限な出発点がさしあたり仮定的なものでしかないと申したてられるばあい、この出発点はどんな含みもないかのように登場するので、ますます欺瞞を助長するばかりである。有限な出発点がひかえめに仮定的なものとして現われようと、ただちに確実なものとして現われようと、いずれにせよ結果は同じである。有限なものは有限なものとして分裂したままであり、絶対的なものはひとつの理念、ひとつの彼岸にとどまり、つまりは、有限性にとりつかれたままなのである。

確実な出発点は、確実であろうとして直接的な意識のうちに取りこまれており、有限であるがゆえにみずからに欠けているものを意識の直接的な確実性によって埋めあわせているらしい。〔だが、直接的な確実性であるはずの〕純粋な自己意識は、それが出発点であるかぎりでは、純粋なものとして経験的なものにすぐさま対置されるので、有限な出発点でしかない。そんな有限な確実性は、そもそも哲学にとって問題になりようがない。哲学というものは、なんらかの確実性とつながりをもつために、だれにでも理解しやすい普遍妥当的な命題や活動から出発するのだから、有限な確実性が有用だからという理由でこんなものにかかわるのは余計なことである。というのも、哲学は哲学であろうとすれば、そうした制約をただちに超えて、それを廃棄しなければならないからである。たとえ一般常識がそうした有限な確実性に誘惑されても、われわれが常識の領域を離れ、もっと高いところに導いてやれば、一般常識はそれに十分に気づくだろう。あるいは、この有限な確実性そのものが廃棄されるべきではなく、固定したものとして存続すべきだというのなら、たしかにそれはみずからの有限性を認め、無限性を要求せずにはいられないが、この無限なものはだからこそまさにひとつの要求、頭で考えられただけのもの、つまり、ひとつの理念としてしか現われず、この理念はすべてを含む必然的で包括的な理性理念ではあっても、まさにそれゆえにいまだ一面的なものでしかない。というのも、この理念を思考するもの（あるいはそうでなければ、その出発点となったなんらかの特定のもの）とこの理念そのものが、ばらばらのものとして想定されているからである。制限されたもののこの種の救済（絶対者が最高の理念に高められはするが、ただし同時に唯一の存在には高められておらず、哲学という学問がまさにそこから始まるので、その体系全体においては対立が支配的であり絶対的でありつづけるような救済）は、いわばわれわれの最近の哲学的文化の特徴であり、それだけにこの概念には、こんにち哲学として通用しているほとんどすべてのものが属している。最近の最高の哲学的現象〔カント〕でさえ内部と外部、此岸と彼岸の固定した両極性を十分に克服しておらず、そのために、〔フィヒテのように〕知識において絶対者にただ近づいていくだけの哲学と、〔ヤコービのように〕絶対者そのもののうちにある哲学（後者は信仰の名においてしか打ちたてられないとしても）とが対立しあうものとして残されてしまう。こうし

†4　ラインホルトへの批判。本書一三六頁以下を参照。

て二元論の対立にこのうえなく抽象的なかたちが与えられ、そのために哲学はわれわれの反省文化の領域から解放されていないとはいえ、最高に抽象化された対立の形式だけでもすでにきわめて重要であり、両極性がこのうえなく鮮明になっていれば真の哲学への移行はますます容易である。というのも、絶対者の理念が提出されるとき、その理念はほんとうのところ、理念という形式、つまり、当為や無限な要求という形式にともなう対立をみずからすでに退けているからである。すべての哲学は対立を克服しようとするものであり、ある哲学において対立が支配的になれば、それに続く哲学がその形式に立ち向かい、たとえ無意識のうちに別の対立の形式にふたたび落ちこんでしまうにしても、先の対立形式は克服したことになるので、一般に対立には多様な加工がなされてきたが、それによって哲学の研究がどれほど多くのものを得たか、また同時に哲学がどれほど多様な形式において展開されうるかを、見すごしてはならない。

哲学と常識の関係

それにたいして、もうひとつの支配的なやりかた、つまり、さまざまな哲学的な理念を現われるがままにすぐさま大衆受けするものに、あるいは文字どおり通俗的なものに仕立てようとするようなやりかたは、どこまでもマイナスの面しかもたない。哲学はもとより秘教的であり、自分のためにつくられるのであって、大衆のためにつくられるのでもなければ、大衆に迎合することもできない。哲学が哲学であるのは、ひたすら悟性に、同時にまた、人類のある世代が場所と時間に制約された結果とみなされている常識に真っ向から対立することによってのみである。この常識との関係においては、哲学の世界はそもそも転倒した世界である。師が自分の哲学にかんして著作を公にしたと耳にしたアレクサンドロスが、自分たちがともに哲学したことを通俗化すべきではなかったとアジアの奥地からこの師に書き送ると、アリストテレスは、自分の哲学は出版されているが、出版されていないと自己弁護した。[†5] つまり、哲学はたしかに民衆がそこまで高まる可能性を認めなければならないが、彼らのところまで降りていってはならないというわけである。ところが、自由と平等の現代においては、きわめて大きな読者層が形成されており、彼らはなにものも自分から排除されることを好まず、みずからがあらゆるものの役に立ち、あらゆるものが十分にみずからの役に立つとみなしているので、どんなに美しいものも善いものも次のような運命を免れない。つまり、通俗的な見解はみずからのうえを漂っているものにまで高まることができないので、代わりにそれが十分に通俗化されてわがものになるまで、それをいじくりまわすのである。しかも、こうした通俗化はある種公認のきわめて賞賛すべき仕事に祭りあげられてしまう。人間精神のある程度以上の努力のなかで、この運命をこうむらなかった部分をもつものはひとつもない。芸術や哲学の理念が姿を見せるやいなやただちに、運命はある種の調合を始め、その核心が説教壇やハンドブック、さらには『帝国新聞（Reichanzeiger）』[†6]の読者層のご家庭の需要になじむまでこねまわす。ライプニッツは『弁神論』[†7]によって自分の哲学のためにこうした努力の一部をみずから引き受け、そのために彼の哲学ではないにせよ、彼の名前は広く知られるようになった。いまではこの目的のためにせっせと励む人びとはすぐに見つかる。個々の概念にかんしては、こうしたことはほうっておいてもうまくいく。ひとが市民生活においてとっくの昔に手にしているものに、そうした概念の名前を付けさえすればよいのである。啓蒙はすでにその起源からしてもともと、悟性の通俗性と、理性を乗り越えんばかりのその虚勢とを表現しており、それを人気のあるわかりやすいものにするために、その意味を変える必要はすこしもなかった。しかし、いまや〈理想的〉ということばがいかなる真理も含まないようなものを一般的に意味し、

†5　アリウス・ゲリウス『アッティカの夜』第二〇巻五章、プルタルコス『プルタルコス英雄伝』「アレクサンドロス」第七節〔河野与一訳、岩波文庫、中巻一四〜五頁〕を参照。

†6　R・Z・ベッカーの編集により一七九一年より発行されていた。

†7　ライプニッツ『弁神論』（邦訳『ライプニッツ著作集』第六・七巻、佐々木能章訳、工作舎、1一九九〇〜一年）。

〈人間性〉ということばがまるで陳腐なものを意味するようになっていることはまちがいなさそうである。

素材からしてすでに通俗的であり、通俗的な理解の域を一歩も出ないような通俗的なものが哲学的・方法的に調合されて外見だけでも哲学らしくとりつくろう必要があるばあいは、一見逆のように思われるが、しかし根本的には前者のケースとまったく同じである。前者のケースでは、哲学的なものが同時に通俗的でもありうると前提されているとすれば、第二のケースでは、その性質からすれば通俗的なものがなんらかの仕方で哲学的になりうると前提されており、したがってどちらにおいても、浅薄さと哲学の両立可能性が前提されているのである。

不安と醗酵の時代における哲学

こうしたさまざまな努力は一般に、あらゆるもののうちを動きまわる、落ち着きのない生活ゆえの不安な精神に関係づけることができよう。この精神はわれわれの時代の特徴をなす。ドイツ精神が、古い形式を脱ぎすてるためにじつに恐ろしい動乱を必要としたきわめて過酷な停滞の数世紀の果てに、ついには哲学的体系までもつねに変転する新奇なものとして理解するようになったのも、この精神のせいである。とはいえ、変転する新奇なものへのこうした欲求を、きわめて軽薄でありながら同時にもっとも崇高で唯一真に真剣でもあるような遊びそのものの無頓着さと混同してはなるまい。というのも、前者の不安なせわしなさは、制限された境遇のこのうえないまじめさで仕事に取り組むからである。だがしかし、運命はこのまじめさに不信という暗い感情とひそかな絶望をもたらさずにはおかなかった。このひそかな絶望が表立つようになるのは、なによりもまず制限された境遇のまじめさが生きいきとしたまじめさを欠いているため、概してみずからの問題にたいした力を割けず、したがってまたたいした成果もあげられず、一時的な成果を出すのがせいぜいだからである。

あるいは、こうした不安はお望みなら、ある種の醗酵とみなしてもよい。それによって精神は、死滅した教養の腐敗から新たな生命を求めて身もだえし、灰のなかから若やいだ姿で蘇る。くわしく言えば、デカルト哲学[†8]はわれわれの北西世界の近代史の文化にあまねく広がっている二元論（人間の公共生活のより静かな変化と、政治と宗教のより騒々しい革命はそもそも、旧来の生活のすべての没落〔の表現である〕この二元論の多彩な外面にすぎない）を、哲学的な形式で言い表わしたが、生きた自然のあらゆる側面は、したがって哲学もまた、このデカルト哲学とそれが表現する一般的文化からの救済策を求めているのである。〔しかし〕哲学がこの点についてなしとげたことは、それが純粋であからさまなばあいには怒りをもってあつかわれ、それがどちらかと言えばわかりにくい混乱したかたちでなされたばあいには悟性はそれをいっそう簡単にわがものにし、以前の二元論的なありかたにつくり変えてしまった[†9]。こうした死のうえにすべての学問は築かれてきた。こうした学問においていまだ学問的であったもの、したがってすくなくとも主観的には生きていたものは、時代によって完全に抹殺されてしまった。こうして、この大海に沈められ押しつぶされて、それだけにみずからの成長していく翼の力をますます力強く感じるようになったのが、ほかでもなく哲学そのものの精神ではないとしたら、上述のような学問（理性によって見捨てられた悟性、最悪にも啓蒙的理性とか道徳的理性という名前を借りて結局は神学をもだいなしにしてしまったような悟性のこの建造物）は退屈であるだけに、それが平板なままに広がっていくのはことごとく耐えがたいだろうし、そうなればすくなくとも、ひとむらの火への、生きいきとした直観の集中への憧憬が、そして死せるものが十分に時間をかけて認識されたあとでは、理性によってのみ可能であるような生きたものの認識への憧憬が、〔過去の学問の〕富のうちに惹き起こされずにはいないだろう。

---

†8　本書二四頁を参照。

†9　前者は、汎神論を唱えたことで無神論者と批判されたスピノザを、後者は、ライプニッツとその哲学を体系化したヴォルフ学派を、それぞれ指すのだろう。

非哲学にたいする哲学の批判

さまざまな形式にたいする批判から真の成果が、つまり、これらの制限されたものをたんに否定的に粉砕するだけではなく、真の哲学の到来のための道ならしが期待されるべきだとすれば、新しい形式を否定的な態度で歩きまわったり、いくらでもこりずに思いつくだけではなく、生きたものを現実に認識できるとどうしても確信していなければならない。そうではなく、批判は前者の成果しかもちえないということになれば、制限された立場としては、みずからのはかない存在を主張し享受するだけでもみじめな気持ちになり、そんなことはやめたくなるのは、少なく見積もってもあいかわらずもっともなことである。そうなればひとはだれであれ、批判のうちにも、回転軸がもちあげたものをそのつどまた引きおろす、永遠に回転しつづける歯車のようなものしか見てとれない。そんな人は常識という広々とした土台にあぐらをかき、自信満々に、〔さまざまな形式が〕現われては消える客観的な光景を楽しむばかりであり、しかも、制限されたものを打ち砕く哲学さえも、経験則によって制限されたものだと最初から(a priori)決めつけているので、その光景そのものからさらに、みずからが哲学から遠ざかっていることの慰めと確信を引きだすかもしれない。あるいは、心からであれ野次馬根性からであれ関心をもって、あふれ出てくる諸形式の去来に感動し、大いに努力してそれらを拾いあげるが、次にはそれらが消滅していくのを醒めた眼で傍観し、そのあげくにめまいを起こして押し流されるかもしれない。だが、どちらにしても結局は同じことである。

批判そのものが一方的な立場を同じように一方的なほかの立場にたいして主張するときには、それは論争であり、党派の問題である。しかし、真の哲学であっても、それが非哲学と対立するばあいには、論争をしているかのように見えてしまうのはやむをえない。真の哲学が非哲学とはどんな肯定的なものも共有せず、批判において非哲学にそれ以上かかわるわけにはいかないので、非哲学の必然的に個別的な現象を否定的に批判し〔正しく〕構成する仕事しか哲学に残らないばあいや、さらには、非哲学になんの規則もなく、個人ごとに違ったかたちをとるので、非哲学が見いだされる個人をも否定的に批判し構成する仕事しか残らないばあいには、ますますそうした外見を呈してしまう。

しかし、ある集団が別の集団と対峙することになれば、そのどちらも党派と呼ばれるが、〈一方〉が大したものとは見えなくなれば、他方も党派ではなくなるのだから、いずれの側も一方では、みずからがひとつの党派としか見えないことは我慢がならないと思いながらも、論争においてみずからがおのずと消えていくつかのまのものと見えてしまうのもかえりみず、他方の集団の空虚さがしだいにあきらかになるような闘争にはまり込んでいかざるをえない。だが他方、ある集団が闘争の危険やみずからの内的な空虚さが暴露される危険から身を守ろうとして、相手の集団をひとつの党派にすぎないと公言すれば、まさにそれによって相手をひとかどのものと認め、じっさいに党派であるものを党派どころか、むしろまったくの無とみなしてしまうような普遍的に通用する立場をみずから否認し、それによって同時に、みずからが党派であることを、つまりは、真の哲学にとっては無であることを告白するのである。*

＊この第一分冊は全体としてもっと多様な内容になるはずだったのにそれが実現しなかったのは、ある論文がどうしても長くなってしまったからである。だが、おかげでこの論文があつかっている問題は、本誌においてはもはや決着がついたものとみなしてよい。†10

---

†10 ここで言う「ある論文」とは、第一分冊の半分以上を占めているシェリングの論文「絶対的同一性の体系および(ラインホルトの)最近の二元論にたいするその関係について」であろう。

懐疑主義と哲学の関係
——そのさまざまな変種の叙述および最近の懐疑主義と古代懐疑主義の比較

ゴットロープ・エルンスト・シュルツェ（ヘルムシュテット枢密顧問官にして教授）著
『理論哲学批判』（ハンブルク、C・E・ボーン出版、一八〇一年）
第一巻本文七二八頁、序文三二頁。第二巻本文七二二頁、序文六頁。

シュルツェ氏がカント哲学、とりわけ〔ラインホルトの〕『表象能力の理論』[†1]において新たなかたちを与えられたカント哲学に反対し、センセーショナルに登場して八年になるが[†2]、いまや彼は理論哲学全般を包囲して、これをみずからの懐疑主義によって炎上させ、その土台までも焼きつくそうとしている。大挙して集まった新米の懐疑主義者の部隊がこぞってシュルツェ氏を斬りこみ隊長に祭りあげているのもうなずける。またシュルツェ氏が哲学の要塞に対抗すべく引きずってきたさしあたりアルファベット四巡分の土のう[†3]が、彼にこの第一線の地位を保証しているのもうなずける。

この最新の懐疑主義を叙述し評価するには、最新の懐疑主義だけでなく懐疑主義一般が哲学とどのように関係するかを検討する必要がある。この関係にしたがって、懐疑主義のさまざまな変種がおのずから明確になるし、古代懐疑主義の肩に乗っているので、もっとさきまで見通し、もっと理性的に懐疑していると思いこんでいる最新の懐疑主義と古代の懐疑主義の関係も同時にあきらかになるだろう。懐疑主義についての通念はひどく形式的であり、懐疑主義が本物であるばあいにはそなえているはずの高貴な本質も最近の非哲学のありふれた隠れ家や逃げ口上に変えられてしまうのがつねなので、その点からしても、懐疑主義と哲学の関係を究明し、それにもとづいて懐疑主義そのものを理解することは無駄ではないように思われる。

シュルツェ懐疑主義の主観的な源泉

シュルツェの懐疑主義の主観的な源泉については、〔『理論哲学批判』の〕「緒論」にひとつの歴史が語られており、次のような考えが表明されている。

「理性から汲みとられるはずの認識が普遍的で持続的な賛同を得られず、その認識にかかわる人びとがたえず反目しあい、〔…〕この認識に学問的な確かさを与えようとする新たな試みがことごとく失敗している〔…〕ことからすれば、〔…〕こうした認識の探究の根本には到達不可能な究極目標と、その認識にかかわる人びと

---

†1 カール・レオンハルト・ラインホルト『人間の表象能力についての新理論の試み』(一七八九年)。

†2 シュルツェ『エーネジデムス――ラインホルト哲学がイエナに伝えた基礎哲学の基礎について、および理性批判の越権にたいする懐疑主義の擁護』が念頭に置かれている。出版は一七九二年。「登場して八年」というのはヘーゲルの記憶ちがいであろう。シュルツェについては「解題」を参照。

†3 ここでいう「土のう」はシュルツェの『理論哲学批判』のこと。当時の書物では、一ボーゲン(本文一六頁分)ごとに余白にアルファベットが記されていた。ただし、I、V、WはJ、U、Mとまぎらわしいため用いられていない。したがって、アルファベット二三文字が一巡すると二三ボーゲン、三六八頁分になる。本書は二巻あわせて本文が一四五〇頁あり、ほぼアルファベット四巡分になる。

†4 シュルツェ『理論哲学批判』〔以後『批判』と略記〕、第一巻三頁の要約的引用。

すべてに共通する錯覚が潜んでいるにちがいないということは、かなり確実に推定できる[†4]」。「理性の洞察と知恵への賞賛にたいする不信感が広まったからといってだれを恨むわけにもいかない」〔というわけである〕。

「その才能と隠れた真理の探究に発揮される情熱とによって尊敬に値するあれほど多くの人が学問的な哲学を求めて昔から努力してきた成果を考察することによって、著者の哲学観は深く影響されもすれば、この理論哲学批判を成立させた方向づけを受けとりもした。〔…〕これまで著者は、これらの体系のなかでも著者にとって真理と確実性へのもっとも確かな指示を含むように思われるひとつの体系の仕上げに力を注ぎたいと思ってきたが、そのための準備が整うたびに、事物の存在についてのわれわれの認識の究極的な根拠への思弁的なかかわりにいつでも襲いかかったあの運命のことがまっさきに念頭に浮かぶため、著者の思いはいつも抑えこまれてしまった。というのも、偉大な才能と多彩な洞察にこのうえなく恵まれたあれほど多くの人が努力しても達成できなかったものを実際に達成できると希望を抱けるほどには、著者は自分の能力に自信がもてなかったからである[†5]」。

これはかなり大衆に迎合し、大衆の口まねをした言いぐさである。アテナイの立法者〔ドラコンやソロン〕は、国内に騒乱が生じたときの政治的無為《アプラグモシュネー》には死刑を科したものである[†6]。みずからの旗幟を鮮明にせずに、運命によって勝利と普遍性を約束されたものに服従しようと最初から決めこんでいるような哲学的無為は、それだけですでに思弁的理性の死にとりつかれている。万一にも運命への考慮がなんらかの哲学の尊重と採用の一因になりうるなら、普遍性ではなく逆に非普遍性こそが〔その哲学を〕推奨する一因でなければならないだろう。なぜなら、そうなれば当然のことながら、どれほどまともな哲学も普遍的にならず、むしろ拙劣な哲学のほうがある種の普遍性を手に入れるだけでなく、もっとまともな哲学がたとえそうした普遍性に到達したとしても、普遍的になった側面はまさに哲学的でない側面だということになり、その結果、比較的幸運だと言われるような哲学においても——もっとも、ここで運不運が話題になりうるとすれば、そんな幸運はほんとうのところ不運とみなされるべきなのだが——哲学を見いだすには非普遍性が求められなければならないだろうからである。

それにしてもシュルツェ氏が、才能と情熱とによって尊敬に値するこれほど多くの人の努力の結果がわれわれの認識の究極的な根拠の探究という仕事において等しく不運だったと見たとすれば、それはじつに主観的な見方というほかはない。たとえばライプニッツは、ヤコービが自著の題辞のひとつに使ったくだりでは、まったく異なる見方を示している。

「たいていの学派は、その主張するかなりの部分は正しいが、否定するものにおいてはそれほどでもないことに、私は気づいた」〔原文フランス語[†7]〕。

哲学論争をうわべだけ眺めたのでは、見てとれるのはもろもろの体系のあいだの差異ばかりである。だが、「原理

---

†5 『批判』第一巻七頁。強調はヘーゲル。以下の引用においても、とくに註記しないかぎり同様である。

†6 ドラコンやソロンが定めた法律にこの規定があった。アリストテレス『アテナイ人の国制』(村川堅太郎訳、岩波文庫、二七四頁)に言及があるが、このテクストは一九世紀末に発見されたため、ヘーゲルは参照していない。

†7 ヤコービ『スピノザ書簡』(第二版)の題辞。全集版では削除された。

を否定するものにたいしては議論が成りたたない」〔原文ラテン語〕という古来のルールからもすでにわかるとおり、〔哲学が非哲学と争うばあいはむろん別としても〕哲学体系どうしが争うばあいには、原理における一致が存在している。この原理はどんな成果も運命も超越しており、論争の的となっている事柄からは認識できないうえに、自分の目の前で起きているのとは正反対のことばかりをいつも見てとる節穴のような目にはとまらない。あの「才能と熱意によって尊敬に値するすべての人びと」が成功したのもたしかにこうした原理ないし理性によってであって、その違いはただ理性が原理と体系において表現されるさいの抽象度が高いか低いかの差でしかない。思弁的真理は捉えられないと前提しなければ、尊敬に値する人びとでも捉えられなかったとあの皮相な見解だけが勝手に思いこんでいるものを達成するのを謙虚に遠慮したり、達成を絶望視したりすることもない。あるいはまたそれを前提するならば、謙虚な態度を取ったり〔思弁的真理を捉える〕能力に不信を抱いたりすることは、成果の検討という契機に別の契機をもたらすとしても、次のうちどちらが謙虚かなどということはまるで論外である。つまり、「才能と洞察に恵まれた人びとがむなしく求めたものに到達しようとなどという希望を抱かないこと」のほうが謙虚なのか、それとも「哲学にはなんらかの遺伝的欠陥がつきまとっていて、それが哲学にたいする独断的態度から別の〔懐疑的〕態度に伝播したにちがいないと推測する」こと――自分はそうしたとシュルツェ氏は語っている[†8]――のほうなのかということである（あとで見るように、シュルツェ氏は懐疑的な哲学と独断的な哲学しか知らない[†9]）。シュルツェ氏がこの遺伝的欠陥を発見したと信じこみ、みずからがそれについて発見したことを問題の著作で披歴しているところからすれば、彼が哲学における謙虚という契機を話題にしてはいても、じつのところ成果という契機と同じくそれについても大した価値を認めていないことはあきらかである。

　そういうわけで、本書ではこれまでの思弁哲学すべての遺伝的欠陥の発見が約束されている。シュルツェが第一部六一〇頁で言うところによれば、従来の哲学にかかわるこの発見によって、思弁がうまくいくどんな希望も未来永劫絶たれてしまった。人間の認識能力の変化を期待するのは愚かなことだというのがその理由である[†10]（まことにごもっとも！）。だが、哲学好きの大衆にもたらされうる発見のなかでも、すべての思弁の遺伝的欠陥の発見以上に好都合な発見があるだろうか。なにしろこの大衆ときたら、自分の思弁離れを、言いわけなど必要ないのに、いつも哲学の論争のせいにして、ひとたび哲学の公会議や公開討論が普遍妥当的な哲学なるものについて意見が一致しさえすれば、体系に身をゆだねるのもやぶさかではないと言いたてるか、そうでなければ、みずからすべての哲学体系（雨後の竹の子みたいにはびこる思想も含まれる）を追いまわすものの、みずからの知性の化学の出来がかんばしくないので、〔哲学という〕貴金属の貨幣に混じりこんだ不純物にばかり親和性をもち、そんなものとだけ結びついて沈澱してしまい、そのたびにいつも自分は愚弄されていたと気づいたあげく、とうとう絶望して道徳的な領域に没入するのだが、それでもなお思弁的なものへの未練も捨てきれないでいるか、どちらかなのである。このどちらの陣営にとっても、思弁哲学にはそのもっとも内的な本質そのものに欠陥があるということ以上に好都合な発見があるだろうか。そのおかげで前者の陣営には、自分たちは思弁哲学にまったく重きを置かなかったのだからいちばん賢かったのだという証明が与えられるし、後者はいつも〔思弁哲学によって〕愚弄されてきたが、悪いのは自分ではなく哲学なのだということになれば、思弁哲学への未練を棄てさって慰めを得られるからである。そうだとすれば、この懐疑主義があまねくとは言えないまでも広範囲の賛同をもって迎え

†8　『批判』第一巻七頁以下。
†9　本書一九六頁以下を参照。
†10　『批判』第一巻六〇七〜一〇頁のヘーゲルによる自由な要約。
†11　本論文が掲載された『哲学批判雑誌』第一巻第二分冊（一八〇二年）雑報欄の「哲学がついに没落したことに民衆の喜びが爆発した」（邦訳『ヘーゲル批評集』海老沢善一訳、梓出版社、一九九二年所収）という記事のことであろう。

られ、とりわけ懐疑主義のこの冗長な改造版にたいして――本誌の雑報欄で一例を紹介したような[†11]――歓迎ムードが生じたとしても不思議はない。

シュルツェの理論哲学

シュルツェ氏は哲学の懐疑主義的な改訂から実践部門と美学部門を除外し、理論哲学に限定している。どう見てもシュルツェ氏は理論哲学だけを思弁哲学とみなしているようだが、哲学のそのほかの部門をどう考えているのかはわからない。それどころか、思弁哲学の理念の痕跡がどこにも見あたらない。というのも、思弁哲学はとりたてて理論的でも実践的でも美学的でもないからである。ところで、シュルツェ氏が哲学のそうした区分にいきつくのは経験的心理学にしたがってである。彼は経験的心理学そのものを哲学から締めだすにもかかわらず、まったく奇妙にも哲学の区分の典拠としては利用する。つまり、「意識の事実には重要な区別が見てとれる」のであって、「それらの事実は客観の認識であるか、意志の表われであるか、美と崇高の感情を含む快不快の感情であるかのいずれかだ」というのである。「これら〔三つに区別された〕事実は、それについてのわれわれの洞察がおよぶかぎりでは、唯一の類に還元することも唯一の源泉から導出することもできず」（これらのことばは、カントの『判断力批判』「緒論」二二頁に文字どおり出てくる）[†12]、「むしろそれらの事実は、不変の特徴によってたがいに本質的に区別され、上述のような哲学の三部門を与える」[†13]。

すでにこの点でシュルツェ氏はセクストス・エンペイリコスとは本質的に異なっている。セクストスは哲学や諸学問の個々の部門を批判するさいにはみずから区分を立てるのではなく、それを見いだされるがままに受けいれ、懐疑主義的に攻撃するのである[†14]。

まっさきに見ておく必要があるのは、シュルツェ氏がこの理論哲学をどのように理解しているのか、彼が打倒する敵がそもそもどんな性質のものなのかということである。〔『理論哲学批判』の第一章〕第一節においては、きわめて体系的なやりかたで理論哲学の本質的な特徴を拾い集めることにかなりの紙幅が割かれ、以下のような定義が提示される。

「理論哲学とは、われわれが日常的にその現実性を確信しているすべての制約されたものの最高にして無制約の諸原因の学問である[†15]」。

われわれが制約されたもの〔の現実性〕を哲学がなくてもこのように日常的に確信していることについてはあとで知ることになろう[†16]。ところがシュルツェ氏は、最高にして無制約な原因そのもの、もっと適切に言えば理性的なものまでも、これまたわれわれの意識を超えた事物であり、なにか実在するもの、意識に端的に対立するもの

†12 カント『判断力批判』「緒論」第三節（アカデミー版全集第五巻、一七七頁）には、「というのも、すべての心の能力ないし性能は、もはや一つの共通の根拠から導き出されることができないような三つのものに還元されうるからである。それは、認識能力、快・不快の能力および欲求能力である」とある〔牧野英二訳、岩波版『カント全集』第八巻二三頁〕。

†13 以上の引用は、『批判』第一巻五二頁からのもの。

†14 セクストス・エンペイリコス『ピュロン主義哲学の概要』第二巻第一章「懐疑主義者はドグマティストのあいだに語られている事柄を探究できるか」〔金山弥平・金山万里子訳、西洋古典叢書、京都大学学術出版会、四頁〕、『学者たちへの論駁』第一巻第一章〔金山弥平・金山万里子訳、西洋古典叢書、京都大学学術出版会、一二七〜三三頁〕を参照。

†15 『批判』第一巻二六頁以下。強調はシュルツェの原文のまま。

†16 本書二三一頁以下を参照。

であると理解している。理性的認識については次のような答えしか見いだされず、しかもそれがげんなりするほどくり返される。「われわれは人間の自然的認識方法のせいで物の影絵のほうに目を奪われてしまうが、理性的認識によってその背後に隠された事柄の認識が獲得されるはず」であり、「抽象的な原則や概念によって存在が突きとめられるはず」であり、「その真の隠れた現実において捉えられた事物がどういうものであるべきかが探りだされるはず」である。さらには「哲学が事物を探りだすために使用する道具は概念や抽象的な原則、概念にもとづく推論であって、あの隠された事物にいたる架け橋もふたたびほかならぬ概念からつくられる」と言う。[†17]

理性的なものと思弁をこれ以上粗雑に理解するのは不可能である。思弁哲学はいつも次のようなものだと考えられている。つまり、まるでその前にはありふれた経験がありふれた現実という不動の形式をまとってゆるぎない地平として広がっており、思弁哲学はこの地平の背後にみずからの地平である物自体が、同じようにありふれた現実でありながらも、あの別の現実をその双肩に担っているような岩盤のように存在していると推測し、それを探しだそうとしているかのようなのである。シュルツェ氏は、理性的なものやそれ自体としてあるものを雪の下の岩のようにしかイメージできない。カトリック信者にとって聖体拝領のパンは神の生命に変容するが、石をパンに変えろという悪魔がキリストに求めた[†18]ようなことはここでは起こらず、理性という生きたパンが永遠に石に変わるのである。

われわれの意識の外に存在するとされる事物を認識しようとするこの思弁哲学には、こうした懐疑主義の肯定的側面が対立する。というのも、この懐疑主義は独断論者たちの妄想や超自然的な事物の存在を認識しようとする彼らの試みを粉砕することに従事する否定的側面をもつだけではないからである。

シュルツェの懐疑主義の肯定的側面

この懐疑主義の肯定的側面とは要するに、一般に意識を超えでないような哲学として叙述されているところに

ある。しかも、

「意識の範囲内に与えられているものの存在は否定しがたい確実性をもつ。というのも、それは意識のうちに現前している以上、その確実性は意識そのものと同じく疑えない[†19]からである。ところで、意識を疑おうとすることは絶対に不可能である。なぜなら、そのような疑いは意識なしにはありえないのだから自分自身を否定することであり、したがってなにものでもないからである。意識において意識とともに与えられているものは意識の事実と呼ばれ、こうして意識の事実こそは哲学的思弁のすべてが関係づけられ、かつまたこの思弁によって説明され解明されねばならない否定しがたい現実である」(『批判』五一頁)。

この哲学は意識の事実に打ち消しようのない確実性を認め、もっとも通俗的なカント主義とまったく同様にすべての理性認識をそうした事実にもたらされるべき形式的統一に限定してしまう(二一頁)ようなこんな哲学には、次のようなことは問題になりようがないのではないだろうか。つまり、人間は客観をいつまでもじっと見ているかぎりではそうした否定しがたい打ち消しようのない確実性を見いだすのに、そんなものには満足しないという事実をこの哲学はいったいどのように理解するのか。さらにこの哲学は、そのような知覚にもとづいて、知覚が

---

†17 この段落の引用は、『批判』のさまざまな箇所の文言をヘーゲルが自由につなぎ合わせたものである。第一巻六一八頁、六二七頁以下、六七五頁、七〇〇頁、七二三頁を参照。

†18 『マタイ福音書』第四章三~四節、および『ルカ福音書』第四章三~四節を参照。

†19 シュルツェの原文では、「その存在は意識そのものと同じく疑いえない」となっている。

†20 『批判』第一巻五五頁以下。

〔形式的統一へと〕秩序づけられるのをどのように理解しようというのか。シュルツェ氏が言うところによれば、[†20]事物の実在的な存在の知覚において捉えられるような存在は粗野なありかたをしているというのに、人間はどのようにそれを超えでて、シュルツェ氏が言うところの形而上学――この実在的な存在の根本的究明や、この実在的な存在とそれに属するすべてのものを根源的な根拠から導出し理解する作業――に思いいたるのか。[†21]〔以上のような問いにたいして〕この事実哲学は、事物の実在的でまったく確実な存在を超えでるような認識、したがって物を不確実とみなすような認識を求めて努力することもひとつの意識の事実であるという愚かな答えしかもちあわせていない。シュルツェ氏はこのことを次のように語る。

「要するにわれわれはみずからの心のもともとの仕組みのせいで、われわれの洞察からすれば制約された仕方でしか存在しないものすべてについて究極の無制約な根拠を探しだそうという要求を抱いてしまうのである」（第一巻二一頁）。

だが、意識の事実がどれも直接的な確実性をもっているとすれば、なにかが制約されたかたちでしか存在しないなどという洞察は不可能である。というのも、制約されたかたちで存在するということとそれ自体ではなんら確実なものではないということとは同義だからである。

著者は、世界の粗野な凝視とその否定しがたい確実性から理論哲学の問題に移行するときにも、同じような自説を展開する。

「意識の語るところによれば事物の存在はまったく確実であるとはいえ、それはけっして理性を満足させない（理性がどんなものであるかがここでわかるだろう）。[†22]なぜなら、われわれが知っているような実在する事物にあっては、それらが存在し、それらがそれであるところのものであるということは自明ではないからである」（七二頁）。

だが、そうなると、事物の存在を直接認識するときの事実のあの否定しがたい確実性はどうなってしまうのか。

「直観される事柄[†23]にわれわれが与える現実性にはまったくどんな程度の差もなく、したがってある事象が別の事柄より多くの現実性をもつなどということはない」（五七頁）。

「直観する主観は対象とその存在を直接ずばりと、しかも認識する主観が独立に存在しているのと同じく完全に表象力の作用から独立して存在するものとして認識する」（六二頁）。

事物が存在しているという事実とその存在の仕方がこのように絶対に確実であるにもかかわらず、そうした事物が存在し、なおかつそれらがそれであるところのものであることは同時に自明でないなどということがどうすればありうるだろう。事物の実在と性質は自明であるという認識と、そうした存在と性質はけっして自明ではないという認識が同時に主張されている。さきに述べられたことと理性的認識の探求を説明しようとするこうした

---

†21　『批判』第一巻七二頁以下。
†22　（　）内はヘーゲル。以下の引用においても、とくに注記しないかぎり同様である。
†23　『批判』では、この引用文の直前の箇所に、「直観の対象は事柄（Sache）あるいは実在性（Realität）と呼ばれる」という定義ふうの一文がある。

方法との矛盾ほど完璧な矛盾は考えられないし、形而上学へのこれ以上にいかがわしくて無理やりな移行も考えられない。

シュルツェの懐疑主義の否定的側面

この懐疑主義の肯定的側面をあきらかにしたところで、否定的側面に移ることにしよう。〔『理論哲学批判』の〕第一巻第三部がまるごとこれにあてられている。意識の事実に否定しがたい確実性を認めるような懐疑主義が古代の懐疑主義者の伝える懐疑主義の概念とほとんど一致しないことには、シュルツェ氏本人も気づいている。まずわれわれはこの違いについてのシュルツェ氏自身の意見を聞いておく必要がある。彼はそれについて第三部の緒論と第一章でみずからの意見を述べている。はじめに彼はこんなふうに述べる。

「真理への途上でひとつの思想を最初に発見した人が、その思想の内容や根拠や帰結の理解にかんしては、彼のあとでそれの起源や意味を慎重に研究したほかの人びとにはるかに及ばないということはじっさいよくあることだし、これまでのところ懐疑主義の真の意図は多くの点で誤解されてきた」[†24]。

つまり、シュルツェ氏が古代人の懐疑主義よりもさらに完成された真の懐疑主義とみなすような懐疑主義は「哲学の特有の判断にかかわる」。その判断とは、シュルツェ氏が「〔哲学という〕この学問の究極の意図」を言い表わす表現を借りれば、「われわれの意識の証言によると制約された仕方で存在しているものの絶対的な、あるいはすくなくとも超感覚的な（つまり、意識の領域の外に存在する）根拠を規定する」[†25]ような判断である。だが、「哲学だけに属している判断はこの懐疑主義の対象ではない。つまり、そうした判断はいわゆる意識の事実を表現するか分析的な思考にもとづいているかのどちらかであるから、その真理性は懐疑主義によっても究明し理解することができるのである[†26]」。

それに反して、この懐疑主義は理論哲学〔形而上学〕にたいしてこう主張する。

「われわれの意識の領域外に存在するような事物の存在根拠」、あるいは（著者はこうも言っている）「その実在にかんして意識の領域内では与えられないような事物の存在根拠（つまり、実在する事物の外に実在するような事物というわけだ）についてはなにも知ることができない[†27]」。

こうした懐疑主義の概念に反論がありうることはシュルツェ氏自身も認めている[†28]。というのも、その理解によれば、「経験の教えるもの、とくに外的感覚の全体は懐疑主義の疑いの対象とはなりえず、そうした対象になりうるのは、すべての学問のなかでも哲学だけである（なぜなら、哲学以外のどんな学問も、意識の領域外の事物の認識にはかかわらないからだ）[†29]」が、それにたいして、古代の懐疑は外的感覚全体と哲学のいずれにも及んでいたし、

---

†24 『批判』第一巻五八五頁。
†25 シュルツェの原文ではこの箇所は（　）でくくられている。ヘーゲルが削除した（　）を読みやすさのために復元した。
†26 『批判』第一巻五八九頁。
†27 同書第一巻五九〇〜一頁をつなぎ合わせた引用。
†28 同書第一巻五九二〜四頁で、シュルツェはみずからの懐疑主義理解への反対者を想定して反論を語らせている。
†29 同書第一巻五九三頁。（　）内はシュルツェ。

最古の懐疑であってもすくなくとも外的感覚全体には及んでいたからである。この点についてシュルツェ氏は、「懐疑主義がどのように始まり進展するかはいつでも独断論者の越権のありかたしだいであった」[†30]ことを強調し、古代の懐疑主義者は、「感官による認識と、自立した事物の存在と一定の性質についてのその認識にもとづく信念が存在し、〔…〕理性的な人間ならだれもが実生活においてはそうした信念に従わざるをえないことは認めている」[†31]と言う。

こうした信念がもっぱら実生活にだけ向けられていたということはつまり、それが哲学には無関係であり、そうした信念も、事実だけで手いっぱいの偏狭な意識も、否定しがたい確実性の原理としてそもそも理性や哲学には対立することはなく（ましてや、それらに自慢げにたてつくこともなく）、客観からの必然的な決定に支払われるぎりぎり切りつめられた年貢にすぎなかったということにほかならない。たしかに〔古代の〕懐疑主義者は次のように言う。

「われわれは、自分の力の及ぶ事物についてはこちらを選んであちらは避けるというようなことはしないだろう。だが、飢える、渇く、凍えるといった、われわれの力の及ばない必然的な事柄は避けようがない。というのも、それは理性によっては取りのぞけないからである」[†32]。

しかし、こうした必然的な欲求と結びついた意識を客観的な主張であるような知識の水準に祭りあげるなどということは、古代の懐疑主義者には思いもよらなかった。セクストスが言うように、「われわれはまったくなにもしないではいられないので、普通の生活知にしたがって現象するものに注意を向けながら生きるが、だからといってなんらかの意見や主張をもちだしているわけではない」[†33]のである。この懐疑主義においては〔シュルツェ氏のばあいとは異なって〕事物やその性質についての信念が語られることもない。セクストスは次のように述べている。

「懐疑主義の規準は現象するもの（φαινόμενον）であるが、じっさいのところわれわれはそれを現象するものの現象（φαντασίαν αὐτοῦ〔表象〕）、つまり主観的なものと理解する。というのも、現象とは信念（πείσει ただし〔シュルツェ氏が言うような〕事物についての信念ではない）のことであり、意思にかかわりなく触発されたということなのだから、〔それについては〕探求のしようがない。それはἀζήτητος〔探求しようのないもの〕なのである（疑い（Zweifel）というドイツ語の表現は、それが〔古代の〕懐疑主義に用いられるときには、いつもずれており不適切である）」。[†34]

だが〔シュルツェ氏にはこれまた不都合なことに〕、懐疑主義者はすべての知覚に否定しがたい確実性を与えるどころかそれをたんなる仮象と断定し、ひとは対象についてその仮象にもとづいて語るなら、みずからが語ったことと正反対のことも同じく語らざるをえず、たとえば「はちみつは甘いとともに苦い」と言わざるをえなくなると主張した。[†35] さらにシュルツェ氏自身も引用しているように、懐疑主義者の最初の十か条の本来の方式〔トロポイ〕は

---

†30 『批判』第一巻五九五頁からの要約的引用。
†31 同書第一巻五九七頁からの要約的引用。
†32 ディオゲネス・ラエルティオス『ギリシア哲学者列伝』第九巻一〇八章「ピュロン」〔加来彰俊訳、岩波文庫、下巻一九〇～一頁〕。
†33 『ピュロン主義哲学の概要』第一巻一一章二三節〔一九頁〕。
†34 同書第一巻第一一章二二節「懐疑主義の規準について」〔一八頁〕。（ ）はヘーゲルによる付加。
†35 はちみつの話については、同書第一巻三〇章〔一〇六頁〕、第二巻六章五一節〔一五四頁〕と六三節〔一五九頁〕を参照。

もっぱら感覚的知覚のこの不確実性だけを問題にするにすぎなかった[†36]。これについてシュルツェ氏は次のような理由をもちだす。

「独断論者は、思弁哲学の最初期においてさえすでに、感覚をひとつの現象とみなし、その根柢にはまったく異なるものが潜んでいて、現象そのものはその背後に本来の事柄として存在するはずのものと一致していると考えた。それればかりか彼らは、感覚による認識はむしろ感覚の背後に隠されている客観の学であるとさえ主張した。こうした理由から、懐疑主義者は感覚的認識の確実性にかんする独断論者の学説を攻撃し、感覚のうちなる客観をつうじてこの客観の背後にそれ自体で存在する真の本来的な事柄としてあるはずのものについてなにかが確実に認識できるということを否定したのである[†37]」。

ここから察するに、シュルツェ氏は理性認識についてとまったく同様のきわめて偏った見方を、古代の哲学者についても抱いておられるらしい。しかし、懐疑主義が攻撃したのが感覚的知覚そのものではなく、独断論者がその背後や根柢に設定した事柄だけであるかのような解釈にはまったく根拠がない。懐疑主義者が「はちみつは甘いとともに苦く、甘くも苦くもない」と言うとき、はちみつの背後に設定された事物のことなど考えてはいなかったのである。〔さらに、シュルツェ氏は次のように述べている。〕

「どんな人間の知性にもあてはまると自負するようなすべての学説の命題までもがギリシアの懐疑主義者たちにとって疑いの対象になったということは、彼らにはみずからの疑いの真の根拠がわかっていなかったことを示している。〔…〕さらに、現代と違って当時はまだ、それぞれの学問に特有の認識の源泉も学問ごとにどの程度の確実性が可能なのかも探求されていなかった。たとえば物理学や天文学のように今日では理性のどんなに執拗な疑いにも耐える多くの学説も、当時はまだ実証されていない私見や無根拠な仮説の寄せ集めにすぎなかったのである」。†38

この一節によって、〔シュルツェ氏の〕この新たな懐疑主義の性格も古代の懐疑主義との違いもすっかりあきらかになる。つまり、意識の事実だけでなく、近代の物理学や天文学もすべての理性的な懐疑主義に耐える学問であり、学説だというわけである。〔だが、じっさいには〕これらの学説は、本来それらには属さない純粋に数学的な要素を別にすれば、感覚的知覚を記述してそれを力や物質などの悟性概念とごちゃまぜにすることで成りたっており、一貫して客観性を主張してはいても結局のところは純粋に形式的な知識でしかない。こうした知識のうち知覚の記述という部分は、知覚を語るさいにはその主観的な状態しか表明されないはずだから学問的な知識とはまったく無縁であり、したがってたしかに懐疑主義の射程外でもあるが、それ以外の部分は独断的な悟性の真骨頂にほかならない。これらの学問のあからさまな独断主義とも折りあえるような懐疑主義の私生児を眼の前にしたら古代の懐疑主義者はなんと言っただろうか。

シュルツェ氏はついには古代の懐疑主義についての伝承にあやふやなところや不備なところがあるという話ま

---

†36　『批判』第一巻五九三〜四頁の原註を参照。なお、ここでいう「十か条の方式」については、本書二〇八頁以下を参照。

†37　同書第一巻五九七頁からの要約的引用。

†38　同書第一巻五九九頁からの要約的引用。

†39　同書第一巻五九六頁。「古代の懐疑主義についてわれわれに伝わっている伝承は、この懐疑主義の形成に影響を与えたものについても、またとりわけ独断主義の特殊な学説にたいする懐疑主義の学説の関係についても、このうえなく不完全である」。

でもちだしてくる[†39]。

たしかに、ピュロンやアイネシデモスやそのほかの有名な古代の懐疑主義者については、現在のもの以上にしっかりした伝承はない。とはいえ、この懐疑主義の本質全体からすれば、まず一方では、アイネシデモスやメトロドロスやさらに後代の人びとの懐疑主義がもっていた哲学体系にたいする論争的側面が、最初の十か条の方式《トロポス》が帰せられるピュロンの懐疑主義には欠けていたことがわかるし、他方では、セクストス・エンペイリコスの方式《トロポス》には〔ピュロンの〕この懐疑主義の普遍的本質がきわめて忠実に保存されているので、この懐疑主義をそれ以外にどんなに展開してみても同じひとつの普遍的な方法をくり返し応用することにしかならないということもわかる。

だがそもそも、懐疑主義をそれがまじりけのない純然たる懐疑主義として現われるような特殊な形式においてしか認めないような捉えかたは、哲学の立場の前では消えうせてしまう。というのも、この立場からすれば、シュルツェ氏やそのほかのとりまき連中なら独断的としかみなせないような哲学体系においてさえ、懐疑主義がまさに本物の懐疑主義として見いだされうるからである。懐疑主義と哲学の真の関係をはっきりさせて、懐疑主義はそれ自身が真の哲学のすべてときわめて緊密に〈一体〉をなしており、したがって懐疑主義でも独断主義でもなく同時に両者であるような哲学が存在することを理解していなければ、懐疑主義のどんな歴史も物語も改定版も徒労になりかねない。懐疑主義の認識にあたって肝心なのは、独断主義との関係ではなく哲学とのこうした関係であり、独断主義ではないような哲学の承認であり、したがって一般的に哲学そのものの理解なのだが、これこそがシュルツェ氏に欠けているものにほかならない。シュルツェ氏はみずからが懐疑的立場からみずからの前にひき据えた一連の哲学からはさすがに哲学の理念を引きだすわけにはいかなかったが、そんな彼でも古代の懐疑主義の歴史を振りかえれば、哲学が彼のひとつ覚えの独断主義とは別ものかもしれないという可能性にはすくなくとも思いいたらざるをえなかったにちがいない。なにしろ、ディオゲネス・ラエルティオスでさえ彼なりにこう申したてているからである。

「同じことについても状況次第で語ることが違うという理由で、ホメロスの名前を懐疑主義の創始者として挙げる人もいる。七賢人の多くの箴言も懐疑主義的である[†40]。たとえば、「なにごとにも限度がある」や「約束は破滅と隣りあわせ（つまり、制限されたものとのどんな結びつきもみずからの没落を含んでいる）」などがそうである[†41]」。

プラトンの『パルメニデス』

だがディオゲネスはさらに、アルキロコス、エウリピデス、ゼノン、クセノパネス、デモクリトス、プラトンなども引きあいに出す[†42]。要するに、ディオゲネスが典拠にしている人びとは、真の哲学がかならず同時に否定的な側面を合わせもっていることを見ぬいている。この否定的な側面はすべての制限されたものに、したがって、寄せ集められた意識の事実とその否定しがたい確実性にも、シュルツェ氏が理性的な懐疑主義を寄せつけないものとみなす卓越した学説〔物理学や天文学〕に登場するような偏狭な諸概念にも、近代のこの懐疑主義がその本質

---

†40　これらのことばはキロンのものともタレスのものとも伝えられている。キロンがタレスのことばを剽窃したという伝承もある。『ソクラテス以前哲学者断片集（第I分冊）』（岩波書店、一九九六年）の一二一頁、一四二頁を参照。

†41　ディオゲネス・ラエルティオス『ギリシア哲学者列伝』第九巻第一一章七一節〔下巻一五九～一六〇頁〕。（　）はヘーゲル。

†42　同書同巻同章七二節〔下巻一六〇～一頁〕。

と真理のよりどころとするこうした有限性の地盤の全体にも刃向かうものであり、近代の懐疑主義よりもはるかに懐疑主義的である。プラトン哲学において『パルメニデス』以上に真の懐疑主義の完成し自立した記録と体系が見いだされうるものがあるだろうか。『パルメニデス』は悟性概念にもとづくあの知識の全領域を包括し破壊するからである。プラトンのこの懐疑主義が目指しているのは、事物を多様なもの、諸部分からなる全体、生成消滅、数多性、類似性などとして認識し、このような客観的主張をおこなう悟性の真理性を疑うことではなく、そうした認識のすべての真理性をまるごと否定することである。そのような懐疑主義は、体系の特殊な局面ではなく、むしろそれ自身が絶対者の認識の否定的側面であり、理性を肯定的な側面としてただちに前提している。そうだからこそ、プラトンの『パルメニデス』は否定的な側面においてしか現われないにもかかわらず、たとえばフィチーノは、本書の聖なる研究に取りくむ者はこの聖なる書物の秘密にあえて触れる前にまずは心情を純粋にし精神を自由にして覚悟を固めておかなければならないということも十分に承知している。ところがティーデマンは、フィチーノのこうした発言をあげつらい、彼を新プラトン主義のぬかるみにはまりこんだ人物としかみなさず、プラトンの著作にいたっては、パルメニデスやプラトンのような人びとの時代にはそれなりに鋭い洞察を含んでいたが、近代の形而上学者にとっては吐き気を催させるような、なんともあいまいな雲のような詭弁のかたまりでしかないとみなす始末である。ティーデマンに言わせれば、これは厳密な哲学者が形而上学的な表現をまだ正確に規定していなかったことに由来する欠陥であって、形而上学的な事柄に少しでも精通した人ならば、天と地ほどもかけはなれた概念が混同されていることに気づくはずだという。[†43] 要するに、プラトンやパルメニデスといったかつては鋭い洞察力のあった人びとも、意識の事実やそのほかいたるところに真理を見いだしても理性にだけはそれを見いださないような哲学には達しなかったし、悟性やたんなる有限な思考が物理学などの近代科学において確定し経験から汲みとっていると思いこんでいるような概念の明晰さにも達しなかったというわけである。

スピノザの『エティカ』

しかし、『パルメニデス』において純粋で顕在的なかたちで現われてくるこの懐疑主義は、潜在的には真の哲学体系のいずれにも見いだすことができる。というのも、それはすべての哲学の自由な側面だからである。理性認識を表現するなんらかの命題において、その命題の反省された側面、つまり、その命題に含まれている概念をばらばらにしたうえで、それらが結合されている仕方を考察すれば、これらの概念が同時に廃棄されていることが、言いかえれば、たがいに矛盾するような仕方で統一されていることがあきらかになるにちがいない。そうでなければ、それは理性的ではなく悟性的な命題であろう。スピノザは『エティカ』を、「自己原因とは、その本質が実在を含んでいるもの、つまりその本性が実在するとしか考えられないものと私は理解する」という説明で始めている。[†44]

ところが、本質や本性という概念は、実在を捨象することによってしか設定できない。両者はたがいに排除しあい、そのいずれもたがいに対立するものであるかぎりでのみ規定可能である。両者が結合されて〈ひとつのもの〉として設定されると、両者の結合は矛盾を含むことになり、両者は同時に否定される。あるいは、スピノザの別の命題が「神は世界の内在的な原因であって一過性の原因ではない」[†45]と語るとき、この命題は原因を内在的

---

†43 マルシリオ・フィチーノ（一四三三〜一四九九年）はフィレンツェのプラトン・アカデミーの指導的人物。ディートリヒ・ティーデマン（一七四八〜一八〇三年）はドイツの哲学者。フィチーノの引用とティーデマンの意見については、ティーデマンの『プラトン対話篇の開かれた明瞭な論証』（一七八六年）三三九頁以下を参照。

†44 『エティカ』第一部定義一〔工藤喜作・斎藤博訳、中公クラシックス、三頁〕。ヘーゲルのこうしたスピノザ評価については、本書三八頁以下を参照。

†45 同書第一部定理十八〔前掲訳書四一頁〕。「神は、あらゆるものの内在的原因であって超越的原因ではない」。

なもの、つまり結果と〈一体のもの〉とみなすことで、原因と結果の概念を否定している。なぜなら、原因は結果に対立するかぎりでのみ原因だからである。〔スピノザにおいては〕〈一〉と〈多〉の二律背反も支配的である。〈一〉が〈多〉と、〔唯一の〕実体がもろもろの属性と同一視されるからである。これらの理性命題はどれもまったく矛盾する二つの命題に分解できる。たとえば、神は原因であると同時に原因でない、神は〈一〉であると同時に〈一〉でない、神は〈多〉であると同時に〈多〉ではない、神はある種の存在をもつが、存在は形式との対立においてのみ理解可能であり、〔神において〕形式は存在と同一のものとして設定されなければならないのだから、その存在はおのずとふたたび脱落するといった命題がそうである。

こうして「すべての発言には同等の発言が対置される（παντὶ λόγῳ λόγος ἴσος ἀντικεῖται）」[†46]という懐疑主義の原理がその威力をあますところなく発揮することになる。したがって、いわゆる矛盾律は理性にとっては形式的な真理性さえもたず、それどころか逆にすべての理性命題は諸概念にかんしては矛盾律にたいするある種の違反を含まざるをえない。ある命題がたんに形式的であるとは、理性にとっては、その命題はそれだけ単独に立てられるが、それと矛盾対立する命題も同じように主張しておらず、まさにそれゆえに誤っているということを意味する。つまり、矛盾律を形式的なものとして承認することは、それを同時に誤ったものと認めることなのである。[†47]

真の哲学はどれもこの否定的側面をもっており、言いかえれば矛盾律を永遠に廃棄するのだから、だれでもその気になればすぐにこの否定的側面をきわだたせ、どんな哲学からもある種の懐疑主義を描きだすことができるのである。

独断論、アカデメイア派、懐疑主義

シュルツェ氏はセクストスを読んでいるのに、懐疑主義と独断主義のほかにさらに第三のもの、つまり哲学があるということを一般論としてさえまるで思いつかなかったのはどうしてなのかは、なんとも不可解である。セ

クストスは〔『ピュロン主義哲学の概要』の〕最初の数行でただちに哲学者を独断主義者とアカデメイア派と懐疑主義者に分け、独断主義者とは著作の全体にわたって対決していながら、〔プラトンを祖とする〕アカデメイア派までもともに論駁してしまおうとは少しも考えない。懐疑主義とアカデメイア派の関係そのものについては十分に話題にされてきたし、懐疑主義の歴史において有名な論争のきっかけにもなった。†48 純粋な懐疑主義とその困惑の種〔であるアカデメイア派〕との関係は、懐疑主義のもっとも興味ぶかい側面である。とはいえ、シュルツェ氏を不当にあつかわないために、彼もたしかにセクストスをつうじてアカデメイア派と懐疑主義のある種の関係に気づいていたことは言っておかなければならない。だが、シュルツェ氏はこの関係やセクストスがそれについて言っていることをどのように理解しているのだろうか。シュルツェ氏はこの問題を処理する註（〔『理論哲学批判』の〕第一巻六〇八頁）で、こう言っている。

「ところで、言うまでもなく、アルケシラオス（中期アカデメイア派の創始者）の学説によって、独断主義

†46 『ピュロン主義哲学の概要』第一巻の以下の箇所を参照。「懐疑主義の構成原理は、なかんずく、あらゆる言論にそれと同等の言論が対立する、ということである」（一二節〔一二頁〕）。「われわれが「あらゆる言論にはそれと同等な言論が対立する」というとき」（二〇二節〔一〇〇頁〕）。

†47 本書三七～四四頁を参照。

†48 『ピュロン主義哲学の概要』第一巻第三三章〔二〇頁以下〕。邦訳一一頁の訳註にはこうある。「ピュロン主義成立に対して、アルケシラオス以降の懐疑派アカデメイアは間違いなく影響を与えており、アカデメイア派とピュロン主義の正確な関係は、古代においても、現代においても大きな問題となっている。アウルス・ゲリウス『アッティカの夜』第一一巻五、ポティオス『ビブリオテカ』一六九b一八～一七〇b三を参照」。同書「解説」四五〇頁も参照されたい。（本書二〇二頁以下参照）。

者の学説の真理性を疑うことが理性のいかなる適用とも無縁の作業になってしまった。なぜなら、この疑いは自分自身をふたたび否定し、もはや理性はそこになにも聴きとらないからである」。

そこで、シュルツェ氏はつぎのように述べる。

「セクストスは（『ピュロン主義哲学の概要』の第一巻第三三章で）アルケシラオスの学説を懐疑主義から根本的に区別したがっている。なぜなら、アルケシラオスとカルネアデスの説によれば、すべては不確かであるということそのこと自体もまた不確かだと言われなければならないからである。こうした疑いの作業は理性のいかなる適用からも無縁である（とシュルツェ氏は彼自身の立場から付けくわえる）」[†49]。

まず歴史的な側面について言えば、懐疑主義からアルケシラオスの学説を排除するためにセクストスがこんな理由をもちだしたなどというくだりを読むと、われわれは自分の目が信じられなくなる。なにしろ、シュルツェ氏が註の冒頭でみずから引用しているとおり、懐疑主義者自身がきわめてはっきりと、自分たちのよく使う発言（φωναί）（すべては誤りであるとか、なにものも真ではないとか、どちらともいえないといった発言）はそれ自身にも適用され（συμπεριγραφεῖν）（『ピュロン主義哲学の概要』第一巻第七章）、自分自身をも否定してしまうと主張しているからである。

「あの表現は、みずからが話題にしていた当の事柄に包含され、自分自身によって論駁されてしまう」〔原文ギリシア語〕[†50]。

こうした学説は懐疑主義そのものに付きものだというだけでなく、独断論者への反論という外面的な事情からもぜひとも必要だった。というのも、独断論者は、懐疑主義者にしても「決定的に語られることはなにもない」とか「あるものがほかのものよりいっそう真だということはない」という独断的主張をしているのではないかと批判していたからである。さらにまた、そうした学説はほかの哲学者たち、たとえばデモクリトス派（〔『ピュロン主義哲学の概要』第一巻〕第三〇章）から自分たちを区別するためにも必要であった。というのも、「どちらともいえない」（たとえば、はちみつは甘くも苦くもない）という懐疑的な表現は彼らのものだったからである。懐疑主義者が、デモクリトス派から自分たちを区別するやりかたは次のようなものであった。つまり「はちみつは甘くも苦くもない」という主張のうちには正しい主張《ドグマ》が含まれているとデモクリトス派が語ったのにたいして、自分たちが「どちらともいえない」というその表現によって言おうとするのは、現象がそのどちらでもあるのか、それともどちらでもないのか自分たちにはわからないということだというわけである。†51 こうしてセクストスは懐疑主義者

†49 この引用と直前の引用は、ヘーゲルによる自由な要約。

†50 『ピュロン主義哲学の概要』第一巻二八章二〇六節（一〇二頁）。

†51 同書第一巻三三章二一三節（一〇六〜七頁）。「デモクリトス哲学もまた、われわれと同じ素材を利用しているように思われるところから、懐疑主義と共通性をもっていると言われる。というのは、人々の言うところによると、デモクリトスは、蜜がある人たちには甘く現われ、別の人たちには苦く現われるところから、蜜は甘くも苦くもないと推論しており、そしてそれゆえに、「よりいっそう多くはない」という懐疑主義が用いる表現を口にしている、というのである。しかしながら、懐疑派とデモクリトス派では、「よりいっそう多くはない」という表現の用い方が異なっている。なぜなら、デモクリトス派はこの表現によって、どちらでもない、と言おうとしているのであるが、われわれの方は、現われているものの両方であるのか、それともそのどちらでもないのか分からない、と言おうとしているからである」。

を、すべては理解不能だということをみずからの原理とするカルネアデスの新アカデメイア派からも区別する（前掲書第三三章）。セクストスに言わせれば、「おそらく新アカデメイア派は、ほかでもないそうした理解不能を主張としてはっきり語ったというただ一点において懐疑主義とは異なるのである」[†52]。シュルツェ氏は〔自己否定を語る〕あの懐疑的な表現の有効範囲を制限しようとして、「おそらくセクストスが教えたかったのは、懐疑主義者は事物の超越論的な性質についてはなんらの肯定的な結論も否定的な結論も下さないということにすぎなかった[†53]」などと言っているが、そんなふうに言ったところで、懐疑的な表現はそれ自身にも適用されてみずからも否定されてしまうという懐疑主義者たちやアルケシラオスの主張にたいする反論になるとは思えない。そもそも事物の超越論的な性質とはなにを意味するのだろうか。そもそも超越論的なものは、事物もその性質も存在しないということを意味しているのではないだろうか。だからこそセクストスでさえ、シュルツェ氏が挙げるような理由でアルケシラオスの学説を懐疑主義から区別することなどは思いもよらなかった[†54]。というのも、この学説は文字どおり懐疑主義の学説だったからである。セクストス自身次のように語っている。

「私の見るところアルケシラオスの学説はピュロン主義の議論（λόγος）とかなり一致しており、〔ピュロンの〕懐疑主義とほとんど〈同一の〉生きかた（ἀγωγή）のように思えるほどである*。〔…〕ただしそれは、アルケシラオスは判断停止（ἐποχή）を自然にかなった善であり、同意を悪であると明言しており、それはひとつの主張であるが、それにたいして懐疑主義者はこの点についてさえなにも断定的に主張していないということを度外視すればの話である」[†55]。

*懐疑主義はみずからを「学派」（αἵρεσις）ではなく、このように「生きかた」と称するのを好む。セクストスの説明によれば、懐疑主義が学派とか党派と呼ばれうるとしても、それは「現象にしたがうなんらかの議論にもとづく生きかた」〔原文ギリシア語〕という意味においてでしかない[†56]。

したがって、セクストスが両者を、それでもなお区別できると考えるのは、〔シュルツェ氏とは〕正反対の理由による。シュルツェ氏にしたがえば、セクストスはこのアカデメイア派をあまりに懐疑的でありすぎると明言しているらしいのだが、しかし彼はすでに見たように、アカデメイア派をあまりに懐疑的でなさすぎるとみなしているのである。セクストスはいま挙げた区別のほかにもうひとつ、結局のところはうわさ話でしかないようなもっといかがわしい理由までもちだしてくる。

「アルケシラオスについて噂されていることを信じてよければ、彼がそのようにピュロン派だったのは駆けだしのころだけで、ほんとうは独断論者だったらしい。つまり彼はみずからの弟子がプラトンの学説を受けいれるだけの能力があるかどうかを試すために懐疑的《アポリア》な論法を用いたにすぎず、そのために懐疑論者《アポレティカー》とみなされるようになった。だが、しかし能力があるとみなした者にはプラトンの学説を教えていたらしいのである」[†57]。

†52　『ピュロン主義哲学の概要』第一巻三三章二二六節〔一一五頁〕。
†53　『批判』第一巻六〇七頁の註からの要約的引用。
†54　同書第一巻六〇七頁の註。
†55　『ピュロン主義哲学の概要』第一巻三三章二三二～三節〔一一八頁〕。
†56　同書第一巻八章一七節〔一五頁〕。
†57　同書第一巻三二章二三四節〔一一九頁〕。

プラトンと懐疑主義の関係

セクストスは懐疑主義とアカデメイア派の関係にはむずかしい面があると考えていたので、〔アカデメイア派の祖である〕プラトンとアカデメイア派についてはかなり詳細に論じている。[58] それにたいしてシュルツェ氏がまさにさきの註でシュトイトリンの『懐疑主義の歴史』[59] から関連する雑談を引用しさえすればアカデメイア派を考慮せずにすむと考えることができたとすれば、それは彼がこの〔両者の関係の〕むずかしさの真の理由についても、その哲学についてもまるで理解していないからにほかならない。シュルツェ氏はこう言っている。

「だが、最近すでに何人かの人びと、とくにシュトイトリンによって指摘されているように、中期アカデメイア派と新アカデメイア派を活気づけていた精神は、懐疑主義者たちをその探求において導いていた精神とはまったく違っていた。アカデメイア派の信奉者はじっさいのところソフィスト的なおしゃべり屋でしかなかった。彼らはもっぱら詭弁や屁理屈だけを目指し、哲学であれ当時おこなわれていた独断論者と懐疑主義者の論争全体であれみずからの主要目的の手段、つまり、他人を説得したり、他人よりも抜きんでて注目を集めたりするための手管として利用するばかりで、真理そのもののために真理を探究することなど思いもよらなかった」。[60]

このような告発はそもそもご覧のとおりそれだけですでに内容空疎で胸がむかつくたぐいのものだが、それを差しひいても、古アカデメイア派とプラトン本人はどうかという問題が残っている。つまり、そもそも独断論ではないような哲学であればどうかという問題は残っているのであって、そうした哲学こそが着目されるべきなのだが、そのような哲学への着目はさきの註で引用したもの以外には見あたらない。

それにたいして古代においては、懐疑主義とプラトン主義の関係についての意識が大いに進んでおり、それにかんする大論争が巻きおこっていた。一方の陣営はプラトンを独断論者と、他方は懐疑主義者と呼んでいたためである（ディオゲネス・ラエルティオス『ギリシア哲学者列伝』第三巻「プラトン」の第五一節（上巻二八六頁））。いまはこの論争の記録が失われているため、懐疑主義と哲学の内的な真の関係がそこでどれくらい議論されたのか、プラトンを自分たちの仲間だと主張する点では懐疑主義者と変わらない独断論者は懐疑主義そのものが哲学に属するという意味でこの関係を理解していたかどうか、理解していたとすればどの程度までだったかといったことは、われわれには判断がつかない。セクストスは、この問題についてはみずからの『懐疑主義覚え書』[†61]でのくわしい議論を参照するよう求めているが、この『覚え書』は今日まで伝わらなかった。『ピュロン主義哲学の概要』第一巻三三章二二二節（一一二頁）で彼はこう述べている。

「私はおもな問題を、この論争において懐疑主義者がわのリーダーだったアイネシデモスとメノドトスにそ

---

†58 『ピュロン主義哲学の概要』第一巻三三章「懐疑主義はアカデメイア哲学とどの点で異なるか」（一一一～二〇頁）を参照。

†59 カール・フリードリヒ・シュトイトリン『とりわけ道徳と宗教にかんする懐疑主義の歴史と精神』（全二巻、ライプツィヒ、一七九四年）。シュルツェはこの著作の第一巻三〇六頁を引用している。シュトイトリン（一七六一～一八二六）はドイツの神学者。

†60 『批判』第一巻六〇八頁。

†61 セクストスは、『ピュロン主義哲学の概要』第一巻三三章二二二節で、「（…）プラトンが純粋に懐疑主義者であるかどうかという問題については、われわれは『覚え書』においてより広汎に取りあげる（…）」と述べている。ヘーゲルがいう『懐疑主義覚え書』は、この『覚え書』を指すものだろう。邦訳『ピュロン主義哲学の概要』の解説四四一頁以降を参照。

くして論じようと思う。〔彼らによれば、〕プラトンは独断論者である。なぜなら彼はイデアや摂理を語り、悪徳の生活よりも徳ある生活がまさると語っているが、もしそれらを存在するものと認めているなら独断に陥るし、そうではなくより説得力のあるもの（πιθανοτέροις）に同意している〔だけだ〕としても、説得力のあるなしの観点から、あるものではなく別のものを選んでいるので懐疑主義者としては失格だからである」。

プラトン主義を懐疑主義からこんなふうに区別するのは、たんに形式的なあら探しであり、それが非難しているのは、プラトンが一方より他方を優先すると主張したさいにそれを意識的にやっているという形式面だけである（なぜこれがあら探しかと言えば、懐疑主義者が必然性や祖国の法律に従順にしたがうときでも同じようにそれを優先しているにはちがいなく、ただそれを無意識的にやっているだけからである）。あるいはそうではなく、あの区別が〔形式的なあら探しではなく〕イデアそのものの実在性に向けられているのであれば、それは理性の自己認識を問題にしていることになる。そしてこの点においてこそ、みずからを哲学から区別する純然たる懐疑主義の独自性があらわになるにちがいない。セクストスが理性のこうした〔自己〕認識を問題にするようになるのは、『論理学者たちへの論駁』第一巻で、まず真理一般の規準をそれをめぐる哲学者たちの争いを理由に否定し[†62]、次にとくに感覚的認識の真理性を否定し[†63]たあとにおいてである（第一巻三一〇節〔一三九〜一四〇頁〕）。理性の自己認識に反対して彼が語っていること（悟性《ディアノイア》は自分自身を認識せず…理性《ヌース》は自分自身を理解し〔ない〕[†64]〔原文ギリシア語〕）は、かなり内容空疎なので、近代の懐疑主義者たちが理性の自己認識を批判するつもりなら、おそらくもっとましなことを言わなければならないだろう。もっとも、彼らがもっと無精を決めこんで、次のようにしてそんな骨折りを免れようとするのなら話は別である。つまり、彼らは理性とその自己認識のことなど完全に無視し、ゴルゴンの首を盾にしながらただちに、たとえば故意の歪曲や手管によって理性的なものをあらかじめ別様に見たりするどころか、まなざしそのもののうちで理性的なものを主観的にいえば悟性に、客観的には石に変えてしまい、みずからが悟性や石以上だと予感しているものを熱狂とか想像力と呼んで、そうした骨折りを免れようとするのである。

〔近代の懐疑論者とは違って〕さすがにセクストスは理性とその自己認識をまだしも知っている。〔とはいえ、〕彼が理性の自己認識の可能性についてもちだすのは以下にみるような浅薄な理屈であって、彼は『自然学者たちへの論駁』において『パルメニデス』のプラトン[†65]と同じように全体と部分という反省概念を破棄しているにもかかわらず[†66]、この理屈のためにはほかならぬその概念を今度は自分からもちだすのである。

「理性が自己を把握するなら、自己把握するかぎりでの理性は、自己を把握する全体でなければならないか、あるいは自己把握のために全体ではなく部分しか使わないかのどちらかである。さて、自己を把握するのがほかならぬ全体なら、把握の働きと把握するものが全体をなすことになるが、把握するものが全体である以上、把握されるものはなにもなくなってしまう。しかし、把握するものが存在しても把握されるものが存在しないというのはまったくの不条理である。さらにまた、理性は自己把握のために自分の一部分を使うこと

†62　セクストスは『論理学者たちへの論駁』第一巻二七節で「真理の規準が存在するかどうか」という問題を取りあげ、ソクラテス以前からヘレニズム期にいたるさまざまな哲学者の主張を紹介する〔金山弥平・金山万里子訳、『学者たちへの論駁二』、京都大学学術出版会、一六頁〕。

†63　同書第一巻二九三～三〇一節〔一三三～六頁〕。

†64　同書三一〇～三節〔一四〇～一頁〕の自由な要約。この箇所のくわしい引用は本書†68を参照。

†65　プラトン『パルメニデス』一二七A〔田中美知太郎訳、『プラトン全集』第四巻、五～六頁〕。

†66　セクストス『自然学者たちへの論駁』第一巻二五八～二六四節、三〇八～三五八節〔『学者たちへの論駁三』金山弥平・金山万里子訳、京都大学学術出版会、九九～一〇二頁、一一六～一三四頁〕。

もできない。というのも、部分がどうして自己を把握するはずがあろうか。〔つまり、一方で〕その部分が〔部分であるがままに〕ひとつの全体だとすれば、把握されるべきものはなにも残らないし、他方で、〔全体ではない〕一部分によって自己把握がなされるのなら、この自己把握そのものはどのようにして自己を把握すればよいのだろうか。これでは無限遡行に陥ってしまって、把握は始まらない。把握をおこなう最初のものが見いだされないか、把握されるべきものがなにもないかのどちらかだからである」[†67]。

ごらんのとおり理性は絶対的に主観的なものへと歪曲されており、それが全体として想定されるなら、把握されるべきものはもはやないというわけである。続いて〔セクストスは次のように論じる。〕〔今度はさらにすばらしい理由が登場する。さきほどの理由では、理性が全体と部分といった概念や、絶対的な主観性か絶対的な客観性か〔という反省的な〕概念に引きずりおろされたが、今度は特定の場所という現象に引きずりおろされるからである〕。

「理性が自己を把握するなら、それによって理性はみずからが存在している場所もいっしょに把握するだろう。というのも、把握するものはどれも特定の場所をいっしょに把握するからである。ところで、理性がみずからの存在している場所を自分といっしょに把握するなら、哲学者たちはその〔自己把握のなされる〕場所について一致しないはずがない〔にもかかわらず、実際にはまったく一致していない〕。それというのも、〔理性の自己把握の〕場所は哲学者ごとに頭とも、胸とも言われ、さらに細かく脳とも、脳膜とも言われるし、心臓とも、肝臓の入り口とも、身体のそのほかの部分とも言われるからである。この点について独断的な哲学者たちは一致しておらず、したがって理性は自分自身を把握しない〔と考えるしかない〕」[†68]。

これが理性の自己認識にたいしてセクストスがもちだす反論である。それは理性にたいする懐疑主義の武器すべての一例である。この武器の本領は、一連の概念を理性に適用することであり、このようにすれば有限化された理性、事物化された理性を、シュルツェ氏がするようになんらかの他者に対立するものとして示すことは簡単である。というのも、この他者も同じく想定されなければならないが、個別〔化された理性〕によっては想定されないからである。哲学者たちの不一致を引きあいに出すというなによりもありふれた常套手段を、セクストスも先の引用箇所のすぐあとでも大いに使っているが[†69]、こうしたおしゃべりならなにも懐疑主義者ばかりでなく、道徳的な独断論者たちも思弁に反対するときにおこなうものである。その程度のものはクセノフォンもすでにソクラテスに語らせており[†70]、言葉じりをとらえるだけの皮相な見かたがまっさきに思いつくようなものである。したがって、この〔セクストスの〕懐疑主義は哲学から、つまり懐疑主義を同時に含んでいるような哲学からみずからを解き放ち、絶縁したとはいえ、それでも独断論と哲学（つまり、アカデメイア派という名前のそれ）との違いも、哲学と懐疑主義の重要な一致点も認識していたわけである。それに比べて近代の懐疑主義はこうしたことがまるでわかっていない。

古代の真の懐疑主義

とはいえ、哲学と〈一体〉をなす懐疑主義のほかに哲学から分離した懐疑主義があって、それは理性に敵対す

†67　セクストス『論理学者たちへの論駁』第一巻三一〇〜三節〔一四〇〜一頁〕のかなり自由な引用。
†68　同書第一巻三一三節〔一四〇〜一頁〕。
†69　同書第七巻三一七〜九節〔一四二〜三頁〕を参照。
†70　クセノフォン『ソクラテスの思い出』第一巻第一章一三節以下〔二四頁以下〕を参照。「かような問題の論議の大家をもって任ずる人びとが、けっして意見一致せず、おたがいに狂人さながらの恰好を呈しているのではないか」。

るかしないかに応じて二つの種類がありうる。セクストスが哲学から分離されそれに敵対するような懐疑主義をわれわれに提示するさいの形態からは、古代の真の懐疑主義をはっきりと析出することができる。この懐疑主義はたしかに哲学とは違って肯定的な側面をもたず、むしろ知識にたいして純粋な否定性を主張するものの、それでも哲学に敵対することはなかった。しかしその後この懐疑主義にも敵対的な傾向が付けくわわり、かたや哲学から切り離されて、かたや独断論に対立するようになる。哲学さえもが独断論になるやいなや懐疑主義がそうした哲学に敵対するようになったことから、この懐疑主義が哲学と世間一般に共通した堕落といかに歩調を合わせていたかがわかる。最近ではとうとう懐疑主義は独断論もろとも落ちぶれて、いまやどちらにとっても意識の事実が否定しがたい確実性をもち、どちらにとっても時間性のうちに真理が置かれるまでになり、その結果、両極端は相通じるというわけで、この幸福な時代においては独断論と懐疑主義はもろともに下の方で合流して、このうえなく友好的に握手しあうという大目標が双方からふたたび達成されるにいたっている。シュルツェ氏の懐疑主義は粗雑きわまりない独断論とひとつになっているし、同時にクルーク流の独断主義もあの〔近代の粗雑な〕懐疑主義を含みこむという始末である。[†71]

セクストスは懐疑主義の指針を十七か条の方式というかたちで提示しており[†72]、それらに見られる差異は彼の懐疑主義と古代の懐疑主義の違いを正確に示してくれる。古代の懐疑主義は、たしかに哲学的な知識をもたずに独立していたが、しかし同時にあくまで哲学に属し、〔近代哲学ほどは〕主観性にかかわりをもたなかった古代哲学とはとりわけぴったりと一致するのである。

古代懐疑主義の十か条の方式、アタラクシア、判断保留

十七か条の方式のうち古代の懐疑主義には最初の十か条の方式が帰せられ、はるかあとの懐疑主義者たち（セクストスは一般的に「近年の懐疑主義者たち」と言い[†73]、ディオゲネスはピュロンの五百年あとに生きたアグリッパ

の名を挙げている）がまずそれに五つを付けくわえた。[†74] さらに付けくわわった二つはもっとあとのものらしい。ディオゲネスはこの二つにはまったく言及しておらず、セクストスもそれらを別にしているので、[†75] あまり重要ではない。

ところで、古代の懐疑主義がそれに集約されるこの十か条は、全哲学一般と同様に、日常的な意識そのものの独断論に突きつけられている。この十か条は、日常的な意識が無意識のうちにとらわれているさまざまな有限性によって〔この意識の〕不確実性と精神の無関心を説明する。その無関心の前では現象や悟性が与えるすべてのも

†71　クルーク『知識学についての書簡』（一八〇〇年）が念頭にあるのだろう。ヘーゲルの論文「常識は哲学をどのように理解しているか」（邦訳『懐疑主義と哲学との関係』加藤尚武・門倉正美・栗原隆・奥谷浩一訳、未來社、一九九一年、一六二頁以下）を参照。

†72　セクストス『ピュロン主義哲学の概要』第一巻一四～一六章〔二五～八五頁〕を参照。

†73　同書一五章「五つの方式について」一六四節〔七八頁〕。

†74　ディオゲネス・ラエルティオス『ギリシア哲学者列伝』第九巻八八節〔下巻一七四頁〕。邦訳者によれば、アグリッパは「アイネシデモスとセクウストスとの中間に位置するピュロン主義の哲学者」と推測されるが、『ギリシア哲学者列伝』第九巻の「一一六節の懐疑派の系譜のなかには、この人の名前は見あたらない。生涯、年代ともに不明」である。下巻三三九頁を参照。

†75　セクストスは同書一六章「二つの方式とは何か」でこう述べる。「しかし、彼らはまた別に、判断保留の二つの方式をも伝えている。すなわち、すべて把握されるものは、おのずから把握されるか、あるいは、他のものに基づいて把握されるかのいずれかであると思われるから、何ものもおのずから把握されることもなければ、他のものに基づいて把握されることもないということを指摘することによって、あらゆる事柄に関する行き詰まりをもたらす、と彼らは考えるのである」〔邦訳八四頁〕。邦訳者は、この引用冒頭の「彼ら」について、「おそらく前章の「比較的新しい時代の懐疑派」であろうが、具体的にだれであるかは不明である」という註を付している。

のが揺さぶられ、懐疑主義者によれば、すべての有限なもののこうした動揺において、「影が物体につきしたがうように」理性によって勝ちとられたアタラクシア（ἀταραξία〔心が動揺しない状態〕）が登場するという。

「アペレス[†76]は馬の絵を描いていて、その泡つばきがうまく描けなかったのでそれをあきらめ、筆の絵の具を拭きとった海綿を絵に投げつけたところ、泡つばきがうまく表現できた[†77]」。

これと同じように懐疑主義者たちは、すべての現象と思考されたもののごちゃまぜのうちに真なるものを、つまり理性によって獲得されるあの平静さを見いだす。そうした平静さを生まれつきもっていることが動物と人間の違いをなすのである。

「ピュロンはあるとき船上で激しい嵐に恐れおののいている仲間にたいして船内でえさを食んでいる一匹の豚の平静さを心静かに指し示し、賢者たるもの、このようなアタラクシアに身を置かなければならないと言った[†78]」。

したがって、この懐疑主義が肯定的側面をもっていたのは、あくまでもひたすら〔ピュロンという〕人物像と自然の必然性にたいするその完全な無関心においてのみだったのである。

懐疑主義の判断保留《エポケー》を根拠づける十か条に簡単に触れるだけでも、それらが事物の確実性と意識の事実の確実性を標的にしていることはすぐにあきらかになるだろう。つまり、すべての事物の不確実性と判断保留の必然性が以下の十か条から説明されるのである。

一、動物同士の違い
二、人間同士の違い
三、感覚器官の違い
四、状況の違い
五、立場、距離、場所の違い
六、混合（このせいで感官には、なにものもありのままには提示されない）
七、事物の量や質の違い
八、関係（つまり、すべては他のものとの関係のうちにしか存在しない）
九、出来事の頻度の違い
十、教育、慣習、法律、神話的な信仰、先入見の違い†79

†76 前四世紀後半のギリシアで活躍した画家。アレクサンドロス大王の宮廷画家でもあった。
†77 『ピュロン主義哲学の概要』第一巻二八～九節〔二一～二二頁〕。ディオゲネス『ギリシア哲学者列伝』第九巻一〇七〔下巻一九〇頁〕。
†78 ディオゲネス・ラエルティオス『ギリシア哲学者列伝』第九巻六八節〔下巻一五七頁〕。
†79 『ピュロン主義哲学の概要』第一巻一四章三六～七節〔二五～六頁〕。「一〇個の方式とは、第一に動物相互の違いに基づく方式、第二に人間同士の相違に基づく方式、第三に感覚器官の異なる構造に基づく方式、第四に情況に基づく方式、第五に置かれ方と隔たりと場所に基づく方式、第六に混入に基づく方式、第七に存在する事物の量と調合に基づく方式、第八に相対性に基づく方式、第九に、頻繁に遭遇するか、稀にしか遭遇しないかに基づく方式、第十に、生き方と習慣と法律と、神話を信じること、ドグマティストの想定に基づく方式である」。

これら十か条の方式の形式についてセクストス自身が所見を述べるところによれば、これらすべての方式はじっさいには認識する主観の違い、認識される客観の違い、両者の合成という三種類の方式にまとめられる。[†80] それらが詳しく説明されるさいにもいくつかの方式は必然的に合流せざるをえない。

じっさい、セクストスは、動物同士の違いや人間同士の違いについての最初の二つの方式において早くも、本来なら第三の方式に属する感覚器官の違いに言及している。[†81] もっとも適用範囲が広いのは、有限なものはどれも他者によって制約されているとか、すべては他者との関係のうちにしかないといったことにかかわる第八条であるとも、セクストスはコメントしている。[†82] ごらんのとおり、これらの方式は偶然の成りゆきでかき集めたものであり、自説のことを考えての無教養な反省、あるいはむしろいきあたりばったりの反省と、懐疑主義が諸学問の批判にすでにかかわっていたらありえないような未熟さを前提していることがわかる。

懐疑主義の攻撃対象としての常識

だが、さらにこれらの方式の内容は、それらが哲学に敵対するつもりはさらさらなく、ひたすら常識の独断論にのみ矛先を向けていることを示している。理性とその認識を攻撃する方式はただのひとつもなく、すべてはあくまで有限なものと有限なものの認識である悟性とにかかわるのである。その方式の内容はある面では経験的であり、この点だけからしてもすでに思弁とは本来まったく関係がなく、またある面では、関係一般に、あるいはすべての現実的なものは他者によって制約されているということにかかわっており、そのかぎりでひとつの理性原理を表現している。したがって、この懐疑主義が攻撃するのはけっして哲学ではなく、常識、つまり所与のものや事実や有限なもの（この有限なものは現象とか概念と呼ばれる）にしがみつき、それらを確実で信頼できる永遠のものとみなして固執するような日常的意識であり、しかもその攻撃は、哲学的なやりかたではなく、通俗的なやりかたによるものである。懐疑主義の上述の諸方式はそんな確信が当てにならないことを、常識にもわかりやすい仕方で教える。つまり、懐疑主義のほうも現象や有限なものに助けを求め、それらがたがいに異なっていながらすべてが同等に自己主張の権利をもつということから、つまり、有限なものそのもののうちに認識されるべき二律背反から、その非真理性を認識するのである。したがって、懐疑主義は哲学への最初の段階とみなしうる。というのも、哲学の始まりはなんといっても日常的な意識が与える真理を乗りこえ、より高次の真理を予感することでなければならないからである。そうだとすれば、最近の懐疑主義は意識の事実を確信しているのだから、なによりもまずこの古代の懐疑主義とこの哲学の最初の段階に立ちもどらなければならない。あるいはむしろ常識そのものに立ちもどらなければならない。というのも、常識はみずからの意識のすべての事実とみずからのこの有限な意識それ自身が移ろいゆくものであり、そこにはなんら確実性がないことをじつによく認識しているからである。常識のこうした側面と古代の懐疑主義との違いは、常識が「すべては移ろうものである」と語るのにたいして、懐疑主義は、ある事実が確実だと主張されたときに、そんな確実性はなにひとつないことを証明するすべをわきまえている点にある。

†80　『ピュロン主義哲学の概要』第一巻三八～九節〔二六頁〕。「さて以上の諸方式〔十か条の方式〕の上位には、三つの方式――判断を行なうものの側から論じる方式、判断される対象の側から論じる方式、両方から論じる方式――がある」（三八節）。

†81　同書第一巻四四節〔二八頁〕以下、七九節〔四二頁〕以下を参照。

†82　同書第一巻一四章三九節〔二六頁〕。上述の†80に引用した箇所の直後にこうある。「これら上位三つの方式は、相対性の方式に帰属する。こうして、相対性の方式が最高類としての方式であり、三つの方式が種としての方式であり、さらにその下に従属しているのが十か条の方式であるということになる」（三九節）。

本来の懐疑主義と常識の独断論

さらにそれだけではなく、常識にあっては有限なものにかんして常識なりの懐疑主義と独断論とが並存しており、そのためにその懐疑主義は形式だけのものになっているが、それにたいして、本来の懐疑主義は常識の独断論を廃棄してしまうので、意識の事実は不確実だという常識の信念は形式的なものではなくなる。というのも、〔本来の〕懐疑主義は現実性と確実性の全領域を不確実性のポテンツに高めて、常識の独断論を根絶するが、まさにこの独断論こそは、特殊な慣習や法律やそのほかの境遇をひとつの権力——個人をたんなる対象物としてあつかいもすれば、その細部にいたるまでさまざまな影響力の糸にからめとりもするような権力——とみなして、それに無意識に服従し、それについて自分を納得させるためにもっともらしい知識をつくりだし、そうすることでますますこの権力への奉仕にのめり込んでゆくものだからである。理性の自由は〔常識の独断論が服従しているような〕こうした自然の必然性を超えたところに懐疑主義を高めるのであり、それによって懐疑主義は、この必然性をなにものでもないと認識しながらも、同時にこの必然性に最高の敬意を表しもする。というのも、懐疑主義にとっては自然の必然性のうちにあってそのうちの個別的なもののどれかが確実なのでもなければ、懐疑主義自身もなんらかの個別的なものを絶対的な目的としてその必然性に移しいれて、自分こそはなにが善であるかを知っていると言わんばかりにその個別的なものにおいて絶対的な目的を実現してみせようとするのでもなく、むしろこの懐疑主義にとって確実なのは普遍性としての必然性にほかならないからである。懐疑主義は、時代の有限性のうちで散らばっている必然性が無意識な世代において無意識に実現してゆくものを、個人において先取りする。絶対的に〈同一〉にして確実であり、永遠にどこでも等しくそのような性質のものだと世代がみなしているものをそれから奪いさるのは時代であり、もっとも一般的にいえば自然必然性にしたがって拡大してゆく異民族との出会いである。たとえば、ヨーロッパ人の新世界〔南北アメリカやオーストラリア〕との出会いは、彼らのそれまでの常識の独断論にとっても、正義や真理といった多くの概念についての彼らの否定しがたい確信にとってもあれほどの懐疑的な作用を及ぼしたのである。

生きかた（アゴーゲー）としての懐疑主義

ところで、懐疑主義はその肯定的な側面を個人の性格のうちにしかもたないので、ハイレーシスつまり学派ではなく、さきに引用したように、アゴーゲー（ἀγωγή）、つまりある生きかたへの教育であり、自己形成であると自称していた[†83]。こうした自己形成は主観的であるとはいえ、この主観性は懐疑主義者たちがそれに用いるのと同じ武器を客観的なものとそれへの依存関係にも用いるという一点にかぎっては客観的でありえた。彼らがピュロンを懐疑主義の祖と認めたのも、彼らが学説においてではなく客観的なものにたいするこうした攻撃においてピュロンと同じだった（ὁμοτρόπως、ディオゲネス『ギリシア哲学者列伝』第九巻七〇節[†84]）という意味においてである。懐疑主義者が自己形成の目標にしていたアタラクシアは、セクストスが（『倫理学者たちへの論駁』一五四節で）語るところによれば次のようなものであった。

> 「懐疑主義者にとってはどんな混乱（ταραχή）も恐れるに足りない。というのも、たとえそれが最大の混乱だとしても、責められるべきは、知らないうちにどうしようもなく被害をこうむるわれわれではなく、むしろ人間たちが定めたものにはなんらかかわらない自然であり、思いこみとみずからの意志によってわれとわ

---

†83 本書二〇〇頁以下および二一〇頁を参照。

†84 「（…）ピュロンが最初に懐疑主義を唱えたのでもなければ、彼は何か一定の学説を持っていたのでもないのであって、ピュロンと同じような生き方をしてこそ、人はピュロンの徒と言われるだろう（…）」〔邦訳下巻一五九頁〕。

が身に災いを招くような人だからである」[85]。

こうした肯定的側面からも、この懐疑主義が哲学に無縁でないことがあきらかになる。ストア主義者のアパテイア〔情念から解放された境地〕も、哲学者の中立性一般も、懐疑主義者のアタラクシアのうちにみずからを認めるにちがいない。ピュロンは独創的な人間だったので、学派の始祖がだれしもそうであるように独力で哲学者となったが、だからといって、彼の独創的な哲学は必然的に原理からしてほかの哲学に対立するような独自のものではなかった。ピュロンという人物の個性はなんらかの哲学において表現されるというよりも、むしろ彼の哲学そのものが個体であり、彼の哲学はこの人物の自由にほかならなかった。だが、そうだとすれば哲学がこの懐疑主義に対立することがどうしてありえよう。こうした偉大な個人の直弟子たちが表向きの立場や他に抜きんでたところだけをとりわけよりどころにしていたのであれば――そして、じっさいそうしたのだが――、たしかに違いしか見えなかった。だが、個人の権威や個性の重要性がしだいに薄れ、哲学的な関心が純粋に高まってくると、哲学の同一性もふたたび認められるようになった。プラトンがみずからの哲学においてソクラテス、ピュタゴラス、ゼノンなどの哲学を統一したように、アンティオコスがストア主義の哲学をアカデメイア派に伝えるということも起きた（キケロはアンティオコスの講義を聴いたことはあるが、キケロの哲学における堕落ぶりがその経歴からあきらかになっているのでなければ、キケロの〔折衷主義的な〕哲学的業績を通して彼の師とこの師がなしとげた諸哲学の統一が好意的に解明されることもなかっただろう）。そして、アカデメイア派が本質的に懐疑主義を含んでいたことは、すでに見たとおりである[86]。あらためて注意するまでもないことだが、ここで問題になっているのは、さまざまな哲学の最内奥を同じ〈ひとつのもの〉と認識するような統一であって、それらの表面をうろつき回り、いたるところからかき集められたちっぽけな花々から見てくれだけの花輪を編むような〔キケロふうの〕折衷主義の統一ではない。

後期の五か条の方式

後世になってさまざまな哲学体系がすっかりばらばらになり、それからというもの、アパテイアがアタラクシアの、ストア派の独断論者が懐疑主義者の、不倶戴天の敵とみなされるようになったのは（セクストス『ピュロン主義哲学の概要』第一巻〔一四章〕六五節[†87]）、時代の偶然である。哲学同士がこのようにすっかり分断され、その定説《ドグマ》と相違点がすっかり固定されると同時に、いまや懐疑主義がかたや独断論に、かたや哲学そのものに矛先を向けるという事態に全面的に関与しているのは、懐疑主義者たちの後期の五か条の方式だけ[†88]である。これらの方式は哲学的認識に対抗する彼ら本来の武器庫なので、われわれの叙述の正当化のために、それらも簡潔に引用しておこう。判断保留のこれら方式の第一のものは違いにかんする方式、くわしく言えば、初期の十か条の方式のようにいまや動物や人間ではなく、普通の意見や哲学者たちの学説の違い――両者のあいだの違いにせよ、それぞれの内部の違いにせよ――にかんする方式である。この方式については懐疑主義者たちはいつでもかなり冗長であり、同一性を見たほうがよいばあいでも、いたるところに違いを見てとったり、もちこんだりする。第二の

---

†85 ヘーゲルは『倫理学者たちへの論駁』一五四節を指示しているが、正確には一五六節を含めた自由な要約である〔金山弥平・金山万里子訳、京都大学学術出版会、二〇一〇年、三五一～二頁〕。

†86 本書一九六頁以下を参照。

†87 ここには「現在われわれと最も考えが対立しているドグマティスト、すなわちストア派」〔邦訳三六頁〕という文言がある。

†88 『ピュロン主義哲学の概要』第一巻一五章六四節。「比較的新しい時代の懐疑派は、判断保留の方式として次の五つを伝えている。第一は、反目を論拠とする方式、第二は、無限遡行に投げこむ方式、第三は、相対性を論拠とする方式、第四は、仮設による方式、第五は、相互依存の方式である」〔邦訳七八頁〕。

方式は無限進行に追いこむような方式である。セクストスはこれをしばしば利用しているが、近代においてはこの方式は〔たとえばラインホルトにおいて〕基礎づけの傾向[89]というかたちでも登場するようになった。この方式は、基礎づけるものには新たな基礎づけが必要であり、これにもまた別の基礎づけが必要であり、こうして無限に続くというおなじみのものである。第三の方式は初期の十か条にすでに含まれていたもの、つまり関係の方式である。第四の方式は前提ということにかかわる。この方式は、独断論者が無限進行に追いこまれないようになにかを端的に第一で証明されないものとして想定することを攻撃する。懐疑主義者はすぐさま独断論者のまねをして彼らが前提したのとは反対のものを同等の権利によって証明なしに想定するのである。第五の方式は、ほかのものの証明に役立つはずのものが、おのれ自身の証明のために自分が証明してやるべきものを必要とするというばあいの相関的な事態にかかわる。

ほかにもさらに二つの方式があり、それについてセクストスは「人びとはさらに二つの方式を挙げている」と語っているが、ディオゲネスは言及していない[90]。これらの方式が新たなものではなく、以前のものをもっと一般的な形式に移しかえただけであることはおのずから見てとれる。それらはつぎのような内容になっている。

「把握されるものはそれ自身にもとづいて把握されるか、なにかほかのものにもとづいて把握されるかのどちらかだが、それ自身にもとづいて把握されることはない。というのも、認識の源泉や器官については、それが感覚であれ知性であれ、意見が一致していないからである。またなにかほかのものにもとづいて把握されることもない。というのも、もし把握されるとすれば無限進行の方式か相関性の方式に陥るからである」[91]。

初期の十か条のうちいくつかだけが、つまり五か条で言えば第一と第三の方式だけが部分的にくり返されているにすぎないことからしても、またその内容全体からしても、この五か条の方式の意図が初期の十か条の傾向とはまったく異なっており、この五か条は懐疑主義がその後哲学に対立するようになったことにのみ関係していることがわかる。五か条の方式は、有限なものの独断論にたいしては、それ以上に有効な武器はないほどだが、哲学にたいしてはまったく無効である。それらは反省概念しか含んでいないので、この異なる二つの立場のどちらに向けられるかによって正反対の意味をもってしまう。五か条の方式は、独断論に向けられれば理性に属する側面が照らしだされ、この理性が、必然的な二律背反のうち独断論が主張する部分に他方の部分を対置する。これにたいして、哲学に向けられれば反省に属する側面が照らしだされる。つまり、五か条の方式は独断論にたいしては無敵だが、哲学の前では内部崩壊するか、さもなければそれ自身が独断的になるしかない。独断論の本質は対立にまといつかれた有限なもの（たとえば、純粋な主観や純粋な客観、あるいは二元論のばあいには同一性に対立する二元性など）を絶対的なものとして設定する点にあるので、理性はこの絶対的なものについて、それが自分から排除したものに関係しており、なんらかの他者との関係によって、そしてこの関係においてしか存在せず、したがって絶対的ではないということを、関係の第三方式にしたがって指摘する。この他者が〔それを排除する〕最初のものに根拠をもち、この最初のものが他者に根拠をもつというのであれば、それは循環論証であり、相互性にかかわる（diallelisch）[†92]第五方式に当てはまる。循環論証には陥っておらず、最初のものの根拠であるこの他者はそれ自身で根拠づけられているのだとされ、〔それ以上〕根拠づけられない前提とされるのであれば、この他者は根拠づけるものであるからには〔根拠づけられるものという〕対立物をもち、この対立物も同じ権利でそ

---

†89　「差異」論文第一章第一節を参照。
†90　本書二〇八頁および二〇九頁の†75を参照。
†91　『ピュロン主義哲学の概要』第一巻一六章一七八〜九節〔八四〜五頁〕の自由な要約。
†92　原語の diallelisch は、第五方式に出てくるギリシア語 διαλληλος（相互的な）をそのままドイツ語化したもの。

れ以上証明したり根拠づけたりできないものとして前提されうることになる。なぜなら、このばあいにこうした理由づけはなによりもまず、前提についての第四方式にしたがって認められているからである。あるいはそうではなく、根拠となるこの他者がそれはそれでまた別のものにおいてふたたび根拠づけられるというのであれば、この根拠づけられたものは有限なものが無限に進行するような反省的無限に追いやられ、第二方式にしたがってまたもや無根拠になってしまう。最後に、独断論のあの絶対的なものは有限だとはいえ普遍的なものでなければならないはずだが、しかしそうした絶対的なものは制限されたものなのだから、〔だれもが同意する普遍的なものとしては〕見いだされないのが必然であり、ここでは違いにかかわる第一方式が当てはまる。

独断論には克服できないこれらの方式を、セクストスは独断論とりわけ自然学に用いて大成功をおさめた。自然学は応用数学と同様に、反省と制限された諸概念と有限なもののまぎれもない集散地だからである。たしかに最近の懐疑主義者〔シュルツェ〕は、自然学をどんな理性的な懐疑にも抵抗するような学問とみなしてはいる[†93]。だがむしろ逆に、古代の自然学のほうが近代の自然学よりも学問的であり、したがって懐疑主義に弱みを見せることも少なかったと言える。

懐疑主義と理性

これらの方式は独断論にたいしては理性的である。なぜなら、それらは独断論の有限なものにたいしてそれが捨象する対立物を突きつけ、したがって二律背反をつくりだすからである。それにたいして、これらの方式は純粋な違いのとりこになっているので、この違い〔だけ〕は自分独自のものとして譲らず、理性に抵抗するのだが、これらの方式の理性的なものはすでに理性のうちにある。違いにかかわる第一方式について言えば、理性的なものは永遠にどこでも自己同一である。まったく不同なものは悟性にとってあるだけで、理性の手にかかれば不同なものはすべて一なるものとみなされる。もちろんこの統一性はさきの不同性と同じく、プラトンが言うような通俗的で子どもじみたやりかたで――たとえば一頭の牛が〈一なるもの〉とみなされると同時に、〔さまざまな部分や器官からなるので〕数多くの牛だと主張されるようなやりかたで――理解されてはならないのだが。[†94] 理性的なものについては、第三方式にしたがって、それは関係つまり他者への必然的関係のうちにしかないとは証明することもできない。というのも、理性はそれ自身が関係にほかならないからである。たしかに、関係項が悟性によって設定されるばあいには相互に根拠づけあうことになるので循環に陥り、相関性にかんする第五方式にあてはまるが、理性的なものはそれ自体が関係そのものなのだからそういうことにはならない。というのも、〔理性の観点で見られた〕関係においてはなにものも相互に根拠づけられはしないからである。同様に理性的なものは、第四方式が言うような証明できない前提、つまり、それとは反対のものも同等の権利で証明なしに前提されうるようなものでもない。というのも、理性的なものは反対のものをもたず、たがいに反対のものであるような有限なものを両方ともみずからのうちに含んでいるからである。いま述べた〔第五・第四の〕二つの方式は、一方が他方によって根拠づけられるような根拠と帰結の概念を含む。理性にとってはたがいに対立しあう他者はないのだから、前述の両方式だけでなく、〔根拠と帰結の〕対立にもとづいて提出され、無限に進行するような根拠の要請、つまり無限進行に追いこむ第二方式も消えうせる。前者の要請も後者の無限性も、理性には無縁なのである。

これらの方式はすべてこのように有限なものの概念を含み、それに根ざしているので、理性的なものに適用されたとたんに、理性的なものを有限なものに変え、理性的なものをいらだたせることができるようにとそれに制限性という疥癬を移すのである。それらの方式は本来なら理性的思考に向けられていないが、それに向けられれ

†93　本書一九一頁を参照。
†94　プラトン『ピレボス』一四D～一五A〔田中美知太郎訳、『プラトン全集』第四巻、岩波書店、一九七五年、一七六頁以下〕を参照。

ば、じっさいセクストスがそうした使いかたをしたように、理性的なものをたちまち変質させてしまう。こうした視点からすれば懐疑主義が理性的なものにたいして申したてるすべての異議が理解できる。さきにその一例を見ておいたように[95]、懐疑主義は、理性を絶対的に主観的なものにするか絶対的に客観的なものにするか、全体にするか部分にするかのいずれかによって理性の自己認識を否定するのだが、そのいずれも懐疑主義がはじめて付けくわえたものでしかない。だからこそ、懐疑主義が理性に戦いをしかけたとたんに、それがもちだす諸概念ははねつけられ、攻撃に役立たない劣悪なその武器は退けられるしかないのである。

すでに見たとおり[96]、最近の懐疑主義がいつもたずさえてくるのは、現象する事柄の背後や下にひそんでいるひとつの事柄という概念である。古代の懐疑主義は、ヒュポケイメノン〔下にあって支えるもの〕(ὑποκείμενον)、ヒュパルコン〔下にあって支えるもの〕(ὑπάρχον)、アデーロン〔不明瞭なもの、現われてこないもの〕(ἄδηλον)といった表現を使うばあい客観性を表わしてはいるが、そうした客観性を語らないことこそが古代の懐疑主義の本質をなす。古代の懐疑主義それ自体は現象の主観性のうちに踏みとどまっている。とはいえ、この懐疑主義にとって現象とは、独断主義や哲学であればその背後にもっと別の事物、つまり超感覚的な事物があると主張するような感覚的事物ではない。この懐疑主義は、そもそも確実性や存在を語ることを差しひかえているのだから、それが知っている事物や制約されたものなどもともとないし、哲学をうち負かすために、そうした確実な事物やその背後にあるさらに別の事物が問題になるのは哲学のせいだと言いつのる必要もない。

ここで懐疑主義はある思考にもうひとつの思考を対置し、哲学的思考の「…である」〔という断定〕と闘っているのだから、それが知識一般を攻撃することになれば自分自身の思考の「…である」までも同様に廃棄し、したがってそれ自身のせいで純粋な主観性でしかなくなった純粋な否定性のうちに身を置かざるをえなくなる。懐疑主義者たちがそうした事態をどれほど嫌っていたかは、さきに新アカデメイア派の例で見たとおりである[97]。新アカデメイア派は、「すべては不確実であり、この当の命題そのものもそれに含まれる」と主張した。だが、セクストスにとってはこれでもまだ十分に懐疑的ではなく、彼は新アカデメイア派を懐疑主義から区別する。というのも、新アカデメイア派はほかでもないこの主張によってひとつの命題を立てそれを独断的な教えに仕立てているからだというのが、彼の言い分である。しかし、さきの命題はセクストスの区別がまったく空しいものになるほど最高の懐疑主義を表明している。ピュロンでさえも同じように一定の立場に立つ独断論者よばわりされずにはすまなかった。懐疑主義者は、かたちの上でなにかを〔独断的に〕主張しているように見えてしまうせいで、〔批判した相手から〕逆に難癖をつけられるのがつねである。というのも、たとえ彼らがすべてを疑っても、「私は疑っている」とか「私には…のように思われる」ということ自体は確実ではないかと反論されるからであり、言いかえれば、思考によってなにごとかを設定するたびに〔懐疑主義者が〕その設定という形式をあげつらって、そんな仕方で語りだされた活動はどれも独断的だと明言すれば、それにたいしては思考活動は実在的で客観的であるという異議が唱えられるからである。

〔懐疑主義の〕最高の帰結がこんなふうに極限化されてしまうと、つまり、否定性や主観性が個人の性格として同時に客観的でもあるような主観性にはもはや制限されずに、知識そのものに刃向かう知識の主観性になってしまうと、懐疑主義は一貫性を失わずにはいなかった。というのも、極端なものはその対立物なしには保たれないからである。したがって、純粋な否定性や主観性は、みずからの極限において無に帰してしまってなにものでもなくなるか、あるいは、同時に最高に客観的でもあるものにならなければならないかのいずれかである。こうしたことを意識するのは簡単であり、敵対者が執拗に求めてきたことでもある。だからこそ懐疑主義者は、さきに触

†95　本書二〇四頁以下を参照。
†96　本書一八二頁参照。
†97　本書一九八頁以下を参照。

れたように、[98]「すべては虚偽であり、なにものも真ではない」、「どちらとも言えない」というみずからの発言（φωναί）はそれ自身を包含すると明言したし、自分がこれらの決まり文句を口にするときは、自分に見えるがままのことと自分の心理状態を語っており、客観的存在については意見も主張も語っていないと明言したのである（セクストスの『ピュロン主義哲学の概要』第一巻第七章やそのほかの箇所、とりわけ第二四章を参照）。セクストスは第二四章〔一九九節〕ではこんなふうに述べている。

「「散歩する《ペリパトー》（περιπατῶ）」と語る人がじっさいには「わたしは散歩する」と言っているのと同じように[99]、懐疑主義者の発言にはいつも「われわれからすれば」とか「わたしにかんするかぎり」、あるいは「わたしにそう思えるのだが」といったことを付けくわえて考えなければならない[100]」。

たんなる主観性と仮象に踏みとどまろうとするこの純粋に否定的な態度は、まさにそれゆえに知識にとってなんの意味もなくなる。「自分にはそう見える」とか「自分はそう思う」という空疎な立場に執着し、みずからの発言を思考や判断のような客観的なものではないとみなしてもらいたがるような人はそのまま放っておくしかない。そうした人の主観性はほかの人間には、ましてや哲学にはなんのかかわりもなく、哲学のほうもそうした主観性にはなんのかかわりもない。

古代の懐疑主義と近代の懐疑主義

古代の懐疑主義のさまざまな側面のこうした考察からあきらかになることは、つまるところ最近の懐疑主義の相違点と本質である。

まず第一に、最近の懐疑主義には普通の意識の独断論に対抗するという懐疑主義のもっとも高貴な側面が欠けている。こうした側面は、古代懐疑主義の前述の三つの変種のいずれにも見いだされるものであって、その三つの変種とは、懐疑主義が哲学と同一であってその否定的側面にすぎないばあいと、哲学から切り離されてはいるが哲学に対立しないばあいと、哲学に対立するばあいである。反対に最近の懐疑主義にとっては、普通の意識とそれが含む無限の事実のすべてには否定しがたい確実性がある。この懐疑主義にとってはこうした意識の事実について多弁を弄し、反省を加えて分類することが理性の仕事なので、この作業によってかたや経験的心理学が、かたやこれらの事実に適用される分析的思考にもとづき、いかなる理性的な懐疑も超えたそのほか多くの学問が、懐疑主義の学問としてもちだされる。

初期の懐疑主義も、唯物論も、どれほど月並みな常識でさえも――それがまったく動物的でないかぎりは――、否定しがたい確実性と真理性を意識の事実にもちこむこうした蛮行を犯したことがない。このような蛮行は最近まで哲学においては前例がない。

さらにこの最近の懐疑主義によれば、われわれの物理学と天文学と分析的思考は「どんな理性的な懐疑癖にも抵抗する」[†101]。そうだとすれば、最近の懐疑主義には古代後期の懐疑主義の高貴な側面、つまり制限された認識や

†98　本書一九八頁を参照。
†99　ギリシア語の動詞は語尾変化によって主語を示すので、主語なしに「ペリパトー」と言うだけで「わたしは散歩する」という意味になる。
†100　『ピュロン主義哲学の概要』邦訳九七〜八頁には次のようにある。「(…)ちょうど「散歩する」と言う人が、実質的には「わたしは散歩する」と言っているのと同じように、「すべては不確定である」と言う人も、われわれの見解では、「わたしとの想定的な関係においては」とか「わたしに現われているところでは」ということをいっしょに意味している(…)」。
†101　シュルツェ『批判』第一巻五九九頁。

有限な知識に対抗するという側面さえ欠けていることになる。

シュルツェのカント理解

最近の懐疑主義は、経験的な直観と経験的な知識というきわだって偏狭な領域に真理と確実性があるとみなしており、しかもここで言う経験的な知識は、経験的な直観を反省に変え、それを分析しているだけでなにも付けくわえていないと思いこんでいるのだが、こんな懐疑主義に、はたして懐疑主義のなにが残っているというのだろうか。必然的に残るのは、理性の真理を否定し、そのために理性的なものを反省に変え、絶対者の認識を有限な認識に変えることでしかない。しかし、この変化のすべてを貫く基本形式は、スピノザの〔『エティカ』における〕前述の[†102]第一の定義、つまり「自己原因（causa sui）はその本質が同時に存在を含んでいるもの」と説明するような定義とは正反対のものを原理にし、絶対的な原則として主張するところにある。つまり、思考されたものは、それが思考されたものであるがゆえに存在を同時に含まないというのである。思考と存在が〈ひとつ〉になっているような理性的なものを思考と存在という対立物に分離し、この対立を絶対的に堅持すること、つまり絶対化された悟性こそが、この独断的な懐疑主義の無限に反復されいたるところで適用される「根拠[†103]」となっている。〔思考と存在の〕こうした対立をそれ自体として見れば、そこでは差異が最高の抽象ともっとも真実な形式で表現されるという利点がある。知識の本質は普遍と特殊、思考の形式のもとに置かれたものと存在の形式のもとに置かれたものの同一性にあり、学問は内容からすればそうした理性的同一性の具体化であり、形式の側面からすればこの同一性の不断の反復である。〔これにたいして〕普通の意識のように知識とは正反対のものは非同一性を原理としており、それがもっとも明瞭に表現されるのは、前述の〔思考と存在の〕対立の形式においてである。たしかにこの形式が実在する客観にたいする思考する主観の対立としてしか理解されないなら、その利点の一部はふたたび失われる。だが、最近の懐疑主義とのかかわりで見れば、この対立の利点はまったくだいなしになってしまう。というのも、この対立が考えだされたことそれ自体はそもそも最近の懐疑主義より昔なのだが、最近の懐疑主義は、この対立を近代の教養になじませることになんの功績もなかったからである。周知のように、カント哲学は観念論という制約された立場に立って、カテゴリーの演繹においてはたしかにこの対立を廃棄するが、それ以外の点ではまったく首尾一貫せずに、この対立を思弁の最高原理にしてしまう。この対立への固執がもっともきわだって、しかも果てしない傲慢さとともに現われるのは、いわゆる神の存在の存在論的証明に対峙するときと、反省的判断力として自然に対峙するときである。†104 とりわけこの対立が世間一般で広範な成功をおさめたのは、存在論的証明の論駁という形式においてである。〔ところが〕シュルツェ氏はこの形式を自分に都合のよいように受けとり、一般的に利用するばかりでなく、カントの言葉を文字どおり口まねするようなことまでしている（七一頁そのほかを参照）。彼は第一巻の六一八頁でもカントふうの口調でこう宣言している。

「客観的現実性の領域を概念の領域と直結させ、これまたたんなる概念だけでできた橋によってのみ概念から現実へ渡ってゆこうとする目もくらむばかりの試みがかつてなされたとすれば、それは〔存在論的証明を中心に据える〕存在神学においてであった。それにもかかわらず、それによっておこなわれていたのが、細部へ

†102 本書三八頁参照。

†103 シュルツェはみずからの基本方針を、古代懐疑主義の「方式」に代えて「根拠」と呼んだ。

†104 「神の存在の存在論的証明」とは、「神は「全知全能である」「善である」といった肯定的な述語のすべてを含む。ところで、そうした述語には「ある（存在する）」という述語も含まれるにちがいない。ゆえに神は存在する」というものである。カントは『純粋理性批判』（B版六一八頁以下）でこれを批判し、存在論的証明は「〜である」という述語に「〜がある」をも含めて考える点で誤っており、両者は区別されなければならないと論じた。「反省的判断力」については、本書一一頁の†9および三三一頁の†46を参照。

のむなしい詮索癖やまやかしでしかなかったことが、最近すっかりあらわになってしまった。†105（しかし〔シュルツェの言うとおりなら、〕それ以前の哲学はどれほど目をくらまされていたことになるのだろうか）」

こうしてシュルツェ氏がやっていることといえば、無数のカント主義者と同じく、カントのこの卓抜な新発見〔存在神学の試みがむなしい詮索癖やまやかしだったという発見〕を受けいれ、このきわめて単純な機知を左派にたいしても右派にたいしても、さらには発見の父〔カント〕本人にたいしてまでいたるところでもちだし、彼のすべての部分を同じひとつの腐食剤で腐食させ溶かしてしまうことでしかない。

哲学という学問にしても同じひとつの理性的な同一性をいつもただ反復するだけではあるが、しかし、この反復からは次々に新たな自己形成が生じてきて、それにもとづいて同一性は、全体においても部分においても同じ同一性として認識されるような完璧な有機的世界へと形成される。ところが、〔シュルツェに見られる〕有機体の解体と否定的無（nihil negativum）にいたるような対立の永遠の反復は、否定的な側面から見れば、ふるいに水を永遠に注ぎつづけるようなものだし、そうかといって肯定的な側面から見ても、同じひとつの悟性的規則の絶えまない機械的適用であって、そんなことからは、次々に新たな形式が現われるなどということはけっしてなく、いつも同じ機械的作業がおこなわれるばかりである。こうした適用は、いつも同じように斧を振るいつづける木こりや、軍隊向けの制服を裁断しつづける仕立屋の仕事に似ている。じっさいのところここでは、ヤコービが知識一般について語っているようなニュルンベルク式の憂鬱なゲームがたえず続けられているのである。

「そのゲームときたら、その遊びかたとありうる応用をすっかり覚えてなじんでしまったとたんに、嫌気がさしてしまうようなものなのです†106」。

こうした懐疑主義はみずからゲームのためには、ひたすらただ〈ひとつ〉の遊びかたとただ〈ひとつ〉の応用しか知らず、しかもその応用にしても自前のものではなくカント主義からもらい受けたものにすぎない。最近の懐疑主義のこうした性格は、それがみずからの根拠と呼ぶものとその応用例を見れば一目瞭然である。

最近の懐疑主義

最近の懐疑主義はみずからの対象である思弁的理性の関心事を、「事物についての人間の認識の根源を解明し、有限な実在から無制約な実在を探りだすという課題」として理解しているが[†107]、こうした理解の仕方からもすでにこの懐疑主義の本性が十分に知れるというものである。ここでは第一に、理性において事物が認識に対置され、第二に、「認識の根源の解明」とともに因果関係がもちこまれる。そうなると認識の根拠は認識という根拠づけられるものとは別ものであって、前者は概念、後者は事物であることになる。そして、理性的思考についてこうし

---

†105 前註のカントの存在論的証明批判をもとに、シュルツェは論理的・概念的存在〔「〜である」〕を客観的規定性〔「〜がある」〕から区別している。

†106 ヤコービのフィヒテ宛公開書簡、『ヤコービ全集』第三巻二九頁以下参照。「このゲームがわれわれの無知とともに果てしないものでなく、ゲームの定形のそれぞれから新たなゲームが生まれるような性質のものでなければ、学問はわれわれにとっていわゆるニュルンベルク式のゲーム、つまり、その進行やありうべき定形のすべてになじんでしまった途端、嫌気がさしてしまうようなゲームです。このゲームは、われわれがそれをすっかり理解し知ることによってだいなしになってしまうのです」。なお、これは本書一一七頁の†108で紹介した部分の少しあとの箇所である。

†107 この言いまわしは『批判』にしばしば登場する。たとえば、第一巻の序文九頁、一二頁、一七頁、本文二一頁、二二頁、二四頁以下、二六頁を参照。

た根本的に誤ったイメージがひとたび前提されてしまうと、根拠と根拠づけられるもの、概念と事物は別ものであり、すべての理性的認識は思考から存在を、概念から実在を――これまたカントふうの言葉でいえば――苦労して取りだすこと[†108]を目指していることをいつもくり返し語る[†109]ほかに、もはやなすべきことはなくなってしまう。

この最近の懐疑主義によれば、人間の認識能力はさまざまな概念をもつひとつの事物であり、概念以外にはなにももたないので、外部にある事物にまで出てゆけず、それを探りだすことも突きとめることもできない。

「というのも、人間の認識能力とその外にある事物は種において異なるからである。理性的な人ならだれでも、なにかの表象を所有しているからといって、そのなにかそのものも同時に所有しているなどと思いこんだりはしないだろう」（『批判』第一巻六九頁）。

この懐疑主義が首尾一貫しようとすれば、理性的な人ならだれもなにかの表象を所有していると思いこむことさえないということをあきらかにしなければならないところだが、そんなことはどこにも述べられていない。〔なぜ理性的なひとがそう思いこむことがないかと言えば〕なにしろ表象もなにがしかのものだから、理性的な人が所有していると思いこむことができるのは、二乗された表象そのものではなく表象の表象だけでしかないし、さらにはこの表象の表象もなにものかだから、表象の表象もまたそうではなく、表象の表象の表象がそれだということになり、同様のことは無限に続くからである。言いかえれば、二つのポケットがあって、その一方には表象であるなにかが、他方には事物であるなにかが入っているというふうに事態がひとたびイメージされてしまえば、なぜ表象のポケットはいっぱいなのに事物のポケットは永遠にからっぽのままなのかは理解できなくなる。

表象のポケットはいっぱいであるのにたいして、事物のポケットのほうはわれわれがそれをいっぱいだと思いこむにすぎない理由は、表象のポケットは主観の下着に、事物のポケットは上着に付いていて、前者は主観に近いが後者は遠いということでしかあるまい。だが、これでは証明されるべきことを前提して証明をおこなうことになってしまう。というのも、なにしろ問題はほかでもなく主観的なものと客観的なものの実在性はどちらがまさっているかということだからである。

表象は表象される事物ではないということにだけ目を向けて、両者が同一であることには目を向けないというこの懐疑主義の根本特性と、意識の事実の否定しがたい確実性について語られることとは、むろんうまく調和しない。その理由はこうである。シュルツェ氏によれば、「表象が真であり実在的であり認識となるのは、表象とそれが関係するものとが、表象とそれによって表象されるものとが完全に一致するか[†110]ぎりにおいて、つまり、表象が意識に提示するものが表象されているもののうちに見いだされる以外のなにものでもないかぎりにおいてである」(第一巻六八頁)。さらに「われわれは日常生活において、そうした一致を確実なものとしてつねに前提しており、近代の形而上学のようにその一致の可能性を少しも気にかけない」(同上七〇頁)。

そうなると、シュルツェ氏が意識の事実の否定しがたい確実性を基礎づけるのも、思考と存在、概念と事物の絶対的同一性以外にはないのだが、その彼が舌の根の乾かないうちに今度はまた、「表象という主観的なものと事物という客観的なものは種において異なっている」と公言するのである。「日常生活においてわれわれはあの同一

---

†108 カント『純粋理性批判』のB版六三一頁には次のようにある。「勝手に描いた理念からそれに対応する対象そのものの存在を苦労して取りだそうとするのは、いかにも不自然であり、学校秀才としての知恵を新たにひけらかすことにしかならない」。

†109 『批判』第一巻序文一二頁。

†110 この個所の強調は原著者シュルツェによる。

性を前提している」とシュルツェ氏は言うが、この同一性が日常生活において前提されているということは、それが普通の意識のうちには存在しないということである。「近代の形而上学はこの同一性の可能性を究明する」と言うが、[†111]近代哲学が日常生活において前提されている同一性の可能性を究明しようとするという言い分には一片の真実もない。というのも、近代哲学がやっていることといえば、あの前提された同一性を語りだし認識することにほかならないからである。日常生活においてはあの同一性が前提されたものであるからこそ、普通の意識は客観をいつも主観とは異なるものとみなして、客観的なもの同士や主観的なもの同士もまた無限に多様な絶対的に区別されたものとみなす。形而上学は、普通の意識にとっては前提されているにすぎないこの無意識的な同一性を意識化するのであって、この同一性が形而上学の絶対的で唯一の原理である。〔しかし〕この同一性が〔シュルツェ氏の主張するとおり形而上学によって〕「解明」[†112]されうるとすれば、それはこの同一性が、シュルツェ氏の言うような日常生活において前提されている同一性ではなく、現実的な、つまりどこまでも規定された有限な同一性であって、したがってまた主観と客観も有限であるかぎりのことでしかないだろう。だが、そのような有限性の解明は、ふたたび因果関係を設定するかぎりでは哲学の圏外に転落してしまう。

シュルツェにとってのアプリオリな認識

シュルツェ氏はこの〔主観的な表象と客観的な事物の〕一致について、七〇頁でこう言っている。

「その可能性は人間本性の最大の謎のひとつであり、この謎のうちには同時に事物のアプリオリな認識、つまり、われわれがこの事物を直観する以前の認識の可能性の秘密がある」。

こうしてわれわれはここで、〔シュルツェ氏の考える〕アプリオリな認識がどんなものかをかなりよく学ぶことができる。つまり、事物は外部に、認識能力は内部にあって、認識能力が事物を見ないで認識するとき、アプリオリに認識しているというわけである。

この最近の懐疑主義の哲学理解の真の核心を含んでいる六八頁から七〇頁にかけての三頁のなにものも見落とさないようにするためにさらに言い添えておかなければならないのは、シュルツェ氏が「表象とその実在的な客観との一致の真に積極的なものがどこにあるか」については、「それ以上ことばで記述することも述べることもできない」と言っていることである。

「むしろ、読者の一人ひとりがそれ（積極的なもの）を意識しているときにそのものを観察し、たとえば、ある事柄が目の前にないときにそれについてもつ表象を、その事柄が直視できるようになりしだい事柄そのものと比較してみて、表象が事柄と完全に一致していて事柄を正確に表していることが判明したばあいに、読者がみずからの知覚し捉えているものを目撃することによって、その積極的なものを知ろうと努めなければならない[†113]」。

こうした解明作業はいったいどういうつもりなのだろうか。表象と客観の一致（または不一致）を今度はまる

---

†111　『批判』第一巻七〇頁。

†112　この「解明」は、本書二二九頁の「最近の懐疑主義はみずからの対象である思弁的理性の関心事を、「事物についての人間の認識の根源を解明し、有限な実在から無制約な実在を探りだすという課題」として理解している」という箇所を承けたものである。

†113　『批判』第一巻六九頁以下。

ごと現前と不在、現実的な直観と回想という心理的な区別に帰着させようというのだろうか。読者にとってある事柄が不在のばあいには、知覚のうちに存在している表象と客観の一致が逃れさり、シュルツェ氏のことばを借りれば、いまや彼らの意識には、「表象される事物に見いだされるのとは別のなにかが提示される」[114]とでもいうのだろうか。否定しがたい確実性があるとみなされている主観と客観の同一性は、姿を見せたとたんに、どうしてかはわからないが、ただちにふたたび経験的心理学に置き移されてしまう。この同一性が時をたがえずに心理的な意味をふたたびもたされてしまうのは、それが哲学そのものの批判と懐疑主義においてはきれいさっぱり忘れさられ、主観と客観、概念と事物の非同一性に活躍の場を与えるためである。

シュルツェの挙げる懐疑主義の三つの根拠

この非同一性は懐疑主義の三つの根拠と呼ばれるものにおいては原理として現われる。古代の懐疑主義者はいかなる教義も原則ももたず、みずからの〔思考の〕形式を方式（言いまわし）と呼んでいたし、すでに見たようにじっさいそのとおりであったが、同様にシュルツェ氏も、「根本命題」や「原理」という表現を避けて、その主張がまったく独断的であるにもかかわらずそれを根拠としか呼ばない。そうした根拠がいくつも挙げられているが、抽象がもっと完全であればもっとすくなくて済んだであろう。というのも、それらは概念と存在は同一ではないというただ〈ひとつ〉の独断を表明しているだけだからである。

それらは次のようなものである（第一巻六一三頁以下）。

「第一の根拠。哲学は、学問であるべきなら、無条件に真であるようなもろもろの根本命題を必要とする。だが、そのような根本命題は不可能である〔強調はシュルツェ〕」。

これは独断的ではないか。これが懐疑主義の方式の表現に似ているだろうか。無条件に真なる原則は不可能だなどというこうした独断にもなんらかの証明は必要ではないだろうか。それなのに、この独断論が懐疑主義を自称しようと思いついたばかりに、証明という表現もこれまた避けられ、そのかわりに解明ということばが用いられるのである。しかし、こんなふうにうわべを変えたからといって、問題の本質が変わるわけではない。

こうしてこの解明はいつものように、思弁哲学者が「たんなる概念から超感覚的事物の実在の洞察を汲みとれると信じている」ことを非難する。〔シュルツェ氏が〕証明したがっているのは、「命題とそれによって思考されているものの一致が必然的なものとして与えられる」のは、その命題つまり「表象と概念の結合」〔の全体〕においてであって、その命題の結合子（コプラ）においてでも、その「命題が含む概念」においてでもないということである。コプラは「悟性における主語と述語の関係」（つまり純粋に主観的なもの）にすぎず、「その本性からして悟性の思考作用の外部にあるものにはいっさい関係しない」。「主語と述語の概念」にもそうした一致はまったく含まれていない。というのも、「悟性における概念の現実性とともに与えられているのはその概念の可能性、つまりそれが自己矛盾しないということだけであり、その概念がそれ自身とは区別されるなにかに関係するということまでは与えられていない」からというのである。シュルツェ氏が神の存在の存在論的証明がまやかしであり空虚な屁理屈だと思いつくには、なるほどここはうってつけの場所にちがいない。

「第二の根拠」（六二〇頁）はこの解明のくり返しにすぎない。

「思弁哲学者は、制約されたかたちで存在するものの最高の根拠についてみずからが認識したと称するものをただ概念において捉え、思考しているにすぎない。だが、たんなる概念にしかかかわらない悟性は、なに

---

†114 『批判』第一巻六八頁の文言を利用したもの。

かを現実に即して表象する程度のことさえできないような能力である〔強調はシュルツェ〕。

この解明において著者が語るところによれば、

「悟性は思弁哲学者つまり事物の存在をたんなる概念にもとづいて探究する人びとにおいて十分な信望を得ており、この信望を少しでも疑うようなひとは、悟性をほとんど、あるいはまったくもっていないのではないかという疑いと非難にさらされるほどである[115]」。

ここでもむしろその逆が正しい。というのも、〔真の〕思弁は、悟性をあくまで哲学の素質を欠いたものとみなすからである。

シュルツェ氏は続けて言う。

「だが、われわれは理性が悟性にそれほどの完全性を認めてよいのかどうか考えてみなければならない[116]」。

ところで、ここでいう理性とはいったいどんな意味なのだろうか。なぜ著者は第二の根拠そのものにおいては、思弁においてけっして問題にならない悟性ばかりを語って、理性についてはまったく語らないのだろうか。まるで彼は、悟性は哲学に属するが、理性は懐疑主義に属すると言わんばかりである。だが、理性ということばが現われるのはほんの数回で、いかにも目を惹きそうな貴いことばのように用いられているにすぎない。この理性が教えるのは、概念は事物ではないということでしかなく、そんな理性は思弁が悟性と呼ぶものにほかならない。

「第三の根拠。思弁哲学者が基礎づけるのは、制約されたかたちで実在するものの絶対的根拠についての学問だと言いたてるものを、とりわけ結果の性質からそれに見あう原因の性質を推論することによってである。だが、結果の性質から原因の性質を多少なりとも確実に推論することはけっしてできない〔強調はシュルツェ〕」（六二七頁）。

解明においては、こんな主張がなされている。

「すべての制約されたものの根柢にありうるものの認識に霊感によって到達しようなどというのでないかぎり、そうした認識は因果性の原理によって媒介されたものでしかありえない†117」。

思弁哲学についてそこでは因果関係がとりわけ支配的だと前提するのも、これまた根本的に誤っている。というのも、因果関係は思弁哲学からむしろ完全に締めだされているからである。因果関係がたとえば産出活動と産出物というかたちで現われるように見えても、産出するものと産出されるものが等置されて原因が結果と等しくなり、〈同一のもの〉が自分自身の原因とも結果ともなることによってすぐさま廃棄されてしまうので、ここに適用されているのは、〔因果〕関係という表現だけであって、〔因果〕関係〔そのもの〕ではない。いずれにせよ、「思弁哲学においては制約されたものの性質から無制約なものへの推論がなされる」などというのは問題にもならない。

†115 『批判』第一巻六二一～二頁。
†116 同書第一巻六二二頁。
†117 同書第一巻六二七～八頁。

さて、以上が「〔懐疑主義の〕一般的根拠の一覧表と内容である。こうした根拠があるからこそ懐疑主義者は、これまでに提示された、あるいは将来もなお提示されるであろう哲学体系すべての学説に確実性を認めず、それらの体系のただのひとつにさえ根拠ある真理要求を許す気にならないのである」（六四三頁）。だが、すでに見たとおり、これらの根拠は哲学とはなんのかかわりもない。なぜなら、哲学は概念から事物を取りだすことも、理性の彼岸にある事柄を突きとめることもしないし、そもそも著者〔シュルツェ〕が概念と呼ぶものにも事物にもかかわることもなければ、結果から原因を推論することもないからである。

こうした理由でシュルツェ氏は言う。

「懐疑主義者が哲学本来の目的とその諸条件を、そして同時に実在的で確実な認識に到達しうる人間の心の能力を考察するとき、人間の認識能力の仕組みが変わらないかぎり——おそらく理性的な人間ならそんなことを期待しないし、そうした希望を抱くのは愚かであろうが——超感覚的なものの認識がいつかできるとはどうしても思えないという気持ちにかられるのは、これらの根拠にもとづいてのことである」（六一〇頁）[†118]。

哲学は人間の心のいまあるがままの仕組みにおいても可能なのだから、そんな希望を抱くことのほうがもっと愚かであろう。

シュルツェのライプニッツ理解

いまやロックとライプニッツとカントの体系がこれらの武器によって論難される。つまり、ロックとライプニッツの体系は実在論の体系（前者は感覚主義的な実在論の、後者は合理主義的な実在論の体系）であり、他方カントは超越論的観念論の体系だというわけである。最近の超越論的観念論は第三巻で論じるために取っておかれる[†119]。

第一巻はこれらの体系の叙述を含み、ロックの体系の叙述には一一三頁から一四〇頁、ライプニッツの体系の叙述には一四一頁から一七二頁までが費やされている。さらに一七二頁から五八二頁までは、あれほど何度も抜粋されてきたカントの『純粋理性批判』がまたもや抜粋される。残りの部分は最後まで上述の懐疑主義に費やされる。

第二巻は、さきにあきらかにされた根拠にもとづくこれらの体系の批判を含んでいる。ロックの体系の批判は七頁から九〇頁まで、ライプニッツの体系の批判は九一頁から一二五頁までである、カントの体系には六〇〇頁が当てられている。

懐疑主義のこれらの根拠がこれらの体系にどのように適用されるかの一例として、著者がライプニッツの生得観念に反論するやりかたを紹介しよう。このライプニッツ反駁は第二巻の一〇〇頁以下で次のように進められる。

「必然的な判断の根拠は心そのもののうちにしかなく、したがって悟性はすでにアプリオリな認識を含んでいるとライプニッツが最初に唱えて以来、必然的な判断は認識主観そのものからしか生じないということがたしかに数えきれないほどくり返されてきた。だが、この主観が必然的な判断の源泉であることをとくに証明するような性質はこれまでのところまだひとつも検出されておらず、主観の単一性にもその実体性にも、さらにはその認識能力にもそうした証明につながるような根拠は見いだされていない[†120]」。

†118 正確には『批判』第一巻六〇九頁から始まる要約的な引用である。本書一七八頁参照。
†119 同書第二巻序文五頁以下。第三巻は出版されていない。
†120 同書第二巻一〇〇頁。

魂の単一性や実体性は、この懐疑主義が許容する性質なのだろうか。じっさい、必然的な判断〔がありうること〕を主張するには、それが魂のひとつの性質のうちにあることを示しさえすればよいというなら、魂は必然的な判断の性質をもっていると言うほかはない。たしかにそのあと著者は、「認識する自我についてわれわれの洞察がどれほど深まっても、それが必然的な判断の源泉であるにちがいないと決定づけるようなものはそこにはなにひとつ見いだされない[†121]」とは語るものの、それにもかかわらずすぐ続けてこう語る。

「われわれの思考の対象はあるときは偶然的判断であり、またあるときは必然的判断である。しかし、後者の判断のほうが前者よりも悟性とその本性にいっそう多くのかかわりをもち、必然的な判断を生みだすことがわれわれの悟性の本質に属するとは言えない[†122]」。

とはいえ、悟性には二種類の性質があり、一方は偶然的判断の、他方は必然的判断の性質だということは、ただ受けいれるほかはない。こうなるとわれわれの心にそなわる必然的判断の能力もほかの諸性質と同じくなんらかの経験的心理学において証示されることになる。なにしろシュルツェ氏は必然的判断を意識の一事実とは認めないのだから。

「だが、ライプニッツが純粋理性の生得的な概念と洞察の真理性について語っていることにいたっては、なおさら根拠がない。有効な証明の必要条件についてけっして無知ではなかったこの人物が、ここでは論理学の規則にたいしてこれほどまでに不注意でありえたことに人びとはまったく驚くにちがいない[†123]」。

ここでまずわかるのは、ライプニッツに欠けていたのが論理学への注意だったということである。シュルツェ氏がまったく驚いているのはこの点についてである。だが、ライプニッツに欠けていたどころか彼がありあまるほどにもっていたものは、以下でわかるとおり天才であり、ひとは事実また、ひとりの人間が天才をもつことにまったくもって驚かざるをえないであろう。

さらにくわしく見てみよう。

「われわれの心のなかに生得的な観念や根本命題があるなら、心の外にもそれに対応するものがあり、生得的な観念や根本命題はそれに関係してその客観的な現実をあるがままに認識させてくれるなどというのは、自明なことではない。というのも、われわれのうちなる概念や判断は、それによって考えられている客観そのものではまったくないし、客観にかんするわれわれの思考においては述語と主語の関係が必然的だからといって、観念とその外部に存在する実在的な事物との関係というそれとはまったく種類の異なる関係はけっして与えられないからである[124]」。

ごらんのように、著者は生得観念をこれ以上ないほど粗雑な意味に解している。彼の考えによれば、主観は頭のなかに一束の手形を生まれつきもっており、それが頭の外に存在する世界を支払人として振りだされる（だが、

---

†121　『批判』第二巻一〇〇～一頁。
†122　同書第二巻一〇一頁。なお、引用文中の「しかし」は、シュルツェの原文では「したがって（mithin）」である。
†123　同書第二巻一〇四頁。
†124　同書第二巻一〇四頁。

問題は、手形がこの〔世界という〕銀行に引き受けてもらえるか、それは空手形ではないかということだ）。そうでなければ、主観は魂のうちにたくさんの富くじを生まれつきもっているが、当たりくじを決める抽選がおこなわれないので、空くじかどうかはけっしてわからない。シュルツェ氏はさらに次のように続ける。

「これはつねに、人間の魂のうちにある生得的な観念や根本命題の擁護者によっても洞察され承認されてきた。だからこそ彼らはこれらの観念や根本命題の真理性を証明するか、そうでなければ、それらの観念が実在する事物に関係すべき仕方をもっと厳密に規定しようとしてきた」。

註ではこんなふうに言われている。

「プラトンによれば、魂が生まれつきこの世にたずさえてきて、それによってのみわれわれが現実を感覚的にそう思われるとおりにではなく、あるがままに認識できるような観念や原則は、魂が〔…〕神と交流していたときにその分け前にあずかっていたような事物の直観のたんなる想起にほかならない。〔生得観念の真理性について〕デカルトは〔…〕神の誠実をよりどころにして議論を打ち切っているにすぎない。〔…〕スピノザにとっては、われわれの悟性の思考が真であるのは、それがわれわれの精神の本質をなすかぎりでの神の表象と認識から成りたっているからだが、しかし、そうした神の認識はそれによって認識されるもの〔神そのもの〕と完全に一致しなければならず、それどころかこの認識されるものと同じひとつのものである[†125]」。

「ライプニッツによれば、われわれの心のうちにアプリオリに存在する根本命題とそこに含まれる表象には真理性と実在性が認められるべきである。なぜなら、それらは神の悟性のうちにある観念や真理――世界に実在するすべての事物の可能性と存在と性質をなすような観念や真理――の写しだからである」[126]。だが、シュルツェ氏は問題をこんなふうに位置づけることによって、まだ批判にとりかからないうちにそれをただちにゆがめてしまう。プラトン、スピノザ、デカルト、ライプニッツといった哲学者たちが生得観念の真理性の根拠として神を想定するばあい、彼らにとってそもそも問題だったのは、生得観念や理性になんらかの実在性が対応することを証明したり、その対応の仕方を規定したりすることだったのだろうか。〔そうした証明の〕順序はシュルツェ氏によれば次のとおりである。

（一）それ自体では実在性をもたない主観的な概念がある。
（二）さらに、その概念の外に存在する実在性がある。
（三）いまや、これら両者がどのようにして一致するかが問題になる。
（四）主観的概念の真理性が、そうした概念にも実在性にも疎遠なもの〔神〕において証明される。

だが前述の哲学者たちはむしろ、日常生活において前提されているとシュルツェ氏が語るような[127]、概念と実在との同一性を認識し、それを神の悟性と呼び、そこでは現実性と可能性が〈ひとつ〉であるとみなしたのである。

この点についての著者の判断はこうである。

---

† 125 『批判』第二巻一〇五頁脚註からの要約的な引用。
† 126 同書第二巻一〇五頁。
† 127 本書二三二頁以下、および『批判』第一巻七〇頁以下を参照。

「ここでわれわれは、生得観念の真理性と確実性を擁護するこうした論証が、つまるところわれわれの魂と神の本性との親和性にかんする神智学的な妄想と結びつき、そこから導出されているのではないかを検討するつもりはない。ライプニッツが最高のモナドからの有限なモナドの生成について説くところからでも、それは推測できる[†128]」。

これはとんでもないことになった！　われわれの魂と神の本性との親和性は神智学的な妄想であり、〔生得〕観念の真理性の擁護論がそれとどれほど結びついているかを著者は（おそらく寛大さのゆえであろうが）検討するつもりはないと言う。だが、これらの哲学者たちは、魂はそれ自体としてはなにものでもなく、神のうちでこそみずからがそうであるところのものであることを実質的に認めている。これについて論評するもっとも短絡的なやりかたは、これらの哲学者の哲学を狂信や神智学的な妄想だと言いたてることである。だがシュルツェ氏は、〔検討するつもりはないと言ったはずの〕認識の根拠に立ちいろうとするかのようなそぶりを見せる。彼は続ける。

「だが、われわれの読者であればだれでも、次の程度のことはきっとわかるはずである。つまり、われわれの悟性が神の悟性のうちに存在する永遠で実在的な認識の模写の分け前にあずかるというありがたい特権をもつことを、われわれはいったいどこから知るのかということが、どうしても問題にならざるをえないのである。感覚は神とその性質についてなにも教えてくれないので、ライプニッツはこの問いの答えをあくまでも悟性とその生得的認識から導きだし獲得できるだけで、じっさいそうしている。その結果、彼は生得観念の真理性の証明において循環に陥っている[†129]」。

たしかにそうである！　循環に陥らないとすれば、ライプニッツはある種の因果関係をもちあわせており、〔シュルツェの挙げる〕第三の根拠[†130]にしたがって、いかなる実在性もないたんなる概念にもとづいて結果から原因への橋を架けていることになる。

だが、いわゆる生得観念の真理性と確実性を、神の永遠で実在的な認識の模写の分け前にあずかるというありがたい特権から切り離して、それぞれを特殊な性質――あるいは、それをどう呼ぼうとかまわないが――にする必要はなかったのであり、むしろ両者は同じ〈ひとつのもの〉である。前者が後者から証明されることなど問題にならず、したがっていかなる循環もなくなる。残るのは二通りに表現された主張だけである。つまり同じ主張が、理性はライプニッツによれば神性の像であると表現されるか、理性こそが真理を認識すると表現されるかだけのことである。たしかにこれは神智学的な妄想にいたりつきかねないが、それでも、この懐疑主義の表現を借用すればわれわれの魂と神の本性のあの親和性があの哲学者たちの意識の事実だったことは否定できない。ところで、この懐疑主義にとって意識こそは確実性と真理性の最高の法廷である。すでに見たように[†131]、意識に現前しているものは意識そのものと同じく疑うことができない。というのも、意識そのものを疑うことは不可能だからである。ところで、意識のうちにみずからの理念の実在性やそうした理念の本性と神の本性との親和性が見いだせる哲学者もいれば、そうでない哲学者もいるのだから、これをなんとかしようとすれば、前者の哲学者を嘘つき呼ばわりするか、それはいかにも無理だから、彼らがみずからの意識を納得のゆくかたちで説明するように要求するか

†128　『批判』第二巻一〇五頁以下。
†129　同書第二巻一〇六頁。
†130　本書二三六頁を参照。
†131　本書一八二頁以下を参照。

しかない。〔だが〕そんな要求もできるわけがない。というのも、そうした要求をするかもしれない日常的意識のほうも、日常生活において前提されている表象と事物の同一性を理解できていないからである。こうして、二種類の意識を想定しておいて、一方はそうした親和性を意識しているが、他方はそうした意識を神智学的な妄想と言いたてるというふうに考えるほかなくなる。

次にシュルツェ氏は、理性は神の理性の像だからこそ実在性をもつという発想に根拠がないことをこれまたライプニッツ自身の言い分にもとづいて証明している。というのも、ライプニッツ自身が有限な存在者のもつ概念は神の悟性の概念から果てしなく異なっていると言っているからというわけである。[†132] だが、〔『理論哲学批判』〕第一巻でのライプニッツ体系の叙述によれば、シュルツェ氏はライプニッツにおける有限なものと無限なものの対立の概念をかなりよくご存知だった。というよりむしろ、有限なものと無限なものの対立を絶対的な対立とみなしているのはまたしてもシュルツェ氏にほかならない。〔第一巻〕第二八節のライプニッツの体系の叙述ではこんなふうに言われている。

「〔無限者である〕神性の諸性質には、〔有限者である〕被造的なモナドにおいて認識と意志能力の根拠をなすものが対応する。だが、それらの性質が神においては無限の程度と最高の完成状態において存在しているのにたいして、被造的なモナドにおいてそれらに対応する性質は、それぞれのモナドがもつ完成度に応じた前者の性質のたんなる類似物でしかない[†133]（第三四節および同節の註を参照せよ）[†134]」。

したがって、たしかにライプニッツは無限なモナドと有限なモナドを対立させてはいるが、有限なモナドの完成度は無限なモナドの完成度に対応し、前者は後者とある種の類似性をもつのだから、シュルツェ氏が理解するような有限なものと無限なものの絶対的な対立ではない。むろんシュルツェ氏はこの対立についても、「両者は種、において異なっている」と言いだしかねないし[†135]、ライプニッツが絶対的なモナドを無限、ほかのモナドを有限とみなしていながら両者のある種の類似性を語ってもいることを、ライプニッツが論理学の規則に十分な注意を払わなかった例におそらく数えるだろうが[†136]。

さらにシュルツェ氏によれば、「人間悟性の必然的な判断は神の悟性のうちにも存在するにちがいない」という証明をライプニッツが導きだすのは、「そのような判断は永遠の真理をなしているかぎり、同じ真理を思考してもいれば、したがって同じように永遠の昔から実在してもいるような悟性のうちに永遠の昔からその諸規定として存在するにちがいないということからである[†137]」。シュルツェ氏は次のように要求する。

「どんな時代にも永遠に妥当する真理が存在すると主張できるためには、永遠の昔から実在している確実な真理をたえず思考しているような悟性が実在することが、なんといってもまず証明されなければならないだろう[†138]」。

「永遠の真理とは、われわれの洞察によれば、〔確実な〕判断を意識しているどんな悟性も、われわれが思考

---

†132 『批判』第二巻一〇七頁以降を参照。
†133 同書第一巻一六〇頁。
†134 同書三四節の註（一六三頁）では、ライプニッツ『モナドロジー』第五八～六一節の参照が求められている。
†135 本書二三〇頁を参照。
†136 本書二四〇頁を参照。
†137 『批判』第二巻一〇八頁。
†138 同書第二巻一〇九頁。

するのと同じように思考しなければならないような真理である。したがってこのことは、そうした判断をじっさいに思考している悟性が永遠の昔から実在することとは無関係である」[†139]。

ここでもシュルツェ氏は、神的悟性の実在をまたもや経験的な実在と、永遠を経験的な永遠と捉えてしまっている。

最後に、判明な表象と混乱した表象というライプニッツの概念についてシュルツェ氏が述べていることも無視できない。

「つまり外的な事物の直観とは、われわれの認識する主観からも、そのたんに主観的な諸規定からも区別されるような事物を直接にまのあたりにしている意識のことである」[†140]（「われわれの認識する主観」ということばづかいから見て、どうやらシュルツェ氏は自分自身とその主観をさらに区別しているらしい。この区別はぜひとも説明してもらいたいものだが、説明されればされるほど、神智学的な妄想にいたりつきかねない）。

「したがって、ひとつの表象における多様な徴表の混乱から直観が生じるなどというのはまったくの無意味である。両者のあいだにはいかなる親和性もない」[†141]（だがそうなれば問題は、自我とそこからは区別されるべき主観、さらにその主観の主観的な規定、最後に客観的な規定のあいだにどのような親和性があるかということであろう）。

「〔ライプニッツの言うように表象における多様な徴表の混乱から直観が生じるとすれば、〕事物の直観をみずからのうちで好き勝手に生みだすことや、なにかを判明に思考しているときにこの意識状態をさらにすぐに対象の直観にまで変えてしまうことが、だれにでもできることになる。千角形、一塊の黄金、一軒の家、一人の人間、宇宙、神性などをまざまざと直観するには、千角形や黄金などの表象に含まれる徴表の違いから注意をそらしたのちに、それらの徴表を十分にごちゃまぜにしさえすればよいことになるし、他方、家や人間や木の直観をたんなる概念に変えるには、いわゆる感覚的表象において現われる諸部分を、意識のうちでたがいに区別し判明なものにしさえすればよいことにもなろう。だが、そんなふうに事物の概念を好き勝手に直観に変えたり、直観を概念に変えたりすることによって、そうした前代未聞の手品を自分自身にみずからの認識する主観（ここではだれでもない人物とその主観が区別されているらしい）がやってみせることができるなどとは、願わくばだれにもまじめに言いたててもらいたくない」[†142]。

ここでシュルツェ氏は、表象するものの本性についてライプニッツが語っている思弁的な事柄を経験的な表象の地盤にじつに気持よさげに引きずりおろし、ニコライ[†143]やそのほかの同類が観念論に突きつけるのとまったく同じ種類のありふれた意見をライプニッツに言いたてるということを臆面もなくやってのけているだけに、彼が第

---

†139 『批判』第二巻一〇九頁。ヘーゲルの引用はシュルツェの原文とはやや異なっている。原文は次のとおり。「確実な判断に永遠の妥当性が与えられるとすれば、そのことが意味するのは、われわれの洞察によれば、そうした判断を意識しているどんな悟性も、われわれが思考するのと同じようにその判断を思考するにちがいないということにすぎず、したがって、そうした判断をじっさいに思考する悟性が永遠の昔から実在することとは無関係である」。

†140 同書第二巻一一二頁。

†141 同書同頁。

†142 同書第二巻一一三〜四頁。（ ）はヘーゲル。

三巻で取りあげる予定の最近の観念論についても、[144] おそらくそこでもこんなおそまつな話がくり返され、観念論は事物を好き勝手に生みだし概念を事物に変えてしまうなどと主張するのだからそれこそ前代未聞の手品だと決めつけられるのが関の山だろう。

カント哲学にかんするシュルツェの曲解

この懐疑主義によるライプニッツ哲学のこうしたあつかいだけでも、この懐疑主義の方法の見本としては十分であろう。ライプニッツ哲学はそれ自体ですでに理性的体系としてあつかわれる資格があったのにたいして、カント哲学についての研究が〔われわれにとって本当に〕興味を引くものになりえたとすれば、とりわけこの悟性哲学をそれが反省というかたちでもっている固有の原理を超えて高め、理性と哲学体系という偉大な理念——いたるところでこの哲学の根柢に潜んでおり、神々しくはあるが悟性が住みついているために廃墟のようになっているこの理念——をきわだたせ叙述することによってでしかない。こうした理念の有効性は、カント哲学の諸部分の外的な骨組だけからしてもすでにあきらかになるが、この哲学の一連の綜合のいくつかの頂点においても、とりわけ『判断力批判』においてなおさらはっきりとあきらかになる。こうした最高の理念を意識していながら同時にそれをきっぱりと根こそぎにしてしまうのが、カント哲学の精神である。[145] したがって、われわれはカント哲学においてあきらかになる二種類の精神を、つまり、体系がいつもだいなしにしてしまう哲学の精神と、理性の理念の死をめざすような体系の精神を区別しなければならない。だが、後者の没精神的な精神もまだ文字だけはもっており、そしてシュルツェ氏は、[146]「私の体系は精神ではなく文字にしたがって受けとられなければならない」というカントのきっぱりとした断言を遵守すればこそ、自分も文字にこだわるのだと言う。[147] こうして彼は〔カント〕哲学の没精神的な精神の没精神的な文字にはまりこんでしまう。いまや彼はこのまったく形式的な本質を同じように形式的な本質で批判し、カント哲学をありうるかぎりもっとも極端な鋳型に流しこみ（ラインホルトの『人間の表象能力の新理論の試み』やそのほかのカント主義者の先例もあるので、著者がこんなことをするのもたしかに無理からぬことではあるのだが）、カント哲学をもっとも極端な独断論（現象と物自体とをもちあわせており、後者がまるで現象というやぶの陰にいる手に負えない動物のように現象の背後にあるかのように考えるような独断論）というかたちでしか理解しない。カント主義者たちはこのような極端なイメージを突きつけられたくらいでは困惑しないというよりも、むしろさきに十分に見たように、意識の事実の否定しがたい確実性の体系とこの懐疑主義は〔カント哲学を〕こんなふうにしかあつかうことができないからである。〔たしかに、〕文字に釘づけにされているカント主義者たちにとっては、カントの形式主義のために〔シュルツェの〕また別の形式主義が熱心に骨をおって大変なご苦労をなさっている様子は、あの極端なイメージと同様に彼らを驚愕させる効果があるかもしれない（彼らがまだそんなものに驚愕するだけの能力をもつならばの話だが）。じっさい、この箇所で彼らに与えられるようなカント哲学のイメージだけでなく、アルファベット四巡†148に及ぶ本書の全体にわたってじつにあからさまに勝手に吐露されるようなイメージが、さらにはみずからの諸形式を演繹したり導出したりするカントの

---

†143　クリストフ・フリードリヒ・ニコライ（一七三三～一八一一）。ドイツ啓蒙時代の哲学者・出版者。カントやフィヒテを常識的な立場から批判した。

†144　第三巻は出版されていない。

†145　本書一〇頁以下および一一頁の†9を参照。

†146　カントが一七九九年八月七日付の『一般文芸新聞』に発表した「フィヒテの知識学にかんする声明」。カントはここで「私はフィヒテの知識学を全然もちこたえることのできない体系だとみなす」と反論し、さらに、「『〔純粋理性〕批判』はもちろん文字どおりに理解されねばなら」ないと宣言している（『カント全集』第一三巻、『批判期論集』（岩波書店、二〇〇二年）所収の「七つの公開声明」（北尾宏之訳）二一三～四頁）。

†147　たとえば『批判』第一巻序文二七頁、第二巻五〇六頁以下などを参照。

形式主義の欠陥までもがカント主義者たちにうんざりするほど見せつけられはする。しかし、彼らがそこに理性や哲学の概念を求めたところでむだであろう。そんなものはさまざまな事実と、そうした事実の背後に探し求められる物――それを探し求めるのは哲学の責任である――の押し合いへし合いのなかで姿をくらましてしまい、したがってこの懐疑主義のどんな仕事ともまるで無関係だからである。

シュルツェ哲学にたいする天才と想像の関係

最後の締めくくりとして、この懐疑主義の経験的心理学からある部分を、つまりこの懐疑主義が哲学にたいする天才や想像の関係をどのように思いえがいているかを取りあげないわけにはいかない。シュルツェ氏は〔『批判』第二巻〕序文の二四頁で、みずからの文体を弁護して次のように述べている。

「思弁哲学の問題の論述に華やかな雄弁はまったく場違いである。というのも、それは理性を誤った方向に導き、理性の仕事に空想を混入するからである。したがって、この批判の文体を雄弁でイメージ豊かな表現でもっと生気にあふれた魅力的なものにできたとしても、著者はそれを利用しなかっただろう」。

著者はライプニッツについて、〔『批判』第二巻〕九一頁以降でこう述べている。

「感覚世界の背後に隠れていると称される超越論的世界について心地よく楽しませてくれるような大胆な作り話によって、精一杯の高みを天翔ける空想さえも凌がんばかりになり、そうした作り話にある種の概念の助けによって統一と連関をもたらすことが哲学における理性の仕事だとすれば、どんな哲学者もライプニッツには及ばず、ましてや彼を凌駕することはないだろう。〔…〕どうやら自然がライプニッツによって示そうとしたのは、認識能力の最高の目標を達成するには自然の偉大なたまものに恵まれなければならないということだけではなく、自然の恩恵をほとんど受けていない頭脳でも、能力を適切に用いさえすれば、この点で天才に匹敵しうるのみならず、ひょっとするとしばしばまさることさえありうるということであるらしい」[†149]。

ライプニッツが自分の哲学説をみずから体系に練りあげたとしても、おそらくは「新プラトン主義的な熱狂」[†150]が生みだされるのがせいぜいだったろうと、シュルツェ氏は考えている。

それに引きかえシュルツェ氏は、カントについては最高の敬意を払ってつぎのように語る。

「『純粋理性批判』は、どんな困難ものともせずに著者の自由な決断によってのみ生まれた思考力の労作であり、天才と幸福な偶然（これではまるで、天才以外のものにも幸福な偶然がありうるといわんばかりである！）がその根柢にある構想を実現したと自負することはほとんどできない」[†151]。

天才と自然の偉大なたまものへのこの軽蔑、空想は哲学の文体に雄弁という花を添えるだけであるというこの思いこみ――理性は（たとえば新聞が虚報をでっちあげるというような意味で）でっちあげをしもすれば、それが通俗的な現実のかなたに虚構をでっちあげるときにも、さまざまな幻想や熱狂や神智学的妄想を生みだすのであ

†148 この表現については、本書一七五頁の†3を参照。
†149 『批判』第二巻九一～二頁の要約的引用。
†150 同書第二巻九三～四頁。
†151 同書第二巻一三七頁。

り、ことでっちあげにかんするかぎり理性は、このうえない高みに天翔けて詩を紡ぎだす空想をさえ凌ぐことができるという思いこみ、こうした思いこみにあっては、凡才に喝采を送る野蛮さや素朴さのほうがまさっているのか、それとも概念の通俗性がまさっているのかは、見きわめがつかない。自然の偉大なたまものへの軽蔑を野蛮と呼ぶとき、われわれが考えているのは文化のかなたに存在する自然な野蛮ではない。というのも、そうした野蛮であれば天才を神的なものとして讃え、みずからの意識の蒙昧さに射しこむ光として尊重するからである。むしろ、それは文化の野蛮であり、人為的な粗野である。こうした野蛮がみずからに絶対的な限界を設け、その偏狭さの内部で自然の無制約なものを軽蔑し、認識というかたちで自己主張するばあいには悟性となる。〔シュルツェ氏の通俗的な〕諸概念について言えば、それらはあの経験的な心理学に由来する。この心理学は、精神をさまざまな性質に分解し、したがってそうした性質のうちにいかなる全体的なものも天才も才能も見いださず、むしろ精神をいろいろな能力の詰まった袋のように記述する。[†152] それらの能力はそれぞれ特殊なものであり、あるものは直観をもたず空想から切り離された理性、またあるものは理性をもたない空想というぐあいで、それぞれの空虚さを満たせるのは厳しい仕事をつうじて獲得される事柄によってだけであり、それぞれはこのように事柄や事物で満たされた状態においてしか価値をもたない。そうなると悟性は、主観という魂の袋に住みついているほかの能力のなかでもっとも卓越した能力でありつづける。なぜなら、悟性はすべてのものを事柄に、つまり一方では概念に、他方では事物に変えることができるからである。じっさい〔シュルツェ氏の〕悟性は〔叙述をおこなう最初のアルファベット二巡分〔つまり第一巻〕では〔みずからにとって〕よそよそしい事柄を提示したのにたいして〕、批判をおこなう第二のアルファベット二巡分〔第二巻〕ではすべてのものを概念とその外部に実在する事物に切り裂く一本調子の仕事にひたすら取りくむ。その一本調子ぶりは、ひっきりなしに鳴りつづけて感覚を鈍麻させる麻酔性の憂鬱な音のようなものであり、そんな音のなかを悟性は理性の理念によるいかなる活性化も、想像力も、幸福もないまま歩みつづける。結果として読者は、どんなに努力しても抵抗できない麻酔性の芳香を放つヒヨスの花咲く草原をさまよっているような状態に陥り、いかなる蘇生をうながす光線によっても、予感というかたちにおいてさえ活気づけられることがなくなってしまう。

†152 精神を「能力の詰まった袋」のようにあつかうシュルツェの心理学は、『精神現象学』「観察する理性」の「心理学的法則」でも言及される。

抽象的に考えるのはだれか

考える？　しかも抽象的に？　みんな逃げろ！〔原文フランス語〕。敵に買収された裏切り者が早くもそう叫ぶのが聞こえる。彼はこの論文では形而上学が話題になると言いふらす。というのも、形而上学とは、抽象的と同義の、また考えるともほとんど同義のことばであり、それを前にすれば多かれ少なかれだれもが、ペスト患者に出会いでもしたかのように逃げだしてしまうからである。

とはいえ、考えるとはなにか、抽象的とはなにかをここで説明してくれなどと、意地の悪いことを言うつもりはない。上流社会ではご説明申しあげることほど鼻もちならないことはない。私だってだれかが説明をはじめただけで、もうぞっとする。というのも、私はいざとなればなんでもわかるのだから。そうでなくても、「考える」とか「抽象的」とかの説明がまるで余計であることはもうとっくにはっきりしている。というのも、上流社会は抽象的なもののなんたるかを先刻ご承知だからこそ、そこから逃げだすからである。ひとは自分が知らないことを望みはしないし、嫌がることもできない。

だからといって私は、策を弄して上流社会と考えることや抽象的なものを和解させるつもりもない。たとえば、気軽な会話を装って考えることや抽象的なものを密輸入するのではない。そんなことをすれば、それらは知らないうちに、なんの嫌悪感も抱かせずに社会に忍びこんだり、それどころか社会がみずからそれらをいつの間にかもちこんだり、あるいはシュヴァーベン人ふうに言えば、まんまとおびき寄せたりして、いまやこの混乱の張本人である著者は、ふだんならよそ者の客である抽象的なものを社会全体が別の肩書のもとで親しい知人として遇し、認めているのを見いだすだろう。〔しかし〕世間にその意に反して知見を教えこまねばならないという光景は許しがたい欠陥をともなう。世間は〔意に反して教えられることで〕面目をつぶされると同時に、〔教える側の〕策謀家はちっぽけな名声を気どってやろうとする結果、前者の不面目と後者の虚栄心がその効果を殺してしまう。なぜなら、両者はこうした犠牲を払って手にした教えを、むしろふたたび突きはなしてしまうからである。

　いずれにせよ、そんな計画は立てたとたんにすぐにだめになってしまうだろう。というのも、この計画を実現するには、〔考えるとか、抽象的といった〕謎のことばをさきに語ってはならないというのに、〔「抽象的に考えるのはだれか」という〕表題からしてもうそれを語っているからである。もしこの論文がそうした術策をもくろんでいたなら、標題のうちにそれらの言葉が開始早々現われてはならず、喜劇に登場する大臣よろしく、劇のあいだじゅうコート姿で歩きまわり、最後の場面ではじめてボタンをはずし、英知の勲章をきらめかせるのでなければならないだろう。このばあい、形而上学がコートのボタンをはずすのは、大臣がそうするほど見栄えがしない。というのも、前者がさらけ出すのは二、三のことばでしかないが、そもそも楽しみの最たるものは、社会がとっくの昔から〔ことばではなく〕事物そのものを所有していることがあきらかになることのはずだからである。じっさい、前者が手に入れるのは結局のところ名前だけだが、大臣の勲章が意味するのはもっと実のあるもの、つまり金のつまった財布だからである。

　考えるとはなんであり、抽象的とはなんであるか。その場にいる人ならだれでもそれを知っているということが上流社会の前提であり、われわれはそうした社会にいる。問題は、抽象的に考えるのはだれかということだけである。われわれの意図は、すでに述べたように、上流社会をこれらの事柄と和解させ、困難にも取りくむように要求し、その良心に訴えて、理性をもって生まれた者の地位と身分にふさわしいことを軽率にもなおざりにしないように促すことではない。むしろわれわれの意図は、上流社会をそれ自身と和解させることである。なにしろ、上流社会はいま述べたような怠慢のゆえに良心の痛みを感じはしない反面、抽象的思考にたいしてはすくなくとも内心では高尚なものとしてある種の敬意を抱きながら、それから目をそらしているからである。上流社会がそれから目をそらすのは、それがあまりにも取るに足りないからではなく、あまりに高尚すぎるからであり、あまりに卑俗だからではなく、あまりに高貴だからである。あるいは逆に、抽象的思考がなにか〈つまらないもの〉（Espèce）[†1]、特殊なもののように思えるからであり、それによって人目を引いてしまうのも、一般社会で新しい晴れ着を着たときのような具合ではなく、むしろみすぼらしい服を着たときとか、あるいは服は豪華でも、細工が古い宝石をしていたり、どうにか豪華ではあるが、とっくの昔に珍妙なものになり、社会から締めだされたり物笑いの種にされているような刺繍をしているときのようなぐあいだからである。

抽象的に考えるのはだれか。それは無教養な人であって、教養ある人ではない。上流社会が抽象的に考えないのは、それがあまりにも容易で卑しいからである。しかも卑しいというのは、外的な身分のことでもなければ、自分ができないことは無視する態度を取るようなからっぽの上品気取りにもとづいてでもなく、事柄が本質的にくだらないからである。

抽象的思考にかんする先入見と尊敬はきわめて大きいので、鼻の利く者であればここに風刺や皮肉があるのをあらかじめ嗅ぎつけるだろう。しかし、そうした人は『〔教養階級のための〕朝刊新聞』の読者だから、風刺に懸賞金が掛かっていることはご存知だし、したがって私が話題をここで披露しているのも損得勘定ぬきではなく、懸賞金を稼ぐためであり、そのためなら競争も辞さないこともご存知だろう。

私の主張を証明するには、それを含んでいることがだれでもわかるような実例を挙げさえすればよい。たとえば、一人の殺人犯が刑場に引かれていくとする。一般民衆にとって彼は殺人犯以外のなにものでもない。ご婦人がたなら、彼はたのもしく、美男子で、気になる男性だと言うかもしれない。一般民衆はこの発言を恐ろしいと思うだろう。なんだと？ 殺人犯が美男子だと？ 殺人犯を美男子と呼ぶなんて、そんなとんでもない考えかたがどうしてできるんだ？ おまえさんがたもきっとそれほどまともじゃないな！ ものの道理や人情をわきまえた坊主ならこう付言するだろう。これこそが上流階級にはびこる風紀の紊乱なのです。

人間通は犯罪者の人間形成がたどってきた過程を調査し、その歴史のうちに、教育や父と母といった家族との関係の劣悪さとか、この人物がもっと軽い罪を犯したときにひどく過酷な仕打ちを受けたために市民的秩序に憤りを覚えるようになったとか、最初の犯罪行為のせいで市民的秩序から追放されたために、いまでは犯罪行為によってしか生計を立てられなくなったといったことを見つけだす。

こんなことを耳にすれば、彼はこの殺人犯を許そうとしているのだと言う人もおそらく出てくるだろう。しかし、私は若いころにある市長がこう訴えるのを聞いたことを思いだす。物書きどもが派手にやりすぎて、キリスト教と実直な生活を完全に根絶やしにしようとしている。その一人は自殺を擁護するようなことまで書いている。ひどい、あまりにひどすぎる！ よくよく聞いてみると、〔ゲーテの〕『〔若き〕ウェルテルの悩み』のことだということがわかった。

これが抽象的に考えるということである。つまり、殺人犯のうちに彼が殺人犯であるというこの抽象しか見ず、この単純な性質によって彼がもつほかのすべての人間的な本質を抹殺するということである。洗練された繊細な

---

†1 ヘーゲルの念頭にあるのは、ゲーテがドイツ語訳したディドロ『ラモーの甥』の次の一節だろう。「Espèce〔ゲーテはこの語をフランス語のまま表記している〕というのは、あらゆるあだ名のなかで一番ひどいものです。それは凡庸という意味で、最高の軽蔑の表現ですから」（ゲーテ訳『ラモーの甥』インゼル・ポケット版、一九八四年、一七九頁以下）。フランス語原文からの邦訳（本田喜代治・平岡昇訳、岩波文庫、一九六四年、一三〇頁）では「やくざ《エスペース》」となっている。ヘーゲルは『精神現象学』の「教養とその現実の国」でもこの個所を引用している。

ライプツィヒの人びとはまったく違う。彼らは刑車とそれに縛りつけられた犯罪者に花輪を投げかけたり、それで飾ったりしたのである。

しかし、これはこれでまた正反対の抽象である。たしかに、キリスト教徒は薔薇十字会とか、あるいはむしろ十字薔薇会とかを営んで、十字架のまわりをバラで飾っているかもしれない。だが、十字架はとっくの昔から聖別された絞首台にして刑車である。十字架は不名誉な刑罰の道具であるという一面的な意味を失い、逆にそれには、最高の歓喜と神々しい名誉と一緒になった最高の苦痛ともっとも深刻な劫罰のイメージが結びついている。それにたいして、スミレとヒナゲシに包まれたライプツィヒの十字架は、コッツェブー[†2]的な和解であり、繊細さと劣悪なものとのある種のぞんざいな両立である。

私がかつて養老院に暮らすありふれたおばあさんから聞いたことはまったく違う。殺人犯という抽象を殺し、彼を栄誉のために生かせというのである。切り落とされた頭が断頭台のうえに置かれており、日光が当たっていた。神様のお恵みの光が桶屋の頭をなんとまあきれいに照らしていることでしょう、と彼女は語った。腹立たしい悪党は、おまえなんかお天道様に照らされる値打ちもないと言われたりするものだ。だが彼女は、殺人犯の頭が太陽に照らされているのだから、それだけの値打ちもあるのだと知った。彼女は殺人犯を断頭台の刑罰から神の光の恩寵にまで高め、みずからのスミレとセンチメンタルな虚栄心で和解を実現するのではなく、より高次の太陽において彼が恩寵へと救いあげられるのを見たのである。

露天商の女に向かって客の女がこう言う。ばあさん、あんたの卵は腐ってるよ。露天商の女はこう答える。なんだって？　うちの卵が腐ってるって？　あたしに言わせりゃ、あんたのほうこそ腐っているね。あんたがうちの卵のことを言えた義理かい。あんたが？　あんたの親父は天下の通りで虱に食われてたんじゃないかい。母ちゃんはフランス人と駆け落ちし、ばあさんは救貧院で死んだんじゃないかい。キンキラキンのスカーフじゃなくて、ちゃんとした肌着の一枚でも買いな。あんたがそのスカーフと帽子をどうやってせしめたか、みんなよくご存知だ。将校さんがいなきゃ、いまどき多くの女がそんなにおめかしするわけがないや。奥方たちがもっと所帯をきりもりしてたら、多くの連中が監獄に座ってるよ。あんたはストッキングの破れ穴でも継いでりゃいいんだ！

要するに、露天商の女は客をくそみそにこきおろしている。彼女は抽象的に考えている。〔動物を分類する生物学者が〕指やそのほかの体の部分に目をつけるのと同じように、彼女はスカーフや帽子や肌着などにかこつけて、そしてまた父親や親族全体にかこつけて、卵が腐っていることを見つけたという犯罪のもとにこの女客をひたすら包摂する。[†3] 客にかかわるすべてはこの腐った卵によってどこまでも染めあげられている。それにたいして、露天商の女が話題にした将校たちなら（それはきわめて疑わしいが、女客となにかあったとすれば）、彼女にまったく違うものを見るかもしれない。

下女から男の召使いに話を移せば、身分も収入も取るに足りない人のもとにいる召使いほど暮らしが苦しい者はいないし、主人の身分が高ければ高いほどその暮らしは楽になる。そこで庶民はまたもやいっそう抽象的に考えて、召使いにたいして上品ぶり、彼を召使いとしてしかあつかわない。庶民は〔召使いであるという〕このただひとつの述語にこだわるのである。召使いがもっとも居心地がよいのはフランス人のもとにいるときである。身分の高い人物は召使いと分け隔てなくつきあうものだが、フランス人ともなれば召使いと仲良しでさえある。召使いは主人とふたりきりのときは偉そうな口をきく。ディドロの『ジャックとその主人』を読んでいただきたい。[†4]

---

†2　アウグスト・フォン・コッツェブー（一七六一〜一八一九）、ドイツの劇作家。通俗的な演劇で当時人気があった。
†3　「包摂」については、本書三三一頁の†46を参照。
†4　ドニ・ディドロ『運命論者ジャックとその主人』（王寺賢太・田中卓臣訳、白水社、二〇〇六年）三二一〜三二三頁を参照。

主人は嗅ぎタバコをつまみ、時計を眺めることしかせず、ほかはすべて召使いの好きにさせる。貴人は召使いがたんに召使いにすぎないのではなく、町のニュースに精通し、娘たちと知りあいであり、いろんなことに適切な配慮をめぐらしていることを知っている。貴人は召使いにものを尋ねるし、召使いも、主人が尋ねたことについて知っていることを言うことが許されている。フランス人の主人のもとでは、召使いはこうしたことを許されているばかりではなく、特定のテーマを話題にし、自分の意見をもってそれを主張することも許されている。主人がなにかを望んでも、命令したのではうまくいかない。主人は自分の意見を通すために、まずは召使いに自分の意見を説明し、彼を説得しなければならない。

軍隊でも同じ違いが現われる。プロイセン軍では兵士を殴ってもよい。だから兵士はごろつきである。というのも、殴られるという受動的な権利をもつのはごろつきだからである。こうして、将校は普通の兵士を殴ってもかまわないやつという抽象物とみなしているので、制服を着用し帯刀している主人はこうした抽象物にかかわらざるをえず、つまりは悪魔に身をゆだねることになるのである。

ドイツ観念論最古の体系プログラム

《原稿欠落》ひとつの倫理学。形而上学は将来全体が道徳になるが、カントはその二つの実践的要請[†1]によって一例を与えただけで、けっして論じつくしはしなかった。だから、この倫理学はすべての理念の、あるいは同じことだが、すべての実践的要請の完全な体系にほかならないだろう。その第一の理念は当然、絶対的に自由な存在である私自身という表象である。自由な自己意識をもつ存在と同時にひとつの世界全体が（無から）出現する。これこそが唯一真なる、唯一考えうる無からの創造である。

ここで自然学の諸領域に降りていこう。問題は次のこと、つまり、道徳的な存在にとって世界はどのような性質のものでなければならないかということである。私は実験に四苦八苦しながらのろのろと前進するわれらの自

†1　カント『実践理性批判』第一部第二編三章「四　純粋実践理性の要請としての魂の不死」および「五　純粋実践理性の要請としての神の存在」（アカデミー版全集第五巻一二二〜一三四頁）を参照。カントによれば、有限な存在である人間が、道徳法則にしたがって世界のなかで最高善を実現するには無限の歩みが必要だから、人間の魂は不死であることが要請され（魂の不死の要請）、最高善と幸福が一致することを保証するものとして神の存在が要請される（神の存在の要請）。

然学にふたたび翼を与えたい。

こうして哲学が理念を、経験がデータを提供するなら、私が後代に期待するような自然学をおおまかなかたちではついに手に入れることができる。現代の自然学はわれわれの精神がそうであり、そうであるべき創造的な精神を満足させられそうにない。

自然から人工物に移ろう。私は人類の理念にかんして真っさきに次のことをあきらかにしたい。つまり、国家は機械的なものだから、機械の理念がないように、国家の理念もないということである。自由の対象であるものだけが理念と呼ばれる。だから、われわれは国家をも超えなければならない。

というのも、どの国家も自由な人間を機械の歯車のようにあつかわざるをえないからである。[†2] だが、国家はそんなことをすべきではない。したがって、国家はなくなるべきである。ここでは永遠平和などの理念[†3]がすべてもっと高次のただひとつの理念に従属する理念でしかないことが、おのずとわかるだろう。私はここで同時に、人類史にかんする諸原理を起草して、国家、憲法、政府、立法といったみじめな人工物のすべてを丸裸にしたい。そしてついに登場するのが道徳的世界と神性と不死性の理念であり（このときすべての迷信は倒され、最近では理性のふりをしている僧侶階級が理性そのものによって追撃される）、英知界をおのれのうちに担い、神も不死性もおのれの外に探しもとめる必要がないあらゆる精神の絶対的な自由である。

最後に、すべての理念を統一する理念は、より高次のプラトン的な意味で理解された美の理念[†4]である。すべての理念を包括する理性の最高の働きが美的な働きであり、真と善は美においてのみ兄弟になると、いまや私は確信している。哲学者は詩人と同じくらいの美的な力をもっていなければならない。文字にとらわれたわれらが哲学者は、美的センスのない人間である。精神の哲学はある種の美的な哲学なのである。ひとは（美的なセンスがなければ）いかなる点でも機知に富むことはありえないし、歴史にかんしてさえ機知に富んだ論を展開することもできない。いかなる理念も理解せず、目次や索引に出ていないとたちまちすべてがあいまいになるとじつに無邪気に告白するような人びとにいったいなにが欠けているのかが、ここであきらかになるはずである。

それによって詩はこれまでよりも高い地位を与えられ、ついにはふたたび最初そうであったもの（人類の教師）になる。というのも、ほかのすべての学問と芸術を超えて生きながらえるのは、もはや哲学でも歴史でもなく詩だけだろうからである。

多くの人びとが感性的な宗教をもたなければならないということも、われわれは同時にじつによく耳にする。多くの人びとだけではなく、哲学者にもそれが必要である。われわれが必要としているのは、理性と心情の一神教と、想像力と芸術の多神教、これである。

私はここでまず、私の知るかぎりまだだれの念頭にも浮かんだことがない理念について語ろう。われわれは新しい神話をもたなければならない。ただし、この神話は理念に奉仕しなければならない。この神話は理性の神話にならなければならないのである。

われわれは理念を美的なものに、つまり神話的なものにするまでは、民衆になんの関心もないし、逆に神話が理性的なものになるまでは、哲学者は神話を恥じるしかない。したがって最終的には、啓蒙された人とそうでな

---

†2　国家を「機械」や「歯車」のイメージに結びつける発想については、本書六三〇頁および六三一頁の†17、さらに九五頁以下を参照。

†3　サン＝ピエール『永久平和論一・二』（本田裕志訳、京都大学学術出版会、二〇一三年）、およびカント『永遠平和のために／啓蒙とはなにか』を参照。

†4　美の理念《イデア》にかんするプラトンの対話篇としては『饗宴』、『パイドロス』を参照。ヘーゲルの青年時代の「美的プラトン主義」については、ペゲラー『ヘーゲル、ヘルダーリンとその仲間――ドイツ精神史におけるホンブルク』（久保陽一訳、公論社、一九八五年）を参照。

†5　ここは「大全集版」第二巻の本文校正にしたがい、対句表現として読む。

い人はたがいに握手しなければならない。民衆が理性的になるために、神話は哲学的にならなければならず、哲学者たちを感性的にするために、哲学は神話的にならなければならない。[†5] そうなれば、永遠の統一がわれわれを支配するだろう。軽蔑的なまなざしも、賢者や僧侶を前にしたときの民衆の盲目的なおどおどした態度も、もはやなくなるだろう。そうなってはじめて、個人のそれであれすべての個人のそれであれすべての能力の平等な育成がわれわれを待ちうけることになろう。いかなる能力ももはや抑圧されることはあるまい。そうなれば、すべての精神の普遍的な自由と平等が支配するだろう！

天から遣わされたある高次の精神〔天才〕がこの新しい宗教をわれわれのあいだに樹立するにちがいない。この宗教が人類の最後にして最大の仕事になるだろう。

II　宗教論文

ユダヤ人の歴史と宗教

目次

一、ユダヤ人の歴史が教えること（一七九五〜六年）

ユダヤ人の歴史が教えるところによれば、この民族が異民族とは独立したものとして自己形成したのも、その国家の形式が自発的に育まれたのも、すでに受けいれていた〔牧人生活という〕ありかたからむりやり引きずりだされた結果にほかならなかった。牧人生活から国家へのこの移行はしだいにおのずからなされたのではなく、外からの影響によるものだったのである。この状況は強いられたものだったので、ある種の欠乏感がつきまとっていたが、この感情が状況のあらゆる側面にあまねく広がることはなかった。慣習が状況のいくつかの側面と和睦を結んでおり、この和睦のせいで完全な理想も明るい理想も生まれず、それが状況に対置されることもなかった。みずからの民族を解放しようという計画がきざすことができたのは、〔モーセという〕一人の男の魂においてだけだった。この男は祭司の学校と宮廷で人並み以上のことを知り享受しつくしたのちに、そんなものに違和感を感じて孤独になり、もはやそれをほしいと思わなくなり、〔ユダヤ人仲間を助けるという〕ただひとつの本質的なものにたどりついたのである。[†1] 自民族が独立を望むようにするために彼がさしあたりまず利用できたのは、この民族が抱いている抑圧されているという感情と、先祖はもっと違う境遇にあったというおぼろげでかなり無力な思い出だけであった。[†2] ユダヤ人が〔そうした独立の〕実現の可能性を、たとえ受動的ながら喜んで信じる気になったのは、モーセが神の使命を帯びていると信じていたからである。たしかにこの実現そのものにおいては、彼らはほぼまったく受動的にふるまったので、モーセが四〇年間続いた彼らの生活の仕方[†3]を変えることによって、奴隷としての慣習やしきたりや考えかたから彼らを解放し、みずからの理想を彼らの想像力のうちに定着させ、その

---

†1　「使徒言行録」第七章二〇～二三節。「このときに、モーセが生まれたのです。神の目に適った美しい子で、三か月の間、父の家で育てられ、その後、捨てられたのをファラオの王女が拾い上げ、自分の子として育てたのです。そして、モーセはエジプト人のあらゆる教育を受け、すばらしい話や行いをする者になりました。四十歳になったとき、モーセは兄弟であるイスラエルの子らを助けようと思い立ちました」。

†2　かつて主が乳と蜜の流れる土地を先祖に与えると誓ったという思い出（「出エジプト記」第一三章五節、一一節）。

†3　神はユダヤ民族を、悪を犯したすべての者が死に絶えるまで四〇年ものあいだ荒野をさまよわせ、約束の地に入れさせなかった（「民数記」第一四章三三節以下、第三二章一三節、「申命記」第三二章四八～五二節、「ヨシュア記」第五章六節などを参照）。

理想への熱狂を植えつけようとしたが、〔その試みは徒労に終わった〕。さらにまた、モーセの律法の多くが礼拝にかかわっており、とくにそうした律法の違反には刑罰が課せられているところからすれば、その民族の精神には全体に背くようなものが多く含まれており、モーセはそれをむりやり仕つけ、別の慣習に変えようとしたことがわかる。しかし、彼らの性格はあいかわらず移り気なままであり、彼らはみずからの国家をくり返し裏切り、国家に戻ってくるのは困窮したあげくのことでしかなかった。個人が国家に積極的な関心を抱くことはまったくなかった。彼らの市民としての政治的な平等は、〔古代ギリシア〕共和国の自由とは正反対であり、取るに足りない者たちの平等でしかなかった。〔サウル、ダビデ、ソロモンといった〕王たちが登場するとともに不平等も生まれざるをえなかったが、この王たちのもとではじめて、彼らに従属する多くの人びとに国家へのかかわりも生まれてきた。こうしたかかわりは多くの者にとってそうした従属する人びとのことを考えれば一定の重要性をもっていたし、すくなくとも幾人かはそれを〔みずから〕手に入れることも可能であった。

ユダヤ民族はだれも自分たちの信仰に反対しないときには喜んでそれを捨てたのに、そののち彼らの支配者や敵がそれに無関心ではなくなると、その民族のわずかな部分がようやく執拗な狂信に身を投じ、のちにそれが民族の特徴ともなった。とはいえ、民族のこの部分もけっしてひとつの全体になるまでにはいたらなかった。神の顕現や預言者を信じた空想的な時代はとっくに過ぎさり、国民はさまざまなかたちではあれ、反省の段階に立っていた。彼らの活動は国家の独立を維持しようとして、しばらくのあいだはまだ外に向けられていたが、その独立が完全に潰えてしまうと、その力は自分自身へと内向し、さまざまな宗派が生まれ、それらに反対したり与したりするさまざまな見解や派閥が生まれた。この活動はその人自身のうちに閉じこもり、その人自身に向けられており、こうした内面生活は一人前の市民の関心のように自分の客体を自分の外にもたないと同時に、それを示すことも表現することもできないので、自己を表現するには象徴によるほかはない。だが、そんなものを介して、そんなものによって生きたものにたどりつき、そんなものに導かれて生きたものをつくりあげようとしても、たいていうまくいかない。それに、この〔象徴のような〕死んだものは不快の念を引きおこす最たるものである。というのも、それは生きたものを直接に指示しているのに、それとは正反対だからである。（彼はみずからのまわりの客体と一体になることができず、その奴隷となり、みずからのうちにあるよりよいものと矛盾した生きかたをせざるをえず、まわりの客体から敵対的にしかあつかわれず、みずからもそれらを敵対的にあつかうことになるので）彼は内面生活を渇望し、自分が生きていけそうなよりよいものを探しもとめるが、提供されるのは特権化された冷たい死物であり、しかも、それこそが生であると語られる。エッセネ派[†6]やヨハネやイエスのような人物がおのれ自身のうちに生きたものをつくりあげ、永遠の死物との闘いに立ちあがったのは、まさにそんなときであった。

二、アブラハムからモーセまでの歴史（一七九五～六年）

アブラハムの生涯

アブラハムはカルデアに生まれ、青年期にはすでに父とともに祖国を去っていたが、いまやメソポタミアの平原で家族からもきっぱり別れた[†7]。それは完全に独立独歩の男となり、みずから長となるためであって、侮辱され

---

†4　「律法」（Gesetz）は、道徳的な「法則」も、市民社会における「法律」も意味しうる多義的な語であり、ヘーゲルはその多義性を利用して議論を進めている。本書の「II　宗教論文」では原則として「律法」の訳語を当てる。
†5　とくに「レビ記」第一～七章におけるいけにえの儀式の掟を参照。
†6　イエスとほぼ同時代のユダヤ教三大教派（ファリサイ派、サドカイ派、エッセネ派）のひとつ。エッセネとは「敬虔なるもの」、「静かなるもの」という意味だとされ、厳格な禁欲生活をおこなった。二九七頁を参照。
†7　「創世記」第一一章三一節～第一二章一節、第一三章八節～一二節。

たり追放されたりしたためでもなければ、あまりの苦しみゆえに、新たな祖国を求め、そこで花開きみずからを享受したいというやむにやまれぬ愛の欲求がきざしてきて、不当な行為や残虐な仕打ちを受けても傷つけられこそすれ、失われることがなかったためでもない。アブラハムをひとつの民族の父祖たらしめた最初の行為は、共同生活と愛の絆を、つまり彼がそれまで人間や自然とともに生きてきた関係の全体を引き裂くような分裂の行為である。彼は青年期のこの美しい関係（「ヨシュア記」第二四章二節[†8]）を突き離したのである。

カドモスやダナオスとは対照的なアブラハムの精神

カドモス[†9]やダナオス[†10]たちも祖国を去ったが、彼らは戦いつつ去ったのであり、自分たちが自由であり愛することができるような土地を探しもとめたのである。アブラハムは愛することを望まなかったし、したがって自由であることも望まなかった。カドモスやダナオスは、〔自分の国ではもはや許されなかった〕無垢の美しい統一のなかで生きられるよう、これらの神々をたずさえていったが、アブラハムはこのしがらみそのものから自由になろうとした。カドモスやダナオスは柔和な技芸と習俗によって自分たちより粗野な原住民を惹きつけ、彼らと交わって陽気で社交的な民族を生みだしたが、アブラハムは、親族〔ロトの一族〕との決別を招いたまさにその精神を異民族においても貫き、その後の人生において彼らと衝突することになった。なにごとにたいしてもかたくなに対立しつづけるこの精神は〔本来〕観念的なものであり、それが無限の敵対的な自然を支配する統一〔的原理〕にまで高められたものにほかならない。というのも、敵対的なものがいたりつきうるのは、支配の関係でしかないからである。アブラハムは家畜の群れとともに果てしない大地を放浪したが、その大地の一片たりとも開墾や整地によって住みよく好ましいものにし、みずからの世界の一部として受けいれることはなかった。大地は彼の家畜が草を喰いつくすにまかされた。水は生きいきと流れずに深い井戸の底に淀んでいた。苦労して掘りあてるにせよ高値で買いとるにせよ、あるいは戦いとるにせよ、水は力づくで手に入れた財産であり、彼と家畜にとってなくてはならない必需品であった。彼はしばしば木陰と涼しさを提供してくれた森からもすぐにふたたび立ちさった。[†11] 彼はたしかにその森のなかで神の顕現《テオファニー》、つまり彼のまったく高貴な対象の現われに出会ったが、[†12] そこにさえ愛をもってとどまりはしなかった。そうした愛さえあればその森は神性にふさわしい、神性を付与されたものになっていただろうに。彼はこの世では、大地にたいしてばかりでなく人間にたいしても異邦人であり、人間のあいだでつねによそ者であり、そうでありつづけた。しかし、彼は人びとから遠ざかり独立していたとはいえ、彼らのことをまったく知る必要がなかったわけでも、彼らと没交渉だったわけでもない。土地にはすでに人が住んでおり、彼は放浪のさきざきですでに小さな部族にまとまった人びとに出会ったが、そうした人びととかかわろうとしなかった。彼らから穀物をもらう必要もあったが、それでも定住してほかの人びとともに暮らすように命じるみずからの運命には逆らった。彼は孤高を保つことにこだわり、みずからと子孫に肉体的な特徴（割礼）を刻みつけることでそれをきわだたせさえした。彼はエジプトやゲラルでなんの悪意もない王たちに出会ったときの

---

†8　原文では「六節」だが、大全集版の註にしたがって訂正。二節はつぎの通り。「ヨシュアは民全員に告げた。「イスラエルの神、主はこう言われた。『あなたたちの先祖は、アブラハムとナホルの父テラを含めて、昔ユーフラテス川の向こうに住み、他の神々を拝んでいた』」。

†9　オウィディウス『変身物語』第三巻一〜三〇節（中村善也訳、岩波文庫、上巻、一八九一年、九七〜一〇三頁）を参照。

†10　アイスキュロス「救いを求める女たち」（邦訳『ギリシア悲劇1・アイスキュロス』（高津春繁訳、ちくま文庫、一九八五年））の登場人物。

†11　「創世記」第一二〜一三章。

†12　同書第一八章一節。

†13　同書第一二章一〇〜二〇節および第二〇章。

ように、[†13]自分より強い者にたいしては、相手を信用せずに遠まきにして策略とあいまいな言動で切りぬけ、自分のほうが強いと思えば、五人の王[†14]にたいしてのように剣を振りかざした。危険のないほかの人たちが相手でも、用心深くしかるべき関係を保った。必要なものは金を出して買った。人の好いエフロンが〔アブラハムの妻〕サラを葬る場所を贈ろうとしたときもそれをきっぱりと断り、自分と対等な人物に恩義を感じるような関係になることを避けた。[†15]彼は息子〔イサク〕がカナンの女と結婚することを許さず、はるか遠く〔の故郷カルデア〕に住む親族から嫁を迎えた。[†16]

世界と神にたいするアブラハムの関係

〔アブラハムに〕真っ向から対立するような世界全体は、よもや無ではないとすれば、それとは疎遠な神に支えられていた。自然のうちのなにものも神の分け前にあずかるはずもなく、すべては神によって支配されていた。さらに世界全体に対立する他方のものであるアブラハムもそれ自身では存在できるはずもなく、神に支えられていた。アブラハムもまた神をつうじて世界と間接的にかかわるだけで、この【間接的な関係だけが彼を世界と結びつける唯一可能な仕方】であった。彼の理想〔である神〕は彼のために世界を制圧し、そこから必要なだけのものを贈りとどけ、それ以外のものからは彼を守った。ただし彼はなにものも愛せなかった。息子〔イサク〕への愛だけが彼が抱いた唯一の愛であり、*子孫繁栄の希望だけがおのれの存在を拡張する唯一の方法であり、彼が知りかつ望んだ唯一の不死の方法だったが、この愛と希望でさえも彼を押しつぶし、すべてのものとの交渉を断った彼の心をかき乱し、不安に陥れかねなかった。あるときにはこの不安が昂じたあまり、彼はこの愛までもだいなしにしようとしたが、この愛はいとしい息子をみずからの手で殺す資格が自分にあると認める程度には強いという確かな実感によってのみかろうじてこの不安は静まったのである。[†17]

＊彼は、サラの言うとおり、息子のイシュマエルとその母〔ハガル〕を荒野に追放した。彼らは一族の秩序を乱した

からである。[†18]

アブラハム自身は対立する無限な世界にたいする唯一可能な関係としての支配を実現できなかったので、それは彼の理想にゆだねられたままであった。彼自身もたしかにこの理想の支配下にあったが、しかし、その理想をみずからの精神のうちに抱いてそれに仕えた彼は、その恩恵を享受してもいた。彼の神の根っこは世界全体にたいする彼の侮蔑にあったので、彼だけがただ一人神の寵児でもあった。したがってアブラハムの神は〔古代ローマの家の守護神〕ラレスや民族の神々とは本質的に違っている。みずからのラレスを敬う家族やみずからの民族神を敬う民族もたしかにたがいに孤立しており、ただひとつのものを分割し、自分たちの分け前からほかの分け前を排除しはするが、それでも同時に他人の分け前を認めており、法外なものを独占して、そこからすべてを締めだすのではなく、むしろ他人にも自分と同等の権利を認め、他人のラレスや神々もラレスや神々として承認する。[†19]

†14 ソドムの王ベラ、ゴモラの王ビルシャ、アドマの王シンアブ、シェボイムの王シェムエベル、ツォアルの王ベラの五人。彼らは、ロト一族を捕虜にし財産を奪うが、アブラハムは王たちを攻撃してロト一族を救いだす。「創世記」第一四章九〜一七節。

†15 同書第二三章。

†16 同書第二四章。

†17 同書第二二章。アブラハムは神の命令にしたがってイサクを神へのいけにえに捧げようとしたが、イサクに手をかける寸前に神がそれを制止する。このドラマをヘーゲルは独立自尊の人アブラハムの内面的な葛藤として解釈している。

†18 同書第二一章を参照。なお、ノールはこの箇所を、ヘーゲルが削除した文言とみなしている。

†19 ノール版でも大全集版でも seinem となっているが、ズーアカンプ版にしたがって ihrem と読む。

それにたいしてアブラハムとその子孫の嫉妬深い神のうちには、アブラハムとその民族だけが一なる神をもつ唯一の民族であるという途方もない主張がひそんでいた。

アブラハムの子孫による専制支配

ところが、自分たちの現実と理想の乖離が小さくなり、その統一の理念をみずから実現するだけの十分な実力をたくわえる機会に恵まれるようになり、つまりは主体的になると、案の定アブラハムの子孫はじつにけしからぬ、なにものも生かしてはおかないようなじつに過酷な専制支配を容赦なくおこなうようになった。というのも、〔彼らの〕統一は死のうちの空中楼閣にすぎないからである。

たとえば、ヤコブの息子たち〔シメオンとレビ〕は妹〔ディナ〕が凌辱されたとき、シケムの町の人びとが前例がないほど誠実に償いをしようとしたにもかかわらず、悪魔のようにむごい復讐をした。[†20] ある異質なものが彼らの家族に混入して彼らと結びつき、彼らの孤高をかき乱そうとしたというわけである。寵児である彼ら以外にはなにものも関与できない無限な統一の外部では、すべては物質であり【ゴルゴン[†21]の首がすべてを石に変えてしまった】、愛も権利もない素材、呪われたものである。じっさいそれは、〔愛の権利を得る〕力があっても、ただちに素材として扱われ、活動しようにも居場所を定められてしまう。

ヨセフがエジプトでしたこと

〔ヤコブの息子〕ヨセフはエジプトで権力の座に就いたとき、[†22] 政治的な階級制度を導入した。この階級制度においてすべてのエジプト人が王にたいしてもつようになる関係は、ヨセフの理念においてはすべてが彼の神にたいして立っている関係にほかならなかった。彼はみずからの神を現実のものにしたのである。ヨセフはエジプト人たちが納めていた穀物によって飢饉のときは彼らを養ったが、それと引きかえに彼らの金銭のすべてを召しあげ、[†23]

つぎに馬、羊、ヤギ、牛、ロバなどの家畜のすべてを、そしてつぎには土地と身体のすべてを召しあげた。[†24] 彼らが生きる糧をもっているかぎり、彼はそれを王の財産にした。

エジプト定住に踏みきったヤコブ

定住の地を手に入れてある特定の民族に頼るという運命にはアブラハムが、そしてさらにヤコブも抗ってきたものの、ついにヤコブはそれに屈してしまった。[†25] そして、彼がやむにやまれずみずからの精神に逆らって、なりゆきまかせでこうした関係に入りこめば入りこむほど、それは彼と子孫にますます深刻な打撃を与えずにはいなかった。この奴隷の境遇[†26]から彼らを連れだし、さらにはひとつの独立した民族にまで組織した精神はこのとき以来、家族というもっと単純な状態において現われたときよりも多様な関係のなかで働き発展するようになり、それによっていっそう明確な性格を示し、いっそう多様な結果を生みだすことになる。

†20 「創世記」第三四章一～二九節。
†21 ギリシア神話に登場する怪物の三姉妹（ステノ、エウリュアレ、メドゥサ）の総称。彼女たちに見られた者はただちに石と化した。
†22 「創世記」第四一章四一節。
†23 同書第四二章六節。
†24 同書第四七章一三～二六節。
†25 ヤコブは飢饉による食糧不足から、息子の一人ヨセフが宰相を務めるエジプトに一族もろとも移住した。「創世記」第四二～六章を参照。
†26 ヤコブの子孫は、新たなファラオの代になると邪魔者あつかいされ奴隷にされてしまった。「出エジプト記」第一章を参照。

モーセによるイスラエル人の解放

イスラエル人の解放というこの出来事をどうすればわれわれの悟性で理解できるかは、これまでと同じくここでもまったく問題にならない。むしろユダヤ人の精神はこの出来事においては、ユダヤ人の想像力と日々の暮らしのなかの回想が思いえがいていたとおりにふるまった。

みずからの民族を解放するという霊感を人里離れた場所で受けたモーセ[†27]が、イスラエル人の長老たちのところに赴きみずからの企てを告げたとき、彼の召命が正当とされたのは、抑圧を憎む長老たちの気持ちのためでも、自由な空気への憧れのためでもなく、モーセが彼らを驚かせ、のちにエジプトの魔術師たちも同じくらい巧みに演じてみせたいくつかの魔術のせいであった。[†28]モーセとアロンのおこないは同胞にもエジプト人にもひとつの威力として作用しはしたが、周知のようにエジプト人はそんな威力に屈することに抵抗した。

モーセがファラオに上奏したせいでさらに苛酷なあつかいを受けることになっても、ユダヤ人は〔ファラオにたいして〕怒りをつのらせたわけではなく、苦悩を深めただけであった。彼らはむしろモーセにたいして怒り、彼を呪った（「出エジプト記」第五章二一節および第六章九節）。[†29]モーセは孤軍奮闘し、ファラオの恐怖につけこんで出国する許可を有無を言わさずかち取った。[†30]ユダヤ人の信仰は、ファラオがみずからその恐怖を忘れ、決定を強いられたことを悔いるようになる余裕さえ与えない。むしろ彼らにあっては、自分たちの神に屈しない〔ファラオの〕こうした言動はそれ自体が彼らの神のなせる業である。[†31]

ユダヤ人のために偉大なことがなされるが、一連の英雄的な行為を開始するのは彼らではない。彼らのせいでエジプト人はじつにさまざまな災いと惨事をこうむり、[†32]彼らは不幸なエジプト人に追いたてられてあまねく響きわたる悲嘆の叫びのなかを立ちさってゆく[†33]（「出エジプト記」第一二章三三〜四節）[†34]が、彼ら自身は他人の不幸を喜ぶ卑怯者の根性しかもちあわせず、敵が打ち倒されるのは彼らの力によってではない。ユダヤ人には、自分たちのせいでエジプト人に災いがふりかかっているという意識があるだけで、自分たちが引きおこさざるをえなかった惨事に涙の一滴でも流せる殊勝な意識はない。彼らの現実は無垢であるが、彼らの精神はこんなにも好都合な悲惨のすべてを喜ばずにはいられない。ユダヤ人は勝利するが、闘ったわけではない。エジプト人は敗北するが、敵に敗北するのではない。毒を盛られた人や寝首をかかれた人のように、目に見えない攻撃に敗北するのである。イスラエル人は、自分たちの家にしるしをつけ、†35 惨事のすべてに乗じて利益にありつくのだが、そんなときの彼

†27 「出エジプト記」第三〜四章。
†28 同書第四章二八〜三一節。
†29 同書第五章二一節。「彼ら〔イスラエルの人々の下役の者ら〕は、二人に抗議した。『どうか、主があなたたちに現れてお裁きになるように。あなたたちのお蔭で、我々はファラオとその家来たちに嫌われてしまった。我々を殺す剣を彼らの手に渡したのと同じです』」。同第六章九節。「モーセは、そのとおりイスラエルの人々に語ったが、彼らは厳しい重労働のため意欲を失って、モーセのいうことを聞こうとはしなかった」。
†30 同書第一二章二九〜三三節。
†31 同書第四章二一節、第一四章八節、一七節。
†32 同書第七章一四節から第一一章までを参照。ナイル川の水が血に変わって飲めなくなる災い、カエルの災い、ブヨの災い、アブの災い、疫病の災い、はれものの災い、ひょうの災い、イナゴの災い、暗闇の災い、主の過ぎ越しによるエジプト人の初子すべての殺害の災いを指す。
†33 同書第一二章二九〜三〇節を参照。「主の過ぎ越し」によってエジプト人の初子がすべて死んでしまい、エジプト全土に「大いなる叫び」が起こった。
†34 「エジプト人は、民〔イスラエル人〕をせきたてて、急いで国から去らせようとした。そうしないと自分たちは皆、死んでしまうと思ったのである。民は、まだ酵母の入っていないパンの練り粉をこね鉢ごと外套に包み、肩に担いだ。」
†35 同書第一二章七、一三、二一〜三節。

らは、ペストが蔓延するマルセイユの悪名高い盗賊たちと見まごうばかりである。[†36]〔それればかりか、〕モーセがイスラエル人に残しておいた唯一のおこないは、彼らが隣人や友人とことばを交わす最後の晩だとモーセがわかっていたその晩に、ちょっと借りるだけだともっともらしい嘘をつき、彼らの信頼に盗みで報いることであった。[†37]

解放されるときにさえ奴隷根性まる出しのふるまいをしたこの民族が、そののち困難や危険に直面するたびに、エジプトを去ったことを悔やみ、エジプトに帰りたいと望み、そうすることで自分たちには解放されるときにも心ここにあらずであり、みずから自由を欲してはいなかったことをさらけ出した[†38]としても不思議はない。

モーセの立法

この民族の解放者〔モーセ〕は彼らの立法者ともなった。それはつまり、彼らをひとつのくびきから解放した当人が彼らに別のくびきを課したということにほかならなかった。受け身の民族が自分で自分に法を与えるなどというのは矛盾であろう。

〔モーセの〕立法全体を支配する原理は祖先から受け継がれた精神であった。つまり、この精神は無限な客体であり、すべての真理とすべての関係の総体であり、したがってもっとふさわしい言いかたをすれば唯一の無限な主体である。というのも、それが客体と呼ばれうるのは、人間がみずからに贈り与えられた生命とともに前提され、こうした人間が生きた主体、絶対的な主体と呼ばれるかぎりにおいてでしかないからである。この精神はいわば唯一の綜合であり、そこでの対立項は、一方がユダヤ民族、他方がそれ以外の全人類と世界である。これらの対立項はまぎれもない純然たる客体であり、それらの外部に存在する無限なものに比べれば中身のない空虚なものであり、生きてもいなければ死んでさえいないもの、つまりは無であり、それらがなにものかでありうるのは、無限な客体がそれらをなにものかにつくりなすかぎりにおいてでしかない。それらはつくりだされたものであって、自分では生命も権利も愛ももたないような非存在である。*敵対関係があまねく支配するところには、物理的な依存関係、ある種の動物的な生存の余地しか残らない。したがってそうした動物的生存はほかの生存を犠牲にしてしか確保できず、ユダヤ人はそれをほうびとして受けとることになった。こうした特別あつかい、自分たちだけの安全を望むというこうした態度は、〔ほかの全人類と世界からの〕無限な隔絶の必然的な帰結である。エジプトでの隷属状態からの解放、蜜と乳の流れる土地[†39]の所有、飲食と生殖の保証といったこれらの贈り物とひきかえに、神はみずからを崇拝するよう要求する。崇拝を正当化するものがこの程度ならば、崇拝もまたその程度でしかない。前者が窮地からの救出だとすれば、後者は隷属というわけである。

＊いまあり、かつてあったし、これからもあるであろうすべてのものである崇高な女神キュベレ[†40]〔古代ギリシアで信仰された大地母神〕のヴェールを死すべき人間のだれ一人として取りのぞいたことはなく、この女神の神官たちも去勢され、心身ともに骨抜きにされていた。

見えない神と至聖所

無限な主体は見えないものでなければならなかった。というのも、見えるものはすべて制限されたものだからである。モーセはまだみずからの幕屋[†41]をもたなかったときには、イスラエル人に火と雲しか示さなかった[†42]。それ

---

†36　マルセイユでペストが流行していたとき、四人の盗賊が抗菌作用のある各種ハーブを漬けこんだビネガーを体にかけて感染を防ぎながら盗みを働いたと言われる。
†37　『出エジプト記』第三章二一～二節、第一一章二～三節、第一二章三五～六節。
†38　同書第一四章一〇～二節、第一六章二～三節、第一七章二～三節。
†39　同書第三章八節。
†40　ここでヘーゲルは、キュベレと古代エジプトの女神イシスのイメージを融合させている。両者の融合は古代ローマですでに始まっていた。カント『判断力批判』第四九節の註では、同様の話がイシスについて語られている。

らはたえず新たな展開を見せる定めない動きによって視線を惹きつけ、視線をひとつのかたちに釘づけにすることがない。彼らにとっては神々の像は木石でしかない。彼らは、神は眼で見ることも耳で聞くこともない[†43]などと御託を並べながら、自分がすばらしい賢者であるかのようにうぬぼれ、なにもしてくれないという理由で神像をおろそかにし、この神像に愛を見てとり、美を享受してそれを神として崇拝しようなどとはつゆほども思いつきもしない。

しかし感覚に訴える形態はなくとも、見えないものの礼拝と崇拝には一定の方向づけとその見えないものを囲いこむ境界が設けられなければならなかった。モーセはそれを幕屋の至聖所によって、そしてのちには神殿の至聖所によって与えた[†44]。ポンペイウス[†45]は神殿の最内奥、崇拝の中心点に近づいたときに、おそらくとてもいぶかしい気持になったことだろう。彼は、おそらくそこで民族精神のルーツ、この卓越した民族を鼓舞する魂のひとつの核心を認め、さらには礼拝に値するもの、崇拝に値する意味深いものを見られると期待していたが、いざ秘密の場所に立ちいると期待を裏切られ、その場所ががらんどうであることを見いだしたのである。

さらにまた人間は享受し活動するたびに、自分が無にも等しい存在であり、恩恵によって得られる生活の糧がわずかであることをそのつど思いださねばならなかった[†46]。神の財産権のあかしとしても取り分としても、土地からの全産物は十分の一を神に支払わなければならなかった。初子は、人間の子であれば請けだすことはできたものの、神のものであった[†47]。身体は借りものにすぎず、もともと人間のものではないので、奉公人が主人から与えられたお仕着せの衣服を清潔にしておかなければならないのと同様に、清潔に保たなければならなかった[†48]。つまり、イスラエル人は神のものと呼ぶものを奉納することによって、どんな汚れも償われなければならなかった。他人の所有物を変えることは不遜にして不当であり、自分にはもともとなんの財産もないことを承認してもらわなければならなかった。他方、完全にイスラエル人に属する神聖きわまりないもの、たとえば敵を征服して分捕った多くのものは、破棄されることによってしか完全な所有物とはならなかった[†49]。

イスラエル民族は〔神に〕部分的にしか身を捧げず、一般にそう自称してもいたが、彼らのなかで一氏族〔レビ族〕だけは全面的に神に身を捧げた。つまり、この氏族はみずからの神の完全な財産、しかも奉仕する財産であった。[†50*] じっさいまた、この神の奉仕者は全面的に主によってのみ養われ、主の家政をじきじきに司り、全土にわたる主の徴税人にして使用人であり、主の正義を守りとおすことを務めとし、最下層の奉仕者からじきじきに神に仕える聖職者までさまざまな階層をなしていた。〔だが〕そうした聖職者さえも秘儀の守護者ではなく、秘密の事物の守護者にすぎなかったし、ほかの祭司たちと同じく奉仕以外のことは学ぶことも教えることもできなかった。秘儀そのものはあくまで未知であり、だれにもうかがい知れず、ひたすら帰依するほかないようなものであった。

---

†41 「出エジプト記」第三三章七節を参照。
†42 同書第一三章二一〜二二節を参照。
†43 「申命記」第四章二八節。
†44 「出エジプト記」第二六章三三〜四節、「列王記上」第六章一六節、「歴代誌下」第三章八節。
†45 グナエウス・ポンペイウス・マグヌス（前一〇六〜前四八） 共和制ローマ末期の軍人・政治家。紀元前六三年、エルサレムを陥落させユダヤ教の神殿に立ちいった。ヨセフス『ユダヤ古代誌』第一四巻第五章（秦剛平訳、ちくま学芸文庫、第四巻二七五頁）を参照。
†46 「レビ記」第二七章三〇節、「民数記」第一八章二四節。
†47 「出エジプト記」第一三章二節、「民数記」第一八章一五〜六節。
†48 「レビ記」第一〜五章。
†49 「申命記」第一三章一七節。
†50 同書第一〇章八〜九節、第一八章。レビ族は代々、神に仕える職務を請け負うよう定められた。
†51 エレウシスは古代ギリシアのアテナイ近郊の地名。豊饒の女神デメテルとその娘コレ（ペルセポネ）を祀る秘儀がおこなわれていた。

った。神が至聖所に隠れているといっても、その意味するところはエレウシスの神々の秘儀[†51]とはまったく異なる。エレウシスのばあい、それをイメージしたり、感じとったり、それに熱狂し祈りを捧げることから、つまり神のこうした啓示から、だれも締めだされはしなかった。許されないのは、それらについて語ることだけであった。なぜなら、ことばにすれば啓示が汚されてしまうからである。イスラエル人はと言えば、奉仕にまつわる事物や行為や律法について楽しく雑談することができた（「申命記」第三〇章一一節[†52]）。というのも、そんなもののうちにはなんら神聖なものはなく、神聖なものは永遠にその外部にあって、見ることも感じることもできなかったからである。

＊主といえども、自分に奉仕する定めにあるもの〔ユダヤ人〕をすっかり自分の所有物にする（つまり、破壊しつくす）まではいたりつくことができなかった。なにしろ、奉仕する定めにあるものでも、植物的な生存は保っていなければならなかったからである。

安息日について

大部分が饗宴と舞踏によって祝われた毎年恒例の三つの大祭〔除酵祭（過越祭）、刈り入れ祭（七週祭）、取り入れ祭（仮庵祭）[†53]〕は、モーセの定めた制度としてはもっとも人間味あふれるものである。しかし、七日ごとの祝典[†54]はかなり独特である。労働のあとのこの休息、労苦に満ちた六日間のあとのなにもしなくてよい一日を、奴隷なら歓迎するにちがいない。だが、そのほかの活動的な自由人からすれば、一日中精神をひたすら空虚にして無為の単調さのもとに置き、神に捧げる時間を空虚な時間にしてしまい、しかもこれほど頻繁にこの空虚さをくり返すなどということを思いつけるのは、共感しがたいみじめな単調さを最高のものとみなすような民族の立法者だけである。この民族は、みずからの神が世界という新たな生において展開した六日間の生活を神自身に対置し、そんな生活は神自身が自分以外の疎遠なものにさらされるだけのことだと考え、そのあとで神を休息させるのである。

カナン定住後のユダヤ人

シナイ山上でのおごそかな立法のさいに、ユダヤ人はすべて〔雷や煙や角笛の音などの〕一連の現象に茫然とするばかりで、モーセに頼みこんで神のごく近くまで赴くことはかんべんしてもらい、モーセがただひとりで神と語りあって、あとでその命令をこちらに伝えてもらうように望んだ。†55

彼らはこのようにどこまでも受動的だったので、〔神への〕奉仕の表明のほかに彼らに残されたのは、肉体的生存の糧を確保し、この苦境から守りたいというむきだしの空虚な欲求でしかなかった。じっさい、彼らは肉体的生存を命がけで確保し、それ以上は望まなかった。彼らは乳と蜜の流れる土地〔カナン〕に定住できるようになると、いまや定住農耕民族としてその土地を財産として所有しようとした。彼らの祖先は、その土地を遊牧民として素通りすることしか望まず、そのような暮らしを続けているあいだは、その土地に生まれて都市に群がりつつあった諸民族がいてもかまわずに平穏なままにしておくことができたし、これら諸民族のほうも彼らが未耕地で家畜に草を食べさせることを許し、彼らがまわりをうろつかなくなってもその墓を敬っていた。†56〔しかし、〕彼らの子孫はそうした遊牧民として〔カナンに〕戻ってきたのではない。子孫たちは、遊牧民であった先祖があれほど長いあいだ抗ってきた〔定住への〕運命に屈してしまった。先祖はこの運命への抵抗によって自分の守護神や民族

†52 「わたしが今日あなたに命じるこの戒めは難しすぎるものでもなく、遠く及ばぬものでもない。」
†53 「出エジプト記」第二三章一四〜九節、第三四章一八〜二四節、「レビ記」第二三章。
†54 同書第三二章一二〜七節。
†55 同書第二〇章一八〜九節。
†56 「創世記」第二〇章一四〜五節、第二一章二三〜四節、第二三章。

のそれをますます不機嫌にしただけだったからである。子孫はたしかに先祖の暮らしかたを手放しはしたが、どうして祖先の守護神が消えうせるはずがあろうか。むしろ、その守護神は彼らのもとでますます強力で恐るべきものにならざるをえなかった。というのも、欲求の変化とともに自分たちの習俗と他民族のそれとのあいだの主要な隔壁がなくなり、他民族との融和を邪魔する力はもはや彼らの心づもりひとつだったからである。彼らは必要に迫られて他民族を敵に回すことはあっても、そうした敵対関係も必要な範囲を、つまり、カナン人に混じって定住する場所をむりやり獲得するという範囲を超えてはならなかった。遊牧民族と農耕民族の生活様式の違いはすでになくなっていた。人びとをひとつにしているのは彼らの純粋な精神だが、ユダヤ人をカナン人から隔てていたのはもっぱらユダヤ人の精神にほかならなかった。この憎しみの守護神が彼らに先住民を一人のこらず根絶やしにするよう命じたのである[†57]。ここでもまた人間性の尊厳がいくらか救われているのは、彼らがその内奥の精神は錯乱して憎悪のかたまりになっていながら、それでもみずからの根源的な本質〔人間性〕を完全には否定せず、みずからの錯乱も最後まで貫徹することはなかったためである。なにしろ、イスラエル人はたしかに多くの先住民から略奪しはしたが、それでも奴隷として生かしておいたからである[†58]。

荒野に斃れて約束の地にたどりつけなかった者たちは、みずからの使命とみずからの生存理由を実現できなかった。というのも、彼らの生はただひとつの目的に従属しており、自立し自足したものではなかったからである。したがって、彼らの死は悪としかみなされえず、すべては一なる主のもとにあるのだから、罪としかみなされえなかった[†59]。

新築した家にまだ住んでいない者、新たに開墾されたぶどう畑のぶどうをまだ一房も食べていない者、婚約中の女とまだ結婚式を挙げていない者はすべて兵役を免除された[†60]。そうした生活を目前にしている彼らにとっては、現実のためにすべての可能性を、生の条件を投げうつのは愚かな行動だということになる。財産や生活の糧のために特定の財産とこの生活の糧そのものを賭けるのは矛盾している。たがいのために犠牲にできるのは、異質なもの同士だけである。財産や生存の糧を犠牲にできるのは名誉や自由や美といった永遠なもののためだけなのである。ところが、ユダヤ人はどんな永遠なものにもけっしてかかわらなかった。

神の存在はユダヤ人にとって真理ではなく命令である

モーセはみずからの律法を、〔これに反すれば〕享受と幸福のすべてを失うというオリエントふうのごたいそうな脅し文句で封印した。[†61] 彼は〔ユダヤ人の〕奴隷精神の眼前にこの精神そのもののイメージを、つまり自然の威力への恐怖心を突きつけたのである。

この宗教の律法のもとでは、人間精神にたいするそれ以外の反省、別様の意識は現われない。メンデルスゾーンはどんな永遠の真理も命じられていないことをみずからの信仰の貴重な功績とみなしているが、[†62] その国法の頂点にあるのは一なる神が存在するということである。[†63] こうした〔国法という〕かたちで命じられたことを真理と呼んでよければ、奴隷にとっては一人の主人をもつという以上に深遠な真理はないとはたしかに言えよう。しかし、メンデルスゾーンがそんな命令[†64]を真理と呼ばないのは正しい。というのも、[†65] 真理とは、われわれがそれを支配す

†57 「申命記」第七章一～二節、第二〇章一六～七節。
†58 「ヨシュア記」第九章。
†59 「民数記」第一四章二二～三節、二六～三八節。
†60 「申命記」第二〇章五～七節。
†61 同書第三二章の「モーセの歌」。
†62 モーゼス・メンデルスゾーン『イェルサレム あるいは宗教の力とユダヤ教について』第二巻（一七八三年）三一～五四頁。モーゼス・メンデルスゾーン（一七二九～八六）はドイツで活躍したユダヤ人の啓蒙的思想家。
†63 「出エジプト記」第二〇章三節。

ることも、それによって支配されることもない自由なものだから、〔ユダヤ人にとって〕神の存在は真理としてではなく命令として現われるからである。ユダヤ人は神にどこまでも依存しており、そのようにひとが依存しているものが真理というかたちを取ることはありえない。というのも、真理は悟性によってイメージされた美であり、真理の否定的な性格は自由だからである。だが、すべてを素材としか見ないような人びとがどうして美を感じとれただろうか。支配されるか支配するかしかなかったような人びとがどうして理性と自由を行使できただろうか。意志能力も、生存そのものも放棄して、ひたすら子孫のだれかによる農地所有の存続と、わが子のだれかによるなんの取り柄も栄誉もないおのれの名前の継承ばかりを欲した人びと、飲み食いを越えた生活と意識を楽しむことがただの一度もなかった人びとが、せめて個人の意識が救われる程度の低次の不死性だけでも希望し、それにみずから進んで固執しようとするなどということがどうしてありえようか。そうだとすれば、〔ユダヤ人にはもともと〕存在しなかった〔真理という〕ものを〔命令という〕制限によって汚さず、自分が知らなかったものを自由にしておいたからといって、どうしてそれが功績になるだろうか。それはまるで、エスキモーが自分たちのところではワインに消費税を払わなくてよいし、重税が農業の妨げになることもないのだから、ヨーロッパ人のだれよりも優れていると自慢したがるようなものであろう。

市民の権利と国法の関係——モーセとソロンやリュクルゴスとの比較

ここで真理の自由放任という同じ帰結が正反対の事情〔われわれのもとで真理が置かれている事情と、ユダヤ人のもとでのそれ〕から生じたのとまったく同様に、市民的権利の国法への従属についても、モーセの国家制度は、〔古代ギリシアの〕二人の有名な立法者が共和国において創始した仕組みと酷似してはいるが、その源泉はまるで異なる。財産の不平等が自由を脅かす危険から国家を守るために、ソロン[†66]とリュクルゴス[†67]は財産権をさまざまな仕方で制限し、富の不平等を招きかねない多くの自由を排除した。モーセの国家でも、家族の財産は永久にその家族のものとされていた。困窮して財産や自分自身を売りわたした者も、〔五〇年ごとの〕大いなるヨベルの年には自分の物への権利を、そしてさらに七年ごとに自分の人権を取りもどし、[†68] 畑地を増やした者は以前の耕地面積に戻るものとされていた。兄弟がいないため土地所有者となった娘をほかの部族や民族から妻に迎える者は、それによって土地の所有者である部族や家族の一員となった。[†69] 要するに、家族への所属は、その人物に属するもっとも固有のもの、これこれの両親から生まれたという普通なら取り消しようのない性質によってではなく、だれかから受けとったものによって決まったのである。

ギリシアの共和国においてこうした法律が設けられた理由は、そうしなければ不平等が生じて、貧しい人びとの自由が脅かされ、政治的に無力化しかねないからであった。[†70] それにたいしてユダヤ人のばあいは、すべてを私有物ではなく〔神からの〕借りものとして所有するだけ*なので、いかなる自由も権利ももたなかったからであり、だれもが市民としては取るに足らなかったからである。ギリシア人は全員が自由で自立しているから平等であるとされ、ユダヤ人は全員が自立の能力をもたなかったから平等であるとされた。したがって、ユダヤ人がそれぞれ家族に属するのはその土地の分け前にあずかっているからだが、[†71] 家族にしてもその土地をみずからのものと称

†64 大全集では jene だが、ノール版にしたがって jenes と読む。

†65 ノール版ではこのあとに、「われわれがユダヤ人のもとで真理として見いだすものが、ユダヤ人にとっては真理や信仰の問題というかたちでは現われない。」という文言が挿入されている。

†66 ソロン（前六四〇頃～前五六〇）。アテナイの政治家。

†67 リュクルゴス（前七〇〇頃～前六三〇）。スパルタの軍事国家体制を築いた政治家。

†68 「レビ記」第二五章八～一七節、三九～四一節、五四節。「申命記」第一五章一二節。

†69 「民数記」第二七章一～一一節。

†70 本書五九五～六頁を参照。

するわけにはいかなかった。土地は〔神の〕恩恵によって家族に認められていたにすぎない。[†72] そうはいっても、すべてのユダヤ人に不動産を増やす権限を認めないという[†73]のは、あくまで立法者の目標でしかなく、民衆はけっしてそれをきちんと守ったようには見えない。そうした権限を認めないことによって富の不平等を阻止しようというのが立法者の心づもりだったのならば、もっと別のさまざまな施策がほどこされ、もっと別の多くの不平等の源泉がふさがれただろうし、彼の立法の偉大な目的は〔経済的平等ではなく〕市民の自由でなければならなかっただろうが、そんなものはしょせんモーセと彼の民族の〔奴隷的〕精神にはまったく共鳴する余地のない国家体制の理想にすぎなかった。不動産を増やす権限が認められないのは、土地にたいする権利の平等の結果どころか、土地にたいしていかなる権利ももたないという平等の結果であった。

＊「レビ記」第二五章二三節以下および三五節。「おまえたちはなにものも手放せない。というのも、土地は私のものであり、おまえたちは私のもとではよそ者であり、よその国の住人だからである。[†74]」

こうした平等の感情こそがダタンとコラの反逆を惹きおこした。二人はモーセが〔ユダヤ人のあいだで〕重きをなすという優位を自認するのを筋が通らないと感じたのである（「民数記」第一六章三節[†75]）。そうした法が生じてくる原理を見れば、国内法が定める〔市民的〕関係があるかのような見かけは消えうせてしまう。ユダヤ人同士の市民としての関係は、目に見えない君主〔神〕と目に見えるその従者〔祭司〕や役人に全員が隷属しているような平等性にほかならず、したがってそもそも市民としての資格さえまったく成りたたないし、そうした隷属にあってはすべての政治的な法律、つまり自由にかかわる法律の条件が奪われているので、国内法と立法権――つまり国法を決定する権力――に類するものもユダヤ人のもとにはいっさい見いだされるはずがなかった。それは、およそ専制政治下において国内法を問うのが矛盾であるのと同じである。

裁判官や役人（書記）、さらに（部族長のような）ある種の永続的な君主や、恣意や偶然の必要や暴力によって生まれては消えていく指導者や支配者は見いだされうるし、見いだされるにちがいない。[76] しかし、こうした形式の社会的結合においてさえ、王権が導入されるかどうかはどうでもよく、はっきりしないままだということはありうる。モーセは、イスラエル人が他民族のように一人の王の支配下に入ろうという気まぐれを起こしたときにそなえて、ほんのいくつかの命令を与えはしたが、[77] その命令はある面では王権がそれに従うも従わないも任意であるような性格のものであり、またある面では憲法つまり王に対抗する民衆のいくらかの権利の制定には、一般論としてさえ一言も触れていなかった。というのも、どんな権利ももたず、もはや抑圧されるべきなにものもなかった民族であってみれば、〔そもそも王権によって〕脅かされないかと危惧しなければならないような権利などなかったからである。

モーセの死

モーセはみずからの立法が完全に施行されるのを待たずに死んだ。おそらくこの立法はイスラエル史のどの時

---

†71 「民数記」第二六章五三～五節、第二七章八～一一節。
†72 「レビ記」第二五章二三節。
†73 同書第二五章二三～八節
†74 ここは「レビ記」第二五章二三節の引用。第二五章三五節は次のとおり。「もし同胞が貧しく、あなたに身売りしたならば、その人をあなたの奴隷として働かせてはならない。」
†75 「彼らは徒党を組み、モーセとアロンに逆らって言った。『あなたたちは分を越えている。共同体全員、彼ら全員が聖なる者であって、主がその中におられるのに、なぜ、あなたたちは主の会衆の上に立とうとするのか』」。
†76 もろもろの士師の登場、ダビデやソロモンのような王のことを念頭に置いているものと思われる。
†77 「申命記」第一七章一四～二〇節。

代にもそも完全に効力を発したためしがない。彼は、〔神に〕命じられていないのに〔岩を杖で二度〕打つという、たった一度のささいな自発的行為を罰せられて死んだが、[†78] みずからの政治生活を概観したさいに、神がモーセをつうじてユダヤ人を導いた方法を、ひな鳥を飛翔に慣れさせようとするワシのふるまいにたとえている（「申命記」第三二章一一節）。[†79] ワシは巣のうえでたえず翼を動かし、ひな鳥を翼に乗せまでして飛翔へと誘う。ただし、イスラエル人はこの美しいイメージを実現しなかった。このひな鳥たちはワシにはならなかったのである。イスラエル人がみずからの神との関係において与えたワシのイメージはむしろ、石を――〔卵だと〕だまされて――抱いて温め、その前で飛んでみせ、翼に乗せて雲まで天翔けていくが、石は重くて飛翔しようと燃えあがりもしなければ、親鳥から与えられたそのぬくもりが生命の炎として燃えあがりもしないというものであった。

ユダヤ民族のその後のすべての状況は、この民族が今日もなお置かれている哀れで卑しくみじめな状態にいたるまで、彼らの根源的な運命の帰結と展開にほかならない。彼らはこの運命（彼らが克服しがたいものとしてみずからに対置した無限の威力）によって虐待されてきたし、彼らが美の精神によってそれと和解し、そのように和解によってそれを廃棄するまでは、ずっと虐待されつづけるだろう。

モーセ死後のユダヤ人

モーセの死後、〔ユダヤ人〕国家の独立と異民族への隷従が入れかわり立ちかわりする時代が長く続いた。幸福によって独立を失い、弾圧されて独立への勇気を取りもどすというのはすべての民族に共通の運命だが、ユダヤ民族の運命としては二つの特殊な変容が加わらずにはすまなかった。

第一に、幸福な境遇における軟弱さへの移行は異教の神々の礼拝への移行として現われ、弾圧を脱して独立へと立ちあがる勇気は自分たちに固有の神への復帰として現われた。[†80] 苦境を脱すると、敵対と荒廃の精神、エル・シャダイ〔全能の神〕、苦境の神もユダヤ人から消えさった。彼らの心には以前より人間的な感情が芽生え、それとともにより友好的な関係が生まれた。彼らはより美しい精神を感じとり、異国の神々に仕えた。だが、いまやこの奉仕そのものにおいて彼らの運命が彼らを襲った。彼らはこれらの神々の崇拝者ではなく奴隷にしかなれなかったのである。かつて世界は彼ら自身なり彼らの理想なりに隷属していたのだが、いまや彼らのほうが世界に依存するようになった。それとともに、敵対関係だけを頼みとしていた彼らの力も消えうせ、国家の紐帯がすっかりゆるんでしまった。彼らの国家は、たとえ全市民が安定したとしても、けっして安定することができなかった。全市民がひとつの国家に統一されえたのは、ある共同的なものに全員が依存していたからでしかなかったが、この共同的なものは彼らのためだけのものであり、ほかのすべての人びとに対立すると考えられていた。(「申命記」第四巻一九節以下。[†81]「じっさいおまえは、目をあげて天を望み、太陽や月や星々といった天の全軍を目にして裏切り者となり、それらに仕えてはならない。それらはおまえの神が全天下のすべての民族に割りあてたものだが、主はおまえたちを選びとったのだから。」)

彼らは異国の神々を礼拝したからといって、たしかにわれわれなら国法と呼ぶような個々の律法のどれにもまだ背いていなかったが、みずからの立法全体と国家の原理には背いていた。したがって、偶像崇拝の禁止が彼らの最初のもっともタブーとされる律法のひとつになったのも、当然といえば当然のことであった。他民族との混交、婚姻や交友関係のきずな、あらゆる種類の奴隷的ではない友好的な共同生活によって、ユダヤ人と異民族の

†78 「民数記」第二〇章六〜一二節、「申命記」第三二章五〇〜一節。

†79 「鷲が巣を揺り動かし、雛の上を飛びかけり、羽を広げて捕え、翼に乗せて運ぶように」。なお、これに続く一二節には、「ただ主のみ、その民を導き、外国の神は彼と共にいなかった」とある。

†80 たとえば、「士師記」の一連の記述を参照。

†81 原文では「第一四章」だが、大全集の註にしたがって訂正する。以下の引用はヘーゲルの自由な要約である。

あいだにたしかにある種の共同的なものが育ちはした。彼らはともに太陽を享受し、月や星々を眺めた。あるいは、自分の感情をみずから省みれば、自分たちをひとつに結びつけている感情のきずなを見いだし、そして感情におけるこの一致、自分たちをひとつにしている感情のイメージによってあの星々を思いえがき、したがって生きているものとして思いえがくことによって、〔共通の〕神々をもつことになったのである。しかし、ユダヤ人の民族性の魂である人類への憎悪（odium generis humani）[†82]がわずかながら弱まり、より友好的になった守護神が彼らを異邦人と統一し、あの憎悪の設けた境界線を乗りこえさせたとたんに、彼らは背教者となり、かつての彼らの境涯のような奴隷状態には見られなかった歓楽の巷にさ迷いでてしまう。〔神から〕自分たちに与えられた相続分[†83]のほかにも人間の心が受けとれるものの余地があるという経験、この経験は奴隷たちのある種の不服従につながってしまった。奴隷たちは主人から受けとるもののほかにもなにかがあることを知って、それを自分のものと呼ぼうとするのである。彼らは人間らしいとはどういうことかを純粋に感じとれるようになり、生まれついての自由人の奴隷には二度とならなかったが、それとともにみずからの力は彼らから消えうせてしまった。いまや彼らのうちにはひとつの矛盾が存在するようになったのである。そんな彼らであってみれば、おのれの運命の全体、憎悪にもとづく古い盟約を一気にふりほどき、〔他民族との〕美しい統一を組織することがどうしてできただろうか。彼らはほどなくあの古い盟約にふたたび立ちかえるよう駆りたてられた。というのも、彼らはみずからの共同体と国家をこのように解消したせいで強者の餌食となり、他民族との混交は彼らへの隷属となった。圧制がまたもや憎悪を呼びさまし、それとともに彼らの神がふたたび蘇った。彼らの独立への衝動は本来、自分たち固有のものに依存しようとする衝動だったのである。

第二に、ほかの民族であれば往々にして数千年がかりでようやくくぐりぬけるこうした一連の変化も、ユダヤ民族においてはきわめて急激なものにならざるをえなかった。この民族のいずれの境遇もあまりに強制されたものだったので、そんなに長くはもちこたえられなかったし、たとえ自主独立の境遇にあっても敵対関係にあまねくつきまとわれていたので、安定したものになれなかったのである。彼らの境遇はあまりにも自然〔人間の本性〕に反している。ほかの民族であれば自主独立の境遇は幸福の、もっと美しい人間性の境遇ということになるのだが、ユダヤ人のばあいにはそれはまったく受動的で醜悪な境遇となる運命にあった。自主独立が彼らに保証したものは飲み食いするのがやっとの惨めな暮らしだけだったので、この取るに足らない自主独立が失われれば一切合財も失われるか、そうでなくてもその危険にさらされた。彼らが守り育てて享受できるような生きいきしたものはもはやなにも残らなかった。彼らがそれを享受できたなら幾多の窮乏にも耐えて、それに多くの犠牲を払うことを学んだだろう。〔しかし、〕この惨めな生活は圧迫されるとすぐに危険にさらされ、彼らはそれを救うために蜂起したが、この動物なみの生活は、彼らに自由をもたらしたであろう人間性のもっと美しい形態とは両立できなかった。

君主制の導入

ユダヤ人が王権（モーセは神権政治と両立できると考えたが、サムエルが両立できないと考えた王権†84）をみずから取りいれたとき、多くの個人がなんらかの政治的な重要性をもつようになった。もっとも、彼らはそれを祭司と分かちあうか、祭司から守るかしなければならなかったのだが。自由な国家であれば君主制の導入は全市民を私人に貶めるのにたいして、万人が政治的に無に等しいこの国家にあっては、君主制はすくなくとも何人かの個人を、多少なりとも制限はあってもひとかどの人物にまで高めた。

---

†82 タキトゥス『年代記』第一五巻四四章四節（国原吉之助訳、岩波文庫、下巻二七〇頁）。
†83 原語はErbteil。現行の共同訳では「嗣業の地」にあたる。
†84 「申命記」第一七章一四〜二〇節。「サムエル記上」第八章六〜一八節。

ソロモンの治世[†85]のつかのまにせよかなり抑圧的であった栄華が消えうせたあと、ユダヤ人の運命の試練にさらに王政の導入までも加えた新興勢力（その制御不能の支配と無力な支配）がユダヤ民族を完全に切り裂き、この民族がそれまで他民族に向けていた凶暴な無慈悲さと瀆神をいまや自分自身の内部に向け変えた。この新興勢力のせいで、ユダヤ民族はみずからの運命を自分自身の手でわが身に招くことになったのである。すくなくともユダヤ民族は異民族を恐れることを学び、理念において支配する民族から現実において支配される民族になり、みずからが一連の屈辱によって対外的依存の状態にあるという感情を抱くようになった。ユダヤ民族はしばらくのあいだはなおみじめな国家らしきものを保っていたものの、ついには（狡猾な弱者の政略にはそれがわざわいする日がかならずやってくるものだが）、すっかり蹂躙されて二度と立ち直る力もなくなった。霊感を受けた人びとが折にふれ昔の守護神を引きとめ、死にゆくそれにふたたび命を吹きこもうとしたこともかつてはあった。だが、すでに逃れさった民族の守護神は霊感をもってしても二度と呼びもどせないし、民族の運命は霊感の魔法によって払いのけることもできない。たしかに、その生命の深みから——それが純粋で生きいきしているかぎりでのことだが——ある新たな精神を呼びだすことはできるかもしれない。しかし、ユダヤの預言者たちは、疲弊しきった守護神の灯明でみずからの炎を燃えたたせ、この守護神にも太古の力を蘇らせ、時代の多彩な関心を破壊してその畏怖すべき崇高な太古の統一を蘇らせようとした。したがって、預言者たちは冷酷な狂信家、政治や目的実現に介入するとなると偏狭で役立たずの狂信家にしかなれず、過ぎさった時代の追憶を語って現代をますます混乱させるばかりで、別の時代をもたらすことができなかった。ひとたび激情が混入すると、単調な受動性にふたたび戻ることはできず、むしろこの激情は受動的な心性に発しているだけに、なおさら陰惨に猛り狂わずにはいなかった。人びとは身の毛もよだつこの現実から逃れるために理念のうちに慰めを求めた。自分を捨てても自分の客体〔神〕は手放したくなかったユダヤ人大衆は来たるべき救世主《メシア》の希望のうちにそれを求めた。〔律法を遵守する〕ファリサイ派は礼拝の励行と、そこにある客体的なもの〔神〕のおこないと、それと意識との完全な一体化のうちに慰めを求めた。彼らは自分たちが支配している活動領域が不完全であるがゆえに、その外にはいまだ自分たちには疎遠の威力があることを感じとっていたので、自分たちの意志や活動の力にはなんらかの疎遠な運命が混じりこんでいると信じていた。〔富裕層からなる〕サドカイ派は、自分たちのきわめて多彩なありかたと変化に富む生活がもたらす気晴らしに慰めを求めた。変化に富む生活というものは明確に決まったものによってしか満足できず、未決定なものは、別の明確に決まったものへ移行しうるものとしてしかありえないだろうからである。〔清貧をこととする〕エッセネ派はある永遠なものに、つまり、あらゆる諍いのもとである財産とそれに関連するものを排除し、多様さのない生きた〈一なるもの〉にまとめるような兄弟的な団結に慰めを求めた。それは現実のどんな事情にも左右されない共同生活であり、それを享受できるのは共同生活の、つまりメンバーの完全な平等のゆえにどんな多様性にもかき乱されないような共同生活のしきたりのおかげだとみなされた。律法へのユダヤ人の隷従が徹底的になればなるほど、まだなんらかの意志を行使できる事柄にかんしては彼らの我意はそれだけはなはだしいものにならざるをえなかった。そして、意志を行使できる唯一の機会は、彼らの礼拝そのものがなんらかの敵に出会ったときであった。彼らが困窮しておらず乏しい享受に満足しているときには、彼らの信仰になじみのないものが敵意を見せずに近づいてくると、彼らはじつに気楽に誘惑にのって信仰に背いたが、自分たちの礼拝が攻撃されると徹底的に戦った。彼らは礼拝のためとあらば決死の覚悟で戦い、そのための戦いの最中には、たとえば安息日の祝祭のような戒律に違反することさえありえた。†86 もっとも、他人の命令によってそれと知りつつ戒律に背くことはどんなに強制されてもできなかったけれども。こうして、ユダヤ人においては生命が虐げられ、彼らには支配しようのないもの、神聖なものがこれっぽっちも残っていないので、彼らの行動は

†85 「列王記上」第四〜一〇章。
†86 「ヨシュア記」第六章一五節。

神聖さのかけらもない暴走、凶暴このうえない狂信になってしまった。

そんな狂信も穏健な支配をしてやれば和らぐだろうというローマ人の期待は裏切られた。狂信はもう一度燃えさかり、みずから墓穴を掘って破滅したのである。

ユダヤ民族の運命はマクベスの運命である

ユダヤ民族の大いなる悲劇はギリシア悲劇とはまるで異なり、怖れも同情も惹きおこさない。というのも、恐れも同情も美しい本性の持ち主が過ちを犯さざるをえないという運命からしか生じないが、ユダヤ民族の悲劇は嫌悪感を惹きおこすことしかないからである。ユダヤ民族の運命はマクベス[†87]の運命である。マクベスはみずから自然に背いて〔三人の魔女のような〕よそよそしい存在を頼みにし[†88]、それに仕えて人間本性の聖なるものすべてを踏みにじり、殺害し、ついにはみずからの神々に見すてられ（というのも、それらは客体であり、彼は〔それに仕える〕奴隷だったからである）、みずからの信仰そのものに打ち砕かれなければならなかったのである。

三、アブラハムの精神とユダヤ人の運命（一七九九〜一八〇〇年初頭）

ユダヤ人の文字どおりの父祖であるアブラハムからこの民族の歴史は始まる。つまり、アブラハムの精神こそがその子孫のあらゆる運命を支配した統一〔的原理〕であり魂である。この精神はそれが戦う勢力の異なるに応じて、あるいは、権力や誘惑に屈したばあいにも、異質な性質を受けいれて不純になるに応じて、さまざまなかたちで現われる。要するに、この精神は武装して闘うにせよ、強者の枷に耐えるにせよ、さまざまなかたちを取るのである。そして、こうしたかたちが運命と呼ばれる。

アブラハム以前の歩み——ノアのばあい

人類の発展がアブラハム以前にたどった歩みや、自然状態の喪失のあとに続いた野蛮が破壊された統一にさまざまな道をとおって帰還しようと努力したこの重要な時代については、ぼんやりとした痕跡がわずかに残されているだけである。ノアの洪水[†89]が人間の心に刻みつけた印象は〔自然と人間を〕引き裂く深い亀裂となり、自然への途方もない不信感を生みださずにはいられなかった。かつて自然は親しみやすく穏やかだったのに、いまやその諸元素の均衡を失い、人類が自然に抱いていた信頼の念にきわめて破壊的で抗いがたく抑えがたい敵意をもって応え、格別の愛でなにかをいたわるということもなく猛り狂い、すべてのもののうえに手のつけようのない荒廃をぶちまけた。敵意に満ちた諸元素が惹き起こした〔ノアの洪水という〕この人類の無差別殺傷の印象にたいしては、それに反応するいくつかの現象が現われたことは、歴史がわれわれにそれとなく教えてくれる。それによれば、人間がいまや敵対的になった自然の暴発に対抗できるためには、自然が支配されなければならなかった。全体が分裂したとしても、理想と現実に分裂するしかありえないのだから、支配の最高の統一〔的原理〕は思考されたもののうちにあるか現実のうちにあるかである。ノアは、分裂した世界を前者においてつくろった。彼はみずから考えた理想を現に存在するものたらしめ、次にそれにすべてを対置して、それらを思考されたもの、支配されたものとみなした。この理想は、それに奉仕する自然の諸元素を制御して、洪水がもはや人類を滅ぼさないようにすることをノアに約束した。[†90]この理想は、そうした支配を受けいれる生物のうちでも人間たちに律法を課し、

†87 シェイクスピア（一五六四〜一六一六）『マクベス』の主人公。
†88 『マクベス』第一幕第三場、第四幕第一場。
†89 「創世記」第七章。
†90 同書第八章二一節。

殺しあわないようたがいに抑制しあうという掟を課した。この制限を踏みこえる者は、この掟の力に服し、したがって命を失うだろう。その一方でこの理想は、人間がこのように支配されるのと引きかえに、動物にたいする支配を人間に許しもした。ただし、それはたしかに動植物の殺害といった生き物を引き裂く〈ひとつの〉行為を是認し、必要に迫られた敵対行為を合法的な支配とみなしたが、それでもなお生き物を尊重し、動物の血をすることを禁止した。血（つまり魂）には動物の生命が宿っているからというのである（「創世記」第九章四節[†91]）。

アブラハム以前の歩み――ニムロデのばあい

これとは対照的に、ニムロデは（ヨセフスが『ユダヤ古代誌[†92]』第一巻第四章でニムロデについて物語っている適切な記述をもここでモーセ五書に結びつけてよければ）、人間に統一〈的原理〉を置き、人間を存在するものと定め、この存在するものがほかの現実を思考されたものにする、つまり、それらを殺し支配するとした。ニムロデは、自然がもはや人間の脅威にならない程度に自然を支配しようとし、自然にたいする防御態勢を固めた。

「彼は腕っぷし自慢の向うみずな男だった。神がふたたび世界を洪水で水没させたいと思っても、それに十分に対抗できるだけの力と手段にはこと欠かないと、彼は凄んでみせた。というのも、彼はいつか高いうねりや波が押し寄せてもそれをはるかに凌ぐ塔を築き、そのようにして祖先の滅亡に復讐しようと決意したからである（エウセビオスの伝えるエウポレモスの別の伝説によれば、洪水から自力で生きのびた人びとが塔を建てたとされている[†93]）。彼は人間たちに、すべてよいものは彼らがみずからの勇気と力でかちとったものだと説いた。こうして彼はすべてを変革し、ほどなく独裁的支配を打ち樹てた[†94]」。

ニムロデは、たがいに不信感を募らせ疎遠になりいまにもばらばらになりそうな人間たちを統一したが、たがいを信じ自然を信じる喜ばしい社交性を取りもどすにはいたらなかった。たしかに社交性は保たれてはいたが、強制的なものでしかなかった。彼は城壁で洪水から身を守り、狩人であり王であった。こうして、苦境との闘いにおいては、自然の諸元素も動物も人間も強者――とはいえ一介の生きもの――の掟を耐え忍ばざるをえなかった。

デウカリオンやピュラとの違い

敵対的な力にたいして、ノアはその力と自分自身をより強力なものに服従させることによって身を守り、ニムロデは、みずからその力を制圧することによって身を守った。二人とも〔自然という〕敵と急場しのぎの和睦を結び、それによって敵対関係を恒常化した。どちらも敵と〔真の意味では〕和解しなかったのにたいして、〔古代ギリシアの〕デウカリオンとピュラ[†95]というもっと真心のある二人は洪水のあとで和解した。彼らは人間をふたたび世界との友好関係に、つまり自然に招きいれ、喜びと享受によって人間に苦境と敵対関係を忘れさせ、愛による和睦を結び、美しい民族の始祖となり、みずからの時代をいつも青春の盛りにある生まれたての自然の母としたのである。

---

†91　「ただし、肉は命である血を含んだまま食べてはならない」。
†92　『ユダヤ古代誌』第一巻（秦剛平訳、ちくま学芸文庫、一九九九年）。
†93　カエサレアのエウセビオス『福音の備え（Praeparatio evangelica）』第九巻一七章。
†94　ヨセフス『ユダヤ古代誌』〔1・五六～七頁〕。
†95　オウィディウス『変身物語』第一巻三一三～四一五節〔上巻・二五～三〇頁〕。

四、ユダヤ人の人間関係(一七九九～一八〇〇年初頭)

もとより愛に根ざした美しい関係、支配と隷属とはおよそ対極にあるような関係、そうした関係がユダヤ人のもとにはあった。子は父が生きているあいだは彼のしもべでありつづけ、父の死によってはじめて——ユダヤ人において可能な程度においてだが——自立し、専用の耕地を与えられた。[†96] 父との関係を壊した子にはなんらかの仕方で暴力が行使された。愛のない親子関係はすべて〔それ自体が一種の〕暴力であり、もっとも厳しい暴力を受けるに値した。[†97] しかし、一人前の男になるために父のもとを離れることは愛のない行為でも暴力でもない。逆に父がそれを認めなければ、彼は成人し成長し一人前になった子に暴力を加え、ある種の隷属を強いることになる。また、妻を選ぶことはもっとも自由な行為であり、他人まかせにしたり、当人にはその権利を行使することも行動で表すこともできないという理由で他人が自分の権限でおこなったりもできなければ、親や後見人が子どもに代わって選んでやるわけにもいかない。したがって、子がそんなことさえ自分の一存でできないなら、それはもっともひどい専制というものだろう。〔だがユダヤ人においては〕むしろそれが慣習であり父の合法的な権利であって、子にとって専制のようには見えないのであってみれば、それはどんな自由な愛にも美にもまったく無縁であり、支配と隷属しか知らないような民族の性格のためである。たまたま夫みずからが妻を選んだとしても、彼は妻をその両親から買ったのであり、妻は買いとられたものという立場で婚姻関係を結んだのである。夫が妻との子どもを設けずに死んだら、妻は耕地の一部になり、この耕地はあくまでも〔夫の〕家族のものであるしかなかったので、妻もまたそうでなければならなかった。もっとも近い親族がその耕地を維持しなければならなかったので、彼女を妻に迎えなければならなかった。[†98]

未婚の女性は一種の物品だったので、そのようなものとしてしか、つまり買いとられた商品としかみなされず、売り払われたその商品がどんなぐあいかを調べられるだけだったので、そこからあのようにけがらわしい法律と悪名高い慣習が生まれることになった。[†99] というのも、彼女は愛される対象ではなかったからである。〔いまでも〕ザンクト・ガレンの農民は、教会で自分を堕落した女だと告白した女とただちに結婚する。[†100]

---

†96 こうした関係は、アブラハムやイサクやヤコブの物語からすでに知ることができる。たとえば、『創世記』第二五章一一節、第三五章二七〜九節などを参照。

†97 「ある人に反抗する息子があり、父の言うことも母の言うことも聞かず、戒めても聞き従わないならば、両親は彼を取り押さえ、その地域の城門にいる町の長老のもとに突き出して、町の長老に、「わたしたちのこの息子はわがままで、反抗し、わたしたちの言うことを聞きません。放蕩にふけり、大酒飲みです」と言いなさい。町の住民は皆で石を投げつけて彼を殺す」（「申命記」第二一章一八〜二一節）。

†98 「兄弟がともに暮らしていて、そのうちの一人が子供を残さずに死んだならば、死んだ者の妻は家族以外の他の者に嫁いではならない。亡夫の兄弟が彼女のところに入り、めとって妻として、兄弟の義務を果たし、彼女の生んだ長子に死んだ兄弟の名を継がせ、その名がイスラエルの中から絶えないようにしなければならない」（「申命記」第二五章五〜六節）。

†99 「人が妻をめとり、彼女のところに入った後にこれを嫌い、虚偽の非難をして、彼女の悪口を流し、「わたしはこの女をめとって近づいたが、処女の証拠がなかった」と言うならば、その娘の両親は娘の処女の証拠を携えて、町の門にいる長老たちに差し出し、娘の父は長老たちに、「〔…〕これが娘の処女の証拠です」と証言し、布を町の長老たちの前に広げなければならない。町の長老たちは男を捕まえて鞭で打ち、イスラエルのおとめについて悪口を流したのであるから、彼に銀百シェケルの罰金を科し、それを娘の父に渡さねばならない。彼女は彼の妻としてとどまり、彼は生涯、彼女を離縁することはできない」（「申命記」第二二章一三〜九節）。

†100 出典不明。

イエスの教えとその運命

目　次

一、イエスの道徳（一七九八〜九年）

イエスの登場とその時代

イエスが登場したのは、ユダヤ人の運命の多様な諸要素が醗酵し最後の危機が惹きおこされるのを間近に控えたときであった。こうしたさまざまな要素の内的な醗酵と発展のこの時代には、それらの要素がひとつの全体に収斂し、純然たる対立と、〔ローマとの〕公然たる戦争が勃発するにいたるまでの最終幕にはいくつかの局地的な紛争の勃発が先行していた。〔そんなときに〕精神はどちらかといえば凡庸だが情熱にはこと欠かないような人びとは、ユダヤ民族のこの運命を不完全ながら理解したため、安穏とはしていられず、運命の波によって無自覚に受動的に運ばれるままになって時代のなかをともに泳いでいくわけにもいかなければ、もっと大きな勢力を味方につけることが必要になるまで事態の進展を静観しているわけにもいかなかった。こうして彼らは全体が醗酵する前に行動を起こし、栄光も成果もないままに斃れたのである。

イエスは、ユダヤ人の運命のどこか一部分にはとらわれていなかったので別の一部分とだけ戦ったのではなく、むしろその全体に立ち向かった。だからこそ、みずからその全体を超えてもいれば、みずからの民族にそれを超えさせようともした。だが、彼が終わらせようとした敵対関係は勇敢さで圧倒するしかなく、愛によって和解させることはできなかった。そのために、運命の全体を克服しようとする彼の崇高な試みも彼の民族において挫折し、みずからその犠牲にならざるをえなかった。イエスは運命のどちらのがわにも与していなかったので、彼の宗教は、たしかに彼の民族には受けいれられなかった――というのも、この民族はいまだあまりにも多くを所有していたからである――が、そのほかの世界では、運命にたいしてもはやいかなる関与どころか、いっさいなにも、防衛も主張もする必要がなかった人びとに大いに受けいれられずにはいなかった。

キリストの精神の前では《以下、原稿欠落》

《原稿欠落》〔われわれなら〕人間本性の生きいきとした変容にもとづくもの【つまり、人間がみずからを支配する権力を定めるときにみずからに課す法】だと認識するかもしれないものも、彼ら〔ユダヤ人〕にとっては命じられたものであり、あくまで実定的であった。[†1] したがって、われわれがユダヤ人のさまざまな種類の立法をたどる順序はユダヤ人には疎遠な人為的な順序であり、立法の違いは、それにたいする反応の仕方の違いによってはじめて生じる。

イエスが律法に対置したもの

主へのひたむきな奉仕と、直接の隷属と、喜びも意欲も愛もない恭順を要求する律法、つまり礼拝の律法に、イエスはそれとは正反対のもの、つまり人間のひとつの衝動を、それればかりか欲求さえも対置した。宗教的行為はもっとも精神的なもの、もっとも美しいものであり、発展によって必然的に生じる分裂をもさらに統一しようと努力し、この統一を理想というかたちで、つまり、もはや現実に対立せずに完全に存在するものとして描き、したがってこの統一をなんらかの行為で表現し強めようとするのだから、そこにあの美の精神が欠けているようであればこのうえなく空しい行為になる。それは自己滅却の意識を要求するようなもっとも無意味な隷属になり、人間がみずからの無にも等しい非存在と受動性を表現する行為になる。人間のどれほど卑近な欲求の充足でさえそれに比べればまだましである。なにしろそうした欲求には、たとえ空虚ではあれなんらかの存在の感情や維持が直接に含まれているからである。

苦境の極みが神聖なものを傷つけるというのは同語反復的な命題である。というのも、苦境とは分裂の状態であり、行為に窮するとは神聖なものを傷つける行為だからである。苦境にあるとき、人間は客体にされて抑圧されるか、そうでなければ自然を客体にして抑圧しなければならないかのどちらかである。神聖であるのはなにも自然だけではなく、それ自体が客体であるような神聖なものもありうる。しかも、その客体そのものが多くの人びとを統一しているひとつの理想の表現であるばあいだけでなく、なんらかの仕方で理想と関係しその一部となっているばあいもまたそうである。苦境のせいでそうした神聖な事物を冒瀆せざるをえなくなることはありうるが、苦境でもないのにそれを傷つけることは、民族を統一しているものが同時に万人に共通なものであり、万人の財産であるばあいには邪悪な行為である。というのも、このばあい神聖なものの侵害は同時に万人の権利の不当な侵害だからである。異国の神を祀る寺院や祭壇を破壊し、聖職者たちを追い払うような狂信は、万人共通のものである神聖なものを冒瀆している。だが〔ユダヤ教のように〕、神聖なものが万人を統一するのは、万人が自己を捨ててそれに奉仕するかぎりでしかないなら、だれでも他人との関係を断てば自分の権利を取りもどせるだろう。そして、そうした神聖な事物や命令の侵害が他人にとって不快なのは、関係を断つがわの人間が彼らとの連帯を放棄して、自分のものを（時間であれなんであれ）好きなように使えるようにふたたび要求するようになるからでしかない。だが、そのような権利もそれを犠牲にすることも些末であればあるほど、わざわざそんなものにかこつけて同胞にとって最高なものをめぐって彼らと対立する人間はいないだろうし、彼らとの連帯を可能にしているもっとも内的な紐帯を引き裂こうとする人間もいないだろう。そうしたことが起こるのは、連帯全般が軽蔑の対象であるばあいだけである。じっさいイエスは自民族の生活全体から飛びだしたので、そうしたたぐいの寛大さを捨ててしまった。普通なら友人というものはどうでもいいことであれば自分と心情と魂を〈ひとつ〉にする人にかぎって寛大な態度を取るものなのだが。イエスは、きわめて卑近な欲求や恣意の満足であってもユダヤ的な神聖さを理由にあきらめることはなかったし、先延ばしにさえしなかった。彼はそこに自民族からの絶縁を、客体的な命令への隷属にたいする心からの軽蔑を読みとるように仕向けたのである。

†1　ヘーゲルはドイツ語の positiv という語を、「積極的」「肯定的」という一般的な意味で用いるだけでなく、「実定的」と訳せるような独自の批判的な意味でも用いる。そのばあいこの語は、宗教において神のありかたや教義が人間の生活から遊離して、硬直した権威として祭りあげられている状態を指す。本書四二三頁の†192、五五三頁の†57を参照。

安息日に麦を摘むことの意味

「マタイ福音書」第一二章

イエスに付きしたがう者たちは、安息日に〔麦の〕穂を摘んだことでユダヤ人の怒りを買った。[†2] 彼らは空腹のあまりにそうした行動に及んだのだが、そんな穂では大した腹の足しになるはずもなかった。彼らに安息日を敬う気持ちさえあったら、調理された食事にありつける場所に到着するまでのあいだ、そのささいな満足を先延ばしにすることもおそらくできただろう。イエスは、この許されない行為をとがめたファリサイ派にダビデを挙げて反論しているが、しかしダビデは極度の困窮から供えもののパンに手を出したのだった。[†3] イエスはまた、祭司の務めによって安息日が冒瀆されていることも引きあいに出しているが、この務めは律法で定められているから安息日の冒瀆ではない。そして彼は、祭司が安息日を冒瀆するのは神殿においてだけだが、ここにはそれ以上のものがあって、〔空腹とその満足といった〕自然のほうが神殿より神聖だと語ることによって、一方ではその違反行為の上塗りをしながら、他方では一般に、ユダヤ人にとっては神も神聖さもない自然を、神にかかわる世界への拘束状態から高め、ユダヤ人たちがしつらえた比類なき場所〔神殿〕に据える。さらにあからさまなことに、彼は〔安息日という〕一定の時間の神聖視に人間そのものを対置し、そうした神聖視は人間的な欲求のどうでもよいような満足よりも低級だと言いきる。

同じ日にイエスは片手の麻痺した人を治した。[†4] たしかに、危険な状態にある家畜にたいするユダヤ人自身のふるまいかたを考えれば、ダビデが神聖なパンを食べたことや、安息日の祭司の勤行と同じく、ユダヤ人自身もこの日の神聖さを絶対とみなしているわけではなく、この〔安息日の〕律法を守る以上の価値あるものを知っていることがわかる。しかも、イエスがここでユダヤ人に突きつけている事態は緊急の事態であり、緊急ともなれば罪は帳消しとなる。井戸に落ちた動物はすぐに助けなければならない。しかし、あの〔片手の麻痺した〕男が日没までに手を使えないと困ったことになったかどうかは、まるで取るに足らないことだった。イエスの行為は、この行為を何時間か早くおこなおうとする恣意を、そして、そうした恣意が最高権威〔神〕から発する命令に優先することを表現していたのである。

イエスはパンを食べる前に手を洗うという慣習に人間の主体性をまるごと対置し（「マタイ福音書」第一五章二〔～二〇〕節[†5]）、命令への隷従よりも上位に置き、【客体〔たとえばパンや食べる前の手〕がきれいかそうでないかよりも、心のそれを上位に置く】。彼は定めない主体性つまり〔個人の〕性格を、客体的な命令の厳格な遵守とはなんの共通点もないまったく別次元のものにしたのである。

道徳命令や市民的命令にたいするイエスの態度――カント的な道徳性も実定的である

イエスは純粋に客体的な命令にたいしてはそれとはまったく異質なものである主体的なもの一般を対置したが、われわれが観点の違いに応じて道徳的命令とも市民的命令とも呼ぶ律法にたいしては別の態度を示した。こうした律法は自然的な人間関係を命令のかたちで表現するので、それらが全面的にであれ部分的にであれ客体的になるばあいには、それにかんする錯誤が生じる。律法はひとつの概念における対立項の統一であり、したがってその概念は、対立項を対立項のままにしておきながら、みずからは現実にたいする対立を本質としているのだから、ひとつの当為を表現する。概念が内容からではなく、人間によってつくられ捉えられたものという形式から見ら

†2　「マタイ福音書」第一二章一～八節。
†3　「サムエル記上」　第二一章三～六節。
†4　「マタイ福音書」第一二章九～一四節。
†5　標記の箇所でイエスは、口に入るものは腹を通って出ていくから人を汚さないが、口から出てくるものは心から出てくるものだから人を汚す、と述べている。

れるかぎり、命令は道徳的である。〔それにたいして〕特定の対立項の特定の統一というその内容だけが注目され、したがって当為が概念の性質に由来するのではなく、よそよそしい権力によって主張されるかぎり、その命令は市民的である。後者の観点では対立項の統一は概念的でも主体的でもないので、市民的律法は複数の生活者の対立の限界を含むが、純粋に道徳的な律法は〈一人の〉生活者における対立の限界を定める。つまり、前者は生活者と生活者の対立を制限するのにたいして、後者は同じ一人の生活者の〈あるひとつの〉側面や力とほかの側面や力との対立を制限するので、そのかぎりでこの人物のある力が同じ人物のほかの力にたいして支配的になる。市民的律法にはなりえない純粋に道徳的な律法、つまり、対立項と統一がたがいによそよそしいものという形式を取りようがないこの律法は、その活動がみずからの活動であって他人にたいする活動や関係ではないような諸力を制限する律法であることになろう。律法は、たんに市民的な命令として働くばあいには実定的である。そうした律法も実質からすれば道徳的律法と同じであり、概念における客体的なものの統一も非客体的な統一を前提しており、それどころか非客体的な統一になりうるからという理由で、その律法が道徳的なものに変えられ、その当為がよそよそしい権力の命令ではなく、固有の概念から帰着するもの、つまり〔カントが言うような〕義務にたいする尊敬であることになれば、市民的律法という形式は放棄されるだろう。しかし、市民的命令になりえないような道徳的命令といえども、〔対立項の〕統一（ないし制限）そのものが概念や命令としてではなく、たしかに主体的なものでありながらも、制限された力にとってはよそよそしいものとして働くことによって客体的になるばあいがある。この種の客体性は、概念そのものとそれによる活動の制限を再興することによってしか廃棄されえない。こうしてわれわれは、イエスが道徳的命令の実定化したものであるたんなる適法性に反対したということも予想できるようにはなるし、彼が律法的なものが普遍的なものであり、その全面的な拘束力はそれの普遍性にあることを示したことも予想できるようにもなる。それというのも、たしかにどんな当為、どんな命令されたものも、一方ではよそよそしいものとして示されるが、他方では概念（普遍性）として、主体的なものとしても示され、それによって当為は人間の力の、普遍性の能力の、つまりは理性の産物となってその客体性と実定性と他律性を失い、命令されたものは人間の意志の自律に根ざすものとして現われるからである。だが、こんなやりかたでは実定性は部分的にしか取りさられない。〔北東アジア地域の〕ツングース族のシャーマンや、教会も国家も統治するヨーロッパの高位聖職者、あるいは〔シベリア西部の〕ウォグル族やピューリタンと、[†6]〔カントが人間のあるべき姿として描く〕おのれの義務の命令にしたがう者との違いは、前者がみずからを奴隷にするのに後者は自由だということではなく、前者は主人をみずからの外にもつが、後者はそれをみずからの内にもつと同時に自分自身の奴隷でもあるということである。[†7]衝動、傾向性、情愛、[†8]感性など呼びかたはどうであれ特殊なものにとっては、

†6　ヘーゲルの原文の Mogulitzen は、カント『たんなる理性の限界内の宗教』の第一版での誤表記にしたがったものであろう。同書第二版では Woglitzen（ヴォグリッツェン、ヴォグル族）と訂正されている。

†7　ここでヘーゲルは、カント『たんなる理性の限界内の宗教』第四篇第二部第三章（アカデミー版第六巻一七六頁）の次のような箇所を揶揄している。
「ツングース族のシャーマンから、教会や国家を同時におさめるヨーロッパの高位聖職者にいたるまで、あるいは（中略）ヴォグリッツェンは朝になると、熊の前足の毛皮を頭にかぶり、「私を打ち殺すな」という短い祈りを捧げるが、このまったく感性的なヴォグリッツェンから、洗練されたピューリタンやコネティカットの独立教会派にいたるまでのあいだには、信仰の流儀にはいちじるしい隔たりがあるにしても、その原理に隔たりがあるわけではなく、そもそも原理に関していえば、彼らは同一の部類に属しているのである。（中略）もっぱらよき生き方の心術にのみ礼拝を見出す気でいる人々だけが、彼らと区別されるのであって、区別は彼らとはまったく別の、そして彼らの原理よりもはるかに崇高な原理への、すなわちよき考えの人々すべてを包括する教会、またその本質的な性質からいって真の普遍的教会でありうる唯一の（不可視の）教会、これへの信仰告白をする理由となるような原理への超出によりなされるのである」（『カント全集』第一〇巻、北村武司訳、岩波書店、二〇〇〇年、二三六〜七頁）。

普遍的なものは必然的かつ永遠によそよそしいもの、客体的なものである。ある種の打ち消しがたい実定性が残るばかりか、その実定性は腹立たしいものになりさえする。それというのも、普遍的な義務命令が〔具体的な場面で〕受けとる内容である特定の義務が、制限されていながら同時に普遍的でもあるという矛盾を含むにもかかわらず、普遍性という形式のせいでみずからの一面性を棚にあげてきわめて過酷な要求をするからである。義務の概念に含まれるはずのないような人間関係にとって、これは災難でしかない。義務の概念は、それがたんに普遍性という空虚な思想ではなく、なんらかの行為において表現されるべきだとされるようになるやいなや、ほかのすべての関係を排除したり支配したりするようになるからである。

人間をその全体性において回復しようとした人物が、人間の分裂状態に頑迷なうぬぼれを付けくわえるだけのそうした道を取ることなどありえなかった。彼にとって律法の精神にしたがって行動するとは、〔カントのような〕義務への尊敬から傾向性に逆らって行動することではありえなかった。というのもそんなことをすれば、〔義務と傾向性という〕精神の両部分（心のこの分断状態にあってはこうした言いかたしかできない）は律法の精神にかなうどころか抗うことになり、その一方の部分は排他的なものであるがゆえに自分自身によって制限されたものになり、他方の部分は抑圧されたものになるからである。

山上の垂訓

道徳性を超越したこのイエスの精神が律法に直接にそむくものであることがあきらかになるのは、山上の垂訓においてである。山上の垂訓は、いくつかの律法の例にそくして律法から律法的なもの、律法の形式を取りさろうとする試みであって、この試みは律法への尊敬を説くのではなく、むしろ律法を成就しながらも律法としては廃棄するようなもの、したがって律法への服従よりも高いところにあって律法を不要にするようなものをあきらかにする。[十九] 義務の命令は〔命令するものとされるものの〕分離を前提しており、当為には概念の支配のきざしが見てとれるのにたいして、この分離を越えているものは生のひとつの存在であり様態である。この様態が客体という観点から見られるなら排他的であり、したがって制限されているとしても、それは排他性が客体の制限されたありかたによってのみもたらされ、客体にしかかかわらないからにすぎない。たしかに、イエスはみずからが律法に対置しその上位に置くものをも命令として表現する（「私が律法を廃棄しようとしていると考えてはならない」[†10]、「おまえたちの言葉は〔「はい」か「いいえ」のどちらか〕であるようにせよ」[†11]、「私はあなたがたに言う、逆らってはならないと」、「神とあなたがたの隣人を愛せ」[†12]）。しかしこうした言いかたは義務命令の当為とはまったく別の意味での命令である。つまりこの言いかたは、生きいきとしたものが思考され、語りだされてはいるが、その提示のためによそよそしい概念形式が用いられた結果にすぎない。それにたいして、〔カント的な〕義務命令は本質的に普遍的なものであるがゆえに概念でしかない。このように、生きいきとしたものでも人間にたいしては反省されたものや語られたものという形式のもとに現われるとすれば、カントはきわめて不当であった。すべ

†8 カント『実践理性批判』第一部第一篇第三章「純粋理性の動機について」に、傾向性（Neigung）と情愛（pathologische Liebe）を同格にならべている箇所（アカデミー版第五巻八三頁）がある。ここからしばらくのあいだ、ヘーゲルはカントの同章での議論を批判しながら議論を展開している。なお、以下でヘーゲルは、イエスが批判する「律法（Gesetz）」に、カントが『実践理性批判』で論じた道徳「法則（Gesetz）」を重ねあわせている。本書二七一頁の†4を参照。

†9 「山上の垂訓」は「マタイ福音書」の第五〜七章にあたるが、そのうち第五章二一〜四八節は「モーセの十戒」などの律法について語っている。

†10 「マタイ福音書」第五章一七節。

†11 マタイ第五章三七節。

†12 マタイ第二二章三七節および三九節を短縮したもの（なお、この箇所は「山上の垂訓」ではない）。

てにまさって神を愛し、自分自身と同じように隣人を愛せという、生きいきとしたものにはふさわしくないこの表現を、彼は愛を命じる律法への尊敬を要求するような命令だとみなしたからである。[†13] 彼は概念と現実の対立にもとづく義務命令と、生きいきしたものを言い表わすまったく非本質的な表現の仕方をそのように混同したために、みずからが命令と呼ぶものを、つまり、すべてにまさって神を愛し、自分自身と同じように隣人を愛せということを、深遠にも義務命令に還元してしまう。そこで、愛（あるいは、彼がそれに与えなければならないと考える意味からすれば、すべての義務をみずから喜んで果たすこと）は命令されえないという彼の発言はおのずから無効になる。というのも、愛においてはどんな義務の観念も無効になるからである。さらにカントは、イエスのさきの要求をどんな被造物も果せない神聖さの理想とみなすことと引きかえに、それに敬意を表しているが、[†14] そんな敬意も無駄になってしまう。というのも、義務は対立を必要とし、みずから喜んでおこなうことは対立を必要とはしないのであってみれば、義務が喜んで実行されるなどと考えるのは、いくら理想とはいえ自己矛盾だからである。それでもなおカントがみずからの理想においてこうした矛盾を統一しないでも平気でいられるのは、理性的な被造物（奇妙な取りあわせだが）は堕落することはあってもその理想に到達することはありえないと説明するからである。

イエスは山上の垂訓を一種の逆説で始め、期待を抱いて集まった多くの聴衆に向けてみずからの思いのたけをただちにはっきりと明言する。つまり、あなたがたはまったくなじみのないものを、別の精神と別の世界を私に期待しなければならないというのである。それは、彼が徳にかんする世間一般の評価から霊感によってただちに遠ざかり、別の正義と光を、生の別の領域〔天国〕を霊感によって告知するような叫びであり、その生の領域が現世と結ぶ関係は現世から憎まれ迫害されるような関係でしかありえないことを告知する叫びである。[†15] だが、彼が多くの聴衆に教えるのはこの天国における律法の消滅ではない。むしろ彼が教えるのは、律法はそれとは別のある正義によって、義務至上主義者の説く正義以上に完全な正義において満たされなければならないということで

あり、つまり律法の不備なところを補ってゆくということなのである。[†16]

これに続いてイエスは、そのような補いをいくつかの律法というかたちで示す。[†17] このように〔律法〕以上のものを含むものとは、律法の命じるとおりに行為しようとする傾向性と呼ぶことができよう。それは傾向と律法の一致であり、それによって律法は律法としてのみずからの形式を失う。傾向とのこの一致こそが律法の完成（πλήρωμα）[†18]であり、ほかの言いかたをすれば可能性の補完[†19]であるような存在である。というのも、可能性は思考されたものとしての客体であり、普遍的なものだが、存在は主体と客体の綜合であり、そこでは両者は対立しなくなるからである。同様にまたあの傾向性もひとつの徳であり、ひとつの綜合であって、そこでは〔カントがだからこそつ

---

†13　カントは『実践理性批判』第一部第一篇第一章（アカデミー版八三頁）で、「〔神を愛し、おのれ自身と同じように隣人を愛せというイエスの命令は〕すくなくとも命令として、愛を命ずる法則への尊敬を要求し、この愛を自分の原理とすることを勝手な選択にゆだねはしない」と述べている。

†14　同書同章（アカデミー版八六頁以下）の「義務よ！　汝、崇高にして偉大なる名よ」で始まる段落のことであろう。

†15　「マタイ福音書」第五章一〇～一二節。

†16　同書第五章一七節。

†17　同書第五章二一～四八節。

†18　この名詞は「ローマの信徒への手紙」第一三章一〇節に登場する。「マタイ福音書」第五章一七節の「私が来たのは律法や予言者を廃止するためだと思ってはならない。廃止するためではなく、律法を完成するためである」では動詞形 πληρῶσαι が用いられている。

†19　クリスティアン・ヴォルフが現実存在（existentia）を「可能性の補完（complementum possibilitatis）」と定義していたことを指す（ヴォルフ『第一哲学・存在論』一七三六年、第一七四節を参照）。クリスティン・ヴォルフ（一六七九～一七五四）はドイツ啓蒙期の哲学者。ライプニッツ・ヴォルフ学派というドイツ最初の学派を形成した。

ねに「客体的なもの」と呼ぶ）[20]律法は普遍性を失い、主体もその特殊性を失って、どちらも対立しなくなる。それにたいして、カント的な徳においてはこの対立はそのままであり、一方が支配するもの、他方が支配されるものになる。傾向と律法の一致とは、両者がもはや区別されないといったたぐいのものであり、したがって傾向と律法の一致という表現はまったく不適切である。なぜなら、これでは律法と傾向がまだ特殊なもの、対立するもののように見えてしまい、ともすれば道徳的な心情や律法への尊敬、律法による意志の決定が、それとは異なる傾向によって支えられているかのように受けとられかねないからであり、さらには一致するものが別々のものであってみれば、一致も偶然にすぎず、たんなる異質なものどうしの統一、頭で考えられただけのものになってしまうからである。だが、この律法の補完（およびそれに関連するもの）にあっては、義務や道徳的心情などは傾向に対立する普遍的なものではなくなり、傾向も律法に対立する特殊なものではなくなるので、あの一致は生であり、異なるものの関係として愛であり、ひとつの存在である。この存在は、概念や律法として表現されれば、必然的に律法に、つまり自分自身に等しいし、概念に対立する現実的なもの、つまり傾向として表現されても、同じように傾向としての自分自身に等しいのである。

たとえば、汝殺すなかれという命令は[21]、どんな理性的存在者の意志にも当てはまるとみなされている原則であり、普遍的な立法の原理とみなされうるような原則である。イエスはこうした命令に（愛の一様態である）和解というより高次の精神を対置する。この精神は、前述の律法に違反した行為をしないばかりか、そもそも律法をまったく不要にする。それはそれ自身において豊かな生命に満ちあふれているので、律法のように貧しいものなどまったく問題にならないのである。

和解において律法はその形式を失い、概念は生によって追放されるので、すべての特殊なものをその概念のうちに含んでいる普遍性のなにがしかが和解から差しひかれるように見えるが、その喪失はうわべだけのことであって、ほんとうはここから得られるものは計りしれない。なにしろ、和解にかかわる個人はわずかかもしれないとはいえ、彼らとの関係は生きいきとした豊かなものになるからである。和解が排除するのは現実的なものではなく、頭で考えられただけのもの、さまざまな可能性である。概念の普遍性にたっぷり含まれているこの可能性、つまり命令という形式はそれ自身が生の寸断〔つまり殺すこと〕であって、その内容が乏しいため、そこで禁じられた〔殺すという〕ただひとつの不正行為をのぞいてほかのどんな行為も許してしまう。それにたいして和解にとっては〔兄弟に〕腹を立てることさえ犯罪であり、[†22] とっさの反応として生じる威圧しようとする気持ちも、威圧しかえそうとする激情も同罪である。こうした反応も激情も一種の盲目的な正義であり、したがってたがいの平等を前提してはいるのだが、しかししょせんは敵意を抱いた者同士の平等にすぎないからである。それにひきかえ和解の精神はみずからは敵意を抱かず、相手の敵意を取りさろうと努力する。愛にもとづいて判断すれば、兄弟を悪人よばわりすることも犯罪であり、しかも怒り以上に重大な犯罪である。とはいえ、悪人は一人の人間としてほかの人間たちを敵にまわし、この混乱のうちに身を置こうとして、おのれの孤高を保つかぎり、まだしもひとかどの者とみなされるし、それなりの重みをもつ。というのも、彼は憎まれるし、大悪人ともなれば感嘆の対象ともなりうるからである。したがって愛にとっては、相手をばか者よばわりするほうがはるかに縁遠い。[†23] そんなことをすれば相手とのすべての関係のみならず、本質にかかわるすべての平等と共同性をも否定し、相手を観念のうちではあれ完全に隷従させて、無だと言いたてることになるからである。* これにたいして愛は、祭壇の前

---

†20　『実践理性批判』アカデミー版七五頁、七八頁以下。

†21　「出エジプト記」第二〇章一三節、「マタイ福音書」第五章二一節。

†22　「マタイ福音書」第五章二二節。「兄弟に腹を立てる者はだれでも裁きを受ける。兄弟に『ばか』と言う者は、最高法廷に引き渡され、『愚か者』と言う者は、火の地獄に投げ込まれる」。

†23　直前の註を参照。

でなんらかの不和に気づくと供えものをそこに残したままでまずは兄弟と和解し、そうしてはじめて純粋で二心なく唯一の神の前に歩みでる。[†24] 愛は裁判官にみずからの権利を認めてもらうのではなく、権利などまったく顧慮せずに和解するのである。

＊いま ρακα という語を〔「悪人」という〕意味で理解したが、これはたいていの語釈からも裏づけられる。それにたいして〔この語をそのように理解することが〕むずかしいのは、もっぱら聖書解釈者の道徳的センスのせいである。彼らは悪人よりもばか者のほうが穏やかだと思っており、二つの言葉を評価するにあたって、それらが生じてくる心情ではなくそれらがもたらす印象を手がかりにしている。〔だが、他人から〕ばか者呼ばわりされた人が自分では一人前（sui juris）だと感じており、相手と同じくらい頭が回転するのなら、彼はその言葉を投げかえして相手をばか者と呼ぶだろう。

同様にしてイエスは、結婚における義務にもとづく忠誠と妻と離婚する権利にも愛を対置する。愛は、忠誠の義務が禁じなかったもの、たとえば〔妻以外の女への〕欲情さえも排除し[†25]、前者の義務に矛盾する後者の〔妻と離婚する権利の〕許可もただひとつのばあいを例外として撤廃する。[†26] こうして一方で、愛の神聖さは姦淫を禁じる律法の補完（πλήρωμα）であり、人間の多くの側面のうちのひとつが全体にのしあがろうとしたり、全体に抗して反乱しようとしたりときには、この神聖性だけがそれを抑えこむことができ、全体の感情である愛だけが〔人間の〕本質の分散を防ぐことができる。他方で、愛は離婚の許可を撤廃する。愛が生きているときにも、愛が消えてしまったあとでも、愛にとっては〔離婚の〕許可や権利などは問題になりえない。まだ愛を抱いている妻を愛さなくなることは、愛をおのれ自身に不誠実になるように仕向け、罪を犯すよう仕向けることである。そして、愛の情熱をほかの女に振り向けることは愛の逸脱であり、愛は良心のやましさをもってそれを償わなければならない。このばあいには、たしかに愛はみずからの運命を免れないし、結婚それ自体がすでに破綻している。だが、夫が権利や律法を盾に取り、それによって自分のほうが正当だと言いたてるなら、妻の愛を傷つけたうえに卑劣な冷酷さで追い打ちをかけることになる。イエスが唯一例外としているのは、妻が夫以外の男を愛したばあいだけであり、このときばかりは、夫は妻の奴隷のままでいなくてもよい。たしかにモーセはユダヤ人というかたくなな心の持ち主（Σκληροῖς καρδίᾳ）[†27]に結婚にかんする律法と権利を定めざるをえなかったが、はじめからそうだったわけではないのである。

現実のものについてなんらかの保証をするばあい、主体と客体は別々のものとみなされ、将来のことについて保証する、つまり約束するばあいにも、決意表明と実際の行動そのものはまだまったく別々のものだとみなされる。肝心なのは真理、つまり別々の両者の確固たる連関である。〔それにたいして〕宣誓による保証のばあいには、すでになされたか、将来はじめてなされる行為のイメージが神的なものに結びつけられ、ことばと行為のこの連関、この結合、この存在そのものが〔神という〕一定の存在者において表現され、ありありと思いえがかれる。そして、宣誓によって保証される事例の真理そのものは目に見えるようにすることはできないので、そのかわりに真理そのものである神が立てられ、こうして一方ではそれが〔宣誓を受ける〕相手に示されて彼を納得させ、他方

---

†24 「マタイ福音書」第五章二三〜四節。「だから、あなたが祭壇に供え物を献げようとし、兄弟が自分に反感を持っているのをそこで思い出したなら、その供え物を祭壇の前に置き、まず行ってその兄弟と仲直りをし、それから帰って来て、供え物を献げなさい」。

†25 同書第五章二八節。「みだらな思いで他人の妻を見る者はだれでも、既に心の中でその女を犯したのである」。

†26 同書第五章三二節。「不法な結婚でもないのに妻を離縁する者はだれでも、その女に姦通の罪を犯させることになる。離縁された女を妻にする者も、姦通の罪を犯すことになる」。

†27 同書第一九章八節の σκληροκαρδία〔頑固な心〕を変形したものだろう。「たしかにモーセは…」以下の文は、同書の同じ個所を要約したものである。

では宣誓者の決意を固めた心に〔神という〕この存在者が反作用することによって真理とは反対のもの〔宣誓に違反すること〕が排除される。どうしてここに迷信があるとされるのかは、まったく理解できない。†28 ユダヤ人が天や地やエルサレムや自分の頭髪にかけて宣誓をおこない、その宣誓を神の裁量に託し、主の手にゆだねるとき、彼らは宣誓によって保証されたものの現実性をなんらかの客体に結びつけ、両方の現実性を等置し、この客体と保証されたものの連関、両者の同等性をひとつの疎遠な威力の支配下に置いた。こうして神はことばを支配する威力とみなされ、あの〔客体と保証されたものの〕連関は人間自身に根ざしているとみなされる。保証された行為とそれにかけて保証がなされた客体はたがいに結びつけられるので、保証された行為や保証された現実が現実にならなければ、それとともにそれにかけて宣誓がなされた天や地などの客体もまた否定される。そしてこのばあいそうした客体の主〔である神〕は客体の返還を要求せざるをえず、神はおのれ自身のものの復讐者とならざるをえない。

イエスは保証された行為をこのように客体的なものに結びつけることに異議を唱え、誓いを守る義務を強めるのではなく、そもそも宣誓を不要だと明言する。というのも、〔イエスに言わせれば、〕おのれのことばと行為を結びつけるのは人間の精神だけであり、天も地もエルサレムも頭髪もそうした精神ではなく、他者の所有物であり、行為の確かさは疎遠なものに結びつけられ、それにゆだねられてはならず、むしろことばと行為の連関は生きいきとしていて、人間それ自身にもとづかなければならないからである。

目には目を、歯には歯をと律法は言う。†29 報復とその平等はあらゆる正義の神聖な原理であり、すべての国家体制がもとづかなければならない原理である。だがイエスは、愛によって権利をあまねく放棄し、正義や不正義の全領域を乗り越えるよう要求する。愛においては、不平等だという感情も、平等を要求するこの感情の当為つまり敵にたいする憎悪も、権利ともども消えうせるのである。

山上の垂訓における道徳的な義務

〔「山上の垂訓」において〕イエスがこれまで語った律法と義務はおおまかには市民的な律法と義務であり、彼がそれに付けくわえたものは、それらを律法や義務と認めたうえで、しかしその動機としてそれにたいする純粋な敬意を要求するという〔カント的な〕ものではなかった。[†30] それどころかイエスは律法や義務への軽蔑をあらわにしており、彼が付けくわえたものは、その一連の行為が、たとえば律法や義務命令にもとづいて判定すればそれに適合していると認められるが、自分では義務も権利もまったく意識していないような精神である。[†31] このあとイエスは〔市民的ではない〕たんに道徳的な義務を、施しの徳を話題にする。この徳についてもイエスは、祈りや断食と同じく、異質なものが混入して行為が不純になることをとがめる。ひとに見てもらうために施しをするな。[†32] 要

---

†28　ここから段落末まで、ヘーゲルの念頭にあるのは、「マタイ福音書」第五章三三～七節である。「また、あなたがたも聞いているとおり、昔の人は『偽りの誓いを立てるな、主に対して誓ったことは、必ず果たせ』と命じられている。しかし、私は言っておく。一切誓いを立ててはならない。天にかけて誓ってはならない。そこは神の玉座である。地にかけて誓ってはならない。そこは神の足台である。エルサレムにかけて誓ってはならない。そこは大王の都である。また、あなたの頭にかけて誓ってはならない。髪の毛一本すら、あなたは白くも黒くもできないからである。あなたがたは、『然り、然り』『否、否』と言いなさい。それ以上のことは、悪い者から出るのである」。

†29　同書第五章三八～九節。「あなたがたも聞いているとおり、『目には目を、歯には歯を』と命じられている。しかし、わたしは言っておく。悪人に手向かってはならない。だれかがあなたの右の頬を打つなら、左の頬をも向けなさい。」

†30　カントについては、本書三〇九～一六頁を参照。

†31　いわゆる「美しい魂」のこと。本書一六一頁の†1を参照。

†32　「マタイ福音書」第六章一節。「見てもらおうとして、人の前で善行をしないように注意しなさい」。

するに、行為の目的、つまり、まだ実行される前に考えられただけのものとしての行為も、実行された行為と等しいというのである。ここでもまたイエスは、ただ考えられているだけの行為のうちに、ひとに見てもらうという別のものを忍びこませるこうした偽善だけでなく、その行為によって義務を果たしたと意識することさえも退けているように思われる。右手のすることを左手に知らせるなというのは[†33]、行為がひとに知られることだと解することはできない。むしろそれは、ひとに見られることとは正反対のことである。したがって、それがなんらかの意味をもつはずだとすれば、それは自分が義務にかなっているかどうかの自己反省を意味しているのだろう。行為において見ているのは私だけなのか、それとも他人も私を見ていると私が考えるのか、私が享受するのは私の意識だけなのか、それとも他人の喝采もそうなのかは、おそらくたいした違いではない。というのも、義務という普遍的なものが特殊なものに打ち克ったことに他人が喝采を送ってくれたことが認識されるなら、〔その普遍性と特殊性は〕いわばたんに頭で考えられただけのものではなくなり、どちらも見てとられたものになり、つまり普遍性は他人のイメージのうちで、特殊性は他人のうちで現実そのものとして見てとられたものになるからである。そうなれば、義務を果たしたという孤独な意識も、〔他人から受ける〕栄誉とは種類の異なるものではなく、違いはただ栄誉にあっては普遍性が普遍妥当的であるだけでなく、普遍妥当的なものとして認識されてもいるということでしかない。個人は義務を果たしたとみずから意識するとき、普遍性という性格をみずからに与え、みずからを普遍的なものとして、つまり特殊なものである自分自身も特殊性の概念に含まれている多数の個人も超えたものとして見てとる。というのも、普遍性の概念が個人に適用されたとたんに、特殊性の概念も個人にそのように関係するようになり、義務を果たしたことでみずからが普遍性にかなったものになっていると認識する者にたいしてそれらの個人を対置するようになるからである。〔しかし、〕このような自己意識にしたところで、人びとの喝采と同じく行為には無縁である。自分だけは正しいと確信し、他人を貶めること（特殊なものは普遍的なものに必然的に対立するがゆえに両者は必然的に結びついている）については、イエスも「ルカ福音書」第一八章九節以下のたとえ話[†34]で語っている。

ファリサイ派は、自分が盗人や不義の人や姦通者であるほかの多くの人びとのようでもなければ、隣にいる徴税人のようでもないことを神に感謝し、しかも謙虚なことにそれがみずからの意志の力のおかげだなどとみなしたりはしない。彼は決まりどおりに断食し、実直な人としてきちんと十分の一税を払っているという。イエスは、こうした実直さの意識についてそれが本物でないとは言わないが、天をあえて仰ぎ見ようともしない打ちひしがれた徴税人のまなざしをそれに対置する。この徴税人はみずからの胸をたたきながら、「神よ、罪人の私を憐れんでください」と祈るのである。自分の義務を果たしているというファリサイ派の意識も、すべての律法を忠実に守ってきたという若者の意識（「マタイ福音書」第一九章二〇節[†35]）も、良心のやましさを感じることがなく、それこそ

---

†33 「マタイ福音書」第六章三節。「施しをするときは、右の手のすることを左の手に知らせてはならない」。

†34 「ルカ福音書」第一八章九～一四節。「自分は正しい人間だとうぬぼれて、他人を見下している人々に対しても、イエスは次のたとえを話された。「二人の人が祈るために神殿に上った。一人はファリサイ派の人で、もう一人は徴税人だった。ファリサイ派の人は立って、心の中でこのように祈った。『神様、わたしはほかの人たちのように奪い取る者、不正な者、姦通を犯す者でなく、また、この徴税人のような者でもないことを感謝します。わたしは週に二度断食し、全収入の十分の一を献げています。』ところが、徴税人は遠くに立って、目を天に上げようともせず、胸を打ちながら言った。『神様、罪人のわたしを憐れんでください。』言っておくが、義とされて家に帰ったのは、この人であって、あのファリサイ派の人ではない。だれでも高ぶる者は低くされ、へりくだる者は高められる」」。

†35 「この青年は言った、「そういうこと〔ユダヤ教の律法〕はみな守ってきました。まだ何が欠けているでしょうか。」イエスは言われた、「もし完全になりたいのなら、行って持ち物を売り払い、貧しい人々に施しなさい。そうすれば、天に富を積むことになる。それから、わたしに従いなさい」。青年はこの言葉を聞き、悲しみながら立ち去った。たくさんの財産を持っていたからである。」

が偽善である。なぜなら、ある面ではそうした意識が行為の意図とすでに結びついているなら、その意識は自分自身と行為についての反省であり、行為そのものには属さない不純物だからであり、またある面では、そうした意識がファリサイ派やあの若者に見られるように、自分を道徳的な人間のように考えるなら、そうした考えの内容をなすのはさまざまな徳であり、これらの徳はそれぞれその範囲が決まってもいれば、テーマも定められている限定されたものであり、したがってこのすべてを合わせても不完全なものでしかないのに、みずからの義務を果たしたというこの良心のやましさを感じない意識は、まるで自分が全体であるかのように偽善的に装うからである。

イエスはまさにこれと同じ精神において祈りと断食について語っている。両者はまったく客体的な絶対的に命令された義務であるか、なんらかの欲求に根ざしているにすぎないかのいずれかである。両者は、ひとつの概念において統一されうるような対立を前提していないので、道徳的な義務と考えるわけにはいかない。イエスはこのいずれにかんしても、人びとがそれによって人前で体裁をとりつくろうことを非難し、とくに祈りについては、御託を並べて祈りが義務とその遂行であるかのように見せかけることも非難する。[†36] イエスは断食を、その根柢にある感情、つまり断食に駆りたてる欲求にしたがって評価する（「マタイ福音書」第九章一五節）。[†37] イエスは祈りにかんしては不純なものを遠ざけるだけでなく、ある種の祈りかたも指示する。[†38] この箇所では祈りの真実性は顧慮されない。

財産について

生活の心配をやめて富を軽んじようというそれに続く要求[†39]については、「金持ちが神の国に入るのはなんとむずかしいことか」という「マタイ福音書」第一九章二三節[†40]についてと同じく、ほとんど語るべきことはない。そんなものは説教や韻を踏んだ格言でしかお目にかかれないお題目でしかない。というのも、こんな要求はわれわれにはなんの真実味もないからである。財産という運命はわれわれにとってあまりにも強大になっているために、それについて反省するのは耐えがたいし、それをわが身から引き離すことなどわれわれには考えられない。それでも

†36　「マタイ福音書」第六章五〜八節をヘーゲルは念頭に置いているのだろう。「祈るときにも、あなたがたは偽善者たちのようであってはならない。偽善者は人に見てもらおうと、会堂や大通りの角に立って祈りたがる。はっきり言っておく。彼らは既に報いを受けている。だから、あなたが祈るときは、奥まった自分の部屋に入って戸を閉め、隠れたところにおられるあなたの父に祈りなさい。そうすれば、隠れたことを見ておられるあなたの父が報いてくださる。また、あなたがたが祈るときは、異邦人のようにくどくどと述べてはならない。異邦人は、言葉数が多ければ、聞き入れられると思い込んでいる。彼らのまねをしてはならない。あなたがたの父なる神は、願う前から、あなたがたに必要なものをご存じなのだ」。

†37　前後の部分を含めて第九章一四〜五節を引用する。「そのころ、ヨハネの弟子たちがイエスのところにきて、「わたしたちとファリサイ派の人々はよく断食しているのに、なぜ、あなたの弟子たちは断食しないのですか」と言った。イエスは言われた、「花婿が一緒にいる間、婚礼の客は悲しむことができるだろうか。しかし、花婿が奪い取られる時が来る。そのとき彼らは断食することになる」。

†38　本頁†36の「マタイ福音書」の引用箇所、およびそれに続く九節以下のいわゆる「主の祈り」を指すのだろう。

†39　以下でヘーゲルの念頭にあるのは「マタイ福音書」の第六章二四〜五節であろう。「だれも、二人の主人に仕えることはできない。一方を憎んで他方を愛するか、あるいは、一方に親しんで他方を軽んじるか、どちらかである。あなたがたは、神と富とに仕えることはできない。だから言っておく。自分の命のことで何を食べようか何を飲もうかと、また自分の体のことで何を着ようかと思い悩むな。命は食べ物よりも大切であり、体は衣服よりも大切ではないか」。

†40　「マタイ福音書」第一九章二三〜四節は次のとおり。「はっきり言っておく。金持ちが天の国に入るのは難しい。重ねて言うが、金持ちが神の国に入るよりも、らくだが針の穴を入る方がまだ易しい」。

やはり次の程度のことは理解しておくべきである。つまり、富の所有とそれに関連するあらゆる権利や心配事は人間のうちにさまざまな限定をもちこみ、その制限が徳を限界づけ、それにさまざまな条件や従属を強いるために、その範囲内ではたしかに義務や徳の成りたつ余地はあっても、全体的なものや完全な生は容認されないのである。というのも、生は客体に拘束され、みずからの条件を自分自身の外にもっているからであり、生にはなにか固有なもの（eigen）として付けくわえられはしても、それは生の財産〔固有なもの（Eigentum）〕ではとうていありえないようなものだからである。富はひとつの権利でもあれば、多様な権利のうちに含まれてもおり、そのためにかたや富に直接かかわる徳である実直さが、かたや富の領域内で可能なほかのさまざまな徳が、必然的にたがいを排除しあうようになり、どんな徳行もそれ自身が対立したものになる。こうして富はみずからが愛と全体性に対立するものであることをたちまち暴露してしまう。〔イエスの言うとおり、富と愛の〕折衷案や二君に仕えるような態度は考えられない。なぜなら、無限定のもの〔愛〕と限定されたもの〔富〕がその形態を保ったまま結びつくことはありえないからである。イエスが義務の補完だけでなく、これらの原理の客体、義務の領域の本質を指摘せずにいられなかったのは、愛に対立する領域を破壊するためだったのである。

「ルカ福音書」の第一二章一三節以降は、イエスが富に反対して表明する意見をそれがもっとわかりやすくなるような文脈でもちだす。[†41] 一人の男が、遺産を分けるよう自分の兄弟にとりなしてほしいとイエスに頼んできた。こうしたとりなしの依頼を〔イエスのように〕はねつけるのは、利己主義者のふるまいとしか判断されないだろう。イエスは依頼をしてきた男にたいする返答において直接には、そんな権限はないからと断っているだけのように見える。だが彼の精神のうちには、たんに自分には財産分与の権限がないという以上のことが潜んでいる。というのも、彼はただちに弟子たちの方を向いて所有欲を戒め、神の声に一喝されて縮みあがったある金持ちのたとえ話を付けくわえているからである。

「愚かな者よ。あなたの魂は今夜にも取りあげられるだろう。そうなればあなたが手に入れてきたものはだれのものになるのだろうか。おのれのために宝を集めて神において富まない者はこれと同じである」。†42

このようにイエスはさきの俗人には権利的な側面を示すだけだが、弟子たちには権利や正義や公正の領域を、この領域で人間たちがたがいのためになしうる友好的な奉仕の領域、そして財産の全領域を超えるよう要求する。

---

†41　「ルカ福音書」第一二章一三〜二〇節は次のとおり。「群衆の一人が言った。「先生、わたしにも遺産を分けてくれるように兄弟に言ってください」。イエスはその人に言われた、「だれがわたしを、あなたがたの裁判官や調停人に任命したのか」。それから一同に言われた。「どんな貪欲にも注意を払い、用心しなさい。有り余るほど物を持っていても、人の命は財産によってどうすることもできないからである」。それから、イエスはたとえを話された。「ある金持ちの畑が豊作だった。金持ちは、『どうしよう。作物をしまっておく場所がない』と思い巡らしたが、やがて言った。『こうしよう。倉を壊して、もっと大きいのを建て、そこに穀物や財産をみなしまい、こう自分に言ってやるのだ。「さあ、これから先何年も生きて行くだけのたくわえができたぞ。ひと休みして、食べたり飲んだりして楽しめ」と。しかし神は、『愚かな者よ、今夜、お前の命は取り上げられる。お前が用意した物は、いったいだれのものになるのか』と言われた。自分のために富を積んでも、神の前に豊かにならない者はこのとおりだ」」。

このあと「ルカ福音書」では、†39で挙げた「マタイ福音書」第六章二五節以下と重複する話が出てきて、イエスが弟子たちに財産に固執することのむなしさを説く。このように「マタイ福音書」と同じ話が別の文脈に置かれたことで、「ルカ福音書」ではイエスの意見がもっとわかりやすくなったとヘーゲルは言うのであろう。

†42　直前の註を参照。

洗礼者ヨハネ

イエスは愛において律法も義務もなくなることを最高のこととみなすが、それと対照的なのが洗礼者ヨハネのやりかたである。これについては「ルカ福音書」第三章がいくつかの例を伝えている。[†43] 彼はユダヤ人にたいして、たとえアブラハムを祖先にもつ者であろうと、〔神の〕怒りを買うその運命からまだ逃れられるとどうして望めようか、「斧はすでに木の根もとに置かれている」と語る。そこでユダヤ人がどうすればよいのかと彼に問うと、彼は「下着を二枚もっている者や余分な食べものをもっている者はもたない者に分けてやりなさい」と言った。彼は徴税人には定められているより以上の税を取りたてないように注意し、兵士にはひとを苦しめたりものを脅しとったりせずに自分の給料で暮らせと注意した。また彼については、ヘロデとその兄弟の妻の関係にたいする非難に肩入れし、この非難のせいで首をはねられたことが知られている（「マタイ福音書」第一四章第四〔～一一〕節）。[†44] 彼の運命は特定のことにかまけた状態で終わる。上述の例からわかるように、彼の教えは特定の徳の勧めだったし、彼の意識のうちには偉大な精神もなければ、そうした徳のすべてを包括するような魂もなかった。彼は自分でもそのことを感じていて、箕《み》を手にして打穀場を掃除してくれるであろう別の人物を予告した。ヨハネは、みずからがおこなう水による洗礼に代わって、自分のあとに来る者が火と精神〔聖霊〕による洗礼を授けることを信仰というかたちで希望するのである。

「裁いてはならない」という教え

良心とは自分が義務にかなっているかどうかの意識だが、それに対立するのは律法を判断というかたちで他者に適用することである。イエスは言う。

「裁いてはならない。自分自身が裁かれないためである。〔…〕あなたがたが測るのと同じ尺度であなたがた

†43 以下、この段落でヘーゲルの念頭にあるのは、「ルカ福音書」の以下の箇所（第三章七〜一四節）である。「ヨハネは、洗礼を授けてもらおうとして出て来た群衆に言った。「蝮の子らよ、差し迫った神の怒りを免れると、だれが教えたのか。悔い改めにふさわしい実を結べ。『我々の父はアブラハムだ』などという考えを起こすな。言っておくが、神はこんな石ころからでも、アブラハムの子たちを造り出すことがおできになる。斧は既に木の根元に置かれている。良い実を結ばない木はみな、切り倒されて火に投げ込まれる。」そこで群衆は、「では、わたしたちはどうすればよいのですか」と尋ねた。ヨハネは、「下着を二枚持っている者は、一枚も持たない者に分けてやれ。食べ物を持っている者も同じようにせよ」と答えた。徴税人も洗礼を受けるために来て、「先生、わたしたちはどうすればよいのですか」と言った。ヨハネは、「規定以上のものは取り立てるな」と言った。兵士も、「このわたしたちはどうすればよいのですか」と尋ねた。ヨハネは「だれからも金をゆすり取ったり、だまし取ったりするな。自分の給料で満足せよ」と言った。

　民衆はメシアを待ち望んでいて、ヨハネについて、もしかしたら彼がメシアではないかと、皆心の中で考えていた。そこで、ヨハネは皆に向かって言った。「わたしはあなたたちに水で洗礼を授けるが、わたしよりも優れた方が来られる。わたしは、その方の履物のひもを解く値打ちもない。その方は、聖霊と火であなたたちに洗礼をお授けになる。そして、手に箕《み》を持って、脱穀場を隅々まできれいにし、麦を集めて倉に入れ、殻を消えることのない火で焼き払われる。」ヨハネは、ほかにもさまざまな勧めをして、民衆に福音を告げ知らせた。ところで、領主ヘロデは、自分の兄弟の妻ヘロディアとのことについて、また自分の行ったあらゆる悪事について、ヨハネに責められたので、ヨハネを牢に閉じ込めた。こうしてヘロデは、それまでの悪事にもう一つの悪事を加えた」。

†44 長くなるので途中に要約を挿入しながら引用する。「ヨハネが〔牢に入れられたのは〕「あの女〔ヘロディア〕と結婚することは律法で許されていない」とヘロデに言ったからである。ヘロデはヨハネを殺そうと思っていたが、民衆を恐れた。人々がヨハネを預言者と思っていたからである。〔ちょうどそのころ、ヘロディアの娘がヘロデの誕生日に踊りを披露して彼を喜ばせる。ところが、そのほうびとして、母にそそのかされた娘はヨハネの首を要求する。〕王は心を痛めたが（…）人を遣わして、牢の中でヨハネの首をはねさせた」。

自身も測られるであろう」[45]。

このように律法において提示されているひとつの概念のもとに他人をも包摂することは[46]、ある種の弱さと呼ぶことができる。なぜなら、そのように判断する者（der Urteilende）は他人をまるごと受けとめられるほど強くはなく、彼らを分断（teilen）し、彼らの独立性に耐えきれずに、彼らをあるがままにではなく、あるべき姿において受けとるからである。判断する者はそうした判断によって、相手を頭のなかで自分に隷属させている。というのも、その概念や普遍性は彼のものだからである。だが、彼はこうした裁きとともにひとつの律法を承認し、みずからそれに隷属し、自分自身にもその裁きの尺度を当てはめる。こうして彼は、兄弟の目から塵を取ってやろうという愛情深い心根によってみずからは愛の王国から脱落している[47]。

〔「マタイ福音書」の〕さらにこれに続く箇所は、もはや律法にそれより高次のものを対置するのではなく、その美しい自由な領域における生のいくつかの表現、たとえば、なにかを願ったり与えたり受けとったりするときの人間同士の和合といった表現を挙げる[48]。これまで人間はさまざまな限定された状態に対立するかたちで描かれ、したがって純粋なものもどちらかといえばそのさまざまな様態において、つまり和解、夫婦の忠誠、誠実さといった特殊な徳において現われたが、〔「山上の垂訓」の〕全体は、これらの領域の外で人間像を純粋に描写しようとする努力で締めくくられる。むろんそのさい、それは不完全なたとえ話[49]によってしか描写されえないのだが。

二、愛による運命との和解（一七九八〜九年）

律法と犯罪

イエスはユダヤ人の実定性には人間を、律法とその義務にはもろもろの徳を突きつけ、これらの徳において実定的な人間の不道徳性を廃棄した。もちろん実定的な人間は、〔律法によって〕彼にとって彼において務めとなっているような特定の徳にかんしては、道徳的でも不道徳的でもないし、彼が一定の義務を果たす務めがそのまま当の義務にたいする悪徳になるわけでもない。だが、〔特定の徳にかんして道徳的でも不道徳的でもないという〕この特定の中立性には同時に、別の側面での不道徳性が結びついている。彼が果たす特定の実定的な務めには限界があり、彼はそれを乗りこえられない以上、その限界の彼方では不道徳的なのである。したがって、実定性のこ

---

†45 「マタイ福音書」第七章一〜二節。

†46 「包摂すること」の原語はSubsumieren。ここでヘーゲルの念頭にあるのは、カントが『判断力批判』で提示した規定的判断力と反省的判断力の区別である。この区別については本書一一頁の†9を参照。ヘーゲルはカントの議論を独自の仕方で読みかえ、固定的な律法を前提して他者を裁くような判断は包摂する判断だと言おうとしているのである。本書二六一頁も参照。

†47 「マタイ福音書」第七章三〜四節。「あなたは、兄弟の目にあるおが屑は見えるのに、自分の目の中の丸太に気づかないのか。兄弟に向かって、『あなたの目からおが屑を取らせてください』と、どうして言えようか。自分の目に丸太があるではないか。偽善者よ、まず自分の目から丸太を取り除け。そうすれば、はっきり見えるようになって、兄弟の目からおが屑を取り除くことができる。」

†48 同書第七章七〜一二節。「求めなさい。そうすれば、与えられる。探しなさい。そうすれば、見つかる。門をたたきなさい。そうすれば、開かれる。だれでも、求める者は受け、探す者は見つけ、門をたたく者には開かれる。あなたがたのだれが、パンを欲しがる自分の子供に、石を与えるだろうか。魚を欲しがるのに、蛇を与えるだろうか。このように、あなたがたは悪い者でありながらも、自分の子供には良い物を与えることを知っている。まして、あなたがたの天の父は、求める者に良い物をくださるにちがいない。だから、人にしてもらいたいと思うことは何でも、あなたがたも人にしなさい。これこそ律法と預言者である。」

†49 同書第七章二四節以下の家と土台のたとえ話のことであろう。

うした不道徳性は、実定的な服従とは別の側面の人間関係にかかわっている。実定的な服従の範囲内では道徳ではなくとも（nicht-moralisch）〔かならずしも〕不道徳（unmoralisch）ではないからである。〔カントのように〕実定的なものに主体性を対置すれば、〔たしかに〕務めの中立性や限界は消滅する。人間は一人立ちして、彼の性格と行為がそのまま彼自身となる。彼が制限をもつのは彼みずから制限を置いたところにおいてでしかなく、彼の徳がもつ限定は彼みずから限定したものにほかならない。このように〔徳と悪徳の〕対立の限界を定めるのを可能にするのは自由であり、徳と悪徳のあいだのあれかこれかである。〔とはいえ、〕律法と自然、普遍と特殊の対立においてはこの両対立項がどちらも設定され、現実のものとなっており、どちらも他方がなければ存在しない。徳と悪徳を対立させる道徳的自由にあっては、一方によって他方が排除され、したがって一方が立てられれば他方は可能的なものでしかなくなる。義務と傾向性の対立は、愛の一連の様態である徳において統一された。律法はその内容ではなく形式において愛に対立していただけなので、愛に受容されはしたが、この受容のさいに律法というかたちを失ってしまった。ところが律法は犯罪にたいしては、内容からして対立する。律法は犯罪から排除されるが、それでもなお存在しつづける。というのも、犯罪は自然の破壊であり、そして自然は一なるものであるので、破壊されたものと同程度に破壊したもの〔犯罪者〕も破壊されるからである。この一なるものが対立に巻きこまれると、対立しあうものの統一は概念のうちにしか存在しなくなり、ひとつの律法が定められる。対立するものが破壊されても、概念つまり律法は残る。しかし、このばあい律法は、その内容が現実においては廃棄されているので、欠落したもの、ひとつの欠陥しか表現しない。これが刑法と呼ばれるものである。律法のこうした形式は生命に直接に対立し、さらにこの形式は生命の破壊を告げているのだから、律法は内容的にも生命に対立する。だがそうなると、罰を与える正義というこうした形式の律法をどうすれば廃棄できるのかは、ますます考えづらくなるように思われる。以前に律法が徳によって廃棄されたときには、律法の形式だけが消え、内容は残った。ところが、ここでは形式とともに内容も廃棄されてしまうだろう。その内容は刑罰だからである。

律法と刑罰

律法の侵犯はただちに刑罰を意味している。犯罪者は犯罪で他人の権利を損なったことによって、みずからもそれと同等の権利を失っているからである。犯罪者は律法の内容をなす概念の外に置かれる。たしかに律法が宣告するのは、犯罪者は律法に含まれている権利を失うべきだということだけである。しかし、律法は直接には観念的なものでしかないのだから、権利を失うのは犯罪者という概念にすぎない。彼が現実に権利を失うためには、つまり、犯罪者という概念が失ったものを現実の彼もまた失うためには、律法は生きているものに結びつけられて、力を与えられなければならない。律法がみずからこわもての威厳を保とうとすればたしかにそうであるし、刑罰は犯罪〔者〕にこそふさわしいということもたしかに否定しがたい。律法は刑罰を免じるわけにも、寛大であるわけにもいかない。そんなことをすれば律法は自滅してしまう。律法が犯罪者によって破られ、彼にとって律法の内容はもはや存在せず、彼がそれを廃棄してしまったとしても、律法の形式である普遍性は彼を追いまわし、彼の犯罪行為にさえもつきまとう。彼の行為が普遍的になり、彼が廃棄した権利は彼にとっても廃棄される。こうして、律法は残り、刑罰による報いも残る。とはいえ、律法と一体となった力をもつ生けるもの、概念において失われた権利をじっさいに犯罪者から剝奪する執行者、つまり裁判官は、抽象的な正義ではなく、一人の生身の存在であり、正義はその様態でしかない。刑罰の報いの必然性はゆるがないが、正義の執行は必然ではない。なぜなら、正義は生けるものの一様態としては過去のものとなり、別の様態が現われることもありうるからである。こうして正義は偶然的なものになる。普遍的なもの、考えられただけのものとしての正義と、現実的なもの、つまり一人の生ける者のうちに存在するものとしての正義のあいだには矛盾がありうる。復讐者のなかには相手を許して復讐をやめる者もいるだろうし、裁判官のなかにも裁判官としてふるまうのをやめて恩赦を与える者もいるだろう。だが、これによって正義が実現されているわけではない。正義に妥協はありえず、律法が最高のものであるかぎり、正義からは逃れられず、個別的なものは普遍的なものの犠牲にされなければならず、つまりは、殺されなければならないのである。したがって、多数の同じような犯罪者の一人の代表者にたいして〔刑が執行されれば〕律法〔の要求〕が満たされうるかのように考えることも矛盾である。というのも、ほかの犯罪者も代表者において罰せられているということになれば、この代表者が普遍的なものであり、ほかの者たちの概念であることになるが、命令したり罰したりするものとしての律法は、特殊なものを相手にすることによってしか律法でないからである。〔たしかに〕律法が普遍性という条件をもつのは、行為する人間またはその行為が特殊だという点においてであり、行為が特殊であるのは、それらが普遍性つまり律法に照らして、それに適合しているか反しているかが考察されるかぎりにおいてである。そしてそのかぎりでは〔律法にたいする〕行為の関係、〔律法による〕行為の規定性にいかなる変化もありえない。行為は現実のものであり、あるがままのものである。すでにおこなわれたことは、おこなわれなかったことにすることはできない。刑罰は行為を追及し、両者の結びつきは断ち切れない。行為をおこなわれなかったことにする方途がなく、行為の現実は永遠であるとすれば、刑罰を受けても和解は不可能である。たしかにそれによって律法〔の要求〕は満たされている。というのも、律法の宣告する当為と犯罪者の現実との矛盾、犯罪者が普遍性から逸脱してつくりだそうとした例外は廃棄されているからである。それでも、犯罪者は律法と和解してはいない（このとき律法が犯罪者にとって疎遠な存在であろうと、やましい良心として彼のうちに主観的に存在していようと変わりがない）。前者のばあい、犯罪者がおのれに対立するものとしてつくりあげ武装させた疎遠な力、あの敵対的な存在は、刑罰がすめば彼に働きかけるのをやめるし、犯罪者が働きかけたのと同一の仕方で彼に反作用を及ぼせば手を引くが、それでも威嚇的な態度に立ちかえるだけで、その姿が消えるわけでも友好的になるわけでもない。〔また後者のように〕悪いおこないをしたと知り、おのれ自身を悪人だと自覚して良心のやましさを感じている者は、刑罰を受けてもなにも変わらない。というのも、この犯罪者はおのれをつねに犯罪者とみなしつづけ、現実となったおのれの行為をどうすることもできず、彼のこの現実は彼自身の律法の意識と矛盾したままだからである。

とはいえ人間はこの不安に耐えきれない。〔前者のばあい、自分の犯した〕悪事のおぞましい現実と律法の不変性から逃れるには恩寵によるほかないし、〔後者のばあいには、〕やましい良心の重圧と苦痛が彼をふたたび不誠実な行動に駆りたてて、おのれ自身から、ひいては律法や正義からも逃れようとしかねない。彼は抽象的な正義の執行者の好意を得ようとそのふところに身を投じ、自分のことを大目に見て、実際とは違ったふうに見てくれるよう切望する。彼はたしかにおのれの非行を否認しないが、不誠実にも〔執行者の〕好意が彼の非行を否認してくれるように望み、他人が彼についていて抱くかもしれない観念やまちがったイメージに慰めを見いだすのである。そうなると、汚れのない道をたどって意識の一体性には立ちかえりたいという願いも、刑罰や威嚇する律法ややましい良心をないものにしたいという願いも、もし刑罰があくまでも絶対的なものとみなされなければならないとすれば、つまり刑罰がいかなる条件にも服さず一定の条件によってみずからを超えるより高次の領域につながるような側面をもたないとすれば、不誠実な願いであることになってしまう。律法と刑罰はこのように和解することはできないが、運命の和解においては両者は廃棄されうる。

刑罰と運命

刑罰は侵犯された律法の働きである。人間は律法と絶縁したが、依然としてそれに頼っており、律法から、つまり刑罰からも自分の行為からも逃げおおせはしない。というのも、律法の性格は普遍性であるから、犯罪者はたしかに律法の実質を破壊しても、普遍性という形式は残るからである。犯罪者が律法に打ち勝ったと思っていても律法は残っていて、内容的には正反対のものとして現われ、以前の律法に矛盾する行為という形態をもつようになる。いまや〔犯罪者の〕行為の内容が普遍性の形態をとり律法となる。律法が以前そうだったのとは反対のものになるというこの転倒が、刑罰なのである。人間は律法から身をふりほどいても、依然として律法に隷属したままであり、普遍的なものとしての律法が残るからには行為もまた残る。というのも、行為は〔律法に隷属する〕特殊なものだからである。

刑罰が運命として思いえがかれると、それはまったく別種のものになる。運命において刑罰はひとつの敵対的な力であり、普遍と特殊が統一された個体的なものになる。律法があくまでひとつの規則、頭で考えられただけのものにすぎず、それと対立するもの、つまり律法がそこから力を得る現実のもの〔律法の執行者〕が必要なのにたいして、運命にあっては当為とその執行が分離していないという点でも、普遍と特殊は統一されている。普遍としての律法は特殊としての人間やその傾向性に対立するが、こうした点でもやはり、〔運命という〕この敵対的な力における普遍と特殊は分離していない。運命はどこまでも敵であり、人間も同じく闘う力として運命に対峙する。普遍としての律法が特殊を支配し、この人間を服従させるのと、これは対照的である。そうなると、運命にとらわれているとみなされる人間の犯罪は、臣下の君主にたいする反乱でも、奴隷の主人からの逃亡でも、従属関係からの解放でもない。それはまた死んだ状態からの蘇生でもない。というのも、人間は〔まずもって〕あるがままにあり、行為以前にはいかなる分離も対立もなく、ましてや支配するものもないからである。律法によって統制されているのでも律法に反しているのでもないただひとつの生命からの逸脱によってのみ、つまり生命の殺害によってのみ、よそよそしいものがつくりだされる。生命の抹殺とは生命が存在しなくなることではなく生命の分裂であり、抹殺とは生命がその敵につくり変えられてしまうことである。生命は不死であり、殺害されてもおぞましい亡霊となって現われ、みずからの分身をありったけ出没させ、〔ギリシア神話の〕復讐の女神エウメニデスを解きはなつ。犯罪〔者〕は他人の生命を破壊したことによって自分を拡大したと信じこんでいるが、そんな錯覚は崩れさり、傷つけられた生命の亡霊がそれにたいして出現する。友人としてマクベスのところに来たあのバンクォーが殺されても消えさらずに、次の瞬間には饗宴の仲間としてではなく悪霊として席についていたように。[†50] 犯罪者は他人の生命を相手にしているつもりだが、自分自身の生命を破壊しただけなのである。というのも、生命は統一的な神性のうちにあるがゆえに、たがいに異なるものではないからである。犯罪者はたしかに傲慢にも〔生命を〕破壊した〔つもりになっている〕が、しかし生命の友好性を破壊したにすぎない。つまり、彼は生命を敵に回してしまうのである。この行為がはじめて律法をつくりだし、いまや律法の支配が始まる。この律法は、一見すると他人のものに見える傷つけられた生命と罰を課せられる自分自身の生命との対等性という概念における統一である。傷つけられた生命はいまやはじめて敵対的な力として犯罪者に対峙し、彼がそうしたのと同じように彼を虐待する。したがって運命としての刑罰は、犯罪者の行為をそっくりそのまま彼に遡及させることであり、彼がみずから武装させた力、彼がみずから敵に仕立てあげた敵をそっくりそのまま彼に遡及させることなのである。

運命との和解は刑法との和解よりもはるかに考えづらいように思える。運命と和解するにはすべてを滅ぼす作用が廃棄されなければならないように思われるからである。だが、和解の可能性にかんするかぎり、刑法より運命のほうが有利である。というのも、運命は〔最初から〕生命の領域のうちにあるのにたいして、律法と刑罰のもとに置かれた犯罪行為は克服しがたい対立と絶対的な現実の領域にあるからである。後者の領域にあっては、刑罰が廃棄されて悪しき現実の意識が消滅する可能性はまったく考えられない。なぜなら〔この領域において〕律法は生命が服従する力であり、それを超えるものはなにもなく、神でさえ〔律法という〕最高の思想の力であり、律法の執行者でしかないがゆえに、それを超えていないからである。〔そうなると犯罪によって引き起こされた〕現実は忘却され、つまりは〔記憶という〕ある別の脆弱なもののうちに観念として紛れこむかもしれないが、しかしそのようにしても現実の存在はいつまでも残るものとして想定されてしまうだろう。

だが、運命としての刑罰においては、律法は生命より遅れてやってくるし、生命よりも低い位置にある。律法

†50　シェイクスピア『マクベス』第三幕第四場。

は生命の欠落にすぎず、欠如をはらむ生命が力となったものにすぎない。そして、生命はおのれの傷をふたたび癒し、分裂した敵対的な生命はふたたびおのれ自身に立ちかえり、犯罪のこしらえたものである律法と刑罰を廃棄することができる。犯罪者がおのれ自身の生命の破壊を感じとり（つまり刑罰を受け）、もしくはみずからが破壊されたと（やましい良心のうちで）認識するとき、まさに彼の運命が働きはじめる。生命が破壊されたというこの感情は、失われた生命への憧れにならずにはいられない。欠如しているものが〔犯罪者にとって〕おのれの一部として、おのれのうちにあるべきなのにないものとして認識される。この欠落は不在ではなく、不在として認識され感じとられた生命である。この運命をありうることとして感じとるのが運命への恐怖であり、刑罰への恐怖とはまったく異なる感情である。前者の感情は分裂への恐怖であり、自分自身を恐れはばかることだが、刑罰への恐怖はなんらかのよそよそしいものへの恐怖である。というのも、たとえ律法がみずからの律法と認められるばあいでも、刑罰への恐怖において刑罰はよそよそしいものだからである。〔たしかに、〕この恐怖が体面を傷つけられることへの恐怖と考えられるなら話は別だが、それにしても刑罰においては対面が傷つけられるだけでなく、人間の概念が失われる、つまり人間がその概念に値しなくなってしまうという不幸な現実も付けくわわる。したがって、刑罰はこうした現実のよそよそしい支配者を前提しており、刑罰への恐れはこの支配者への恐れである。それにたいして運命においては、敵対的な力は不和になった生命の力であり、したがって、運命への恐怖はなんらかのよそよそしいものへの恐怖ではない。

愛における運命との和解

さらにまた、刑罰は受け身の苦しみにすぎず、犯罪者からすればなにも共有しておらず、なにも共有しようとは思わないような支配者にたいする無力感にすぎない以上、犯罪者を更生させはしない。そんなことをしても、敵に屈服することは人間として自己を放棄することだから恥辱だというわけで、ただ我意を呼びさまし、執拗な抵抗を招くだけである。それにたいして運命においては、人間はおのれ自身の生命を認識する。おのれ自身の生命への嘆願は支配者への嘆願ではなく、おのれ自身に立ちかえり近づくことである。運命において人間は失われたものを感じとるので、運命は失われた生命への憧憬を呼びさます。更正させるとかさせられるといったことが語られるべきだとすれば、この憧憬をすでに更正と呼ぶことができる。なぜなら、憧憬は生命の喪失の感情であることによって、失われたものを生命として、自分にとってかつては友好的だったものとして認識しているが、この認識はすでにそれ自身が生命の享受だからである。憧憬はこのように良心的でありうる。つまり、憧憬はみずからの罪の意識とふたたび見てとられた生命との矛盾のうちに身を置いて、生命への帰還をいまなお思いとどまり、生命との再統一を安直にではなく魂の奥底から実現して生命をふたたび友として歓待できるようになるまで、やましい意識と痛みの感情を引きのばし、いつも刺激しつづけることができるのである。かつて犯罪者は供物をささげ、懺悔をおこなってわれとわが身を苦しめ、粗末な皮の衣をまとった巡礼者となって裸足で熱い砂のうえを踏みしめるごとに悪事の意識を、痛みを引きのばし、何倍にも増幅させた。犯罪者は、一方ではおのれの引き起こした喪失と欠落を余すところなく痛感し、他方では同時に、そこに敵対的なものとしてではあれ生命をまるごと見てとり、その再度の受けいれを完全に可能にしていた。というのも、対立は再統一の可能性であり、生命が苦痛において対立に巻きこまれた分だけ、生命はふたたび受けいれられうるからである。敵対的なものさえも生命として感じとられるのだから、そこには運命の和解の可能性がひそんでいる。したがってこの和解は、〔刑罰のように〕よそよそしいものによる破壊や抑圧でもなければ、〔やましい良心とのかかわりで論じたような〕自分が〔悪いと〕自覚していながら、他人には自分のことをもっと違ったふうに見てもらいたいと希望するような矛盾、つまり律法どおりの〔刑罰に〕値するものにもかかわらず律法の実現〔は拒まれている〕という矛盾でも、概念としての人間と現実としての人間の矛盾でもない。自己を再発見する生命のこの感情が愛であり、愛において運命は和解を果たす。

このように見れば、犯罪者の行為はけっして断片ではない。生命という全体に由来するこの行為は、それ自身もまた全体を表現している。〔たしかに〕犯罪は律法の侵犯であるかぎりでは断片でしかない。というのも、律法は侵犯行為の外にすでに存在しており、その行為には属さないからである。〔しかし〕犯罪は生命に由来するので、この全体を分裂したかたちでではあれ表現している。こうして、敵対しあう部分はふたたび全体に合流しうるのである。正義が実現される。というのも、犯罪者はおのれが傷つけたのと同じ生命がおのれ自身のうちでも傷つけられたのを感じとっているからである。良心の呵責は和らぐ。というのも、行為からその悪霊が消え、人間のうちにもはや敵対的なものはなくなり、その行為はたかだか魂のない骸骨として現実の納骨堂である記憶のうちにしまいこまれたままになるからである。

だが、運命は刑罰よりも広い領域をもつ。運命は犯罪によるのではない罪によっても駆りたてられ、したがって刑罰よりも果てしなく過酷である。崇高このうえない罪、つまり無垢の罪にたいして運命がそれだけいっそう恐るべき仕方で降りかかるときには、運命の過酷さはしばしばこのうえなくひどい不正義に転じるかのように思われる。そのわけはこうである。律法は対立物の観念的な統一でしかないのだから、そんな概念は生命の多面性を汲みつくすにはほど遠いし、刑罰にしても、分離が概念において統一された地点〔つまり律法〕で生命が意識されるかぎりでしか支配力を発揮せず、解体されてはいない生命の諸関係、つまり生きいきと統一されて与えられているような生命の諸相にたいして、徳の限界を超えて力を行使したりはしない。それにひきかえ、運命は生命と同じように動かしがたく無制限である。運命は諸般の事情にも立場や境遇の違いにも、徳の管轄領域にも、おかまいなしである。

たとえそれがどれほど合法的に自己満足をもってなされようと、生命が傷つけられるときには、運命が現われる。だからこそ、無垢はけっして苦しみを受けず、苦しみを受けることは罪だと言える。だが、純粋な魂が最高のものを得ようとして自覚的に生命を傷つけたのであれば、その魂の名誉はそれだけ偉大であり、不純な魂が自覚的に生命を傷つけたのであれば、犯罪はそれだけ邪悪なのである。

運命というものは他者の行為によって引き起こされるにすぎないようにみえる。だが、他者の行為はきっかけにすぎない。運命が引き起こされるのは、他者の行為を受けいれ、これに反応する仕方によってである。不当な攻撃を受ける者は、抵抗して自己とその権利を主張することもできれば、無抵抗でいることもできる。苦しみに耐えるにせよ闘うにせよ、彼の反応とともに彼の罪、彼の運命が始まる。

どちらのばあいも彼は刑罰を受けないが、しかしまた不当な仕打ちも受けない。闘うばあいには、彼はみずからの権利を堅持し主張する。耐えるばあいにも、彼はみずからの権利を放棄しない。彼の苦しみは、みずからの権利を知ってはいるが現実にそれを堅持するだけの力がないという矛盾にあるからである。彼は権利のために闘うことはなく、意志の欠如が彼の運命である。危険にさらされているもののために闘う者は、自分がそのために闘っているものを失ってはいない。だが、彼は危険に身を投じることによって、みずから運命に服従している。というのも、彼は力と力がしのぎを削る戦場に踏みこみ、あえて他者に挑むからである。もちろん、こうした勇気のほうが苦しみに耐えることよりも偉大ではある。なぜなら、勇気はたとえ服従してもその可能性をあらかじめ知っており、したがって自覚的に負い目を引きうけたのにたいして、苦痛に甘んじる受動性は自分の欠陥のもとに立ちどまるばかりで、あふれんばかりの力でそれに対抗しないからである。それにたいして、勇気ある者は権利と力の領域にみずから飛びこんだのだから、勇気が苦しみを受けるのもまた正当な運命である。したがって権利のための闘争ということからしてすでに、権利の概念とその現実との矛盾を抱えこんでいる受け身の苦しみと同じく不自然な状態である。というのも、権利のための闘争にも矛盾が含まれているからである。権利とはひとつの観念的なものであり、したがってひとつの普遍的なものだが、攻撃するがわでは別の観念的なものになってしまい、したがってここには対立しあいながらも存在するような二つの普遍があることになる。同様に、たがいに闘いあう者は現実のものとして対立し、二人の生ける者が、つまり生命と闘う生命が対立しており、これもまた矛盾である。傷つけられたがわの自衛によって攻撃するがわも同じく攻撃され、それによって自衛の権利を与えられ、その結果どちらも権利をもち、ともに戦闘状態に入り、どちらにも自衛の権利が認められることになる。こうして彼らは、権利と現実〔の自分たちの力〕はなんの接点もないにもかかわらず、権利の決定を暴力や強さにゆだね、権利と力を混同して前者を後者に従属させてしまう。そうでなければ、彼らは一人の裁判官にしたがう。つまり、敵対しあいながらも、武装解除と停戦を申したてる。彼らは自分だけが現実を支配し権力をふるうことを断念して、律法というよそよそしいものが裁判官の口を借りて自分たちに判決を下すのを容認する。こうしてどちらの当事者もそれぞれの権利の侵害に抗弁することによって、つまり相手がわによる処置に反発することによって、一定の処置に異議を申したてていたにもかかわらず、〔いまや裁判官の〕一定の処置にみずからしたがうのである。

勇気と受動性という両対立物の真なるものは魂の美しさ[†51]において統一され、その結果、勇気からは生命は残るが対立は消えさり、受動性からは権利の喪失は残るが苦痛は消える。こうして、苦痛なしに権利が廃棄され、権利の喪失も闘争も超えた境地への生命に満ちた自由な昂揚がなしとげられる。他人が敵意をもって近づいてくるきっかけになるものを捨て、他人が侵害するものを自分のものと呼ぶのをやめる者は、喪失の苦痛を免れる。彼は他人や裁判官によって処置されることを免れ、他人を処置する必然性も免れる。彼は自分のどの面を突かれてもそこから身を引き、攻撃された瞬間にみずから縁を切ってどうでもよくなったものを他人にゆだねるにすぎない。だが、このように〔他人や権利との〕関係を放棄することはおのれ自身を捨象することであって、そこには確固とした限界がない。〔高貴な人間は、特定の諸関係が傷つけられてしまったため自分自身を不純にしないかぎりそこにとどまれないばあいには、そこから身を引かなければならないわけだが、その関係が生きいきしたものであればあるほど、彼の不幸はそれだけ大きくなる。とはいえ、この不幸は不当でも正当でもない。この不幸は、彼があの関係を自分自身の意志で、自由にもとづいて侮蔑的に退けることによってのみ彼の運命になる。そうなれば、それによって彼がこうむるすべての苦痛は正当であり、いまや彼がみずから自覚的に招いた不幸な運命であって、正当に苦しむことが彼の名誉となる。というのも、彼はさまざまな権利を敵に回してもよいと思うほどにそれらを超えた高みに達しているからである。この運命が彼自身のうちにあるからこそ、彼はそれに耐え、立ちむかうことができる。というのも、彼の苦痛は純然たる受動性、よそよそしいものの優位ではなく、彼自身の産物だからである。）

こうした人間はおのれを救うために自分を殺す。自分のものが他人の暴力にゆだねられるのを見るまいとして、彼はそれをもはや自分のものと呼ばなくなる。こうして彼は自分を保とうとして自分を根絶する。というのも、他人の暴力にゆだねられたものはもはや彼ではなく、攻撃されず放棄されずにすむようなものはなにもないからである。不幸が極まって、あの自己抹殺という彼の運命がついには生命の放棄にまで彼を追いつめて、彼がまったくの空虚に引きこもらずにはおれなくなることもありうる。だが、人間はこのように完璧このうえない運命に正面から向きあうとき、同時にいっさいの運命を超越している。生命は彼を裏切ったが、彼のほうは生命を裏切ってはいない。生命から逃亡しはしたが、それを傷つけてはいない。彼が生命をまるで不在の友人のように懐かしむことはあっても、生命が彼を敵として迫害することはありえない。彼はいかなる面でも傷つくことはありえず、触れられたとたんに、まるで含羞草《おじぎそう》のようにおのれのうちに引きこもる。彼は、生命を敵に回して運命を自分に向けて挑発する前に、生命から逃亡するのである。こうしてイエスは友人たちに、辱められた世界と結託して運命の可能性に巻きこまれることがないよう、父母をはじめいっさいを放棄するよう求めた。さらには、こうも求めた。

†51　本書三二一頁†31の「美しい魂」と同じ。

「あなたから服を奪う者には外套も与えなさい」[52]。「身体の〈一部〉があなたの悪しき思いを誘うなら、それを切り落としなさい」[53]。

最高の自由とは魂の美しさがもつ否定的な属性であり、つまりはおのれを保つためにいっさいを放棄しうる可能性である。しかし、おのれの生命を救おうとする者はそれを失うであろう[54]。こうして最高の無垢には最高の罪が、いっさいの運命の超越には最高のもっとも不幸な運命が結びつきうる。

このように権利関係を超越しどんな客体にもとらわれない〔崇高な〕心情は、それを傷つけようとする者に侵害されるようなものをもたない。というのも、〔そもそも〕こうした心情はみずからの客体が侵害されたらすぐに権利を放棄してしまうので、侵害者はいかなる権利も傷つけたことにならないからである。この心情は和解に開かれている。というのも、それはおのれのうちでは生命をまったく傷つけていないので、すべての生きいきとした関係をすぐまた受けいれ、ふたたび友情と愛の関係に入れるからである。この心情そのものの立場からすれば、いかなる敵対的な感情も、傷つけられた権利を回復せよという意識も、相手へのそうした要求も、権利の領域という低い領域にあって相手に自分より劣っていたことを告白させようとする傲慢さも、この心情それ自身にとって邪魔にはならない。イエスはきわめてはっきりと、相手のあやまちを許し相手と進んで和解することを、自分自身の過ちを許してもらい自分自身の敵対的な運命を廃棄する条件にしている[55]。両者は魂の同じ性格の異なる適用にほかならない。この心情は侵害者と和解するときには、侵害者に張りあって手に入れたこの権利上の地位にもはや固執せず、この権利をおのれの敵対的な運命、相手がわの悪しき守護神として放棄することによって、相手と和解し、生命の領域においてそれと同じだけのものを自分のために手に入れ、自分に敵対していたのと同じだけの生命を友とし、神的なものをみずからと和解させる。そして、みずからの行為のせいでみずからにたいして武装することになった運命は、夜気にまぎれてかき消えてしまう。

個人の憎しみと義憤

〈個人的な憎しみは個人が受けた侵害から生じ、そこから生まれる相手への〔報復の〕権利を行使しようとするものだが、こうした憎しみとは別に義憤というものがある。それは義務を厳格に遵守しようとするがゆえに生じる怒りであり、義務を遵守する個人の毀損ではなく、むしろ義務遵守が奉じる義務命令という諸概念の毀損にたいして怒らずにおれない。この正義ゆえの憎しみは、相手に義務と権利を認めて適用し、相手を裁いて彼がそうした義務と権利に服していることを示すことによって、それと同じ権利と義務を自分に適用する。この憎しみは、権利と義務を毀損する者に義憤を抱き、相手に運命を課して容赦しないが、それによってみずからも、あやまち

---

† 52　「マタイ福音書」第五章四〇節。

† 53　同書の以下の二つの箇所の要約的引用であろう。第五章二九〜三〇節。「もし、右の目があなたをつまずかせるなら、えぐり出して捨ててしまいなさい。体の一部がなくなっても、全身が地獄に投げ込まれない方がましである。もし、あなたの右の手があなたをつまずかせるなら、切り取って捨ててしまいなさい。体の一部がなくなっても、全身が地獄に落ちない方がましである」。第一八章八〜九節。「もし片方の手か足があなたをつまずかせるなら、それを切って捨ててしまいなさい。両手両足がそろったまま永遠の火に投げ込まれるよりは、片手片足になっても命にあずかる方がよい。片方の目があなたをつまずかせるなら、えぐり出して捨ててしまいなさい。両方の目がそろったままで火の地獄に投げ入れられるよりは、一つの目になっても命にあずかる方がよい」。

† 54　同書第一〇章三九節。「自分の命を得ようとする者は、それを失い、わたしのために命を失う者は、かえってそれを得るのである」。

† 55　同書第六章一四〜五節。「もし人の過ちを赦すなら、あなたがたの天の父もあなたがたの過ちをお赦しになる。しかし、もし人を赦さないなら、あなたがたの父もあなたがたの過ちをお赦しにならない」。

を容赦してもらう可能性、そのあやまちのせいで襲ってくる運命と和解する可能性を奪われてしまうのである。というのも、この憎しみは、おのれの現実、おのれの犯したあやまちを乗りこえることを許さないさまざまな特定の事情をゆるぎないものにしてしまうからである。）

「裁いてはならない。そうすればあなたがたは裁かれない。というのも、あなたがたが測るのと同じ尺度であなたがたも測られるのだから」[†56]という〔イエスの〕命令は、これに属する。ここでいう尺度とは律法と権利である。さきの命令は、あなたがたが律法に違反している他人を大目に見て許してやれば、その分あなたがたも大目に見てもらえる（悪人も結束すればだれでも悪人であることを許してもらえる）といった意味であるはずがない。むしろそれが命じているのは、正義の行為や愛を律法への隷従や命令への服従とみなし、それらが生命あるものから生じることを見のがしてしまわないよう注意せよ、ということである。さもなければ、あなたがたは自分では制御できない自分よりも強大な支配力が、あなたがたには自然ではないような権力があなたがたを支配するのを認めることになる。あなたがたは自分にたいしても他人にたいしても行為の前によそよそしいものを定め、人間的な心情の全体の一断片を絶対的なものにまつりあげて、そこに律法の支配と感性や個人の隷属を樹立し、そのようにして運命ではなく刑罰の可能性をしつらえてしまう。刑罰は外から、独立したものからやってくるが、運命はあなたがたの本性からやってくる。この本性は、いまは敵対的なものと規定されていても、まだ当人を超えておらず、当人に対立しているにすぎない。

人間は他人の挑戦を受けて立ち侵害者におのれの権利を主張すれば、他人の行為のせいで運命に巻きこまれるが、こうした運命は権利の放棄と愛の堅持によって回避されるだけではない。生命を不法に傷つけるようなみずからの行為のせいでわが身に招いた運命であっても、人間は強まりゆく愛によってそれをふたたび眠らせることができる。律法による刑罰はあくまで公正であるにすぎない。犯罪と刑罰の共通の性格、両者を結ぶものは平等性にすぎず、生命ではない。犯罪者はみずからが与えたのと同じ打撃をふたたびこうむり、暴君には拷問者が、殺人者には死刑執行人がふたたび立ちはだかる。暴君や殺人者がしたのと同じことをする拷問者や死刑執行人が公正だと言われるのは、同じことをするからである。彼らがその行為を自覚的におこなったのが復讐者としてであれ盲目的な道具としてであれ、考慮されるのは彼らの魂ではなく行為だけである。したがって、公正性にあっては和解や生命への復帰は問題になりえない。律法の前では犯罪者は犯罪者以外のなにものでもない。だが、律法が人間本性〔人間的な自然〕の一断片であるように、犯罪者もまたそうである。そうではなく、律法がひとつの全体、ひとつの絶対的なものだとすれば、犯罪者も犯罪者以外のなにものでもないだろう。

〔それにたいして、たしかに〕運命の敵意にも公正な刑罰〔のあること〕が感じとれはするが、しかしこのばあいの刑罰はよそよそしい律法から人間に降りかかってくるのではなく、人間からはじめて運命の律法と権利が生まれるのだから、全体性という根源的な状態への復帰が可能である。というのも、罪びとは実在するものとしての罪、つまりなんらかの個人をともなう犯罪以上のものだからである。罪びとといえども人間であり、犯罪と運命は彼のうちにあり、彼はふたたびおのれ自身に復帰しうるのであり、そして彼が復帰を果たせば、犯罪と運命は彼に服するものとなる。現実の諸要素は解消され、精神と肉体は分離してしまう。行為はたしかにまだ存続するが、過去のもの、断片として、死んだ廃墟としてである。そうした行為のうち、やましい良心のもとになった部分は消えさり、その行為を思いだしてもやましい良心そのものをまのあたりにすることはない。生命は愛のうちにおのれ自身を再発見している。罪とその許しのあいだには、罪と刑罰のあいだと同じく、よそよそしいものは介入しない。生命はみずから二つに分裂し、ふたたびおのれとひとつになったのである。

イエスも罪とその許し、神からの疎外と神との和解の連関を〔人間の〕本性の外には見いださなかったことを完全にあきらかにすることは、のちにはじめて可能になる。それでもここでは、彼が愛と生命の充実のうちに和解

---

†56 「マタイ福音書」第七章一節。本書三二八頁参照。

を想定し、そのことを折に触れてほとんど変わらないかたちで語っていたという程度のことなら引きあいに出してもよいだろう。イエスは〔人びとのうちに〕信仰を見いだしたとき、大胆にも「あなたの罪は許された」と語った。[57] この発言は、刑罰を客観的になしにするものでも、いまなお存在する運命を破壊するものでもなく、彼に取りすがる女[58]の信仰のうちに〔イエスが〕おのれ自身を、おのれに等しい心情を見てとり、まさにその点で彼女の心情が律法と運命を超えていることを理解して罪の許しを告げる確信を表わしている。一人の人間へのこれほどまでに完璧な信頼、これほどまでの帰依、なにひとつ留保のない愛をもってその純粋な人の腕にわが身をゆだねられるのは、純粋な魂ないし純化された魂だけである。イエスを信仰するとは、彼の現実を知り、自分自身の現実がその力と強さにおいて劣っていることに感じいって奉仕者になるということには尽きない意味をもっている。信仰とは、精神による精神の認識であり、たがいに等しい精神だけが認識しあい理解しあうことができる。等しくない精神が認識するのは、自分が相手とは違うということでしかない。〔等しくないといっても、〕精神の力の違い、力の程度の違いが不平等というわけではない。なにしろ、弱い者はまるで子供のように高次の者を頼りにするか、そうでなければ、そこまで引きあげられることができるからである。弱い者が他者のうちにある美を愛し、たしかに本人のうちにもそうした美はあるのに発揮されていないかぎりは、つまり、彼が行為と活動においてまだ世界との均衡と安定に達しておらず、情況との関係の確固とした意識にたどりついていないかぎりは、彼はかろうじて信仰するにとどまる。たとえば、イエスは「ヨハネ福音書」第一二章三六節[59]でこう述べている。

「あなたがたみずからが光をもつまでは、あなたがたみずからが光の子となるために、光を信じなさい」。

これにたいして「ヨハネ福音書」第二章〔二四～〕二五節[60]では、イエス自身についてこう語られる。

「彼は、自分を信仰するユダヤ人を信頼しなかった。なぜなら、彼には彼らのことがわかっていたし、彼らの証しを必要とせず、彼らにおいてはじめておのれを認識するわけではなかったからである」。

生命の充実や愛の豊かさを断定するこうした大胆さと確信は、人間本性をまるごと一身に担う者〔イエス〕の感情に根ざしている。この心情には、世にもてはやされるような深遠な人間通などは不要である。そんな人間通は、じつに雑多なものや、多種多様な一面性をまとまりなく背負いこんでいる支離滅裂な連中からすればたしかに大いに使いでのある実用的な学問だろうが、しかし彼らが求めているものである精神はいつも彼らをすり抜けて、

†57 「マタイ福音書」第九章一～二節。「イエスは舟に乗って湖を渡り、自分の町に帰って来られた。すると、人々が中風の者を床に寝かせたまま、イエスのところへ連れて来た。イエスはその人たちの信仰を見て、中風の人に、「子よ、元気を出しなさい。あなたの罪は赦される」と言われた」。

†58 「ルカ福音書」第七章四八～五〇節。「そして、イエスは女〔「罪深い女」（同章三七節）〕に、「あなたの罪は赦された」と言われた。同席の人たちは、「罪まで赦すこの人は、いったい何者だろう」と考え始めた。イエスは女に、「あなたの信仰があなたを救った。安心して行きなさい」と言われた」。

イエスの足に香油を注いだ「罪ある女」、いわゆる「マグダラのマリア」のことであろう（前註を参照）。また、本書三五二頁以下を参照。

†59 「イエスは言われた。「光は、いましばらく、あなたがたの間にある。暗闇に追いつかれないように、光のあるうちに歩きなさい。暗闇の中を歩く者は、自分がどこへ行くのか分からない。光の子となるために、光のあるうちに、光を信じなさい」」。

†60 「しかし、イエス御自身は彼ら〔エルサレムの人々〕を信用されなかった。それは、すべての人のことを知っておられ、人間についてだれからも証ししてもらう必要がなかったからである。イエスは、何が人間の心の中にあるかをよく知っておられたのである」。

お定まりのものだけが提供されるにすぎない。一人のまったき本性の持ち主は、一瞬のうちに他人の本性を感知し、その調和や不調和を感じとっている。だからこそイエスはゆるぎない確信をもって語ったのである。「あなたの罪は許されている」[†61]と。

言うまでもなくユダヤ人の精神からすれば、衝動と行為、欲望と実行、生命と犯罪、犯罪と許しのあいだには乗り越えがたい亀裂が、つまりよそよそしい他者からの審判があった。ユダヤ人たちは罪と和解を結ぶものは人間の愛のうちにこそあると諭されると、本来愛を知らない彼らだけに憤慨せざるをえなかったし、さらに彼らの憎しみが判決のかたちを取ると、彼らにとってそんな考えは狂人の考えとならざるをえなかった。というのもユダヤ人は、生きとし生けるものの調和のすべて、愛や精神や生命のすべてをひとつのよそよそしい客体〔神〕にゆだね、人間たちを統一するすべての守護神を放棄して、みずからの本性をよそよそしい他者の手に譲りわたしていたからである。彼らを結びつけていたものは、強者から与えられた律法という鎖であった。刑罰に耐えたり負債を返済したりさえすれば、自分たちが主人に服従していないという意識をただちに満足させることができた。彼らが良心のやましさを感じるのは、せいぜい刑罰への恐怖としてでしかなかった。というのも、〔真の〕良心のやましさは自分が自分自身と齟齬をきたしているという意識であって、なんらかの理想がそれにそぐわない現実と対立していることを前提としているが、その理想は人間のうちにあって、彼自身の本性全体についての意識だからである。しかし、彼らが自分たちを直視してみても、そこには自分たちの貧弱さ以外のなにものも残らなかった。彼らはいっさいの気高さ、いっさいの美を手放してしまっており、その貧しさのゆえに、無限に豊かな者に奉仕しなければならなかった。彼らは、この豊かな者から勝手にかすめ取ったもの〔「知恵の樹」の実〕のおかげで自己感情を盗みとっていた。こうして彼らはやましい良心をかかえる人間と同じく、おのれの現実を貧しくするのではなく、むしろ豊かにしたが、次には自分たちが盗みを働いた主人を怖れなければならなかった。つまり、彼が盗品の代価を支払い捧げものをしろと要求してきて、ふたたび貧弱の感情に突きもどされはしないかというわけである。彼らは全能の債権者への弁済によってしか罪〔負債〕を逃れられず、†62 しかし弁済を果たしてしまえば、またしても素寒貧であった。

もっと善良な魂が罪〔負債〕を自覚したばあいなら、犠牲を払ってなにかをあがなったり盗品を返そうとしたりせずに、すすんで清貧に甘んじて心のこもった贈り物を手にして、義務や奉仕の感情ではなく熱心な祈りのうちで、一人の純粋な者に心底から近づこうとするだろうし、その結果、これはこの魂がみずからのうちで自覚できるわけではないにせよ、あこがれの美を直観してみずからの生命をより強くし、自由な満足感と喜びを獲得することだろう。しかし、ユダヤ人は負債を弁済すると、みずからが逃げだそうとしていた奉仕に逆もどりし、逃げだす試みに失敗したあげくに奴隷のくびきをふたたび認めてしまったという感情を胸に祭壇から立ちさったにすぎない。愛における和解は、ユダヤ的な服従への回帰ではなくひとつの解放であり、支配の追認ではなく、生きいきとした絆と愛の精神、相互信頼の再興による支配の撤廃である。支配との関係で見れば最高の自由であるような精神、こうした状態は、ユダヤ精神にはとうてい理解できない対極的な状態である。

ペトロ

ペトロがイエスを神的な本性をもつものと認め、一人の人間を神の子と捉えることができたことで、人間のま

†61　†58を参照。

†62　ドイツ語のSchuldには「罪」と「負債」の両方の意味があり、ヘーゲルはこの二義性を意識的に利用している。ここから派生したSchuldner（罪・負い目がある者、債務者）や、schuldig（罪がある、返済義務がある）についても同様である（本書三五七頁の†75も参照）。ニーチェの『道徳の系譜』第二論文「罪と良心のやましさ」の論旨を連想させる。もちろん本論文が活字化されたのはニーチェの死後であり、直接の影響関係があったわけではない。

ったき深みを感じとれるみずからの能力を証明したので、イエスは彼に天国の鍵を支配する力を与えた。[†63]

「あなたが〔地上で〕つなぐことは天でもつながれ、あなたが〔地上で〕解くことは天でも解かれるであろう」。

ペトロは、ひとたび神の意識を抱いたからには、どんな人においてもその本質が神的であるか非神的であるかを認識し、そうした神性や非神性を第三者におけるそれらの感情として、つまりは信仰や不信仰の強さとして認識し、その信仰がその人をすべての永続的な運命から解放してくれ、永遠不動の支配や律法を超えさせるものかどうかも認識できるにちがいなかった。ペトロはまた、さまざまな人びとの心情を理解し、彼らの行為が〔許されて〕過去のものになったか、それとも、その行為も行為の精神も、罪と運命もまだ存続しているかを理解し、それをつないだり解いたりして、いまだ犯罪という現実のもとにあるか、そうした現実を超えているかを宣告できるにちがいなかった。

マグダラのマリア

イエスの物語には、くり返し登場する罪深い女の美しい例も現われる。かの有名な罪深い美しい女、マグダラのマリアである。これらの物語(「ルカ福音書」第七章、「マタイ福音書」第二八章)は〔福音書ごとに〕時も場所も状況もさまざまで、ばらばらな事件を示唆しているが、ここでは同じ物語のさまざまな形態としてのみ取りあつかっても悪くとらないでいただきたい。[†64] それによってこの物語が現実かどうかについてはなにも語るつもりはないし、それはわれわれの見解をすこしも左右するものではないからである。罪を自覚しているマリアは、イエスがあるファリサイ派の家で、律法遵守のまじめな人びと(honnêtes gens〔紳士〕つまり、美しい魂のあやまちにたいしてもっとも厳しい人びと)の大きな集まりで会食していると聞くと、やむにやまれぬ心情の命ずるままにこの会食の席を通りぬけて〔イエスのもとに〕おもむき、背後から彼の足もとにひざまずいた。彼女は泣いて彼の足を涙で濡らすと髪の毛でそれをぬぐい、彼の足にくちづけし、香油――混ざりけのない高価なナルド†65の香油――を彼の足に塗る。彼女は内気で、満ち足りており、誇り高い若い女性なので、声高に愛を乞うことはできず、ましてや胸のうちを吐露しながら、パリサイ人やイエスの弟子たちのようなまじめな人びとの律法一辺倒のまなざしに逆らうことなどできるはずもない。それにもかかわらず、深く傷ついて自暴自棄に陥らんばかりの魂【彼女の

---

†63 ここでヘーゲルの念頭にあるのは「マタイ福音書」第一六章一三～二〇節である。「イエスは、フィリポ・カイサリア地方に行ったとき、弟子たちに、「人々は、人の子を何者だと言っているか」とお尋ねになった。弟子たちは言った。『洗礼者ヨハネだ』と言う人も、『エリアだ』という人もいます。ほかに『エレミヤだ』とか『預言者の一人だ』、と言う人もいます」。イエスが言われた。「それでは、あなたがたはわたしを何者と言うのか」。シモン・ペトロが、「あなたはメシア、生ける神の子です」と答えた。すると、イエスはお答えになった。「シモン・バルヨナ、あなたは幸いだ。あなたにこのことを現したのは、人間ではなく、わたしの天の父なのだ。わたしも言っておく。あなたはペトロ。そして、わたしはこの岩の上にわたしの教会を建てる。陰府《よみ》の力もこれに対抗できない。わたしは、あなたに天の国の鍵を授ける。そして、あなたが地上でつなぐことは、天上でもつながれる。あなたが地上で解くことは天でも解かれる」。それから、イエスは、御自分がメシアであることをだれにも話さないように、と弟子たちに命じられた」。本書三七二頁も参照。

†64 以下でヘーゲルは、「マタイ福音書」第二六章六～一三節、「マルコ福音書」第一四章三～九節、「ルカ福音書」第七章三六～五〇節、「ヨハネ福音書」第一二章一～八節の話をひとつの物語としてまとめている。本文でヘーゲルが挙げている「マタイ福音書」第二八章にもたしかにマグダラのマリアは登場するが、おそらく「第二六章」の誤りだろう。

†65 「ナルド」はヒマラヤ原産のオミナエシ科の植物で根茎から油がとれる。『聖書辞典』（新教出版社編集部編、新教出版社、一九六八年）の「ナルド」の項を参照。

罪は法的な決まりごとをないがしろにしたことである】は、自制もためらいもふりすてて叫び声をあげ、彼女なりの律法遵守の感情にも逆らってあふれるほどの愛を与えかつ〔みずからも〕享受し、この内的な喜びにみずからの意識を沈めずにはおれない。

〔ところが、イエスを会食に招いたファリサイ派である〕[†66]まじめなシモンは、流れおちるこの涙、いっさいの罪をあがなうような生きいきとしたこのくちづけ、おのれ自身を吐露して和解を享受する愛のこの浄福をまのあたりにしながら、イエスがこんな女にかかわるのは好ましくないと感じるだけである。シモンはこの感情をあたりまえだと決めてかかっているので、それをわざわざことばにすることも、その感情にこだわることもなく、イエスが預言者ならこの女が罪びとであることもわかるだろうという結論をただちに引きだしかねない。そこでイエスは言う。

「この人は多くの罪を許されている。というのも、彼女は〔私を〕多く愛したからである。だが、罪を許されることの少ない人は少ししか愛さなかったのである[†67]」。

シモンのばあいは彼の判断力が発揮されただけだが、イエスの友人たち〔たとえばユダ〕のばあいは、「あの香油を三百グロシェン[†68]ほどで売れば、その金を貧しい人びとに施すこともできたろうに[†69]」という、はるかにご立派な道徳的関心が呼びおこされた。〔しかし、〕貧しい人に善を施すという彼らの道徳的な意図、目端の利く思慮深さ、分別と結びついた思いやりある徳はたんなる粗野にすぎない。というのも、彼らはこの美しい状況を理解しないばかりか、愛する心情の聖なる吐露を侮辱さえしたからである。イエスは、「なぜあなたがたは彼女を苦しめるのか。彼女は私に美しいおこないをしてくれたのだ[†70]」と言う。これはイエスの物語のなかで「美しいおこない」という名前を付けられた唯一のものである[†71]。行為や教えというかたちでなんらかの教訓を引き出そうとせず、こんなにも無邪気に思いのたけをあらわにできるのは、愛に満ちた女だけである。たしかにうぬぼれのためでも、弟子たちを本来あるべき立場に立たせるためでもなく、その場をおさめるために、イエスは彼らにも納得できるような側面〔この香油は将来の自分の弔いのためだという理由づけ〕を示してやらなければならないが、それによってこの側面の美しさを彼らに説明しようとはしない。彼は〔女の〕行為から彼の人格へのある種の崇拝を引きだすだけである。粗野な魂を相手にするときは、それが美しい心情を冒瀆するのを防げただけでもよしとしなければならない。生まれつき粗雑な人間に精神の繊細な香りを説明しようとしてもむだであろう。〔そもそも〕彼らには精神の息吹など感じとれないのだから。イエスは言う。

†66 「ルカ福音書」第七章三九節を参照。
†67 同書第七章三九節。
†68 新共同訳での貨幣単位は、福音書の原文にしたがって「デナリオン」だが、ルター訳（一五四五年の最終改訂版）では、当時のドイツ語圏の貨幣単位「グロシェン」を使っている。ヘーゲルもそれにならったのだろう。
†69 「マルコ福音書」第一四章五節には、イエスの弟子ではなく「ある人びと」がこのように考えて女を非難したとあり、「ヨハネ福音書」第一二章五節には、イエスの弟子で彼を裏切ったイスカリオテのユダがそのような言動をしたとある。
†70 「マタイ福音書」第二六章一〇節、「マルコ福音書」第一四章六節。「「なぜ、この人を困らせるのか。わたしに良いことをしてくれたのだ。」」。
†71 「美しいおこない」の「美しい」はマタイおよびマルコ福音書の原文では καλὸς である。その語をルターは gut（善い）と訳し（一五四五年の最終改訂版）、直前の註で引用したように新共同訳も「良い」と訳しているのにたいして、ヘーゲルは「美しい」と訳している。「美しい魂」との関係を明確にする意図があるのだろう。なお、ヘーゲルのいう「美しいおこない」に該当する表現は、「イエスの物語」つまり福音書の範囲内では、もう一箇所「マタイ福音書」第五章一六節にも見られる（日本基督教協議会文書事業部コンコーダンス委員会編『聖書語句大辞典』（教文館、一九五九年）一四〇九～一〇頁を参照）。

「この人は、埋葬のために前もって私に香油を塗ってくれた」[†72]。

「この人は多くの罪を許された。というのも彼女は〔私を〕多く愛したからである」[†73]。

「安心して行きなさい。あなたの信仰があなた自身を救った」[†74]。


マリアはユダヤ人の生活の運命に順応し、時代のあやつり人形となって律法を遵守して平凡に、罪も犯さず愛もないままにやりすごせばよかったのにと、ひとは言いたくなるだろうか。だが、愛なしにやりすごすなどということはありえなかった。というのも、おそらく彼女の民族〔ユダヤ人〕の置かれていた時代は、美しい心情が罪を犯さずには生きられないような時代のひとつだったが、この時代であれほかのどんな時代であれ、愛によってであれば彼女〔のような人間〕は他人に同調せずもっとも美しい意識に立ちかえることができたからである。

愛は人間と徳の和解でもある

とはいえ、愛は犯罪者を運命と和解させるだけではない。それはまた人間を徳と和解させもする。言いかえれば、もし愛が徳の唯一の原理でなければ、どんな徳も同時に悪徳になるであろう。よそよそしい支配者の律法への全面的な隷属にイエスが対置したのは、みずからの律法への部分的な隷属、カント的な徳の自己強制ではなく、支配も服従もないような徳であり、愛の諸様態であった。もしもそうした徳が生きいきとした〈一なる〉精神の諸様態とみなされてはならず、それぞれが絶対的な徳だということになれば、絶対的なものが多数あることになって解消しがたい葛藤が生じるだろう。どんな徳もひとつの精神において統一されなければ欠陥をかかえてしまう。というのも、徳はそれぞれの名前からして個別的なものであり、したがって制限されたものだからであり、徳が可能になる状況、つまり、ある行為の客観的な条件は偶然的なものだからである。それればかりか徳のその対象にたいする関係も個別的な関係であって、同じ徳が複数のほかの対象に関係することを排除するだけにとどまらない。このようにすべての徳は、その概念においても実践においてもそれぞれに限界を負っており、それを乗りこえることができない。人間がこうした特定の徳によってのみ有徳の人物であるにもかかわらず、みずからの徳の限界を超えてまで行為するなら、彼はみずからの徳にどこまでも忠実であろうとして、かえって不品行にふるまうことしかできない。たしかに、その徳の限界の向こうがわを領分とする別の徳もまた彼のうちに宿っていても、有徳な心情をそれだけで一般的に見れば、つまり、ここで想定されている二つの徳を度外視すれば、有徳な心情はただひとつなのだから、それが葛藤に巻きこまれることはないと言える。だが、そんなふうに考えると前提も廃棄されてしまう。そこで、両方の徳を想定すると、一方の徳の行使は同じく絶対的である他方の徳の素材を廃棄し、それとともに他方の徳を行使する可能性も廃棄するので、他方の徳にたいする正当な要求は退けられてしまう。一方の関係にかんしては放棄された権利も、他方の関係にかんしてはもはや放棄されえず、そうかといって、後者の関係にかんして確保されれば、前者の関係はその欠如に悩まざるをえない。人間関係がますます多様になるにつれて徳の数が増え、したがって†75〔徳どうしの〕必然的な葛藤も徳を実現できない可能性も高まる。多くの徳をそなえた人物が、多くの債権者のすべてを満足させられないからという理由で、彼らに順位をつけようと

---

†72 「マタイ福音書」第二六章一二節、「マルコ福音書」第一四章八節、「ヨハネ福音書」第一二章七節を参照。

†73 「ルカ福音書」第七章四七節を参照。

†74 「ルカ福音書」第七章五〇節を参照。

†75 原語は Gläubiger で、字義どおりには「債権者」だが、綴りも意味も似ている「信奉者 Gläubige」の意味もこめられている。ここでは多くの徳をもつ者が「債務者 Schuldner」になぞらえられているのだろう。なお、このあとの「返済義務がない」の箇所を含めて、本書三五一頁の†62を参照。

すれば、彼は下位に位置づけた者にたいしては上位に指名した者にたいするほどの返済義務がないとみずから宣言することになる。こうして、徳は絶対的な義務ではなくなるどころか、悪徳にさえなりかねない。このように関係が多面化して徳の数も多くなれば、徳そのものが自暴自棄になって犯罪を犯すということにしかならない。たとえ関係の多面性だけは残っても、絶対的で両立不可能な多くの徳の乱立が解消されるのは、それぞれの徳が限定された形式のもとに確固として絶対に存在することを主張しなくなり、自分だけが適用されうる状況に適用されねばならないという要求さえも断念するばあいだけである。つまり、生きいきとした〈一なる〉精神だけが、所与の関係全体に従いながらもまったく制限を受けず、同時にそうした関係の多様性によって分断されずに行為し、みずからを制限するばあいである。だからといってここでは、すべての徳の根柢に同じひとつの原理があって、この原則はつねに同じでありながらさまざまな状況のもとでさまざまな様態を取って特殊な徳として現われるなどと言ってみても、なんの解決にもならない。というのも、そうした原理は普遍的なものであり、したがって概念であるからこそ、特定の状況のもとでは必然的に特定の応用、特定の徳、特定の義務が現われるしかないからである（〔つまり、そんなふうに言っても〕多様な関係が所与の事実であり、同様に原理も万人にたいする規則であり、したがって、現実にたいする原理の応用が多様な徳でもあることに変わりはないのである）。もろもろの徳は、このようにそれぞれが絶対的に存在するということになれば、たがいに破壊しあう。それらの徳が規則によって統一されるのはうわべだけにすぎない。なぜなら、規則はしょせん観念的なものであり、そのような統一は多様性を撤廃することも統一することもなく、その勢力を完全に保ったままに存続させてしまうからである。

愛は徳の補完である

さまざまな徳の生きいきとした紐帯、生きいきとした統一は、〔カントの道徳律に見られるような〕概念の統一とはまったく別ものであり、特定の状況に特定の徳を割りあてるのではなく、どれほど変化にとんだ関係の混乱にあっても分裂しない単一の姿で現われる。この統一の外面的な形態はどこまでも果てしなく変わりうるし、同じ形態を取ることはないだろう。その外面的な表現はけっしてひとつの規則をもたらすことはできないだろう。というのも、この統一は特殊にたいする普遍というかたちを取らないからである。徳が律法への服従の補完であるように、愛は徳の補完である。徳のあらゆる一面性、あらゆる排他性、あらゆる限界は愛によって廃棄されている。もはや有徳の罪、罪深い徳はない。というのも、愛はありとしあらゆるものの生きいきとした関係だからである。愛においては、すべての分裂、すべての制限された関係は消滅し、徳どうしの制限もなくなる。もはやいかなる権利も放棄されるべきではないとすれば、徳の働く余地はどこに残るというのだろうか。

イエスは、愛こそが自分の魂となるように要求する。

「私はあなたがたに新しい命令を与える。たがいに愛しあいなさい。そうすれば人びとは、あなたがたが私の友人であることを知るようになる[†76]」。

まったく見ず知らずで付きあいのない万人にまで差しのべられる人類愛[†77]、そんな普遍的な人類愛なるものは間の抜けた発明だが、それでも、現実があまりにも貧弱なためにせめてこんなふうな観念的なものでみずからをそれなりにきらびやかに見せるように、徳という理想的要求をそんな観念的なものに差しむけるしか能のない時代な

---

†76 「ヨハネ福音書」第一三章三四〜五節。「あなたがたに新しい掟を与える。(中略)互いに愛し合いなさい。互いに愛し合うならば、それによってあなたがたがわたしの弟子であることを皆が知るようになる」。

†77 この箇所は、初稿の文言「まったく見ず知らずで付きあいのない万人にまで差しのべられる」を補足したノール版のテクストにもとづいて訳出する。

らではの発明ではある。

〔これにたいしてイエスの説く〕隣人愛は、だれもが現につきあっているような人びとへの愛である。愛されるものはけっして観念的なものではありえない。たしかに愛は命じられることはできず、情念的であり、ひとつの傾向性であるが、だからといってすこしも偉大でなくなるわけではないし、その本質がおのれにとって疎遠なものにたいする支配ではないからといって愛が貶められることもない。それによって愛は義務と権利の下位に甘んじるどころか、むしろなにものをも支配せず他者に敵対する力でないことこそが愛の勝利である。愛が勝利したということは、義務の勝利とは違って敵を屈服させたということではなく、敵対関係そのものを克服したということなのである。愛が命じられることは、つまり、生きいきとしたものであり精神である愛が、名前で呼ばれることとは、愛にとって一種の不名誉である。愛が名前で呼ばれるとは、愛について反省がなされることであり、愛を語ることとは精神でも愛の本質でもなく、むしろそれとは正反対のものである。愛が命じられ、お前は愛するべきだと言えるのは、ただ名前として、ことばとしてでしかない。愛そのものはけっして「〜すべきだ」とは語らない。愛は特殊に対立する普遍でもなければ概念の統一でもなく、むしろ精神の一体性であり、神性の一体性である。神を愛するとは、生きとし生けるものにおいてみずからに制限がなく無限なもののうちにあると感じることである。言うまでもなく、こうした調和の感情のうちにはいかなる普遍性もない。というのも、調和において特殊なものは対立するのではなく共鳴しており、そうでなければいかなる調和もないだろうからである。だから「隣人をあなた自身として愛しなさい」[†78]というのは、自分自身を愛するのと同じように隣人を愛しなさいという意味ではない。というのも、自分自身を愛するというのは無意味なことばだからである。むしろそれが意味するのは、隣人をあなたがその人であるような者として愛しなさいということであり、生命はどちらが強いということも弱いということもない平等なものだという感情である。

愛によってはじめて客体的なものの力は打破される。というのも、愛によって客体的なものの全領域が突き崩されるからである。徳はそれぞれに限界があるため、その外部にあいもかかわらず客体的なものを設定してしまう。徳が多くあればあるほど、客体的なものの多様性もますます増して克服しがたくなる。だが、愛だけは限界をもたない。愛が統一しなかったものも、愛にとっては客体的ではない。愛はそれを見すごしたか、まだ展開していないだけで、それは愛に対立することはないのである。

イエスが友人たちにおこなった告別は、愛の饗宴の儀式であった。愛はまだ宗教ではなく、したがってこの饗宴も本来の宗教儀式ではない。というのも、愛における統一は想像力によって客体化されてはじめて、宗教的な崇拝の対象になりうるからである。だが、この愛の饗宴においては愛そのものが生きており、表わされている。そこでのすべての行為は愛の表現にほかならない。愛そのものは感情として存在するだけで、同時に形象として存在せず、感情とその形象は想像によって統一されていない。たしかに、愛の饗宴においては感情と結びついた客体的なものが現われてはいるが、両者は〈ひとつの〉形象にまで統一されてはいないために、この食事は友好の会食とも宗教儀式ともつかないものになっており、このどっちつかずのせいで、その精神を明瞭に特徴づけるのはむずかしい。イエスはパンを裂いて、「これを取りなさい。これはあなたたちに与えられた私の体である。私を記憶に刻むために取りなさい」と言い、同様にさかずきを取ると、「みんなでこのさかずきから飲みなさい。それは、あなたがたや多くの人びとために流された私の〈新たな契約〉の血である。私を記憶に刻むために飲みなさ

---

†78 「マタイ福音書」第二二章三九節および「レビ記」第一九章一八節。

†79 「ルカ福音書」第二二章一九～二〇節。「それから、イエスはパンを取り、感謝の祈りを唱えて、それを裂き、使徒たちに与えて言われた。「これはあなたがたのために与えられるわたしの体である。わたしの記念としてこのように行いなさい。」食事を終えてから、杯も同じようにして言われた。「この杯は、あなたがたのために流される、わたしの血による新しい契約である。」」

い」と言った。[79]

アラビア人は、よそ者と一杯のコーヒーを分けあって飲むと、相手と友情の絆を結んだことになる。この共同の行為によって二人は結ばれ、この結びつきによってアラビア人はこの人物へのあらゆる忠誠と援助を義務づけられる。このばあい共同の飲食は記号と呼ばれるようなものではない。記号とそれによって示されるものの結合そのものは、精神的でも生命でもなく、客体的な結びつきである。記号とそれによって示されるものはたがいに疎遠であり、両者を結びつけるものは両者の外の第三者のうちにしかなく観念的なものでしかない。〔それにたいして〕だれかと一緒に飲食することは一致団結の行為であり、一致団結そのものを感じとることであって、慣習的な記号ではない。ひとつのグラスからワインを飲みあうことは、敵対しあう自然人の感覚にはさからうものだろうし、彼らが通常たがいにたいして抱いている気持ちは、こうした行為における共同性の感情に矛盾するだろう。

最後の晩餐

イエスとその弟子がともにした晩餐は、それ自体がすでに友情の行為である。おごそかに同じパンを食べ、同じさかずきから飲めば、結びつきはさらに強まる。これもまた友情を示すたんなる記号ではなく、友情そのものの行為、愛の精神の行為であり感情である。

だが、それに付けくわえられた「これは私の体であり、これは私の血である」というイエスの発言は、この行為を宗教的行為に近づけはしても、宗教的行為にするわけではない。この説明とそれに結びついた飲食物の分かちあいの行為は、〔友情という〕感情を部分的に客体的なものにする。イエスと〔弟子たち〕の共同性、弟子同士の友情、そして師を中心点とする彼らの一体性はたんに感じられるだけではない。イエスが全員に分かち与えるパンとワインを、彼らに与えられる自分の体と血と呼ぶことによって、一体性はもはやたんに感じられるだけではなく、目に見えるようになる。その一体性はひとつの形象、寓意的な図像においてイメージされるばかりでなく、現実的なものに結びつけられ、パンという現実的なものにおいて与えられ、享受される。こうして一方では〔一体性の〕感情が客体的になるが、同時に他方では、このパンとワインとそれらを分かちあう行為はたんに客体的ではなく、そこには目に見える以上のものが存在するようになる。この分かちあいの行為はひとつの神秘的な行為なのである。

彼らの友情を知らず、イエスのことばも理解しないような傍観者なら、いくばくかのパンとワインを分かちあってそれを享受する行為のほかにはなにも見なかったであろう。それはちょうど、別れゆく友人同士がひとつの指輪を割ってそれぞれ片方を手元に置くとき、傍観者は、まだ使えるものをわざわざ壊して使いものにならない無価値なかけらに分ける行為しか見ないようなものである。このかけらに宿る神秘など彼の理解するところではない。このように客観的に見ればパンはただのパン、ワインはただのワインにすぎない。だが、両者はそれ以上のものでもある。この「それ以上」はひとつの説明として、たんなる「〜のように」を通して客体的なものに結びつくのではない。あなたがたが食べる個々の切れ端がひとつのパンの切れ端であり、あなたがたが飲むワインが同じさかづきから〔注がれた〕ものであるように、あなたがたもたしかに特殊なものだが、しかし愛において、精神においてはひとつであるとか、あなたがたがみんなでこのパンとワインを分かちあうように、あなたがたはみんなで私の犠牲を分かちあってもいるとか、どのような「〜のように」を見いだそうとも〔それによって客体的なものに結びつくのではない〕。だが、客体的なものと主体的なもの、パンと人格の関係は、比喩とそれによってたとえられるものの関係でも、たとえ話の関係でもない。そこでは、区別されたもの、つまり比喩によってたとえられているものは〔最初から〕分断され、分離されたものとして示され、比喩、つまり区別されたものの同等性の思考が要求されるにすぎない〔のにたいして、〕この〔パンと人格の〕結合において区別はなくなり、したがって比喩の可能性もなくなっているからである。異質なもの同士がもっとも緊密に結びついている。「ヨハネ福音書」第六章五六節の「私の体を食べ、私の血を飲む者は私のうちにとどまり、彼のうちに私はとどまる」[80]や同書・第一〇章七節の「私はとびらである」[81]といった表現や、これに類するぎこちない組みあわせにおいては、結合されたものはイメージのうちでどうしても比喩をかたちづくる異なる対象としてばらばらに区別され、それらの結合は比喩とみなされざるをえない。だがここでは、パンとワインは、イエスがそれらを自分の体と血だと言い、しかもある種の享受という感情が直接つきまとうことによって（指輪の神秘的な片割れのように）神秘的な客体になる。

「彼はパンをちぎって友人に与えて言った。「受けとって食べなさい。これはあなたがたにさずけられる私の体である」。彼はまたさかづきを取って言った。「みんなでここから飲みなさい。これは罪が許されるように多くの人びとに注がれた私の血、新たな契約の血である」[82]」。

ワインが血であるだけでなく、その血は精神でもある。みんながいっしょに同じさかづきで飲むことは多くの人びとを貫く新たな契約の精神であり、この精神において多くの生命がみずからの罪を超えるために飲む。

「あなたがたとともに私の父の国で新たな生命を新たに飲むその日まで、もはや私はぶどうの樹の産物を飲まないだろう」[83]。

イエスの流した血と彼の友人たちとの関係は、その血が彼らにとって客体的なものとして彼らのために、彼らの役に立つように流されたということではない。むしろその関係は、（「私の体を食べ、私の血を飲む者」という表現から読みとれるように）ワインとそのワインを全員のための同じさかづきからみんなで飲む彼らとの関係である。彼らは全員が飲む者であり、全員のうちに同じ感情がある。同じ愛の精神が全員を貫いている。イエスがわが身を犠牲にして血を流したことで生じる利益や恩恵が彼ら全員を同等にあつかうものであれば、彼らはこの点で同じ概念のもとに統一されているにすぎないだろう。だが、彼らがパンを食べワインを飲んでイエスの体と血が彼らのうちに入りこむことによって、イエスは全員のうちにあり、彼の本質は神的な仕方で愛として全員を貫いている。したがって、パンとワインはたんなる悟性にとっての客体ではない。飲食の行為はパンとワインを消費して自分と同化させただけのことではないし、そこでの感情も飲食物のたんなる味覚ではない。弟子たちがそこで〈ひとつ〉になるイエスの精神が、外的な感覚に客体として現前し、現実のものになっている。だが、客体化された愛、物になったこの主体的なものはふたたびみずからの本性に復帰し、食べることでふたたび主体的になる。この点でこの復帰はたとえば、書かれたことばにおいて物になった思想が、読まれることによって客体という死んだものから主体的なありかたを取りもどす過程にたとえられよう。この比喩は、書かれたことばが読みとられ理解されることによって物としては消滅するというのであれば、もっと適切なものになろう。ちょうど、パ

---

†80 「わたしの肉を食べ、わたしの血を飲む者は、いつもわたしの内におり、わたしもまたいつもその人の内にいる」。

†81 ヘーゲルは七節を挙げているが、関連する表現があるので九節までを引いておく。「イエスはまた言われた。「はっきり言っておく。わたしは羊の門である。わたしより前に来た者は皆、盗人であり、強盗である。しかし、羊は彼らの言うことを聞かなかった。わたしは門である。わたしを通って入る者は救われる。その人は、門を出入りして牧草を見つける」」。

†82 「マタイ福音書」第二六章二六〜八節。「一同が食事をしているとき、イエスはパンを取り、賛美の祈りを唱えて、それを裂き、弟子たちに与えながら言われた。「取って食べなさい。これはわたしの体である。」また、杯を取り、感謝の祈りを唱え、彼らに渡して言われた。「皆、この杯から飲みなさい。これは、罪が赦されるように、多くの人のために流されるわたしの血、契約の血である。」」

†83 同書第二六章二九節。

ンとワインの享受においては、この神秘的な客体によってたんに感情がめざめて精神が生きいきとしたものになるだけでなく、パンとワインそのものが客体としては消滅してしまうように。こうして、〔飲食し享受する〕行為は、精神のみを、感情のみをもたらし、悟性から悟性的なものを奪いとり、物質という魂なきものを根絶する点で、〔宗教的な儀式よりも〕もっと純粋でもっと目的に適っているように見える。〔たとえば、〕恋人たちが愛の女神の祭壇に供物をささげ、祈りとともにおのれの感情を吐露してその感情を火と燃えるまでに昂ぶらせるなら、ふたりの胸には愛の女神みずからが訪れようが、その石像はあいかわらずふたりの前に立ちつづけている。それにたいして愛の饗宴においては、物体的なものは消えさり、ただ生きいきとした感情だけが存在しているのである。

感情が残る一方で、すっかり廃棄されてしまうようなありかたをする客体性とは、愛が根絶されるべきものにおいて目に見えるようになり、それにつなぎとめられている点で、一体化というよりむしろ客体的な混合であるようなありかただが、まさにこれこそがあの〔飲食の〕行為を宗教儀礼たらしめなかったものにほかならない。パンは食べるためのもの、ワインは飲むためのものである。したがって、それはなんら神的なものではありえない。パンやワインは一方では、感覚がそれにつなぎとめられている感情をその客体からみずからの本性へといわば連れもどし、神秘的な客体がふたたびたんなる主体的なものになるという長所をもってはいるが、〔他方では〕愛がそれらによっては十分に客体的なものにならないというまさにそのせいで、この長所を失ってしまう。神的なものは、神的であるからには食べたり飲んだりできるものの形態では存在しえない。たとえ話は、組みあわされた別々のものを一体のものとして捉えるよう要求することはない。だが、ここでは事物と感情はたがいに結びつくべきであり、この象徴的な行為において飲食の行為とイエスの精神において〔自分たちが〕一体になるという感情とは合するべきである。しかし、事物と感情、精神と現実は混ざりあわない。想像は両者をけっしてひとつの美しいものにおいて統一することができない。見てとられ享受されるパンとワインはけっして愛の感情を呼びさますことはありえないし、また見てとられる客体であるそれらのうちにこの感情が見いだされることもけっしてありえない。またパンとワインは、それを現実にみずからに取りいれ、それらが主体的になることによって、つまりそれらを食べたり飲んだりすることによって生まれる感情とは相いれない。信仰と事物、敬虔な気持ちと視覚や味覚は、つねに別々のものである。信仰には精神が、視覚と味覚にはパンとワインが対峙しており、それらにはいかなる統一もない。悟性は感情と、感情は悟性と矛盾する。想像力においては両者がともに存在し否定されてはいるが、想像力にもなにもできない。想像力はここでは、直観と感情が統一されるようなどんなイメージももたすことができないのである。たしかにわれわれはアポロンやヴィーナスを見るときには、それが大理石というもろい石でできていることなど忘れていなければならないし、彼らの姿のうちに不死なるものだけを見てとり、それを見るときには同時に永遠の青春や愛の感情でいっぱいになる。だが、ヴィーナスやアポロンをすりつぶして石粉にし、これがアポロンであり、ヴィーナスであると言ってみたまえ。たしかに石粉は私の目の前にあり、神々のイメージは私のなかにあるが、石粉と神的なものはけっしてひとつにならない。石粉の取り柄はそのかたちにあったのに、そのかたちは消滅してしまい、いまや石粉が主役である。〔それにたいして〕パンの取り柄はその神秘的な意味にあったが、同時にそれがパンであり食べられるという性質にもあった。パンはそれが崇拝されるときにもパンとしてあるべきである。すりつぶされて石粉になったアポロンを前にすれば、敬虔な気持ちは残っても、それが石粉に向けられることはありえない。石粉は敬虔な気持ちを思いださせることはできても、それを自分のほうに惹きつけることはできないのである。こうして哀惜の念が生まれる。これは亡骸と〔生前の〕生命力のイメージが結びつかないときの悲しみのような、そうした別離と矛盾の感情である。弟子たちの晩餐のあとには、師を失うときが迫っているゆえの悲嘆の思いが生じたが[†84]、真に宗教的な儀式のあとではそのすべての魂は

†84 「ルカ福音書」第二二章四五節。「イエスが祈り終わって立ち上がり、弟子たちのところに戻って御覧になると、彼らは悲しみの果てに眠り込んでいた。」

満たされていたものである。〔それにたいして〕今日のキリスト教徒が聖餐を享受したあとには、晴れやかさのない、というよりむしろ憂いに満ちた晴れやかさをともなう敬虔な驚きが生じる。というのも、張りつめた感情の分かちあいも悟性も一面的であり、敬虔な気持ちも不完全なままであり、神的なものが約束されても、口のなかで溶けてしまうからである。

三、イエスとユダヤ人の対立（一七九九年）

イエスがユダヤ人の被支配の原理と無限な支配者にどのように対抗し、なにを直接対置するかを見るのは、きわめて興味深いことだろう。ここにユダヤ人の精神の中心があっただけに〔イエスの〕闘いももっとも頑強にならざるをえなかった。というのも、ここでは彼らのすべてのものが〈一挙に〉攻撃されたからである。ユダヤ精神の個々の枝葉にたいする攻撃はたしかにその原理にも及びはしても、それが攻撃されているとはまだ意識されていなかった。個々のものをめぐる争いの根柢に原理そのものの衝突があることがますます感じられるようになってはじめて憤激が沸きおこった。まもなくユダヤ人とイエスのあいだで、ユダヤ人にとって最高のものにたいするイエスの叛逆が話題に昇るようになった。

神をみずからに君臨する主人にして命令者とみなすユダヤ人の理念にたいして、イエスは神と人間の関係を父と子の関係として対置する。

道徳性は意識に昇るものの領域における支配を廃棄し、愛は道徳性の領域における制限を廃棄する。だが、愛そのものはまだ不完全な自然である。幸福な愛の瞬間には客体性の入りこむ余地はないが、ひとたび反省が生じれば愛は廃棄され客体性が再興されて、それとともにまたもや制限の領域が始まる。（〔そこでは〕反省と愛は統一されており、だからこそ愛の成就（πλήρωμα）は宗教的なもの[†85]であり、〔愛と反省の〕両者は結合されたものと考えられている)。愛の直観は完全性の要求を満たすように見えるが、そうした直観は矛盾である。愛を直観し表象するものは制限するものであり、制限されたものしか受け容れないのにたいして、その客体は無限であるはずのものであり、無限なものがこの容器に入りきるはずもないからである。

四、純粋な生命としての神(一七九九年)

純粋な生命を考えるということは、すべてのおこないを、つまり人間がかつてそうであったものや今後そうなるであろうもののすべてを退けるという課題である。性格は活動性を捨象するだけであって、特定の行為に共通する普遍的なものを表現する。〔それにたいして、〕純粋な生命の意識とは、もしそんなものがあるとすれば、その人間がいまなんであるかの意識であろう。そこにはいかなる差異も、展開されて現実になったいかなる多様性もない。この単一なものは否定的に単一なもの、つまり捨象による単一性ではない(というのも、捨象による単一性においてはひとつの特定のものだけが立てられてそのほかすべて捨象されてしまうか、あるいは、その純粋な単一性は、すべての特定のものを捨象しようという要求の表明にすぎないかであって、〔どちらにしても〕否定的な無規定のものでしかないが、純粋な生命は存在だからである)。多数性は絶対的なものではない。

衝動と行為の源泉としての純粋な生命

この純粋な生命が、個々の生命すべての源泉であり、衝動とすべての行為の源泉である。だが、この純粋なも

---

†85 「宗教的な(religiös)」という語の語源はラテン語の「ふたたび結びつける(re-ligere)」だという説があり、ヘーゲルはこの語源論を念頭に置いてこの語を使っているように思われる。

のは、ひとがそれを信仰するときのように意識されるようになるやいなや、たしかにまだその人のうちに生きているとはいえ、その一部は彼の外に置かれてしまう。このばあいそれを意識する人は制限されてしまうので、彼と無限なものは完全に〈ひとつ〉ではありえない。ひとがなんらかの神を信仰しうるのは、彼がすべての行為、すべての特定のものを捨象しながらも、それぞれの行為とすべての特定のものの魂を純粋にとどめおくことができるばあいだけである。魂も精神もないところには神的なものもない。〔したがって、〕自分がいつも制限されていると感じている人、あれこれのことを営み、あれこれのふるまいをしていると感じている人は、捨象をしたところで、その精神から有限なものは切り離されない。むしろ残るのは、生きいきしたものとはおよそ対照的なもの、支配する普遍的なものでしかない。特定のものの全体が消えさっても、特定のもののこの意識のうえには、客体のすべての空虚な統一が客体を支配する実在として君臨するだけである。支配し支配されるというこの果てしない事態に対抗しうるのは生命の純粋な感情だけであり、この感情は正当化と権威をおのずからそなえている。とはいえこの感情も、対立するものの一方として現われるときには、〔イエスのような〕特定の人間における特定のものとして現われる。こうした人物でも、現実に拘束されて汚れた目をもつ人には〔生命の〕純粋なありさまを直観させてやることはできない。彼は特定の姿で現われるので、みずからの根源を、つまり、制限された生命のあらゆる形態がそこから彼のところに流れでてくるような源泉をよりどころにすることしかできない。この人間はみずからがいまそれであるような全体を絶対的なものとしてよりどころにすることはできないのである。彼はもっと高次のもの、つまりどんな変転のうちにあっても変転することなく生きている父〔なる神〕に呼びかけざるをえない。神的なものは純粋な生命だから、それについて語るばあい、その語られる内容は必然的にどんな対立的なものもそのうちに含んではならない。客体的なものの状況や、客体的なものを客体的なものとして処置する行動についての反省に由来する表現はすべて避けなければならない。というのも、神的なものの働きは精神どうしをひとつにすることにほかならず、ただ精神だけが精神をおのれのうちに容れるからである。

命じる、教える、学ぶ、見る、認識する、おこなう、意志、(天国に) 入る、行くといった表現は、しょせんは客体的なものの関係――たとえそれが客体的なものの精神への受容〔という関係〕だとしても――しか表現しない。したがって、神的なものについては霊感においてしか語りえない。ユダヤ的な教養がわれわれに示しているのは、生きいきした関係のひとつの領域しか意識されなかったということであり、この関係にしてもどちらかといえば徳や性質といった概念の形式を取っている。これらの概念が慈悲や善意のような異質で異なったもの同士の関係しか表現できなかっただけに、こうした事態はなおさら当然のことである。福音史家のなかではヨハネが神的なものに、そして、神的なものとイエスの結びつきにもっとも多く言及している。[†86] ところが、精神的な関係がきわめて貧弱なユダヤ的教養のせいで、彼はもっとも精神的なものを表現するために客体的な結びつきを、現実にかかわるような言語を用いざるをえなかった。そのために彼の言語はしばしば、手形のような文体で感情を表現しようとするばあい以上にぎこちなく聞こえてしまう。精神的なものは、「天国」、「天国に入る[†87]」、「私はとびらである[†88]」、「私はまことの食べものである」、「私の体を食べる者[†89]」といった干からびた現実の結びつきに無理やり押しこめられてしまう。

みずからがおこなうことは自分の行為ではなく、みずからが語ることは自分の考えではないのであって、みずず

---

†86　とりわけ神を父とみなす言いかたがしばしばくり返される。たとえば、「ヨハネ福音書」第五章一七～二七節。

†87　同書第三章一三節。

†88　同書第一〇章九節。

†89　同書第六章五三～六節。「イエスは言われた。「はっきり言っておく、人の子の肉を食べ、その血を飲まなければ、あなたたちの内に命はない。わたしの肉を食べ、わたしの血を飲む者は、永遠の命を得、わたしはその人を終わりの日に復活させる。わたしの肉はまことの食べ物、わたしの血はまことの飲み物だからである。わたしの肉を食べ、わたしの血を飲む者は、いつもわたしの内におり、わたしもまたいつもその人の内にいる」」。

からの力と教えのすべては父から与えられたものだということを、イエスは公言し、しばしばそうくり返している。[†90]自分の内から語り、自分の内にあるものが、そうでありながらも同時に、ここに立ち、教え、語る自分よりも高次のものであるというこの確固たる意識以外に、彼はユダヤ教に戦いを挑む理由も、みずから教えを説く理由も示すことができない。だからこそ、彼はみずからを神ではなく、神の子と呼ぶのである。みずからをそう呼ぶのは、彼が人間だからではない。彼は人間でありながら同時に神の子でもある。彼のうちには、さまざまな制約にとらわれたありかたを超えたより高次の本性がひそんでいる。彼がユダヤ人から信仰をかちえたいと思うのは、それをユダヤ人に啓示したのが彼の父であり、ユダヤ人自身が神から生まれたからにほかならない。ペトロがイエスのうちに神の子を、命ある子を認めたときに、イエスは言った。「あなたにそれを啓示したのはあなたの有限性ではなく、私の父である[†91]」。

五、「ヨハネ福音書」第一章の読解（一七九九年）

ユダヤ的な教養の状態を幼年期の状態と呼ぶことはできないし、その言語を発達前の子どもの言語と呼ぶこともできない。〔たしかに、〕そこにもなお子どもならではの深みのある響きがいくらか残っており、それどころか再興されてさえいるが、しかしそれ以外の重苦しい不自然な自己表現の方法はむしろこの民族のこのうえない奇形化の結果である。〔福音史家ヨハネのような〕まだしも純粋な人物はこうした奇形化と闘わなければならないし、奇形化した形式でみずからを表現しなければならないときには、そのせいで苦しめられることになるが、彼自身がこの民族の一員であるためにそうした奇形化を免れない。

「はじめにロゴスがあった…」

「ヨハネ福音書」の冒頭には、神と神的なものについて本格的なことばで表明された一連の断言調の文がある。「はじめにロゴスがあった。ロゴスは神のもとにあった。神はロゴスであった」†92と語るのは、もっとも単純な反省の言語である。これらの文は判断と見まちがえやすいがそれは見かけだけのことにすぎない。というのも、その述語は判断というかたちの反省の表現がかならず含んでいるような概念でも普遍的なものでもなく、それ自体がまたもや存在するものであり、生きているものだからである。〔とはいえ、〕こうした単純な反省でさえ、精神的なものを精神によって表現するには向いていない。ほかのどんなばあいにもまして、神的なものを伝達するばあいには、その受けとり手が〔伝達されるものを〕おのれ自身の深い精神によって捉えることが不可欠であり、ほかのどんなばあいにもまして、受け身のまま自分のうちに受容するという仕方でそれを学ぶことは不可能である。なぜなら、神的なものについて反省の形式で表現されたものはなんであれただちに不合理だからであり、それを精神もなしに受け身で受容したのでは、より深い精神を空しく放置するばかりでなく、それを受容する悟性をも、悟性にとってそれは矛盾でしかないので、混乱に陥れてしまうからである。したがって、つねに客体的なこの言語が意味と重要性を見いだすのは読み手の精神においてのみであり、生の諸関係や生きているものと死んだものの対立が意識される仕方が異なるに応じて、その意味と重要性も異なるのである。

†90 たとえば、「なぜなら、わたしは自分勝手に語ったのではなく、私をお遣わしになった父が、わたしの言うべきこと、語るべきことをお命じになったからである」(「ヨハネ福音書」第一二章四九節)を参照。

†91 「マタイ福音書」第一六章一六～七節。本書三五一頁以下および三五三頁†63を参照。

†92 「ヨハネ福音書」第一章一節。「初めに言《ことば》があった。言は神と共にあった。言は神であった」。

神とロゴス

「ヨハネ福音書」の導入部[93]を理解する二つの対極的な方法のうち、客体的な方法はロゴスをひとつの現実的なもの、個体と捉えることであり、主体的な方法はそれを理性と捉えることである。ロゴスは、前者においては特殊なものだが、後者においては普遍的なものであり、前者においてはもっとも固有な排他的現実であるのにたいして、後者においてはたんなる思考されたありかたである。〔どちらの方法であっても〕神とロゴスが区別されるのは、存在するものが二つの観点から考察されなければならないためである。というのも反省は、反省されたものという形式をみずから与えたものを同時に反省されていないものとして前提しもするからである。つまり、一方でいかなる分割も対立も含まない統一的なものとして前提しながら、同時にこの統一的なものが分割され、無限に分割される可能性をも前提するのである。神とロゴスが異なるのは、神がロゴスという形式のもとにある実質であるかぎりのことでしかない。それにたいして、ロゴスそのものが神のもとにある〔かぎり〕、両者は〈一体〉である。現実的なものの多様性や無限性は、無限な分割〔によって〕現実のものとしてあり、すべてはロゴスによって存在している。世界は神性の流出[94]ではない。というのも、そうなれば現実的なものはどこまでも神的なものになってしまうからである。とはいえ、現実的なものは現実的なものであるかぎり無限な分割による流出であり、その一部分である。だが同時に、（ἐν αὐτῷ を直前の οὐδὲ ἓν ὃ γέγονεν に関係づけたほうがよいとすれば）この一部分には、あるいは（ἐν αὐτῷ を λόγος に関係づけたほうがよいとすれば）無限に分割するもの〔ロゴス〕には、生命が存在している[95]。個別的なものも、対立しあうものとして制限されたものも、死んだものさえも、同時に無限な生命の樹のひとつの枝であり、全体の外にあるそれぞれの部分が同時にひとつの全体、ひとつの生命なのである。そして、このひとつの生命もそれはそれでまた、反省されたものとしては、つまり、分割と関係の観点から主語と述語として見られたときには生命（ζωή）であるとともに、把握された生命（φῶς〔光にして〕真理[96]）でもある。これらの有限なものは対立しあうものである。光にたいしては闇が存在する。洗礼者ヨハネ[97]は光ではなかった。彼はそれについて証言したにすぎない。彼は統一的なものを感じていたが、それを純粋にでなく、特定の関係において制限された仕方で意識したにすぎない。彼は統一的なものを信じていたが、彼の意識は生命と等し

---

†93 以下の箇所でヘーゲルは「ヨハネ福音書」第一章一～一五節を念頭に議論を進めている。該当箇所は次のとおりである。参考のために節の番号を挿入する。なお、ヘーゲルの読みは新共同訳とはかならずしも一致しない。「1 初めに言《ことば》があった。言は神と共にあった。言は神であった。2 この言は、初めに神と共にあった。3 万物は言によって成った。成ったもので、言によらずに成ったものは何一つなかった。4 言の内に命があった。命は人間を照らす光であった。5 光は暗闇の中で輝いている。暗闇は光を理解しなかった。6 神から遣わされた一人の人がいた。その名はヨハネである。7 彼は証しをするために来た。光について証しをするため、また、すべての人が彼によって信じるようになるためである。8 彼は光ではなく、光について証しをするために来た。9 その光は、まことの光で、世に来てすべての人を照らすのである。10 言は世にあった。世は言によって成ったが、世は言を認めなかった。11 言は、自分の民のところへ来たが、民は受けいれなかった。12 しかし、言は、自分を受け入れた人、その名を信じる人々には神の子となる資格を与えた。13 この人々は、血によってではなく、肉の欲によってではなく、人の欲によってでもなく、神によって生まれたのである。14 言は肉となって、わたしたちの間に宿られた。わたしたちはその栄光を見た。それは父の独り子としての栄光であって、恵みと真理とに満ちていた。15 ヨハネは、この方について証しをし、声を張り上げて言った、『わたしの後から来られる方は、わたしよりも優れている。わたしよりも先におられたからである』とわたしが言ったのは、この方のことである」。

†94 新プラトン主義におけるいわゆる「流出論」を念頭に置いているのだろう。それによれば、世界は、①究極の原理である「一者」、②その下位にあってもろもろのイデアをつかさどる「理性《ヌース》」、③さらにその下位で生命をつかさどる「魂」、④最下位にある「物質」の四つの階層からなり、「一者」が上から順番に流出することで全体を統括している。

くはなかった。生命と等しい意識〔イエス〕、前者が存在者、後者が反省されたものとしての存在者であるという点でしか両者が区別されないような意識こそが、φῶς〔光にして真理〕である。ヨハネはみずからが φῶς だったのではないが、人間世界（κόσμος[98] これは人間関係と人間生活の全体であって、すべて（πάντα）（第三節）や生じたもの（ὃ γέγονεν[99]）よりも限定されている）に生まれてくるどんな人間のうちにもそれは存在した。人間は、世界に生まれるやいなや光に照らされるもの（φωτιζόμενος[100]）になるというだけではない。光（φῶς）は世界そのもののうちにも存在する。世界はその全体が、その関係と規定のすべてが、人間の光の（ἀνθρώπου φωτός[101]）作品であり、みずからを展開する人間〔イエス〕の作品である。ただし、こうした関係が生きている世界はこうした人間を、意識されるようになる自然の全体を認識しないし、自然の全体は世界には意識されないだろう。人間世界は彼にもっとも固有のもの（ἴδιον）、彼にもっとも親しいものであるが、人びとは彼を受けいれず、彼をよそ者としてあつかう[102]。だが、彼のうちにおのれ自身を認識する人びとは、それによって力を得る。もっともこの力はなにか新たな力や生きるものを表現するのではなく、生命の度合い、生命の〔神との〕等・不等を表現するにすぎない。彼らはなにか別のものになるのではなく、神を認識するのであり、みずからを神の子として、神よりも弱いが同じ本性をもつものとして認識するのである。というのも、彼らは真なる光に照らされたもの（φωτιζομένου φωτὶ ἀληθινῷ[103]）という人間（ἀνθρώπος）のあの関係（ὄνομα[104] 呼び名）を自覚し、みずからの本質をよそよそしいもののうちにではなく、神のうちに見いだすからである。

これまでの箇所〔第一三節まで〕では、真理そのものと人間一般について語られた【〔第九節のギリシア語原文は、コンマを入れずに〕この世に現われた人間（ἄνθρωπον ἐρχόμενον εἰς κόσμον）〔と読むべきである。[105]〕そのように読まないと、第一〇節以降の αὐτόν が受ける語がなくなってしまう[106]】。一四節ではロゴスが個人という様態においても現われる。ロゴスがたとえどのような形態でわれわれに現われたにせよ、ヨハネは（七節で）光（φῶς）について証言しているだけでなく、（一五節で）個人についても証言しているのである。

†95 「ヨハネ福音書」第一章三〜四節のギリシア語原文を、ピリオドを打たずに引用する。

"πάντα δι' αὐτοῦ ἐγένετο, καὶ χωρὶς αὐτοῦ ἐγένετο οὐδὲ ἕν ὃ γέγονεν ἐν αὐτῷ ζωὴ ἦν, καὶ ἡ ζωὴ ἦν τὸ φῶς τῶν ἀνθρώπων"

この箇所の句読法、つまりピリオドをどこに打つかの問題は、古くから議論になっており、ヘーゲルもその議論を念頭に置いているようである。ピリオドの打ちかたには以下の二つがありうる。

①一重下線部 ὃ γέγονεν の直後に置く（新共同訳はこの句読法にもとづいている）。

②波下線部 οὐδὲ ἕν の直後に置く。

ヘーゲルは、まず①の句読法を想定し、そのばあいには破線部の代名詞 αὐτῷ（それ）が直前の男性名詞 ὃ γέγονεν（生じたもの）を指すと考える。それにしたがって引用箇所を読めば、「すべてはロゴスによって生じ、生じたもので、ロゴスなしに生じたものはひとつもなかった。生じたもののうちに生命があった。生命は人間の光（真理）であった」となる。ここでのヘーゲルはロゴスを、現実の事物の多様性をもたらす分割・分節化の原理として捉えており、「生じたもの」はそうした分節化の運動の「一部分」だというのであろう。次にヘーゲルは②の句読法を想定し、そのばあいには問題の代名詞 αὐτῷ が、引用前半に二回出てくる αὐτοῦ と同じく、第一節・第二節の男性名詞 λόγος（ロゴス）を指すと考えている。それにしたがえば、引用箇所は「すべてはロゴスによって生じ、ロゴスなしに生じたものはひとつもなかった。ロゴスのうちで生じたものは生命であった。生命は人間の光（真理）であった」となる（ただし、①の句読法でも、αὐτῷ が λόγος を指すと読むことは可能であり、じっさい新共同訳はそのように読んでいる）。

なお、「ヨハネ福音書」のこの箇所の読みかたについては、田川健三『新約聖書 訳と註 第五巻 ヨハネ福音書』（作品社、二〇一三年）八八〜九〇頁を参照されたい。

†96 「ヨハネ福音書」第一章四節以下。ここに出てくる φῶς はふつう「光」と訳されるが、ヘーゲルは「真理」という訳語をあてている。

†97 洗礼者ヨハネはイエスにさきだってその到来を人びとに告げ、イエスに洗礼を施した人物。福音史家のヨハネとは別人である。

神の理念がどれほど高尚なものにされても、思考と現実、理性的なものと感性的なものを対立させるユダヤ的原理はあいかわらず、生を引き裂き、神と世界の連関を死んだものにするにすぎない。〔だが、〕こうした〔神と世界の〕結びつきはただ生きいきとした連関としてのみ解釈することができるものであり、こうした連関にあってはここで関係づけられるものの関係は〔ヨハネ福音書の冒頭のように〕神秘的にしか語れない。

神の子イエス

神にたいするイエスの関係の表現としてもっともしばしば現われ、その特徴をもっともよく示すのは、彼がみずから神の子を名のり、人間の子としてのおのれに神の子としてのおのれを対置するということである。[†107]〔親子関係になぞらえた〕関係のこうした名称は、当時のユダヤ人の言語にたまたま残っていたわずかな自然の声のひとつであり、したがってそれはこの言語にしては適切な表現のひとつである。父にたいする子の関係は概念としての統一性、たとえば、心情の一致や原理などの等しさといった統一性、観念的なものでしかなく、生きているものを捨象してしまうような統一性ではなく、生きているもの同士の生きいきとした関係であり、等しい生命である。〔父と子は〕同じ生命の様態にほかならず、本質の対立でもなければ絶対的な実体の複数性でもない。したがって、神の子はその父と本質を同じくしているが、すべての反省の作用にとっては、しかもこうした作用にとってのみ、特殊なものである。アラビア人は同じ部族の個々の者、一個人を呼ぶときに、たとえばコレシュ部族の子と言うが、こうした表現のうちにも、この個人が全体のたんなる一部分ではなく、したがって全体も個人の外にあるのではなく、むしろ個人それ自身が全部族としての全体にほかならないということを含意している。これは、こうした自然のままの未分化な民族が彼らの流儀で戦争をするさいの帰結によってあきらかである。というのも、個人はことごとく残酷きわまりない仕方で虐殺されるからである。それにたいして今日のヨーロッパでは、各個人が国家の全体をおのれのうちで担うどころか、その紐帯は万人平等の権利という観念的なものでしかなく、そのために戦争は個人ではなく、その外部にある〔国家という〕全体にたいしておこなわれる。真に自由なすべての民族においてはそうであるようにアラビア人においても、各人は部分でありながら同時に全体である。全体がその

---

†98 「ヨハネ福音書」第一章九節以下。新共同訳は「世」。

†99 同書第一章三節。新共同訳は「成ったもの」。

†100 同書第一章九節の動詞 φωτίζει（照らす）を語形変化させたもの。

†101 同書第一章四節の τὸ φῶς τῶν ἀνθρώπων を語形変化させて定冠詞を略したもの。

†102 同書第一章一一節。新共同訳で「自分の民」および「民」に当たるギリシア語を、ヘーゲルは ἴδιον でまとめて指している。

†103 同書第一章九節のギリシア語を、ヘーゲルが語形変化させて組みあわせたものであろう。

†104 同書第一章一二節の「名」をヘーゲルはあえて「関係（Beziehung）」と訳している。本書四〇二頁および四〇三頁†155を参照。

†105 通常は、ἄνθρωπον, ἐρχόμενον εἰς κόσμον のようにコンマで区切っているが、ヘーゲルはこの区切りをせずに読もうと提案しているのだろう。

†106 「ヨハネ福音書」第一章一〇節と一一節に出てくる代名詞 αὐτόν（男性単数対格もしくは中性単数主格・対格）は、なにを指すと考えるべきか判断がむずかしい。一〇節では中性形とみなして、中性名詞の「光 φῶς」を受けるとも考えられるが、一一節ではそのように読むと話が続かなくなる。たとえば、ルターのドイツ語訳（一五四五年版）は、九節に大幅な説明を補って訳したうえで、問題の αὐτόν を、一〇節では中性形の「それ（es）」と訳し、一一節ではイエス・キリストを表わすと思われる男性形の「彼（er）」で訳している。新共同訳は一〇節でも一一節でも αὐτόν は「言」を指すと解している。こうした解釈の難所についてヘーゲルは、独自の読みを試みているのだろう。「ヨハネ福音書」のこの箇所の読みかたについては、田川健三『新約聖書　訳と註　第五巻　ヨハネ福音書』九四〜六頁を参照。

†107 「ヨハネ福音書」第一章四九節および五一節を参照。

部分とは異なるということが言えるのは客体についてだけ、つまり死んだものについてだけである。それにたいして生きているものにあっては、全体の部分は全体と同じようにあり、全体と同じ〈一なるもの〉である。特殊な客体が実体としてひとまとめにされ、しかし同時にそれぞれそれなりの属性をもつものが（数のうえで）個体としてひとまとめにされても、それらに共通なもの、統一性は概念にすぎず、本質でも存在するものでもない。だが、生きているものたちは〔たがいに〕分断されたものであっても〔それぞれが〕本質であり、それらの統一もまた同様にひとつの本質である。死んだものの領域で矛盾であるものも、生命の領域ではそうではない。三本の枝のある木は、それらの枝を合わせて〈一本の〉木であるが、その木の子であるそれぞれの枝は（さらに木のそのほかの子どもたちである葉や花も）それ自身が一本の木である。幹から枝に樹液を供給する繊維は根と同じ性質をもつ。木を逆さにして地面に突きたてておけば、空中に伸びた根から葉を伸ばし、枝が地中へと根を下ろすであろう。このばあい、三本の木があるということも、ただ〈一本の〉木があるというのと同じくらい真実である。

　このように父と子が神性という点では本質的に同一であることは、ユダヤ人といえどもイエスがみずからに帰した神との関係のうちに見てとっていた。彼らは、イエスが神をわが父と呼んで、おのれ自身を神に等しい者としていることを見てとっていたのである（「ヨハネ福音書」第五章一八節[†108]）。たしかにイエスは神の支配というユダヤ的原理に人間の欲求を、たとえば、安息日の儀式に飢えを満たそうとする欲求を対置することはありえたが、これもあくまで一般論にすぎない。そうした対立のもっと深刻な展開、たとえば〔理論理性にたいする〕実践理性の優位[†109]は、当時の教養には含まれていなかった。こうした対立にあって、彼は一個人として〔人びとの〕眼の前にあるにすぎなかった。こうした個人性の観念を振りはらおうとして、彼はとくに「ヨハネ福音書」において神との一体性をつねに引きあいに出す。父〔なる神〕はおのれ自身の内に生命をもつように子もおのれ自身の内に生命をもつようにしたというのである。イエスは父と一体であるとか、イエスは天から投げられたパンであるといった[†110]過激な表現（σκληροι λόγοι[†111]）は、それを比喩表現だと説明したり、機知を発揮して生命のこもったものとみなす代わりに概念の統一を押しつけたりしたところで、和らげられるわけではない。もちろん、比喩的なものに悟性概念が対置されて、後者が優位にあるとみなされたとたんに、すべての比喩的表現は真実味のない想像力のたんなるたわむれ、添えものとして一蹴され、比喩的表現の生命力の代わりに残るのは客体的なものでしかない。

人の子イエス

だが、イエスはみずからを神の子を呼ぶだけではない。彼はみずからを人間の子とも呼ぶ。神の子が神的なもののひとつの様態を表わすのなら、人間の子も同じく人間のひとつの様態ということになりそうだが、〔ここでいう〕人間は神性のような〈一なる〉本性、〈一なる〉本質ではなく、概念であり観念的なものである。ここでは、人間の子とは人間という概念に包摂[†112]されるものという意味である。「イエスは人間である」は文字どおりの判断であり、〔「人間」という〕述語はひとつの存在者ではなく普遍的なものである（ἄνθρωπος は人間そのものだが、υἱὸς ἀνθρώπου〔人間の子〕は一人の人間である）。神の子は人間の子でもある。神的なものが特殊な形態を取ること

---

†108　「このために、ユダヤ人たちは、ますますイエスを殺そうとねらうようになった。イエスが安息日を破るばかりでなく、神を御自分の父と呼んで、御自身を神と等しいものとされたからである」。

†109　カント『実践理性批判』第一部第二編第二章の三「思弁的な理性との結合における純粋実践理性の優位について」（アカデミー版第五巻一一九～一二一頁）。

†110　「ヨハネ福音書」第六章三三～五節。「〔イエスは言われた〕「神のパンは、天から降って来て、世に命を与えるものである」。そこで彼らが、「主よ、そのパンをいつもわたしたちにください」と言うと、イエスは言われた。「わたしが命のパンである。わたしのもとに来る者は決して飢えることがなく、わたしを信じる者は決して渇くことがない」」。

†111　同書第六章六〇節に出てくる表現（新共同訳では「実にひどい話だ」）を複数形にしたもの。

で一人の人間となって現われる。いうまでもなく無限と有限の連関は、生命そのものであるから、神聖な秘密である。生命を分離する反省は生命を無限と有限に区別することができる。そうした制限つまりそれ自体として見られた有限なものだけが、神的なものに対立するものとしての人間の概念を与えるのであって、反省の外部では、つまりじっさいにはそうしたことは生じない。人間の子のこうした意味がもっとも明確になるのは、人間の子が神の子に対置される箇所においてである。たとえば、「ヨハネ福音書」第五章二六～七節にはこうある。

「父はおのれ自身のうちに生命をもつように、子もおのれ自身のうちに生命をもつようにさせた。父は子に裁きをつかさどる権力を与えた。なぜなら子は人間の子だからである†113」。

次は二二節である。

「父はだれも裁かず、裁きを子にゆだねた†114」。

それにたいして、「ヨハネ福音書」第三章一七節（「マタイ福音書」第一八章一一節†115）にはこうある。

「神がおのれの子を世界に遣わしたのは、子が世界を裁くためではなく、世界が子によって救済されるためである†116」。

裁きは神的なものの行為ではない。というのも、裁き手のうちにある律法は裁かれるべきものに対立する普遍的なものであって、裁きとは判断を下し、〔普遍的なものとの〕一致や不一致を言いたて、〔両者のあいだの〕想定されうる統一なり統一できない対立なりを承認することだからである。神の子は裁かず、選別せず、分離せず、対立するものを対立したままにしない。神的なもののひとつの表現であるその活動は、律法を与えたり樹立したりすることでも、律法の支配を主張することでもない。むしろ世界は神的なものによって救済されるべきである。この「救済する」ということにしても、精神にたいして使うには適切ではない表現である。というのも、この表現は、危険に陥った精神が危険にたいしてまったく無力であることを表わしているからである。そしてそのかぎりで救済は疎遠なものにたいする疎遠なものの行為である。神的なものの働きが救済とみなされてよいのは、救済される者がおのれの本質にたいしてではなく、みずからのそれまでの状態にたいして疎遠になるばあいだけである。

父は裁かず、子も裁かない。彼は父と〈一体〉であるかぎり父それ自体のうちに生命をもつからである。だが、子は同時に、人間の子であるがゆえに、裁きをおこなう権限と威力ももっている。というのも、〈人間の子という〉様態は、それ自体としては制限されたものなので、普遍的なものと特殊なものを対立させて分離することができるからである。人間の子においては、実質にかんする比較が、つまり力の、したがって権力の比較がなされ、形式にかんする比較の活動とは、概念であり律法であり、それと個人を切り離したり結びつけたりすることであ

† 112 「包摂」や「判断」やこのあとで話題になる「裁き」については、本書三二八頁以下および三三一頁の† 46を参照。

† 113 「父は、御自身の内に命を持っておられるように、子にも自分の内に命を持つようにしてくださったからである。また、裁きを行う権能を子にお与えになった。子は人の子だからである」。

† 114 「父はだれをも裁かず、裁きは一切子に任せておられる」。

† 115 「人の子は、失われたものを救うために来た」。

† 116 「神が御子を世に遣わされたのは、世を裁くためではなく、御子によって世が救われるためである」。

り、つまりは判断し裁くことである。とはいえ同時に、人間はみずからが神的なものでなければ裁くことはできないであろう。というのも、そうであってはじめて裁きの尺度となる〔普遍的なものと特殊なものの〕分離が彼において可能になるからである。結びつけたり解き放したりする彼の権限は神的なものに根ざしている[†117]。裁きそのものにもそれはそれで、神的でないものを観念において支配するか、それとも現実に支配するかの二種類がありうる。イエスは「ヨハネ福音書」第三章第一八〜九節[†118]でこう言っている。

「神の子を信ずる者は裁かれない。だが、彼を信じない者はすでに裁かれている」。

なぜなら、後者は神にたいする人間のこの関係を、みずからの神性を認識していないからである。

「彼らの〔受ける〕裁きは、彼らが真理よりも闇を多く愛することそれ自体にある」。

したがって、彼らの不信仰こそが裁きそのものである。神人は悪を支配し押さえこむ暴力として悪に迫るのではない。というのも、この神的な人の子は、たしかに権限はもつが暴力はもたず、〔彼に裁かれる〕世界を取りあつかいそれと闘うときも、現実のうちでそうするのではないからである。彼は世界に裁きを与えるが、刑罰の意識としてそうするのではない。彼は、彼とともに生きて楽しむことができない者、引きこもり距離を置く者がみずから設ける境界がまさにそのような制限であることを知っている。もっとも、世界からすれば、そうした境界こそがおそらくは最高の誇りであって、世界はそれをなんら制限とは感じず、みずからの受苦も当の世界にとってはおそらく受苦という形式をもたず、すくなくとも律法の侵犯の報いという形式をもたない。だが、たとえ世界が神的なものを意識しない貶められた状態が気に入ってはいても、世界の不信仰こそは〔「ヨハネ福音書」第三章一八～九節で言われているとおり〕世界をいっそう低い領域〔つまり「闇」〕に突き落とすものであり、つまりは世界そのものの裁きなのである。

イエスにおける神と人間

神にたいするイエスの関係は父にたいする子の関係だが、この関係は人間が神的なものをまったくおのれの外に置くかどうかに応じて、認識として捉えられるか信仰によって捉えられるかのどちらかであった。認識はこの関係を理解する仕方としては、人間本性と神的本性、人間的本質と神的本質という二種類の本性を想定し、そのそれぞれは人格性〔位格〕、実体性をもち、どんな仕方で関係するにせよ、絶対的に異なるものとして想定されているのであくまで二つのものでありつづける。こうした絶対的な差異性を想定しながら同時にこれらの絶対的なものがきわめて緊密に関係して一なるものになると考えるように要求する人びと†119は、常識的理解をふり捨てているが、それは彼らが常識的に理解できる領域の外にあるものを告知しているからではない。むしろ彼らは絶対的に異なる実体を捉えると同時に両者の絶対的な統一性も捉えるという無謀な要求を、ほかでもない常識的理解に突きつけるのである。したがって、彼らは常識的理解を立てることによってそれを破壊する。〔これに比べれば〕実

† 117 「マタイ福音書」第一六章一八～九節の内容をヘーゲルがまとめたものと思われる。

† 118 「御子を信じる者は裁かれない。信じない者は既に裁かれている。神の独り子の名を信じていないからである。光がこの世にきたのに、人々はその行いが悪いので、光よりも闇の方を好んだ。それが、もう裁きになっている」。

† 119 カルケドン公会議（四五一年）で定められた「カルケドン信条」を支持する人びとのことであろう。カルケドン信条は、神の子イエスと父なる神との関係についての正統教義を定めたもので、イエスは神的本性と人的本性というまったく異なる二つの本性をもちながらひとつのものであるとした。

体の差異を所与として受けいれながら両者の統一を否定する人びとのほうが首尾一貫している。彼らには差異を受けいれる理由がある。というのも、神と人間を思考するよう要求されているからである。それと同時に彼らが統一を否定するのにも理由がある。というのも、神と人間の分離を廃棄すれば、前者の要求に反することになるからである。彼らはこうして常識的理解を救うが、両存在のこの絶対的な差異に立ちどまるので、両者を絶対的に分離する常識的理解を、この殺害行為を精神の最高位にまつりあげてしまう。ユダヤ人はイエスをこうした仕方で受けいれたのである。

「父は私のなかにおり、私は父のなかにいる。[†120]私を見たものは父を見たのであり、父を知る者は私の言葉が真理であり、私と父が一体であることを知っている」とイエスが語ったとき、ユダヤ人は「イエスは人間として生まれながら、おのれを神にしている」として、彼が神を冒瀆したかどで彼を告発した。[†121]彼らが一人の人間に神的なものを認識することなどどうしてありえただろうか。みずからのうちに先祖伝来のみじめさとどん底の隷属しか意識せず、みずからが神的なものと対立しており、人間存在と神的存在のあいだには乗りこえがたい深淵があるとしか意識しない貧者である彼らであってみれば、どうしてそうしたことがありえただろうか。精神は精神だけを認識する。〔だが、〕彼らがイエスのうちに見たのは人間であり、自分たちに立ちまじって暮らす兄弟や親類をもつナザレ人であり、大工の子だけであった。[†122]イエスはその程度のものであって、けっしてそれ以上ではありえず、ユダヤ人たちの一人でしかなかった。そしてユダヤ人自身も、自分たちを無にも等しいものと感じていた。ユダヤ人大衆のもとでは、彼らに神的なものの意識を与えようとするイエスの試みは挫折するしかなかった。というのも、神的なもの、偉大なものへの信仰が泥土に育つはずはないからである。クルミの実にはライオンを入れる余地がないように、ユダヤ人の魂の牢獄のうちには無限の精神を入れる余地はないし、枯れゆく一枚の葉のうちには生命のすべてを入れる余地がない。山とそれを見る目は主観と客観だが、人間と神、精神と精神のあいだにこうした客観性の裂け目はない。この両者がたがいにとって自分でもあれば他者でもあるのは、精神は精神を認識するものだからにほかならない。

〔たしかに、〕父にたいする子の関係といった客観的想定の一派生形態、というよりむしろこうした想定が〔人間の〕意志のために取る形式は、イエスを分離された人間本性と神的本性を結びつけるものだと考え尊崇するだけでなく、自分のためにも神とのなんらかの結びつきを見いだし、まったく不同一なもののあいだの愛を、つまり人間にたいする神の愛を、せいぜい憐憫でしかありえないにせよ、希望せずにはいられない。〔しかし、〕子としてのイエスの父への関係は素朴な（kindlich）関係である。というのも、子は本質において、精神において父と一体であり、父がみずからのうちに生きていると感じているからである。この関係は、現世の富裕な主人にたいして人間がとる幼稚な（kindisch）関係とは似ても似つかない。そこでは人間は、主人の生活を自分にはまるで無縁のものと感じ、この金持ちの食卓からこぼれ落ちるパンくずのような贈り物によってのみその生活とつながっているだけだからである。†123

六、イエスと信仰（一七九九～一八〇〇年）

イエスを信じるとはどういうことか

父にたいする子の関係というイエスの本質が真に捉えられうるのは信仰によってのみであり、イエスが民衆に

†120　「ヨハネ福音書」第一四章九節と一一節、第一〇章三〇節の文言を、順序を入れかえて自由に要約したもの。
†121　同書第一〇章三三節。
†122　「マタイ福音書」第一三章五五～六節。
†123　ヘーゲルは「ルカ福音書」第一六章一九節以下の「金持ちとラザロ」の話を念頭に置いて書いているのだろう。

求めたのもみずからにたいする信仰であった。この信仰は、その対象である神によって性格づけられる。現実のものにたいする信頼は、なんらかの客体つまり制限されたものの認識だが、客体が神とは異なる分だけ、この認識は神的なものへの信仰とは異なる。「神は精神である。神をあがめる人びとは神を精神と真理においてあがめなければならない」[†124]。みずから精神でないものがどうして精神を認識できようか。精神の精神にたいする関係は調和の感情であり、両者の一体化である。異質なものどうしがどうして一体になれるだろうか。神的なものへの信仰は、信仰する者自身のうちに神的なものが存在していることによってのみ可能である。信仰する者は自分が信仰するもののうちにおのれ自身を、おのれの固有の本性を再発見する――この見いだされたものがおのれの固有の本性だとは、たとえ自覚していなくても――。というのも、どんな人間のうちにも光と生命が宿っており、彼は光の所有物だからである。彼は光源を別のところにもつ暗い物体が照らされるように、光によって照らされるのではない。彼自身の燃料が炎上して、みずから炎となるのである。闇とは神的なものから遠く離れて現実にとらわれている状態であり、完全に神であるようなみずからの生とはおのれ自身への信頼であるが、神的なものへの信仰は両者の中間状態である。信仰は神的なものの予感と認識であり、それと一体化しようとする要求であり、それと同じ生への欲望である。しかし、信仰は、神的なものがその意識のすみずみに浸透し、世界にたいするその関係のすべてを正し、その全存在のうちで脈打つような力強さにはまだ達していない。こうして、神的なものへの信仰は、信仰者自身の本性にそなわる神性に由来する。神性を認識できるのは、神性の様態だけである[†125]。イエスが弟子たちに、「人びとは人の子である私がなにものだと言っているか」[†126]と尋ねると、弟子たちはユダヤ人の考えを述べた。ユダヤ人たちはイエスを理想化して人間界の現実を超えたところに高めながらみずからは現実から脱出できずに、彼のうちに個人しか見ず、それを彼に不自然な仕方で結びつけているというのである。だが、〔シモン・〕ペトロがイエスのうちに神の子を認めるという人の子への信仰を語ると、イエスは彼、ヨナの子シモン――他の人びとからそう呼ばれていた――を、つまり人の子を祝福した。というのも、「天の父があなたにそのことを啓示した」からである。神の本性を認識するためだけなら啓示は必要なかった。キリスト教世界の大部分はこの認識を学んでいる。子供たちには、奇跡などにもとづいてイエスは神であるという推論が提供される。信仰のこうした学習や受けいれは神の啓示とは呼べない。そんなことのためなら命令や体罰で十分である。「天にい

†124 「ヨハネ福音書」第四章二四節。「神は霊である。だから、神を礼拝する者は、霊と真理をもって礼拝しなければならない」。

†125 個体は神の様態（Modifikation）だと考えるスピノザを意識したことば使いであろう。スピノザ『エティカ』第一部定理二五の系を参照。

†126 マタイ福音書第一六章一三〜二三節。以下のヘーゲルの議論に関連する箇所は新共同訳では次のとおり。「イエスは、フィリポ・カイサリア地方に行ったとき、弟子たちに、「人々は、人の子を何者だと言っているか」とお尋ねになった。弟子たちは言った。「『洗礼者のヨハネだ』と言う人も、『エリヤだ』と言う人もいます。ほかに、『エレミヤだ』とか、『預言者の一人だ』と言う人もいます」。イエスが言われた。「それでは、あなたがたはわたしを何者だと言うのか」。シモン・ペトロが、「あなたはメシア、生ける神の子です」と答えた。すると、イエスはお答えになった。「シモン・バルヨナ、あなたは幸いだ。あなたにこのことを現したのは、人間ではなく、わたしの天の父なのだ。わたしも言っておく。あなたはペトロ。わたしはこの岩の上にわたしの教会を建てる。陰府《よみ》の力もこれに対抗できない。わたしはあなたに天の国の鍵を授ける。あなたが地上でつなぐことは、天上でもつながれる。あなたが地上で解くことは、天上でも解かれる」。それから、イエスは、御自分がメシアであることをだれにも話さないように、と弟子たちに命じられた。このときから、イエスは、御自身が必ずエルサレムに行って、長老、祭司長、律法学者たちから多くの苦しみを受けて殺され、三日目に復活することになっている、と弟子たちに打ち明け始められた。すると、ペトロはイエスをわきへお連れして、いさめ始めた。「主よ、とんでもないことです。そんなことがあってはなりません。」イエスは振り向いてペトロに言われた、「サタン、引き下がれ。あなたはわたしの邪魔をする者。神のことを思わず、人間のことを思っている」」。

る父があなたにそのことを啓示した。あなたのうちなる神的なものが私を神的なものとして認識したのであり、あなたは私の本質を理解したのであり、私の本質があなたの本質において反響したのである」。人びとのあいだではヨナの子シモンで通っていた者を、イエスはおのれの教団の土台となるべき岩、つまりペトロにする。[127] イエスはペトロに「結んだり解いたりする」おのれ自身の権限を与える。この権限は、神的なものからのどんな隔たりをも察知するために神的なものを純粋におのれのうちに担っている本性にしか与えられえないものである。いまや、天にあなたの判断以外のいかなる判断も存在せず、あなたが地上で自由であるとか拘束されているとか認識するものは、天の目から見てもそのとおりである。いまはじめて、イエスは迫りつつあるみずからの運命を弟子たちにあえて語る。だが〔そのように語るイエスをペトロが諫めたとき〕、おのれの師が神だと気づいたペトロの意識は、神的なものを感じとってはいても、まだそれによって全存在を満たされてもいなければ、聖霊をまだ受けいれてもいないような信仰にすぎなかったことがただちにあきらかになる。

イエスの弟子たちが彼を信仰するのは神のおかげだというのは、〔福音書において〕しばしばくり返される考えかたである。とりわけ「ヨハネ福音書」第一七章〔六節〕で、イエスは彼らをしばしば「神によって自分に与えられた人びと」[128]と呼び、「ヨハネ福音書」第六章二九節では、彼を信仰することを「神のわざ」[129]、神的な働きと呼んでいる。神的な働きは、学習したり教えこまれたりするのとはまったく別ものである。「ヨハネ福音書」第六章六五節によれば、「私の父によって与えられるのでなければ、だれも私のところに来ることはできない」[130]。

しかし、この信仰はイエスとの関係の最初の段階にすぎない。この関係は完成すれば、弟子たちが彼と〈一体〉だと言われるほどまでに親密なものとして思いえがかれるようになる。

「みずから光をもつまでは、光の子となれるよう光を信じなさい」（「ヨハネ福音書」第一二章三六節[131]）。

ようやく光を信仰しているにすぎない人びととみずから光の子である人びととの違いは、光について証しを立てたにすぎない洗礼者ヨハネと個人となった光であるイエスの違いのようなものである。イエスが永遠の生命をおのれのうちにもっているように、彼を信仰する人びとも無限の生命に到達すべきである（「ヨハネ福音書」第六章四〇節）[†132]。イエスとの生きいきした一体化がもっともあきらかに表現されるのは「ヨハネ福音書」の彼の最後〔晩餐での弟子たちへの〕語り[†133]においてである。弟子たちはイエスのうちにあり、イエスは弟子たちのうちにあり、両者はそろって〔ひとつ〕である。イエスはブドウの木であり、弟子たちはそのつるである。各部分のうちには全体をなしているのと同じ本性、同じ生命が存在している。弟子たちのこうした完成こそ、イエスが父に懇願するものであり、自分が弟子たちから遠ざけられるだろうときに彼らに約束するものである。彼が彼らとともに生きている

†127　ペトロという名はギリシア語の「岩 πέτρος（ペトロス）」に由来する。

†128　「世から選び出してわたしに与えてくださった人々に、わたしは御名を現しました。彼らはあなたのものでしたが、あなたはわたしに与えてくださいました。彼らは御言葉を守りました」。

†129　「イエスは答えて言われた、「神がお遣わしになった者を信じること、それが神の業である」」。

†130　「そして、〔イエスは〕言われた、「こういうわけで、『父からお許しがなければ、だれもわたしに来ることはできない』と、言ったのだ」」。

†131　「光の子となるために、光のあるうちに、光を信じなさい」。

†132　「わたしの父の御心は、子を見て信じる者が皆永遠の命を得ることであり、わたしがその人を終りの日に復活させることだからである」。

†133　「ヨハネ福音書」第一五章五節。新共同訳では、「わたしはぶどうの木、あなたがたはその枝である。人がわたしにつながっており、わたしもその人とつながっていれば、その人は豊かに実を結ぶ。わたしを離れては、あなたがたは何もできないからである」。

いるかぎり、彼らはたんなる信者であるにとどまった。というのも、彼らは自分の足で立っておらず、イエスが彼らの教師であり主人であり、彼らが依存する個人的な中心点だったからである。彼らはまだ独自の独立した生命をもたなかった。イエスの精神が彼らを支配していた。しかし、イエスが遠ざかったあとではこの客体性、彼らと神のあいだの障壁もなくなった。そのあとは神の精神〔聖霊〕が彼らの存在全体を活気づけることができた。[†134] イエスが「私を信じる者の体からは生命の流れが湧きでるだろう」（「ヨハネ福音書」第七章三八〜九節[†135]）と言うとき、ヨハネは次のような注釈を加えている。これは聖霊が〔彼らを〕すみずみまで活気づけるのはいまだ将来のことだとまずは語ったものであって、イエスがまだ聖化されていなかったので、弟子たちはまだ聖霊を受けとってはいなかったというのである。イエスの本質と、彼への信仰が生命になり神的なものさえもが存在するような人びとの本質とは異なるという考えはすべて遠ざけられなければならない。イエスはじつにしばしば自分を卓越した本性の持ち主だと語っているが、彼はこれをユダヤ人に向かって語っている。彼はユダヤ人から距離をとり、それによって神的なものについてもひとつの個体という形態を手に入れる。「私は真理であり生命である」、「私を信じる者は…」といったように、「ヨハネ福音書」では〈私〉が絶えず一様に前面に押しだされ、こうした態度はたしかにユダヤ的な性格からおのれの人格を分離するものだが、しかし、イエスはこの〔ユダヤ的〕精神にたいしてみずからを個体たらしめる一方で、弟子にたいしてはおのれの神的な人格も神的な個体性もすべて捨てさりもする。イエスは彼らとひたすら〈ひとつ〉になろうとするのであり、彼らはイエスのうちで〈ひとつ〉になるべきなのである。ヨハネはイエスについて、「彼は人間のうちになにがあるかを知っていた」と言っている（「ヨハネ福音書」第二章二五節[†136]）。自然にたいするイエスの美しい信仰のもっとも忠実な鏡は、汚れない自然を目にしたときの彼の発言である（「マタイ福音書」第一八章一節以下[†137]）。

「あなたがたは幼児のようにならなければ、神の国に入れないだろう。もっとも幼児に近い者が天国ではもっとも偉大である。そして、こうした幼児を私の名において受けいれる者は、私を受けいれることになる」。この幼児のうちにその純粋な生命を感じとり、その本性の聖なることを認識できる者は、私の本質を感じとっている。

†134 『使徒言行録』第二章にあるように、イエスの死後、弟子たちに聖霊がくだったことを言うのであろう。

†135 「わたしを信じる者は、聖書に書いてあるとおり、その人の内から生きた水が川となって流れ出るようになる。」イエスは、御自身を信じる人々が受けようとしている〝霊〟について言われたのである。イエスはまだ栄光を受けておられなかったので、〝霊〟がまだ降っていなかったからである」。

†136 「イエスは、何が人間の心の中にあるかをよく知っておられたのである」。

†137 「そのとき、弟子たちがイエスのところに来て、「いったいだれが、天の国でいちばん偉いのでしょうか」と言った。そこで、イエスは一人の子供を呼び寄せ、彼らの中に立たせて、言われた。「はっきり言っておく。心を入れ替えて子供のようにならなければ、決して天の国に入ることはできない。自分を低くして、この子供のようになる人が、天の国でいちばん偉いのだ。わたしの名のためにこのような一人の子供を受け入れる者は、わたしを受け入れるのである。しかし、わたしを信ずるこれらの小さい者の一人をつまずかせる者は、大きな石臼を首に懸けられて、深い海に沈められる方がましである。世は人をつまずかせるから不幸だ。つまずきは避けられない。だが、つまずきをもたらす者は不幸である」」(「マタイ福音書」第一八章一〜七節)。「これらの小さい者の一人でも軽んじないように気をつけなさい。言っておくが、彼らの天使たちは天でいつもわたしの父の御顔を仰いでいるのである」(同章一〇節)。
　なお、大全集版の原文ではヘーゲルは同書一九章三節の参照も求めているが、この箇所は当面の議論と関係がないように思われる。ノール版にはこの参照指示はない。

「この神聖な純粋さを汚す者は、首に石臼を掛けられて海の底でおぼれるがよい」。ああ、神聖なものがこのように毀損されてしまう痛ましい必然性よ！　美しい魂のもっとも深くもっとも神聖な苦悩、そのもっとも不可解な謎は、自然が破壊され、聖なるものが汚されずにはいないことである！　常識的な理解にとっては神的なものや神との一体性がもっとも不可解だとすれば、高貴な心にとっては神からのへだたりこそがそうである。

「こうした小さな者たちの〈一人も〉軽んじないよう注意せよ。というのも、あなたがたに言っておくが、天にいる彼らの天使たちは、天にいる私の父の顔をいつも観ているからである」。

幼児の天使を、客体的な存在と解してはならない。というのも（対人論証的な（ad hominem）根拠を挙げれば）、ほかの人びとの天使も神の直観のうちに生きていると考えられなければならないだろうからである。天使による神の直観ということのうちには、多くのことがとても適切にまとめられている。無意識的なもの、未展開の統一、神における存在と生命は、現実の幼児における神性の一様態として思いえがかれるべきであるから、神から分離されているが、それでも幼児の存在や行為は神の永遠の直観なのである。プラトンは、精神つまり神的なものが制限されたものの外にありながらも、そのような生きいきとしたもの〔精神〕が制限されたものとつながっているさまを描くために、純粋に生きいきしているものと制限されたものを時間の違いによって分ける。プラトンによれば、純粋な精神は〔前世には天上のイデア界にいて〕神的なものの直観に浸りきって生きていたが、その後の地上の生活においては天上的なもののぼんやりした意識によってかろうじて同じ精神でありつづけているにすぎない。[†138] ここでイエスは、自然つまり精神の神的なものと制限されたものを別の仕方で分け、そして統一する。幼児のような精神は天使なので、神においてどんな現実性も実在も欠いたものとしてでなく、同時に神の子として、特殊なものとして描かれる。主観である直観するものと客観である直観されるものの対立は、直観そのものにおいてはなくなる。両者の違いは分離のひとつの可能性でしかない。太陽の直観にすっかり浸りきっている人間は光の感覚にほかならず、光の感覚が実在となったものにほかならないだろう。他人の直観に完全に浸って生きている者は完全にこの他人そのものであり、可能性としてのみ別の人間であるにすぎないだろう。

だが、失われ分裂したものも、統一への、幼児のようになることへの帰還によってふたたび取りもどされる。だが、こうした再統一をはねつけ、それにかたくなに反対するものは、みずから分裂してしまう。そんなものはあなたがたには縁遠いものであり、あなたがたはそんなものとはなんの共通性もなく、そんなものとの付きあいは捨てるがよい。あなたがたが孤立しながらも結ばれていると語るものは、天においても結ばれている。それにたいしてあなたがたが解き放つもの、自由でありしたがって統一されていると語るものは、天においても自由であり、[†139]〈ひとつ〉であり、神性を〔客体として〕直観することがない。イエスはこの統一を別のかたちで表現している（「マタイ福音書」〔第一八章〕一九節）。

「あなたがたのうち二人がなにかを一致して願うなら、父はあなたがたにそれをもたらしてくれるだろう」[†140]。

---

†138 プラトン『パイドロス』二四六A以下を参照。

†139 「マタイ福音書」第一八章一八節。「はっきり言っておく。あなたがたが地上でつなぐことは、天上でもつながれ、あなたがたが地上で解くことは、天上でも解かれる」。

†140 「また、はっきり言っておくが、どんな願い事であれ、あなたがたのうち二人が地上で心を一つにして求めるなら、わたしの天の父はそれをかなえてくださる」。

願うとか与えるという表現は、もともと客体（πράγματα〔物〕）についての合意にかかわり、ユダヤ人の現実一辺倒の言語にはそうした合意にかんする表現しかない。だが、ここでの客体は〔もともとの意味での客体ではなく〕反省された統一（συμφωνία τῶν δυοῖν ἢ τριῶν[†141]〔二人または三人の和合〕）以外のものではありえない。それは客体としては美しいものであり、主体的には一体化である。というのも、〔物のような〕本来の客体においては、精神と精神の一体化はありえないからである。あなたがたのうちの二人または三人の一致とは美しいものだが、それは全体の調和という点でも美しい。それはひとつの和音であり、ユニゾンであり、全体の調和によって支えられている。それが存在するのは、調和のうちにあり、神的なものであるからこそである。一致しあう者たちは、神的なものとこのようにつながっていることによって同時にイエスともつながっている。二人または三人が私の精神において（「マタイ福音書」第一〇章四一節にあるような εἰς τὸ ὄνομά μου〔私の名前において〕[†142]）ひとつにまとまるところでは、私には存在と永遠の生命がそなわり私が存在しているという意味で、彼らの中心には私がおり、私の精神もそうである。

　イエスはこのようにして、おのれの本質が〔特別の〕人格であり、申し分のない弟子たちに対置されるような個体性であるといった見方（つまり、イエスは神人であるという考えかた）に、はっきりと反対を表明する。というのも、そんな個体性の根拠は、彼らにたいするイエスの絶対的な特殊性だろうからである。愛しあう者同士が一体になるという表現（「マタイ福音書」第一九章五節[†143]）もこの点にかかわる。夫と妻の二人は〈一体〉になり、いまや彼らはもはや二人ではない。神がこのように一体にしたものを人間が引き離すべきではない。こうした一体化が男女の生まれつきの定めにかかわるだけなら、こうした理由は離婚に反対する理由としてはふさわしくないであろう。というのも、離婚したからといってこの定めが、〔男女の〕概念に含まれるような一体化が廃棄されるわけではなく、たとえ生きいきした一体化が〔離婚によって〕ばらばらにされても概念〔男女の一体化〕は残るからである。神の働きであり神的なものであるとは、この生きいきした一体化について言われているのである。

イエスと弟子たちの落差

イエスは自民族の守護神全体との闘いを開始し、おのれの世界から完全に訣別したため、彼の運命の行きつく

---

†141 「マタイ福音書」の問題の箇所には、このままのギリシア語は見られないが、すぐあとの第一八章二〇節には、「二人または三人がわたしの名によって集まるところには（οὗ γάρ εἰσιν δύο ἢ τρεῖς συνηγμένοι εἰς τὸ ἐμὸν ὄνομα）、わたしもその中にいるのである」という箇所がある。こうした内容を要約するものとしてヘーゲルが作った語句であろう。

†142 なお、大全集版では、ᾗ の代わりに ὅυ と書かれているが、ノール版にしたがって引用する。「預言者を預言者として受け入れる人は、預言者と同じ報いを受け、正しい者を正しい者として受け入れる人は、正しい者と同じ報いを受ける」。本文との対応関係がわかりやすいように訳せば、「預言者を預言者の名において受けいれる人は、預言者の報いを受け、正しい人を正しい人の名において受けいれる人は、正しい人の報いを受ける」となる。本文の直後の箇所に出てくるギリシア語は、「預言者の名において（εἰς ὄνομα προφήτου）」や、「正しい人の名において（εἰς ὄνομα δικαίου）」といった表現と、「マタイ福音書」第一八章二〇節の「私の名前において（εἰς τὸ ἐμὸν ὄνομα）」とを念頭に、ヘーゲルが書いたものであろう。

†143 ヘーゲルの原文では「ヨハネ福音書」第一九章五節だが、大全集版の註にしたがって訂正した。該当する箇所のすこし前も含めて、新共同訳では次のとおり。「ファリサイ派の人々が近寄り、イエスを試そうとして、「何か理由があれば、夫がその妻を離縁することは、律法に適っているでしょうか」と言った。イエスはお答えになった。「あなたたちは読んだことがないのか。創造主は初めから人を男と女とにお造りになった」。そして、こうも言われた。「それゆえ、人は父母を離れてその妻と結ばれ、二人は一体となる。だから、二人はもはや別々ではなく、一体である。従って、神が結び合わせてくださったものを、人は離してはならない」」。

ところはこの民族の敵対的な守護神による圧殺以外にはありえなかった。この破滅していく人の子を賞賛することは、世界との関係そのものをすべて放棄してしまう消極的な行為ではなく、不自然な世界にみずからの本性をささげることを拒み、意識的に退廃に屈したり、意識しないうちに退廃に忍びよられてそれに翻弄されたりするのではなく、むしろ闘って没落することによっておのれの本性を救済する積極的な行為である。イエスはおのれの個体が没落する必然性を意識しており、弟子たちにもそれを納得させようとした。だが、彼らは自分たちの本質をイエスの人格から切り離せなかった。彼らはかろうじて信者にすぎなかったのである。ペトロがまさに人の子のうちに神的なものを認めたとき、イエスは弟子たちが彼からの離別を自覚し、その憂慮に耐えてゆけると信じた。だからこそ、彼はペトロからこの信仰を聞いた直後に、彼らに向けて離別について語った。だが、ペトロがそれを聞いて狼狽したことによって、その信仰が完成にほど遠いことがあきらかになった[144]。イエスという個人が遠ざかってはじめて、彼にたいする弟子たちの依存はなくなり、彼ら自身のうちに本来の精神つまり神的な精神〔聖霊〕が存在できるようになった[145]。「私が去っていくことは、あなたがたには有益である。というのも、私が去らなければ、慰める者があなたがたのところに来ないだろうからである」とイエスは「ヨハネ福音書」第一六章七節[146]で言う。

「その方は真理の精神である。世界は真理の精神を認識しないので、それを受けいれることができない。〔…〕だから私はあなたがたを孤児のままに置きざりにはしない。私はあなたがたのもとに戻ってくる。あなたがたは私を見て、私が生きており、あなたがたも生きていることを見るだろう」(「ヨハネ福音書」第一四章一六節以下[147])。

あなたがたが神的なものをもはや自分の外にだけ、私のうちにだけ見るのではなく、あなたがた自身がみずからのうちに生命をもつようになれば、「あなたがたがはじめから私とともにある」(「ヨハネ福音書」第一五章二七節†148)ことが、つまりわれわれの本性が愛と神においては〈ひとつ〉であることが、あなたがたにおいても意識されるであろう。「精神〔聖霊〕はあなたがたをすべての真理に導き」(「ヨハネ福音書」第一六章一三節†149)、私が言ったことすべてをあなたがたに思いださせるだろう。この精神が慰める者である。慰めを与えるとは、失われたのと同等またはそれ以上の富を得られると約束することだとすれば、あなたがたは孤児のままに置きざりにされることはないだろう。というのも、あなたがたは、私とともに失ったと思うのと同じだけのものを、自分自身のうちで受けとるだろうからである。

イエスは「マタイ福音書」第一二章三一節以下†150でも、個人を全体の精神に対置している。

†144 本書三八八頁以下を参照。

†145 本書三九二頁および三九三頁†134を参照。

†146 「しかし、実を言うと、わたしが去って行くのは、あなたがたのためになる。わたしが去って行かなければ、弁護者はあなたがたのところに来ないからである」。

†147 ヘーゲルは一六節と書いているが、正確には一七節以下である。「この方は、真理の霊である。世は、この霊を見ようとも知ろうともしないので、受け入れることができない。〔…〕わたしは、あなたがたをみなしごにはしておかない。あなたがたのところに戻って来る。しばらくすると、世はもうわたしを見なくなるが、あなたがたはわたしを見る。私が生きているので、あなたがたも生きることになる」。

†148 「あなたがたも、初めからわたしと一緒にいたのだから、証しをするのである」。

†149 「しかし、その方、すなわち、真理の霊が来ると、あなたがたを導いて真理をことごとく悟らせる。その方は、自分から語るのではなく、聞いたことを語り、また、これから起こることをあなたがたに告げるからである」。

「一人の人間（人の子としての私）を冒瀆する者は、その罪を許されうる。だが、精神〔聖霊〕そのもの、神的なものを冒瀆する者の罪はこの時代においても来るべき時代においても許されないだろう」〔同章三一節〕。

「口からは心に満ちあふれるものが語りだされる。善き人は善き精神の富から善きものを与え、悪しき人は悪しき精神から悪しきものを与える」〔同章三四節〕。

個別的なもの、個人としての私を冒瀆する者は、たんに私から締めだされているだけで、愛から締めだされているわけではない。だが、神的なものから離れ、自然本性そのものとその内なる精神を冒瀆する者の精神は、おのれ自身の内なる聖なるものを破壊している。そのために彼は、おのれの分離をふり捨てて、愛という聖なるものと一体化することができない。あなたがた〔ファリサイ派〕は〔私がメシアだという〕しるしがあれば[†151]震撼させられるかもしれないが、だからといって、失われた自然本性があなたがたのうちで再興されることはないだろう。あなたがたの本質をなす復讐の女神《エウメニデス》たちは恐れおののくかもしれないが、追いはらわれた悪霊どもがあなたがたに残した空虚が愛によって満たされることはないだろう。それどころか彼らはあなたがたの復讐の女神《フリア》をまたもや連れもどすだろうし、そうなると彼女らは、地獄の復讐の女神《フリア》だというあなたがたの意識そのものによって強化されて、あなたがたの破壊を完成するだろう。[†152]

洗礼について

信仰が完成し、人間がそこから生まれてきた神性に帰還することによって、人間の発展の円環は閉じる。すべては神性のうちに生きており、生きているものはすべて神性の子である。ただし、子はこうした一体性、連関、全体的な調和への協調を損なうことなくおのれのうちに担ってはいるが、それは未発展の状態であるにすぎない。

子はおのれの外にいる神々への信仰、つまり畏怖から出発し、ついでみずからますます行動し、さまざまのものを分離するようになるが、それらを統一してもともとの一体性、とはいえいまやみずからが展開し生みだし感じとるにいたった一体性に帰還して、神性を認識する、つまり、神の精神〔聖霊〕は彼のうちにある。彼は制限され

†150　「だから、言っておく。人が犯す罪や冒瀆は、どんなものでも赦されるが、〝霊〟に対する冒瀆は赦されない。人の子に言い逆らう者は赦される。しかし、聖霊に言い逆らう者は、この世でも後の世でも赦されることがない。木が良ければその実も良いとし、木が悪ければその実も悪いとしなさい。木の良し悪しは、その結ぶ実で分かる。蝮《まむし》の子らよ、あなたたちは悪い人間であるのに、どうして良いことが言えようか。人の口からは、心にあふれることが出て来るのである。善い人は、良いものを入れた倉から良いものを取り出し、悪人は、悪いものを入れた倉から悪いものを取り出してくる」。

†151　ここでヘーゲルの念頭にあるのは、「マタイ福音書」第一二章三八〜九および四三〜五節。「すると、何人かの律法学者とファリサイ派の人びとがイエスに、「先生、しるしを見せてください」と言った。イエスはお答えになった。「よこしまで神に背いた時代の者たちはしるしを欲しがるが、預言者ヨナのしるしのほかには、しるしは与えられない」」。「「汚れた霊は、人から出ていくと、砂漠をうろつき、休む場所を探すが、見つからない。それで『出て来たわが家に戻ろう』と言う。戻ってみると、空き家になっており、掃除をして、整えられていた。そこで、出かけて行き、自分よりも悪い七つの霊を一緒に連れて来て、中に入り込んで、住み着く。そうなると、その人の後の状態は前よりも悪くなる」」。

†152　エウメニデスは「慈しみの女神たち」という意味で、ギリシア神話に登場する。だが、その実像は「復讐の女神」のエリニュスで、「エウメニデス」は忌避すべき女神を直接に名指すのを避けるための美称。「フリア」はローマ神話においてエリニュスに対応する神名。当初はまだ「慈しみの女神たち」を装うこともあった神（悪霊）が、今度はあからさまな復讐の神として回帰してくるということを表わすために、ヘーゲルはこのような表現を用いたのだろう。

たものから踏みだし、様態〔というありかた〕を廃棄して全体を再興する。これが神と子と聖霊である！

「あなたがたはすべての民族を神性の次のような関係に、つまり、父と子と聖霊の関係に浸すことによって彼らに教えよ」（これは〔復活して〕変容したイエス最後の言葉である（「マタイ福音書」第二八章一九〔～二〇〕節[†153]）。

浸すといっても、水に浸すこと、いわゆる洗礼でないことは、このことばの配置からしてすでにあきらかである。洗礼であれば、いくつかのことばが呪文のように語られるはずであろう。さらに、教える（μαθητεύειν）ということばからも、それに付けくわえられた語によって、本来の教えるという概念が奪われている。神については教えることも、学ぶこともできない。というのも、神は生命であり、生命によって捉えることしかできないからである。

〔したがって、すべての民族に教えるとは〕すべての民族を、一体的なもの〔父〕、様態（つまり分離）〔子〕、（概念にではなく）生命と精神に展開された再統一〔聖霊〕の関係によって満たせということである（「マタイ福音書」第一〇章四一節[†154]では、この「関係」にあたることばは ὄνομα である[†155]。つまり、「予言者を εἰς ὄνομα προφήτου〔予言者の名において〕」（つまり、彼が予言者であるかぎりにおいて）受けいれる者は」となっている）。イエスは、「マタイ福音書」第二一章二五節[†156]で「ヨハネのバプテスマ（βάπτισμα）はどこからのものだったのか。天からか、それとも人間からか」と問う。バプテスマは、精神と性格の全面的な神聖化であり、たしかに水に浸すことも思いうかべることはできるが、それは付随的なことにすぎない。だが、「マルコ福音書」第一章四節[†157]では、ヨハネがみずからの精神的結束に迎えいれるときにどんな形式を取っていたかは見当もつかない。そこでは、「ヨハネは罪の許しのために悔い改めの βάπτισμα〔バプテスマ、洗礼〕を告げた」とされているばかりである。同章八節[†158]でヨハネは「私はあなたがたを水に浸した」と言ってはいるが、（「ルカ福音書」第三章一六節[†159]では）「その方は〔あなたがたを〕

聖霊と火に浸すであろう」と言う（この「聖霊と火に浸すであろう（ἐν πνεύματι ἁγίῳ καὶ πυρί）」は、「マタイ福音書」第一二章二四節以下の「神の精神において、神と一体のものとして〔悪霊を追いだす〕（ἐν πνεύματι θεοῦ [ἐγὼ] ἐκβάλλω τὰ δαιμόνια）」†160と同じような意味である）。彼はあなたがたを火と神的な精神で包みこみ、満たすだろう。というのも、精神のうちに（ἐν πνεύματι†161「マルコ福音書」第一章八節）ある者は、みずからが精神によって満たされており、ほかの人びとを神聖にし、彼らをも精神において、〔神の〕名において（εἰς πνῦμα, εἰς ὄνομα「マタイ福音書」第二八章一九節†162）神聖にするからである。彼らが受けいれ彼らのうちで生じるものは、その方のうちにあるものにほかならない。

---

†153「だから、あなたがたは行って、すべての民をわたしの弟子にしなさい。彼らに父と子と聖霊の名によって洗礼を授け、あなたがたに命じておいたことをすべて守るように教えなさい」。

†154 本書三九七頁の†142を参照。

†155 本書三七九頁の†104を参照。

†156「ヨハネの洗礼はどこからのものだったか。天からのものか、それとも、人からのものか」。

†157「洗礼者ヨハネが荒れ野に現れて、罪の赦しを得させるために悔い改めの洗礼を宣べ伝えた」。

†158「わたしは水であなたたちに洗礼を授けたが、その方は聖霊で（ἐν πνεύματι）洗礼をお授けになる」。

†159「その方は、聖霊と火であなたたちに洗礼をお授けになる」。

†160 正確には、マタイ第一二章第二八節。「しかし、わたしが神の霊で悪霊を追い出しているのであれば、神の国はあなたたちのところに来ているのだ」。引用のギリシア語のうち［　］内をヘーゲルは省略している。これはとくに深い意味があるわけではなく、主語がなくても動詞の語形から意味が通じるからだろう。

†161 この表現については、†158を参照。

†162「だから、あなたがたは行って、すべての民をわたしの弟子にしなさい。彼らに父と子と聖霊の名によって（εἰς ὄνομα）洗礼を授けなさい」。

ヨハネが彼の精神にまで教育された人びとを水に浸す慣習〔イエスについてはこのような儀式は知られていない〕は、意味のある象徴的なものである。満々たる水に身を沈めたいという希求ほど、無限なものへの希求や、無限なものに溶けこみたいという憧れと同質の感情はない。水に落ちた者はなじみのないものに直面し、それがたちまち彼をすっぽりと包みこみ、身体のどの部分でも自分を感じられるように仕向ける。彼は世界から奪われ、世界は彼から奪われる。水は彼が存在するところではどこでも体に触れてくるので、彼はそのようにして感じられた水にほかならず、みずから水を感じているところにしか存在しない。満々たる水にはどんなすきまも、制限も、多様性も、規定もない。この水の感覚は、もっとも不可分でもっとも単一な感覚である。水中に潜っていた者はふたたび水面上に浮きあがり、水という物体から離れる。彼はすでにそれから離れているのに、まだ全身ずぶぬれである。彼がそれから離れたとたん、彼のまわりの世界はふたたび明確なかたちを取りはじめる。彼はより強くなって意識の多様性のうちに戻ってくる。オリエントの地平線の一点の翳りもない蒼天とさえぎるもののない単調な平原を眺めているときには、周囲の空気は感じられず、〔そのとき浮かぶ〕観念のたわむれはこの眺める行為とは別ものである。〔それと同様に〕水に落とされた者のうちにあるのは、ただ〈ひとつの〉感情と世界の忘却、つまり、すべてを投げすててすべてからもぎ離されてしまった孤独だけである。「マルコ福音書」第一章九節以下[†163]のイエスの洗礼は、それ以前のすべてのしがらみをこんなふうに取りさり、清められて霊感によって新たな世界へいたることであるように思われる。この新たな世界における新たな精神の前では、現実に存在するものは夢ともうつつともつかないままにたゆたうのである。

「イエスはヨハネによってヨルダン川に浸されたが、すぐに水から出てきたとき、天が裂けて聖霊が一羽のハトのように自分のほうへ降りてくるのを見た。そしておまえは私の喜びとなったいとし子であるという声が天から聞こえてきた。それから聖霊はただちに彼を荒野に追いやった。彼はそこに四十日とどまり、サタンに誘惑された。彼は獣たちとともにあり、天使たちが彼に仕えた」[†164]。

彼は水から上がると最高の霊感に満たされる。その霊感は彼が現世にとどまることを許さず、荒野へと追いやる。そこでは彼の精神活動はまだ現実の意識をおのれから分離するにはいたらない。四十日後にようやくそうした分離に完全に目覚め、自信をもって世界に足を踏みいれるが、断固としてそれに対抗する。

したがって、「バプテスマをほどこして教えなさい（μαθητεύσατε βαπτίζοντες）」という〔「マタイ福音書」第二八章一九節の〕表現[†165]にはもっと深い意味がある。「私には天国でも地上でも全権が与えられている」[†166]（イエスは「ヨハネ福音書」第一三章三一節[†167]で、おのれの栄光について語っている。それは、ユダがイエスをユダヤ人に売りわたすために晩餐の集いから立ちさった瞬間であり、自分よりも偉大な父のもとへの帰郷を予期したときであった。ここではイエスは、世界が彼に要求し関与しうるすべてのものから解放されたものとして描かれている）。〔した

---

†163 「そのころ、イエスはガリラヤのナザレから来て、ヨルダン川でヨハネから洗礼を受けられた。水の中から上がるとすぐ、天が裂けて、〝霊〟が鳩のように御自分に降って来るのを、御覧になった。すると、「あなたはわたしの愛する子、わたしの心に適う者である」という声が、天から聞こえた。それから、〝霊〟はイエスを荒れ野に送り出した。イエスは四十日間そこにとどまり、サタンから誘惑を受けられた。その間、野獣と一緒におられたが、天使たちが仕えていた」。

†164 直前の†163を参照。

†165 本書四〇二頁を参照。

†166 「マタイ福音書」第一八章一八節。

†167 「さて、ユダが出て行くと、イエスは言われた。「今や、人の子は栄光を受けた。神も人の子によって栄光をお受けになった」」。

がって、「マタイ福音書」第二八章一八～二〇節の意味はこうである。」「私には天国でも地上でも全権が与えられている。したがってすべての民族のもとにおもむけ。そして、あなたがたがすべての民族を弟子にすれば、彼らに父と子と聖霊の関係の秘密をあかすことになり、水がそれに浸された者の体のあらゆる部分を包みこみ感じとらせるように、この関係がすべての民族を包みこみ感じとらせることになる。見よ、私は世界の完成までいつもあなたがたとともにいる」。イエスがあらゆる現実や人格から解放されたものとして描かれているこの時点では、彼の存在の人格性や個性のことはほとんど考えられない。彼は弟子たちとともにあり、彼らはその本質を神的な精神によって貫かれて神的なものの秘密をあかされており、彼らの本質はイエスにおいていまや完成される神的なもののうちで生きている。

ルカは父と子と聖霊の関係に浸すことをはるかに弱々しく、キリストの名による宣教（つまり、悔い改めと罪のゆるしの宣教）として表現している（「ルカ福音書」第二四章四七節[†168]）。そうした宣教はイェルサレムで始まるはずであり、彼ら〔イエスの弟子たち〕はその出来事の証人になるだろう。彼は彼らに父の約束したものを贈りとどけるだろう。そこで彼らは高みからの力を授けられるまではイェルサレム以外の場所で仕事を始めるべきではない[†169]。たんなる教義なら、たとえそれ固有の聖霊がなくても宣べ伝えることもできれば、起こったことの証言によって裏づけることもできる。しかし、そんなふうな教えでは精神を神聖化することにも精神を浸すことにもならない。「マルコ福音書」（その最終章はけっして全面的には信用できないとしても[†170]、その語調には独特なものがある）では、イエスの告別ははるかに客観的に表現されている。ここでは精神的なものはむしろありふれた公式的表現のように思われ、その表現は教会のしきたりによって冷えきってしまったありきたりのことばである。つまり、「福音を宣べ伝えよ」というわけである（それ以上の説明がないので、これは一種の術語（terminus technicus）である）。

「信じて洗礼を受けた者は救われ、信仰しない者は裁かれるだろう[†171]」。

信じて洗礼を受けた者ということからすでに、宗派や教団の符丁として用いられる魂の抜けた決まり文句のように見え、その意味が完全にわかりきったものであることが前提されている。マルコは、神と栄光を受けたイエスの精神に満たされた信者たちに向かって、「私はいつでもあなたがたとともにいる」という才気に満ちたことを語るのではなく、信者たちを霊感によって高揚させて聖霊とともにいるかのように感じさせることもなく無味乾燥に、奇跡的な現実支配とか悪魔祓いとかそのたぐいの行為について語るだけである†172。信者ならそうしたことができるだろうというわけだが、その語り口はいかにも客観的なので、ただ行為のことしか語れず、その魂には言及できないのである。

教団の形成

神的なものが人間たちにおいて展開され、人間たちが聖霊に満たされることによって神と関係し神の子となり、自分たちの本質と性質全体の調和、自分たちの展開された多様性の調和のうちで生きるということ、しかも、こ

---

†168　「「また、罪の赦しを得させる悔い改めが、その名によってあらゆる国の人々に宣べ伝えられる」と〔イエスは言われた〕」。

†169　「ルカ福音書」第二四章四七～九節。

†170　「マルコ福音書」の最終章（第一六章）は九節以降は後世の加筆とみられて真正性が疑問視されるばあいがある。たとえば、新共同訳ではその個所が〔　〕でくくられている。ヘーゲルが言っているのはこのことだろう。

†171　同書第一六章一六節。

†172　同書第一六章一七～八節。「信じる者には次のようなしるしが伴う。彼らはわたしの名によって悪霊を追い出し、新しい言葉を語る。手で蛇をつかみ、また、毒を飲んでも決して害を受けず、病人に手を置けば治る」。

の調和にあっては彼らの多面的な意識がただ〈ひとつの〉精神になり、数多くの生きかたが共鳴してただ〈ひとつの〉生になるだけでなく、この調和によって神に準ずるほかの実在との障壁も撤廃され、同じ生きいきした精神が多様な存在に生命を吹きこむので、それらはもはや対等であるばかりか一体のものであり、しかも、なんらかの普遍的なものや概念において、たとえば信仰する者として一体のものになるのではなく、生命や愛によって一体のものとなるがゆえに、たんなる寄せ集めではなくひとつの共同体〔教団〕になるということ――人間たちのこの生きいきとした調和、神における人間たちのこうした共同性を、イエスは神の王国と呼ぶ。

ユダヤ人の言語はそれに王国ということばを与えたが、このことばは人間の神的な一体化の表現に異質なものをもちこんでしまう。というのも、それは支配による統一、つまり疎遠なものの疎遠なものにたいする暴力による統一しか表わさないからである。そんな統一は、人間の純粋な連帯がもつ美しさと神的生命（つまり、ありうるかぎりもっとも自由なもの）からは完全に遠ざけられなければならない。神の国というこの理念は、イエスが樹立した宗教の全体を完成し包括する。そこでさらに考察すべきは、この理念が人間本性を完全に満足させるかどうかであり、言いかえれば、どんな欲求がイエスの弟子たちをもっとさきに駆りたてたかということである。神の国において共同とは、すべてが神のうちで生きいきとしていることである。つまり、概念ではなく愛における共同であり、信仰する者を一体化する生きいきとした絆であり、生命の一体性の感情である。この感情のうちでは、敵対関係のようなすべての対立は撤廃されうるし、現実の対立を調停するものでしかない法も撤廃されている。「私はあなたがたに新たな命令を与える。たがいに愛しあいなさい。そうすれば人びとは、あなたがたが私の弟子であることを認めるだろう」†173とイエスは言う。この魂の友情は反省的には実在とか精神として表現されるが、〔じっさいには〕神的な精神であり、教団を支配する神である。愛によってたがいに結びつけられた人間からなる民族という以上に美しい理念があろうか。全体にして一なるものとして神の精神であり、個々人がその子であるような全体の一翼を担うということ以上に崇高な理念があろうか。この理念にまだ不完全な点があって、運命がそこで威力をふるうなどということがあるだろうか。それとも、この運命は、人間本性のあまりにも美しい努力や跳躍にたいする報復《ネメシス》なのだろうか。

愛においては、人間はおのれ自身を他人のうちに再発見する。愛は生命の一体化なので、生命の分離や展開や洗練された多面性を前提していた。生命が多くの形態を取って生きいきしたものになればなるほど、それだけ多くの点で生〔の諸形態〕は一体化し、〔そうしたものとして〕みずからを感じることができるようになり、それだけ愛は親密になりうる。愛しあう者たちの関係や感情がますます多様になり、愛が深まって親密になればなるほど、愛はますます排他的になり、ほかの生活形式にたいして無関心になる。愛の喜びはほかのどんな生活とも混じりあい、それを承認するが、個人という感情をもつようになると後退してしまう。人間が教養や関心にかんして、あるいは世界への関係において個々ばらばらになり、各人が自分だけのものをもつようになればなるほど、ますます愛は自分自身に限定されていく。愛は、みずからの幸福の意識をもつためには、つまり愛が好んでそうするように、みずからにそのような意識を与えるためには、みずからを分離し、それどころかみずからに敵をつくりだすことが不可欠である。*したがって、多くの人びとのあいだの愛はある程度の強さと親密さしか許容せず、精神や利害や多くの生活環境の均質性と、さまざまな個性の縮小を要求する。しかし、生活のこうした共通性や精神の均質性は愛ではないので、きわだった特定の表現によってしか意識されえない。認識の一致とか等しい意見における一致は問題にならない。多くの人びとの結束は、共通なものを必要としていることにもとづいており、共有できる事物やそれをめぐって成立する関係において、さらにはそれを獲得するための共同の努力、共同の活動と行動において表現される。そうした結束は、共同で所有され享受されて同じ教養にかかわるような無数の対象に結びつき、そこにおいて認められる。多くの同じ目的、物理的必要の全領域が一体化した活動の対象になり

---

†173　「ヨハネ福音書」第一三章三四〜五節を要約したもの。本書三五九頁を参照。

うるのであり、そして、この活動において同じ精神が現われる。さらにこの共同精神は、休息しているときに自分の本性を現わし、みずからの一体化を享受することを喜ぶ。というのも、この精神は喜びや遊びにおいてこそみずからを享受するからである。[†174]

＊〔ジョージ・キート著〕『パラオ諸島についての報告』〔のドイツ語訳に訳者の〕ゲオルク・フォルスターが付した「序文」を見よ。[†175]

イエスの友人たちは、彼の死後、身を寄せあって飲食をともにした。彼らの兄弟的団結のなかには、すべての財産権をたがいに放棄した者もいれば、多くを喜捨したり教団に寄付したりして部分的に放棄した者もいた。彼らは、いまは亡き友にして師〔イエス〕についてともに語りあい、ともに祈ってたがいの信仰と勇気を鼓舞しあった。[†176] 彼らの敵は、妻さえも共有している連中がいることを非難した。しかし彼らは、そんな非難を受けるにふさわしいだけの勇気も純粋さももたないか、そんな非難を恥とも思わないかのどちらかであった。彼らの多くは、自分たちの信仰と希望をほかの民族と分かちあおうとともに旅立った。[†177] これがキリスト教団の唯一の活動なのであってみれば、熱心な改宗活動こそはこの教団に本質的に固有なものである。このように共同で享受し、祈り、食べ、喜び、信仰し、希望するといった、信仰を広めて礼拝の共同性を拡大するための唯一の活動以外にも、さらに客体性の計りしれない領域があって、これが暴力的な力をきわめて広範な領域に及ぼす運命を呼びさまし、多様な活動に反応してしまう。愛が課題となるとき教団は、もっとも親密なものでなければどんな一体化も、最高の精神でなければどんな精神も軽蔑する。この教団の求めるものは普遍的な人類愛などではないから、このご立派な理念の不自然さや空虚さは論外とはいえ、それでも教団は愛そのもののもとには踏みとどまらざるをえない。共同の信仰というかかわりやそれに関連する宗教行事における共同性の表現を別にすれば、客体的なものにおけるほかのどんな団結も、生活のもっと別の側面の発展や共同の活動のような目的のための団結もこの教団には無縁であり、さらには信仰の普及以外のために協力し、それ以外の生活の様態や局所的な形態においてたわむれに現われておのれ自身を楽しむような精神も無縁である。教団は、そんな精神のうちにおのれを認めないし、かりに認めていたら自分たちの唯一の精神である愛を捨てて自分たちの神を裏切ることになっただろう。さらに教団は、愛を放棄するばかりか破壊さえしていただろう。というのも、その構成員が個性を主張していがみあう危険に陥ることになるからである。しかも、彼らの教養はさまざまであり、それによって各人のさまざまな性格の領域、そのさまざまな運命の威力にとらわれ、取るに足らないものへの関心や些末なものにおけるさまざまな特定のものにかまけて愛は憎悪に転じ、神からの離反が生じるだろうから、その危険はなおのこと増幅したにちがいない。こうした危険が回避できるのは愛が無為で未発達なばあいだけだが、そうなればそうなったで、最高の生命である愛は生きいきと躍動しないままに終わってしまう。このように愛の範囲を不自然に拡大すれば、それはある矛盾、ある誤った努力に巻きこまれ、この努力は受動的であれ能動的であれもっとも恐るべき狂信の父とならずにはいられなかった。愛がこのようにおのれ自身に閉じこもり、あらゆる形式から逃避するときには、たとえ愛の精神がすでにそこに吹きつけていようと[†178]、あるいはそれらの形式が愛の精神から生じていようと、あ

---

†174　本書五一九頁以下や六一九頁には、これとは違うヘーゲルの考えが見られる。

†175　パラオ諸島の島民がよそ者にたいして偏見を抱いていることを念頭に、フォルスターは「どこであろうと人間同士の関係は、〔…〕善意が損なわれずに働くためには、一定限度を超えて多様化してはならない」と書いている（「序文」三四頁）。ゲオルク・フォルスター（一七五四〜一七九四）はドイツの自然科学者・政治家。ジェームズ・クックやアレクサンダー・フォン・フンボルトに同行して各地を旅し、旅行記を著した。

†176　イエスの死後のその友人（弟子）たちの生活については、「使徒言行録」第二章四二〜七節、第四章三二〜七節を参照。

†177　同書第八章四〜四〇節、第一四〜二一章。

らゆる運命のこうした回避がかえって最大の運命になってしまう。イエスが運命と手を結び、しかも崇高このうえない仕方でそうしたにもかかわらず、この運命に苦められることになったのは、この点においてである。

七、イエスの運命と教団の運命(一七九九〜一八〇〇年)

イエスの誤解と憤激、世界からの孤立

イエスは、利口な連中からは夢想家呼ばわりされるような神の霊感を受けた者の勇気と信仰をもってユダヤ民族のなかに登場した。彼は独自の精神において新たに登場し、世界はそれがそうなるべき姿で彼の眼の前にあった。彼がみずから世界にたいして取った最初の関係は、いまとは別様になるように世界を駆りたてることだった。彼は、万人に向かって「悔い改めよ。神の国が近づいているからである[†179]」と呼びかけるところから始めた。もしユダヤ人のうちに生命の火花が眠っていたなら、彼はそれを燃えあがらせて炎にするにはほんの一吹きしさえすればよかったろうし、そうすればこの炎がユダヤ人のみじめな肩書きや要求をすべて焼きつくしてくれただろう。もし彼らが現実にたいする不安や不満を抱いてもっと純粋なものへの欲求を内に秘めていたなら、イエスの呼びかけは信仰をかちえ、その信仰は信仰されたことがらを即座に実現していただろう。彼らの信仰とともに神の国が到来していただろう。イエスは、彼らの胸のうちに未展開のまま自覚されずに潜んでいるものを彼ら自身に文字どおり語ってやるだけですんだであろう。そのようなことばが見いだされ、心の欲求が自覚されれば、かせは外れ、古い運命からはかろうじて瀕死の生命の痙攣が惹きおこされるばかりであり、新たなものがたち現われていたであろう。

だが、たしかにユダヤ人はそれまでとは異なるものを求めていたとはいえ、自分たちの隷従ぶりを誇りにすることがあまりに心地よかったので、イエスが差しだしたもののうちに自分たちが求めるものを見いだせなかった。

彼らの反応、彼らの守護神がイエスの呼びかけに与えた応答は、きわめて不純な注目だった。教えを乞いたいという衝動に駆られて彼に従ったのは、いくつかのわずかな純粋な魂だけである。〔ところが〕彼は、純粋な夢想家の大いなる人の好さと信仰のせいで、彼らの要求を心情の満足と、彼らの衝動を完成と誤解し、（たいていは見栄えのしない）それまでのいくばくかの境遇の放棄を自由〔の実現〕であり、運命の癒やしないしは克服であると誤解してしまった。というのも、イエスは彼らと知りあってすぐに、彼らは神の国をもっと広く告知することができるし、彼の民族もそれができるほどに成熟しているとみなしたからである。彼はその呼びかけを何倍にも響きわたらせようと、弟子を二人一組で[†180]国じゅうに派遣したが、彼らの説教からは神的な精神が語りだすことはなかった。彼らはもっとはるかに長く付きあうようになってからもなお、卑小な、すくなくとも神的なものがすみずみまで浸透しているとは言いがたい不純な魂をかいま見せることもじつにしばしばであった。したがって彼らが〔人びとを〕導くときにも、〔悪霊を払ったり病気をいやすといった〕否定的なことがらが含まれているのを別にすれば、神の国が近づいたことを告げるだけで精一杯だった。

彼らはやがてふたたびイエスのもとに集まるが、そこにはイエスの〔当初の〕希望の実現も、彼らの使徒としての活動の成果も見られない。イエスの呼びかけを受けいれたさいの〔ユダヤ人の〕投げやりな態度は、やがて彼にたいする憎しみに変わるが、この憎しみのせいでイエスは、時代と民族にたいして、とりわけ彼の民族の精神が

†178　「精神」は『新約聖書』では「プネウマ（πνεῦμα）」だが、この語はもともと「呼吸」や「風」を表わすことを念頭に置いた表現であろう。本書四二三頁にも同様の表現が見られる。

†179　「マタイ福音書」第四章一七節。「そのときから、イエスは、「悔い改めよ。天の国は近づいた。」と言って、宣べ伝えられ始めた」。

†180　「マルコ福音書」第六章七節、「ルカ福音書」第一〇章一節を参照。

もっとも力強く情熱的に宿っている人びと、つまりファリサイ派と民族の指導者たちにたいしてますます憤激を募らせた。[†181] 彼らにたいするイエスの語調は、彼らを自分と和解させ、彼らの精神をなんとかしようとするどころか、むしろ彼らへの憤激のこのうえなく激しい爆発であり、彼らの精神がみずからに敵対的であることの暴露である。彼がこうした精神を相手にするときには、悔い改めさせることができるとはけっして信じていない。彼らはその全性格をもって彼に逆らっていたからには、彼は宗教問題について彼らと語る機会があっても、彼らを反駁する気にも教化する気にもなれなかった。彼は対人論法（argumenta ad hominem）によって彼らを沈黙させるにすぎず、彼らと対立する真理を語るときは、その場にいるほかの人びとに向けてそうするにすぎない。

弟子たちが彼のところに戻ったあとのことらしいが（「マタイ福音書」一一章）、彼はみずからの民族に見切りをつけ、神は素朴な人間にのみおのれを啓示すると感じた（同書二五節）。[†182] このときから彼は個人への働きかけだけに専念する。彼は自民族の運命から絶縁しそこから友人を救いだすことによって、自民族の運命には手を触れないままにしておく。彼は、世界の変革を目にすることがないので、世界やそれとのあらゆる関係を逃れる。彼は自民族の運命の全体と衝突するかぎり、自分のふるまいが本意ではないように思えても、その運命にたいして受動的にふるまう。ユダヤ人がローマ人に納税しなければならないという自分たちの運命の一面をイエスに語ったとき、彼は「カエサルのものはカエサルに与えよ」[†183] と語っている。ユダヤ人に課されていた〔神殿〕税を彼とその友人も払うように言われた[†184] ことが意に反するように思えたときでも、彼は相手を怒らせないように、ペトロにそれを支払うよう命じた。彼は、国家にたいしてその裁判管轄内に滞在しているという関係にあるだけだが、この権力が課した〔磔刑という〕帰結にたいしては、おのれの精神には背きながらも、あえて受難として服従した。

神の国はこの世のものではない。[†185] しかし、この世が神の国に対立するものとして現に存在しているのか、それとも実在せずに可能的なものでしかないのかは、神の国にとって大きな違いである。じっさいは前者であり、イエスはあえて国家による受難を耐えしのんだのだから、国家にこのような仕方でかかわることだけでもすでに、神の国の成員たちにとっては、生きいきとした一体性のひとつの重大な側面が、ひとつの重要な絆が断ちきられ、美の同盟の否定的性格である自由の一部が、多くの能動的な交渉と生きいきとした関係が失われてしまった。神の国の市民は、敵対的な国家に対立しそこから締めだされる私人となる。ところで、生活のこうした制限は、一度も一体となって活動したことがなく、一度もそうした同盟も自由も享受したことがない人びとにとっては――国民の〔国家にたいする〕関係が主に財産にしかかかわらないばあいにはとりわけそうなるのだが――、みずから自由に放棄しうるような外的な事物に疎遠な支配力がふるう暴力以上のもののように、つまり生命の略奪のように思えてしまう。多くの関係や喜ばしく美しい絆の多様さが失われたことの代償として、孤立した個人と自分だけのものに汲々としている偏狭な意識が生じる。たしかに、神の国の理念からは国家に根ざした関係はことごと

---

†181　「マタイ福音書」第一一章二〇～四節、第二三章三三節など。

†182　「そのとき、イエスはこう言われた。「天地の主である父よ、あなたをほめたたえます。これらのことを知恵のある者や賢い者には隠して、幼子のような者にお示しになりました」」。

†183　「マタイ福音書」第二二章二一節。

†184　同書第一七章二四～七節。「彼らがカファルナウムに来たとき、神殿税を集める者たちがペトロのところに来て、「あなたたちの先生は神殿税を納めないのか」と言った。ペトロは、「納めます」と言った。そして家に入ると、イエスの方から言いだされた。「シモン、あなたはどう思うか。地上の王は、税や貢ぎ物をだれから取り立てるのか。自分の子供たちからか、それともほかの人たちからか」。ペトロが「ほかの人々からです」と答えると、イエスは言われた。「それでは、子供たちは納めなくてよいわけである。しかし、彼らをつまずかせないようにしよう。湖に行って釣りをしなさい。最初に釣れた魚を取って口を開けると、銀貨が一枚見つかるはずだ。それを取って、わたしとあなたの分として納めなさい」」。

†185　同書第一〇章三七節。

く排除されている。そんな関係は、神的な同盟の生きいきとした関係にくらべれば果てしなく劣っており、この同盟にとっては軽蔑の対象でしかない。だが、国家が現に存在し、イエスも教団もそれを撤廃できなかった以上、自由の喪失と、生活の制限と、疎遠な権力の支配下での受動的態度が、イエスの運命でもあれば、この点では彼に忠実でありつづけた教団の運命でもあることに変わりはない。この疎遠な権力は軽蔑の対象となりながらも、おのれの民族のもとに生きるという、イエスがそれから奪いとったほんのわずかなものさえまったく許さなかったからである。

　生活のこうした〔神の国にかかわる〕側面は、生活というよりもその可能性としか呼べないようなものだが、これ以外の領域では［ユダヤ］精神[†186]が生活のすべての様態を支配していたばかりか、そこにおいてみずからを国法とし、人間本性のもっとも純粋で直接的な形態さえ決まりきった律法ずくめのものに歪めてしまっていた。神の国には、このうえなくひたむきな愛から、したがってまた最高の自由から生まれる関係以外のいかなる関係もありえず、この関係が現象というかたちを取って世界とかかわるさいにもあくまで美にもとづいている。〔ところが〕イエスはといえば、生活が汚されていたせいで神の国を心のうちにしか抱けず、人間たちと付きあったのも、彼らを教化し、彼らのうちにあるとみずからが信じた善い精神を育て、まずは彼と世界をともにするような人間をつくりだすためにすぎなかった。しかし、彼はみずからが生きる現実の世界においては、すべての生きいきした関係から逃れなければならなかった。それらの関係はすべて死の掟に服し、人間たちはユダヤ的なものの暴力にとらわれていたからである。どちらのがわにも自由な関係が可能だったならば、それによってイエスは律法ずくめのユダヤ人の組織とも連帯しただろうし、そのように結ばれた関係を汚したり引き裂いたりしないためには、しがらみにからめとられるがままにならざるをえなかっただろう。〔だがじっさいには、〕生活のどんな様態も拘束されていたため、彼は自由を空虚のうちに見いだすしかなかった。だからこそ彼は母からも兄弟からも、親族からも離れて孤独に生きた[†187]。彼は女性を愛することも、子をもうけることも、一緒に暮らす楽しみを他人と分かちあうような家父長や同胞になることも許されなかった。

イエスの運命は、おのれの民族の運命を受難として引きうけることだった。つまり、民族の運命をみずからの運命とし、彼らの必然性を担い、喜びを分かちあい、おのれの精神を彼らの精神と一体化するか、そうでなければ民族の運命を突きはなすかしなければならないが、しかし、前者ならおのれの美や神的なものとの結びつきを犠牲にすることになり、後者ならおのれの生命を展開も享受もしないままになるというのがイエスの運命だったのである。どちらにしても、〔彼の〕本性は実現されえない。前者ならその本性の断片だけが、しかも不純なものとして感じられるだけだし、後者ならその本性を完全に意識することはできても、その形態は最高の真理を本質としながらそのきらびやかな影にすぎないものとしか認識されず、この影が行動と現実において最高の真理に生命を与えているのだという感情は切りすてられてしまう。イエスは後者の運命、つまりおのれの本性と世界を分離するという運命を選び、弟子たちにも同じことを要求した。「私よりも父や母や子や娘を愛する者は、私にはふさわしくない」†188。

しかし、彼はこの分離を深く感じるようになればなるほど、安んじてそれに耐えることができなくなり、彼の活動は世界にたいするみずからの本性の果敢な反撃となった。彼は運命をその全範囲において認識し、それと対決していたので、その闘いは純粋で崇高であった。イエスと彼が創設した教団が退廃に抵抗することによって、この退廃をおのれ自身にも、退廃からはまだ比較的自由であった精神にも意識させずにはいなかったし、彼らの運命をそれ自身と不和にせずにはいなかった。純粋なものと不純なものの闘争は崇高な眺めだが、神聖なものそ

†186　〔ユダヤ〕はノールが付けくわえたもの。
†187　「マタイ福音書」第一二章四六〜五〇節。
†188　「マタイ福音書」第一〇章三七節の要約。

のものが聖ならざるものに苦しめられ、両者がわれこそは純粋だという思いあがりと混じりあって、自分はまだ運命にとらわれたままであるのに、運命にたいして憤激をぶつけるようなことになれば、その崇高な眺めはただちに無残なものに変わってしまう。イエスはこうした混乱の無残さをすべて予見していた。彼はこう語った。「私は地上に平和でなく剣をもたらすためにやってきた。私は、子を父と、娘を母と、嫁を姑と不和にするためにやってきた」[†189]。部分的に運命から絶縁していながら、部分的にそれと連帯しているものは、このごちゃまぜを意識していようといまいと、おのれ自身と自然本性をそれだけひどい仕方で引き裂かざるをえない。自然と不自然がごちゃまぜになっているときには、後者への攻撃は前者への攻撃ともなる。雑草を踏みつぶせば、小麦も踏みつぶされざるをえないし、自然本性のもっとも神聖なものは、神聖ならざるものに巻きこまれているために、それ自体もまた傷つけられざるをえない。イエスは、こうした結末をありありと思いえがきながらも、みずからの働きかけを控えて、世界をその運命から解放し、世界の〔断末魔の〕痙攣を和らげ、没落する世界が〔せめて〕自分に罪はないという信念に慰められるようにしてやろうとは考えもしなかった。

こうしてイエスの生きかたは、世界からの決別であり世界から天上への逃避であった。むなしく終わりゆく生命を理想性のうちで再興し、どれほど逆らう者がいても神を想起し仰ぎみることであった。とはいえ、彼はある部分では神的なものを実現し、そのかぎりで運命と闘いもすれば、ある部分では神の国を広め、それを描写するさいにはこの世の王国はまるごと瓦解し消滅しさえもしたし、さらにある部分では、みずからにまともに降りかかる運命の個々の局面には間髪を入れずに反応しもしたが、直接に国家として現われ、イエスにもそのようなものとして意識されるような運命の局面にたいしてだけはそうではなかった。彼はそうした局面には受動的にふるまったのである。

教団と世界の関係

イエスの運命がそのまま彼の教団の運命だったわけではない。教団は雑多な人びとの寄せ集めであり、彼らはたしかに〔イエスと〕同じように世界から離れて暮らしていたが、各成員はそれぞれに気の合う雑多な仲間を見いだして身を寄せあい、じっさいには〔イエスよりは〕世界から遠ざかっていられた。こうして彼らは世界と遭遇したり衝突したりすることも〔イエスよりも〕少なくてすんだので、世界から刺激を受けることも、闘争という否定的な活動に生きることも減っていき、そこで彼らのうちに肯定的《ポジティフ》[†190]な生活への欲求が高まらずにはいなかった。というのも、否定的なものの連帯はいかなる喜びも与えず、美しくもないからである。私有財産の撤廃や財産共有の導入や共同の食事[†191]は、肯定的な一体化であるよりむしろ否定的な一体化でしかない。彼らの連帯の本質は、〔教団以外の〕人間から離れて内輪で愛しあうことだった。〔ほかの人間から離れることと内輪で愛しあうことの〕両者は必然的に結びついている。この愛は個人同士の一体化ではなく、神における、しかも神のみにおける一体化であるべきであり、そうでしかありえなかった。現実と対立し、現実から分離しているものが一体化されうるのは、信仰を措いてほかにはありえないからである。こうして、この対立は固定され、連帯の原理の本質的な部分となった。そうなると愛は、愛という形式、神への信仰という形式をつねにもたなければならなくなり、生きいきしたものになることも、生活の形式において現われることもなくなった。なぜなら、どんな生活形式も悟性によってその客体として、ひとつの現実として捉えられ、対立しうるものとして捉えられかねないからである。こうして世界への関係も、それとの接触への不安、すべての生活形式への恐れにならざるをえなかった。というのも、生活形式はそれなりの形式をもち〔生の〕〈ひとつの〉側面にすぎないからには、どんな生活形式にもその欠陥が

†189　「マタイ福音書」第一〇章三四〜五節の要約。
†190　本書三〇七頁の†1を参照。
†191　『使徒言行録』第二章四二〜七節、第四章三二〜七節。

指摘されうるし、この欠陥は世界へのかかわりの結果だからである。したがって教団の連帯は運命とのいかなる和解も見いだすどころか、ユダヤ精神とは対極のものを見いだすにすぎず、しかも、美のうちに両極端の中庸を見いだすことはなかった。ユダヤ精神は、人間本性のさまざまな様態や生活の関係を現実として固定してしまい、それらを支配者の贈り物とみなして、その貧弱さを恥じなかったばかりではなく、そうした現実を所有していることは、ユダヤ精神の誇りとも生命ともなった。キリスト教の教団の精神も同様に、おのれを展開し表現する生活の関係のうちに現実を見てはいたが、愛の感情にもとづくその精神からすれば客体性こそが最大の敵だったために、ユダヤ精神と同じように貧弱なままではありながらも、ユダヤ精神が拝跪していた富を軽蔑していた。

厭世的な夢想は、きわめて容易に狂信に転じかねない。というのも、そうした夢想はおのれの孤高を守るために、自分を破壊するものや、たとえどれほど純粋であっても自分からすれば不純に見えるものを破壊せざるをえず、そうしたものの内容を、たとえそれがしばしばどれほど美しい〔人間〕関係であったとしても、傷つけざるをえなかった。後世の夢想家たちは、すべての生活形式を不純だからという理由で軽蔑するあまりに、どんな形式もないどこまでも空虚な状態にいたりついてしまい、自然本性のどんな衝動にたいしてもそれが外面的な形式を求めているという理由だけで宣戦を布告するようになった。〔だが、〕多様性の足かせが彼らの心情にいまなおしっかりと根づいていればいるほど、空虚な統一にしがみつくこうした自殺の試みが招く結果はますます恐ろしいものになった。というのも、彼らの心情のうちには形式は制限されたものだという意識しかなかったので、彼らに残ったのは、残虐行為と荒廃化をかさねた果てに空虚のうちに逃げこむことでしかなかったからである。（しかし、世界の運命があまりにも強大になり、この運命とは相いれない教会と並んで、さらには教会のうちにまで存在するようになると、もはや逃避も考えられなくなった）。そこで、〔人間の〕自然本性に反する大偽善者たちは、世界の多様と生命なき統一との、言いかえれば、すべての制限された法的関係や人間の徳と単一な精神との反自然的な結合を見いだしてそれを維持しようとした。彼らはそうした統一を、あらゆる市民的行為、快楽や欲望のあらゆる発露の隠れ家にすることを思いつき、そのような欺瞞によって、どんな制限も受けいれ享受すると同時にそれを逃れようとした。

イエスはユダヤ人とともに生きることを軽蔑しながらも、同時にいつもおのれの理想を抱いて彼らの現実と闘っていたので、彼がこの現実に屈服することは避けようがなかった。彼はみずからの運命のこうした展開を回避しはしなかったが、それを求めたわけでもないのもまたたしかである。自分ひとりで夢想にふけるにすぎないような夢想家にとっては死は歓迎すべきものだが、偉大な計画のために夢想する者にとっては、みずからが力を発揮するはずだった舞台を離れることは苦痛以外のなにものでもない。イエスは、おのれの計画が挫折することはないという確信を抱きながら死んでいった。

教団の否定的な側面と肯定的な側面

キリスト教団の運命には、生活の諸様態を制限とみなし、したがってそうした制限とのかかわりを犯罪とみなして世界に対立するという否定的な側面があるが、それに対峙するのが愛のきずなという肯定的《ポジティフ》な側面である。〔だが〕愛が、教団全体にまで広がりを見せるようになると、愛の性格に変化が生じ、愛は個人の生きいきした一体化ではなくなり、その享受は愛しあっていることをたがいに意識している本人同士に限られてしまう。†192

教団の成員が満たされない〔禁欲的〕生活への逃避によって運命から超然としていることが容易になったのは、彼らがひとつの教団を形成し、そしてこの教団が対立しあうすべての生活形式を放棄し、愛という普遍的精神によってのみそれらの形式を規定し、つまりはそれらの生活形式で生活することがなかったためである。

†192 「愛のきずな」という肯定的《ポジティフ》なものが硬直化して実定的《ポジティフ》なものになる様子がここで簡潔に描かれている。三〇七頁の†1を参照

この愛は神的な精神だが、まだ宗教ではない。そうなるためには、愛は同時に客体的な形式においても表現されなければならなかった。感情であり主体的なものである愛は、イメージされたもの、普遍的なものと融合して、崇拝することができ崇拝するにふさわしい存在の形式を獲得しなければならなかった。主体的なものと客体的なものとを、感情と対象を求めるその要求つまり悟性とを、想像力によってひとつの美や神において統一しようという欲求、人間精神の最高のものであるこの欲求こそが宗教への衝動である。〔だが、〕キリスト教団のこうした衝動は、神への信仰では満たせなかった。というのも、教団の神のうちには、教団の共同的な感情以外のものは見いだされてはならなかったからである。世界の神においてはあらゆる存在が統一されているが、教団の成員はそこにはそれとしては含まれていない。彼らの調和は〔世界〕全体の調和ではない。そうでなければ、彼らは特殊な教団をつくることも、愛によってたがいに結ばれることもないだろう。世界の神性は彼らの愛の表現でも、彼らの神的なものの表現でもない。〔たしかに、〕宗教を求めるイエスの欲求は全体の神において満たされはした。というのも、彼はこの神を仰ぎ見るたびに世界をたえず不快に思い、世界から逃亡したからである。彼が必要とするのは、世界と対立しているもの、みずからの〔世界との〕対立そのものを根拠づけてくれるものだけだった。それこそは彼の父であり、彼はこの父と一体であった。ところが、彼の教団においては、世界を不快に思うことはもはやなくなり、教団は世界と能動的に闘うことなく生活し、そのかぎりで幸福だった。なにしろ教団は、たえず世界に苛立つことがなくなり、ひたすら〔世界と〕対立する者つまり神に逃避する必要もないばかりか、むしろ自分たちの共同性、自分たちの愛のうちに、楽しみも、信頼できるものも、一種の生きいきした〔人間〕関係も見いだしたからである。ただし、どんな関係も関係づけられるものに対立し、感情はいまだ現実を、あるいは主観的に表現すれば現実の能力である悟性を、おのれに対立するものとしてもっているのだから、両者の欠落は両者を一体化するものにおいて補なわれなければならない。〔こうして〕教団は、教団の神であるような神、その排他的な愛が教団の性格とその相互関係を表現するような神を必要とする。その神は、象徴でも寓意でもなく、なにか主観的なものの擬人化でもない。そんなものでは主観的なものとそれを表現する形態との分離が意識されるばかりだろう。そうではなく、この神は、同時に心のうちにも存在し、感情であると同時に対象でもあるようなものである。たとえ個人がそれぞれ自分の感情を自分一人のものと意識していても、万人に吹きわたりながらただひとつの実在でありつづけるような精神[†193]なのである。

こうした愛の集団、すべての特殊なものへの権利をたがいに放棄し、共同の信仰と希望によってのみ一体となり、愛によるこうした純粋な結束だけが楽しみでもあれば喜びでもあるような心情の集団は、小さな神の国である。だが、彼らの愛は宗教ではない。というのも、人間たちが一体となる愛は、この一体性の表現をも同時に含むわけではないからである。愛が彼らを一体化しても、愛しあう者たちはこの一体化を知らない。彼らが知るときには、分離したものを知るだけである。神的なものが現われるためには、目に見えない精神が目に見えるものと一体化され、それによって認識と感情を含むすべてがひとつのもののうちにあり、ひとつの完璧な綜合と完全な調和があり、調和と調和するものとがひとつにならなければならない。そうでなければ、分裂の可能性をはらむ人間本性の全体にかんして、世界の無限性にとってはあまりにも卑小だが、世界の客体性にとってはあまりにも強すぎて満たされえないような衝動が残ってしまう。つまり、解消されることも満たされることもない神への衝動が残ってしまうのである。

イエスの死後の弟子たち

イエスの死後、彼の弟子たちは羊飼いのいなくなった羊たちのようであった。彼らは一人の友に死なれてしまったが、その人こそがイスラエルを解放してくれることに望みをかけていた(「ルカ福音書」第二四章二一節[†194])。こ

---

†193　本書四一三頁の†178を参照。

の望みは彼の死とともについえた。彼はすべてを墓へともち去ってしまい、彼の精神は彼らのうちに残らなかった。

彼らの宗教、純粋な生活への彼らの信仰は、イエスという個人に依存していた。イエスが彼らの生けるきずなであり、啓示されてかたちを与えられた神的なものであった。彼らからすれば、神さえもが彼において現われたのであり、彼という個人が、調和という限定されないものと限定されたものをひとつの生きている姿において統一したのである。彼の死とともに、彼らは見えるものと見えないもの、精神と現実の分裂に投げかえされてしまった。そうなると、彼らにはたしかに、神的な実在の思い出は残りはしても、いまやそれは遠いものになっていったことだろう。彼の死が彼らに及ぼした衝撃も、時とともに薄らいでいっただろう。彼らにとって死者はたんなる死者であるにはとどまらず、朽ちゆく肉体への悲嘆は徐々に彼の神性の直観に席をゆずっただろう。不朽の精神ともっと純粋な人間性のイメージとが彼の墓から彼らの眼前に現われたであろう。だが、こうした精神の崇拝、こうしたイメージを見る喜びを支えていたのは、そのイメージの生前の姿の思い出であり、この崇高な精神はその消えさった実在とつねにある対照をなしたことであろう。この精神が想像力によってありありと思いうかべられるときには、もっぱら宗教の欲求を示すような憧憬がそれに結びつけられたであろう。しかしそれでもなお、教団は自分の神をもつことはなかったであろう。

あのイメージが美しく神的であるためには生命が欠けており、愛の共同体における神的なものには、この生活には、イメージと形態が欠けていた。それでも、復活して昇天した者において、イメージは生命を、愛はみずからの一体性の表現をふたたび見いだした。精神と肉体のこうした再婚においては、生者と死者の対立は消え、ひとつの神において一体となった。憧憬に身をこがす愛はみずからが生きいきした実在であることを発見して、いまやおのれ自身を享受できるようになり、そのような実在の崇拝がいまや教団の宗教となる。宗教の欲求はこの復活したイエス、この具体的なかたちをとった愛において満たされる。イエスの復活をひとつの出来事として考察するのは歴史学者の観点であり、宗教とはなんの関係もない。復活を宗教の関心を抜きにしてたんなる現実として信じるか信じないかという問題は悟性の問題であり、悟性が効力を発揮して客体的なものを固定すれば、それはとりもなおさず宗教の死であって、悟性に訴えることは宗教を捨象することにほかならない。だが、もちろん悟性にも口をはさむ権利はあるように思われる。というのも、神の客体的側面は愛の一形態というだけでなく、それ自身が独立に存在し、現実の世界の一現実としての地位を主張しているからである。それだけに、復活したイエスの宗教的な側面、具体的なかたちをとった愛をその美しさのままに固定するのは困難である。というのも、イエスは神格化されてはじめて神となったのであり、彼の神性は現実としても存在しているものの神格化だからである。彼は一個の人間として生き、十字架上で死に、葬られた。人間性へのこうした汚辱は神に固有の形態とは似ても似つかないものである。神を客体として体現したその形態が客体的であるのは、それが教団をひとつにする愛の表現、愛の純粋な対象化にほかならないかぎりにおいてでしかなく、それ自身が愛のうちにないものはなにも含まないが、ここではそれは対象化されたものであるにすぎないので、同時に感情でないものはなにものも含まないかぎりにおいてでしかない。しかし、そうなると、復活した者という、この実在となった一体化のイメージには、完全に客体的で個体的なものという別の副次的なものが付けくわわる。それは愛と一対にされるべきではあるが、個体的なもの、対象化されたものとして確立され、悟性にとっては固定されたままであるべきだとされる。こうしてそれは、神格化された者を地上に引き寄せる鉛のおもりのように彼の両足にいつもぶらさがっているひとつの現実になる。しかしそうだとすれば、神は天上という無限で無制限なものと地上というこの純然たる制限の寄せ集めのあいだを漂うことになってしまう。こうした本性の二重性は〔キリスト教を信仰する〕魂

† 194 「わたしたちは、あの方こそイスラエルを解放してくださると望みをかけていました。しかも、そのことがあってから、もう今日で三日目になります」。

から追いだしようがない。

ヘラクレスが薪の山〔のうえで焼かれること〕によってそうされたように[195]、この神格化された人〔イエス〕も埋葬によってのみ神人に祭りあげられた。前者のばあいは、具体的なかたちをとった勇気、神となってもはや闘いも奉仕もしない英雄のためにだけ祭壇が設けられ、祈りがささげられるのにたいして、後者のばあいは、神人のためにだけそうされるのではない。罪びとたちを救済し、彼らの信仰の無上の喜びとなるのは復活した者ばかりではない。教えを説き、放浪し、十字架にかけられた者にも祈りがささげられる。何世紀にもわたって神を求める何百万もの魂がその闘いに身をすりへらし呻吟してきたのは、まさにこの〔天上的なものと地上的なものの〕とてつもない結合にほかならない。

教団の運命

現実が神的なものの外皮であり過ぎゆくものであることに甘んじているなら、宗教への衝動がそうした神的なものの外皮として突きあたるのは、神のしもべに身を落とした姿ではない。だがそうだとすれば、そうした外皮はゆるぎなく永続的に神のうちにあって神の本質に属し、個体性が礼拝の対象だとされることになる。現実という外皮は墓のなかで脱ぎすてられるが、墓からふたたび出てきて、神として復活した者にあてがわれる。

こうした現実的なものへの欲求は、教団にとって悲しむべきものではあるが、教団の精神とその運命に深くかかわっている。教団を結びつける愛は、どんな生活形式も客体的なものとして意識し、それゆえに軽蔑してはいたものの、復活した者〔イエス〕においてみずからが具体化されているのをたしかに認めてはいた。だが、復活した者は教団にとってたんに愛〔の体現者〕にとどまらなかった。というのも、教団の愛は世界から絶縁しているために、生活が発展しようと、その美しい関係に置かれようと、自然な関係が形成されようと表現されず、愛は愛であって、生活ではないとされたので、愛にたいするたがいの信仰が可能であるためには、愛を識別するなんらかの基準がなければならなかったからである。愛それ自身は全面的な一体化を樹立することはなかったので、教団を束ねるような、しかも同時に教団がそこで万人の愛を確信できるような別の紐帯が必要であった。教団はなんらかの現実にもとづいておのれを認識しなければならなかったのである。信仰の等しさ、ひとつの教えを受けいれ、一人の共通の師と教師をもつという等しさこそが、いまやそうした現実となった。教団を統一する神的なものが彼らにとって与えられたものという形式をもつということこそが、その精神の特記すべき側面なのである。〔だが本来〕精神や生命に〔外から〕与えられるようなものはなにもない。精神が受けとるものは、精神みずからがそうなったものにほかならない。精神のうちに入りこんでくれば、それはいまや精神の一様態になり、精神の生命となる。ところが、教団の愛には生命が欠けていたので、その愛の精神はあまりにも貧弱なままであり、あまりにもおのれの虚しさを感じていたために、おのれに語りかけてくる〔イエスの〕精神をおのれのうちに十全に生きいきと認めることができず、それに疎遠でありつづけた。疎遠であり疎遠なものと感じられるような精神に結びつけば、意識に昇るのはそれへの依存でしかない。教団の愛は一方では、人類の全集団に広がっていくことによっておのれ自身を超えでたが、それによって他方では、理想的な内容で満たされながらも生命を失ってしまったので、満たされない愛の理想は教団にとって実定的なものになり、教団はそれが自分と対立し自分がそれに依存していることを知るにいたった。教団の精神には、自分たちが弟子であり、自分たちには一人の主にして師がいるという意識が含まれていた。教団の精神は、具体的なかたちをとった愛においては完全に表現されなかった。教団の精神には、自分たちは受けとり学ぶものであり、師よりも低い立場にあるという側面があって、それが愛の形態においてはじめて表現されたのは、この愛に同時に教団と対立するような現実が結びつけられたと

†195　ヘラクレスはゼウスと人間のあいだに生まれたギリシア神話の英雄。彼はみずから薪の山を築いてそこでみずからを焼いて死んだが、死後天に運ばれて神になった。

きだった。このより高次の対立物とは、神が必然的にもつような崇高性ではない。神において個人は自分をそれに等しいとは認識せず、むしろそこには一体となった万人の精神全体が含まれているがゆえに、神はそうした崇高性をもつのだが、〔いま問題になっている〕教団と対立するような現実は実定的で客体的なものであり、教団の精神に依存の態度が含まれているのにおうじて、それは疎遠なもの、支配の関係を含むようになる。教団は、この依存の共同性、一人の創始者によって存在しているという共同性のうちに、つまり歴史的なものや現実的なものがこのようにその生活に混入していることのうちに、自分たちの実質的な紐帯を、生命なき愛においては感じとれなかった一体化の保証を見てとった。

世界のどんなしがらみからも離れて純粋に身を保つような愛においていっさいの運命を逃れたように見えた教団が、運命にとらわれてしまったのは、ほかでもなくこの点においてである。この運命の中心は、〔世界との〕すべてのしがらみを逃れる愛が教団に広まっていくことにある。この運命は一方で、教団そのものの拡大につれてますます力を発揮するようになり、他方ではこの拡大とともにますます世界の運命と衝突するようになる。そしてこの運命は、世界の運命と闘いながらも、同時にその多くの側面を無意識のうちにみずからのうちに受けいれることによって、ますますみずからを不純なものにしてしまった。

奇跡について

神的ではない客体的なものは、たとえそれにたいする礼拝が要求され、どれほどの光輝をまとっても、けっして神的なものになるわけではない。

たしかに、この世ならぬ現象が人間イエスをも取りまいてはいる。彼の誕生にはより高次の存在〔天使〕がかかわっており、[†196] 彼自身もあるとき光り輝く姿に変容する。[†197] だが、この世ならぬもののこれらの形態もまた〔イエスという〕現実的なものの外にあるだけで、神に近い存在〔天使〕が〔イエスという〕個人のまわりで働くのは、〔ほかの個人との〕対比をますます目立たせるためでしかない。〔それぱかりか〕神的なものとみなされ、イエスその人に由来する一連の活動でさえも、彼をより高次の形態に高められないという点で、むしろそうした一時的な後光にも劣っている。〔たしかに〕彼をとり巻くだけでなく彼の内的な力に発するそうした奇跡は、神にふさわしい属性を、一人の神を特徴づけるものであるように思われる。それらの奇跡においては神的なものは客体的なものともっとも密接に一体化しており、したがってここでは〔両者の〕強固な対立も対立物のたんなる結合もなくなるように思われる。この奇跡的な働きをなしとげるのは人間であり、彼と神的なものは不可分であるように思われる。だが、〔人間と神の〕そうした結合がどれほど密接なものになろうと、一体化にはいたらないのだから、対立物の結合の不自然さがそれだけ露骨に目立ってくる。

奇跡がひとつの行為とみなされるとき、悟性にとってそこにはなんらかの因果関係が与えられており、悟性概念の領域が認められているが[†198]、同時にこの悟性の領域はそれによって破壊されてもいる。というのも、〔奇跡の〕原因は結果のような限定されたものではなく、むしろ無限なものであるはずだからである。悟性における因果関係は〔原因も結果も〕同等に限定されているという関係であり、両者の対立は、一方における限定は能動性だが他方では受動性であるという対立でしかない。ところが奇跡のばあいには、その行為そのものにおいて無限の能動性をもつ無限なものが同時にきわめて限定された結果をもつとされる。不自然なのは、悟性の領域が廃棄されることではなく、それが設定されると同時に廃棄されることである。いまや、一方で無限な原因の設定は有限な結

† 196　「マタイ福音書」第一章・第二章、「ルカ福音書」第一章・第二章を参照。
† 197　「マタイ福音書」第一七章二節。
† 198　因果関係は人間の悟性にアプリオリにそなわるカテゴリー（悟性概念）であり、したがって人間の感性と悟性にとって存在する現象界の範囲内では客観性を主張しうる、というカント『純粋理性批判』の議論を前提にしている。

果の設定と矛盾すると同様に、〔他方で〕無限なものは限定された結果を廃棄する。前者のように悟性の観点から見れば、無限なものは否定的なもの、無限定なものにすぎず、それには〔結果という〕限定されたものが結びつけられる。後者のように無限なものを一存在者とみなす立場からすれば、無限なものは作用する精神であり、精神の作用が〔結果において〕限定されているということがその作用の否定的な側面である。〔したがって〕精神の行為は、〔精神とは〕別のある観点〔悟性の観点〕から比較されるときにのみ限定されたものとして現われうるにすぎず、それ自体としてその存在からすれば、限定された状態の廃棄であり、それ自身において無限なのである。

神が作用するとき、それは精神から精神にのみ作用する。その効力は作用が向けられる対象〔となる精神〕を前提している。だが、精神の作用は対象を廃棄することである。神的なものの発現は、それが対立物を廃棄しておのれを統一において表現してゆくという展開にほかならない。ところが、奇跡においては精神は物体に作用されるように思われる。もしそうだとすれば、原因は具体的なかたちをとった精神ではないことになろう。〔奇跡において具体的なかたちをとった精神がありうるなら、〕そのような精神の形態はもっぱら対立において見られるので物体〔身体〕として他方と同等であり、対立しうるものとして因果関係のうちに登場しうることになる。そのような関係は精神と物体の共同性ということになるだろうが、しかし精神が精神であるのは物体となんの共通点ももたないかぎりにおいてでしかなく、物体が物体であるのも精神とはなんの共通点ももたないからである[†199]。だが、〔本来なら〕精神と物体はなんの共通点ももっておらず、両者は絶対的に対立する。両者が対立するのをやめるような両者の一体化とは生命であり、つまりは具体的なかたちをとった精神である。こうした精神が神的なものとして、分裂していないものとして作用するとき、その行為は親しい存在、神的なものとの結婚になり、対立物の一体化の表現という新たなものの産出にして発展となる。それにたいして、精神がそれとは別の正反対の形態〔奇跡〕において敵対的で支配するものとして作用するときには、精神はおのれの神性を忘れている。奇跡は、もっとも不自然なものであり精神と物体〔身体〕のもっとも厳しい対立をまったく途方もなく粗暴に結合した状態で含んでいるので、もっとも神的ならざるものの表現である。神的な行為とは一体性を再興し表現することだが、奇跡は分裂の極致である。

こうして、変容して神に高められたイエスと共存する〔生身の人間としてのイエスという〕現実をこの現実的なものの奇跡的な活動によって神性にまで高めるという期待は、かきたてられはしても実現されず、むしろこうした現実的なものが付加されていることの過酷さをますます募らせるばかりである。とはいえ、こうした困難さは、初期キリスト教団の成員よりもわれわれにとってのほうがもっと大きい。われわれのほうが彼らよりもはるかに悟性をもっているからである。彼らはオリエントの精神の息吹に触れていたので、われわれほどには精神と身体の分離を完成せず、その分離を客体として悟性にゆだねることもなかったのである。われわれが特定の現実や歴史的な客体性を悟性によって認識するところにも、彼らにとってはしばしば精神が存在している。また、われわれが純粋な精神しか想定しない場面でも、彼らにとってそうした精神はまだ身体に宿っている。われわれが不死、しかも魂の不死と呼ぶものを彼らが捉える形式は、後者の一例である。魂の不死は彼らには肉体の復活として現われるのである[†200]。この二つの見方はギリシア精神をあいだに挟んだ両極である。前者は、魂という否定的なものを、すべての悟性とその客体である死んだ肉体に対置する理性の極であり、後者は、身体を生きたものと想定すると同時に死んだものとも想定する理性のいわば実定的な能力の極である。ギリシア人にとって肉体と魂は〈一なる〉生きた形態のうちにとどまっているのにたいして、この両極においては、死は肉体と魂の分離であり、一方の極〔われわれの見方〕では魂にとって肉体はもはやなにものでもなく、他方の極〔初期キリスト教団の見方〕では肉体は生命がなくても存続するものである。

---

† 199　「精神とはなんの共通点ももたないから」はヘルマン・ノールが初稿にもとづいてこの箇所に挿入した文言である。
† 200　「コリントの信徒への手紙一」第一五章三五節以下。

別の例では、われわれなら悟性によって現実的なものしか、あるいは〔同じことだが〕たとえば疎遠な精神しか認識しないような場面で、初期キリスト教徒は自分たちの精神を混入させる。ユダヤ人の聖書には、過去の歴史、個々の状況、人間たちのかつての精神、ユダヤ人の礼拝儀礼で命じられている行動が見いだされるが、そうしたものの精神も目的も思想もわれわれにはもはや存在せず、もはやいかなる真理ももたない。彼らにとってはそのすべてがいまだ真理と精神をもってはいたが、しかしそれは彼らの真理、彼らの精神でしかなく、彼らはそれが客体的になることを許さなかった。預言書やほかのユダヤの聖書[†201]の章句に彼らが与えている精神は、彼らの意図するところでは、預言書を参照してそこに書かれている現実についてのさまざまな意見や予言を見いだそうとするものでも、彼らの立場からその預言書を現実に適用しようとするものでもない。そこにあるのは、現実と精神のあいだの不確定でかたちの定まらないたゆたいである。一方では現実において精神だけが考察され、他方では現実そのものがそれ自体として存在してはいるが、固定されることがない。

一例をあげると、「ヨハネ福音書」〔第一二章一四節以下[†202]〕は、イエスがロバに乗ってイェルサレムに入ったときの様子を預言者〔ゼカリア〕のことばに結びつける[†203]。この預言者が霊感によって幻視した行進は真実だったことがイエスの行進によって示されたと、ヨハネはみなしているのである。〔新約聖書における旧約聖書のこうした引用の仕方について〕ユダヤ人の書物の似たような章句が、あるときはそもそも不正確に、原典の語義に反して引用され、あるときはそれが文脈からもつ意味に反して解釈されていることを証明したり、あるときはそれらの章句はもともと〔新約聖書における引用とは〕まったく別の現実――預言者の時代の状況や人びと――に関係づけられたのだと言ったり、またあるときは預言者の孤立した霊感にすぎないことを証明したりしてみても、こうした証明はすべて、使徒がそれらの章句とイエスの生きた状況のあいだに設定する関係の現実面を言いあてているだけで、その真実性や精神を言いあててはいない。同様にまた、預言者の実際のことばや幻視が後世の現実の先取り的な表現であることを厳密に客観的に想定したとしても、あの関係の真実性があきらかになるわけでもない。キリストの弟子たちが預言者の幻視とイエスの出来事とのあいだに見いだす関係が、たんに状況が似ているからもちだされた比喩にすぎず、われわれがある事態を表現するときに、昔の文人の決まり文句をしばしば付けくわえるときのような比喩にすぎないと考えたのでは、その関係の精神をあまりにも浅薄に理解することになろう。ヨハネは上述の例で、イエスの弟子たちはイエスが〔復活して〕変容し聖霊が彼らのうえに下ったあとでようやくこの関係を認めたと語っている。†204 ヨハネがたんなる思いつきから、別々の事柄がこうした点で似ていることを見てとっただけなら、そんなことを言う必要はなかっただろう。だが、預言者の幻視とイエスの行為をとり巻く状況は、精神においてひとつである。この関係は精神のうちにしかないのだから、それを現実的なもの、個別的なものの一致とみなすような客観的な見方は成りたたなくなる。

---

†201　旧約聖書は、その内容にしたがってモーセ五書、預言書、諸書の三種類に分けられる。このうち預言書は「ヨシュア記」「士師記」「サムエル記上・下」「列王記上・下」の前預言書と、「イザヤ書」「エレミア書」「エゼキエル書」のいわゆる三大預言書と、一二の小預言書からなる後預言書を指す。ヘーゲルが例に挙げている「ゼカリア書」は小預言書のひとつ。

†202　一六節までを引用すると次のとおり。「イエスはろばの子を見つけて、お乗りになった。次のように書いてあるとおりである。「シオンの娘よ、恐れるな。見よ、お前の王がおいでになる。ろばの子に乗って」。弟子たちは最初これらのことが分からなかったが、イエスが栄光を受けられたとき、それがイエスについて書かれたものであり、人々がそのとおりにイエスにしたということを思い出した」。

†203　「ゼカリア書」第九章九節。「娘シオンよ、大いに踊れ。娘エルサレムよ、歓呼の声をあげよ。見よ、あなたの王が来る。彼は神に従い、勝利を与えられた者、高ぶることなく、ろばに乗ってくる。雌ろばの子であるろばに乗って」。

†204　†202の「弟子たちは…」以下の箇所を参照。

〔上述の例と同じく〕現実的なものを固定しないか、あいまいにするかして、そこに個別的なものではなく精神的なものを見てとる〔ヨハネの〕こうした精神は、とりわけ「ヨハネ福音書」第一一章五一節[†205]においても顕著である。この箇所でヨハネは、〈一人の〉人間が民族の代わりに死ぬほうが、民族全体が危険にさらされるよりはましだというカイアファの原則とその適用に触れて、カイアファがそれを彼個人として語ったのではなく、大祭司として預言者的な霊感を受けて語った（προφήτευσεν）[†206]点に注意をうながしている。われわれならたとえば神の摂理の道具という観点から見るであろうものに、ヨハネは精神に満たされたものを見ていた。というのも、イエスと弟子たちの見方の特徴ほど、すべてを機械や道具とみなす〔われわれの〕ような観点に対立するものはありえず、それはむしろ精神への最高の信仰だったからである。さまざまな行為がたまたま符合して統一をなしているのは見てとれるが、個々の行為そのものにはそうした統一も、その作用の全体を見とおすような意図も欠けているため、それらの行為は（カイアファの行為のように）統一に服従してはいても、みずから統一に関係しているとは意識しないままそれに支配され導かれているもの、つまりは現実的なものであり道具だとみなされるような場面でも、ヨハネはそこに精神の統一を見てとり、そうした行為そのもののうちにその作用の全体を支配する精神が働いているのを見てとる。彼はカイアファがイエスの運命の必然性を含む精神によってみずから満たされていたと語る。

じっさいこのようにして、われわれから見れば奇跡における精神と身体〔物体〕の対立は厳しいものだが、使徒の魂をもって見れば奇跡はそうした〔対立の〕厳しさを失っている。というのも、意識されるものからこのようにあらゆる精神を抜きとって絶対的な客体、精神とは絶対的に対立するような現実として固定するようなヨーロッパ的悟性は彼らにはなく、むしろ彼らが認識するのは現実と精神のあいだの定めないたゆたいでしかないのはあきらかだからである。このたゆたいは、たしかに〔現実と精神の〕両者をかろうじて分離しはしたが、しかし取りかえしのつかないほどではなく、とはいえまた純粋な自然本性に収斂させるわけでもなく、明確な対立をすでにみずからもたらしてもいた。この対立はさらに大きく発展するにつれて、生きているものと死んだもの、神的なものと現実のものという組みあわせにならざるをえなかった。〔さらに〕このたゆたいは、変容して神となった〔イエス〕に現実の〔生身の〕イエスを付けくわえることによって、切実きわまりない宗教への衝動を満たす道を示したが、じっさいに満たしたわけではなく、むしろそれを果てしない、解消しがたい、癒やしようのない憧れに変えてしまった。というのも、憧れの夢想が最高潮に達し、最高の愛を存分に味わい精妙をきわめた魂が陶酔にふけっても、憧れの前にはいつも個人が、ひとつの客体的なもの、人格的なものが立ちはだかっているからである。魂の美しい感情が心底からこの個人との一体化を渇望しても、それは一個人でしかないのだから、そうした一体化は永遠に不可能であり、この個人は魂につねに対立するのだから、一体化は永遠に彼らの意識のうちにとどまり、宗教†207が完全な生になることを許さない。

キリスト教会の運命

時代の運命が継続するなかでキリスト教の形態がどれほど多様に展開されても、神的なものはただ意識のうちにあるだけで、けっして生活のうちに存在するはずがないという、神的なものに含まれる対立のこうした根本性格は、そのどの形態にも含まれている。精神がおのれ自身を享受するような生活のあらゆる多様性を、もっとも

†205 「彼らの中の一人で、その年の大祭司であったカイアファが言った。「あなたがたは何も分かっていない。一人の人間が民の代わりに死に、国民全体が滅びないで済む方が、あなたがたに好都合だとは考えないのか。」これは、カイアファが自分の考えから話したのではない。その年の大祭司であったので預言して、イエスが国民のために死ぬ、と言ったのである。国民のためばかりでなく、散らされている神の子らを一つに集めるためにも死ぬ、と言ったのである」（四九〜五二節）。

†206 現行の一般的な新約聖書の原文では ἐπροφήτευσεν（つまり、「彼（カイアファ）は予言した」という意味）。

†207 本書三六九頁の†85を参照。

純粋なそれさえも断念して、ひたすら神だけを意識し、したがって〔神とおのれ自身の〕人格の対立を死においてしか除去しえないような夢想家の陶酔的な一体性[†208]から始まって、このうえなく多様な意識の現実、つまり、〔意識は〕世界の運命と一体化していながら神はその運命に対立しているような現実にいたるまで、この点は変わりがない。神的なものに含まれる対立は、カトリック教会のように、ありとあらゆる行動や生の表出がそれは従属的で空しいものでしかないという実感によってみずからを正当化しようとしてもやはり感じられるような対立[†209]であるか、あるいはプロテスタント教会のように、程度の差こそあれたんなる敬虔な思い[†210]における神の対立であるかのどちらかである。さらにまたこの対立は、プロテスタント教会のいくつかの宗派におけるように、生命を汚辱や犯罪とみなして憎む神と生命の対立であるか、あるいは生命やその喜びを純粋なもらいもの、神からの恵みや贈り物、ひいては純粋な現実——現実のうえに漂う精神の形態までもが、神人や預言者といった理念をまとってやがてそこに歴史のなかの客体的な光景として引きずり降ろされることになる——とみなす慈悲ぶかい者〔神〕とそうした生命やその喜びの対立であるかのどちらかである。世界にたいする好意や憎悪や無関心の意識が多様であるか、それとも切りつめられているかというこの両極、神と世界、神的なものと生命の対立のうちにあるこの両極のあいだを、キリスト教会は往き来して一巡したのである。教会と国家、礼拝と生活、敬虔と有用性、霊的なふるまいと世俗的なふるまいがけっして〈ひとつ〉に融合しえないということが、キリスト教会の運命なのである。

†208 キリスト教神秘主義における神との「神秘的合一（unio mystica）」を念頭に置いているのだろう。

†209 ここでいう「行動や生の表出」とは、修道院における禁欲生活、意味のわからないラテン語を唱える礼拝などのことだろう。『精神現象学』の「不幸な意識」でヘーゲルが描くカトリック教会の信仰は、そのような禁欲生活や礼拝によって神との対立を克服しようとするが、そのように努力すればするほど神と現世の自分との対立を意識せずにはおれない。ここでヘーゲルが描いているのも同じ事態であろう。

†210 プロテスタントでは各人の内面（つまり「敬虔な思い」）に信仰の拠点を置くことを、このように表現しているのであろう。

愛と宗教

目次

一、信仰と愛について（ベルン時代）

道徳、宗教、実定性（一七九五～六年）

信仰が実定的[†1]と呼ばれるのは、実践的なものが理論的に存在するばあい、つまりもともと主体的であるものが客体的なものとしてのみ存在するばあいであり、宗教が実定的と呼ばれるのは、主体的にはなりようのない客体的なものの表象が生活と行動の原理として立てられるばあいである。実践的な活動は自由にふるまい、対立するものを統一することもなければ、対立するものによって規定されることもない。実践的な活動は所与の多様なものに統一をもたらすのではなく、それ自身が統一性であって、*多様な対立するものから避難するだけなので、実践的な能力からすれば、対立するものはつねにばらばらなままである。〔したがって〕実践的な統一が主張されるのは、対立するものが完全に廃棄されることによってのみである。

＊理性的統一は、多様なものなしには空虚で無意味であり、多様なものとの関係においてのみ考えられうる。

すべての道徳的な命令は、さまざまな衝動に抗してこの統一性を主張しようとする要求である。この命令は、それが向けられる衝動が異なるにおうじて異なるにすぎず、〔いずれにおいても〕この統一性が念頭に置かれている〔点では同じである〕。

道徳性の概念とはなにか。道徳的な概念が客体をもつのと、理論的な概念が客体をもつのとではその意味は同じではない。前者の客体はつねに自我であり、後者の客体は非我である。

道徳的な概念の客体は自我の一定の規定だが、この規定が概念となり、認識され、客体になりうるためには、自我の一属性とみなされるのではなく、むしろ自我に明確に対置され、いま認識している自我の規定から排除される。概念とは反省された活動である。そのように生じてくるのではない道徳的な概念、つまり活動を欠いた概念が、実定的な概念である。しかし、そうした概念は同時に実践的にならなければならない。実定的な概念はたんに認識されたもの、与えられたもの、客体的なものでしかなく、みずからの力と効力を、尊敬や畏怖を

---

†1　本書三〇七頁†1を参照。

呼び起こすような客体によって得るしかない。〔したがって〕その概念のうちにそうした客体と、それによって危害を受けないという希望への道が開け、こうしてそれとの一体化が可能になるのでなければ、われわれはその客体を前にして消えいらんばかりの思いをし、それに屈服せずにはいられないだろう。

実定的な道徳概念は、それが表現する活動そのものが展開され力を得れば、実定性という性格をもたなくなることもありうる。しかし、ふつう実定的と呼ばれるものは、われわれ自身の活動が反省されたものではなく、客体的なものとこの〔客体的という〕性格をけっして脱ぎすてられない性質のものである。

たしかに道徳的なものは、それが表象され把握されることによって客体的にもなりうるが、しかしそのばあいにはつねに、認識の客体であるのはわれわれ自身であり、われわれ自身の能力と活動であるという意識がともないうるし、そうでないばあいにも、ただちにそうした意識がつくりだされる。道徳的なものと普通の意味での客体的なものは、真っ向から対立しあっている。

奇跡、啓示、神の顕現など、無限な客体とそのふるまいかたもまた、認識能力にとっては実定的である。直観においてはどんな全体も与えられるはずはなく、認識能力は部分を全体と思いこむというみずからの気質になっている法則を放棄して、苦しみを味わうべきである。現象のうちに〔全体と〕同量の活動が与えられているはずはないし、人間は直観をそうした全体と考えるべきではない。原因という活動は未知のものであり、〔原因によって生じる〕変化の一項は客体や非我でも、さらには自我でもあるはずがない。一方の項が自然であるような人間の働きのばあいとはわけが違うのである。[†2]

実践的自我の本質は、その理念的活動が現実を超えていき、客体的な活動が無限な活動に等しくなることを要求するところにある。[†3] 実践的な信仰はそうした理想にたいする信仰である。ところがこうした信仰は、あの超えゆく行為も〔両活動の〕等しさへの要求も与えられていながら、後者の要求が権威という強大で圧倒的な客体によってしか与えられず、しかし、われわれがこの客体とそのふるまいかたを理解できなければ、実定的になってしまう。われわれがそれを理解できれば、それはわれわれによって規定されることになるだろうが、その働きかたはわれわれにとってはありえないような奇跡であるしかない。つまり、その働きかたは自我の活動とは認められないような活動を前提としており、したがって、われわれが自由の存在の行為だと、つまり自我の行為だと認めるような行為とは違うのである。

われわれは神の摂理に道徳的な目的を与えはするが、だからといって道徳的目的を、われわれには未知であるような神のもっと別のありかただと考えているのではない。むしろわれわれはここで、道徳的目的からする活動はそのようなものであるかぎりで自我の活動だと判断する。

宗教の創設（一七九五〜六年）

宗教

ひとつの宗教

ひとつの宗教を創設すること。

なんらかの客体に依存することの対極は、客体を恐れることであり、客体からの逃避、一体化への恐怖、最高の主体性である。

客体的であるのは、

一、空間内の現実的なものであり、

†2　フィヒテ『全知識学の基礎』（フィヒテ大全集 第一巻の二、二九七、三七〇、三七八頁以下）。〔邦訳『フィヒテ全集』第四巻（隈本忠敬訳、哲書房、一九九七年）一四八〜一五〇、二三九〜二四〇、二四九頁以下〕。

†3　同書四〇三〜四頁〔二八四〜六頁〕。

二、みずからが内的な規定であることを知っており、客体的になっているような内的規定であり、
三、みずからが内的な規定であることを知らないような内的な規定である。
宗教は神性の自由な崇拝である。想像力を欠いていて主体的でしかないような宗教は実直なものである〔にすぎない〕。把握することは支配することである。

客体に生命を与えることは、それを神にすることである。

小川が重力の法則によってどのようにして低地へ流れていかざるをえず、川床と川岸によって限られ圧迫されるかを観察することは、小川を把握することだが、小川に魂を与え、自分に等しいものとして小川に共感することは、それを神にすることである。しかし、人間が神格化されるばあいには、たんなる人間であったときの状態とは違うこともはありうるが、小川や樹木となると〔たとえ魂を与えられても〕やはり客体であり、たんなる必然性に服していることもありうるのだから、それらはたんなる半神であって、永遠なものでも、必然的なものでもない。主体と客体、あるいは自由と自然が統一されて、自然が自由になり、主体と客体が不可分と考えられるところには、神的なものが存在しており、そうした理想こそがすべての宗教の対象である。神は主体であると同時に客体であり、神については、客体に対立する主体であるとも、客体をもつとも言えない。

理論的な綜合は完全に客体的になり、主体に完全に対置される。実践的活動は客体を根絶し、完全に主体的になる。ただ愛においてのみひとは客体とひとつであり、支配することも支配されることもない。この愛が想像力によって存在にされたものが神である。そのさい、分裂した人間は神に畏怖と敬意を抱くが、自分のうちでひとつになっている人間は愛を抱く。分裂した人間が神を畏怖するのは、良心がやましく、意識が分裂しているからである。

上述の一体化は、主体と客体の一体化とも、自由と自然の一体化とも、現実的なものと可能的なものの一体化とも呼ぶことができる。主体が主体という形式を、客体が客体という形式をもったままであり、自然があいかわ

らず自然のままであれば、どんな一体化もなされてはいない。〔そのばあいには〕主体という自由な存在が優位に立ち、客体と自然は支配されるものである。

昔は神々は人間のあいだに暮らしていたが、〔人間が神から〕離れ遠ざかるにつれて、神々のほうも人間から離れていった。その代わりに、神々は犠牲と香煙と礼拝を手に入れた。神々がますます恐れられるようになり、ついには分裂が生じて、一体化が強制的になされるしかないほどになった。愛は等しいもの、つまり、われわれの本質の鏡とこだまにたいしてしか生まれないのである。

信仰と一体化（一七九五年）

信仰とは、二律背反†4を調停するような一体化されたものがわれわれの表象のうちに存在する仕方である。一体化は活動であり、この活動が客体として反省されたものが信仰されるものである。一体化するためには、二律背反の両項が矛盾しあうものとして、その相互関係が二律背反として感じられ認識されなければならない。しかし、矛盾しあうものを矛盾しあうものとして認識できるのは、それらがすでに一体化されているばあいだけである。一体化とは、それにもとづいて比較がなされる尺度であり、対立したものが対立したものとして、つまり不満足なものとして現われる尺度である。対立しあう制限されたものはそのままでは存続できず、たがいに廃棄しあわざるをえず、したがって、それらが可能であるためにはなんらかの一体化が前提される（それらが対立しあうものであることを示しうるためにもすでに一体化が前提される）ということが、いまやあきらかであってみれば、それらが一体化されなければならず、一体化が存在すべきだということも証明される。とはいえ、一体化そのものも、一体化が存在することも、それによって証明されるどころか、むしろ一体化の表象が存在するこうした仕

†4　二律背反については、本書三七頁以下を参照。

方は信仰されるものであって証明しようがない。というのも、対立しあうものは依存しあうものであり、それらを一体化するものは独立したものだが、証明することは依存関係を示すことだからである。これらの対立しあうものにかんして独立したものは、言うまでもなく別の観点ではふたたび依存的な対立するものになりうるし、そうなれば、またもや新たな一体化に進んでいかなければならず、いまやそれがふたたび信仰されるものになる。

一体化と存在は同義である。どの命題においても、「〜である」というコプラは主語と述語の一体化を、つまりなんらかの存在を表現する。そして、存在は信じられるしかないものである。[†5]〔たしかに〕信仰はなんらかの存在を前提する。だからといって、信仰が可能なためにはあらかじめ存在が確信されていなければならないと言うのは矛盾である。人びとが問題視するのは、存在のこうした自立性であり絶対性である。彼らによれば、存在はたしかに存在してはいても、それが存在するからといって、われわれにとって存在するわけではない。存在の自立性とは、それがわれわれにとって存在するかどうかにかかわらず存在するということであって、存在はわれわれから絶対的に分離されたものでありうるし、そこには、われわれがそれに関係するということはかならずしも含まれていないという。〔だが、〕われわれが信仰しないことも可能であるようなものがどうして存在できるのだろうか。〔たしかに、〕われわれが信仰しておらず、したがって、必然的でないようなものはありうるし考えられる。〔しかし、〕考えられるということから存在は帰結しない。たしかに、そうしたものであるかぎりでの存在は、頭で考えられたものとして存在している。しかし、頭で考えられたものはひとつの分離されたものであり、思考するものに対立している。それはいかなる存在者でもない。誤解が生じうるのは、一体化や存在にはさまざまな種類があるからにすぎない。というのもそうなれば、なにかが存在しているが、だからといって私がそれを信仰するとはかぎらない――つまり、ある種の存在が信仰に値するからといって、別種の存在もそうだとはかぎらない――と言えるからである。さらに、信仰〔の対象〕は存在ではなく、反省された存在である。だが、そうなるとこうも言える。存在するものはだからといって反省され、意識されるとはかぎらない。〔しかし、〕存在するものは信仰されねばならないわけではないが、信仰されるものは存在するのでなければならない。ところで、頭で考えられたものは分離されたものであるから、一体化されたものにならなければならず、そうなってはじめてそれは信仰されうる。思想は一体化の働きであり信仰される。しかし、頭で考えられたものはまだそうではない。

　分離されたものが一体化されるのは〈一定の〉存在においてでしかない。というのも、〈一定の〉観点から見て〈ほかとは〉異なるような存在は一定の本性を前提するが、その本性は本性でないこともあるのだから、ひとつの矛盾を前提することにもなるからである。だがたとえ同じ観点においても、ある種の一体化は一体化でないことがありうる。実定的な信仰とはまさにそうしたものであって、唯一可能な一体化の代わりに別の一体化を立て、唯一可能な存在の代わりに別の存在を置く。したがって実定的な信仰は、対立するものをある仕方で一体化し、それによって対立するものはたしかに一体化されはするが不完全であり、つまりは一体化がなされるべき観点で

†5　こうした言いかたには、当時のヤコービの信仰概念の影響が見られる。『スピノザの学説にかんするモーゼス・メンデルスゾーン宛の書簡』（ブレスラウ、一七八五年）、一六三頁以下（『ヤコービ著作集』クラウス・ハマッヒャー、ヴァルター・イェシュケ編、ハンブルク、一九九八年～、第一巻一一五頁以下）。「証明による確信（Überzeugung）は間接的な確信であり、比較にもとづくものであり、確実で、完全であると言うことはできません。理性的な根拠から生じないすべての信憑（Fürwahrhalten）が信仰であれば、理性の根拠にもとづく確信自体は信仰から生じなければならず、またその力を信仰からのみ受けとらなければなりません。信仰により私たちは私たちが身体をもつことを、また私たちの外部に他の物体や他の思惟するものが存在することを知るのです。このことは実にすばらしい啓示です！」『モルフォロギア　ゲーテと自然科学』第三〇号（ナカニシヤ出版、二〇〇八年）九四頁（田中光訳）。同じくヤコービ『デイヴィッド・ヒュームの信仰論あるいは観念論と実在論』（ブレスラウ、一七八七年）二三～四九頁（『ヤコービ著作集』第二巻、二一～三一頁）、とりわけ二四頁（『ヤコービ著作集』二一頁以下）。

一体化されていないのである。

実定的な宗教においては、すべての一体化は所与だとされる。だが、与えられるというのであれば、ひとはそれを受けとる以前にはまだもっていないことになる。そして、受けとったのちにも、所与のもの〔という性格〕のいくらかは残りうるとされる。しかしそうなら、所与のものは〔それを受けとる人に〕対立するものにほかならず、したがって、一体化そのものがなにか対立するものであり、しかも対立するものが一体化されるかぎりで対立するものであることになるが、これは矛盾である。この矛盾はある錯覚から生まれる。つまり、別の観点ではまだ対立しているような不完全な種類の一体化や不完全な存在が、一体化がなされるべき観点からして完全であるような〔一体化や〕存在とみなされ、ある種の存在が別種の存在と混同されてしまうからである。存在の種類が異なれば、一体化の完成度も異なる。それぞれの一体化のうちには規定することと規定されることが含まれていて、ひとつになっている。しかし、実定的な宗教においては、規定するものはたとえ規定する働きはしていても、規定されたものとされ、その働きは能動ではなく受動だとされる。だが、規定するものがそれ自身によって受動的なものになるようなばあいには、この規定するものはこれまた一体化されたものであり、こうした一体化においては、そこで働いていたものは能動的でありえたはずである。とはいえ、これは低次の一体化である。というのも、実定的な信仰から生じる働きにおいては、この一体化されたものそれ自体がふたたび、みずからに対立するものを規定するような対立するものだからである。ここにあるのは不完全な一体化でしかない。両者は、一方が規定するもの、他方が規定されるものとして、対立したままだからである。さらに、規定するものそれ自身は能動的なものとしてあるが、その能動性の形式は他方によって規定されている。つまり、その形式はすでに与えられているはずであり、能動的なものは能動的であるかぎり規定されたものであるはずである。〔そうなると〕この能動性を規定するものはひとつの存在者としてあらかじめ一体化されていたにちがいない。この一体化においてもまた規定するものが規定されたものだったというのであれば、それはまた別のものによって規定されていたことになり、こうして同じことがくり返される。実定的な信仰をもつ者はまったく受け身であって、絶対的に規定されたものでなければならなくなろうが、これは矛盾というものである。

だからこそ、すべての実定的な宗教は程度の差こそあれ窮屈な境界を設けて、みずからの活動をそこに閉じこめる。実定的な宗教はある種の一体化を、たとえば直観というかたちで認めるだけである。実定的な宗教は人間がある種の存在であることを、たとえば、見たり聞いたり動いたりする活動的なものであることを認めはするが、そこには空虚な活動性しかない。この活動的なものが規定されているのは、どんな活動も規定されているからという理由によってではない。それが規定された活動的なものであるのは、〔そもそも〕ある範囲内で活動的なだけだからなのである。

規定するものは、活動に方向と形式を与える力である。信仰と行為が信頼にもとづいているとしても、信頼はさまざまな偶然にもかかわらず維持されるような人格と意志と理想の同一性である。私は彼ではないし彼は私でもないのに、私が彼を信じ、彼にしたがって行為すれば、私は〔彼によって〕規定され、彼は私に対抗する力となり、私は彼にたいして実定的な態度を取ることになる。

実定的な信仰は、なにか存在しないものにたいする信仰を要求するが、存在しないものは生成するかけっして生成しないかのどちらかでしかない。そうであるかぎり、規定されているものは〔かならずしも〕存在者ではない。しかし、規定されたものが信仰されるべきなら、それは存在者であるべきである。ひとはある力を感じ、それに受動的にふるまう。その力はこの感情のうちにではなく、感情の分裂のうちにある。つまり感情において、このような仕方で客体となる受動的なものが、その受動を引き起こすもの（そうであるかぎりそれは主体になる）に対立するのである。

すべての実定的な宗教は対立するものから、つまり、われわれがそれではないが、それであるべきものから出発する。実定的な宗教はなんらかの理想をその存在の前に置く。この理想は、ひとがそれを信仰できるためには、なんらかの力でなければならない。実定的な宗教においては、存在者つまり一体化は、ひとつの表象、頭で考えられただけのものにすぎない。それが存在すると私が信じるとは、表象を信じることであり、私がなにかを表象していると信じ、信じられているものを信じることである（カントの神[†6]）。カント哲学は実定的な宗教である（神は神聖な意志であり、人間は絶対的な否定である。一体化は表象というかたちでおこなわれ、一体化されるのも表象である。一体化された表象は思想だが、頭で考えられただけのものはけっして存在者ではない）。

二、一体化と愛について（フランクフルト時代）

愛の本質（一七九七年）

《原稿欠落》ほかのすべてのものはその目的に奉仕し、それと争ったり同等の権利をもつものは皆無である（たとえば、アブラハムが自分と家族を、そしてのちには自分の民族を究極目的にしたり、あるいは、全キリスト教徒が自分を究極目的にしたときのように）。しかし、この全体が拡大し、ますます多くのものがそれに一様に従属するようになるにつれて――コスモポリタンなら全人類をその全体において理解するだろうが――、一人ひとりに割りあてられる物品にたいする支配権も、統治組織からの恩恵もそれだけ少なくなる。一人ひとりの価値も、権利も、自立性も失われていく。というのも、彼の価値は支配にあずかることにあったからである。物事の中心であるという誇りを失った彼にとっては、集団という全体の目的が最高のものになる。彼は、〔ほかの〕すべての個人と同じように取るに足りない部分でしかないような自分を軽蔑する。

この愛は死んだものにかかわっているせいで自分のまわりを物質で固めているだけで、物質そのものはこの愛にとってはどうでもよい。人間がそのもっとも内的な本性において対立をはらんだ自立的なものであり、彼にとってはすべてが外界であって、したがって外界は彼自身と同様に永遠であるという点にこの愛の本質がある。そのために彼の対象はたしかに変転しはしても、彼にはなくてはならないものである。彼が確実に存在するかぎりで、その対象も彼の神も存在する。だからこそ、彼はそれらを失っても平気でいられるし、たとえ失っても埋めあわせがきくという確かな慰めをもてる。じっさいそれは埋めあわせることができるのだから。

このように物質は人間にとって絶対的だが、言うまでもなく、人間自身がまったく存在しなければ、彼にとってはもはやなにも存在しないだろう。それにしても、どうして彼は存在しなければならないのだろうか。〔それはよくわからないが〕人間が存在したがっていることはよくわかる。というのも、制限されたものの寄せ集めである彼の意識の外には、それ自身において完結した永遠な一体化などはなく、あるのはただ干からびた無でしかないが、自分がそんなもののうちにいると考えるのはむろん人間には耐えられないからである。人間は対立するものとしてあるにすぎない。対立するものはそれ自身がたがいに制約するものであると同時に制約されたものでもある。人間は自分がその意識の外にあると考えなければならず、規定されたものをもたない規定するものでもなければ、その逆でもない。そのいずれも無制約ではなく、みずからの存在の根をみずからのうちにもっていない。それぞれは相対的に必然的であるにすぎない。〈一方〉は他方のためにあるのであって、それぞれが自分のためにあるのはなにか未知の力によってでしかない。一方が他方に割りあてられるのも、この力の恩恵と好意によってである。それぞれは未知のもの以外のどこにおいても自立的な存在ではなく、すべてはこの未知のものから人間

---

†6 カント『実践理性批判』における神の存在の要請や純粋実践理性の概念に関連する註記であろう。たとえば、第一部第二編第二章八の次のような箇所を参照。「純粋実践理性の要求は、あるもの（最高善）を私の意志の対象として、それを私の全力をあげて促進するという義務にもとづいている。そのさい、しかも、私は最高善が可能であることを、したがってまたそのための制約、すなわち神、自由、不死を前提せざるをえない」（アカデミー版第五巻一四二頁）。

に贈られ、彼は自分自身と不死をそれに負わざるをえず、恐れとおののきをもってそれを請いもとめる。〔それにたいして〕真の一体化、本来の愛は、たがいに力が等しく、したがってどこまでもたがいのために生きており、いかなる面でもたがいにたいして死んでいないような生きたもののあいだにのみ生じる。それはすべての対立を排除する。それは悟性ではない。悟性による関係づけは多様なものをつねに多様なままに放置し、その統一自身が対立項だからである。それは理性でもない。理性はみずからの規定作用を規定されるものに端的に対立させるからである。真の一体化は、限定するものでも、限定されたものでも、有限なものでもない。それはある種の感情だが、個別的な感情ではない。個別的な感情は全体的な生ではなく部分的な生でしかないので、生はそこから追いだされて解体し、多様な感情に分裂してしまい、多様なものの全体にみずからを見いだそうとするからである。愛においては、この全体は多くのばらばらな特殊なものの総和に含まれたものとしてあるのではない。愛においては、生は自分自身が二重化していると同時に一体でもあることにみずから気づいている。生は未発達の一体性から出発して自己形成を遂げながら、完全な一体性への軌道を走りぬけてきた。未発達の統一性には分離の可能性と世界が立ちはだかっていた。発達につれて反省がますます多くの対立するものを生みだしていくが、この対立するものは衝動が満たされることによって一体化され、ついには愛がそれに人間そのものという全体を対置し、反省を廃棄してまったく客体性を欠いたものにし、対立するものから未知のものという性格をすべて奪いとり、その結果、生は自分にはもはやなにも欠けていないことを見いだす。愛においても、分離されたものは依然としてありはするが、もはや分離されたものではなく、一体化されたものとしてあり、生きているものが生きているものを感じとっている。

　愛は生きているものの感情だから、愛しあう者たちが切り離されるのは、彼らが死すべきものであり、この分離の可能性を考えるからにすぎないのであって、現実的になにかが分離されているからでも、〔分離〕可能なものがひとつの存在に結びつけられて現実的なものになっているからでもない。愛しあう者たちにはいかなる物質もない。彼らは〈一なる〉生きた全体である。愛しあう者たちにも自立性と固有の生命原理がありはするが、それはつまり彼らが死ぬことができるということにほかならない。植物は固有な作用法則をそなえた塩基と鉱物質をもっている。これは第三者の反省であり、植物は朽ち果てることができるということでしかない。だが、愛はこの分離、この可能性をたんなる可能性としては廃棄し、死すべきものさえも一体化し、それを不死なるものにしようと努力する。

分離可能なものは、完全な一体化以前にはいまだ固有なものでしかないので、愛しあう者を困惑させる。これは一種の矛盾であり、対立しあうものを一体化によって根絶する完全な献身――これだけが唯一可能な根絶である――と、いまだ存在する自立性との矛盾である。前者は後者によって自分が妨げられているように感じる。愛は財産のようにいまだ分離されているものにはいらだちを覚える。愛が個体的なものに抱くこうした怒りが羞恥心である。羞恥心は死すべきものの痙攣でも、みずからを維持し存在しつづけようとする自由の表出でもない。愛のない攻撃を受けると、愛にあふれた心はこの敵意そのものによって傷つく。その羞恥心は怒りに変わり、いまでは財産や権利を守るばかりになる。

羞恥心が、敵対的なものがあるというだけでいらだちを覚える愛の結果ではなく、むしろその本性からして敵対的なものであり、攻撃されかねない財産をあえて守り通そうとするものだとすれば、暴君や、お金なしでは自分の魅力を譲り渡そうとしない娘、あるいは自分の魅力で興味を引こうとするうぬぼれた娘こそ、もっとも羞恥心があると言わなければならないだろう。この〔暴君と娘の〕どちらも愛してはいない。彼らが〔財産や身体的魅力のような〕死すべきものを守るのは、死すべきものにいらだちを覚えるのとは正反対である。彼らは自分の都合で死すべきものに価値を与えている。彼らには羞恥心がない。純真な心は愛を恥じるのではなく、愛が完全ではないことを恥じる。愛は、まだなんらかの力が感性を阻む敵対的なものになっていることで、みずからを責めるのである。羞恥心は、身体のことを思いだすとき、みずからが個人として生身で存在するとき、つまり個体性の感情においてのみ起こる。

羞恥心は死すべきものや固有なものゆえの恐怖ではなく、そうしたものを前にした恐怖である。この恐怖は、分離可能なものを愛が減らすやいなや、それとともに消えてしまう。というのも、愛は恐怖よりも強いからである。[†7]愛はみずからの恐怖を恐れない。そうではなく、愛は神経を逆なでするような対立を、それどころか確固たる対立を見いだすのを嫌がって、恐怖につきまとわれながら分離を捨てさる。愛とはたがいに受けとり与えることである。〔しかし〕愛は臆病なので、自分の贈り物が受けとってもらえないかもしれないと思ったり、自分が受けとっても相手は反対であって気を許さないかもしれないと思ったりする。そこで愛は、自分が希望によってあざむかれているか、それとも完全にうまくいくかを試そうとする。受けとるがわはそれによって他方より豊かにはならない。たしかに一方は豊かになるが、他方も同じだけ豊かになる。同様に与えるがわも貧しくはならない。一方は他方に与えることによって、自分自身の富を同じだけ増やす。『ロミオとジュリエット』でジュリエットがこう言っている。「私は与えれば与えるほど、もつものが多くなるのです[†8]」。

愛がこうした生の豊かさを手に入れるのは、魂のもつあらゆる思想や多様なものとの引きかえにおいてである。というのも、魂は無限の区別を求めながら、なおかつ無限の一体化を見いだし、言いかえれば、自然の多様なものの全体に目を向けて、自然の生命のあらゆるものから愛を享受するからである。どんな固有なものも一体となり、まだ分離されているものも接しあい触れあうことで、ついには無意識的なものになって、すべての区別は廃棄されてしまう。死すべきものは分離可能という性格を脱ぎすて、不死性の萌芽が、永遠に自分で成長していき自分を再生産するもの——つまり生きているもの——の萌芽が生まれてくる。一体となったものは二度と分離しない。〔それを〕なしとげ、つくりだしたのは神だからである。

しかし、この一体となったものはひとつの点でしかなく、愛しあう者たちはそれになにかを与えて、そこに多様なものが見いだされるようにすることはできない。というのも、この一体化においては対立するものは問題にならなかったからである。この一体化はどんな分離のけがれも知らない。〔したがって、〕多様なものを生みだし、それを現に存在させうるようなすべては、新生児が自分でみずからのうちに取りこみ、対置し、一体化してしまっているのでなければならない。萌芽がますます対立へと向きを変え、〔新たな発達段階を〕始めるのも、そのすべての発達段階が分離であるのも、生そのものの豊かさのすべてをあらためて獲得するためである。そこで結局はこうなる。つまり、〔まずは〕一体のものが、〔次に〕分離されたものが、〔最後に〕ふたたび一体化したものがある。〔たしかに〕一体化したものはふたたび分離するが、しかし、子どもにおいては一体化それ自身〔両親の関係〕が分離されえないものになっている。

愛のこの一体化はたしかに完全だが、それがそうでありうるのは、分離したもの同士が対立してはいても、一方が愛する者、他方が愛される者であり、したがって、分離したものがひとつの生きたものの器官であるときだけである。だが、愛する者たちはそれ以外にも多くの死んだものに結びついており、各人は多くの事物を所有している。つまり、各人は対立するものに関係しており、これらはそれを関係づけるもの自身にとっても依然として対立するもの、つまり客体である。こうして愛する者たちは、財産と権利をさまざまな仕方で獲得したり所有していることで、さらにさまざまな対立に巻きこまれかねない。死んだものは二人のどちらの支配下にあっても二人に対立するので、これを一体化するには、それを両者の支配下に置くしかないように思われる。愛する者は相手が財産を所有しているのを見ると、それをほしがった相手のこうした特殊性を感じざるをえないが、かといって〔財産にたいする〕相手の独占的支配を自分では撤廃することもできない。というのも、［…］に対立することになる［…］からである。[†9] だが、所有者はほかのだれでもなく自分だけに認められている財産権を、愛する者のた

†7　『旧約聖書』「雅歌」第八章六節、『新約聖書』「ヨハネの手紙一」第四章一八節。
†8　シェイクスピア『ロミオとジュリエット』第二幕第二場。

めにみずから放棄することによって、自分の財産が呼び起こす〔他者の支配という〕こうした恐れに先手を打つ。〔しかし、〕贈与とはなんらかの物品の譲渡だが、物品は客体という性格を失いようがない。財産は死んだものでしかない。愛は一方的なことはしないので、支配をわがものにし支配と一体化するための手段でしかないもの、つまり財産はけっして受けとらない。そうした事物はまさに事物であるからこそ、愛の感情の外部にあるものであり、共有されえない。もしそれが共有されるとすれば、それは愛しあう者のどちらのものでもないか、各人が別々のものをもつかのどちらかである。財産共有制とは、各人に事物への権利があり、平等な仕方でか、これといった定めなしにか、いずれかの仕方で各人が分け前にあずかることである。財産共有制ではいつでも分配がなされ、しかも必然的になされる。たしかに、権利や財産が手段としては失効しており、使用されていない死んだものの手段にしかなっていないときには、それらの権利と財産は取りたてて分配されないが、ひとたび使用されることになればおのずから必然的に分配される。財産共有制がさまざまな権利をすっかり放棄しているように見えてしまうのは、使用されていない財産が分配されていないからでしかない。だが、ただちに使用されてはおらず利用価値があるだけの財産部分についての権利も、基本的には確保されており、ただそれがわざわざ口に出して語られないだけのことである。所有者が同じ権利を他人の財産に転用すると〔以下中断あり〕。彼は相手の支配にもうひとつの支配を対置し、万人を排除する相手の関係を廃棄するだろう。〔しかし〕所有と財産は人間とその関心事と思想のきわめて重要な部分をなしているので、愛しあう者たちといえども自分たちの関係のこの側面を考慮しないわけにはいかない。たとえ共同で使用していても、その所有権は未決定なままだろうし、人間が所有するすべては財産という法的形式をもっているので、権利の観念が忘れられることもないだろう。たとえ所有者が相手にも同じ所有権を認めても、〔愛する者同士の〕財産共有制は事物にかんして両者それぞれがもつ権利でしかない。

宗教と愛（一七九八年）

《原稿欠落》彼らは自分に敵対的ではない多くの種族と知りあいになればなるほど、多くの神々をみずからの万神殿《パンテオン》に迎えいれるようになる。あなたがたの神はわれわれの神である、つまり、おたがいをもはや別々ではなく一体となったものとみなそうではないか、というわけである。異教の神々であればなんでも軽蔑するような民族は、全人類への憎悪[†10]を胸に抱いているにちがいない。

衝動と現実の分裂が大きくなり、苦痛が現実に生じるようになると、一体化は不可能である。人間がこうした分裂にとにかく耐えて、まだ運命に立ち向かえるだけの十分な力をもっているなら、運命に屈服せずそれになおも立ち向かっていく。彼にその力がなければ、彼は一体化を将来の状態に移しかえ、一体化をおこなう未知の客体からそれを調達する。というのも、人間はおのれのうちにないものをおのれの客体に置きいれることはないからである。人間が一体化できないものを一体化するところには、実定性がある。だから、人間はたしかにこの受難の原因がひとつの独立した活動だと考え、この活動に生命を与えはするが、この苦痛は受難であるがゆえにそれとの一体化は不可能なので、この受難の原因〔つまり独立した活動〕との一体化もまた不可能である。したがって、彼はこの原因を敵対的な存在としてみずからに対立させる。この存在からどんな恩恵も享受していなければ、彼はそれを変わることのない敵対的な性格をもつものとみなすだろう。〔それにたいして〕それをすでに楽しみ愛

---

†9　この一文は草稿の破損がひどく、大全集では［…］が挿入されている。なお、大全集の註によれば、かろうじて判読できるのはほぼ次のような内容である。「というのも、そんなことをすればこれはこれでまた他者の支配に対立することになるが、この他者も客体にたいしてそれ以外の関係をもちようがないからである」。

†10　本書二九四頁および二九五頁†81を参照。

†11　プラトン『パイドロス』二五一A。

していれば、その敵意をたんに一時的なものと考えるにちがいない。さらに、彼はなにか罪を犯したと感じていれば、みずからの苦痛のうちに、以前にはともに友好的に暮らしていた神の手が下す罰を認めるだろう。しかし、自分にはやましいところがないと考え、この完全な分裂に耐えうるだけの十分な力をもっていれば、人間味のかけらもない未知の力、つまり運命に力強く立ち向かい、それに屈服することもないし、かといってそれと一体化することもない。自分より強い存在と一体化することは隷属でしかないだろう。

自然のうちに永遠の分裂があるのに、一体化できないものが一体化されているところには実定性がある。つまり、そんなふうに一体化されたものとは理想であって、それは客体であり、そこには主体的ではないものが含まれている。

われわれは理想を自分の外に立てるわけにはいかない。そんなことをすれば、理想はひとつの客体になってしまうだろう。だからといって、理想はわれわれのうちにだけあるのでもない。そんなことになれば、理想は理想でなくなるだろう。

宗教は愛とひとつである。愛される者はわれわれに対立していない。彼はわれわれの本質とひとつである。われわれは彼のうちに自分だけを見る。だが他方ではまた、彼はわれわれではない。こうしたことは、われわれには理解しがたい奇跡である。

「秘儀を授けられて、かつて永遠の美を心ゆくまで眺めて楽しんだ者は、美をみごとに写しとっているか、そうでなければ非物質的な理念であるような神にも似た顔を見ると、まずは驚き、かつての戦慄のひとつが彼を襲う。そのあと彼はそれをもっと近くから眺め、神のように崇める。彼は狂ってしまったといううわさが立つのを恐れなければ、神像か神を相手にしているかのようにこの愛する人に犠牲をささげることだろう」[†11]。

一八〇〇年の宗教論

有機体としての生命の矛盾したありかた

《原稿欠落》…〔は〕絶対的な対立〔だと〕みなされる。生きものの多数性は一種の対立である。生きものは有機体とみなされなければならない。〔だが、有機体とみなされれば〕生命の多数性には〔次のような〕対立が生じてしまう。〔つまり、一方で〕この多数性の一部分は（この部分それ自体が生きものである以上は無限な多数性なので）関係のうちにあるとみなされるしかなく、その存在も統一にしかないものとみなされる。ところが、他方の部分は（これまた無限の多数性なのだから）〔前者の部分との〕対立のうちにあるものとしかみなされず、その存在を前者の部分からの分離によってのみもつものと規定されることになる。そうなれば〔今度は〕前者の部分も、その存在を後者の部分からの分離によってのみもつものと規定される。〔こうした二つの対立したありかたをする〕前者の部分が有機体とか個体と呼ばれるものである。こうして、おのずから以下のことがあきらかになる。つまり、生命の多様性は関係のうちにしかないとみなされ、そうした関係こそが生命の存在であるが、この生命は同時にそれ自身で差異をもつもの、たんなる多数性ともみなされうる。〔したがって前者のような〕生命の関係〔①〕は、〔後者のような〕関係項の分離〔②〕と同様に絶対的でないことになる。そうなると一方で〔①を前提すれば〕、生命がそこから排除されたもの〔生きものをとり巻く環境〕と関係する可能性が考えられなければならないが、それはまた〔その関係によって生きものが〕個体性を喪失したり、排除されたものと結合したりする可能性である。だが同じように〔②を前提してみても〕、有機的なひとつの全体〔生きもの〕から排除され、対立のうちにしか存在しないような多様なもの〔生きものをとり巻く環境〕は、あの有機体を捨象して孤立しており、それ自身において絶対的に多様であるというだけでなく、それ自身が同時に関係のうちにあり、みずからを排除したはずの生きものと結合さえするとみなされなければならない。個体性の概念は多様性への対立とそれ[†1]との結合をおのれのうちに含んでいるのである。〔たとえば、〕一人の人間がひとつの個体的生命であるのは、彼の外部のあらゆる元素や無数の個体的生命と異なるものでありながら、それらと一体でもあるかぎりでのことでしかない。彼が存在するのは、生命の全体が分割され、彼がその一部で、残りのすべてがほかの部分でありながら、どんな部分でもなく彼からなにものも切りはなされないかぎりでのことでしかないのである。

分割されない生命が前提され固定されるなら、われわれは生きものたちを生命の表出や表現とみなすことができる。そうした表出が設定されれば、同時に生命の多様性も設定され、しかも無限なものとして設定される。そうなると、そうした多様性を静止したもの、恒常的なもの、固定点、つまりは個体として固定するのは反省だということになる。あるいは、ひとつの生きものと、さらにはそれを観察するわれわれが前提されるなら、〔観察者である〕われわれの制限された生命の外部にあると考えられる生命は、無限な多様性や無限な対立や無限な関係をそなえた無限な生命である。そうした生命は多数性としては、有機体や個体の無限な多数性であり、統一性としては、ただひとつの有機化された全体、分割されていながら統一されてもいるような全体、つまり自然である。自然は生命を設定するひとつの仕方である。というのも、生命のうちに関係と分離、個別的で独立して存続するものと普遍的で結合されたもの〔前者は制限されたもの、後者は無制限のものとみなされる〕というおのれの概念をもちこみ、設定することによって生命を自然に仕たてあげるのは反省だからである。

いまや生命は、生きものたちや諸形態の無限性でありながら、このように自然としては無限に有限なもの、無制限に制限されたものでもあり、しかも自然においてはこうした無限と有限の統一と分離が〔ばらばらのまま〕存在しているので、自然はそれ自身が生命なのではなく、もっともふさわしい仕方であつかわれてはいても反省によって固定された生命でしかない。そのために、自然を考察し思考する生命〔人間〕のほうは、おのれ自身と無限の生命のこうした矛盾を、いまだに残る唯一の対立を依然として感じる――あるいは、そのほかどのように言ってもかまわない――。言いかえれば、理性はこうした設定や観察の一面性を依然として認識するのである。この思考する生命は、形態や、死すべきものや、移ろうものや、無限に対立しあい争いあうものから、生きたものを、つまり移ろうものにたいして自由なものを、多様性という死んだものもたがいに殺しあうものも含まないような関係を取りだす。それは〔多様性に対立するような〕統一や、観念的な関係ではなく、生気と力のみなぎる無限な生命であり、思考する生命はそれを神と呼ぶが、けっしてそれを思考したり観察したりはしない。なぜなら、その客体はそれ自身のうちに反省されるものや死んだものを含まないからである。

有限な生命から無限な生命への高揚としての宗教

人間のこうした高揚は、有限者から無限者への高揚ではない。というのも、両者はいずれもたんなる反省の産物にすぎず、そうであるかぎり両者の分離は絶対的だからである。むしろそれは有限な生命から無限な生命への高揚であり、それが宗教というものである。無限な生命は、抽象的な多数性に対立するものとしては、ひとつの精神と呼ぶことができる。というのも、精神が多様なものの生きいきとした一体性であるのは、多様なものに対立してはいても、それをみずからの形態としており、しかもこの形態が生命の概念に含まれているような多様性をなしているときだからである。それにたいして、精神から分離されて死んだたんなる多数性としての多様なも

†1　原文の demselben を derselben と読みかえる。

のと対立するときにはそうではない。なぜなら、そうなれば精神は、法則〔律法〕と呼ばれはしても、たんに思考されたもの、生きていないものでしかないようなたんなる統一性になってしまうからである。精神は多様なものと一体になって生命を与えるような法則であり、そのようにして多様なものは生命を与えられたものになる。人間が、この生命を与えられた多様性を多くのものの集まりとみなすと同時に、生命を与えるものと結合されたものともみなすなら、この個別の生命は諸器官となり、その無限の全体は生命の無限なひとつの全体となる。だが、人間がこの無限な生命を全体的なものの精神とみなし、自分自身は有限なものだからという理由で、それをおのれの外に置くと同時に、自分自身をも有限であるおのれの外に置き、自分を生きいきしたものに高め、それとこのうえなく親密に一体化するばあいには、彼は神を崇拝している。

多様なものはここではもはやそれとして設定されているのではなく、同時に生きいきした精神にどこまでも関係づけられ、生命を与えられたものとして、器官として現われるが、それでもまだなにかが排除されており、そのため不完全性と対立が、つまりは死が残ってしまう。言いかえれば、〔たしかに〕多様なものが器官として関係のうちに置かれるだけなら、対立そのものは排除されはするが、しかし、生命はけっして統一や関係とみなされるだけであってはならず、同時に対立ともみなされなければならない。〔そこで、〕私が「生命は対立と関係の結合だ」と言っても、ひとはこの結合そのものだけをふたたび取りあげて、「その結合は非結合に対立している」と反論できる。そうなると私としては、「生命は結合と非結合の結合である」と言わなければならないだろう。ということはつまり、どんな表現も反省の産物であり、したがって、設定されたものであるかぎりはどんなものについても、なにかが設定されると同時に、なにかほかのものは設定されず排除されてしまうと指摘できる。だが、このように休みなく押し流されてしまうことから一挙に脱するには、たとえば「綜合と反定立の結合」と呼ばれたものは、そのように設定され、理解され、反省されたものであるどころか、むしろ反省にとってそれがもつ唯一の性格は、反省の外部にある存在だということを忘れないようにしなければならない。生きいきした全体のうちには死も対立も悟性も同時に置かれており、つまり〔それ自身が〕生きいきした多様なものとして置かれているのだが、そうであるからこそみずからをひとつの全体として立てることもできるので、それによってもともとの全体もひとつの部分となる。つまり、それにとって死んだものが存在し、それ自身も他のものにとっては死んだものになってしまうのである。生きいきしているものがこのように部分であるという事態は、宗教において廃棄され、制限された生命は無限なものに高まる。有限なものは、それ自身が生命であることによってのみ、無限な生命に高まる可能性をもつ。哲学が宗教〔の登場〕とともに終わらなければならないのは、それが思考の働きであり、したがって一方では思考の働きではないものとの対立を、他方では思考するものと思考されるものという対立をもつからにほかならない。哲学はすべての有限なものが有限でしかないことを指摘し、有限なものの完成を理性によって要求し、とりわけ自分だけは無限だと思いこむさまざまな思いちがいを認識し、そのようにしておのれの領域外に真の無限なものを設定しなければならない。有限なものから無限なものへの高揚が、有限な生命から無限な生命への高揚つまり宗教という特徴をもつようになるのは、それが無限なものの存在を、客体的にせよ主体的にせよ、反省による存在とはみなさないからこそである。〔そうでなければ〕この高揚は、制限されたものに制限するものを付けくわえ、この制限するもの自身がふたたび〔ほかのものによって〕設定され制限されたものであることを認識し、またもやそれを制限するものを探しもとめるということを無限に続けるよう要求することになってしまうだろう。理性のこうした活動も〔たしかに〕無限なものへの高揚であるが、しかしそのような無限なものは…《原稿欠落》。

宗教と客体性

《原稿欠落》…ひとつの客体的な中心点を…。この中心点は、すべての民族にとっては神殿の日の出の方角であり、見えない神の崇拝者たちにとってはこのかたちなきものが住まう特定の空間、ただひとつの場所であった。だが、たんに対置されただけの、純粋に客体的でたんに空間的なこのものは、まったくの客体性というこうした不完全な状態にとどまるとはかぎらず、それみずからが、つまりそれ自体としてありながらも、〔みずからの〕形態を通して固有の主観性へと立ちかえることもありうる。神的な感情とは有限なものが無限なものを感じとることだが、この感情は反省が付けくわわりそこに定着することによってはじめて完成する。だが、感情にたいする反省の関係は、感情を主観のものと認識すること、感情を意識することにすぎず、反省と感情がたがいに切りはなされたまま前者が後者を反省することでしかない。純粋な空間的な客体性は多くの人びとに一体となる場所を与えるが、具体的なかたちを取った客体性は、同時に存在すべきものでもあり、それに主観性が結びついてしまうせいで、現実的ではなくたんに可能的な客体性でしかなくなる。この客体性はそれとして考えることはできても、純粋ではないので必然的ではない。こうして、さきに生命の瞬間と時間という時間の二律背反が必然的なものとして立てられたように、対象についての客体的な二律背反も立てられる。計りしれない空間のうちにある無限な存在が同時に特定の空間のうちにある。たとえば、次のように。

あらゆる天のなかの天でさえ包みこむことができなかった御方、
その御方がいまマリアの胎内におられる。[†2]

宗教生活においては、客体へのかかわりやふるまいは客体を生きいきと保ったり、それに生命を与えたりすることが示されたが、しかし、この生活の運命にも注意が向けられた。つまりこの生活は同時に、客体的なものを客体的なものにしておくばかりか、生きいきとしているものさえも客体にせざるをえないのである。この客体化はたんに一時的なものでしかなく、生命はふたたびそこから離れ解放され、〔客体化によって〕抑圧されたものをそれ自体の生命と復活にゆだねるのかもしれない。だが、生命がやはり客体となんらかの恒常的な関係を結び、客体的なものを客体のままにしておくあまり、ついには〔おのれ自身を〕だいなしにしてしまうことは避けられない。これまで完成に向かうさまざまな傾向が見られたことからしても宗教的な一体感はたしかに増してはいるが、それでもなおまだ偽善が生じうる。それは私有財産という特殊なものがそのまま残されているからである。人間は（否定的に表現すると）ものをしっかり握りしめて離さないようでは宗教の条件、つまり絶対的な客体性から自由であり有限な生命を乗りこえるための条件を満たしてはいない。人間が無限な生命と一体になれないのは、まだなにかを自分のために保ち、その支配に巻きこまれたり、それへの依存にとらわれたりしているからである。こうして人間は、どうしても財産を必要とするということが運命なのだから、そのほんの一部を供物として手放すにすぎない。というのも、人間のこうした運命は必然的であり、撤廃しようがないからである。人間は神の前でさえも一部を破棄するだけであり、それ以外のものの破棄については、友人たちと共有にしたり、そんな破棄はこれといった目的のないぜいたくだといった理由を付けたりして、できるかぎり特別あつかいし、それをやらずにすむようにする。しかし、人間はこうした無目的の破棄、つまり破棄のための破棄によってのみ、目的をもった破棄というそれ以外の部分的な関係〔の不十分なところ〕を埋めあわせると同時に、自分には関係がない〔この無目的の〕破棄によって、〔客体的なものの〕客体性を、その客体が〔自分には〕まったく関係がないという事態を、つまりは〔おのれ自身の〕死を完成する。客体の破棄が必要なことには変わりはないが、目的をもたない破棄のための破棄はときおり現われては、絶対的な客体にいたる唯一の宗教的な破棄であることを見せつける。

次の点も少しだけ触れておく必要がある。〔宗教生活の〕必然的な境界をなすそのほかの外的な空間の環境は、それがもつ無目的の美そのものによって人びとの関心を惹くようなものであってはならず、むしろ目的にふさわ

---

†2　家庭用讃美歌集『エアフルト提要』（一五二四年）に収められたルター作曲の讃美歌「讃美を受けたまえ、主イエス・キリストよ」の一節を自由に引用したもの。

しい美化によってなにか別のものを指し示さなければならない。礼拝の本質は、客体的な神を観察や思考によって考察するのをやめ、むしろ神を生きいきしたものの主体性と喜んで融合させることである。そうした融合は歌や身体運動、〔たとえば〕朗々たる演説のように規則によって客体的で美しいもの、舞踊に〔さえ〕なりうるような種類の主体的表現によって、あるいはまたさまざまな勤行や、供物や儀礼をささげるさいのさまざまな決まりごとなどによって果たされる。さらにこうした多くの表現と表現者は、統一性と秩序を必要とするが、それが生きたものとして体現されたものが、秩序を与え命令する者、つまり聖職者である。しかし、人間の欲求に満ちた外面生活がひどく分裂してしまうと、聖職者も同じように分裂したものになってしまう。そのほかの結果やそれがいきついた果ての状態には触れないでおく。

宗教における神と人間の関係

このように宗教において一体性がいっそう完全なものになって有限の生命が無限の生命に高まり、それによって有限で制限されたもの、つまり純粋に客体的なものや純粋に主体的なものが可能なかぎり残らず、この高揚と完成の過程でおのずから生じたそれぞれの対立〔や統一〕も完全なかたちで出そろうことは、絶対に必然的というわけではない。宗教は有限者が、ひとつの生命として立てられているような無限者へとなんらかの仕方で高まることであり、そのような高揚は必然である。というのも、有限者は無限者によって条件づけられているからである。だが、人類の一種族の特定の本性が、対立や統一のどの段階にとどまっているかは、〔人類一般の〕本性が一定でないことからすれば偶然である。〔そうした対立や統一が〕もっとも完全なかたちで出そろっているのは、その生活ができるかぎり分断も分裂もしていないような民族、つまりは幸福な民族においてである。もっと不幸な民族はその段階にたどりつくどころか、むしろ分裂状態のただなかでその一部分にしがみつき、それによってみずからの自立性を保とうとあくせくせざるをえない。彼らがこの自立性を失わないように努めるのは当然である。

彼らの最高の誇りは、分裂を堅持してそのうちの〈一方のもの〉にしがみつくことでしかないのである。

いまこの〈一方のもの〉が主体性の立場から自立性とみなされようと、他方の〔客体性の〕立場から、よそよそしく遠くにあって手の届かない客体とみなされようと、両者は仲良く共存できるように思われる。分裂が強まるほどに自我もますます純粋になり、同時に客体もますます人間を遠く超えてゆくことは必然であり、内的なものがより大きくなり隔絶したものになればなるほど、外的なものもより大きくなって隔絶したものになるのも必然だからである。さらに外的なものが自立的なものとして設定されるなら、人間はますます〔それに〕従属するように見えざるをえない。だが、〔人間はみずからが〕途方もなく偉大な客体に支配されているというまさにこのことを関係として堅持しようとする。〔そのさい〕すべての天のなかの天、すべてのしがらみに属することを無限に超え、すべての自然のうえに漂う非常に強力な神を〔人間が〕畏敬するのか、それとも純粋自我としてのおのれ自身を、この身体の廃墟も、輝く太陽も、幾百万の天体も超えたところに、汝ら輝く恒星のすべてと同数の新たな恒星系を超えたところに置くのか[†3]、そのどちらの立場を人間の意識が取るかは偶然である。分裂が無限であれば、主体的なものと客体的なもののどちらを固定するかはどうでもよいが、〔いずれにせよ〕絶対的に有限なものは絶対的に無限なものに対立したままである。〔それにたいして〕有限な生命が無限な生命に高まるとすれば、有限な生命がみずからを超えて高まることでしかありえないだろう。〔だが現状では〕無限なものがもっとも完璧である

†3　フィヒテの論文「ザクセン選帝侯国の没収訓令によってフィヒテに帰せられた無神論的言明にかんして公衆に訴える」（一七九九年）からの要約的引用（邦訳『フィヒテ全集』第一一巻、『無神論論争・人間の使命』（久保陽一訳、哲書房、二〇一〇年）の九八～九頁）。この箇所でフィヒテは公衆に向って、フィヒテ自身の学説にしたがい、宇宙規模の客体をも超越した自我の境地にまでおのれを高めるよう呼びかけている。だが、ヘーゲルに言わせればフィヒテの主張は、「分裂が無限である」場面でたまたま主体的なものを固定した立場にすぎない。

のは、それが総体性つまり有限なものの無限性に対立するかぎりにおいてであり、しかも、この対立が美しい統一において廃棄されるどころか、むしろ統一のほうが廃棄されて、自我がすべての自然を超えて浮遊するか、そうでなければ、すべての自然を超えたひとつの実在に自我が依存し、あるいはもっと正確には関係するかという対立が実現するかぎりにおいてである。こうした宗教は崇高であり、恐ろしいほどに崇高だが、美しく人間的なものではありえない。したがって、自我がすべてを、対立するすべてを支配下に置いて至福を感じるという現代の現象は、人間にはなりえない絶対的によそよそしい実在に依存するという現象と根本的には同義である。あるいは、この実在が人間に（したがって時間のなかで）なったとしても、この統一においても絶対的に特殊なもの、絶対的な一者だけは残ってしまうだろうし、してみれば、この実在がもっとも威厳があり高貴であるのは、時間との統一が卑しく下賤であるときだということになるだろう。

一八〇〇年九月一四日

Ⅲ　歴史・政治・社会論文

自然法の学問的な取りあつかいかた、実践哲学におけるその位置、および実定化した法学との関係について

目次

哲学とほかの学問の関係

自然法学は力学や物理学といったほかの学問と同じく、本質的には哲学的であるような学問であることはとうに認められているし、哲学はまちがいなく諸部門をもつのだから、その本質的な部門であることも認められている。しかし、自然法学はほかの学問と共通の運命にさらされてきた。形而上学になれたのは哲学のなかでも哲学的な部門だけであって、ほかの諸部門はそれにかかわることがほとんど許されず、特殊な原理という点では理念とはまったく独立に営まれてきた。ついには、例として挙げた一連の学問は、みずからが多かれ少なかれ哲学か

ら遠ざかっていることを自白せざるをえなくなり、その結果、一般に経験と呼ばれるものをみずからの学問的な原理として認め、それによって真なる学問であるという要求を捨て、経験的な知識の寄せ集めだけからなることに甘んじ、みずから願いでて悟性概念を操りはするものの、それによってなにか客観的なことを主張する気をなくしている。哲学的な学問を自称していたものがまずは意に反して哲学と学問一般のカテゴリーから排除され、次には結局この地位に甘んじてしまったわけだが、こうした排除の理由は、そうしたいわゆる学問が哲学という学問そのものから出発せず、それと意識的に結びつくこともしなかったからではない。というのも、哲学のいずれの部門も、絶対者によってこそ真の学問でありうるのであってみれば、それぞれ単独に自立した学問になり、完全な内的必然性を得ることができるからである。絶対者はどのようなかたちを取ろうとも、それらの学問の認識と自由の領域を超えた独自の原理であり、それぞれの学問はこの原理との関係においてひとつの外的な必然性に属する。しかし、理念そのものはこうした特定のありかたからは自由のままであり、絶対的な生命がどんな生きもののうちにも現われるのと同じように、この特定の学問においてもみずからを純粋に反省しうる。それでも、特定の学問の学問的性格つまりその理性的性格があらわになって、理念の純粋な形式にまで高まることはない。理念とはすべての学問の本質であり、それがこうした純粋な理念として存在するのは絶対的な学問としての哲学においてのみである。学問がこのように独自でありながらも自由に学問として形成されうるという実例を、ほかの学問がうらやむほどの輝かしさで示しているのが幾何学である。それでもやはり、上述のような性格の学問の実在性がすべて剝奪されなければならないのは、それが〔幾何学とは違って〕ほんとうのところは経験的だからというのではない。というのも、哲学のどの部門も側面も、自立した学問でありうるとともに、ただちにまた自立した完結した形象でもあり、純粋にそして幸運にも硬直した概念に汚染されない直観の形象というかたちで受けいれられ、記述されうるからである。

とはいえ、学問が完成されるためには、直観と形象が論理的なものとひとつになって、純粋に理念的なものに受けいれられるだけではなく、たしかに真実ではあるが専門分化した学問から個別性が取りさられ、その原理がより高次の連関と必然性において認識され、まさにそれによってその学問そのものが完全に解放される必要がある。学問の限界の認識もこれによってのみ可能になる。そうでなければ、学問はみずからの分を超えてしまい、みずからの原理が限定されているにもかかわらず、その本性を絶対的な形式として認識せざるをえないのだから、そうした限界に無知なままであるにちがいない。というのも、この〔絶対的な形式であるという〕認識から学問にとってすぐに帰結するのは、その学問に付きまとうさまざまな限定はどの学問にも平等に伸びひろがっているという認識と確信でしかないだろうからである。だがそうなると、学問はみずからの限界にたいしては経験的にかかわるしかなくなり、あるときはその限界を誤って踏みこえようとするか、あるときにはみずからを実際よりも狭く見積もるために、いざ拡張されるとなると予想外のこととして受けとめるかのどちらかになってしまう。幾何学もまったく同様であって、幾何学はたとえば正方形の対角線と辺の通約不可能性なら証明できるが、円の直径と円周のそれは証明できない。* こうして幾何学だけでなく算術も、そして最たるものとしてはこの両者の統一も、学問が暗闇のなか限界線を手探りしながら歩きまわっていることの好例を示してくれる。

＊フィヒテは〔『自然法の基礎』の序論において〕後者〔円の直径と円周の〕通約不可能性の理由を知るのは簡単だと、いくらか自慢げに語っている。つまりまじめな話、曲線は直線ではないからだというのである。この理由のいいかげんさはおのずからあきらかであり、それはまた、正方形の対角線と辺はいずれも直線なのに通約不可能であることによってすでに反駁されもすれば、放物線は〔曲線なのに〕求積法が可能だということによって反駁されもする。〔フィヒテは〕同じ個所で数学的な無限に対処しようとして、無限に多くの辺をもつ多角形が測定不可能なのはまさしくそれが無限に多くの辺をもつ多角形だからだという常識に訴えている。この対処法にかんして言えば、ある面では、絶対的な理念がみずからを実現するはずの無限な進行にたいしてもこれとまったく同じ対処法が使えなければならないだろうし、またある面では、無限な量ではなく同一性であるような肯定的な〔真の〕無限

性という根本問題にかんして、そんなものが当てはまるかどうかについてはなにも決定されていない。だがそれは要するに、通約可能性についてもその不可能性についてもなにもはっきりわかっていないということにほかならない。[†1]

批判哲学と自然法

批判哲学は理論的な学問に重大な否定的影響を及ぼしている。つまりこの哲学はこの学問の学問的な性格が客観的なものではなく、無とも実在ともつかないもの、存在と非存在のごちゃまぜであることを証明し、みずからが身を置いているのが経験的な思いこみでしかないという告白を学問にさせるにいたっている。こうした側面のせいで批判哲学の肯定的なものはますますみすぼらしくなり、あの哲学的な諸学問〔力学や物理学や自然法学〕を回復できなくなってしまった。その代わりに、批判哲学は絶対者をそっくりそのまま実践哲学に移してしまった。そのおかげで実践哲学において、批判哲学は肯定的な知になりはするが独断的な知になりもする。超越論的観念論とも自称するこの批判哲学は一般に、とくに自然法においては、次のような対立の極みとみなされなければならない。つまりこの対立は、水面の波紋がその運動の始点から同心円状に広がっていき、ついには小さな運動となって中心との関係を失い無限に〔つまりは、うやむやに〕なるように、それまでの学問的な努力によって、最初はまだ弱々しい閉鎖的な野蛮状態を脱して少しずつ大きくなり、ついには批判哲学において、〔にせの〕無限性という絶対的な概念をつうじてたがいを理解しあい、そのような無限性となってたがいを廃棄しあうまでになるのである。そうだとすれば、自然法のこれまでのさまざまな取りあつかいかたや、自然法の原理とみなされねばな

†1　フィヒテ『知識学の原理による自然法の基礎』〔以後『自然法の基礎』と略記〕第一巻「序論」、『フィヒテ全集』第三巻六頁以下の註〔『フィヒテ全集』第六巻、藤澤賢一郎訳、哲書房、一四〜五頁〕。

らないとされてきたさまざまなものは、学問の本質からすればまったく意味がなかったと言わざるをえない。というのも、それらはたしかに対立や否定性のうちにはあっても、絶対的な否定性つまり〔真の〕無限性のうちにはなく†2――それが存在するのはただ学問にとってだけである――、むしろ肯定的なものも否定的なものも純粋にはもっておらず、両者のごちゃまぜでしかないからである。こんなものにこだわるのは、ある種の好奇心から学問の歴史に関心を抱く人ぐらいのものだろうが、そんなことをしてみても結果的には、そうしたごちゃまぜを絶対的な理念と比較したあげくに、そのゆがみそのもののうちにある種の必然性を、つまり、特定のものが原理になっているためにゆがんではいるが、絶対的形式の諸契機があらわになり、制限された原理の支配下にあってもそれらの諸契機がこれらの〔自然法にかんする〕試みを支配する必然性を見てとることになるだろうし、同様にまた、世界の経験的状況さえもが学問の理念の鏡に映しだされるのを見ることになるだろう。

自然法の経験的な取りあつかいかたと形式的な取りあつかいかた

後者にかんして言えば、万物は連関しているのだから、経験的な存在もどんな学問の状況もたしかに世界の状況を同じように表現しはするが、しかしそれをもっともまぢかで表現するのは自然法の状況である。というのも、自然法は人間にかかわるすべての事柄を動かす人倫的なものに直接かかわるからであり、人倫的なものの学問がなんらかの現実性をもち、必然性に属するかぎりで同じように必然的である人倫的なものの経験的な形態とひとつになり、そして学問である以上は、その形態を普遍性の形式において表現しなければならないからである。

前者にかんして言えば、学問の原理のほんとうの違いとして認められうるのは、その学問が絶対者のうちにあるか、それとも絶対的統一の外に、つまり対立のうちにあるかということだけである。しかし後者のばあいには、原理がたとえ不完全で相対的ではあれなんらかの統一性であり、つまりはひとつの関係の概念でなければ、あるいはまた、引力とか統一力といった名前で呼ばれてはいても関係そのものの空虚な抽象でしかなければ、そうした学問はそもそも学問でさえないだろう。いかなる関係概念も原理としないような、あるいは、空虚な統一力を原理とするにすぎないような学問に残っている理念的なものと言えば、子どもが世界から自分を区別する最初の理念的関係である表象という形式ぐらいのものである。そうした学問は経験的な質を表象という形式に変えることもできるし、多様な表象について詳細に語ることもできる。経験的な学問と呼ばれているのは主にこうした学問のことであろう。しかし、実践的な学問はその本性からして、普遍的でありながら実在するものを、つまりは、異なるものの統一であるような統一を目指すのだから、実践的な経験においては感覚といえども純粋な質ではなく、関係——自己保存本能のように消極的なものであれ、愛と憎悪、社交性などのような積極的なものであれ——を含んでいなければならない。さらに学問的な経験が一般に純粋な経験から区別されるのは、質よりもむしろ関係を対象にするからというより、むしろこの関係を概念形式のもとに固定し、この否定的な絶対性を頼りにしながらも、統一性のこの形式と内容を分離しないからである。われわれはこうした学問をこそ経験的な学問と呼ぶことにしよう。それにたいして、対立が絶対的であり、純粋な統一性つまり無限性、言いかえれば否定的な絶対者の内容が純粋に分離され、独立に想定されているような形式の学問を、純粋に形式的な学問と呼ぶことにしよう。

　これによって、自然法を学問的に取りあつかう二つの不適切なやりかたの種差がはっきりする。それによれば、前者の原理は経験的直観と普遍的なものの関係と混合であるが、後者の原理は絶対的対立と絶対的普遍性である。それにもかかわらず、両原理の要素である経験的直観と概念が同じものであり、〔後者の〕形式主義にしても、純粋な否定から出発してなんらかの内容に移行するのだから、関係つまり相対的な同一性にしかいたりつけないの

†2　ここでヘーゲルは「無限性」という語を、彼独自の肯定的な意味と、批判哲学におけるまだ不完全な否定的意味の両義で使っている。これについては、本論文の第二章でくわしく論じられる。

は、おのずからあきらかである。というのも、純粋に理念的なものつまり対立が絶対的なものとして立てられ、したがって絶対的な理念も統一も存在することができないからであり、さらに直観との関係においては（絶対的な対立の原理つまり純粋に理念的なものが絶対的であるという原理とともに、経験という絶対的な原理が立てられているので）、綜合にしても、それが対立の一方を廃棄するというたんに否定的な意味だけではなく、直観という積極的な意味をもつべきだとされてはいても、経験的な直観しか示せないからである。

　まずはじめに、自然法を学問的に取りあつかうこの二つのやりかたをもっと詳細に特徴づけよう〔第一章と第二章〕。つまり、一方のやりかたは絶対的な理念がそれに含まれる絶対的な形式の諸契機におうじて現われる仕方にかんして、他方のやりかたは無限なものつまり否定的な絶対者が肯定的な組織をつくりあげようと無駄骨を折る仕方にかんして、特徴づけることにしよう。後者の試みを説明したあとただちにわれわれは、人倫的なものの諸学問が哲学的な諸学問としてもつ本性とその相互関係を考察し〔第三章〕、さらにいわゆる実定化した法学[+3]とそれらの関係を考察する〔第四章〕。実定化した法学はたしかに哲学とは距離を保っており、みずから哲学を放棄しているのだから、その批判を免れうると思っているが、しかし同時に、絶対的な存在と真の実在性をもつと主張してもいる。こんな思いあがりは大目に見るわけにはいかない。

第一章　自然法の経験的な取りあつかいかた

経験的な取りあつかいかたの問題性——特定のものの絶対化

ところで、われわれが経験的と呼んだ自然法の取りあつかいかたにかんしては、ここではさしあたり一般的に言って、それが取りあげて原則の名のもとに主張しているような、さまざまな特定のものや関係概念そのものの実質には立ちいることはできない。否定されなければならないのはむしろ、そのように特定のものを分離し固定することである。〔このように分離してしまえば〕分離というものの本性からしてどうしても学問は統一の形式しか目指さなくなるし、多くのものを超えて統一性を手に入れるにはみずからに割りあてられる多様な質のことを記述しているだけではすまないので、それらの質の有機的な関係を手がかりにしてなんらかの特定のものを取りだし、これをその関係の本質とみなさざるをえなくなる。しかし、それではけっして有機的なものの全体性は得られず、あの選びだされた特定のものから排除された有機体のそれ以外のありかたは、本質であり目的であると

†3　一般に、永遠不変の自然法にたいして、人間がそれぞれの時代や共同体において制定した法は「実定法」と呼ばれるが、ここでヘーゲルは「実定（的）」と訳される positiv という語を独自の意味で用いている。この語の多義性については、五五三頁の†57を参照。

して掲げられたこの特定のものの支配下に置かれてしまう。[†4] たとえば結婚という関係を認識するために、あるときには子供を産むことが、またあるときには財産の共有などが想定され、そうした特定のものがなによりも本質的だとされることによって、有機的な関係全体のありかたが決めつけられ汚染されてしまう。あるいは刑罰にかんして言えば、犯罪者の道徳的な更正とか、〔犯罪者に〕もたらされる損傷とか、ほかの人びとが刑罰に抱くイメージとか、犯罪者自身が犯罪を犯す前に抱いていた刑罰についてのイメージとか、このイメージが現実となって威嚇が威嚇ですまなくなる必然性といった特定のものが取りあげられ、そうした個別的なものが全体の目的や本質にされる。そうなると当然次のようなことになる。つまり、そうした特定のものは、たしかにほかにもさらに見つけだされ、たがいに区別されるだろうが、そこに必然的な関係はないのだから、一方の他方にたいする関係や支配を見いだそうとすれば、難問が次々に生じてきりがない。さらに、個別的なものには内的必然性は含まれず、そうした必然性が欠けているからには、それぞれはどれもほかのものからの自立性を十分に主張できる。

有機的なものが経験的な直観、つまり中途半端に反省された直観によって多様な関係に分散され、この多様な関係から特定の質が取りだされて、概念的統一という形式のもとに置かれるのだが、こうした特定の質が上述の知によって本質とか目的とか呼ばれるものにほかならない。そして、この特定の質は、その概念の形式が当の概念の内容をなす特定のものの絶対的存在として表現されることによって、原理とか法則とか義務などとして立てられることになる。純粋な形式の絶対性——と言っても、それは否定的な絶対性つまり純粋な同一性、純粋な概念、無限性でしかない——から、内容の絶対性、形式に受け容れられた特定のものの絶対性へのこうした変貌については、批判哲学の原理をあつかうさいにもっとくわしく語ることにしよう。[†5] こうした変貌はここで問題になっている経験的な知においては無意識に起こるが、批判哲学はそれを反省したうえで、絶対的な理性という資格で絶対的な義務としてその変貌に取りくむのである。

特定のものが思考によって置きうつされるこの形式的な統一性は同時に、学問が求める必然性の見かけをもたらすものでもある。というのも、対立しあうものが統一をなし、しかもそれらとの関係においてこの統一が実在的とみなされることが、対立しあうものの必然性だからである。しかし、いま問題になっている形式的統一の実質は、対立するものの全体ではなく、その一方である特定のものでしかないのだから、その必然性にしても形式的な分析的必然性でしかなく、同語反復的命題ないし分析的命題にしか結びつかない。[†6] そして、こうした命題において記述されうるのは特定のものでしかないのに、命題のそうした絶対性によって、内容の絶対性までもがこっそりと手に入れられ、そのようにして法則や原理がでっちあげられるのである。

経験的な学問と形式主義の絶対者

しかし、この経験的な学問は、どれひとつとして絶対的ではないようなさまざまな原理や、法則や目的や義務や権利のうちにありながらも、その念頭には同時に、これら脈絡のないすべての特定のものの絶対的な統一性や、根源的にして明白な必然性のイメージや欲求が浮かんでこざるをえない。そこで、経験的な学問が理性に由来するこの要求をどのように満足させるか、言いかえれば、この経験知には克服できない〈多〉と〈一〉の対立の支配下にあって、絶対的な理性理念がそのさまざまな契機においてどのようなかたちで現われるかを考察してみよう。

---

†4 人間の思考にひそむ支配や排除を批判する考えかたは、ヘーゲルに一貫して見られる。たとえば、本書三二九頁以下と三三一頁の†46を参照。

†5 本書四九六頁以下参照。

†6 ここで言う分析的命題とは、たとえば「三角形は図形である」のように、主語の内容にすでに含まれている要素を分析によって取りだし、述語づける命題のこと。分析命題の主語と述語の関係は、同語反復的な形式的同一性にすぎない。ヘーゲルが「同語反復的命題」を無造作に「分析的命題」と言いかえるのはそのためである。同様の議論は以下でもしばしばくり返される。

ある面では、この学問的な努力とそのあやしげな手段のうちにさえ絶対者の反映と支配を見てとりながらも、しかし同時に絶対者の転倒した姿を見てとるというのは、それ自体で興味深いことである。またある面では、絶対者の諸契機がそのさい受けとった形式が一種の先入見になり、疑う余地のない普遍妥当的な思想になってしまっているので、批判はそうしたものが無価値であることを示し、そんなものを気にしなくてよいことを学問に保証してやらなければならないのだが、こうした形式が無価値であることの証明は、それらの形式がそこから生じもすれば、それらに染みついている嗜好や本性をもたらしもした地盤に実在性が欠けていることを示してやればもっともわかりやすい。

まず第一に、経験的な学問は学問の全体像を、多様なものの全体が完全に出そろった状態として思いうかべるが、本来の形式主義は首尾一貫性として思いうかべる。経験的な学問はみずからの経験を任意に普遍性にまで高め、みずからが思考の対象にしたこの特定のものを首尾一貫して展開するあまり、これに矛盾するとはいえ、同じように思考の対象になり原理として語られる権利をもつようなほかの経験的な素材が、以前の特定のものの首尾一貫性をもはや許さず、それを放棄するよう迫ってくることさえありうる。〔それにたいして〕形式主義は首尾一貫性を、その空疎な原理が、あるいはみずからがこっそりと手に入れたなんらかの内容が許すかぎり、どこまでも拡張することができる。しかもそのために形式主義は、完全性が欠けているものに経験的なものという軽蔑的なあだ名を付けて、尊大にもみずからのアプリオリ性と学問からそれを排除することさえ許されている。というのも、形式主義はみずからの形式的な諸原理がアプリオリで絶対的なものだと主張し、したがってこの原理によって支配できないものは絶対的ではない偶然的なものと主張するからである。そうしなければ形式主義は、経験的なもの一般に、そしてある特定のものから別の特定のものにいたりつくために、条件づけられたものから条件へと形式的に移行することになるが、この条件もふたたび条件づけられたものだから無限遡行に陥るしかない。しかし、そうなると形式主義はみずからが経験的なものと呼ぶものにたいするすべての優位を放棄するだけではない。条件づけられたものと条件の連鎖において〔経験的な〕対立項はどれも絶対的に存在するものとして立てられるので、形式主義はみずからも経験的な必然性にすっかり埋没してしまい、そこで形式的同一性によって、または形式主義がこの形式的同一性を結びつける否定的な絶対的なものによって、この必然性に真の絶対性であるかのような見かけを与えることになる。

しかし、形象の首尾一貫性と完全性とのこうした結合は——たとえこの首尾一貫性が、形式主義のより完全で形式的で無内容なそれであれ、経験的学問のそれ、つまり、特定の概念を原理とみなしはするがある原理から別の原理へと渡り歩くので、どの概念とも一貫して不整合である点でのみ一貫しているような首尾一貫性であれ——、純粋な経験にとってあるような多様なものの位置をただちに狂わせてしまう。純粋な経験にとってはどんな多様なものもほかのものと同じ権利をもち、どんな特定なものも同じく実在的なのだから、純粋な経験はどれかを優先することはないのである。これについては、以下で純粋な経験とここで問題になっている学問的な経験を比較するときに、もういちど戻ることにしよう。[†7]

絶対的な統一性と経験にとっての統一性

こうした形式的全体性について考察されなければならないのは、絶対的な統一性がどのようにして根源的と呼べるような単純な統一性として現われもすれば、経験知のうちに映しだされて全体性として現われもするかということである。この二つの統一性は、絶対者においてはひとつであり、絶対者は両者の同一性なのだが、経験知においては切り離され、異なるものとして現われざるをえない。

まず前者の〔単純な〕統一性にかんして言えば、この統一性は経験にとっては必然性の本質としては問題になり

---

†7　本書四八四頁以下を参照。

えず、この本質は〔経験が捉える〕現象にとってはその外的なつながりでしかない。というのも、本質的であるような統一性においては、多様なものはただちに根絶され、無であるのに、多様な存在こそが経験の原理なので、経験は自分にとっては絶対的である現象のさまざまな質の絶対的な無には突き進めないし、たとえ概念を使っても、その概念の質は多様そのものであり無限に多様であるとみなしているため、やはりそうした無には突き進めないからである。したがって、あの根源的な統一性はせいぜいのところ単純でわずかな質の集合を意味しうるにすぎず、経験はそれを使ってほかの質も認識できると信じている。こんなふうに大まかに恣意的で偶然的だとみなされているものが消えうせ、多様なものが必要最小限の量だけしか想定されないような理想像とは、経験にとっては物理的にも人倫的にもカオスである。人倫的なものにおいてこのカオスは、あるばあいには空想力によってどちらかと言えば存在のイメージのもとに自然状態として思いえがかれ、またあるばあいには経験心理学によって人間のうちにあるさまざまな能力が列挙されたうえで、どちらかと言えば可能性と抽象の形式のもとで、人間の本性と使命として思いえがかれる。そしてこのようにして、一方では端的に必然的で、それ自体としてあり、絶対的だと主張されるものが、他方では実在的ではないもの、たんに想像された観念的なものとして――前者のばあいには虚構、後者のばあいにはたんなる可能性として――しか認められないことになる。これは矛盾の最たるものである。

それ自体で存在するものと移ろいゆくものとの怪しげなごちゃまぜのうちにとどまっている常識からすれば、法状態についてのごちゃまぜのイメージからすべての恣意的なものや偶然的なものを分離すれば、この抽象によって絶対的に必然的なものがただちに残るにちがいなく、そうすればそれ自体で存在するものを見いだせる、と考えることほどわかりやすいことはない。怪しげな予感が特殊なものや移ろいゆくものに数えいれるかもしれないすべてのものを、特殊な習俗や歴史や教養、さらには国家に属するものとして度外視すれば、あとに残るのは赤裸々な自然状態のイメージで捉えられた人間、その本質的な諸可能性をそなえた人間という抽象であり、必然的なものを見いだすにはひとはただ見やりさえすればよいというわけである。〔そのさい〕国家と関係すると認められるものもまとめて分離されなければならない。なぜなら、必然的なもののカオス的なイメージは絶対的な統一性ではなく、たんなる多様性、つまり可能なかぎり最小限の性質をもつだけの原子しか含むことができないからであり、したがって、原子の結合と配列という概念――これはもっとも弱々しい統一性であって、多様性の原理がもちうるのはそうした統一性でしかないのだが――に属しうるものも、そうした多様性にあとからはじめて付けくわわるものとみなされ、カオス的なイメージからは排除されてしまうからである。ところでそうした選別をおこなおうにも、偶然的なものと必然的なものの境界がどこにあるのか、つまり、自然状態というカオスや人間という抽象のうちでなにが残され、なにが度外視されなければならないかの基準が、経験主義にはそもそもまったく欠けている。ここで主導的な規則は、現実に見いだされるものの記述に必要なかぎりのものはそこに含まれているということでしかありえない。アプリオリなものを判定する原理はアポステリオリなものなのである。法状態のイメージでなにか主張したい事柄があれば、それと根源的にして必然的なものとの連関を示し、したがってその事柄それ自体が必然的であることを示すために、なんらかの固有の質や能力をカオスのうちにもちこみ、経験的なものから出発する学問一般の流儀にしたがって、現実のいわゆる説明のためにさまざまな仮説を仕立てあげさえすればよい。そこではこの現実は例の特定のありかたでしか、つまり、力や物質や能力といったまったく形式的・観念的な形態でしか想定されず、したがってまた、一方は他方からきわめて簡単に理解でき説明できるのである。

自然状態と国家

一方で、自然状態のカオスや〔人間の〕さまざまな能力や傾向の抽象において現われる根源的で絶対的な統一についてのこの怪しげな予感は、絶対的な否定的統一にまではいたらず、大量の特殊なものや対立するものの解消を目指すばかりである。しかし、そうしたカオスには、不定量の質的な規定が依然として残ってしまい、これらの規定もそれ自体では経験的な必然性以外の必然性をもたず、おたがいにたいしていかなる内的必然性ももたない。これらの規定は多様なものと決めつけられたうえで関係しあうとともに、この多様なものはたがいに対峙してはいるが統一性をもたないので、たがいに対立しあい絶対的に矛盾しあうものと決めつけられたうえで関係しあうにすぎない。こうした自然状態や人間という抽象においては、人倫的なものの孤立したエネルギーはたがいを根絶しあうような闘争のうちにあると考えざるをえない。しかし、これらの質がたがいに絶対的に対立し、したがって純粋に観念的であるために、こうした観念性や抽象においてはみずからがそうあるべきものとしては存在できず、たがいを廃棄しあい無に帰してしまうということは、だからこそかえって簡単にあきらかにできる。とはいえ、絶対的に単一なもののうちにありながら〔たがいに規定しあっている〕これらの特定のものは空しいというこうした絶対的な反省と洞察に、経験はいたりつけず、それにとっては多くの無が一群の実在でありつづける。ところが経験主義にとっては〔多くのものがあるだけでは不十分なので〕、絶対的な全体性として表現されるような積極的な統一が、なにか他なる疎遠なものとして多様性に付けくわわらなければならない。そして、絶対的同一性の両側面〔統一性と全体性〕が結合することになり、その形式にはすでに、全体性があいまいで不純なかたちでではあれ根源的な統一の全体性として現われるだろうということが含意されるようになる。〔そうなればあとは〕ここではたがいに孤立しているこれらの統一の一方がなぜ他方にとって存在するようになるのか、あるいは、なぜ一方から他方への移行が起こるのかの理由を挙げるのも、そもそも理由を挙げることそのものも経験〔の立場〕には容易になる。自然状態は虚構として想定されたのちに、そこには諸悪がともなうからと放棄されるが、これは、到達すべき目標が前提されているということにほかならない。つまり、カオスとして対立しあうものの調和こそが善であり、到達しなければならないものだとしてみたり、生まれつきの性質は〔いずれは開花する〕可能性だと考えることによって、社交性の衝動から〔調和に〕移行できるといった論拠を無造作に立ててみたり、あるいは、能力という考えかたは手放して、あの第二の統一のまったく特殊な現象に、たとえば強者による弱者の圧服などといった史実にいきなり突き進んだりするわけである。ところが、経験的な物理学に見られるような絶対的な量的多様性の原理にしたがえば、この統一そのものがアトム的な多くの質の代わりに設定できるのは、根源的だと想定された単純で孤立した多くのもののこれまた多様な絡みあい、これらの質の表面的な接触でしかない。これらの質はそれぞれがあくまで特殊であり、弱くて部分的でしかないような結合と混合にしか入りこめず、したがって、統一といったところでさまざまな分離されたものや関係の多様性を具現するのがせいぜいである。さらに、この統一が全体として想定されるばあいには、社会とか国家という名前は没形式で外的な調和を示す空虚な名前としかみなされえない。たとえこの統一がそれ自体としてであれ、どちらかと言えば経験的な関係においてであれ、その発生について神に直接由来する絶対的なものとしてイメージされるにせよ、さらに、その存在について中心と内的本質が神的なものとしてイメージされるにせよ、このイメージはこれまた形式的なものであり、多様性の上を漂うだけでけっしてそれに浸透することはない。神が統一の創設者であるだけでなくその維持者でもあると認識され、後者との関係において最高権力の権威が神の反映であり、それ自体が神的なものだと認められようと、この統一の神的な性格は統一される多くのものにとっては外的なものであり、多くのものはこの外的なものにたいしてもっぱら被支配の関係に置かれざるをえない。というのも、この経験の原理は〈一〉と〈多〉の絶対的な統一を排除してしまい、〈一〉と〈多〉の関係にかんしてこうした問題点をもつため、抽象的な統一を第一とする対極的な〔形式主義の〕原理とただちに一致するからである。ただし経験は、抽象的な統一性と絶対的多様性のように種を異にすると想定された事柄のごちゃまぜから生じるみずからの首尾一貫性のなさに困惑したりはしないし、それゆえむしろ利点さえもっている。つまり経験は、たんに物質的な側面から見た光景だけではなく、支配と隷属しか可能でないような対立の原理にしたがったばあいに生じうるよりももっと純粋で神的な内面の現象であるようなさまざまな光景を閉めだささずにすむのである。

自然状態にせよ、法状態全体の権威と神性が個人にとって疎遠であり、したがってそれ自体が個別的で特殊なものになるということにせよ、主体がこの最高権力に絶対的に服従するという関係にせよ、有機的な人倫性の諸契機〈絶対的な統一性、〈一〉と〈多〉の対立をみずからのうちに含み、絶対的な全体性であるような統一性、無限性つまり対立しあう実在は無であるという契機〉がばらばらにされて特殊な本質的要素として固定され、まさにそれによって理念と同じく転倒されたなれのはての形式である。それにたいして、人倫の絶対的な理念は、自然状態と〔法状態の〕権威を端的に同一のものとして含んでいる。というのも、この権威はそれ自体が絶対的な人倫的な本性にほかならないのであって、見失われてしまった絶対的な自由こそが自然な自由だと理解されねばならないとか、権威の実現によってその人倫的本性が放棄されるといったことは考えられないからである。ところが、この自然で本性的なものが、人倫的な関係においては放棄されるべきものと考えるしかないのなら、それ自身はなんら人倫的ではなくなり、したがって、人倫的なものをその根源的なありかたで示すにはほど遠くなってしまうだろう。〔だがじっさいには、人倫の〕絶対的な理念においては〔自然状態と権威が端的に同一なものとして含まれるだけではなく〕、無限性つまり個人や主体の無も、それだけ固定されることもなければ、権威との相対的な同一性において服従の関係として固定されて個別性までもがそっくりそのまま想定されることもない。むしろこの理念においては無限性こそが真なるものであり、個別性そのものは無であり絶対的な人倫的権威と完全にひとつである。そして、この真の生き生きとした卑屈ではないような一なる存在こそが、個人の真なる人倫性なのである。

学問的な経験と従来の経験

われわれは学問的な経験が、学問的というわりにはその原理や法則がじっさいには空しく真理ではないと非難した。それというのも、この経験はさまざまな特定のものを形式的な統一に置きいれることによってそれらに概念の否定的な絶対性を与えたうえで、この絶対性を肯定的に絶対的でそれ自体で存在するものと語ったり、なにか絶対的なものを意味するような目的と使命、原理、法則、義務と権利として語ったりするからである。しかし、こうした質的な規定にそうした一群の概念を提供してくれる有機的な関係の統一を維持するには、多様なもののうちの〈なんらかの〉特定のものが目的とか使命とか法則だと述べられたうえで、ほかの特定のものにたいする支配権が与えられ、ほかのものがその前では非実在的で空しくなるように想定されなければならない。このように〔統一を〕適用し、首尾一貫性を主張すれば、内的全体性としての直観は根絶されてしまう。したがって、特定のものを概念に受けいれる誤りを正し、直観に加えられる暴力を払いのけられるのは、首尾一貫性の欠如にほかならない。というのも、首尾一貫性の欠如こそが、以前にある特定のものに与えられていた絶対性をただちに根絶するからである。こうした側面からすれば、まったく首尾一貫性を欠いた従来の経験は、絶対的な学問そのものと比べればそうでないとしても、これまで問題にしてきた経験的な学問がもつ首尾一貫性と比べれば正当だと認められなければならない。そうした経験の方法を取れば、ある偉大で純粋な直観なら真に人倫的なものを表現できる。この直観が描きだすものは純粋に建築術的な性格をもっており、そこでは必然性の連関も、形式の支配も目立つことがない。この直観はいわば、ばらばらに投げだされている瓦礫を〈ひとつ〉に集めることによってその全体像そのものがかたちを取らなくても、その製作者の精神がまさにこの瓦礫のうちに物言わず表現されている建築物のようなものである。こうした表現が概念の助けによってなされていながら、みずからを包みこみ満たしてくれるものを理念だとは意識せず、それを理念的形式に高めることもないなら、それは〔直観ではなく〕理性の不手際にすぎない。直観はひたすらおのれ自身にのみ忠実であり、悟性には惑わされないが、みずからを表現するには概念なしではすまないのだから、概念とのかかわりはぎこちないものになってしまうだろうし、意識を通過することによって転倒してしまった形態を受けいれたり、概念にかんしては脈絡を欠いたり矛盾したりもするだろう。しかし、直観がさまざまな部分やたがいに変化する特定のものを配列する手際からは、たしかに目には見えないが内的な理性的精神が推察できるし、精神のこの現象が所産や成果とみなされるかぎりでは、それは所産としての理念と完全に一致するだろう。

経験と哲学の関係

そのさい悟性にとっては、こうした経験を攻撃することほどたやすいことはない。あのぎこちない論拠に別の論拠を対置し、さまざまな概念の混乱と矛盾を指摘し、ばらばらな文章からきわめてひどい非理性的なものを表わすような帰結を引きだし、経験が非学問的だということをさまざまなやりかたで説明してやればよいのである。とくに経験が学問的だと思いあがっているか、学問そのものにたいして攻撃的であるばあいには、これが経験にたいする正当なあつかいというものである。それにたいして、特定のものが固定化され、その法則が経験によって見いだされた側面に首尾一貫して押しとおされ、直観がその特定のものに隷属させられ、そしてそもそも理論と呼びならわされているものが形成されるばあいには、経験は当然この理論の一面性を告発しなければならない。経験は一連の手続きによって理論をある普遍性にまで駆りたて、ついにはその理論がまったく空虚なものになるのに無理やり気づかせることができるのであって、それが可能なのはそれが主張する特定のものが完全に枚挙されることによってである。特定のものを固定化し、現象の一面だけを取りあげてそれを普遍性にまで高め、ほかのものにたいする支配権を与えるといった概念の偏狭なありかたこそは、最近では理論ではなく哲学と自称しているものにほかならない。そしてこの哲学は、自由、純粋意志、人類といったより空虚な抽象へと舞いあがり、より純粋な否定を意のままにするにつれて、形而上学を自称するようになり、自然法とくに国法と刑法において哲学的な革命を引き起こしたと信じこんだ。なにしろ、この哲学は自由、平等、純粋国家などといった本質を欠いた抽象や肯定的に表現された否定によって、あるいは強制、とくに心理的強制といった、普通の経験から見いだされ、前者と同じように本質を欠いた特定のものによって、しかも、実践理性と感覚的な動機の対立、そのほかこの心理学に由来するものをすべておまけに付けたうえで、これらの学問をあちこち引きずりまわし、さらに、絶対的な理性目的や理性原理や法則といった空虚な概念を、多少とも首尾一貫して学問にこじ入れたからである。そんな哲学は経験に従わなければならないと、経験が要求するのは正しい。そんなふうにさまざまな原則から組みたてられ、こしらえられたものにあくまで抵抗するよう経験が主張するのは正しい。経験がそうした哲学的思索の首尾一貫性よりも、たとえあいまいではあれ全体的なものの直観に根ざしたみずからの経験の首尾一貫しないありかたのほうを優先し、たとえば人倫や道徳や合法性にかんして言えば、あるいは刑罰は復讐のためか、国家の治安のためか、更正のためか、脅迫や威嚇や予防のためかといった個別的なケースにかんして言えば、〈同一の〉直観のこれらさまざまな側面を絶対的に区別したり、これらの質のうちのどれかひとつの個別的なものによってその直観の全体を決めつけたりするやりかたよりも、それらについてのおのれ固有の混乱のほうを、学問的観点においてであれ実生活においてであれ優先するのは正しいし、さらには経験が、理論にせよ、哲学とか形而上学とか自称するものにせよ、そんなものはなんの役にもたたず、実生活に欠かせないこととは相いれないと主張するのも正しい。もっともこのばあい、そうした理論や哲学のうちにはどんな絶対的なものも、実在性も、真理もないといえば、その役立たなさをもっと適切に表現することになるだろう。そして最後に、そうした哲学にその概念の内容を提供するのも、この内容が哲学によってだいなしにされたり曲解されたりするのを目撃せざるをえないのも経験なのであってみれば、その経験が哲学を恩知らずと非難するのも当然である。というのも、経験はある特定の内容をほかの特定の内容と絡みあい結びついた状態で提供するのだから、この特定の内容はその本質からしてひとつの全体であり、有機的で生きたものであるにもかかわらず、それが細切れにされ、本質を欠いた抽象的なものや個別的なものが絶対性に祭りあげられてしまうと、息の根を止められてしまうからである。

経験における直観と反省

このような理論や哲学であってみれば、それにたいして経験がみずからを主張し、一連の原理や目的や法則や義務や権利は絶対的なものではなく、それらが重要な区別とみなされるのは、あくまでも経験がみずから直観をよりはっきりと理解するための教養にとってのことだというのは、大いに正しいことになろう。ただしそれは、この経験それ自身が純粋であり、純粋でありつづけていればの話である。しかし、経験が理論と闘っているように見えても、通常あきらかになるのは、そのどちらも同じひとつの直観と理性であり、しかもその直観は反省の働きによって汚染され、直観ではなくなっているし、理性も転倒されているということである。そして、経験と自称しているものは、抽象度のより低いものであり、自発性が劣っているために、みずからの制約されたありかたをあえてみずから取りさったり、区別したり、見きわめたりせず、むしろそうした制約が一般的教養というかたちで固定され、常識と化し、それゆえ経験から直接に受けとったかに見えるような状態にとらわれているものなのである。このように直観の転倒が固定される一方で、〈経験と理論がどちらも〉抽象でしかないことがいまはじめて見きわめられると、両者の争いの光景はどうしても両者自身がそうであるのと同じくらい雑然たるものにならざるをえない。どちらも相手に対抗して、あるときは抽象を、またあるときはいわゆる経験をもちだし、そこでどちらのがわでも、経験によって経験が打ちのめされ、制約されたありかたによって制約されたありかたが打ちのめされることになる。つまり、哲学に対抗して原理や法則を自慢し、哲学は悟性がとりこになっているような絶対的真理にかんしては権限のない裁判官にすぎないとして哲学を排除するかと思えば、屁理屈をこねるために哲学を乱用したり、それを引きあいに出したりもするのである。

経験において直観が支配的であるばあいには、経験的なものと反省的なものとのごちゃまぜに対抗するこうした相対的な権利が経験に認められているわけだが、この権利は、振りかえってみれば†8、経験の無意識の内面に関係している。しかし、経験のこの内面と外面という両者の中間にあるのが意識であり、経験の欠陥が、したがってその一面性が存在するのは、この意識という側面にたいしてである。そして、経験が学問的なものに駆りたてられるのも、概念との中途半端な結合やたんなる接触に——そんなやりかたでは概念によって汚染されるだけなのに——駆りたてられるのも、多様性と有限性は無限性や普遍性に絶対的に埋没せざるをえないという必然性に由来することなのである。

†8 本書四八四頁以下を参照。

第二章　自然法の形式的な取りあつかいかた

運動と変化の原理としての無限性

ところで、無限性の側面こそは経験的なものに対置されるアプリオリ性の原理をなすものにほかならない。われわれはいまやこの原理の考察に移ることにしよう。

経験的な意見をもち、それが多様なものと単一なものをごちゃまぜにするのは、概念に対抗してのことだが、この歩みがふらつかなくなり、両者の区別が中途半端だったことがはっきりするのは、絶対的な概念つまり無限性においてである。たしかに無限性は、より低次の抽象の段階にあるときにも、個人の存在を第一の最高のものとみなすがゆえに反社会的と呼ばれるような諸体系によって、幸福論一般やとくに自然法における主体の絶対性として強調されはするが、カントやフィヒテの観念論で達成されたような純粋な抽象にはいたらない。

ここでは、無限性の本性とその多様な変化を叙述する必要はない。というのも、無限性は運動と変化の原理なのであってみれば、その本質そのものもおのれ自身の直接的な反対であるということにほかならないからである。言いかえれば、無限性は否定的な絶対者である。それは純粋な同一性でありながらそのまま純粋な非同一性ないし絶対的対立であるような形式の抽象的表現であり、同様にして純粋な観念性でありながらそのまま純粋な実在性であり、無限でありながら絶対的に有限であり、無規定でありながら絶対に規定されたものであるような形式の抽象的表現である。対立物への絶対的な移行が無限性の本質であり、どんな実在性もその反対物のうちで消滅するのだが、これが妨げられるのは、無限性の一側面、つまり対立物の実在性や存立が経験的なやりかたで固定され、この存立をいっさい欠いている反対物が度外視されることによってのみである。一方において実在的な対立物は多様な存在つまり有限性であるが、それにたいして無限性は多様性の否定として、肯定的に表現すれば純粋な統一性として存在することになる。このようにして構成される絶対的概念がこの統一性というかたちで提示するのが、〔カントやフィヒテによって〕純粋理性と呼ばれてきたものにほかならない。しかし、この純粋な統一とそれに対立する多様な存在の関係自体もそれはそれでまた二重の関係であり、いずれも存立しているという肯定的な関係か、いずれも根絶されているという関係かであるが、前者の存立も後者の根絶もあくまで部分的でしかないものとして理解されるべきである。というのも、両者の存立が絶対的であれば、両者はまったく関係しあわないし、両者が完全に根絶されているとみなされれば、両者の存立はないだろうからである。この両者が部分的に存立しつつ部分的に否定されている（自我においては分割可能な自我が分割可能な非我に対置される）[†9]ことこそが、この哲学〔フィヒテの知識学〕の絶対的な原理である。前者の肯定的な関係においては純粋な統一は理論理性と呼ばれ、否定的な関係においては実践理性と呼ばれる。そして、後者の関係においては対立の否定が第一であり、したがって、統一のほうがより多く存在するが、前者の関係においては多様性がまずもってより多く存在するので、ここでは実践理性は実在的なものとして現われ、理論理性は観念的なものとして現われる。

とはいえ、この規定はまったく対立と現象に属していることがわかる。というのも、理性として想定された純粋な統一性はたしかに否定的で観念的だが、しかしそうであるのは、それに対立するものが、したがって非理性

†9　フィヒテ『全知識学の基礎』の第三根本命題。ヘーゲルはここでみずからの「無限性」概念の枠内で、カントやフィヒテの哲学を捉えなおそうとしている。

的な〈多〉が端的に存立するものだからであり、同様に、純粋な統一がより多く存在していてより実在的なものとして現われるのも、〈多〉が否定されたものとして、あるいはむしろ否定されるべきものとして想定されているからである。ところで、自然は純粋な統一としての理性に対置されるかぎり、そうした非理性的な〈多〉となるが、それが非理性的であるのは、自然が〈多〉というからっぽの抽象とみなされ、それにたいして理性が〈一〉というからっぽの抽象とみなされているからにすぎない。しかし、それ自体として見れば、前者の多様も後者の統一性も〈一〉と〈多〉の絶対的統一である。〈多〉である自然ないし理論理性が〈一〉と〈多〉の絶対的統一でありながら、むしろ逆に実在的理性と規定され、統一である人倫的理性が、同じく〈一〉と〈多〉の絶対的統一でありながら観念的理性と規定されざるをえないのは、対立にあって多様性には実在性が、統一性には観念性が存在するからである。

人倫的理性における観念的なものと実在的なもの

そういうわけで、実践理性と呼ばれるものにおいては、観念的なものと実在的なものの同一性の形式的な理念しか認識されえず、しかも、この理念はこれらの体系においては絶対的無差別点[†10]であるとされた。しかし、この理念は差異を脱却することもなければ、観念的なものが実在するようになることもない。というのも、この実践理性においては観念的なものと実在的なものは同一であるにもかかわらず、実在的なものがまったく対置されたままだからである。この実在的なものは本質的に理性の外に置かれており、実践理性は実在的なものとの差異のうちにしかなく、この理性の本質は〈多〉にたいするある種の因果関係として（なんらかの差異によって絶対的にむしばまれており、現象を抜けでることがないような同一性として）理解される。したがって、観念的なものと実在的なものの絶対的同一性を話題にするこの人倫的なものの学問は、言っていることとやっていることが一致せず、その人倫的な理性はほんとうのところはその本質からすれば、観念的なものと実在的なものとの非同一性なのである。

すぐ前で〔実践理性に体現されている不完全な〕人倫的理性は、統一性という形式を取った絶対的なものと規定された。そうなると〔真の〕人倫的理性までもがそれ自体ひとつの特定のものと想定されるからというわけで、そのように規定されてただちに本質的になんらかの対立につきまとわれているかのように見えてしまう。しかし、〔じっさいはそんな外見とは〕違うのであって、人倫的理性が真に実現し絶対的になった姿は、〔不完全な人倫的理性が克服できなかった〕自然との対立からまったく自由であり、真の人倫的理性は観念的なものと実在的なものの絶対的な同一性である。絶対者はその理念からすれば、差異あるもののこうした同一性として認識され、差異あるものの特定のありかたは、一方では統一性であり、他方では多様性である。そして、この後者の特定のありかたは観念的である。つまり、それは上述の無限性の概念から見れば[†11]、無限性のうちにあるにすぎず、設定されていると同時に廃棄されてもいる。絶対者は統一性と多様性の同一性だが、その統一性も多様性もそれぞれ自体が〈一〉と〈多〉の統一性なのである。とはいえ、多様性をその観念的な規定としている一方の統一性は、対立するものの存立〔を支えるもの〕であり、肯定的な実在性であって、したがって、この統一性にはある対立した二重の関係がどうしても付きまとう。そこには実在的なものが含まれているのだから、その同一性は相対的同一性であり、対立するものがこうした相対的な同一性をなすのは必然である。〔だが〕そうなると、この同一性は差異のうちにあるのだから、その関係(あるいはその関係の同一性)もまたひとつの差異あるものでなければならない。

---

†10 当時ヘーゲルの盟友だったシェリングの用語。この時期のシェリングは、主観と客観、観念性と実在性といった二元論的な対立をすべて呑みこむような絶対的同一性こそが真の絶対者のありかただと考えていた。「絶対的無差別点」とはそうした絶対者のありかたを指す語である。

†11 本書四九〇頁以下を参照。

この関係のうちには統一性がありながらも、多様性が第一のものともならなければならないのである。この二重の関係が絶対者の必然性や現象の二重の側面を規定している。この二重の関係は多様性に属し、他方であの実在性つまり〈多〉が廃棄されているような差異あるものの統一性が無差別と呼ばれるのであってみれば、絶対的なものは無差別と関係の統一ということになる。この関係は二重なので、絶対者の現象は、〈多〉が第一の肯定的であるような関係ないし相対的同一性と無差別との統一性として規定されると同時に、統一性が第一の肯定的であるような関係と無差別との統一性としても規定される。前者が物理的本性、後者が人倫的本性をなす。そして、無差別ないし統一性は自由だが、関係ないし相対的同一性は必然性なので、この両現象はどちらも自由と必然性の一体性と無差別にほかならない。実体は絶対的で無限である。無限というこの述語には、神的本性の必然性や現象が含まれており、この必然性はまさしく二重の関係のかたちを取った実在性として表現される。〔物理的本性と人倫的本性という〕二つの属性はそれぞれがそれ自体で実体を表現しており、絶対的で無限である。言いかえれば、それはどちらも無差別と関係の統一性であり、この関係において両者が区別されるのは、一方の関係においては〈多〉が、他方の関係においては〈一〉が第一のもの、つまり他方よりもきわだったものになることによってである。しかし、人倫的本性そのものにおいては、その関係において第一のものは統一性なので、統一性はこの相対的同一性つまり必然性のうちにあっても自由である。言いかえれば、統一性が第一のものだからといって相対的同一性は廃棄されないのだから、この第二の自由〔必然性との一体性を拒むような自由〕は、人倫的本性にとっても必然的なものはたしかにあるが、否定的なものとして立てられているというふうに規定されている。いまやわれわれが、人倫的本性の相対的同一性のこうした側面だけを取りあげて、無差別とこの相対的同一性の絶対的統一ではなく、関係ないし必然性の側面を人倫的本性の本質と認めるなら、実践理性の本質を絶対的因果性をもつものと規定する〔カントやフィヒテと〕同じ立場、つまり、実践理性はたしかに自由だが、必然性も否定的にせよ想定されているとするような立場に立つことになるが、まさにそうなると、自由は差異から抜けだすことがなく、関係や相対的同一性が本質とされ、絶対者は否定的な絶対者、つまりは〔悪しき〕無限性としか理解されなくなってしまう。

相対的同一性から理解された人倫的本性

人倫的本性をその相対的同一性の側面からのみ理解するようなこうした考えかたがこれほどもてはやされるようになったのは、それが経験的、通俗的に表現されたおかげなのだが、その表現とはこうである。つまり、感性や傾向や下級の欲求能力などの名前で呼ばれるような実在的なもの（関係の多様性という契機）は理性（関係の純粋な統一性という契機）とは一致しない（統一性と多様性の対立という契機）とか、理性の本領はみずからの絶対的な自発性と自律性にもとづいて意欲し、あの感性を制限し支配することにある（統一性つまり多様性の否定が第一のものであるような関係の特定のありかたという契機）といったものである。こうした考えかたがリアリティをもちうるのは、実践理性の前者の分裂にせよ、後者の純粋な統一性つまり自我という抽象にせよ、だれもがみずからのうちに見いだすという経験的な意識と一般的な経験のおかげである。この立場を否定することは問題にもなりえない。むしろこの立場はさきに相対的同一性の側面、有限なものにおける無限なものの存在という側面として規定されていた。しかし、この立場は絶対的な立場ではなく、すでに示されたように[†12]、そこでは関係は一側面にすぎず、したがって、それだけを取りあげるのは一面的だと証明されているということは主張されなければならないし、人倫性は絶対的なものなのだから、さきの立場は人倫性の立場どころか、そこには人倫性のかけらもないということも主張されなければならない。常識的な意識を引きあいに出すことにかんして言えば、ほかでもないこの意識のうちには、関係をそれだけ取りあげてそれ自体で存在するものとみなし、契機とはみなさない

†12　本書四九二頁以下を参照。

非人倫的なものの原理であるような立場と同じくらい必然的に、人倫性そのものも見いだされるにちがいない。経験的な意識が経験的であるのは、そこに含まれている絶対者の諸契機が分散し、横並びになったり、一つひとつ順々に出てきたりして、ばらばらに現われるからである。だが、人倫性も同じくそこに現われないなら、それは常識的な意識でさえないだろう。あの形式的哲学は、経験的意識に現われる人倫的なものも非人倫的なものもひっくるめた多様な現象から思いのままに選択できたのであり、非人倫的なものの現象を選択し、否定的な絶対性つまり〔悪しき〕無限性を真に絶対的だと思いこんだとしても、それは常識的な意識のせいではなく、〔形式的な〕哲学のせいである。

カントと実践理性

この実践哲学を立ちいって論じるには、この否定的な絶対性がなにをなしうるかを述べておく必要がある。そこでわれわれは、否定的な絶対者のうちに真の絶対者を示そうとする誤った試みの主要な諸契機を追究することにしよう。

ただちにあきらかになるのは、純粋な統一性が実践理性の本質をなしているのだから、人倫の体系などは問題になりえないし、多くの法則が存在することさえまったく可能だということである。というのも、純粋な概念を超えるもの、言いかえれば（この概念は、〈多〉を否定するものとして、つまり実践的なものとして想定されているかぎり、義務〔という概念〕なのだから）義務という純粋な概念と、一なる法則という抽象を超えているものは、もはやこの純粋な理性には属さないからである。じっさい、〔義務の〕概念のこの抽象的ありかたを絶対的に純粋なかたちで記述した人であるカントは[†13]、実践理性には法則の素材がいっさい欠けており、この理性は恣意の格率という有用性の形式しか最高の法則になしえないということをとてもよく認識している。恣意の格率はある内容をもち、ある特定のものをみずからのうちに含んでいる。それにたいして、純粋意志はどんな特定のものからも自由である。実践理性の絶対的な法則は、その特定のものを純粋な統一という形式に高めることであり、そうした形式のうちに受けいれられたこの特定のものの表現が法則である。特定のものが純粋な概念の形式に受けいれられることが可能であり、この形式によって廃棄されないなら、その特定のものは正当化され、否定的な絶対性によってみずからも絶対的なものに、つまり法則や権利あるいは義務になっているのである。しかし、格率の実質はもとのままであり、特定のものないしは個別性のままである。したがって、形式のうちに受けいれられることによって特定のものに与えられるような普遍性は、まったくの分析的な統一性であり、特定のものに与えられるこの統一性が純粋にありのままのものとしてひとつの命題において語られるならば、この命題は分析命題であり、同語反復である。そして、純粋な実践理性の立法の自律性という崇高な能力はじつのところ、同語反復の産出を本領としている。悟性の純粋な同一性は理論的なものにおいては矛盾律として表現されるが、それは実践的形式に向けられても変わらない。カントによれば、「真理とはなにか」という問いが論理学に向けられ、論理学がそれに答えるとなると、「一人が雄ヤギの乳を搾り、もう一人がそれをふるいで受ける」というこっけいな光景を呈することになるというが[†14]、「なにが権利であり義務なのか」という問いがあの純粋な実践理性に向けられ、それが答えるばあいにも同じことになる。真理の普遍的な基準があるとすれば、それは対象の違いにかかわりなくすべての認識に当てはまるだろうが、しかし、そこでは認識のすべての内容は捨象され、ところが真理とはほかでもなくこの内容にこそかかわるのだから、この認識内容が真理かどうかを見わける特徴を問うのは、まったく不可能で不合理であることはあきらかである。なにしろ、この特徴は同時にまた認識の内容にかかわらないともされているからである。カントはそれを認識しているので、実践理性によって提示される義務と権利の原理につい

†13 以下については、カント『実践理性批判』第四節を参照。
†14 カント『純粋理性批判』B版八二頁以下。

ても同じ判断を下す。というのも、実践理性は意志のすべての実質の絶対的な捨象だからである。ひとつでも内容があれば、恣意の他律性が設定されてしまう。とはいっても、関心を引くのはあくまで、いったいなにが権利であり義務なのかを知ることである。問われているのは倫理法則の内容であり、この内容だけが問題である。しかし、純粋意志と純粋な実践理性の本質はすべての内容が捨象されているということであり、したがって、なんらかの倫理的な立法をこの絶対的な実践理性に求めることはそれ自体で矛盾している。この立法はなんらかの内容をもたなければならないが、いかなる内容ももたないということが実践理性の本質だからである。

カント定言命法の問題性

したがって、この形式主義がなんらかの法を語りうるためには、法の内容をなすなんらかの実質や特定のものが想定されることがどうしても必要であり、そして、この特定のものに付けくわわる形式が統一性ないし普遍性である。「あなたの意志の格率が同時に普遍的な立法の原理としてもみなされなければならない」という純粋な実践理性のこの原則は[†15]、特殊な意志の格率の内容をなすなんらかの特定のものが概念や普遍的なものとして立てられることを表現している。しかし、どんな特定のものも概念形式に受けいれられ、ひとつの質として立てられる資格をもっており、このようにしてなんらかの倫理的法になれないようなものはひとつもない。とはいえ、いずれの特定のものもそれ自体は特殊なものであり、普遍的なものではない。それには反対の特定のものが対峙しており、それが特定のものであるのは、そうしたものがそれに対峙しているかぎりでのことでしかない。二つの特定のものはどちらも同じように思考の対象になる資格がある。どちらがそうであるべきか、どちらが統一性のうちに受けいれられ思考の対象にされるべきであり、どちらが捨象されるべきであるかは、まったく決まっておらず自由である。一方がそれ自体で存在するものと決まれば、他方はもちろん立てられない。しかし、他方も同じように思考の対象にはなりうるし、思考のこの形式こそが本質であるからには、他方もまたひとつの絶対的な倫理的法として語られうる。どれほどありふれた常識もわざわざ教えられなくてもそうした簡単な操作をおこない、格率のうちにあるどの形式が普遍的立法に向いているかを区別できることを、カントは、「私の財産をあらゆる確実な手段によって増やすという格率は（預かりものがそうした手段とみなされるばあいでも）普遍的な実践的法とみなせるか」という問いを例にしてあきらかにする。[†16] このばあい実践的法は、だれもその記録を示せないような預かりものならそれが預かりものであることをだれでも否定してよいという内容になるだろうが、そうした原理は法としては破棄されてしまうので、この問題はおのずから解決されるだろう。というのも、そんなことをすれば、いかなる預かりものもないことになってしまうからである。しかし、いかなる預かりものもないということに、どんな矛盾があるというのだろうか。いかなる預かりものもないということは、ほかの必然的な特定の事態と矛盾するだろうし、なんらかの預かりものが可能だということは、ほかの必然的な特定の事態と連関しており、それによってそれ自身も必然的であろう。しかし、ほかの目的とか実質的な理由はもちだされるべきではなく、前者と後者の想定のどちらが正しいかを決定するのは概念の直接的な形式でなければならない。ところで形式にとっては、対立しあう特定の事態のどちらであろうとかまわない。どちらも質として理解でき、この理解を法として言い表わすこともできる。財産一般について特定の事態（財産が存在するという事態）が想定されていれば、そこから同語反復的な命題、つまり「財産は財産であってそれ以外のなにものでもない」（という命題）をつくりだせる。こうした同語反復をつくりだすことが、この実践理性の立法行為にほかならない。つまり、「財産は、もしそれが存在するとすれば、財産でなければならない」というわけである。だが、財産の否定というそれに対立する特定の事態が想定されているばあいにも、同じ実践理性の立法行為によって、「非財産は非財産である」という

†15　カント『実践理性批判』第七節「純粋実践理性批判の原則」（アカデミー版全集第五巻三〇頁）。
†16　同書第四節の註。

同語反復が生じる。いかなる財産も存在しないなら、財産であろうとするものは廃棄されなければならない。しかし、肝心なのは財産が存在しなければならないと証明することであり、あくまでも純粋理性のこの実践的な立法行為の能力を超える問題、つまり、対立する特定の事態のうちのどちらが想定されるべきかを決定することである。ところが純粋理性は、この決定がすでにあらかじめなされていて、対立する特定の事態のうちどちらか一方が想定されていることを必要とし、そのときはじめていまや余計になった立法行為を遂行できる。

形式主義の弊害

だが、実践理性の分析的統一性と同語反復は余計なものであるだけでなく、それが担っている変換の働きにおいて誤っており、非人倫の原理として認識されなければならない。ある特定のものが統一性という形式のうちに受けいれられさえすれば、それがもつ存在性格が変わるとされている。そして、特定のものにはその本性からして別の特定のものが対立し、一方が他方の否定であり、したがってけっして絶対的なものではない（そのさい、どちらがどちらの否定であるかは、実践理性の機能にとってはどうでもよい。というのも、その機能はたんに空虚な形式しか与えないからである）が、この特定のものがこのように純粋な統一性の形式と結合すればそれ自身が絶対的な統一性に、つまり法と義務になるとされている。しかし、特定の個別的なものがそれ自体で存在するものに高められるようなばあいに想定されているのは、理性に反する事態であり、人倫的なものとの関係で言えば人倫ならざるものなのである。

制約された非実在的なものの無制約で絶対的なものへのこうした変換が不当であることは簡単に認識できるし、その抜け道も簡単に見つけだせる。特定のものが純粋な統一性や形式的同一性という形式に受けいれられると、その特定の概念を命題として表現してみれば、「特定のものAは特定のものAである」という形式的命題の同語反復が得られる。しかし、こうした形式、あるいは命題のかたちで言えば「主語と述語の同一性は絶対的なものである」といったことは、否定的なものや形式的なものしか生みださず、特定の事態Aそのものには少しもかかわらない。この内容は形式にとってあくまで仮定的なものである。上述の命題にはその形式からすれば絶対性が含まれているが、この絶対性は実践理性においてはまったく違う意味を手に入れる。つまり、それは内容にも転用されるのである。内容はその本性からすれば制約されたものだが、この絶対的ではない制約されたものが〔あの形式と〕混合されると、その本質に反して絶対的なものに高められてしまう。なんらかの同語反復を生みだすことは実践的な関心事ではないし、それになんといっても同語反復の唯一の能力はこうした無意味な形式〔を生みだすことぐらい〕だから、そんなことで騒ぎたてて実践理性をとやかく言うことはない。しかし、絶対的な形式が制約された実質と混合されることによって、非実在的で制約されたものである内容に絶対性という形式がこっそりとなすりつけられる。こうした転倒と手品こそ純粋理性のこの実践的な立法行為の核心である。「財産は財産である」という命題には、「この命題がその形式において表現している同一性は絶対的である」という意味の代わりに、「この命題の内容、つまり財産は絶対的である」という意味がこっそりとなすりつけられ、そしてどの特定のものもただちに義務に仕立てあげられる。恣意は対立しあう特定のものを好きなように選択できるようになる。そうなれば、なんらかの行為にかんして、もはやイエズス会士が議論したようなもっともらしい根拠[†17]というかたちをもつばかりか、権利と義務の形式をそなえてもいるような根拠を見いだせないのは、たんに要領が悪いせいだと言うしかないだろう。こうした道徳的な形式主義はイエズス会士の道徳術も、それと結局はひとつである幸福論の諸原理も超えてはいない。

---

†17　一般的な道徳的・宗教的義務がたがいに矛盾したり、具体的な状況にそぐわなかったりしたときにどうすればよいかという議論（決疑論）が、一七世紀にはイエズス会士のあいだで盛んにおこなわれた。

格率は普遍的立法の原理にはなれない

たしかにそのさい、特定のものが概念に受容されるさいには、この受容は形式的なものだとか、特定のものは存在しつづけるべきだから、実質と形式は矛盾しあい、前者は限定され、後者は無限だといったふうに理解されていることは、注意しておかなければならない。しかし、内容が形式に、特定のものが統一性にほんとうに等置されるなら、生じるのは実践的な立法ではなく、特定のものの根絶でしかないだろう。したがって、〔さきの例で言えば〕財産はそれ自身が普遍性にそのまま対置されているのであって、普遍性に等置されれば、財産は廃棄されてしまう。

特定のものが無限性や普遍性に受容されれば根絶されるというこのことは、実践的な立法にとってもただちにやっかいなものになる。というのも、特定のものは、それ自身が別の特定のものの廃棄を表現するような性質をもつのだから、この廃棄の働きが普遍的なものにまで、つまり〔すべての特定のものが〕廃棄された状態に高められるなら、廃棄されるべき特定のものと同じく、廃棄の働きまでもが根絶されてしまうからである。そうだとすれば、格率というものは、普遍性において考えられれば無に帰してしまうような特定のものに関係しているわけだから普遍的な立法の原理にはなれず、したがって非道徳的だということになる。あるいは、特定のものの廃棄である格率の内容は、それが概念に高められると自己矛盾をきたす。特定のものが廃棄されたと考えられるなら、その廃棄の働きも存在しなくなる。そうかといって、この特定のものが存在しつづけるべきだとされるなら、格率のうちにあるとされる廃棄の働きはやはり想定されないことになり、したがって、特定のものがありつづけようとそうでなかろうと、いずれにしても廃棄の働きは可能ではない。ところが、原理的に（自己矛盾しているがゆえに）非道徳的である格率は、ある特定のものの廃棄を表現しているのだから、絶対的に理性的であり、したがって絶対的に道徳的である。というのも、理性的なものであるということはその否定的な側面からすれば、さまざまな特定のものの無差別であり、制約されたものが廃棄されているということだからである。たとえば、貧乏人を助けるという特定の事態は、貧乏という特定の事態の廃棄を表現している。〔貧乏人を助けるという〕前者の特定の事態を内容とする格率は、それを普遍的な立法の原理にまで高めることによって吟味してみると、誤りであることが証明される。というのも、この格率はそれ自身をだいなしにするからである。だれもが貧乏人を助けると考えると、もはや貧乏人は一人もいないか、いるのは貧乏人ばかりで人助けのできる人がだれも残らなくなるかのどちらかであり、いずれにせよ助けるということがなくなってしまうだろう。だが、廃棄のための条件である特定の事態、つまり貧乏が存在しつづけるべきだというのなら、助ける可能性は残っても、それは可能性として残るだけであって、格率が語るように現実性としては残らない。貧乏人を助ける義務を果たせるためには、貧乏がありつづけるべきだとしても、貧乏を残したからといって、それによってただちに義務が果たされるわけではない。同様に、みずからの祖国を敵からりっぱに防衛するという格率やそのほか無数の格率は、普遍的な立法の原理として考えられるなら廃棄されてしまう。というのも、たとえば前者の格率がそのように拡張されれば、祖国という特定のものも、敵や防衛といった特定のものも廃棄されるからである。

実践理性の統一性と直観の統一性の違い

〔実践理性の〕統一性は、さまざまな特定のものを廃棄するという純粋な否定的意味をもつわけではないのと同様に、直観の真なる統一性、つまりさまざまな特定のものの肯定的な無差別でもない。この後者の統一性と比較すれば、前者の統一の転倒した本質が別の側面からいっそうあきらかになる。つまり、実践理性のこうした統一性は本質的になんらかの差異によって触発されているのであって、この統一性がある特定のものを固定することとして立てられれば、この特定のものによってほかの特定のものはただちに排除され、否定的なものとみなされるし、分析的命題として立てられれば、命題の同一性というこの形式が内容に矛盾する。分析的命題がどのように理解されうるにせよ、それはそれなりの内容をもった命題であるかぎり、命題は判断でなければならないという命題にたいする要求に矛盾する。命題によってなにかが語られるべきだが、〔分析的命題のような〕同一命題によってはなにも語られていない。というのも、同一命題は、主語の述語にたいする関係がたんに形式的であり、両者の差異はまったく想定されていないがゆえに、いかなる判断でもないからである。あるいは、この統一性が普遍性とみなされたとしよう。そうなれば、この統一性は経験的な多様性に全面的に関係し、特定のものが無限に多くのもののうちのいまある特定のものとして、ほかのものに経験的に対置される。

それにたいして、直観の統一性はひとつの全体をなすさまざまな特定のものの無差別である。それはさまざまな特定のものを分離され対置されたものとして固定するのではなく、それらを統合し客観化する。したがって、この無差別と差異をもったさまざまな特定のものとは端的に統一されているわけだから、それは〔前者を可能性、後者を現実的なものとして、あるいは、後者そのものの一部を可能的なもの、ほかの部分を現実的なものとして〕区別するものではなくなり、むしろ絶対的な現在となる。そして、直観と現在のこの力にこそ人倫一般の力と、当然また特殊なものにおける人倫の力が潜んでいる。あの立法する〔実践〕理性からすれば、さしあたり問題になるのは後者の力のほうであり、まさに概念のあの形式、つまり形式的統一と普遍性の形式はむしろこの力から完全に防御されなければならない。というのも、そうした形式は、人倫的に必然的なものを他者との対立のもとに現象させることによって偶然的なものに変え、人倫性の本質をただちに廃棄するものにほかならないからである。人倫における偶然的なもの〔この偶然的なものは経験的に必然的なものとひとつである〕は非人倫なのである。

ある痛みがあるとき、感覚においてはたまたま生じた偶然的なものでしかないその痛みは、直観の力によってそうした感覚から統一性に、客観的でそれ自体で存在する必然的なものという形態に高められ、そしてこの統一性は形式的統一がもたらすような〔ほかの〕さまざまな可能性などまるで眼中にないので、この統一性によって痛みは絶対的な現在のうちに維持されながらも、直観によって客観視され、それ以外にはないありかたのこうした統一へ高められて主観からは真に切り離され、この統一の確固たる直観において理念的なものにされる。それにたいして、この痛みが反省の統一によってほかの特定のものと比較されたり、普遍的なものと考えられたりしたあげくに普遍的でないことがわかったりすると、どちらのばあいも痛みは偶然的なものにされてしまい、それによって主観はただみずからの偶然性や特殊性しか認識しない。ひとが感傷的になったり、無気力のゆえに人倫的でなくなったりするのは、そうした認識のせいである。あるいはまた、人倫的なものが個人と個人の関係にかかわるとすれば、それは純粋な直観と理念性であって、たとえば預けたものの依頼に含まれているような純粋な直観と理念性が堅持され、ほかの特定のものも可能だという考えと形式的な統一性の混合物からは遠ざけておかなければならない。「私に託されたある特定の他人の財産は私に託されたある特定の他人の財産であってそれ以外のなにものでもない」という直観のあの統一性の表現は、「私に託された他人の財産は私に託された他人の財産である」という、同じことを普遍的に表現した実践的立法の同語反復とはまったく異なる意味をもっている。というのも、後者の命題には、「私に託された他人の非財産は私に託された他人の非財産である」という別の命題も同様に対立するからである。つまり、概念に高められた特定のものはそれによって観念的になり、それに対立する特定のものも想定可能になる。それにたいして、直観の表現はひとつのこのものを、ある生きた関係と絶対的な現在を含んでおり、可能性そのものもそれに完全に結びつけられ、それから切り離された可能性つまりもっと別のありかたは完全に否定されている。そうした別のありかたが可能だというところに、非人倫性が潜んでいるからである。

実践理性の統一性における無限性

ところで、実践理性の統一性が直観のこうした肯定的な統一性ではなく、特定のものを根絶するという否定的な意味しかもたないとしても、それは否定的理性つまり無限性の、言いかえれば絶対的概念の本質を純粋に表現するものではあろう。しかし無限性は固定され、絶対的なものから分離されているので、おのれ自身の反対であるというみずからの本質をあらわにし、反省が無限性を引きとめ、そのうちにある絶対的な統一性をつかみ取ろうとするのをあざわらう。というのも、無限性はほかでもなく差異と多様性という反対物をもみずから生みだし、そのようにして無限に再生産されるこの対立のあいだで相対的な同一性しか許さず、みずからは無限性としてありながらもおのれ自身の反対物、つまり絶対的な有限性でもあるからである。そして、無限性がこのように孤立化されると、それ自身は理性の真に根絶する力から切り離された無力な形式でしかなくなり、この形式はさまざまな特定のものをみずからのうちに受けいれ宿らせるが、それを根絶するどころか逆に永遠なものにしてしまう。

道徳性と合法性

いま述べたような対立と、この対立をひとつの実在として固定し、その不完全な結合を相対的な同一性のままに固定する態度こそが、自然法についても人倫的なものの学問全体におけるその関係についても最近の理解の方向を決定してしまっている。そこでわれわれはこれまで一般的に説明してきたことをもっと細かな点で、つまり、分裂がひとたび克服しがたいものとして想定されてしまうとそれが自然法学においてどのような独特の仕方で現われるかを考察しなければならない。

　対立の原理であり対立そのものであるような絶対的概念は、それが固定されると、純粋な統一性としてのみずからが多様性としてのみずからに対置されるという分裂状態で現われるようになる。その結果、この概念は純粋な統一性という形式のもとでも、多様性という形式のもとでも絶対的な概念のままであり、したがって多様性の形式を取っていてもさまざまな特定の概念の多様性になるわけではなく、統一性のもとに包摂されると同様に、多様性のもとにも包摂される。だが、この概念にかんするかぎりは多くの特定の概念のもとに包摂されても、〈多〉ではなく〈一〉である。みずから多様性であるような絶対的概念とは〔自然法学の文脈で言えば〕一群の主体である。そして、これらの主体にとって絶対的概念は純粋な統一性の形式のもとでは絶対的量となり、これが質的に設定されたありかたに対置される。したがって、二つのことが設定されている。ひとつは対立しあうものも内的にはひとつだということであり、これが両者の本質であり絶対的概念である。もうひとつは絶対的概念が統一性の形式と多様性の形式――概念は前者においては権利と義務に、後者においては思考し意志する主体になる――に分裂しているということである。〔対立しあうものの内的統一という〕前者の側面にしたがえば、権利と義務の本質と、思考し意志する主体の本質は完全にひとつであり、この側面こそが（一般に、無限性のより高次の抽象的形態がそうであるのと同様に）カント哲学とフィヒテ哲学の偉大な側面である。しかし、彼らの哲学はこの統一に忠実でありつづけたわけではなく、なるほどそれを本質とも絶対的なものとも認めはするが、〈一〉と〈多〉の分離も同じように絶対的とみなし、それぞれを同じ資格で並置する。それによってこの統一は、両者の本質をなしていて、両者がそこでひとつになるような肯定的な絶対者ではなく、否定的な絶対者、あるいは絶対的な概念になってしまうし、同様にまたこの必然的な統一は形式的になり、二つの対立する特定のものが絶対的なものとして立てられ、それによって存在という点では観念性に属することになり、そのかぎりでこの観念性は両者の可能性でしかなくなる。権利と義務が特殊なものとしてたがいに独立し、主体から分離されても実在性をもち、主体のほうもそれらから分離されながら実在性をもつことも可能であれば、両者が結びつけられていることも可能である。そうなれば、この二つの可能性が別個に存在し区別され、その結果それぞれが固有の学問を創設するということは絶対的に必然である。一方は純粋な概念と主体がひとつであること、つまり行為の道徳性にかかわり、他方はひとつでないこと、つまり合法性にかかわる。しかも、人倫的なものがこのように道徳性と合法性に分離すれば、両者はたんなる可能性になるが、まさにそうだからこそ両者は等しく肯定的でもある。たしかに一方は他方にとって否定的だが、しかし、両者いずれもそうである。一方が絶対的に肯定的なもの、他方が絶対的に否定的なものというのではなく、両者がそれぞれたがいに関係しあっており、まずもって両者は相対的に肯定的でしかないので、合法性も道徳性もどちらか一方が絶対的に肯定的で、真に人倫的であることはない。そうなると、どちらも同じように肯定的なのだから絶対的に必然であり、純粋な概念と義務や権利の主体とがひとつではないという可能性は変更不能なこととして端的に想定されるしかない。

フィヒテの倫理学体系の批判

合法性の体系の根本的な諸概念は、ここからすぐに次のような仕方であきらかになる。純粋な自己意識には制約がある。この純粋な自己意識つまり自我は、真の本質であり絶対者ではあるが、それにもかかわらず制約されており、その制約とは、純粋な自己意識は実在的な意識にまで進んでいくが、この二つの意識はこの制約の関係のうちにあって完全に対立しあうままだということである。前者の純粋な自己意識、純粋な統一性、あるいは空虚な倫理法則である万人の普遍的自由は、実在的意識に、つまり主体、理性的存在、個人の自由に対置されている。フィヒテはこれを通俗的なやりかたで、「誠実と信仰は失われた」というふうに表現し、これを前提にしている。[†18] そして、この前提にもとづいてひとつの体系が創設され、人倫性の概念と主体が分裂しているにもかかわらず、この体系によって両者が統一されるべきだとされる。もっとも、まさにそんなふうだから統一と言ったところで形式的で外面的なものでしかなく、この関係は強制と呼ばれる。それによって、統一のこうした外面性が完全に固定され、絶対的に根本的な事態として想定されてしまうので、内面性も、失われた誠実と信仰の再興も、普遍的自由と個人的自由がひとつであることも、人倫性も不可能にされてしまう。[†19]

　こうした外面性の体系においては、制約されたものから制約されたものへと進んでいくすべての体系と同様に、どんな無制約なものも示せないし、たとえこうしたものが想定されたとしても、それは制約された差異あるものをみずからの外にもつような形式的な無差別にすぎず、形式なき本質、英知なき力、内的質や無限性を欠いた量、運動なき静止でしかない。われわれはここでそのもっとも首尾一貫した叙述としてフィヒテの叙述を引きあいに出したい。その叙述がどれほど形式的ではない首尾一貫した体系をじっさいに試みていようと、それには人倫性や宗教は無縁であって、そんなものは必要なかったのである。

フィヒテにおける個人の意志と普遍的意志の対立

各個人の活動が普遍的意志によって強制されるような「機械的な必然性をもって作動するこうした機構[†20]」の最高の課題は、この普遍的意志がその器官にして管理者であるさまざまな主体のうちで必然的に実在的になるということであり、そのためには、個人の意志と普遍的意志の対立が前提となる。したがって、普遍的意志との統一性も、内的な絶対的権威としてではなく、外面的な関係や強制によって生みだされるべきものとして理解され想定されうるにすぎない。しかし、ここで強制と監督の進行が想定されるべきものとしても、じっさいにはそれは無限の系列をなして進んでいくことはありえないし、実在的なものから観念的なものへの飛躍が起こることもありえない。〔したがって〕普遍的な自由の概念を目指すこの強制の出発点となるような最高の肯定的な地点がなければならない。しかし、それがそのように普遍的自由の概念を目指すようにほかの地点に強制するためには、この地点もほかのすべての地点と同様にそのことを強制されなければならない。この強制の普遍的体系においてそれを強制されないような地点がどこかにあるとしたら、その地点はこの原理を踏みこえ、超越的なものになってしまうだろう。こうしていまや問題は、この最高の意志がどうすれば強制と監督によっても同じように普遍的意

†18　『自然法の基礎』第一巻第三部一四節（『フィヒテ全集』第三巻、一三九頁以下〔一七七頁以下〕）。なお、フィヒテの倫理学への批判については本書八八頁以下を参照。

†19　ここから本書五一三頁三行目までは、同書第一巻第三部一四～六節〔一七一～二一三頁〕を念頭に置いた議論である。

†20　同書一四二頁〔一七四頁〕。

志の概念にふさわしいものになり、したがって体系が完全に内在的であり超越論的でありつづけるかということである。こうしたことが起こりうるとすれば、全体の権力が対立しあう両陣営に分配され、統治されるものが統治するものによって、統治するものが統治されるものによって強制されるばあいだけであろう。両陣営の権力の強さが、したがってその可能な強制力の強さが等しくないと想定されれば、一方が他方より力をもつ分だけ、つまりどちらかが過剰な分だけ、一方だけが強制されて、対立する他方は強制されなくなってしまうが、そんなことがあってよいはずはない。しかしほんとうのところ、優位にあるのは強者だけである。というのも、あるものがほかのものにとって境界になるためには、あるものはほかのものと対等でなければならないからである。したがって、弱者は強者の境界にはならない。したがって、両者は等しい力で相互に強制され、たがいを強制しあわなければならない。しかし、そのように作用と反作用、ある立場とそれに対抗する立場の力が等しいなら、両者の力は均衡状態に還元され、そうなればすべての活動と意志の表明と行為は廃棄されてしまう。こうした還元は肯定的にも否定的にも考えられる。つまり、作用と反作用が存在し、たがいに作用するから均衡状態があると考えることもできれば、両者が否定的に想定され、作用も反作用も存在しないから均衡状態があるとも考えられるが、いずれにしても同じである。この死から救いだそうとして、〔作用と反作用が〕直接対峙する事態を諸作用の円環にまで延長し、そのようにしてこの〔両者が〕接触する中心にせよ、対立しあうものの還元が起きる地点にせよ、この中心を空虚なままであるかのように見せかけることで、廃棄したつもりになってみても、やはりほんとうの解決策にはならない。最高の権力から枝分かれしながら下降していきすべての個人にいたりつく強制のヒエラルキーに向かいあって、この個人からふたたび頂点へと上昇する同じようなピラミッドがあって、下降するヒエラルキーにもっとも先鋭的に対抗するまでになり、そのようにして全体がひとつの円環にたわめられる。そうなれば、直接的な接触はなくなり、集団をなしているような力は分散され、中間項によって人工的な差異が生みだされ、それによっていかなる項も、それを動かすものに直接反作用することがなくなり（この反作用によって均衡状態への還元が生じる）、むしろ動かすものとは別のものに反作用するようになり、その結果、最初のものが最後のものを動かし、最後のものがまた最初のものを動かすことになるというのである。しかし、そのすべての部分がたがいを順々に動かしあってぐるりと一巡するとされる永久運動（perpetuum mobile）は動くどころか、ただちに完全な均衡状態に置かれ、完全な永久静止（perpetuum quietum）になってしまう。というのも、圧力と反対圧力、強制することと強制されることはまったく等しく、同じように直接に対峙しあい、最初に考えられたようにまさしく諸力の還元が生じてしまうからである。純粋な量は〔直接的な接触を避けて円環にするといった〕間接的な処置をしたからといってごまかせるものではない。そんなことをしても、その量のうちにはいかなる差異も、またいかなる真の無限性や形式もけっしてもちこまれはしない。むしろ、純粋な量は以前と同じく完全に未分化で純粋で無形の力のままである。こうしてこの力にたいしては、普遍的自由の概念に適合するように強制することはいかにしても不可能である。というのも、この力以外にどんな力も見いだされず、この力そのもののうちにはどんな区分ももちこめないからである。

現実の権力と可能的な権力——二つの共同意志

そういうわけで、ひとははたしてまったく形式的な区別に逃げこむことになる。たしかに、現実の権力は政府というかたちに統一された〈ひとつの権力〉として想定される。しかし、それに対峙するのは可能的な権力である。この可能性は可能性ではありながら前者の現実を強制する能力をもつとされる。つまり、共同意志のこの第二の非暴力の存在こそが、〔現実の〕権力がそこに拘束されている〔べき〕第一の共同意志を離れてしまってはいないか、普遍的自由の概念にそぐわなくなってはいないかを評価するとされる。この第二の共同意志こそが最高権力一般を監督し、そこに普遍的意志に代わって私的意志が現われるようなことがあれば、その私的意志から最高権力を救いだす。そして、このように事が運べば、最高の国家権力のすべての行為が今後まったく無効であることの、絶対的な影響力をもつ公共的な宣言になるはずである。権力はみずからの判断でみずからを離れるべきではないし、離れてはならない。そんなことをすれば反乱になってしまうだろう。というのも、こうした〔反乱を起こすような〕純然たる権力は私的意志だけで成りたっており、したがって、これらの私的意志を共同意志に仕立てあげるのはできない相談だからである。ところが、あの第二の共同意志のほうは、この〔私的意志の〕集団を共同体だと宣言したり、純然たる権力でさえ普遍的意志の理念と一致すると宣言したりする。というのも、この第二の共同意志は、上述の権力者たちにはもはや存在しないからである。最高権力になにごとかを強制するために、どんな特定のものが想定されようと、そこにはたんなる可能性ではなく、実在的な権力が結びつかなければならないだろう。しかし、この権力は共同意志の他方の代表が握っているので、この他方の代表はそうした特定なもののいずれも妨害できるし、監督官職によってどのような種類の業務が課せられようと、そしてまたどのような正式の手続きが考えだされようと、その監督や禁令の公布を破棄することができ、しかも、この特定のものの効力をその手に握っている人びとと同じ権利でそうすることができる。というのも、上述の監督官も同時にこれらの人びとに劣らず私的意志であり、この監督官が政府を評価できるように、政府もまた監督官の私的意志が普遍的意志から離れていないかどうかを評価でき、しかもこの評価の効力を端的に発揮できるからである。周知のように、最近ある政府が、政府と張りあってそれを麻痺させている立法権を解体しようとしたさいに、その渦中にあった一人の人物がフィヒテの監督官職のような監督委員会を設立すればこうした暴行は妨げられただろうという思いつきにたいして、そうした監督者をもち政府に抵抗しようとする委員会もまた暴力的なあつかいを受けることになるだろうと判断したが、これは正当なことである。

しかし最後に、最高権力者たちが自発的に普遍的意志の第二の代表に民衆の招集を許し、彼らに自分たちと監督者たちのあいだで判断を下させようとしても、そんな烏合の衆によってなにが始められるというのだろうか。彼らはあらゆる私的なことでさえ監視し、ましてや公共生活を導くことはなく、したがって共同意志を意識することも、全体の精神のもとに行動することもけっしてなく、それとは反対のものになるべく教育されているにすぎない。

以上であきらかになったのは、こうした関係によって想定されるにすぎない人倫的なもの、つまり外面性や強制が、全体として考えられると自己崩壊してしまうということである。たしかにそれによって、強制は実在的なものではなく、それ自体ではなにものでもないことが証明されている。しかしこの事態は、それ自体においてその概念にしたがって、そしてこうした関係にかかわる特定のものにしたがって示されるならば、いっそうあきらかになるだろう。というのも、〔特定のものを抜きにした〕関係一般はそれ自体ではなにものでもないということは、ある面では弁証法が〔これから〕証明しなければならないことだが、ある面ではすでに簡単に述べられていたからである。

「万人の自由」と「個人の自由」の抽象的対立

強制と関連しており、ほかでもないこうした関係を表現するような一連の概念一般にかんしては、それらが本質なき抽象、頭で考えだされただけのもの、空想の産物であって実在性を欠いていることを、すでにある程度あきらかにしておいた。まず最初に登場するのは、個人の自由とは区別された万人の普遍的自由という空虚な抽象であり、次に他方で登場するのが、同じようにそれだけ取りだされた個人のこの自由である。どちらの自由もそれだけでもちだされるなら実在性なき抽象である。しかし、この両者が絶対的に同一のものとして、しかもそのさい根柢にあるこの最初の同一性にもとづいて同一のものとして想定されるなら、それらは非同一性においてしか意味をもたないような概念とはまったく違ったものになる。そうなると、自然的あるいは原初的な自由〔つまり個人の自由〕は、普遍的自由の概念によって制限されるべきだということになる。しかし、制限可能と想定されうるような自由は、まさにそれゆえに他方で絶対的ではないものになってしまう。そうであってみれば、〔フィヒテのように〕個人の自由は外面的な強制によって絶対に必然的に普遍的自由の概念に適合するべきだといった思想をつくりあげるのは、それ自体で矛盾している。強制の概念そのものにおいては、自由にとって外的なものがただちに想定されてしまう。しかし、真に外的なものや疎遠なものと対峙するような自由は自由ではない。自由の本質と形式的定義とはほかでもなく、絶対的に外的なものがなにもないということなのである。

選択の自由は真の自由ではない

自由とは対立する特定のもののどちらかの選択であるべきであって、+Aと−Aがあれば、そのどちらかに決めるのがその本領であり、このあれかこれかに完全にしばられているといった自由観は完全に放棄されなければならない。こうした選択の可能性のようなものは経験的な自由にほかならず、普通の経験的な必然性とひとつであって、けっしてそれから切り離せない。むしろ自由とは、+Aと−Aとして対立するものの両方の否定ないし観念性であり、そのいずれも存在しないという可能性の抽象的表現である。自由にとってなにか外的なものがあるとすれば、それは自由がもっぱら+Aと規定されているか、もっぱら−Aと規定されているばあいだけだろうが、しかし、自由とはそれとは正反対のものであり、自由にとってはなにも外的なものはありえず、したがって、どんな強制もありえない。

どのような特定のものもその本質からすれば+Aであるか−Aであるかのいずれかであり、そして、+Aには−Aが、−Aには+Aが解きがたく結びついている。個人が+Aという特定のありかたに身を置いたとたんに、彼は−Aにも拘束される。−Aは彼にとって外的なものであり、彼にはどうすることもできないものであって、彼は+Aと−Aの絶対的な結合のゆえに、+Aという特定のありかたによってすぐさま−Aという疎遠な力の支配下に置かれる。みずからが+Aであるか−Aであるかを決める選択を本領とするような自由は、けっして必然性を脱けだすことがないだろう。自由が+Aであると決めても、−Aを否定したことにはならず、−Aはそれにとって絶対に外的なものとして必然的に存在しつづけるし、逆に−Aであると決めても同じである。自由が自由であるのは、肯定的にであれ否定的にであれ−Aと+Aを統一し、そのようにして+Aという特定のありかたをやめるばあいだけである。二つの特定のありかたが統一されると、両者は無に帰す。つまり、+A−A＝0である。たとえこの無が相対的に+Aと−Aにしかかかわらず、無差別のAそのものが特定のありかたとして考えられ、あるプラスが別のマイナスに、あるいはあるマイナスが別のプラスに対立すると考えられても、絶対的自由はそうした対立だけでなく、すべての対立と外面性を超えており、どんな強制もまったく受けつけず、どんな強制も実現しない。

とはいえ、この自由の理念そのものも抽象であるように思われる。たとえば具体的な自由、個人の自由が問題になるばあいには、特定のものというあのありかたも、したがってたんなる経験的自由もひとつの選択の可能性として想定され、そうなれば経験的必然性と強制の可能性も、そもそも普遍性と個別性の対立までもが想定されることになろう。というのも、個人とはひとつの個別性であり、自由とは個別性の根絶だからである。個人はこの個別性によってただちに特定のありかたのもとに置かれ、それによって外的なものが個人にとって存在するようになり、強制が可能になる。しかし、特定のありかたを個人のうちに無限性の形式のもとで置きいれることと、絶対的に置きいれることとは別のことである。特定のありかたは、無限性の形式のもとにあれば、それによって同時に廃棄されており、個人は自由な存在としてのみある。つまり、個人のうちにさまざまな特定のありかたが想定されるとき、個人はそれらの絶対的な無差別であり、形式的に言えば、そこにこそ彼の人倫的な本性がある。さらに諸個人が一般に（たがいにたいしてであれ、それ以外のものにたいしてであれ）区別され、外面的なものに関係しているかぎりで言えば、この外面性そのものが無差別的であり、なおかつ生きた関係であるという点にこそ有機的組織の本領があり、そしてまた有機的組織のうちにしか全体性はないのだから、そこに肯定的な人倫性の本領がある。

純粋な自由としての死

しかし、個別的なものとしての個人のこうした無差別は、さまざまな特定のもののありかたとの関係においては否定的なものである。だが、個人の存在が現実に個別性として、つまり、その存在が積極的には克服できない否定として、外面的なものがそれとしてしっかりと保持されているような特定のありかたとして想定されるばあいには、個人に残されるのはまったくの否定的な絶対性つまり無限性であり、言いかえれば−Aも+Aも絶対的に否定する、つまり個人がこの個別的なありかたを概念のうちに絶対的に受けいれることだけである。−Aは主体の+Aという特定のありかたにたいして外的なものであるから、主体はこの点からすれば疎遠な力の支配下にある。だが主体は、ひとつの特定のありかたであるみずからの+Aを否定的に設定することも、廃棄することも、譲渡することもできるのだから、疎遠な力の可能性のもとにあろうと現実性のもとにあろうと、絶対に自由でありつづける。主体は+Aも−Aも否定するのだから、克服される（*bezwungen*）ことはあっても、強制される（*gezwungen*）ことはない。主体が強制をこうむらざるをえないのは、そこにおいて+Aが絶対的なものとして固定されるばあいだけであろう。そうなれば、ある特定のありかたとしてのその主体には、ほかの特定のありかたの無限の連鎖が縛りつけられかねないからである。〔しかし〕さまざまな特定のものを捨象するこの可能性には限りがない。言いかえれば、絶対的であるものはけっして特定のものではない。というのも、そんなものはただちに自己矛盾だからである。そうではなく、自由そのものつまり無限性は、たしかに否定的なものではあるが絶対的なものであり、その個別的なありかたは、概念のうちに受けいれられた絶対的な個別性であり、否定的に絶対的な無限性であり、純粋な自由である。この否定的に絶対的なもの、純粋な自由が現象として現われたものが死であり、主体は死ぬことができるという能力によってはじめて、みずからが自由でありすべての強制を完全に超越していることを証明する。死は絶対的な克服である。そして、この克服は絶対的であるので、あるいは、そこでは個別性が完全に純粋な個別性になる（つまり、この個別性は−Aを排除するような+Aの設定ではなく（そんな排除は真の否定ではなく、−Aを外的なものとして立てると同時に、+Aを特定のものとして立てるだけだろう）、プラスとマイナス両者の廃棄である）ので、この克服は克服そのものの概念であり、したがって無限であり、おのれ自身の反対つまりは絶対的な解放である。死のうちにある純粋な個別性はおのれ自身の反対であり、普遍性である。こうして、この克服のうちに自由があるのは、この克服が、肯定的にも否定的にも、主観的にも客観的にも定立されているかぎりでの特定のものの廃棄を目指し、たんにその一方だけの廃棄を目指すのではなく、したがってそれ自体としてみれば純粋に否定的にふるまうからである。言いかえれば、その廃棄の働きそのものも反省作用によって肯定的に把握され、表現されうるのだから、そのばあいには、特定のものを両方とも廃棄することは、その両方のがわで特定のものをまったく同じように設定することとして現われもするのである。

自由と刑罰

これをたとえば刑罰に適用すれば、刑罰において理性的であるのは報復だけである。というのも、報復によって犯罪が克服されるからである。[†21] 犯罪が惹き起こした特定の事態+Aは、−Aを置くことで補完され、両者は相殺される。あるいは肯定的に見れば、犯罪者にとっては特定の事態+Aに、それに対立する事態−Aが結びつけられ、犯罪は一方だけしか惹き起こさなかったのに、両方が同じように立てられる。こうして、刑罰は自由の回復である。犯罪者が自由なままであり、そればかりか自由にされたのと同じように、刑罰を科したものも理性的であり、自由にふるまったのである。このように規定すれば、刑罰は本来的なものであり、真に無限であり、したがって尊敬と畏怖を一身に集める絶対的なものである。刑罰は自由に由来し、それ自身は克服するものでありながら自由のうちにとどまりつづける。それにたいして、刑罰が強制とイメージされれば、刑罰はたんに特定のもの、まっ

†21 犯罪と報復については、本書三三〇頁以下を参照。

たく有限でいかなる理性的性格もそなえていないものとみなされてしまい、ほかのものと引きかえになる特定のものだとか、あるいは、犯罪というほかのものをあがなえるひとつの商品といった卑俗な概念に完全に含まれることになる。〔このばあい〕司法権として国家は犯罪と呼ばれる特定の事態を商っており、この国家にとってそれらはほかの特定の事態と引きかえに売りに出されているのであり、法典は価格相場なのである。

第三章　絶対的人倫

絶対的人倫としての民族

しかし、これらの抽象物と、それに由来する外面性の関係がどれほど空しいものであるにせよ、上の例でいえば犯罪と刑罰の関係を規定するものとして示されたような、否定的な絶対者つまり無限性という契機は、絶対者そのものの契機であり、絶対的人倫においてあきらかにされなければならない。われわれは、絶対的形式つまり無限性というこの多くの能力を秘めたものの必然的な諸契機を理解し、それらが絶対的人倫の形態をどのように規定しているかを示すことにしよう。そうすれば、実践的諸学問の真の概念と関係があきらかになるだろう。ここではさしあたりそこに含まれているこれらの関係をはっきりさせることが問題であり、したがって無限性の側面が強調されなければならないので、われわれは、絶対的人倫の全体性とはひとつの民族にほかならないということを肯定的な事実として前提しよう。この肯定的事実は、われわれがここで考察する否定的なものにおいてもすでに、以下のような契機をもつことがあきらかになるだろう。

ところで絶対的人倫においては、無限性つまり絶対的に否定的なものとしての形式は、さきに理解されたようなあの克服の運動そのものがその絶対的概念に取りこまれたものにほかならない。そして、そこではこの克服の作用は個々の特定のものではなく、その現実性と可能性の全体に、つまり生そのものにかかわり、したがって素材が無限な形式に等しいことになる。つまりこのばあい、この素材の肯定的な側面は絶対的人倫、つまりひとつの民族に属し、それと一体をなすというありかたであって、個人は否定的なものにおいて、死の危険をとおしてのみそうした一体性をまごうことなく証明する。無限なものつまり関係の側面とこうした肯定的なものとの絶対的な同一性によって、諸民族のようなさまざまな人倫的全体性がかたちづくられ、個体として構成され、それによってひとつの個体として〔ほかの〕個々の民族に対置される。こうした立場と個体性が実在性の側面をなしているのであって、この側面を考えあわせなければ、民族のような人倫的全体性は空想の産物でしかない。絶対的形式を欠いた本質といった抽象物がかりにあったとしても、そんなものはまさにそれゆえに本質を欠いたものでしかないだろう。個体同士のこの関係は〔それ自体が〕ひとつの関係であり、したがって二重の関係である。つまり、一方で肯定的な関係、両者が平和のうちに安らかに等しく共存することであり、他方は否定的な関係、たがいに排除しあうことである。しかも、この両関係は絶対的に必然的である。第二の関係にかんして言えば、われわれはこの理性的な関係を、みずからの概念に取りこまれた克服の作用として、言いかえれば、勇敢さがそうであるような絶対的な形式的徳として理解した[†22]。関係のこの第二の側面によって、人倫的全体性の形態と個体性にとっては戦争の必然性が定まる。戦争には、個々の特定のものだけではなく生としてのその全体がまるごと破棄され、しかも絶対的なものそのものつまり民族のために破棄されるという自由の可能性がある。だからこそ戦争は、風の動きが海を腐敗から守るように、特定のものにたいしても、それらがなじみ深いものになったり確固たるものになったりすることにたいしても民族を無関心にすることによって、彼らの人倫的な健康を守るのである。海がいつまでも淀んでいれば腐敗するように、平和が長引き、それどころか永遠になってしまえば、諸民族は腐敗してしまうだろう[†23]。

肉体的欲求と意志——政治経済の体系

人倫的全体性の形態とその個体性〔民族〕が対外的な個別性として規定され、そしてこの個別性にとってはその〔外に向かう〕運動が勇敢さとして規定されたわけだが、たったいま考察した無限性のこうした否定的な側面には、対立の存立という別の側面がじかに結びついている。このどちらの側面も無限性であり、否定的である。前者は否定の否定、対立にたいする対立であり、後者は特定のものないし多様な実在性として存立するような否定と対立そのものである。これらの実在性〔個々人の私人としての実生活〕は純粋な内面的な没形式と単純性として見れば感情であり、それは実生活にあっては、差異性から再構成されもすれば、差異なき自己感情が廃棄された状態から再興されもするような感情、言いかえれば、さまざまな直観の根絶をくぐり抜けて再興されるような感情、つまりは肉体的な欲求と享受である。この肉体的な欲求と享受は、それ自体がこれまた全体性のうちに置かれて、無限に複雑に絡みあいながらも〈ひとつの〉必然性にしたがっている。そして、肉体的欲求とそのための労働と蓄積にかんしては普遍的な相互依存の体系をなすとともに、これが学問になれば、いわゆる政治経済学の体系をなす。実在性のこの体系は完全に否定性と無限性のうちにあるのだから、肯定的な全体性にたいするその関係にかんして言えば、この体系は肯定的な全体性によってはまったく否定的にあつかわれざるをえないし、その支配[†24]に服したままにならざるをえない。本性からして否定的なものは否定的なままでなければならず、確固たるものになってはならない。それがみずからを自立的なものとして構成して独立した力にならないようにするためには、だれにも生きる権利があるとか、民族において普遍者は、全市民が生計を立てられるように、生業が完全に保証され容易であるように配慮しなければならないといった命題を並べたてるだけでは十分ではない。後者の命題が

†22　本書五一六頁以下を参照。
†23　本書六一九頁を参照。
†24　原文の seiner は ihrer と読む。

原則と考えられると、所有の体系を否定的にあつかうことはむしろできなくなり、この体系を完全に放任し、絶対的なものとして確立することになるだろう。だが、人倫的な全体がいつでも自分は内的にはむなしいと感じるようにしておかなければならず、それが量的に急速に成長したり、その本性にふさわしくないような大きな差異や不平等をしだいにもつようになれば、これを妨げなければならない。じっさいこうしたことは、どんな国家においてもどちらかと言えば無意識のうちに、国家自身はそこから超然としていたいと思っているような外的な自然必然性というかたちで実現している。つまり、所有の体系が成長するにつれて国家そのものの出費が大きくなると、それにおうじた増税によって所有が減って、収益を上げにくくなることによって実現することもあるが、たいていのばあいは、収益を目指しているものを多様な混乱に陥れる戦争によって実現し、さらにはほかの諸身分が嫉妬のあまり、ときには意図的に、ときには無思慮のゆえに意図に反して商業を抑圧することによって実現することもあり、その結果、国家という肯定的な人倫は純粋に実在的な諸体系からみずから自立し、それらにたいして否定的で制約的な態度を取れるようになる。[†25]

法の領域の構成

たったいま考察されたような観点における実在性、つまり肉体的欲求と享受、所有、所有と享受の対象などのさまざまな側面をもつ実在性は、純粋な実在性であり、それが表現するのはたんに関係の両極〔の一方〕にすぎない。しかし、この関係は対立しあう特定のもの〔個々の私人やその所有〕のある種の観念性、相対的な同一性も含んでおり、この同一性はそうであるがゆえに、肯定的な絶対者ではなく、形式的なものでしかありえない。さまざまな関係という観点で実在的なものが置きいれられるこの同一性によって、所有は財産となり、[†26] 一般に特殊なものは、生きたものでさえ、同時に普遍的なものとして規定され、それによって法の領域が構成される。

ところで、この関係における絶対的なものの反映について言えば、それは実在的なものや特定のものの存立にたいするその否定的な側面から克服の運動としてすでに規定された。[†27]〔それにたいして〕実在的なものの肯定的な側面からすれば、〔絶対的なものの反映である〕無差別はこの特定の素材のうちでは外的で形式的な同等性としてしか表現されえず、これにかかわる学問が目指しうることといえば、あるときは不平等の等級を定めたり、またあるときは（それを可能にするために）、生きたものや内的なものがこうした規定や計算を受けいれられるようにするには、それらはどのように客観的かつ外的に設定されるべきかというその仕方を定めたりすることでしかない。このような段階においては、人倫の絶対的な実在性はそれ自身があくまで対立のうちにあるために、こうした表面的な現象に制限されてしまう。不平等なものを同一視したり算定したりしようにも、絶対的な対立が含んでいる特定のものが固定されているせいで行きづまり、幾何学のように通約不可能性に突きあたるだけではない。むしろ、その作業は特定のもののうちにとどまっていながら幾何学のように抽象することができず、生きた関係のまっただなかにあって、そうした特定のものの束をつねにまるごと目の前にしているので、果てしない矛盾に完全に突きあたりさえもする。たしかに特定のものを直観するばあいには、個々の特定のものだけが固定され堅持されるので、矛盾はなくなり、終止符が打たれ、それによってなんらかの決定が生じうる。どんな決定も生じないよりもそのほうがまだましではある。というのも、この事柄そのもののうちには絶対的なものはないので、ほんとうのところとにかく決定が下され規定がなされるという形式的な事態こそが本質的だからである。しかし、

†25　『法の哲学』のヘーゲルは「国家」とは区別される「市民社会」を「欲求の体系」として捉える。「普遍的な相互依存の体系」、「所有の体系」、「純粋に実在的な諸体系」といったここでの表現には、ヘーゲルの市民社会論の萌芽が読みとれる。

†26　所有と財産の関係については、本書六一一頁の†7を参照。

†27　本書五一六頁以下を参照。

このようなやりかたで真の全体的な正義と人倫にかなった決定を下そうと言うなら、話はまったく別である。こうした公正と人倫〔にかなった決定〕は、特定のものを固定し絶対的に堅持することによっては不可能である。それはそうした特定のものを混ぜあわせることにおいてのみ可能になり、直接的な人倫的直観によってのみ現実的になるのであって、この人倫的直観は特定のものを絶対的だと想定する態度を制して、全体だけを堅持するのである。

さまざまな質を概念のうちに受けいれて規定しようとすればきりがないということと、その個別性は直観と対立しもすればたがいに対立しもするということとの二つの側面について、プラトンは簡潔なことばでこう語っている。立法の技術が王者の技術に属することはあきらかである。しかし、いちばん善いのは、法ではなく賢明で王にふさわしい人が効力をもつことである。というのも、きわめて厳密かつまったく普遍的な意味でもっとも卓越した公正な事柄を完全に定めるなどということは、法にはできないからであり、人間もその行為もそれぞれ一様ではなく、人間にかかわることはけっしてじっとしてはいないので、ある事柄にかんしてその全面にわたっていつでも変わらないものを示すなどということは、どんな技術をもってしてもできない相談だからである。ところが、法がまさに同じひとつのものに向けられていることは見てのとおりである。法はいわば頑固で粗野な人のようなものであって、みずからの命令に反するものを放ってはおかないし、たとえ彼が決めた関係とは別のもっとよいものが現われても、それに疑義を差しはさむことを許さない。したがって、あくまで変わらずにいないものにとってけっして変わらないものが有益だなどということはありえないのである。[†28]

人間的な事柄にかかわるこうした領域においてもそれ自体で存在する絶対的な一定の権利と義務が可能だという思想が主張されるのは、形式的な無差別つまり否定的な絶対者にもとづいてのことである。そうした否定的な絶対者は、この領域の実在性が固定されたところにしかなじまず、たしかにそれ自体で存在しはするが、それ自体で存在するかぎりでは空虚である。言いかえれば、そのうちにある絶対的なものとは、まさしく純粋な抽象、完全に内容を欠いた統一性の思想にほかならない。それはけっしてこれまでの経験から得られた結論でもなければ、アプリオリに真なる理念の具体的な展開がたまたま不完全にとどまったものとみなされてもならない。むしろ認識されなければならないのは、ここで理念と呼ばれているものと、この理念にもとづくよりよき未来への希望が本来空しいものであり、完全な立法なるものも、法の定めに対応するような真の正義なるものも、司法権の具体的な現場では本来不可能だということである。前者〔完全な立法〕にかんして言えば、絶対的なものは、特定のものそのもののうちにあるとされているので、無限なものでしかなく、しかもそこで想定されているのは、一定の尺度を絶対的に無規定な線と比較するとか、一定の線を絶対的に無規定な尺度と比較するとか、あるいは無限な線を測定したり、特定の線を絶対的に〔どこまでも〕分割するといった観念において想定されているのとまったく同様の経験的な無限性であり、本来果てしない規定可能性である。他方〔法が定めに対応するような真の正義〕にかんして言えば、司法が対象とするのも〔立法と〕同様に、無限に多様に形成された無限に多くの見方であるが、この見方のそれぞれはそれがもつ特定の内容量が増えるにつれてますます多様な規定をもつようになる。立法によって区別がつくりだされれば、それぞれの個々の見方はますます識別可能な洗練されたものになるが、立法が拡張されても肯定的な完全性という目標に近づくわけではない。ここで言う完全性は、以前に示されたように、[†29]真理をもたず、つくりものが増えていくという形式的な性格をもつにすぎない。そこでいまやこうした多様性のうちにあって法と判決にかんする統一的な司法的見解が得られ、真なる〈一にして全〉が生成するためにどうしても必要なのは、特定のものが個々それぞれに制限されることであり、つまり、それが法を自称する根拠としているような、絶対的でそれ自体で存在するものとしては部分的に廃棄され、したがって、その絶対的である

†28　プラトン『ポリティコス』二九四A～Cの要約的引用。
†29　本書五〇八頁以下を参照。

ありかたを尊重しないようにすることである。〔特定の法の〕純粋な適用などは問題になりえない。純粋な適用と言ったところで、それは個々の特定のものを設定し、ほかの特定のものを排除することでしかないからである。しかし、ある特定のものが存在するようになれば、ほかの特定のものもまた、〔自分たちの〕反作用は部分ではなく全体によって規定されているのであり、それ自身がひとつの全体になるよう考慮に入れてくれと求める。絶対的な立法や、裁判官の心証に左右されない判決といった空しい希望と形式的な思想は、この明晰判明な認識に従わなければならない。

絶対的人倫と実在性の体系

実在性〔実利性〕の体系を考察したさいにあきらかになったのは、絶対的人倫はこの体系にたいしては否定的に関係せざるをえないということである。[†30] この体系においては、その固定した特定の相のもとに現われる絶対者が、否定的な絶対者として、無限性として想定されており、対立に対峙するかたちで形式的で相対的で抽象的な統一性として現われる。この絶対者は実在性の体系に否定的に関係するという点では敵対的だが、こうした関係においてそれ自身がこの体系の支配下にあり、いかなる点でもこの体系にたいして無関心ではない。しかし、対立しあうものの無差別であり、それらをみずからのうちで根絶し包括するような統一性と、形式的無差別つまり存在する諸実在の関係の同一性でしかないような統一性とは、この関係が無差別そのもののうちに完全に取りこまれることになれば、完全に〈ひとつのもの〉として存在しなければならない。つまり、〔諸実在の関係が無差別に取りこまれれば〕絶対的人倫は形態として完全に有機的に組織されなければならない。というのも、その関係は形態の〔一〕側面という抽象物だからである。関係が形態において完全に無差別化されてしまうと、それは関係という本性をもたなくなってしまう。残るのは有機的な自然の非有機的な自然にたいする関係だけである。しかしすでに示したように、[†31] 無限性の側面であるような関係はそれ自身が二重の関係である。つまり、一方では統一性つまり観念的なものが、他方では多様なものつまり実在的なものが第一にして支配的であるような関係である。前者の側面にしたがえば、この関係は本来、形態と無差別のうちにある。その概念つまり無限性は永遠に不安定であり、この不安定さは一方では有機体そのもののうちでみずからを食いつくしながら、純粋に量的なものである生命の現象を犠牲にし、みずからの灰のなかからおのれ自身の種として永遠に新たに若返る。他方では、みずからの差異を外に向かっては永遠に否定し、非有機的なものから養分を得ながら非有機的なものを生産し、無差別から非有機的自然のなんらかの差異なり関係なりを呼びだし、それをふたたび廃棄し、そして、非有機的自然もおのれ自身をも食いつくす。人倫的なもののこの非有機的自然がどのようなものであるかは、すぐにわかるだろう。しかし第二に〔後者の側面にしたがえば〕、関係つまり無限性のこの側面のうちには、根絶されたものの存在もまた設定されている。というのも、ほかでもなく絶対的な概念はおのれ自身の反対なので、その純粋な統一性と否定性とともに差異の存在も設定されているからである。言いかえれば、根絶の働きは根絶されるものつまり実在的なものを設定してもいる。そうだとすれば、人倫にとって克服しがたい現実性と差異があることになろう。無限性はここではその対立物が完全に力をふるっているところに居を定めるので、〔その対立物である〕個体性も、たんに可能性からしてだけでなく現実態としても（actu）、つまり現実性からいっても対立のうちにあり、差異から純化され絶対的な無差別のうちに受け容れられることはできないだろう。対立の廃棄と対立の存続がどちらも観念的なだけでなく実在的でもあるということは、そもそも分離と選別が設定されているということであり、したがって、人倫を客体として実現するような実在〔現実の社会〕が、絶対的に無差別のうちに受けいれられているような部分と、実在的なもの〔個々人の実生活〕がそれ自体として存在しており、したがって相対的に同一であっ

---

†30　本書五二一～二頁。
†31　本書四九一頁以下を参照。

て、絶対的人倫の反映しか含まないような部分とに分かれているということである。こうして、個人に完全に内在し個人の本質であるような絶対的人倫と、個人においても相対的に実在的であるような相対的人倫との関係が想定されることになる。人倫的な有機的組織が実在しながらも純粋にみずからを維持しうるためには、この組織において否定的なものがあまねく広がることが阻止され、〈一方の〉側に置かれるほかはない。ところで、無差別がどのようにして存在する実在的なもののうちに現われ、形式的な人倫となるかは、すでにあきらかにされた[†32]。この領域の概念は実在的な実践的なもの〔個々人の実生活〕であり、主観的に見れば、感覚あるいは肉体的欲求と享受というそれ、客観的には、労働と所有というそれである。そして、この実践的なものは、それが無差別のうちに受けいれられると――その概念からしてそうなりうるのだが――、形式的統一つまり法となる。法はそうした実践的なものにおいて可能になるのである。そしてこの両者のうえに第三のものが絶対的なものとして、つまりは人倫的なものとして存在する。しかし、相対的統一性の領域つまり実践的で法的なものの領域の実在性は、人倫的なものの全体性の体系においては固有な身分として構成されている。

三　身分の区別

こうして、人倫的なものの絶対的な必然性にしたがって二つの身分が形成される。そのひとつは自由人の身分であり、絶対的人倫という個体である。この個体は一人ひとりの個人をその器官としており、その無差別という側面から見れば、絶対的な生きた精神であり、客観という側面からすれば、この全体がみずからの器官であり構成員である諸個人の全体性においておこなう生きた運動であり、神的な自己享受である。しかし、その形式的ないし否定的な側面も同じように絶対的なものでなければならない。つまりそれは、個々の特定のものの根絶ではなく死を目指すような労働であり、その所産にしてもまた個別的なものではなく、人倫的な有機的組織の全体の存在とその維持であるような労働である。アリストテレスはこの身分に、ギリシア人がポリテウエイン[†33]という名前で呼ぶものをその仕事として割りあてている。このことばは、民族において、民族とともに、民族のために生き、公共的なものに完全に従属するような普遍的な生活を送ること、あるいは哲学することを表現する（プラトンは彼のもっと高次の生き生きとした立場から、この二つの仕事を別々ではなく、完全に結びついたものとして見ようとする[†34]）。

次は非自由人の身分である。この身分はばらばらな欲求と労働、所有と財産の権利と公正のうちに生きており、その労働は個別性を目指し、したがって死の危険を孕んではいない。この二つの身分に第三の身分が付けくわえられなければならない。この身分はみずからを磨くことがない粗野な労働において本来の活動領域である土地だけにかかわり、その労働が欲するものは媒介項なしの直接的な客体に尽きており、したがって本来の活動領域〔である土地〕と同じく、みずからも堅牢な全体性にして無差別である。こうしてこの身分は第二身分の悟性が差異に拘泥するのと違って、みずからの身体と精神を形式的な絶対的人倫と勇敢さと暴力的な死の可能性のうちに置き、したがってその数が多く自然力〔土地〕にかかわるありかたをしているので、第一身分を増やすことができる。

この第二身分と第三身分は第一身分を、実在性がかたやその静的な観点においては所有と財産として、かたや活動的な観点では労働として固定されているような状態から解放する。そのやりかたは、ちょうど近代の諸国民において商工業階級が目下のところは営利活動に専念するという仕方で兵役にしだいに就かなくなっているのと

---

†32 本書五二一頁以下を参照。

†33 ポリテウエイン（πολιτεύειν）はギリシア語の動詞形。その名詞形のひとつがタ・ポリティカ（τα πολιτικά）であり、文字どおりには「ポリスにかかわる事柄」を、一般的には「政治」を意味する。アリストテレス『政治学（タ・ポリティカ）』を参照。

†34 アリストテレス『政治学』A七、一二五五A三五～三七、プラトン『国家』四七三C以下、四八四A以下。

同じである。その結果、勇敢さはますます純化されてひとつの特殊な身分を構成するまでになる。この身分はその勇敢さによって営利活動から解放されており、すくなくとも所有と財産を偶然的なものとみなす。プラトンはこの第二身分の資質をその実質面から次のように規定している。つまり、「王者の技術は、勇敢で規律あるしつけの良さ（そのほか徳へと駆りたてるようなしつけの良さ）にはあずかれず、みずからの邪悪で粗暴な本性のゆえに無神論や高慢や不正に行きつくようなものにしかあずかれないような人びとにたいしては、彼らを死と追放と究極の屈辱によって屈服させ投げだすが、それに反して、粗野で卑賤な本性の持主たちにたいしては、彼らを奴隷の種族にまで貶める」というのである。†35 そしてアリストテレスは、おのれの本性によっておのれ自身であるのではなく他者に属するような人、身体が精神にたいしてするようなふるまいかたをする人を、こうした所属にふさわしいものとみなす。†36

ローマ帝国における諸身分

しかし、みずからの本性によって他者に属し、みずからの精神を自分のうちにもたないこうした人の、絶対的に自立した個人にたいする関係は、その形式からすれば二重の関係、つまり、特殊なものとしてのこの身分の個人と特殊なものとしての第一身分との関係か、普遍的なものと普遍的なものとの関係かのいずれかでありうる。前者の隷属の関係は、ローマ帝国が世界帝国となるという経験的な現象においておのずから消えさった。絶対的人倫が失われ、貴族身分が堕落すると、以前には特殊だった両身分は同じものになってしまった。そして、自由がなくなれば、必然的に隷属もなくなった。〔ローマ法のもとでの〕形式的統一と平等の原理が効果を発揮せざるをえないので、この原理はそもそも諸身分の内的な真の区別を廃棄してしまい、さしあたってはさきに想定された両身分の分離も、さらにはそれによって条件づけられた諸身分を分離する形式も実現しなかった。もっともこの形式にしたがえば、諸身分が支配と従属の関係に置かれるのは普遍性の形式のもとで身分全体同士の関係としてでしかないので、そうした関係のうちにあってもたがいにかかわりあう両身分は普遍的なものでありつづけるのだが。それにたいして隷属の関係においては、特殊性の形式がこの関係を規定する形式であり、身分が身分と対立するのではなく、むしろ〔身分という〕各部分の統一は実際の関係においては廃棄されてしまい、個人同士が依存しあう。普遍性と平等の原理はまずもって全体をわがものにしなければならなかったので、両身分を区別する代わりにそれを混合することになった。形式的統一の法にもとづくこうした混合において、じっさいのところ第一身分は完全に廃棄され、第二身分が唯一の民族とされた。ギボンはこうした変化の光景を次のような筆致で表現している。

「長期にわたる平和とローマ人の均質な支配が帝国の生命力に遅効性の密かな毒を流しこんだ。人びとのさまざまな心情はしだいに〈同一の〉水準に平板化され、天才の炎は消えさり、軍事的精神さえも蒸発してしまった。〔…〕個人的な勇気は残ったが、独立への愛や、国家的名誉にたいする感受性や、差し迫った危機の存在や、命令する習慣といったものによって養われるような公共的な勇気をローマ人はもはやもっていなかった。彼らは法と司令官を君主の意志のままに受けいれ、もっとも大胆な首長たちの子孫でさえ市民と臣民の地位に甘んじた。もっと高尚なものを求める心情の持主は皇帝の旗のもとに集まったが、見捨てられた地方は政治権力も統一も奪われて、いつのまにか私生活の気の抜けた無関心のうちに沈みこんでいった」†37

†35　プラトン『ポリティコス』三〇八E～三〇九A。
†36　アリストテレス『政治学』一二五四A一三以下。
†37　エドワード・ギボン『ローマ帝国衰亡史』第一巻第二章七四～五頁〔中野好夫訳、筑摩書房、六五頁〕。

このように私生活ばかりが幅をきかせ、国民が第二身分だけからなるような状況は、個人であることだけを見据えて絶対視する形式的な法関係と表裏一体である。立法をどれほど完全に仕上げても、それがこうした法関係にかかわっているかぎりは、このような腐敗と全般的な堕落状態から形成され展開されてしまう。そうなると、この財産と権利の体系は、個別性が確固不動であるために絶対的で永遠なもののうちにではなく、有限で形式的なもののうちにあるので、現実には貴族身分から区別され排除され、ある固有な身分を構成し、次にはこの身分において完全にどこまでも伸びひろがっていけるにちがいない。この体系にはある面では、所有や契約などの法的根拠という、それ自体副次的で形式的でしかない問題が付きまとうが、しかしまたある面では、そもそも立法がさまざまなものにどこまでも拡張されてきりがなくなる〔という問題〕も付きまとう。プラトンはそうしたものの項目を次のように挙げている。

ソクラテス「物品や手仕事にかんする個人間の契約、暴行や暴言、裁判官の権限や選任にかんする命令、あるいは市場や港で税の取立てや課税が必要になるのはどんなばあいかといった、これらの法的な事柄〔について、われわれはなんらかの立法をおこなうべきであろうか〕」。

アデイマントス「立派ですぐれた人びとにそんなことをいちいち指図するには及ばないでしょう。なぜなら、彼らはそれについて定めなければならない多くのことをおのずから容易に見いだすだろうからです」。

ソクラテス「もし神が真に人倫的な体制という恵みを彼らにお与えになるならばね」。

アデイマントス「しかし、たとえそうでなくても、彼らはそうしたものをたくさん制定したり改正したりして人生を過ごすことになるでしょう。最後には最良のものを手にすることができると信じながら」。

ソクラテス「そうした人びとの生きかたは、不節制のためにひどい食生活から抜けだそうとせず、〔…〕薬を飲んでも病気の種類を増やしひどくするばかりであるのに、薬をすすめてくれる人があると、いつもきまってこれで健康になれると期待するような病人に似ている。〔…〕さきに挙げたようなことに法律をつくり、ついには決着がつくと信じながら、つねに改正を続けていく人びとも、それと同じように滑稽だね。自分たちがしていることはじっさいにはいわば〔いくら切っても再生する〕ヒュドラの頭を切るようなものだということを知らないのだから」[†38]。

ソクラテス「ところで、放縦と病気が国民のあいだにはびこるようになれば、多くの法廷が開かれるというのはほんとうだし、〔…〕規律が地に堕ちた恥ずべき状態を示すなによりの証拠といえば、平民たちや職人たちばかりか、自由な教育を受けたことを誇りにしている人たちまでもが、すぐれた医者や裁判官を必要とし、主人や裁判官のような他人によって正義を課してもらうしかなくて、〔…〕法廷での告訴と弁護に明け暮れるという以外にはありえない」[†39]。

ブルジョア（市民）という身分

さらに、この〔法〕体系が発展して一般的な状態となり、自由な人倫がこの〔法的〕諸関係と混同され、そうした関係やその帰結からそもそも区別されなくなると、自由な人倫は破壊されざるをえず、そうなれば、この体系は意識的に受けいれられ、その権利が認められて、貴族身分からは排除され、固有な身分がその支配圏として認められなければならない。そしてそうなってこそ体系は確立され、みずからが混乱したり、ある混乱を解消しようとして別の混乱を引き起こしたりしたばあいに力を存分に発揮できるというわけである。この身分の潜在能力

†38　プラトン『国家』四二五C～四二六A。
†39　同書四〇四E～四〇五B。

は次のように規定される。つまり、この身分は所有一般と所有にかんしてここで可能な公正のうちに身を置きながらも、同時にそれに関連したひとつの体系を構成する。そして所有の関係が〔法の〕形式的統一のうちに受けいれられることによってただちに、なんらかの所有の資格をみずからもちあわせている個人ならだれでも、万人にたいして普遍的なものとして、つまりブルジョアという意味での市民としてふるまうようになる。この身分は政治的には無価値であり、そのためにその構成員は私人だが、その代償として、平和と営利の果実と、それを享受する完全な保証――個人だけでなく、この身分全体にたいする保証――を得る。とはいえ、各個人にたいする保証が全体のためにもなるのは、彼らが勇敢さから解放され、暴力的な死の危険にさらされる第一身分に付きものの必然性から救いだされるばあいだけである。というのも、個人にとってそうした死の危険は、すべての享受と所有と権利の絶対的な不確かさだからである。それぞれの原理は、このようにたがいに混同されなくなり、たがいの区別が制度化され意識されることによって、その権利を手に入れる。そしてこれによって実現されるのは本来存在すべきもの、つまり、絶対的な無差別としての人倫〔第一身分〕の実在性と同時に、現行の対立のうちにある実在的〔実利的〕な関係としての人倫〔第二身分〕の実在性にほかならない。しかも、後者は前者によって克服されてはいるが、この克服の働きそのものは作用しなくなっており、和らげられている。そしてこのように和らげられるのはほかでもなく、〔後者の私生活が存在する〕必然性が認識され、〔前者の〕人倫がみずからの非有機的な自然と冥界の力におのれ自身の一部をゆだね犠牲にすることによって、それらにも権利を与えるからである。というのも、犠牲の力とは、非有機的なものとのこうした絡みあいを直観し客観化するものだからである。こうした直観によってこの絡みあいは解きほぐされ、非有機的なものが切り離されてそれとして認識され、それとともにみずから無差別〔としての人倫〕のうちに受けいれられる。しかし、生きているものは、おのれの一部だと知っているものを非有機的なもののうちに置きいれ、死の犠牲にささげることによって、非有機的なものの権利を承認すると同時に、みずからをそこから浄めるのである。

人倫的なものにおける悲劇

これこそは、絶対的なものが永遠にみずからを相手に演じる、人倫的なものにおける悲劇の上演にほかならない。つまり、絶対的なものは客観的なものとして永遠に生みだされ、このみずからの形態のうちで受難と死にゆだねられ、そしてみずからの灰のうちから栄光の座に高められるのである。神的なものは、みずからの形態と客観性のうちにあるときにはそのままで二重の本性をもち、その生はこの二つの本性の絶対的な統一である。しかし、この二つの本性の絶対的対立の運動は、そこに巻きこまれている神的な本性においては勇敢さとして現われ、神的な本性はこの勇敢さによって他方の対立する本性の死から解放されるが、この解放によってみずからに生命を与える。というのも、この生命は他方の死と結びついてしか存在しないが、しかし同様に絶対的にその死から蘇りもするからである。なにしろ、この死は第二の本性を犠牲にするので、そこでは死は克服されているからである。神的な運動は他方の本性のうちに現われはするが、たんに冥界的で純粋に否定的な力でしかなく、まったく抽象的でしかないこの本性の抽象は、神的な本性と生き生きと統一されることによって廃棄される。神的な本性は他方の本性のうちに入りこんでそれを照らしだし、精神におけるこの理念的な統一によってそれを調和的な生きた身体にするが、この身体は身体としては同時に差異とはかなさのうちにとどまっており、精神を通じて神的なものをみずからに疎遠なものとして直観する。

この悲劇のイメージは、それを人倫的なものにかんしてもっとくわしく規定すれば、差異のうちにある法の力であるエウメニデス〔第二身分の象徴〕と無差別の光の神であるアポロ〔第一身分の象徴〕が、人倫的な組織であるアテネの民衆のまえで〔母殺しの犯人〕オレステスにかんしておこなった訴訟の結末である。アテネの民衆は、アテネの高等法院のような人間的なやりかたで、両方の力の投票箱に同数の投票をおこない、両者の並存を承認し、そうするだけにとどめてこの訴訟を調停せず、両者のどのような関係も関連も明確にしないが、しかし、アテネの女神アテナの神的なやりかたに訴訟をゆだねることによって、神〔アポロ〕自身によって差異のうちに巻きこまれた者〔オレステス〕をこの神に完全に返し、犯人に与した両者の力を分離するとともに、両者の融和も企てる。こうして、エウメニデスはこの民衆によって神的な力として敬われ、いまや都市に本拠をもつようになり、ついには、エウメニデスの荒々しい本性は、都市の低いところにしつらえられた自分たちの祭壇にたいして城塞の高いところに君臨するアテナを〔怒ることなく〕眺めて楽しみ、それによって鎮められるだろう。†40

古代悲劇と近代喜劇

人倫的な本性がみずからの非有機的な本性に絡めとられないように、それを運命として自分から引き離し、みずからに対置して、闘いのなかでこの運命を両者の統一として承認することによって神的本質との和解がなされるというところに、悲劇の本質があるとすれば、それにたいして喜劇とは一般に、このイメージを敷衍すれば、運命を欠いたもののがわに属することになろう。喜劇はまったく活発なありかたをしており、したがって、対立のシルエットや、見せかけだけの運命やでっちあげられた敵とのふざけた闘いであるか、あるいは、生彩を欠いたありかたをしており、したがって、自立性と絶対性のシルエットでしかないかのどちらかである。つまり、前者は古代喜劇あるいは神的な喜劇であり、後者は近代喜劇である。神的な喜劇†41が運命もほんとうの闘いも欠いているのは、そこでは絶対的なものの実在性にたいする絶対的な信頼と確信が対立を欠いており、ある種の対立がこの完全な真剣味のない安定性と静止のうちに運動をもちこむとしても、その対立はいかなる内的真理ももたないような対立でしかないからである。そうなるとこの対立は、疎遠で外的なものに見えながらも絶対的な確実性のうちにある神的なものにたいしては、個別化された自立性の意識の残りかすや夢想として、あるいはまた、たしかにひとがしがみつき固執してはいるが完全に無能であり無力であるような特異性の意識として現われるだろうが、しかしまたこの対立はみずからを感じとり意識しているある種の神的なもののうちにも現われるだろう。

この神的なものはみずからのためにさまざまな対立とたわむれを生みだし、そこにおいてみずからの個々の構成員にまったく軽い乗りで特定の賞の獲得競争をさせ、[†42]みずからの多様な側面や契機を完全な個性にまで育てあげ、固有な有機的組織にまで形成する。同様にこの神的なものは、そもそも全体としてもみずからの運動を運命にたいする運動ではなく、偶然的なものとみなし、みずからを無敵とみなすことができるので、なにかを失うことをまったく心配せずに、特異性と逸脱にたいする絶対的な支配を確信し、プラトンが別の観点で語っていること、[†43]つまり、ポリスは驚くほど強力な本性をもっていることを自覚している。そういうわけで、こうした人倫的な有機的組織が個々の構成員の才能をあらゆる芸術と学問と技能において極限にまで駆りたて、それぞれの分野で格別すぐれたものにしても、危険も不安も嫉妬も起こらないし、この人倫的な有機的組織そのものも、そうした神のごとき巨人たちがこの組織形態の美を害するどころか、この組織形態の一契機を晴れやかにする喜劇的な役回りであることを確信している。〔古代ギリシア人という〕特定の民族だけを引きあいに出せば、ホメロス、ピンダロス、アイスキュロス、ソフォクレス、プラトン、アリストテレスなどを、個々の特徴をそのように晴れやかに高めた人とみなすことができよう。しかし他方でまた、ソクラテスにおいてそうした特殊化がしだいに深刻にな

---

†40　ヘーゲルはここでアイスキュロス『オレステイア』の第三部「慈しみの女神たち」（高津春繁訳、ちくま文庫、一九八五年）を念頭に置いている。

†41　「神聖な喜劇」といえば、普通はダンテの『神曲（神的な喜劇）』を連想する（英訳はそう解している）が、ここでヘーゲルの念頭にあるのは古代喜劇である。ヘーゲルの盟友シェリングは『哲学批判雑誌』の最終号にダンテ論を寄稿しているが、ヘーゲルはシェリングのダンテ評価にたいして、さりげなく批判的な距離を取っている。

†42　アリストパネスの喜劇『蛙』では、故人となった悲劇詩人アイスキュロスとエウリピデスが、地獄でたがいの作品の優劣論争を展開し、酒神ディオニュソスが審判をつとめる。

†43　プラトン『ポリティコス』三〇二A。

っていくことにたいする深刻な反動〔ソクラテスの裁判と刑死〕が生まれ、そのうえさらにそれを後悔するまでになりもすれば、それと同時にさまざまな個人化がますます多量に、きわめて精力的に芽生えはじめてもいたのであって、これによって〔この組織の〕内的な活動性が極限にまで達してしまい、この種子の成熟のうちにその力が告知されているが、しかしまた、その内的な活動性を担うこの肉体の死が近いことが告知されていたことも見のがしがたい。〔人倫的な有機的組織の〕内的な活動性は一般にさまざまな対立を惹き起こしはしたものの、以前には戦争のようなもっと深刻で影響力の大きい様相を呈したばあいでさえ、それを偶然的なものとしてこれまた軽い乗りで惹き起こしたり操ったりすることができていたのに、その対立をもはやシルエットとしてではなく、圧倒的なものになっていく運命とみなさざるをえなくなったのである。

近代喜劇

しかし他方には別の喜劇があって、こみいったストーリーで盛りたてるわりには運命もなければ、真の闘いもない。というのも、人倫的な本性は運命そのもののうちにとらわれているからである。この喜劇においてそのストーリーが佳境に入るのはたわむれの対立においてではなく、〔喜劇の主人公である〕この人倫的衝動にとっては深刻だが、観客にとっては喜劇的であるような対立においてであり[†44]、この対立からの救出は登場人物の気どった態度と、いつもは錯覚されのけものにされている絶対的なもののうちに探しもとめられる。簡潔に言えば、人倫的な衝動（なぜ衝動かと言えば、この喜劇において演技しているのは、絶対的な人倫的な本性ではあっても、意識的なものではないからである）は、現存するものを法という形式的で否定的な絶対的なものに変え、それによって所有物は安全だという意見を述べてみずからの不安を解消し、みずからの細々とした財産を条約や契約や思いつきうるあらゆる但し書きによって安全で確実なものにまで高め、それについての体系を経験と理性、つまり確信と必然性そのものから演繹し、きわめて深遠なる理屈によって基礎づけなければならない。ある詩人においては、冥界の精霊たちは地獄の不毛の地に植えた植物がその直後の暴風によって根こそぎにされてしまうのを眼にすることになったが、[†45] それと同様に人倫的な衝動も、一連の学問が経験と理性にもとづいて証明されたのに、その直後に現世の精霊たちが方向転換したり、さらに立ちあがりさえしたためにそのほとんどが洗い流されてしまい、法体系がたがいに排除しあい、ここでは非情さに代わって人道性が現われたかと思えば、同時にあちらでは契約の保証に代わって権力の意志が現われ、学問的なものにおいても現実においても、このうえなく正当に得られよく保証されていたはずの諸原則と法という財産がご破算になるのを目撃せざるをえない。そうなると人倫的な衝動は、理性と意志によって運命を超えたところを浮遊していたみずからの一連の努力がこうした素材においては奴隷のようにこき使われるので、そうした変化を生みだしてしまったと考えるか、それとも、そうした変化は予想外の不本意なものだとして憤り、まずはそうした必然性に抗してあらゆる神々に助けを求めるものの、やがてはこの必然性に従わざるをえなくなる。いずれにせよ人倫的な衝動は、これらの有限なもののうちに絶対的な無限性を探しもとめるので、みずからの信念と抜きがたい錯覚からなる茶番を演じるにすぎない。この錯覚はつまり、もっとも暗いところにいるのにもっとも明るいところにいると思いこみ、すでに喪失と不法のうちにいるのに、公正と信頼と享受の腕のなかでやすらっていると思いこんでいるのである。

---

†44 「別の喜劇」とはおそらくダンテの『神曲（神的な喜劇）』であろう。「人倫的衝動にとっては深刻だが、観客にとっては喜劇的であるような対立」とは、たとえば『神曲』の「地獄」編に、故郷フィレンツェでの政治闘争に負けたダンテを追放処分にした人物が地獄の責め苦にあっている様子の描写があり、ダンテ自身の私的な鬱憤（つまり主人公の人倫的衝動）を晴らすかのようであることを言うのだろう。なお、「別の喜劇」にかんするヘーゲルの議論がきわめて読みづらいのは、盟友シェリングが高く評価する『神曲』に正面切って否定的評価を下すのがはばかられたためもあろう。

†45 F・G・クロップシュトック『救世主』第二歌三七〇～三八七行（ベリーレルの登場するシーン）を参照。

喜劇にたいする悲劇の優位

喜劇は〔第一身分と第二身分が体現しているような〕人倫的なものの二つの領域をたがいに切り離し、ひたすら各領域のなすがままにまかせるので、一方〔古代喜劇〕では一連の対立と有限なものは本質なき影となるが、他方〔近代喜劇〕では絶対的なものが錯覚の産物になる。しかし、〔両領域の〕真の絶対的な関係は、一方が他方のうちに真剣なかたちで現われ、たがいにまぎれもない関係を結び、たがいにとって真剣な運命になるということである。したがって、絶対的な関係が提示されているのは悲劇においてである。

というのも、人倫の生きた形態や有機的な全体性においてその実在的な側面をなすものは有限なもののうちにあり、したがって身体的な存在はたしかにそのままるごと人倫の神的性格に完全に受けいれられはしないが、それ自体としてはすでに人倫の絶対的な理念を、ゆがんだかたちではあれ表現している。たしかに人倫の実在的な側面は、絶対的な理念の諸契機が必然的に区別された状態をおのれ自身のうちで内的に統一して絶対的な無限性にもたらすにはいたらず、この統一性を擬似的な否定的自立性として、つまり個人の自由としてもつにすぎない。しかしそれにもかかわらず、この実在的な存在は人倫の絶対的な無差別の本性と形態に完全に結びつけられている。この存在はこの本性と形態をたんに疎遠なものと見ざるをえないにしても、それを見てはいるのであり、精神においてはそれとひとつなのである。この存在にとってさえなによりも大事なことは、まったく純粋で無差別の形態と人倫の絶対的意識が存在するということであり、実在的なものであるこの存在が絶対的意識にたいしてたんにその経験的な意識としてのみ関係するといったことは、二の次である。それはちょうど、なんらかの絶対的な芸術作品が存在するということが第一であり、特定の個人がその作品の原作者なのか、それともその作品を鑑賞し享受しているだけなのかは二の次であるようなものである。こうした絶対的なものの存在が不可欠であるように、次のような役割分担もまた不可欠である。つまり、あるものは生きた精神であり、絶対的意識であり、人倫そのものの観念的なものと実在的なものとの絶対的な無差別だが、しかしほかのものはその現世的で死すべき魂であり、その経験的意識である。そして、この経験的意識はみずからの絶対的な形式と内的な本質を完全に統一することはできないが、絶対的な直観をいわばみずからに疎遠なものとして享受しており、実在的な意識としては、畏敬と信頼によって、そしてまた服従によってその疎遠なものとひとつになっており、さらに観念的意識としては、共同体の神とその礼拝である宗教においてそれと完全に統一されているのである。

人倫（精神）と自然

ところで、人倫の実在する絶対的意識とは、われわれが第一身分という外的形式のもとで一方のがわに置いたものにほかならない。それは意識であり、そうしたものとして否定的な側面からすれば、純粋な無限性であり、最高に抽象的な自由、つまり、みずからを廃棄するまでに駆りたてられた克服の関係、言いかえれば自由な暴力的死であるが、この意識は肯定的な側面からすれば個人の個別性と特殊性である。しかし、それ自体において否定的なもの、つまり、上述の区別がその両側面でしかないような意識一般は肯定的なもののうちに、この特殊性と無限性つまり観念性は普遍的にして実在的なもののうちに、絶対的に完全な仕方で受けいれられており、この一体性こそが、人倫の絶対的生の理念にほかならない。人倫的な有機的組織における無限性と実在性のこうした一体性のうちでこそ、神的な本（プラトンが「それは不死の動物だが、その魂と肉体は永遠に生まれながらにひとつである」[†46]と語っているこの本性）は、みずからの豊かな多様性を同時に無限性と統一性の最高のエネルギーにおいて示すように思われるし、そうしたエネルギーが観念的要素のまったく単純な本性となるのである。というのも、どれほど完全な鉱物であろうと、どの部分がひとつの塊から分離されても全体の本性を示しはするが、そ

---

†46　『パイドロス』二四六C～D。

の観念的な形式は、破片という内的なかたちであれ、結晶という外的なかたちであれ、ある種の相互外在〔という形式〕であり、水や火や空気のような元素とは違ってそのいずれの特殊な部分も、その本質からしても、形式つまり無限性からしても、全体の完全な本性をもちもしなければ、その代表でもない。同じく鉱物の実在的形式にしても、無限性という真の同一性によって貫かれるどころか、鉱物の感受性にはいかなる意識もない。鉱物が放つ光は個別的な色であり、それはものを見てはいない。あるいは、光が色の無差別だとすれば、色がみずからを通過するのを阻止するいかなる点も〔光のうちには〕ない。鉱物が発する音は、外的なものによって叩かれて鳴るのであって、おのずから鳴りはしない。その味覚は味わうことがないし、その嗅覚は臭いを感じることはないし、その重さと硬さは感じることがない。鉱物が個々の特定の感受性に縛られているのではなく、そうした一連の感受性を無差別のうちに統一しているとしても、鉱物は未分化で閉鎖的で差異を欠いたものであって、みずからのうちでみずからを区別してもいれば、その区別を制してもいるような統一性ではない。同様に、どの部分を取っても同じであるような元素もまた差異の現実性ではなく、その可能性にすぎず、無差別を質的に設定されたものの無差別としてではなく、量という形式のもとでしかもたない。[+47] しかし、有機的でなおかつ個体的な元素である〈土〉はそのさまざまな形態の体系をつうじて、最初の硬直した個体的状態から出発して質的なものと差異へと拡散し、人倫的本性の絶対的な無差別においてはじめてすべての部分の完全な平等と、個別的なものとの絶対的なものとの絶対的な実在的一体性（つまり第一エーテル）へとひたすら収斂していく。この第一エーテルは均質で流動的で柔軟な形式をもつので、さまざまな個物をつくりだすことによってその純粋な量を個別性と数というかたちで分散させるが、この絶対的にあつかいにくい反抗的な体系を、数が純粋な統一性と無限性にまで純化されて知性となることによって克服する。そしてそうなれば、否定的なものは絶対的に否定的なものになることによって、肯定的に絶対的なものと完全に〈ひとつ〉になりうる。というのも、絶対的な概念はおのれ自身の絶対的で直接的な反対物であり、ある古代人〔レウキッポスとデモクリトス〕が言うように、無はなんらかのものに劣らず存在するからである。†48 そして知性において、形式つまり観念的なものは絶対的な形式でありながら、そうした形式として実在的でもあり、さらに絶対的人倫においては、絶対的形式は絶対的実体ともっとも真なる仕方で結びついている。〔とはいえ〕純粋なエーテルとしての実在性のうちにある単純実体と、絶対的な無限性と結ばれたものとしての単純実体とのあいだに介在する一連の個別的な形成物はどれひとつとして、形式と質的統一性を（全体と部分が量的にも元素的に等しいからという理由をもちだそうと、あるいは、高次の形成物になればなるほどより個別的な部分に個別化が浸透していくことになるという理由をもちだそうと）、人倫のうちにあるような本質と実体との絶対的な無差別にもたらすことはできないし、同時に、諸部分のひとつの全体への形式的な統一を（植物の葉や、雌雄の両性や、動物の群居生活と共同作業に見られるような社会性を理由にして）そうした無差別にもたらすこともできない。というのも、個別化が絶対的な極限つまり絶対的な概念にまで駆りたてられ、否定的なものがおのれ自身の無媒介の反対物である絶対的に否定的なものにまで駆りたてられるのは、知性においてのみだからである。したがって、絶対的な個別性であることによって絶対的な普遍性でありうるのは知性だけである。つまり知性だけは、絶対的否定にして主観性であることによって絶対的肯定にして客観性であることもできれば、絶対的差異にして無限性であることによって絶対的な無差別にして全体性であることもできる（それは

†47　ヘーゲルは『精神現象学』（一八〇七年）の「序文（Vorrede）」で、シェリングの同一哲学にあってはすべての有限者が絶対者の同一性に呑みこまれ、せいぜい量的な差異が語られるだけで、質的な差異は問題にならないと批判することになる。この個所は、シェリングの名前こそ出していないが、後年のシェリング批判につながる議論である。

†48　アリストテレス『形而上学』九八五B八「レウキッポスとデモクリトスについて」。ヘーゲル『哲学史講義』のレウキッポスの章〔長谷川宏訳、作品社、上巻二九五～三〇八頁〕も参照。

道徳と自然法の関係

顕在的には（actu）すべての対立を展開させ、潜在的には（potentia）それらの対立を根絶しひとつになっている）、つまりは実在性と観念性の絶対的な同一性であることもできるのである。

エーテルはみずからの絶対的な無差別を無差別な光とし、多様性のうちに投げいれるとともに、太陽系の花々としてみずからの内的な理性と全体性を膨張させるが、前者の光の個体は分散して多数のものになっているのにたいして、後者の花々のまわりの葉を形成している個体は硬直した個体性をなしていて、前者に対立せざるをえず、したがって、前者の統一には普遍性の形式が、後者の統一には純粋な統一が欠けており、どちらも絶対的な概念をそれとしてはもってはいない。これにたいして人倫の体系においては、天上の体系のあのばらばらに咲いていた花々が統合され、絶対的な個体が普遍性へと完全に統一され、実在性つまり肉体は魂と最高の仕方でひとつになっている。というのも、実在する多数の肉体はそれ自身が抽象的な観念性にほかならず、絶対的な概念は純粋な個体にほかならないのであって、それによって純粋な個体そのものが絶対的な体系でありうるからである。したがって、絶対者がおのれを直観し、しかも、おのれをおのれ自身として直観して、前者の絶対的な直観と後者の自己認識、前者の無限な膨張と後者のそうした膨張の自分自身への無限の取りもどしが完全にひとつであり、両者が〔絶対的なものの〕属性として実在的だとすれば、精神は自然よりも高い。というのも、自然が絶対的な自己直観でありながら、無限に細分化された媒介と展開という現実であるのにたいして、精神はおのれをおのれ自身として直観する働き、つまりは絶対的な認識作用なので、宇宙をおのれ自身のうちに取りもどすことによって、みずからが包みこんでいるこの多数のもののばらばらになった全体であるだけでなく、その多数のものの絶対的な観念性でもあるからであり、精神はこの観念性においてあの相互外在的なありかたを根絶し、無限な概念の無媒介の統一点としてのおのれ自身に立ちかえっているからである。

絶対的な人倫の本性のこうした理念からは、いまやさらに論じられるべき関係があきらかになる。それは、個人の人倫性と実在的な絶対的人倫の関係であり、道徳と自然法という二つの人倫をあつかう学問同士の関係である。つまり、実在的な絶対的人倫は無限性つまり絶対的概念を含み、純粋な個別性を端的にその最高の抽象においてみずからのうちに統一して含んでいるので、実在的な絶対的人倫はそのままただちに個人の人倫であり、逆に個人の人倫の本質はまぎれもなく実在的な、したがって普遍的な絶対的人倫である。個人の人倫は体系全体のひとつの鼓動であり、それみずからが体系全体である。〔個人の人倫という〕こうした言いかたは普通なら退けられるところだが、上述のことからすれば完全に正当であって、われわれはここでこの言いかたがほのめかす事柄も言いそえておこう。つまりそれは、絶対的人倫の本性には普遍的なもの、習俗（*Sitten*）であるということが含まれており、したがって、人倫を表わすギリシア語〔ἔθος〕とドイツ語〔Sittlichkeit〕は人倫のこの本性をみごとに表現しているが、最近の人倫の体系はただ一人で自分と向きあうありかたと個別性を原理とするので、これらのことばにそうしたありかたや個別性を関連づけざるをえないということである。このことばの内的な含意といえども、きわめて強力であることはあきらかなので、最近の体系にしてもみずからの核心を表現しようとすれば、さきのことばをそのために乱用するわけにはいかず、道徳ということばを採用した。たしかにこの道徳（Moralität）ということばは、語源からすれば、それもまた同じようなことを意味しているのだが、どちらかといえば最近できたことばなので、あまり適切ではない意味に使ってもそれほど直接の抵抗はないのである。†49しかしこれまで述べたことからすれば、絶対的人倫は本質的に万人の人倫であるから、それは個人のうちにそ

†49　Moralität はラテン語で「習俗」を意味する mos に由来し、そのかぎりでは Sittlichkeit と大して変わらない。個人の内面性に制限された「道徳（Moralität）」にたいして、人間の共同生活のうちに具体化された「人倫（Sittlichkeit）」を優位に置くヘーゲルの考えかたは、後年の『法の哲学』で展開される。

れ自体として映しだされるとは言えない。というのも、絶対的人倫が個人の本質であるのは、自然に浸透しているエーテルが自然の諸形態の不可分の本質であるのと同様であり、自然の現象する諸形式の観念的なありかたである空間は、どの形式のうちにあってもその分だけ特殊化するわけではないからである。結晶がみずからの本性の外的形式を表現するさいの線や角が否定的なものであるように、人倫は、それが個人そのものにおいて表現されるかぎりは否定的なものである。人倫はまず第一に、それが個人の魂でなければ個人のうちに表現されえないし、さらに、それが個人において表現されるのは、普遍的なものであり民族の純粋な精神であるかぎりでのことでしかない。否定的なものよりも肯定的なもののほうが本性的には先であり、アリストテレスが言うように、民族が本性的には個人よりも先である。というのも、個人はそれだけ切り離されれば自立的なものではなくなるから、すべての部分と同じく全体と〈ひとつ〉に統一されていなければならないからである。しかし、共同的であることができないか、自立しているためになにも必要としない人は、民族の一部ではなく、したがって動物か神かである。[†50] そうなると、人倫が個人そのものにおいて表現されるかぎり、それは否定という形式のもとに置かれる。つまり、人倫は普遍的精神の可能性であり、勇気や節度、倹約や気前の良さといった個人に属する人倫的な性質は否定的な人倫（つまり、個人の特殊性のうちにありながらほんとうのところは個別性が固定されるのではなく、ある実質が捨象されるということ）でしかなく、普遍的人倫のうちにあるという可能性や能力でしかない。それ自体が可能性であり否定的な意味のうちにあるようなこれらの徳は道徳の対象であり、そうなると、自然法と道徳の関係は次のように逆転していることがわかる。つまり、〔本来なら〕道徳にはそれ自体で否定的なものの領域しか属さないが、自然法には真に肯定的なものが属しており、〔自然法という〕名前からしても、人倫的本性〔自然〕がどのようにしてその真の権利〔法〕にいたりつくかを構成するはずである。それにたいして〔この本来の関係が逆転すると〕、〔道徳という〕否定的なものと同じく〔自然法という〕肯定的なものまでもが、外面性と形式的な人倫法則、純粋な意志と個人の意志という抽象物になってしまい、これらの抽象物の綜合にしても、普遍的自由の概念による個人の自由の強制と制限などでしかなく、それらが自然法の規定を表現しているとすれば、自然法は自然の不法になってしまう。というのも、そうした否定作用が実在的なものとして基礎に置かれるなら、人倫的本性はこのうえない堕落と不幸に貶められるからである。

第二身分の人倫的本性

さて、さきに見た〔人倫的〕性質は否定的なものとしての個人における絶対的人倫の反映であり、この個人は普遍的にして全体的なものとの絶対的無差別のうちにあるので、絶対的人倫の純粋な意識における反映であるが、同様にして、そうした反映は絶対的人倫の経験的意識にも存在するにちがいなく、そしてそうした反映が、所有と財産という確定した実在性のうちに身を置いて勇敢さには無縁であるような第二身分の人倫的本性をなしているにちがいない。ところで、道徳がふつう意味するものが多かれ少なかれ当てはまるのは、絶対的人倫のこうした反映にほかならない。道徳が意味しているのは、関係の特定のありかたを形式的に無差別に設定することであり、つまりは、ブルジョアあるいは私人の人倫である。というのも、この人倫にとっては関係の違いこそが確かなものであり、その人倫は関係しだいであり、関係のうちにあるからである。したがって、こうした道徳の学問はさしあたりこれらの関係そのものの知識であり、その結果、それらの関係が人倫的なものとのかかわりにおいて考察されるかぎり、この人倫的なものとのかかわりは絶対的に確定しているため形式的でしかありえないのだから、すでに述べたような同語反復の発言がここで生じることになる。つまり、この関係はこの関係にほかならないというわけである。[†51] 君がこの関係のうちにあるならば、この関係とかかわり、この関係のうちにあるがよい。

† 50 アリストテレス『政治学』一二五三A二五〜二九。
† 51 本書四九八頁以下を参照。

というのも、君がこの関係とかかわる行為をしていながら、この関係とかかわる行為をしなければ、君はその関係を無に帰し、廃棄するのだから。この同語反復の真の意味はそのまま同時に、この関係それ自身は絶対的なものではなく、したがってそれを目指すような道徳も従属的なものであって、真に人倫的なものでないということを含意している。こうした真の意味はさきに見たことからすれば[†52]、概念の形式つまり分析的統一性だけが絶対的であるにすぎず、それゆえこれらは、内容が特定のものであって形式に矛盾するので、否定的に絶対的なものでしかないということからあきらかになる。

とはいえ、さまざまな性質を人倫的性質と呼べるのは、そのうちに特殊なものつまり否定的なものが現われながらも、それが無差別のうちに純粋に受けいれられて真に人倫的になるからであり、そうだとすればそれらを徳と呼べるのは、それらがある高次のエネルギーのもとでふたたび個人化されながらも、絶対的な人倫性のうちにとどまって、エパミノンダス[†53]、ハンニバル[†54]、カエサル[†55]などの徳のように固有の生きた形態といったものになるばあいだけである。徳はそうしたエネルギーとなるときには形態であり、したがって、ほかの有機的な形成物の形態と同じく、それ自体は絶対的ではなく、全体の理念の一面がより強く現われたものである。したがって、徳の道徳学、あるいは（道徳学（Moral）〔という名前を〕を総じて道徳性のために取っておこうと考え、徳の記述のためには倫理学（Ethik）という名前を用いるならば）倫理学は、もっぱら徳の本性の記述でなければならない。

人倫における教育とは

ところで、倫理学が主観的なものつまり否定的なものに関係しているとすれば、否定的なもの一般は、差異の存在としての否定的なものと、差異の欠如としてのそれに区別されなければならない。これまで問題にされてきたのは前者の否定的なものだが、差異の欠如という後者の別の否定的なものは全体性を、包みこまれた未展開のものとして示し、そこでは運動と無限性は実在的なかたちを取っていない。否定的なもののこの形式のもとで生きているもの〔子ども〕は人倫の生成であり、人倫の特定のありかたへ向かう教育とは、否定的なものや主観的なものが眼に見えて次々に廃棄されていくことである。というのも、子どもは人倫的な個人の可能性という形式であるがゆえに主観的なものつまり否定的なものであり、子どもが成人することはこの形式が終わることであり、子どもを教育することは躾けること、すなわちその形式を克服することだからである。しかし、肯定的で本質的なことは、子どもが普遍的な人倫の乳を飲み、はじめはこの普遍的人倫を疎遠な存在とみなすような絶対的な直観のうちに生きながらも、その人倫をしだいに理解し、そのようにして普遍的な精神に移行することである。ここからおのずとあきらかになるのは、あの徳も絶対的人倫も、教育によるそうした人倫の生成と同様に、なにか特有の孤立した人倫を求める努力ではないし、そんな特有の肯定的な人倫を求める努力は無駄であり、それ自体において不可能だということである。人倫にかんしては、自分の土地の習俗にしたがって生きることこそが人倫的だという古代の最高の賢人たちのことばだけが真実であり、教育にかんしては、あるピュタゴラス派〔クセロピロス〕が息子にたいする最良の教育とはなにかという問いに答えて語ったことば、つまり、「あなたが息子をよく組織された民族の市民にするならば〔それこそが最良の教育だ〕[†56]」ということばだけが真実である。

---

†52 本書五〇〇頁以下を参照。

†53 エパミノンダス（前四一八頃〜前三六二）。古代ギリシアのテーベの将軍。新たな戦術によってスパルタ軍を撃破した。

†54 ハンニバル（前二四七〜前一八三）。北アフリカのカルタゴの将軍。大軍を率いてアルプスを越え、北イタリアに侵入し、ローマ軍を脅かした。

†55 カエサル（前一〇〇頃〜前四四年）。ローマの将軍、政治家、文人。ガリア平定ののち独裁者となるが、暗殺される。「カエサル」はローマ皇帝の称号となった。

†56 ディオゲネス・ラエルティオス『ギリシア哲学者列伝』第三巻一六節〔加来彰俊訳、岩波書店、下巻、二五五頁〕。

このように絶対的人倫は個人をみずからの固有な有機的肉体とし、万人共通の存在と行為におけるその運動と生命力は普遍的でありながら特殊的であるがゆえに絶対に同一なので、われわれは絶対的人倫を特殊性において考察しはしたが、しかしその特殊性の本質が絶対的に同一のものであることも承知していたので、まさにそんなふうに考察しながら、そもそも絶対的人倫をその同一性においても考察してきた。そうだとすれば、絶対的人倫は普遍性の形式で認識においても示されなければならないが、それが立法の体系である。そうなると、この体系は完全に実在性つまり眼の前にある生きた習俗を表現することになり、そうすれば、ある民族において正当であり現実味をもつもの〔の正しさ〕がその法から認識されえないというありがちなことが起こらなくてすむ。真なる習俗を法の形式にもたらすことがうまくできなかったり、この習俗のことを考え、それを自分のものとみなし告白することに不安を感じたりするのは、野蛮のしるしである。しかし、習俗のこうした観念性と、習俗が法において得る普遍性の形式といえども、それが観念性として存在するかぎりは、同時にまたもや特殊性の形式と完全に統一され、観念性は観念性でありながら純粋な絶対的形態を手に入れなければならず、したがって、民族の神として直観され崇拝され、この直観それ自体もこれまた礼拝において活動的になり、喜びに満ちた運動とならなければならない。

第四章　実定化した法学にたいする自然法の関係

これまでの回顧

こうしてわれわれは、絶対的人倫の全体性をその契機ごとに叙述し、この人倫の理念を構成したうえで、さらにこの理念との関係を支配している合法性と道徳性の区別や、それに関連する形式的な実践理性の普遍的自由をめぐる抽象物を、実体のない空想の産物として否定し、たとえば二つの原理を混合するのではなく、むしろそうした原理を廃棄し、絶対的な人倫的同一性を構成することによって、自然法学と道徳学の区別を絶対的理念にしたがって明確にした。そのあとでわれわれは、この自然法学と道徳学の本質が抽象的なものではなく、人倫的なものの生きたありかたであることを、そして、両者の区別が外面的で否定的なものにかかわるにすぎないが、同時に〔カントやフィヒテが考えるような〕ほかの区別とはまったく逆の関係であることを確かめた。というのも、ほかの区別にしたがえば、形式的で否定的なものが自然法の本質であり、絶対的で肯定的なものが道徳の本質だとみなされるべきだが、しかしそうなると、後者の絶対的なものまでもがじっさいには他方に劣らず形式的で否定的なものになり、ましてやここで形式的で否定的なものと呼ばれているものは完全に無でしかなくなるからである。

哲学と特定の諸学問との関係

ところで、自然法の実定化した法学にたいする関係をさらに述べるためには、この関係の糸を、われわれがそれ以上の追跡をやめた時点で拾いあげ、それが生じてくる地点を示しさえすればよい。

われわれがあらかじめ一般に述べておきたいのは、哲学は特定のものやなんらかのポテンツにかんする普遍的な概念によって、特定の学問とかかわるさいの境界設定を任意におこなうということである。特定の学問とは、哲学が単純な特定のものとして展開しないままにしているものがくり返し分岐して、みずから全体性になる様子の一貫した叙述と分析（この語のより高次の意味におけるそれ）にほかならない。しかし、そうした展開の可能性は形式的には、理念のうちに絶対的形式と全体性の法則がそのまま含まれていて、この法則にしたがって特定のものがさらに認識され、展開されうるというところにある。それにたいして実質的な可能性が存在するのは、哲学によっては展開されないそうした特定のものやポテンツがなんらかの抽象や真に単純なアトムではなく、哲学におけるすべてがそうであるように実在性だからである。そして、実在性が実在性であるのは、それが全体性であり、それ自身がさまざまなポテンツの体系だからであり、ポテンツをそうしたものとして叙述する作業こそが、特定の学問が展開すべきことである。

そうだとすれば、われわれはさしあたり次のように語れるだろう。つまり、いわゆる実定化した法学の大部分、もしかしたらそのすべては、完全に展開されくり広げられた哲学に属するだろうし、それが固有の学問として構成されても、哲学から排除されることも哲学に対置されることもないだろうということである。この一群の学問が自立的に存在し経験的に区別されるからといって、それと哲学が真に区別されるわけではない。これらの学問が経験科学を自称し、ある面では現実の世界への適用可能性や、その法則や方法を一般的な考えかたの前で主張したがり、またある面では、現行の体制や立法の個々の体系にかかわり、特定の民族や特定の時代に属しているからといって、これらの学問を哲学から必然的に排除するような区別が決定的になるわけではない。というのも、現実に適用可能であり、一般的な考えかた、それも真に一般的な考えかた(なぜなら、かなり特殊であるような一般的な考えかたもあるからだが)の前で正当化されるのは哲学に由来するものにちがいないし、同様に、これほど個別的で生き生きとしており、永続的でありうるものもないにちがいないからである。これらの学問と哲学の関係を語りうるには、これらの学問を実定的な学問にするような区別がまずもって定められ、明確にされなければならない。

哲学と実定的な学問

ところでまず第一に、実定的な学問はそれがかかわると称する現実として、歴史的なものだけではなく、概念、原理、諸関係、そして一般にそれ自体では理性に属し内的な真理と必然性を表現するとされる多くのものも考えている。こうしたものにかんして現実や経験を盾に取り、それらを実定的なものとして哲学に対置するのはいかにしても許されないということが、いまや認識されなければならない[†57]。哲学が実在的ではないと証明するものが真に経験のうちに現われるなどということはありえない。実定的な学問が現実と経験を引きあいに出すなら、哲学はその実定的な学問が主張する概念が実在的でないということを同じく経験的な観点から証明し、実定的な学

†57 ヘーゲルはpositivという語を、「積極的」「肯定的」という普通の意味だけでなく、「実定的」という独自の意味でも用いる。たとえば、ベルン・フランクフルト時代には、宗教の教義が人間生活から遊離し硬直している状態を「実定的」として批判していた(本書三〇七頁†1参照)。本論文でも、特定のものを普遍的原理に仕立てあげる態度が批判的に「実定的」と呼ばれている。ヘーゲルによれば、いわゆる「実定化した法学」にも、さらには「現実と経験」にこそ科学の根拠があると考える「実定的(positiv)な」学問にも、特定のものを特別あつかいする「実定的な」態度がひそんでいる。四七五頁の†3も参照。

問が経験と現実のうちに見いだすと主張するものを、そこには見いだされないと否認することもできる。たしかに哲学は、なにかそうしたものが経験されるという意見や、偶然的な主観的見解を認めはしよう。しかし、経験のうちにみずからの考えかたや根本概念が見いだされ示されると称する実定的な学問は、それによって実在的なもの、必然的なもの、客観的なものを主張したがっているのであって、主観的な見解を主張しているつもりはない。〔だが〕なにかが主観的な見解であるか客観的な考えであるか、思いこみなのか真理なのかを決められるのは哲学だけである。哲学は対人論証（ad hominem）によって実定的な学問のやりかたを逆手にとり、自分たちの考えるところは経験のうちに現われるという実定的な学問が主張する事実を否定するだけでなく、逆に、経験のうちに見いだされうるのは哲学の考えるものだけだと主張することさえできる。哲学がみずからの考えるところを経験において示すことができる根拠は、直接的には経験と呼ばれるものの両義的な本性にある。というのも、経験とみなされているものは直接的な直観ではなく、知性的なものにまで高められ、思考され、説明され、その個別性から引きだされ、必然的なものとして言い表わされたような直観だからである。したがって、経験において経験として示されるものにおいて重要なのは、思考によって直観のうちにもちこまれた区別にもとづいて現実と呼ばれたりするようなものではない。しかし、直観が思考の領域に引きいれられるなら、思いこみは哲学の真理に従わなければならない。ところで、実定的な学問が直観から直接引きだしたと思いこんでいるもの――だが、これは実定的な学問がもちこんだ関係や概念でしかなく、実定的な学問はそうしたものを使ってみずから直観を規定しているのだが――と、思考には属さないものとの区別は、どのようなばあいであれかなり容易に示すことができるし、したがって、実定的な学問が直観から直接引きだしたと思いこんでいるものを哲学が取りおさえる完全な権限をもつことを証明するのもかなり容易である。さらにまた、現実を盾に取るようなこうした思考は、対立のうちに身を置いて、特定のものに固執し、したがって思考の産物や空想の産物を絶対的なものとみなし、そこからみずからの諸原理を取りだしてくることによって、みずからの思いこみのうちでそれこそ実定的なものになるのがつねなので、こうした思考は、どんな特定のものにおいてもそれとは対立する特定のものが証明され、みずからの想定から正反対のものが導きだされるという事態にさらされてしまう。これはちょうど、ある物体の密度や比重の増大が引力の上昇とも斥力の上昇とも説明できるのと同じである。というのも、物体は反発する分だけ引き寄せられもするからである。一方は他方との関係においてしか意味をもたない。もしかりに一方が他方よりも大きくなるようなことがあれば、その分だけそれは存在しなくなることさえあるだろう。したがって、一方の上昇とみなされるべきものはまさしく正反対のものの上昇ともみなされうるのである。

自然法にたいする哲学と実定的な学問の関係

したがって、自然法一般において、あるいはとくに刑罰の理論において、ある事態が強制と規定されても哲学はこの概念の空虚さを証明するのにたいして、実定的な学問は、それでもじっさいのところ強制は実在的であり、強制はじっさいにおこなわれているという経験と現実を言いたてるばあいも、それは同じである。このばあい、哲学が証明する強制の非実在性はまさしく正当にも、経験と現実を引きあいに出して次のように表現される。つまり、いかなる強制も存在せず、人間は強制されることはないし、これまでも強制されたことはなかったというわけである。というのもここで問題なのはあくまでも、強制をイメージするために、なにかがたんに外的なものとみなされるか、それとも内的なものとみなされるのかという、現象の説明だけだからである。したがって、強制の存在をどこかで証明しようとしても、その同一の現象にかんしてまったく正反対のことが、つまり、その現象は強制ではなく、むしろ自由の現われであることが示されうる。というのも、現象がイメージという形式に取りこまれ、それとともに内的なもの、理念的なものによって規定されれば、主体は現象にたいして自由だからである。さらに、外的であり強制であるとみなされるべきものが、内的なものや自由に対立しないようにと、内的なものそのもののうちに移しいれられ、それによってある種の心理学的な強制が主張されても、外的なものの内的なものへのこうした取りこみはまたもや無効である。というのも、思考はまったく自由なままであり、心理的強制も思想的強制もそれを拘束できないからである。イメージとして思いえがかれていて強制として役立つと言われるような特定のものを廃棄することはまったく可能である。刑罰は特定のものが失われるということでひとを威嚇するものだが、ひとがこうした喪失を引きうけ、法律が刑罰において無理やり奪おうとするものをみずから放棄することは、まったくありうることである。したがって、ある現象を説明するさいに、ある特定のもののイメージが強制として作用する、または作用したという主張がなされても、その現象が自由の現われであるという逆の事態にもとづく説明もまったく同じように可能である。感性的な衝動は、それが行為へと駆りたてるとされるにせよ、法律のがわから見て威嚇によって行為を抑止するものとされるにせよ、心理的なものつまり内的なものだから、そうした衝動は、それを捨象することもしないこともできた自由にそのままゆだねられており、いずれにせよ意志の自由は存在していることになる。それでもやはり、なんらかの強制しかも心理的な強制は起こるとひとは思いいこんでいるし、それが一般的な通念であるという反論がなされるが、そもそもこれは真実ではない。ひとは同じように、行為も行為の不履行も自由な意志に由来すると思いこんでもいて、むしろあきらかにこちらのほうが一般的である。そうであれば、法の原則を立てたり、法を制定したりするときに、思いこみのことを気にかける必要はない。それはちょうど、天文学者が天界の法則を認識するときに、太陽や惑星やすべての星が地球の周りを回っているとか、それらがまったく見かけどおりの大きさだといった思いこみにとらわれず、船長が、船は静止していて岸のほうが前進しているという思いこみを気にしないのと同じである。もし両者が思いこみにしがみついていたら、天文学者は太陽系を理解することは不可能だと思うだろうし、船長は漕ぎ手に仕事をやめさせるか、帆を降ろさせるかするだろう。そして両者はただちにみずからの目的を達成できなくなるだろうし、その思いこみの実在性を認めようとするやいなや、ただちにその非実在性に気づくだろう。これは上で示されたこと、つまり、強制はそれが実在性と考えられるなら、つまり、ひとつの体系と全体性において思いえがかれるなら、みずからと全体をただちに廃棄するということと同じである。

実定的な学問の思いこみと自由

実定的な学問の思いこみが固執する特定のものはこのようにそれ自身とは正反対なので、対立する特定のものそれぞれ一方をよりどころとする二つの党派にとっては、他方の特定のものを反駁するのは同じように可能である。それが反駁可能であるのは、どんな特定のものであれ、それに対立するものとの関係なしには考えることもできず、無だと指摘できるからである。しかし、特定のものがそれに対立するものとの関係においてしか存在せず、その関係においてしか意味をもたないとすれば、この対立するものもまたただちに同じように存在し、それとして示されうるし、そうでなければならない。+Aは−Aとの関係なしには意味をもたないということから、+Aとともにただちに−Aも存在するということが証明できるし、そうなると敵対者はこの事態を、ここでは+Aよりもむしろ−Aが存在するというふうに解するが、彼の−Aにたいしても同じような反論ができる。しかし、こうした骨折りさえなされないのがしばしばである。たとえば、感覚的衝動に対立し、この対立のゆえに同時に真の自由ではないあの自由†58にかんして、この自由の現われとして説明できるとされるすべてがほんとうは感覚的衝動の結果として説明されなければならないということは指摘されない。こうしたことはかなり上首尾にやってのけることができるし、逆に、感覚的衝動の結果として経験されるとみなされるものがほんとうは自由の結果として経験されなければならないということも、これまた同様に指摘できるが、こうしたことはなされずに、むしろ自由は完全に捨象され、自由はここにはまったくないと主張される。自由は内的なものであり、さらには道徳的なものであり、形而上学的なものでさえあるというのがその理由だが、しかしそのさい考慮されていないのは、みずから

†58　四九五頁以下で論じられた、カント・フィヒテ的な自由のこと。

が固執するもう一方の特定のもの、つまり強制と、その強制を外的なものとして設定してしまうとされる感覚的衝動が、それに対立する内的なものつまり自由なしにはいかなる意味ももたず、自由はけっして強制から分離できないということである。犯罪的行為は、それが刑罰の威嚇と、この威嚇によって法律が定める感覚的衝動〔刑罰を受けたくないという衝動〕に抗して、なにか特定のものを意欲しているという側面から見れば、この特定のものは感覚的なものと呼ばれ、犯罪を惹き起こすのは感覚的な刺激であると、ひとは言うだろう。しかし、行為がひとつの意欲であり、法律が定める感覚的衝動を捨象する可能性を含んでいるという側面から見れば、行為は自由なものとして現われ、どのような見方をするにせよ、前者の特定のものも後者の可能性も度外視できず、一方は他方に完全に結びつけられ、したがって、どちらもその反対物から直接に導きだすことができる。しかし、思いこみの論理は、ある特定のもの、ある対立するものが立てられると、それに対立する別の特定のものは現実に捨象することができ、そんなものはなしですまされると思いこんでしまう。さらにこの論理は、みずからが原理としている矛盾律という方法のせいで、そうした特定のものにおいてはその反対物のことなど直観の規定にとってはまったくどうでもよく、こうした捨象と否定的な本質という点では、この反対物もそのまた反対物もまったく同じだということが理解できず、ましてや、この両者がともに、感性に対立する自由とこの感性および強制がそうであるように、実在的なものであるどころか、たんなる観念的なものであり空想の産物だということも理解できない。

したがって、法学が思いこみと本質を欠いた抽象とにしがみつくことによって実定的であるかぎりは、それが経験を引きあいに出そうと、現実への、あるいは健全な常識への、あるいは一般的な通念への応用可能性というおのれの使命を引きあいに出そうと、それどころか哲学さえ引きあいに出そうと、すこしも意味がないのである。

実定的な学問の思いこみの根拠としての形式——ポテンツ論

ところで、学問が上述のようにして実定的になる根拠をもっと詳しく考察し、一般に仮象と思いこみの根拠を検討してみれば、その根拠は形式のうちにあることがあきらかになる。つまり、観念的で、対立する一方であり、一面的であるもの、つまり対立する〔もう一方の〕ものとの絶対的な同一性においてしか実在性をもたないものが、それ自体で孤立して存在するものと想定され、実在的なものと語られてしまうからなのである。まさしくこの形式によって、直観はただちに廃棄され、全体は解体されて、ひとつの全体であり実在であることをやめてしまう。したがって、実定的なものとそうでないものというこの違いは内容とは関係がない。この形式のせいで、すでに示したように、純粋に形式的な抽象物が固定され、真理であり実在性であると誤って主張することが可能になるだけではなく、真の理念と真の原理がもつ限界の側面が見失われ、それが真理をもつようなポテンツの外に置かれ、それによって完全にみずからの真理を失うということもまた可能になる。ある原理があるポテンツに属するということは、その原理の限定されたありかたがもつ側面である。しかし、同様にまたこのポテンツそのもののうちで、この限定されたありかたは無差別化され、理念に浸透されたかたちで実在的に存在するようになり、それによって真なる原理となりもする。そしてそうなれば、この原理はこれらの限定されたありかたをその形態とするような理念としてそのうちに現われ、ひたすらこのポテンツの原理でしかないことが認識され、それによって、この原理の限界と制約が認識される。ところが、この制約された原理が絶対的なものにされ、それどころかほかのポテンツの本性にまで拡張されるなら、その原理はみずからの真理から完全に引きはがされてしまう。人倫の絶対的な明晰な統一性が絶対的で生きいきしたものであるのは、個々のポテンツもポテンツ一般の存立も固定したものではありえず、人倫の絶対的統一が永遠にポテンツを拡張すると同時に、それらをひとつにまとめ廃棄して、未展開の統一性と明晰性のうちでみずからを享受するとともに、さまざまなポテンツとの関係のうちでおのれの内的な生命を確信して不可分なものになり、あるときはあるポテンツによって別のポテンツを損ない、またあるときは一方のポテンツに完全に移行して、他方のポテンツを無に帰しもすれば、そもそもこのような運動から脱して、すべてのポテンツが廃棄されるような絶対的な静止状態に引きこもりもするからである。それにたいして、病気と死の始まりが存在するようになるのは、ある部分がみずからを組織化して、全体の支配を逃れ、そうした個別化によって全体にたいして否定的な影響を及ぼしたり、このポテンツのためにだけみずからを組織することを全体に強制しさえするようなばあいである。それはちょうど、全体に服従していた内臓の生命力がみずからを独自の動物にしてしまったり、肝臓がみずからを支配的な器官にして、有機体の全体を無理やり自分のために働かせたりするようなものである。そうなると、一般的な人倫の体系においては次のようなことが起こりかねない。たとえば、所有と財産にかかわる市民法の原理と体系がみずからに没頭して、込みいった手続きのうちに迷いこむあまり、自分のことを本来的で、無制約で、絶対的であるような全体性とみなすようになるのである。このようなポテンツが既存の有限なものであるその内容からしても内的に否定的なものであるということは、以前にすでにあきらかにしておいた。[+59]それに、市民法の原理と体系のうちに無差別が反映することはありうるだけに、なおのことそうした反映にすぎないものが絶対的なものとみなされるわけにはいかない。同様に、営利と所有そのものの体系つまり国民の富も、またこの体系内におけるある個別のポテンツ――それが農業であれ、マニュファクチュアと工業であれ、商業であれ――も、無制約のものにされてはならない。

実定性が人倫の哲学にもたらす弊害

しかしさらに、ある個別的なポテンツは、それとその原理がみずからの制約を忘れてほかのポテンツに干渉し、それらをみずからに服従させるばあいには、〔それ自体が〕実定的になる。力学の原理が化学と自然科学に侵入し、化学がこれまたまったく特殊な仕方で自然科学に侵入したように、こうしたことは人倫の哲学においてもさまざまな時代にさまざまな原理によってなされた。しかも、既存の有限なもののうちに反映することによって外的になり、それによって形式的な無限性となった公正性が、〔本来なら〕市民法の原理であるにもかかわらず、最近では自然法の内部事情のせいで、国法と国際法にたいしてある特殊な指導的地位を獲得するにいたった。契約のような下位の関係の形式が人倫的全体性の絶対的な威厳にまで侵入してきて、たとえば君主制にかんして言えば、中心の絶対的普遍性と、この中心における特殊なものの一体性とが、あるばあいには全権委任契約にしたがって、国家という抽象物にたいする最高の国家官吏の関係として理解され、またあるばあいには普通の契約関係一般にならって、たがいを必要としあっている二つの特定の党派の問題として、つまり相互的な履行の関係として理解され、まったく有限なもののうちにあるそうした関係によって、理念と絶対的な威厳はただちに無に帰してしまう。同じように、国際法にかんしても、人倫的な全体性をなしている絶対的に自立的で自由な諸国民の関係が、さまざまな主体の個別性と依存性に直結するような市民契約にならって規定されるべきだとされるなら、これもまたそれ自体が矛盾している。そうなれば、国法そのものも完全に個人に関係づけられ、完全な警察として個人の存在にあまねく浸透しようとし、そのようにして市民的自由をだいなしにしかねないが、これはもっとも過酷な専制政治というものだろう。それはちょうどフィヒテが、個人そのもののすべての行為と存在がそれに対立する普遍的なものと抽象的態度によって監視され、知られ、規定されるのを見たがっているのに似ている。[†60] そうなれば、道徳的な原理までもが絶対的人倫の体系に押しかけてきて、公法と私法ばかりか国際法の先頭に立とうとしかねない。これは最大の弱点であるだけでなく、もっとも深刻な専制政治でもあれば、人倫的な有機的組織という理念の完全な喪失でもある。というのも、道徳的な原理は市民法の原理と同じく、有限で個別的なもののうちにしかないからである。

---

†59　本書五二二頁以下、および五三〇頁以下を参照。
†60　本書八七頁以下を参照。

実定性を防ぐのは哲学だけ

学問において個々の原理とその体系がこんなふうに固定され特別あつかいされて、ほかの原理や体系にまで干渉するようになるのを防ぐのは哲学だけである。というのも、部分はみずからの限界を認識せず、むしろ自分を全体的で絶対的なものとしてでっちあげる傾向をもたざるをえないのにたいして、哲学は全体的なものの理念において諸部分の上に立ち、それによって部分をその限界のうちにとどめおくと同時に、理念そのものの大権によって、部分がどんどん増殖して、果てしなく些末なものへ分散しないようにもするからである。それと同様に、諸ポテンツをこのように制限し、観念的なものとして設定する営みは、現実の世界では人倫的全体性の歴史として現われる。この歴史において人倫的全体性は、絶対的な均衡をしっかりと保ちながらも、対立しあうもののあいだを時とともに揺れ動き、上昇しもすれば下降しもする。つまり、人倫的全体性はあるときは市民法を少しばかり優位に置くことによって国法にその使命を思いださせ、あるときは国法を優位に置くことによって市民法に介入して亀裂を走らせる。そのようにしてこの全体性は、一方ではそれぞれの体系のうちにさらに強力に内在することによって、一般にその体系をひとつの時代のために新たに蘇生させ、他方ではすべての体系を分離することによって、それらにみずからが移ろいやすく依存しあっていることを思いださせもすれば、さらにまたそれらの体系が増殖拡大して自己組織化していく動きを粉砕するために、それら体系の個々の契機のすべてを一挙に混ぜあわせ、それらがみずからに引きこもった状態を示しもし、みずからの依存性を思いださせ、みずからの弱さを感じとらせたうえでその一体性から再生させるのだが、それでもそれらの体系が自分勝手なありかたをしようものなら、ふたたび追いたてるのである。

実定性の実質的側面

法学の実定性がもつこうした性格は、ひとつのポテンツが特別あつかいされ、絶対的なものと想定されるさいの形式にかかわりがある。宗教やほかのものと同様に、どのような哲学もまたこうした側面によって転倒され、不純なものにされかねない。しかし、われわれは実定性をその実質の側面からも考察しなければならない。というのも、われわれが以前に実定的と呼んだものと、いま実質として考察するものとは、いずれも特殊なもののうちにあるとはいえ、われわれが以前に考察したのは、普遍性という形式と特殊性および規定性の外的な結びつきでしかなかったからである。だが今度は特殊なものそのものを考察することにしよう。

こうしたことを顧慮すれば、われわれはなによりもまず、その実質からして実定的とみなしうるものを形式主義に抗して受けとらなければならない。というのも、形式主義は直観と、それがもつ普遍的なものと特殊なものとの同一性を引き裂き、普遍的なものと特殊的なものを抽象化したうえで対立させるからである。形式主義は、前者の抽象化された普遍の空虚さからは排除されたが特殊性という抽象のもとに包摂できるものを実定的なものとみなすのだが、この対立によって普遍的なものも特殊なものと同じく実定的なものになる――というのも、以前に示したように、[†61] 普遍的なものも、それが抽象化されて対立の形式のもとに存在するようになれば実定的になるからである――ということには考えが及ばない。しかし、実在的なものはもっぱら普遍的なものと特殊なものの同一性にほかならず、したがって、それらの抽象化も、抽象によって生じた対立しあうものの一方、つまり普遍的なものをそれ自体で存在すると想定することも許されない。そもそも形式的な思考は、それが首尾一貫していれば、特殊なものを実定的なものと理解するのだから、この思考にはどんな内容もあるはずがない。形式的に考える純粋理性においては、どのような多様性も区別の可能性も完全に脱落せざるをえず、したがって、この思考がどんなにわずかであれいくつかの節や章にどうやってたどりつけるのかはとうてい理解できない。それはちょうど、有機体の本質を生命力という抽象物として理解するような人が、じつのところ四肢や脳や心臓やすべて

---

†61　本書五〇二頁以下を参照。

の内臓を特殊で、偶然で、実定的なものと理解し、それらを省略するしかないようなものである。

民族の人倫的な個体性と全体性

すべての生けるものと同様に、人倫的なものも普遍的なものと特殊なものの同一性以外のなにものでもないので、それはひとつの個体性にして形態である。それは特殊性と必然性と関係を、つまり相対的な同一性を含んでいるが、それを無差別なものに変え、同化している。そのために、人倫的なものはそうした相対的同一性のうちにあっても自由である。そうした同一性は、反省の観点からは特殊なものとみなされかねないが、〔じっさいには〕実定的なものでもなければ、生きた個体に対立するものでもない。だからこそ個体は、偶然性と必然性に結びつきながらも生きているのである。こうした側面は人倫的なものの非有機的な本性だが、形態と個体性というかたちでそれ自体が有機的に組織されている。たとえばそのもっとも一般的な例を挙げれば、ある民族の特定の風土も、人類が形成されていく過程においてその民族が占める時期も、必然的な事柄に属する。この必然性の長く伸びた連鎖のうちその民族の現在に属するのはたった〈ひとつ〉の項だけであり、最初の側面は地理から、もうひとつの側面は歴史から理解できる。しかし、人倫的な個体性はこの項のなかに有機的に組みいれられており、その項の特定のありかたがかかわるのは人倫的な個体性ではなく、必然性である。というのも、民族が人倫的な活力をもつのはほかでもなく、それがひとつの形態をもっており、この形態が特定のものでありはしても、（われわれのこれまでのこの語の用法からすれば）実定的なものとしてあるのではなく、普遍性と絶対的に統一されており、この普遍性によって生命を与えられているからである。そしてこの〔統一の〕側面は、哲学がどのようにして必然性を尊重することを教えるかを知るためにも重要である。つまり、この側面が重要であるのは、それがひとつの全体であり、個別的なものに目を奪われてそれを偶然的なものとして軽蔑するのは、洞察力の限られた人だけだからであり、さらにまた、この側面からすれば個別的で偶然的なものにたいするそうした見方は捨てさられ、それらがそれ自体では生を妨害するわけではなく、むしろ生は、それらを必然性にしたがってあるがままに存続させながらも、しかし同時に必然性から引き離すことによって、それらに浸透し、それらを蘇生させるということがわかるからである。動物界の一部がそこにおいて有機的に組織される水という元素も、動物界のほかの部分が有機的に組織される空気という元素も、それらが個別的な元素だからといって、魚にとって水が、鳥にとって空気が実定的で死んだものではないように、人倫がこの風土において、特殊な文化と普遍的な文化のこの時期において有機的に組織される形式は、人倫における実定的なものではない。ナイチンゲールとライオンの本性と同じくポリプの本性のうちにも生の全体があるように、世界精神はどんな形態のうちにあっても、鈍かったり発達していたりする違いこそあれ、絶対的な自己感情をもっており、どの民族にあっても、それぞれの習俗と法律の全体のもとでみずからの本質とおのれ自身を享受しているのである。

外から見れば、その外的な側面が必然性そのものに属するような段階も同じように正当化される。その理由はこうである。たしかに必然性というこうした抽象的な観点においても個別性はまたもや理念によって完全に廃棄されてはいる。ポリプやナイチンゲールやライオンといった段階のこうした個別性はひとつの全体のポテンツであり、この個別性が尊重されるのはこうした連関においてでしかない。個々の段階のうえを全体性の理念が漂っているのである。しかし、この理念はばらばらに投げだされたみずからのイメージ全体からみずからを反射し、そこにみずからを直観し認識する。くり広げられたイメージのこうした全体性は、個別的なものを存在するものとして正当化している〔これが上述の段階が正当化される理由である〕。したがって、ある個体に特殊性という形式をあてがい、特殊性を現実のものたらしめている生命力を廃棄してしまうのは、形式的な立場にほかならない。それにたいして経験的な立場は、特定の段階の実在が置かれているところで、より高次の段階を要求する。だが、このより高次の段階もまた、より発展した実在性をもつにせよ経験的なものであり、同じように存在している。植物の生のより高次の発展がポリプのうちに、ポリプのより高次の発展が昆虫のうちに見られるといったぐあいである。ポリプのうちに昆虫というより高次の段階の経験的な表現を見たがるのは、経験的な非理性にほかならない。ポリプではないようなポリプなどというものは、私と経験的な関係にあるような死んだ物質の破片にすぎず、それが死んだものであり物質であるのは、私がそれを別のものでありうるという空虚な可能性——そんな空虚さとは死である——とみなすからである。より高次の表現が絶対的にどんな経験的な関係もなしに問題になるのなら、それは見いだされるだろう。というのも、そうした表現は絶対的な必然性にしたがって存在するにちがいないからである。

たとえば、封建制度はまったく実定的なものに見えるかもしれない。しかし必然性の側面からすれば、それは絶対的に個別的なものではなく、あくまで必然的な全体性のうちにある。しかし内側のその生そのものに目を向ければ、封建制度が実定的かどうかは、そこにおいて民族が真に個体性として有機的に組織され、その体系〔封建制度〕の形態を完全に充たし、その形態に生きいきと浸透しているかどうか、この関係を支配する法が習俗であるかどうかにかかっている。したがって、たとえばそもそもある国民の守護神がどちらかといえば低い地位にあり、弱い守護神である（そして人倫の弱さがもっとも顕著になるのは野蛮と形式的文化においてである）ばあいには、あるいは、ある国民がほかの国民に征服され、みずからの独立を失わざるをえず、したがって、戦いと死よりも自立性の喪失という不幸と屈辱を選んでしまうばあいには、あるいは、国民が動物的生活という現実のうちに露骨に沈みこむあまり、〔国民としては〕形式的同一性や普遍性という抽象的観点にさえ高まることがなく、したがって状況を物理的な欲求のままに規定してしまい、法の関係にではなく個人の関係にしか耐えられないばあいには、あるいはまた同様に、普遍的なものと法の実在性があらゆる信仰と真理を失ってしまい、国民が神の像をみずからのうちに感じとり享受することができず、その像をみずからの外に置き、この像のために、はるか遠くにある崇高なものについてのおぼろげな感情や、まったく切ない感情でがまんしなければならないばあいには、封建制度と隷属状態が絶対的な真理をもつことになり、この関係こそが人倫の唯一可能な形式であり、したがって必然的で正当で人倫的な形式である。

モンテスキュー『法の精神』

じっさいある民族全体のこうした個性と、その民族の特定の性格にもとづけば、絶対的な全体性が有機的に組織されて成立する体系の全体が認識できる。つまり、〔国家〕体制と立法のあらゆる部分、人倫的関係のあらゆる規定がもっぱら全体によって規定されており、それらがひとつの建物をなしているのはどのようにしてか、そしてそこでは、いかなる連結部も装飾もそれだけでアプリオリに存在しているのではなく、それぞれが全体によって生成し、全体に従属しているのはどのようにしてかということが認識できるのである。こうした意図からモンテスキューは不朽の著作の土台に、諸民族がそれぞれにもつ個性と性格の直観を据えた。[†62] 彼はもっとも活力ある理念まで高まりこそしなかったが、個々の制度や法律をいわゆる理性から演繹することはけっしてしなかったし、それを経験から抽象して、そのあとで普遍的なものに高めることもなかった。むしろ彼は国法のもろもろの部分のようなより高次の関係も、遺言や婚姻法などにいたる市民的関係のより低次の規定も、完全に全体の性格とその個性からのみ理解したのであり、それによって、国家や法の体系の偶然的な事柄を理性にもとづいて認識したり人間悟性や一般的な経験から引きだしたりしていると思いこんでいるような経験的な理論家たちに、彼らでもわかるような仕方で次のことを示した。つまり、特定の法が由来するような理性や人間悟性や経験は、絶対的に普遍的なものならばそうであるような、アプリオリな理性でもアプリオリな人間悟性でもなければ、アプリオリな経験でさえなく、まったくもってただある民族の生きた個性（その最高の規定がそれはそれでまたより普遍的

†62　モンテスキュー『法の精神』（ジュネーヴ、一七四八年〔根岸国孝訳、河出書房新社〕）。モンテスキューは各民族の法を、それぞれが置かれている風土や国家体制などとの関係で捉えようとした。

な必然性から理解されるような個性）だということである。

民族の習俗と法

個別のポテンツのどれも固定されうるし、それによって学問が実定的になりうることは、すでに学問に関連して示しておいたが、[†63] 同じことは人倫的な個人や民族にかんしても主張されなければならない。というのも、全体性とはばらばらに投げだされたさまざまな特定のありかたが〈統一的に〉存在することなのだから、全体性は必然的に個人や民族において現われてきて、この個人や民族が現在そのもとに置かれている連鎖の個別的な項は過ぎさり、別の項が登場せざるをえないからである。個人はこのようにして成長し、あるポテンツがいっそう力強く登場するかと思えば、ほかのポテンツは後退するので、後者のポテンツのうちで有機的に組織されていた部分は排除され死滅したものとみなされるということも起こる。いくつかのものは新しい生に向かって成熟していくが、ある特定のありかたの段階に固執していたほかのものは取り残されて、自分から活力が失われていくのに直面するというこの分断は、特定のありかたの段階が固定され、形式的に絶対化されてしまうことによってのみ可能である。普遍性ないし同一性という否定的に絶対的なものであるような法の形式が特定の習俗に与えられると、その習俗はまるでそれ自体で存在するように見えてしまう。民族集団が大きければ、そうした特定のありかたのうちで組織される人びとの部分も大きく、特定のありかたを支配する法に守られている意識は、新たにのしあがろうと努力している無意識の活力にたいして重荷となる。習俗と法が〈ひとつ〉だったときには、特定のありかたはなんら実定的ではなかった。しかし、全体が個人の成長と同じ歩調で進まなくなるにつれて、習俗と法が分裂し、諸項を結びつけている生きた統一は弱まり、全体の現在にはもはやいかなる絶対的な連関も必然性も存在しない。したがってここでは、個人はそれ自身からは理解することができない。というのも、個人の特定のありかたには、それを説明し理解可能にしてくれる生が欠けているからである。同様にして新たな習俗も一連の法というかたちで理解されるようになると、法同士の内的な矛盾が端的に現われざるをえない。以前には歴史はものの見方の一側面でしかなく、必然的なものが同時に自由でもあったが、それにたいしてここでは必然性はもはや自由と一体ではなく、そうであるかぎりまるごと純粋な歴史に属する。現在に真の生きた根拠をもたないものの根拠は過去にある。つまり、法というかたちで確定されながらも死滅してしまった特定のありかたが、まだ生きいきとした習俗であり、ほかの立法と調和していた時代が探しもとめられなければならない。とはいえ、法と制度にかんする純粋に歴史的な説明の効果は、まさにこの認識目的にとってしか十分ではない。こうした説明は、過去の生においてしか真理をもたなかったような法の現在への正当化に利用されれば、みずからの使命と真理にそむくことになろう。むしろ逆に、失われた習俗や死滅した生のうちに法の根拠を示すことだけを心得ているこうした歴史的認識はまさに次のことを証明する。つまり、そうした法にいまだ権力と威力があるとしても、それは法が法という形式をもっており、その関心があいかわらず全体の部分のほうにあって、部分の存在と結託しているせいなのだから、いまという生きた現在においてそんな法には意味がない、というのがそれである。

真の法と否定的な法

しかし、なんの真理ももたない死んだものと、まだ生きているものを正しく区別するには、形式的な見方が見のがしかねないひとつの区別を思いださなければならない。この区別は、それ自体で否定的なものを生きた法とみなし、それ自体で否定的な法の支配を有機的組織の活性化などとみなすことを防いでくれるにちがいない。というのも、全体の支配権から個々の特定のありかたや部分を除外し、全体の強制力をそれらから締めだし、普遍的なものにたいする個別的なものの例外を設けるような法は、それ自体で否定的なものであり、始まりつつある

†63　本書五五一～六四頁参照。

死の兆候だからである。こうした死は、否定的なものや例外を設ける法が多くなり、解体へと向かうこれらの法が全体の統一性をつくりあげている真の法にとってあまりにも強大になればなるほど、生にとって脅威となる。したがって、実定的で死んだものに数えいれられるべきは、完全に過去に属し、もはや生きた現在をもたないものの、内的な意義をいっさい欠いているがゆえに破廉恥な、そしてまた愚かな権威しかもたないようなものばかりではない。人倫的全体性を解体し分離するという否定的な事態を定着させるようなものもまた真に肯定的な真理をもってはいない。前者は過去の生の歴史だが、後者は現在の死の明確な表現である。したがって、解体した民族——たとえば、ドイツ民族は言うまでもなくそうだが[†64]——においても、法が真理をもっているかのように見えることがあるが、それはその法が否定的なものと分裂の法であるか、それとも、真に肯定的なものと統一性の法であるかを区別しないばあいのことである。ひとつの全体を有機的に組織するような法が過去にとってしか意味をもたず、死んだ外皮としてとっくの昔に脱ぎすてられた形態や個別性に関係しているときには、あるいは、法がかろうじて部分にしか関与せず、したがって全体との生きた関係ではなく、全体に無縁な強制と支配を定めるときには、そして、生きた絆と内的な統一がそこであらわになるはずのものが、そうした目的の手段としてはもはやなんらふさわしくなくなり、したがって、この手段が意味も真理ももたず——というのも手段の真理は、それが目的にかなっているところにあるのだから——、そんなふうに全体がそのもっとも深いところで非真理であるために、哲学一般の学問においても、人倫においても、同様に宗教においても、ほんのわずかな真理ももはや存在できなくなるときには、ただちに解体が明確で強固なものになって、否定的なものの体系というかたちを取り、それによって認識や法という形式的な見かけを身にまとうが、その内的な本質は無でしかない。そうした民族の認識と学問が、理性はなにも認識せず無知であり、ひたすら空虚な自由のうちに逃げこむばかりで、無とその仮象に身を置いているなどと表明するとすれば、否定的な立法の内容と本質は、いかなる法も統一性も全体性も存在しないということである。したがって、前者〔認識と学問〕の非真理は無意識的で無邪気だが、後者〔立法〕

の非真理は形式を振りかざし、それによってみずからを強固なものにするのである。

人倫の哲学の課題

したがって、特殊なものを、それが特殊なものだからというのではなく、全体の絶対的連関をはずれてひとつの独自な部分として自立性を勝ちとるかぎりで実定的なものとみなすのが哲学にほかならない。絶対的な全体性はみずからのポテンツのそれぞれにおいて必然性として踏みとどまり、それぞれのポテンツにおいてみずからを全体性として生みだし、そこにおいて先行のポテンツを取りもどしもすれば、後続のポテンツを先取りしもする。しかし、もっとも大きな力をもつのはそのうちのひとつであり、全体性はその色彩と規定をまとって現われるが、それにもかかわらず、それは生にとって制約するものにはならない。それはちょうど魚にとって水が、鳥にとって空気が制約するものにならないのと同じである。なるほど同時にまた、〔民族という〕個体的なものにおいて、必然性のすべての段階がそこにそれとして現われるようにするために、この個体そのものが前進し変身し、支配的なポテンツに属するものを衰弱させ死滅させることも必然である。しかし、新たな形成がこのように強く推し進めながらも過去のものから完全に浄化されない過渡期の不幸のうちにこそ、肯定的なものが潜んでいる。自然は、たしかに特定の形態のうちを一様に、とはいえ機械的に一様にではなく一様に加速しながら運動して進んでいくが、それにもかかわらずみずからかち取った新たな形態を享受しもする。自然は新しい形態に飛びこむと、そこにとどまる。爆弾はその頂点へと一気に高まると、そこに一瞬静止するし、熱した金属は蠟のように柔らかくなるのではなく、突然液化してそこにとどまる。というのも、現象は絶対的に対立するものへの移行であり、したがって無限なものであって、対立するものが無限性つまりみずからの無からこのように歩みでることはひと

†64 本書収録の「ドイツ体制批判」を参照。

つの飛躍であり、みずからの新たに生まれた力のうちにある形態の存在は、その形態がなんらかの疎遠なものとの関係を意識するまえに、まずはそれ自体で存在するからである。それと同じように、成長する個人もまた、それがしだいに否定的なものに開かれ、一挙に壊滅するまでは、あの飛躍を喜びもすれば、みずからの新しい形式を享受しつづけもする。

ところで、人倫の哲学がこの必然性を理解し、みずからの内容の連関と規定が精神と絶対的に結びついており、精神の生きた身体であることを認識できるようになれば、そして、特殊性の概念のもとに包摂されうるものを偶然的で死んだものとみなすような形式主義に対抗するようになれば、人倫の哲学は、個体のこの生命力全般が、その形態がどのようなものであれ、形式をはらんだ生命力であることも同時に認識するだろう。というのも、必然性に属するものの制約されたありかたは、無差別のうちに絶対的に受けいれられているにもかかわらず、必然性の一部でしかなく、絶対的にして全体的な必然性そのものではないからであり、したがって、絶対的精神とその形態の不一致をつねに示しているからである。とはいえ、人倫の哲学はこの絶対的形態を求めて、世界市民主義という具体性のないものに逃れるわけにもいかないし、人類の権利という空虚なものや、多民族国家や世界共和国といった同じく空虚なものに逃れるわけにもいかない。こうした抽象的なものや形式的なものは人倫的生命力とは正反対のものを含んでおり、その本質からすれば個体にたいして反抗的であり、革命的だからである。そうではなく人倫の哲学は絶対的人倫の高尚な理念のためにもっとも美しい形態をも認識しなければならない。この絶対的理念はそれ自体が絶対的直観なのだから、理念の構成によってただちにもっとも純粋で自由な個体性もまた明確になる。そこでは、精神はおのれ自身を完全にみずからの形態において客観的に直観し、しかもそこで完全にみずからを直観するので、この直観からみずからに帰還せず、直観そのものをそのままおのれ自身として認識し、まさにそれによって、絶対的精神となり、完全な人倫となる。同時にこの完全な人倫は、否定的なもの（というのも、われわれがこれまで肯定的なもの〔実定的なもの〕と呼んできたものは、事柄そのものからあきらかなように、それ自体としてみれば否定的なものだからである）に巻きこまれることを、すでに示したようなやりかたで防止し、それを客観的なものとして、運命としてみずからに対置し、おのれ自身の一部をあえて犠牲にして、その否定的なものにひとつの権力と支配圏を認めることによって、おのれ自身の生をそこから純化されたままにしておくのである。

歴史的・政治的研究

目　次

一、トランプゲームについて(一七九八年)[†1]

トランプゲームの流行は現代の性格を示すひとつの重要な特徴である。そこで働いている心の性質は悟性と情熱である。悟性は規則を探しだし、判断力というかたちでそれをたえず適用する。深遠な理性とすばらしい想像力をもつ人びとが往々にして下手なプレイヤーなのはそのためである。つまり、彼らはゲームに興味がもてないだけではなく、彼らの判断力は規則を日常生活につねに適用することがあまりうまくいかないのがしばしばなのである。主として関心を与えるのは情熱である。冷静であり、同時に一儲けしたくてゲームをするわけでもないようなプレイヤーにとってトランプゲームが興味を引くのは、とくに悟性と判断力のためであり、それらを訓練するためである。しかし、トランプゲームがこれほど普及したのは、一儲けしようという欲求のせいばかりでなく、ゲームをしていると情熱が恐怖と希望のあいだを行ったり来たりすることによっている。つまり、トランプゲームを普及させたのは、崇高を感じさせるほどの心の安らぎや、ギリシアのすべての作品が情熱のたわむれにもかかわらず呼吸しているような心の安らぎ、つまり、人間がいまだ人間であって、悪霊に鞭打たれていないかぎり、情熱がどれほど高揚しても力強く現われるような心の安らぎには耐えられない精神なのである。精神のこ

†1 ローゼンクランツ『ヘーゲル伝』(二三頁以下〔中埜肇訳、みすず書房、一九八三年、四四頁〕)に収録されており、その前にはローゼンクランツの次のような文章がある。「ヘーゲルは一七九八年にフランクフルトで、トランプゲームについてみずから次のような意見を述べている」。ヘーゲルはトランプゲームを好んでいた。この文章はトランプが下手な友人ヘルダーリンを慰めるために書かれたという説もある。加藤尚武ほか編『ヘーゲル事典』(弘文堂、一九九二年)の「カルタ遊び」の項(加藤尚武担当)を参照。

うした情熱的で不安定な気分が、われわれの時代の特徴であり、トランプゲームが普及したのもそのおかげにほかならない。情熱の関心においても、そこに現われる悟性の活動においても――たとえプレイヤーにだけ見られるような悟性の活動にかぎっても――、理性のひらめきはこれっぽっちもない。

したがって、ほかの点では罪のないゲームであっても、それをしながら神の名前が呼ばれるのを耳にすることほどわれわれに奇妙に思えるものはない。というのも、われわれがきわめてささいなことに、とくに偶然の領域に属するように見えるものに摂理を結びつけるのはよくある（とくに賭博のばあいには、悪い人ではなく、おそらく誘惑されただけの男とその家族の幸福がしばしば何枚かのカードにかかっている）が、それでもそのことが指摘されると、われわれはとても奇妙な気分になるからである。

二、監獄制度（一七九五、九七年）[†2]

スペインマントの刑とヴァイオリンの枷の刑[†3]がプロイセン一般ラント法[†4]によって廃止されたかどうかが問題になったことがある。軽めの体罰はたんなる軽懲役ですましてよいということになれば、監獄は地方だけでなくたいていの都市においてさえ、囚人を収容し刑罰を意識させるのに役立つにすぎないのだから、そんなことをしても農民、とくに下層の農民や下男下女にはむだであり、むしろ刑罰の目的が完全に逸せられ、かなりの量の労働者が地方から失われることにもなる、というのが大方の意見であった。それにたいするカルマーの返答はこうである。

「体刑は下層の民衆の道徳を高める妨げになるのでできるかぎり行使しないようにして、通常の監獄施設を改良すればそんなものはいらなくなるだろう。〔囚人を〕完全に孤独にし、人びととのいっさいのコミュニケーションから切り離したり、タバコのようなふだんの必需品や楽しみを取りあげたり、感覚には不快だが健康には有害ではないさまざまな状況や立場や不愉快でつらい労働などに追いやったりすることで、拘留をもっとつらいものにしてやれば、まさにそのつらさによってその期間はもっと短くてすむだろうし、怠惰への傾向を強めることもなくなるだろう」。

こんなことは、捕虜となった敵を苦しめようとして、喜んでありとあらゆる新たな拷問を加えるイロコイ族[†5]のようなやりかたではないだろうか。罰することの道徳的な喜びと矯正の意図は復讐の喜びとあまり違わないが、残酷さを発揮することは品位を高めることとは似ても似つかない。というのも、残酷さの光景ほどひとを傷つけ、不快な気持ちにするものはないからである。コミュニケーションを断つのは正しい。というのも、犯罪者はみずから孤立してしまっているからである。冷やかな悟性をもって人間をあるときは労働し生産する存在と、またあるときは改善されるべき存在とみなし統率することは、もっともひどい暴虐である。なぜなら、全体の最良のものが正しくなければ、彼らにとってそれは目的としても無縁なものだからである。

†2　ローゼンクランツ『ヘーゲル伝』（八五頁（九六頁））に収録されており、その前にローゼンクランツの次のような文章がある。「プロイセン・ラント法の改革もヘーゲルの関心を大いに引きつけた。彼はそれについて、たとえば監獄制度について多くの見解を書きしるしている」。

†3　「スペインマントの刑」は、首から上と足だけが出せる樽の枠（スペインマント）にはめこまれて街頭にさらされる刑。「ヴァイオリンの枷の刑」は、ヴァイオリンのかたちの枷に首と両手を固定されて街頭にさらされる刑。

†4　フリードリヒ大王のもとで編纂され、一七九四年に施行されたプロイセン王国の法典。カルマー（一七二〇〜一八〇一）は、その制定にかかわった司法官僚の一人。

†5　アメリカ北東部に住む先住民の一部族。

三、カント『人倫の形而上学』の註釈から（一七九八年）[†6]

この分離はどのようにして、どの程度まで可能だろうか。国家が財産の原理をもつなら、教会の法は国家の法に背く。国家の法があくまで特定の権利にかかわり、きわめて不完全なことに人間を所有者と考えるのにたいして、教会において人間はひとつの全体であり、それこそが教会の目的、つまり、この全体性の感情を人間に与え育むために行動し、それを準備し目指すような眼に見える教会の目的である。人間は教会の精神においてひとつの全体として行為するとき、個々の国法に抗してだけではなく、国法の全精神、その全体に抗して行為することになる。市民が国家と教会のどちらにあっても安らかでありつづけられるとすれば、彼は国家との関係に真剣でないか、教会との関係に真剣ではないかのどちらかである。イエズス会士とクエーカー教徒は、対極的な立場ながらどちらも、国家と教会のいずれも重要視し、それらを統一しようとした。クエーカー教徒は国家的なものにいっさいかかわろうとはしなかった。もしかかわったとすれば、教会に背くことになろう（とはいえむろんそれは、多くの国家的なものを認めながら、それが法であるがゆえに、法的ではない多くのものを教会的なものにするような特定の教会にとってのことである）。それにたいしてイエズス会士は、外面的には国法に一貫して従いながらも、内面的にはすべての市民的な徳にかんするみずからの良心の自由によって国家を欺こうとした。国家がみずからの全体に執着し、あふれんばかりの流れになって押し寄せる教会を力づくでみずからの岸辺に寄せつけまいとすれば、国家は非人間的で恐ろしいものになり、狂信を生みだすだろう。この狂信は、個々の人間や人間関係が国家の権力のうちにあるのを見てとるので、それらにおける国家を粉砕し、ひいては人間や人間関係までも粉砕してしまう。

しかし、国家の原理がひとつの完全な全体だとすれば、教会と国家が別のものであることは不可能である。国家にとって思考されたものは支配するものだが、教会にとってこの同じ全体は、空想によって表現されるような生きた全体として存在する。教会のこの全体がひとつの断片であるのは、全体としての人間が粉砕されて、特殊な国家的人間と特殊な教会的人間になっているばあいだけである。

四、オリエント人の精神（一七九八年）[†7]

オリエント人の精神とは、現実においては現実を尊重し、空想の産物においては現実を飾りたてることである。オリエント人は凝り固まった性格をもっている。彼らはひとたび存在すると、もはや自分を変えようとはしない。彼らはみずからが歩んできた道を離れない。彼らにとっては、自分たちの道の外にあるものは存在しない。しかし、彼らの道の邪魔になるものは彼らに敵対するものである。ひとたび凝り固まってしまった彼らの性格はみずからを放棄することもできなければ、みずからに対立するものを受けいれて、それと和解することもできな

†6　ローゼンクランツ『ヘーゲル伝』（八七頁〔九七頁〕）に収録されており、その前にはローゼンクランツの次のような文章がある。「しかし、『人倫の形而上学』「法論」の註釈はまだ完全なかたちで残っている。この註釈はのびのびと力強く、造形芸術家の素描にも匹敵するような、思いがけない創造物のまったき魅力にあふれている。ヘーゲルはいまや国家と教会の二元論から脱出する道を見いだそうとした。彼はカントの見解を次のような言葉で要約した。「国家と教会のどちらもたがいに邪魔をせず、かかわりあうべきではない」。ヘーゲルはこれについて次のように書いている」。ヘーゲルがカントの見解を上述のように要約したときに念頭に置いているのは、カント『人倫の形而上学』第一部末尾の「付論八B」の議論であろう。

†7　これ以降の項目は、ローゼンクランツ『ヘーゲル伝』の本文中には含まれておらず、「第六章　歴史的研究断片」の表題のもとに巻末の「資料」に収められている。

い。一方が支配するものになれば、他方は支配されるものになる。概念としてはどちらも同じく力である。両者をたがいに関係づけているのは力、つまり強さや天才や言説の力なのである。凝り固まった性格がみずからに並びたつのを許すのは、みずからが支配しているものか、たがいに支配しあっているものだけである。というのも、そうした性格のうちにあるさまざまな障壁や現実は捨てさることができず、それに対立するほかの現実や敵対的なものと並びたとうとすれば、〔支配と被支配とは〕違った仕方では関係できないからである。性格同士を隔てる障壁がもたらす現実は愛によっては統一できないようなものなのだから、それらは客観的に結合され、つまりはひとつの法則に服さざるをえない。〔そうした結合のために〕不可欠なこと、要するにすべてを支配する法則とは、それらの現実の等しさである。したがって、オリエント人の性格のうちには一見矛盾する二つの規定、つまりすべてのものにたいする支配欲と、あらゆる隷属に喜んで身をゆだねる傾向とが、きわめて密接に結びついている。この両者を支配しているのが必然性の法則である。ここでは、支配と隷属というこの二つの状態こそがふさわしい。というのも、この両者において支配しているのは同じ力の法則だからである。オリエントでは、自分よりも弱いものをみずからに服従させる勇気をもち、自分よりも強いものには逆らわずに、ただちに服従するだけの抜け目のなさをもつ人こそが幸福な人である。ここでは、現実から身を引いて、雄弁なことばで活動する人が賢明な人である。比較的教養があって区別することを心得ており、だれかが自分に抵抗するかぎりは屈服させるが、自分がこの屈服させられた人と同じく必然性の法則に服していることを認めて彼を自分の仲間だとみなす人、つまり、現実の勝利者である自分のうちに屈服者になりうる者を見てとり、現実には屈服させられている者を支配者になりうる者として尊敬する人は、高貴である。無限に多様な現実が支配者にも被支配者にもなりうるというこの正反対の可能性、否定的なものが肯定的なものに、肯定的なものが否定的なものに移りゆくことのうちに現われるこうした力こそが、オリエント人にとっての無限な神性である。彼らの意志と統治の織機で一連の出来事が織りあげられ、この織機の命令を源としてさまざまな時間と世紀が流れでては、その力の深淵のうちに流れこんでいく。

オリエント人の性格は凝り固まっているので、ひとが身を置いている関係はごくわずかであり、すべては現われるやいなやその場所を得る。凝り固まった性格の人は同類ではない人とはいっさいかかわらない。彼は自分と衝突しかねないものはたいていわきに押しやってしまう。彼は他者と闘って、その支配者になろうとその力に服従しようと、その要求するところは同じである。このような融通のきかなさ、多様な事物に臨機応変に対応できない鈍感さが、オリエント人に落ち着きを与えている。彼にとって世界はさまざまな現実の寄せ集めであり、そのむき出しの姿では固有な魂も精神もないたんに対立しあうものとしか思えないので、そのみすぼらしさをなんとかしようとすれば、彼はそれらに欠けている固有な内実をよそよそしい借り物のきらびやかさで補うことがどうしても必要になる。オリエント人は現実をつねに想像力で飾りたてるのである。オリエント人はあらゆるものを形象で包みこむ。たしかに、これらの形象にしても現実の形象であり、貧弱なのでほかの貧弱なものにはどんなきらびやかさも与えられないように思われる。しかし、これらの形象はたがいに結びつくことで詩的なものになる。異種的なものがひとつにされると、結合されたものの同種性のうちに生命が潜んでいるかのような見かけが生まれる。〔だが、そうした結合がなされても〕区別されるものはきわめて異種的なので、結合されたものがどこでたがいに似ているかがぼんやりと意識されるだけで、純粋な生命の形態を思いきって浮かびあがらせることができない。それらの形象の崇高な華麗さは驚嘆を引き起こし、その描写の太陽のような輝きはまばゆいばかりである。しかし、人が驚嘆するのは、異種的なものの結合に強引さを感じとるからであり、まばゆさに眼がくらむのは、この客観的なものの華麗さになんの期待もできないからである。それらを結合したのは愛ではないので、そこで生じる〔結合されているという〕感じも空疎でしかなく、オリエント人の精神の貴重なもの、その真珠は、野卑な美しさをもつ怪物でしかない。たしかに、生の客観的なありかたは多様なものを払い落とせば統一性として現われるが、このばあいの統一性はひとつの概念、ひとつの普遍的なものでしかありえず、生の客観的なありかたの記述はそれだけで尽きてしまう。

凝り固まった性格というものは、多様な性格がたくさんあることを許さない。凝り固まったものが多様であれば、たがいを打ちのめしあうだろう。そうかといって、これらの凝り固まったものを超えたところにあって、たしかに実質は同じだが、より大きく深遠な力をもつようなものは、眼に見えないより高次のものとして奇跡のような働きをせざるをえなかった。オリエントの帝国は永続的なものであれつかの間のものであれ、従順と服従のシステムからなっているので、こうした帝国の構成のされかた、こうした野蛮な集団においては、オリエント的性格の持ち主たちが、つまりは同種的であるが力と深遠さと頑固さをそなえた性格の持ち主たちが、ほかのオリエント人に力をふるうことはあきらかである。後者のオリエント人は前者にたいして、みずからを無にしかねないほど盲目的な、受け身の態度を示す。そうなると、眼に見えないそれ自体では認識不可能な生の語りと表出もまた重要なものになり、重要であるがゆえに控えめで真剣なものになる。

オリエント人は、自分以外のものの赤裸々な現実を空想によって飾りたてると同様に、自分自身をもよそよそしい装飾でごてごてと飾りつけざるをえない。というのも、彼らは自分自身にかんする意識がきわめて不完全で、みずからの本性の表現のうちに満足のいく調和を見いだせないからである。彼らの装飾は、そのかたちと美しさを人間の姿とそれに固有の自由な遊びから得ているような装いではなく、まったくよそよそしいものでしかありえない。そのさい彼らは、自然のあらゆるものをどちらかと言えば愛にもとづいて身に着けるのでも、自分の気持ちをこめてそれを着こなすのでもなく、むしろここにあるのは、みずからの生もそれによって形成された形態も奪いとられて輝くようなもの、たとえば、よそよそしいかたちに加工された黄金や、花々でひとまとめにされた装飾などである。

オリエント人にあっては、自然なものからまさしく自然が追いはらわれ、自然はそれ自体が粗野で従属的なものとしか見えなくなってしまった。支配によってはその情熱が満足させられないのは、女心と女性への愛だけであった。オリエントの多くの国民においては、とりわけ高貴な人びとのもとでは、女性と女性にかんすることを口にするのは大きな不名誉である。その理由は、ここではどんなに勇敢な人でさえ自分を主人とは感じられず、したがってみずからの弱みを思い知らされてしまうからである。あるいは、彼らのだれもこうした弱みを恥じておらず、人間性のこの側面にかかわることを口にしたり口に出したりすることを不名誉とみなしているだけであってみれば、その理由はむしろ、彼らが女性的なものを自分たちの普段の精神とは疎遠なもの、自分たちよりまさっているものとして尊敬しており、そんなことを口にすることによって、女性的なものをそれ以外の粗野なものと同類にあつかうことがはばかられたからだというべきだろう。彼らは、女性への関係が支配か隷属かといったほかのすべてのものの関係にはとても収まらないことを感じとり、自分たちにとって女性がそれ以外のもののようにはあつかえず、自分たちがけっして自信をもてないようなものであることを感じとっているので、女性を閉じこめるという以外のどんな方策も知らないのである！

ユダヤ人はそんなことをはばからなかった。彼らは性的な関係について自由奔放に語ったのである。しかし、彼らにとってそれにかかわるすべては、ほかのすべてと同じくたんなる現実的なものであり、愛の精神が浸透してはいなかった。そのために、このテーマのあつかいにも愛の精神は支配しておらず、したがって、彼らの法律そのものにおいても、彼らの教養のすべてが詰まっている書物においても、そのあつかいはきわめて不快で、卑俗で、恥ずべきものである。というのも、魂を吹きこむ存在が神聖で純粋であればあるほど、その器官とその現われをたんなる事物として示し、あつかうことははばかられるからである。

オリエント人においては、ひげはとても神聖である。ユダヤ人のばあい、ナジル人つまり神に仕える者の首にひげ剃りナイフを当ててはならなかった。[†8] 神にささげられる年である七年ごとに、ばあいによってはさらに五〇

†8　ナジル人と彼らに課された禁忌については、『民数記』第六章を参照。

年ごとに、畑を耕すことも、ブドウの木を剪定することも、ブドウの収穫をすることも許されなかった。奴隷も家畜も野生動物も、大地の自生の産物の分け前に自由にあずかることができるとされていた。ひげを蓄えることはかなり恣意的なことである。ひげは体の一器官だが、かなり取るに足りない器官である。この点では爪を切るのも同じようなものである。オリエント人のもとではごく普通の、そしてユダヤ人のもとでは命じられている割礼のほうが、おそらくもっと体を傷つけることである。したがって、ひげを剃らないのは、人間の容姿の完全性にたいする敬意とみなすわけにはいかない。そうでなくてもこうした敬意は、無趣味な服によって体のかたちを隠したり、きらびやかなさまざまな装飾品でそれをごてごて飾りたてたりすることとまったく矛盾する。恣意的なことは、法として課されれば課されるほど、ますますかたくなに主張されるようになるものだし、ひとが恣意的なことに服するようになればなるほど、それに献身する行為はますます功績となるものである。それにしても、オリエント人が〔ひげを剃らないという〕こうした恣意的なことをみずからに課したのはどうしてだろうか。それどころかひげが神聖なものであるということが重要性をもつのはどうしてだろうか。オリエントの精神においては無限な客体にすべての価値と存在が置かれており、オリエントの精神は自立的に存在するもの、みずからのうちに固有な生命をもっているものを少しも尊重できないので、どんな生命ももたないようなきらびやかなものによって外からみずからを飾りたてざるをえないのだが、それでもやはり自分もひとかどのものにしなければならないので、彼の有機体全体のうちでもっとも非本質的なものであるひげだけでもだれよりも多く蓄えておこうとして、みずからのうちでもっともどうでもよいものをもっとも尊重せざるをえないのである。

五、記憶

記憶《いい》は、ギリシアの神々が絞殺されてぶらさがっている絞首台である。そのような絞首刑に処せられた者たちの陳列室を示し、機知の風によって彼らをぐるぐる回転させてはたわむれあうにまかせ、あらゆる群像劇やカリカチュアに仕立てることは、しばしば詩と呼ばれる。

記憶は墓場であり、死者のための場所である。そこでは死者は死者として安らっている。死者は、石のコレクションのように展示される。それを並べ、点検し、ほこりを払うといったこうしたすべての仕事は、たしかに死者にかかわりはしても、死者には無縁である。

しかし、わけのわからない〔ラテン語の〕祈りをささげ[†9]、ミサをあげ、ロザリオの祈りを唱え、無意味な礼拝の儀式をおこなうことは、死者のおこないである。人間は完全に客体になり、見知らぬものによってとことん支配されようとしている。こうした奉仕が敬虔と呼ばれる。ファリサイ派よ！

六、泣き女

ペロポネソス戦争の最初の年の戦死者たちの国葬における泣き女。トゥキュディデス（『歴史』第二巻三四章）[†10]にはこうある。「女たちも出席して、親族の墓前で嘆き悲しむ〔原文ギリシア語〕」。苦痛を和らげる最良の方法は、それを大声で叫び、思いのたけをひたすら語ってしまうことである。苦痛は、表現することで客観化され、それだけしか存在しない主観的なものと、苦痛のうちにはいっさいない客観的なもののバランスが回復されるのである。苦痛は表現されることによってのみ意識され、意識されたものはいつか過ぎさる。それは反省の形式を取り、それに続く特定のものによって押しのけられる。しかし、心がまだ苦痛でいっぱいであり、苦痛がまだまっ

†9　これは『精神現象学』の「不幸な意識」にも出てくる。

†10　藤縄謙三訳、西洋古典叢書、京都大学学術出版会、一八〇頁。

たく主観的であるときには、そこにはほかのものが入りこむ余地はない。したがって、涙を流すだけでも苦痛を解き放ち、表現し、客観化することになる。苦痛は、主観的であると同時に客観的になったときに目に見えるかたちを取る。しかし、苦痛は本来主観的なので、みずからの外に踏みだすことには大いに抵抗する。苦痛をそうするように追いたてることができるのは、どうしようもない窮地だけである。だが、たとえ窮地は脱しても、すべてが取り返しがつかなくなり、苦痛は絶望的な状況になれば自己に閉じこもってしまう。こんなときには、苦痛を聞きだしてやることがきわめて有益である。これができるのは〔苦痛と〕異質ではないものである。苦痛はみずからの前に与えられることによってのみ、みずからを自分自身でありながらある面では自分の外にあるものとして捉えられるようになる。絵画にはこのような効用はない。絵画は見えるだけで、みずから動くことがない。語りこそが主観的なものにたいして客観性が取るもっとも純粋な形式である。語りはいまだ客観的なものではないが、それでもやはり客観性に向かう運動である。歌で表わされた悲嘆は、ある規則にしたがって動いているので、さらに同時に美の形式もそなえている。したがって、指名された女たちの悲嘆の歌は、苦痛にとって、つまりは、苦痛をとことん深くまで掘りさげ、その全貌をみずからの前に据えることでその苦痛から解放されたいという欲求にとって、もっとも人間的なものである。このように〔苦痛を〕目の前に据えることだけがそれを和らげるのである。

七、国民と個人

トゥキュディデス（『歴史』第二巻三六章）ではこう語られている。「しかしながら、それ（われわれが所有している帝国）をさらに補強していくのは、今日生きているわれわれ自身である」〔原文ギリシア語〕[十11]。こんなふうに語れるのは、小さな共和国の民会だけである。この民会の面前で発言者によって語られるなら、そんな「われわれ」

には完全な真実味がある。〔フランスのような〕もっと大きな共和国では「われわれ」はいつでもかなり制限されている。「われわれ」は、同胞の集団が大きくなればなるほど、「われわれ」と言う人びとにとって疎遠になる。ひとつの行為にたいする各個人のかかわりはわずかなので、個人はその行為を自分の行為とはほとんど語れない。自国民の名誉に関与するのはいっそう偉大ではあるが、それが意味するのは、私は国民に属するということだけであって、私は存在するということではない。全体が個人を支配し、個人はそれに服従している。したがってそうであるかぎり、自由で大きな民族とは自己矛盾である。民族とはすべての個人の全体であり、各個人はすべてつねに全体に支配されている。すべての個人の行為、各人の行為であるようなものは、国民的行動の無限に小さな断片なのである。

八、アキレウス

アキレウスは弓矢でかかとを負傷して死んだ。[†12] 彼は体のほかのどんな部分も同じように負傷してもよかったはずである。したがって、あの部分を負傷したのはまったくの偶然だったわけである。その負傷を決定づけたのはあくまで弓矢の方向である。しかし、弓矢が命中した部分は、ほかの部分を考えれば（弓矢が命中した部分は、ほかの部分とともにひとつの全体をなすのだから、必然的にそれらに関係づけられなければならないが）、弓矢が

†11 前掲訳書、一八二頁。
†12 ホメロス『イリアス』第二一歌二七八および第二二歌三九五以下を参照。アキレウスは生まれてすぐ、母親によって冥界の川に浸されたことで不死の身体となった。ただし、母親が彼のかかとをつかんでいたため、かかとだけがアキレウスの弱点であった。

命中して負傷する部分として区別されたわけである。ほかの部分が負傷したかもしれないというこうした可能性と、負傷してはいないというそれとは正反対の現実、そしてまた、かかとを負傷したという現実と、負傷しなかったかもしれないという反対の可能性を、ギリシア人は、アキレウスがレーテの川に浸るという神話によって想像力においてひとつにする。それによれば、負傷しなかった部分は同時にまた負傷することもありえなかったのであり、負傷することがありえたのは唯一負傷した部分だけだったのである。

九、リュクルゴス

リュクルゴス[†13]は十年間の不在ののちスパルタに帰り、みずからの立法の完璧なプランをいまや実行に移す前に、それについてデルフォイの神託にお伺いを立てた。[†14]ピュティア[†15]はアポロンの名においてリュクルゴスを神の友にして寵児と呼び、人間というよりもむしろ神であると語った。ピュティアは、アポロンはリュクルゴスがつくったプランを認めており、彼が法の採択にこぎ着けることができれば、この世にはラケダイモン人[†16]のそれ以上にみごとにしつらえられた共和国は存在しないだろうと託宣した。

リュクルゴスがいまやみずからの法を徐々に導入したのちに、ふたたび神託を伺いに行くと、このようなお告げがあった。リュクルゴスはラケダイモン人たちを幸福で有徳の者たちにしようと十分に配慮してきたので、彼らがつねに彼の法を守るなら、永遠の栄誉と幸福を享受するだろうというのである。

ラケダイモン人やほかのギリシア人が神的な実定法に服することができたとすれば、それどころか、そうした法を少しだけでも理解できたとすれば、ラケダイモン人は、普遍的な神託のお告げがもっとも完全だと明言した自分たちの体制を同じように採用するようにほかのギリシア人に義務づけたり、説き勧めたりしたはずではないだろうか。ほかのギリシア人も首尾一貫したものであろうとすれば、その体制を採用しなければならなかったのではなかろうか。

しかし、ギリシア人は自由な国民であり、法を神からであっても受けとろうとしなかった。神に認めてもらおうというこうした動機は、彼らには無縁であった。

十、精神の客体にたいするさまざまな態度

ローマ的自由とギリシア的自由が没落して、客体にたいする自由の理念の支配力が人間から奪われたときに、人類の守護神は分裂してしまった。堕落した大衆の精神は客体に向かってこう言った。「私はおまえたちのものである。私を連れさってくれ！」その精神は客体の流れに身を投じ、それによって拉しさられ、その変転のなかに没してしまった。

ストア派の精神は逆のことをおこなった。それはこう語った。「おまえたちは私の存在には無縁であり、私の存在はおまえたちのことはなにも知らない。私はおまえたちを私の理念において支配する。おまえたちは好きにしているがよい。それは私にはどうでもよいことだ。私にとっておまえたちはあまりにも下らないので、どうこうするつもりはない」。

ほかの精神は客体がいまとは別様にあるべきだとは感じたが、それをつかんで新たにつくりだすだけの勇気が

---

†13　本書二八九頁†67を参照。

†14　プルタルコス『英雄伝』「リュクルゴス」五（柳沼重剛訳、第二巻、京都大学学術出版会、二二四～八頁）。

†15　古代ギリシアのデルポイのアポロン神殿で、神がかりの状態になって神託を伝えた巫女。

†16　スパルタ人の自称。

なかった。彼らには客体の優位が重くのしかかり、自分たちは無力だという感情しかもてなかった。これらの精神の一部は感覚に不可視の客体をつくりあげた。彼らはこの客体を民族の空想のうちに見いだしたが、自分たちの理念をそれに投影し、こう懇願した。「私をおまえたちの存在のうちに受けいれてくれ。われわれに現われ、みずからを啓示し、われわれをそちらに引き寄せてくれ。おまえたちがわれわれを支配してくれ！」彼らは呪術師と呼ばれた。

上述の精神のもうひとつの部分は似たような新しい客体が話題にされているのを耳にして、自分の意のままにはならない外的な客観を逃れ、この不可視のものこそ自分自身と外的な客体を支配してくれるだろうという信仰に身をゆだねた。彼らはキリスト教徒と呼ばれた。彼らがつくりあげた教会は、ストア派の願いとあの打ちひしがれた精神の願いを両方とも統一した。教会は、人びとが客体の渦中に生きることを許すと同時に、ちょっとした訓練と手続きと唇の動きだけでそうした客観を超えられると約束した。呪術師の願いのほうは、結局のところいわゆるキリスト教の狂信者の脳裏にときたま浮かぶにすぎなかった。こちらの統一はそもそも、ほかのもののように〔教会の〕仕事にはならなかったのである。

十一、ギリシア人、ローマ人、ユダヤ人

神の啓示が順々に現われ、神の形態が次々に生まれ生みだされたとき、神は人間として啓示される前に、まずもって太陽として、天体として、海として、大気として、愛として啓示された。〔人間という〕最後の形態は神が生みだすものの段階的発展において必然であった。ローマ国家が樹立されて、人知の及ぶすべての地上から自由を奪ってしまったために、自然は人間には疎遠な法則に服するようになり、自然とのつながりは引き裂かれてしまった。自然の生は石と木材になり、神々はつくりだされ奉仕する存在になってしまった。力が働き、ありがた

いものが啓示され、偉大なものが支配するところにあるのは、〔神ではなく〕人間の心と性格であった。アテナイ人にとって、テセウスは死んではじめて英雄になった†17。アテナイ人はデメトリウス†18とアンティゴノス†19が過去の人になってはじめて生贄をささげた。ローマのカエサルは神格化された†20。ティアナのアポロニオス†21は奇跡をおこなった。偉大なものはもはや超自然的ではなく、反自然的であった。というのも、自然はもはや神的でも、美しくも、自由でもなかったからである。このように自然と神的なものが分離するに及んで、人間が両者を結合するもの、つまり仲裁者にして救済者になった。

しかし、ユダヤ民族はその恥ずべき憎悪心†22のために地獄に落ちてしまった。その象徴として残されているのが、いまなお地上をさまよいつづけている彼らの末裔である。近代の諸民族が高貴な形式はもちろん、人類のすべての形式を身につけるには、ただ受難をくぐり抜けるしかないのだが、彼らのもとでさえユダヤ民族は、もっとも神に見放された民族の典型でありつづけている。ホメロスの世界では、愚にもつかない話しかしないテルシテスがさまざまな人をこき下ろす。しかし、その彼が〔オデュッセウスに〕殴られると、その眼から涙が一滴流れおち

†17 テセウスはギリシア神話の英雄でアテナイの王子。プルタルコス『英雄伝』「テセウス」三五以下（前掲訳書、第一巻、五〇頁以下）。

†18 マケドニアの王デメトリウス一世（前三三七頃〜前二八三、在位前二九四〜二八八）。プルタルコス『英雄伝』「デメトリウス」（前掲訳書では未訳）。

†19 アンティゴノス（前三八二〜前三〇一）。古代マケドニアのアレクサンドロス大王に仕えた将軍。

†20 紀元前四二年、ローマの元老院がカエサルの神格化を決定した。

†21 一世紀の新ピュタゴラス学派の哲学者。生没年未詳。伝記に、ピロストラトス『ティアナのアポロニオス伝I』（秦剛平訳、京都大学学術出版会、二〇一〇年）がある。

†22 本書二八六頁、二九四頁を参照。

る。彼は恐怖のあまり黙って座りこみ、涙をぬぐう。彼の恐怖と沈黙は自分より強い人間がいることを認めている。すくなくとも、よりよいものにたいするこうした感受性はホメロスの登場人物のなかで最悪の人物からさえ失われてはならなかったのである。[†23] しかし近代の人間界においては、アマーリエのこの世ならぬ純粋な魂のかたわらで、シュフテルレが子どもたちを焼いているのが見られる。大尉がいまやみずからの運命を自覚し、盗賊たちを厳しく査閲すると脅かすと、盗賊たちは、大尉はきょうは機嫌が悪いのだと考える。[†24] 男と女——体系家は両者をまとめて人間と呼ぶ——が入り混じるこうした状況においてこそ、ユダヤ人はみずからの所を得る。ユダヤ人のある男がお人よしにも神にこう言わせている。私は自分の戒律を尊重しない者を三世代、四世代にわたって罰するだろうと。[†25] しかし、ユダヤ人の宗教の〔復讐の女神〕フリアは彼らをすでに百世代にわたって鞭打ちつづけている。ところが、ユダヤ人はこう信じている。つまり、キリスト教徒が、やつらはユダヤ人だからといって彼らを階段から突き落とそうと、はした金を得るために何時間にもひどい目にあい三時間目にはふたたびおしゃべりを始めようと、そして、他日ふたたび帰ってくることになろうと、自分たちは罰せられてはいないと信じているのである。

十二、ギリシア精神の高貴さとそのドイツ的形態

ギリシア精神の高貴さの全領域と、そのさまざまに変化するすべてのヴァリエーションを評価できるほどに洗練された趣味や先入見にとらわれない理性でさえ、愛の情熱に含まれる高貴ならざるものには文句をつける。というのも、愛の情熱は近代史においてドイツ系の国民のもとではまったく別のより繊細なかたちを取るようになったからである。だが、この現象はこの国民の自由な生活の精神と関係がないというのだろうか。騎士道時代の騎士が恋人のためにおこなった行為や、恋人のために乗りこえた危険な出来事や、そのつど鉄のような忍耐をも

って恋人が課した目的にひたすらささげた長い歳月を、アリステイデス[†26]のような人物に話して聞かせながらも、この奮闘が向けられた相手がだれであるかを彼がアリステイデスにはっきり語らないとしたら、どうだろうか。あるいは、ある高貴な若者がほかでもないこのアリステイデスにたいして、燃えさかる想像力を存分に発揮してみずからの愛する相手の美しさをそれがだれなのか特定できないような仕方で描きだし、彼がそれに感じている深い尊敬を、みずからのこの感情の神聖さと純粋さを、まるでそれが人生の唯一の関心であるかのように、その相手の近くにいてそれのために働き呼吸することの感激を述べたとしたら、どうだろうか。

アリステイデスがこうした感情と行為と感激のすべてがだれにささげ尽くされているかを知らなければ、彼はけっして次のように応答しはしないだろう。「私は人生を祖国にささげてきた。私は祖国の自由と繁栄以上に高貴なものを知らなかった。栄誉も権力も富もいっさい求めることなく祖国のために働いた。しかし、私はあなたほど祖国のために働きはしなかったし、あなたほど比類ない深い尊敬を感じたこともない。たしかに私は、私以上のことをなし、もっと高貴な感激を覚えたギリシア人ならほかにも知っている。しかし、あなたが身を置いているような、自己否定の感情のこうした高みにまでいたりついた者はだれも知らない。ところで、このあなたの高

---

†23 ホメロス『イリアス』第二歌二一二～二七七。テルシテスとは「厚顔の男」といったほどの意味である。

†24 シラー『群盗』(久保栄訳、岩波文庫、一九五八年)。アマーリエの純粋な魂については、とりわけ第一幕第三場、第二幕第二場、第三幕第一場、第四幕第二場および第四場、第五幕第二場。シュフテルレについては、第二幕第三場。大尉の脅しにたいする盗賊の反応については、第二幕第三場を参照。

†25 『出エジプト記』の「十戒」の第二戒「あなたはいかなる像もつくってはならない」につづく箇所。第二〇章五節「わたし〔神〕を否む者には、父祖の罪を子孫に三代四代までも問う」。

†26 アリステイデス（前五五〇頃～前四六七）。アテナイの政治家。「アリステイデス（またはアリスティデス）」は「公正な者」という意味の異名。プルタルコス『英雄伝』三～七（前掲訳書、柳沼重剛訳、第三巻、九～一六頁）。

貴な生の対象とはなんであったのか。それは私が考えうるもっとも高貴なものよりもはるかに偉大で荘重であるにちがいないし、祖国と自由よりも偉大であるにちがいない！」。

十三、中世の女性たちの放縦な想像力

中世の女性たちの放縦な想像力は魔法の残忍な行為や、他人にたいするちょっとしたねたみや復讐を果たしたいという欲望となって荒れ狂い、あげくのはてには他人を薪の山で火あぶりにするにいたった。ギリシアの女性たちにはバッコス祭の折には無礼講が許されていた[†27]。彼女たちは肉体と想像力を使いはたすと、通常の感覚とそれまでの生活の圏域に静かに帰っていった。あの粗暴なマイナス〔酒神バッカスに仕える女たち〕もほかのときは理性的な女性であった。一方には魔女が、他方にはマイナスがおり、一方には悪魔のような恐ろしい顔をした空想の産物があり、他方にはブドウの葉に覆われた美しい神がいる。一方にはそうした産物に結びつけられたねたみや復讐心や憎悪の満足があり、他方にはしばしば猛り狂う暴走にまでいきついてしまうような無目的な喜びだけがある。一方には個々の狂気の発作から精神の完全で永続的な錯乱にいたるまでの進展があり、他方には日常生活への後退がある。一方では、この偽装された復讐心は時代によっては病気ではなく、薪の山によってしか償いえないようなもっとも忌まわしい冒瀆行為とみなされたが、他方では、多くの女性的な空想と情熱のこうした欲求は神聖なものであり、祝祭がそれらを噴出させたが、こうした祝祭は国家によって認可され、それによってそれらの噴出は無害になりえた。

十四、人間を見下す態度

人間を見下す態度。だれもがみずから人類のためにつくった規則にしたがって他人を評価し、他人がそうあるよう要求しがちである。われわれがここから連れもどされるのは、長い人生経験によってか、ありあまるほどの心ばえの良さによってでしかない。こうした要求はとりわけヨーロッパ人に特有である。それはある種のわがままである。こうして、たとえばルソーのような人物の性格を理性の規則にしたがって公に評価することも（高尚文化とか、人類の目的である完全性への接近などではなく）われわれの時代の一徴候であり、それ以上のなにものでもない。だれもがまず自分の胸に手を当ててみなければならないということは別にしても、他人を評価したり彼に要求したりできるのは、みずからに規則を与える徳だけである。だがだれも他人にたいして自分を徳のがわに置く権利をもたなければ、徳の権化のような顔をして、他人にさまざまな要求をする権利ももたない。そんな人にはだれもがこう答えることができる。「徳であればこれこれのことを私に要求する権利をもっているが、あなたはそうではない」、と。

十五、財産権

近代国家において財産の安全こそは、すべての立法がそのまわりをまわっている枢軸であり、市民のたいていの権利はそれに関係している。古代の多くの自由な共和国においては、われわれの政府すべての関心事であり、われわれの国家の誇りである厳格な財産権が、その国家体制によってすでに侵害されていた。[†28] ラケダイモン人[†29]の

---

†27　エウリピデス『バッカイ　バッコスに憑かれた女たち』（逸身喜一郎訳、岩波文庫、二〇一三年）を参照。

†28　モンテスキュー『法の精神』第一部第五篇第五章「いかにして法は民主政の中に平等を打ちたてるか」（『世界の大思想　モンテスキュー』根岸国孝訳、河出書房新社、一九六六年、六九〜七一頁）。

体制においては、財産と産業の安全などはまったく考慮に値しない問題であり、ほとんど忘れさられていたと言えるほどである。アテナイでは裕福な市民は通常その財産の一部を奪われた。とはいえ、ひとが財産を奪いたいばあいは栄誉ある口実が使われた。つまり、そうした人にはとてつもない出費を要するような役職がゆだねられたのである。市民が区分されているトリブス〔部族〕のなかで出費のかさむ役職に選ばれた者は、みずからのトリブスに所属する市民のうちに、自分よりも裕福な者がいないかどうかを見てまわることができた。彼がそうした人物を発見したと思ったのに、相手があなたほど裕福ではないと主張したら、彼は財産の交換を提案することができ、相手はそれを拒んではならなかった。最高に自由なかたちの体制にとってさえ一部の市民の過度の富がどれほど危険であり、自由そのものをどれほど破壊しかねないかは歴史が示しており、アテナイのペリクレス[†30]のような人物や、ローマの貴族――彼らの没落を、グラックス兄弟[†31]その他の人びとは威嚇的な影響力によって農地法を提議することでくいとめようとしたが徒労に終わった――や、フィレンツェのメディチ家の例を見ればわかる。そうだとすれば、共和国という形態を保つために、厳格な財産権のうちのどれほどのものが犠牲にされなければならないかは重要な研究テーマであろう[†32]。フランスのサンキュロット派体制が財産の平等をさらに進めようとした理由をたんに略奪欲にしか求めないのは、おそらくその体制にたいして不当なことだった[†33]。

十六、イタリア

イタリアでは、政治的自由がドイツよりも純粋なかたちで、より美しい相貌で登場したが、ドイツよりもいくらか早く失われてしまった。ボローニャでは法学が詩学よりも早く生じ、この民族のもっとも優秀な人びとがあらゆる方面からそこに流れこみ、祖国で学識ある厳正な裁判官になることに満足を見いだした。というのも、彼らは裁判官の椅子に座っているときだけかろうじて理念のしもべ、法のしもべであり、そうでなければだれかのしもべにすぎなかったからである。

中部イタリアと北イタリアの平均的な歴史においては、人間と国家の結びつきがきわめて不完全で、そのきずながきわめてゆるかったことがわかる。この時点でのイタリア史は、ほんとうのところ一民族やいくつかの民族の歴史というよりもむしろ個人の集団の歴史である。絵画のうちにはどんな大集団も現われず、たとえ現われてもほんのつかのまであり、すぐにまた四散してしまうので、それについての一般的視点を見いだすのはきわめてむずかしい。それだけに個人の歴史はますます興味深い。というのも、彼らの個性は国家と体制の一般的な形式のもとで滅びさりはしなかったからである。人びとをひとつにまとめるのは通常、そのときどきの利害でしかない。永続的な利害を基礎としているような統一を見いだすことはめったにない。すべての争いは、社会の統一のためにそれぞれの権利を犠牲にはできなかった個々の一族や人間の権利にかんするものだった。都市に一緒に住

---

†29　本書五八九頁の†16を参照。

†30　ペリクレス（前四九五頃〜前四二九）は貧民に収入をもたらすなど、アテナイ内部の格差是正に努めた。プルタルコス『英雄伝』「ペリクレス」七、九、一四、一六（前掲訳書、柳沼重剛訳、第二巻、一三〜五、一七〜九、二八〜九、三〇〜二頁）を参照。

†31　ティベリウス・グラックス（前一六二〜一三二）とその弟ガイウス・グラックス（前一五四〜前一二一）。どちらも共和制ローマの政治家。農地所有の制限によって格差の是正を図ったが、兄は殺され、弟は自殺に追いこまれた。

†32　†28を参照。これは当時フランス共和国の体制にとって重要な問題になっていた。

†33　革命後のフランスで富裕層から財産が没収されたのは「強奪欲」のせいではなく、財産を再配分して平等を確立し、革命の成果を確かなものにするためだという声明が、当時いくども発表されていた。革命後も貧富の差が開いたままだったため、富裕層による旧体制への復古が起きはしないかと懸念されていた。

むということは、同じ法に服するというよりはむしろ、同じ壁の内側の同じ空間に一緒にいるということだった。官憲の力は弱かった。どのような理念もまだなんの力ももたなかった。平らな土地は、だれもがみずからの安全のために建てた無数の城館で覆いつくされていただけではない。さらに、都市の一族のどの館もいくつもの塔で防備を固められ、それらの一族がたがいに包囲しあっているところでは、別の方法で防備が固められた。正義の遂行とはある派閥が別の派閥に勝利することでしかなかった。

十七、公開処刑

公開処刑。モンテスキューは日本人に触れた折に次のようなコメントをしている。多くの公開の、しかも残酷な処刑がこの民族の性格を野蛮なものにし、この刑罰そのものばかりではなく犯罪にたいしても無関心にしてしまっているというのである。[†34] 犯罪にたいする驚愕と恐怖という、公開処罰について立法者や裁判官が念頭に置いていた目的とは正反対のものを生みだすこうした現象はどこから生じるのだろうか。死刑執行人による死とか、そのための恐ろしい施設とか、死の不安や、世間一般の軽蔑、多くの人にとってはいっそううっとうしいことだろうが、世間一般の同情などを、不快なものでも、不気味なものでも、身の毛のよだつようなものでもなくするのは、たんに習慣にすぎないのだろうか。習慣は無頓着な態度をもたらすにすぎない。ちょうど右がわに千人の戦士が、左がわに一万人の戦士が倒れていても、戦士なら無頓着でいられるようなものである。[†35] 処刑においてまず目に入ってくるのはいったいなんだろうか。その現象によって惹きおこされるのはどのような感情なのだろうか。

われわれの目をひくのは無防備な人間である。彼は拘束され、多くの武器に取りまかれ、恥ずべき刑吏の手下どもに取りおさえられ、連れだされて、聖職者の呼びかけと祈りにまったく無防備に服する。[†36] 罪人は今この瞬間の意識を麻痺させるために、聖職者の背に罵声を浴びせる。そのようにして彼は死ぬ。兵士が次々になぎ倒されても、目にも留まらぬ弾丸が命中してくずおれても、罪人の処刑が惹きおこすような感情はわれわれのうちに生じない。思うに、〔処刑という〕後者の最後の瞬間にわれわれが感じるのは、生きんがために身を守る権利が一人の人間から奪われているということだろう。われわれはたがいに戦って死ぬ人を気の毒に思うかもしれないが、そのばあいは、処刑とは違ってわれわれの感情を害するものはない。というのも、たがいに戦って死ぬ人はそれでもなお、生きんがために身を守るという自然権†37を行使したからである。それに彼は、他人も同じ権利を主張したから戦死したにすぎない。一人の無防備な人がそんな人を相手にするには大げさすぎるほど武装した人びとによって処刑されるのを見たときの腹立たしい感情が、観衆のもとで憤激に変わらないのは、彼らにとって法の宣告が神聖であるからにすぎない。しかし、こうした考えは目の前の光景によって生みだされる感情を完全に追いだすことはできない。たとえ死刑執行人が正義のしもべだとしても、そうした考えだけでは世間一般の感情を抑えつけることはできなかった。まさにそうした感情によって、全民衆の面前で冷徹に無防備の人を殺すことがで

†34 モンテスキュー『法の精神』第一部第一三章。「日本の法の無力」。「生まれつき死を軽んじ、きわめて下らない気まぐれのためにハラキリをやるのが好きな人たちを、処刑を絶えず見せつけることによって矯正したり、思いとどまらせることができようか。それに慣れっこにならないだろうか」(前掲訳書一〇一頁)。

†35 『詩篇』第九一章六〜七節。「暗黒の中を行く疫病も、真昼に襲う病魔も、あなたの傍らに一千の人、あなたの右に一万の人が倒れるときすら、あなたを襲うことはない」。

†36 ヨーハン・ヤーコプ・モーザー『浄福なる最後の時間　三一番目の人びとは死刑執行人の手にかかってこのように死んだ』(一七五三年)からの自由な要約。モーザー(一七〇一〜八五)はドイツの国法学者。

†37 ホッブズ『リヴァイアサン』第一部第一四章「第一、第二の自然法と契約について」の冒頭にこうある。「《自然権》とは、各人が自分自身の自然すなわち生命を維持するために、自分の力を自分が欲するように用いうるよう各人が持っている力である」(永井道雄・上田邦義訳、中公クラシックス、二〇〇九年、一七七頁)。

きる連中、かつては犯罪者が盲目的な機械だとか野蛮な獣と批判されていたのに、いまではそのようなものとしてみずからの任務を遂行しているこうした連中の仕事や立場に、破廉恥の烙印が押される。啓蒙された悟性は、民衆のこうした声とそれが根ざしている暗い感情が偏見でしかないと非難し、その感情を分析してみてもそこにどんな理性的な根拠も見いだせないと執拗にくり返しはするが、〔わざわざそんなことをするせいで〕死刑執行人はみずからの任務を遂行する国家と正義のしもべであるのに、彼をほかの官吏と対比する結果になり、もっと別の感情もありうるにもかかわらず、かえってあの暗い感情を排除できなくなるだろう。しかし、正しく思考する人ならそんな感情を惹きおこす仕事をその人間からつねに区別するすべを心得ており、別の仕事が望ましいとは思っても彼を公平にあつかうだろうし、たとえそうでなくても、ある民族の習俗や慣習が恥ずべきものだと信じながらも、だからといってみずからがかかわる個人を破廉恥漢とみなしたりはしないだろう。

　こうした職業の人びとにかんしてなされてきた顕著な発言は、彼らは概して物静かで、誠実で、たいてい敬虔な人びとであるというものだろう。仕事柄、犯罪にたいする刑罰をもっとも間近に体験するせいで、こうした結果になるのだろうか。あるいはむしろ、人びとが彼らの職業にたいして示す軽蔑からみずからの個性を救いたいという自己感情、人格の品位は職業への尊敬にも軽蔑にも左右されないという感情がそうした結果をもたらすのではないだろうか。

　ギリシア人のもとで公開処刑がおこなわれたかどうか、私は知らない。すくなくともソクラテスは牢獄で毒杯を飲んだし[†38]、エウリピデスのオレステスは死にかたをみずから選び[†39]、みずからおこなおうとした。こんにちだれかが死刑の公開を廃止しようと提案すれば、何千もの人びとの激しい反対に遭うだろう。刑罰の主要目的は他人にたいする見せしめなのだから、そんなことをすればそれが失われてしまうというのである。ギリシア人は刑罰のこうした目的など考えなかったようだし、彼らの立法者たちも、恐ろしい見せものによって感情と想像力に衝撃を与えて、内面的な道徳と法にたいする尊敬が実現できなかったものをそれによって埋めあわせることを、必要だとは考えなかったようである。残酷な公開処刑が必要だという主張が一般に証明するのは、立法者や裁判官が民衆の倫理的な感覚をほとんど信頼していないということでしかない。

〔公開処刑の廃止という〕提案にたいしては、死刑の執行が公開されなければ、良心のない裁判官の不正への歯止めがますますなくなるだろうという、同じように声高な反論がなされる。もしそうなれば暴政は、殺人をあえて公開でおこなうよう許可しているときよりも、いっそうはばかることなく秘密裏におこなうようになるだろうというのである（ヴェネツィアでは、処刑はすべて秘密裏におこなわれるのだろうか、それとも、国事犯だけなのだろうか）。こんなことを心配しなければならず、こんな抗議をもちだすような国民にたいしてはなにも言うことはないし、そもそもどんな国家であれ、国民のなかから選ばれていないような法廷がドアを閉ざしたまま同胞の生命の否定を宣告するようでは、そんな国家の臣民に望みうるのは、公衆の声が重要であるかのような幻影が守られるようにという程度のことでしかない。というのも、法廷が公開処刑をいわば正当化しうるのは、きちんとした根拠によって組みたてた判決を民衆の目の前で下すことによってだからである。しかし、市民が自分と同等な人びとによって裁かれる権利をもち、だれもが法廷を自由に傍聴できるような国家においては、こうした不愉快なものは廃止されるだろう。

十八、近代史における人間

ヒュームが近代の歴史家であることは、彼があつかっている史実の性格からすぐにわかる。[†40] 彼の歴史の対象は

---

†38　プラトン『パイドン』一一七A〜C参照。

†39　エウリピデス『オレステス』九四六〜九行、一〇二三〜一〇六八行、一一七〇行以下。

近代国家である。近代国家の国内関係は古代人においてと同じように法律的に規定されているだけではなく、そこでの〔法律を〕意識しない自由な生活によってよりもむしろ法という形式によって成りたってもいる。普遍性の意識であると同時にそれに対立する特殊性の意識でもある法律的なものは、たしかにさまざまな身分にその位置を割りあてはするが、人間を万人に魂を吹きこむひとつの理念にもとづいて全人的な存在としてあつかうことはない。目に見えないところで人間の能力と力をなしているのはたしかにこの理念だが、さしあたり意識されるのは、仕事のさまざまな段階や種類において命令したり服従したりしてともに行為している者にたいする彼らの外的な関係にすぎない。先頭に立っている人びと、史実がその行為の成果であると認められている人びとは、国家とその多様な関係のすべてを、みずからを超えた外がわにもっている。彼らにおいては国家は観念としてある。国家が彼らを規定している。彼らは国家にしたがって判断し、国家が自分の前を素通りしていくのに気づいても、それを甘んじて許す。だから、われわれが〔ある人の〕行為のうちに直接見てとるのは、その人の性格ではなく、むしろ彼の行為が従っている省察である。彼の行為の大部分は命令か服従である。国家がすでに観念として彼を規定するものになっているばかりではなく、だれもひとつの行為を完全にやりとげはしない。

ひとつの行為は、各行為者にはその一断片しか与えられず、全体はきわめて多くの部分に分散しているので、その所産の全体もきわめて多くの個別的な行為の結果である。所産は行為としてではなく、想定された結果としてもたらされる。この行為がひとつの全体であるという意識は行為者のだれにもない。歴史家は所産の全体をさまざまな成果において認め、彼の注意はこれらの成果を引きおこした先行のものに向けられる。行為者とみなされうるのは命令する者か、あるいは命令する者になんらかの仕方で影響力をもつ者だけである。ほかの人びとは決められたとおりにきちんと力を貸すだけである。すべてが整然としており、この秩序の力が支配しているので、たいていの人は機械の歯車として登場するにすぎない。生きているもの、つまり、そうした歯車の体制における変化は、わずかであり、緩慢であり、目立たない。ここではすべてが決定されているので、民衆は、シチリア人がテイモレオン[†41]を信奉したように、どんな偉大な人物も信奉できないし、その計画によって偉大な人物になったアルキビアデス[†42]やテミストクレス[†43]のように、当人にとっては個人的であっても全体としてあるような計画は、だれもつくりあげることはできない。むしろ、彼の行為はもはや一定の与えられた圏内でのふるまいでしかないのである。

十九、カトリック聖職者の声

カトリック聖職者の声はほとんどしわがれ声に近い。彼らは固有な身分をなし、変わった修道服を身にまとい、すべての人間と関係から隔離され、つねに内的な反応と自制の力を誇示しており、その声は胸から発せられるのではなく――たいていの人においても胸は沈みこんでいるものだが――、のどからかぼそく発せられるが、澄んではいない。プロテスタントの説教師は公共的生活にふさわしいもっと改まった声をもっている。カトリックの声が大声を振りしぼって説教しようとすると、それはひどい金切声になり、すすり泣くような叫びになってしま

---

†40　スコットランド出身の哲学者・歴史家ディヴット・ヒューム（一七一一〜七六）は『イングランド史　ユリウス・カエサルの侵攻から一六八八年の革命まで』全六巻を著した。

†41　ティモレオン（前四一一頃〜三三七）。古代ギリシアのコリントスの政治家、将軍。イタリアのシチリアに平和をもたらした。プルタルコス『英雄伝』「ティモレオン」（前掲訳書、第二巻二三六〜二八四頁）。

†42　アルキビアデス（前四五〇頃〜四〇四）。古代ギリシアのアテナイの政治家、軍人で民衆扇動家。ペロポネソス戦争でアテナイは彼のせいで敗北を喫した。プルタルコス『英雄伝』「アルキビアデス」一四以下、一七、二四〜七、三四以下（前掲訳書、第二巻一三〇頁以下、一三六〜八頁、一四九から一五七頁、一六五頁以下）。

†43　テミストクレス（前五二八頃〜四六二頃）。古代ギリシアのアテナイの政治家、軍人。ペルシア戦争でアテナイを勝利に導いた。プルタルコス『英雄伝』「テミストクレス」（前掲訳書、第一巻三二〇〜三七二頁）。

う。

二十、シラー『三十年戦史』[44]

五一九頁「だが、ヨハン・ゲオルクのその後の行動によって、皇帝にたいするみずからの有利な立場を利用し、スウェーデン王のたくらみを理にかなった実効性によって促進することを妨げた動機があらわになった」[45]。

この文の肝心かなめの箇所は「促進する」だが、この文の目的はそれと反対のことをほのめかすことにある。その反対のこととは「妨げた」ということばにある。これは全体の否定的な意味をもたらすはずだが、肝心かなめの箇所のおかげで、このことばはあくまでも肯定的な意味を表わしている。

五〇四頁「穏便な方法（つまり、プロテスタントからの改宗）が功を奏しなかったばあいには、迷える人びとを威嚇してふたたび教会という羊小屋に連れもどすといういかにも軍人らしい対策が取られた」[46]。

この補足の中心テーマは改宗のやりかたである。このやりかたが特徴的に、つまり穏便な方法と軍人らしい対策というふうに表現されている。ところで、その実行方法がここで述べられているこのテーマは、当然あらかじめすでに表現されているにちがいなく、かなり印象に残るものではあるが、それでもその表現はこの補足ではもう一度ほぼ完全な〔かたちを取り〕、しかも重要な半分を占めるにすぎない。さらなる半分の表現は背後に隠れている。この二つの事情によってこの表現は改宗のやりかたという中心テーマをはみだしており、強い印象を残す。

かろうじて〔改宗の〕やりかたへの関係を保っているのは「威嚇する」という表現だけであり、この表現は中心テーマをあらためて再現することによって欠点をいくらか改善している。

ここから二つ目の文はふたたび「福音を異端者たちに説教する」†47ということばで終わる。この文は歴史的なものをいくらかぬぐい去り、すでに十分に表現された中心テーマを読者にもう一度もたらす。

そして、次の文はもう一度、「その目標を貫徹する」†48ということばで終わる。

性格描写はすばらしい。これにかんしては、多くの特徴をここぞという重要な文章でひとつにまとめあげることがもっとも効果をあげている。しかし、シラーがそうしたやりかたを、多くの外的な事情から合成されているような状況の描写に利用するときには、そしてとくに、時間と空間における因果関係としてひとつの行為にまとまらないような事情からなる状況の描写のばあいには、これが悪しきパターンに堕してしまう。このばあい、一連の特徴はあまりにもばらばらで、あまりにも多様である。この一連の特徴がひとつになるのは、それらよりも優位にあるものとして、それらが関係していくような地点である。たとえば五〇一頁にはこうある。

---

†44 この前に、ローゼンクランツが次のようにコメントしている。「ヘーゲルはシラーの『三十年戦史』についてとりわけ批判的な作業を企てた。本書はまず『女性のための歴史カレンダー』に断片的に発表されたのち、一七九三年にその全体が印刷された。ヘーゲルはその批評にさいしてこの版にしたがって引用している」(『ヘーゲル伝』(五三〇～二頁)。

†45 シラー『三十年戦史』(渡辺格司訳、岩波文庫、一九四四年)第二部七二頁。

†46 同書六三頁。

†47 同書同頁。

†48 同書六一頁。

「敵の守備隊から彼に鞍替えした兵員たちに補強されたザクセンの将軍フォン・アルンハイムは、ラウジッツに進軍した。この地方にはザクセン選帝侯の敵側への鞍替えを懲らしめるために、皇帝の将軍ルドルフ・フォン・ティーフェンバハの軍勢があふれていたためである」[49]。

ここにはどれほど異質な事柄が集められていることだろうか！「鞍替えする」が「補強された」のもっと前に置かれるべきであった[50]。というのも、後者は副次的な事情にすぎないからである。次に、敵の守備隊がライプツィヒから鞍替えしたことがラウジッツへの行軍とそのまま並置され、この文の最後は選帝侯を皇帝の将軍によって懲らしめる話になっているが、しかし、これらはかなりはるかにかけ離れた事柄である。〔上述のような〕文法的な連関は悟性には向いていても、想像力には向いていない。それぞれの文章を関係代名詞を使わずに並置することこそが、一連の出来事にとって自然な真の連関である。ローマ人たちは歴史的文体においてはしばしば多くの文章を不定法で書いている。

五〇八頁「シュレージエンからの援軍が急遽接近中であることは機密事情ではなかったし、ザクセン軍の包囲攻撃のための装備はそれほど大きな都市を攻撃するにはあまりにも乏しく、数からいってもはるかに脆弱だったので、このように抵抗がなかったことは意外でもあれば不可解でもあって、それだけにますますアルンハイムの疑惑をかきたてた。〔彼は〕ある待ち伏せ場所を前にしたときには不安そうであった」[51]。

アルンハイムの疑惑が中心テーマであり、それはその疑惑の一連の理由によってさらに強調される。これらの理由とはアルンハイムの心のなかにある観念である。しかし、これらの観念は、それが列挙されると、われわれにとっては出来事と事情になってしまう。われわれはそれらの観念をアルンハイムの心のうちにのみ見てとることを忘れている。われわれがそれらに目を向けると、それによってアルンハイムの疑惑という中心テーマを見失ってしまう。したがって、この疑惑は背景に置いておかなければならなかったのである。こうして、一人の主人公の状況を叙述しようとすると、どれほどとりとめのない事柄も彼の思考の統一性のうちでは目的と手段として組みあわされることになる。〔だからこそ〕ギリシア人は物語りつづける。ひとは行為者の外的な行為を見るだけで、その行為を彼の観念としても彼の目的としても見ない。しかし、外的な行為は、その行為が目的どおりであったかどうかをいつでもかなりよく示しているものであり、そしてさらに重要なのは、目的が偉大であったかどうかということである。このことは行為の結果から認識されうる。目的が偉大でも行為の結果が卑小であれば、その人物は卑小な精神の持ち主である。

一連の文章を関係代名詞で組みあわせることは、それらの文章の秩序における自然な順序を狂わせるものであるが、そうしたことが起きるのは、ある面では〔シラーにおける〕関係不変化詞のぎこちなさのせいであり、またある面では絶対不変化詞などがないせいである。

---

†49 シラー『三十年戦史』第二部六一頁。

†50 ドイツ語原文では、「鞍替えする（übertreten）」が「補強された（verstärkt）」よりもあとにくる。

†51 『三十年戦史』第二部六七頁。

ドイツ体制批判

目　次

草稿　一〔通称「第一序論」〕

ドイツ帝国がフランスと交えなければならなかった壊滅的な戦争の政治的結末[†1]がドイツにとってはただこれだけだったなどということがあっていいものだろうか。このもっとも美しい領邦のいくつかと数百万の民を奪いとられ、それによって諸侯がこうむった損失を補償するために同じ仲間であった聖職者の等族[†2]（Stände）が廃止され、重い賠償金が戦争の悲惨を平時にまでもちこすだけだとは。

ドイツはもはや国家ではない[†3]

専制国家、つまりそもそも体制[†4]（Verfassung）というものをもたない国家を別にすれば、ドイツ帝国以上に、全体として、国家として、みじめな体制をもつ国はない。これはおおかたの人びとが確信するところとなっており、戦争によってだれもがこれ以上ないほどまざまざと実感するにいたっている。あるいはむしろ、ドイツがもはや国家でさえないということが、いまやますますあきらかになってしまった。講壇の統計学者たち[†5]は、国家体制を分類し、君主制、貴族制といったアリストテレスが挙げる区分にそれを当てはめることを職務としていたので、ドイツの法律をけっして正しくあつかえなかった。ヴォルテールはドイツの体制をまさに無政府状態と呼んだが[†6]、ドイツが〈ひとつの〉国家とみなされるなら、これは最良の命名である。だが、もはやだれもドイツを〈ひとつ

---

†1　いわゆる「フランス革命戦争」の一部をなすフランスとドイツの戦争の結果、カンポ・フォルミ条約（一七九七年）でドイツはライン川左岸を失った。

†2　ドイツ封建制下でさまざまな特権を享受した諸身分。租税承認権をもつ等族会議を主宰する。

†3　「草稿二」の小見出しは、ヘーゲル自身が欄外に書きこんだものである。

†4　Verfassung は普通「憲法」と訳されるが、フランツ・ローゼンツヴァイクによれば、Verfassung は「統治が従う規則（つまり憲法）と同時に、国民の社会的構成を意味した」（『ヘーゲルと国家』村岡晋一・橋本由美子訳、作品社、三二七頁）。レオ・シュトラウスもまた、それは「国の基本法のようなものではなく…統治形態に規定された共同体の生きかた」を意味したと述べている（塚崎智・石崎嘉彦訳『自然権と歴史』ちくま学芸文庫、一九〇～二頁）。そこでこの用語を「体制」と訳し、表題も「ドイツ体制批判」とした。

†5　ヘーゲルが考えているのは、現代のような統計学者ではなく、当時の国家学者や国法学者であろう。

の〉国家とはみなせないのだから、この命名もう適切ではない。

ドイツの国家体制という建物は過去数世紀の産物である。この建物は現代の生活によって支えられてはおらず、その諸形式には一千年以上に及ぶ運命の全体が刻みこまれている。とうの昔に過ぎさった時代とうの昔に死にたえた世代の正義と暴力、勇気と臆病、栄誉と流血、困窮と幸福がその諸形式には住みついている。いま生きている世代が誇りをもって展開し発揮している生活や能力は、それとはなんのかかわりもなければ、そんな建物になんの興味もなく、それらの形式からなんの糧も得ていない。建物はその柱石や唐草模様とともに、世界の時代精神から取り残されたままに立ちつくしている。

ドイツ的自由

ドイツは自由だという伝説は、おそらくほとんどの国が自由というものを知らなかった頃から今日にいたるまで語られている。というのも、当時のドイツにおいては、個人は普遍的なものに屈服せず、国家にも服従せずに自分一人で立ち、名誉も運命も自分しだいであり、自分一人の考えと性格のままに全力で世界に立ちむかって砕け散るか、そうでなければ自分の好きなように世界をつくり変えるかしていたからである。当時はまだ国家が存在せず、個人はその資質や慣習や宗教によって全体に属していたが、その活動と行為は全体によって制限されず、みずからに恐れも疑いも抱くことなく、思うがままに自分の生きかたを決めていた。法律ではなく慣習が集団を一民族にまとめあげ、普遍的な命令ではなく共通の利害が民族を国家として表現していたこの状態が、おそらくドイツ的自由と呼ばれたのだろう。この状態に生れついた息子たちをとてつもなく不幸で愚かだと言い、われわれのほうがはるかに人間的で幸福で利口だと思うのは臆病で弱腰だが、とはいえまた、まるでそうした状態だけが自然であるかのようにあこがれ、法律が支配している状態を必然的なものとしても、自由な状態としても尊重できないのは子供じみていて愚かしい。

ドイツの国法はドイツの私法である

各人がそれなりの資格をもって、あるいは偶然にわがものにした勢力範囲やかちとった所有（Besitz）といった、これらの移ろいやすいものは、時を経るにつれて徐々に固定したものになっていった。排他的な財産（Eigentum）[†7]が個人の欲求を完全にばらばらにしたために、概念がそれらの欲求を結びつけるものになり、応急的な法が支配しはじめた。あの所有物がしだいに確固たるものになると、多くの権利が生みだされたが、それらは統一も原理も欠き、体系というよりむしろ寄せ集めにしかなれなかった。それらの権利は一貫性がない混乱した雑多なものだったので、それらをできるだけ矛盾しないよう救いだし、あちこちでそれらに統一性をもたらすには最高の明敏さが必要だった。こうして国家という建物が生じ、各領主一族、各身分、各都市、ツンフト[†8]といったその個々の部分、つまり国家にたいして権利をもつものはすべてみずからの権利をかちとった。国家は、おのれの権力からもぎとられたものをいつもただ追認するしかなかった。公僕や公民としての個人の政治的権力や権利は全体の組織にしたがって算定される分け前ではないし、個々の身分や官職の義務もこれまた全体との関係で要求されるのではない。むしろ、ドイツにおいて統治体の個々の成員は、国家におけるおのれの権力にせよ権利と義務にせ

---

†6　ヴォルテールは多くの箇所でこうした発言をくり返している。ドイツの現状にたいする彼の見方としては、たとえば『諸国民の風俗と精神について』（『ヴォルテール著作集』第五巻、パリ、一七九二年）一五頁以下を参照。

†7　Besitz は「所有（物）」、Eigentum は「財産（権）」と訳しわける。「所有」が法律にさきだって自力でかちとられたものであるのにたいして、「財産」は所有が合法的な権利として認められたものである。のちの『法の哲学』でもこの区別は踏襲されている。本書五二二頁および五二三頁†26を参照。

†8　ドイツで一二世紀から一三世紀にかけて形成されはじめた手工業者の独占的な同職組合。

よ、おのれの一族や身分、あるいはツンフトによって〔ばらばらの〕個々人として受けとるしかなく、その身分やツンフトなどにしてもそれらをもっと昔にたまたま手に入れたにすぎない。したがって、ドイツの公法体系の諸原則は、たとえば君主制、貴族制、民主制の概念といった統一的な国法概念から生じたものではなく、むしろさまざまな現実をさまざまに物語るものでしかない。というのも、所有のほうが法律にさきだっており、所有が法律に由来するどころか、自力で勝ちとられたものが法律上の権利にされたからである。したがって、根本的な法的根拠からすれば、ドイツの国法はそもそも私法であり、政治的権利はひとつの合法的な所有物であり、つまりは財産である。

私人Aが家屋aを、私人Bが庭bなどを相続や購入や贈与によって手に入れたのと同じやりかたで、ある身分の成員またはある官職Aは六人の農民を所有し、Bは六百人の農民を所有している。私人Cがちょっとした家財と、多くの穀物畑と、さらにぶどう山も所有しているのと同じようなやりかたで、身分Cまたは官職Cは五世帯についての上級および下級の裁判権と百の村への十分の一税徴税権を所有している。役職Dは二千人の市民への課税権の一部とドイツ全体の宣戦や講和に発言権をもち、別の役職にある人物は百万人への課税権の一部をもちながら、ドイツ全体の宣戦や講和に発言する権利はまったくもたない。執行、立法、司法、聖職、行政それぞれの権力がきわめて不規則に調合され、区分され、結合され、きわめて不平等な配分で混ぜあわされ分割されている。それはちょうど、私人としての国民の財産権とまったく同様の多様さである。両者の法的根拠は同一である。

さて、国家権力に参加する権利のどれもが厳格このうえなく規定され、関連するすべての形式的手順が冗長このうえない議論の対象になってきた国家以上によく組織されているように見える国家があるだろうか。こうした政治的な財産権を小心翼々とじつに細々と配慮するあまりに、ありとあらゆるものを、たとえば、着席や行進や称号の呼びかけなどの順番のように、じつに些末に見えることまでも、はてしない驚くべき正確さで配慮し、どんな権利も守ろうとするような国家以上によく組織されているように見える国家があるだろうか。〔こうした国家において〕そのような権利の範囲はすべての項目にわたって厳格に契約などで決まっており、帝国議会の講和締結も、領主一族間の契約も、皇帝選挙契約†9や帝国裁判所の命令なども、各身分や地位の政治的な財産権を厳密に決定している。

こうした側面からすれば、ドイツ帝国は自然の国と同じく大きさにおいて無尽蔵であり、底知れず細分化されている。諸権利の果てしない細部を知りつくした人びとの心を、ドイツという統治体のおごそかさへの賛美と驚嘆で満たすのも、こうした側面にほかならない。

個人が国家権力の取り分を自分一人のために獲得すれば、その分だけこの普遍的なものの権力は奪われてしまう。国家権力を私物化しようとするこの努力は、国家を解体し、国家をひとつの権力としては壊滅させることにほかならない。これでは、普遍的なもののこの権力、つまり君主（皇帝）と等族会議（帝国議会）には、主権という不可欠の性質がほとんど残らない。国家の本質からすればひとつの中心点の管理下に置かれて（君主と等族という）最高権力において統一されなければならない権力、つまり軍事力、外交関係、これらに関係する財政部門といったすべてのものが〔現在のドイツでは〕合法的な最高権力のもとにはない。各部分が全体にあずかるだけでなく、それぞれが独立して国家権力から独立すればするほど、そうした独立性が権利として各部分に保証される。しかも、全体から独立したこれらの部分は、承認されている限界も超えてますますみずからに引きこもろうと日々努めている。全体から自立するという個々の等族が獲得した権利は神聖不可侵の権利であり、いわゆる国家の建物全体はこの権利の維持のうえに建っている。ドイツ国家という建物は、〔その部分が〕国家から奪いとった権利、それ以上ないほどのきちょうめんさと小心翼々たる配慮によって握りしめられている権利の総体にほかな

†9　皇帝が選挙にさきだって選挙侯と取りかわす契約。一五一九年にカール五世のもとではじめて締結され、それ以後皇帝はこの契約に制約されることになった。

らない。こうした正義こそが、〔ドイツの〕体制の原理であり魂なのである。国家の概念と本質にもとづくどんな判断も《以下、原稿欠落》

草稿　二〔通称「第二序論」〕

実生活にたいする二つの態度

未知のものを無意識のままに探しもとめる人びとにとって、彼らに〔現実に〕与えられ許されてもいれば彼らがわがものともした生活との矛盾はますます大きくなりつつあるが、おのれのうちにとどまりながらおのれ本来のありかたを理念にまで高めた人びとのほうは実生活に憧れを抱いており、いまやこの両者はたがいに歩み寄ろうとする努力をうちに秘めている。みずからを拘束しているものとみずからが求めている未知のものを知りたいという前者の人びととの欲求は、みずからの理念から実生活に踏みだしたいという後者の人びととの欲求と重なりあうものをもっているのである。後者の人びとは一人では生きていけない。人間は、たとえおのれ本来のありかたをまのあたりに描きだし、その自画像を道づれとし、そこにみずからを見いだして楽しんでいても、あいかわらずひとりぼっちである。彼はそこに描かれたものを生きているものとしても見いださなければならない。時代によって内面の世界に追いやられた人の境遇は次のいずれかでしかありえない。彼が内面の世界に踏みとどまろうとすれば永遠の死にほかならず、彼本来のものが彼を実生活へと駆りたてるなら、世界のうちにおのれを見いだし、享受し、生きていけるように、現存する世界の否定的なものを廃棄しようと努力するしかない。彼の苦悩は制限の意識と結びついており、その制限のせいで、彼はおのれに許されているがままの生活を軽蔑し苦悩を望む。これにたいして、〔前者の〕人間の苦悩には、運命への反省もなければ意志もない。なぜなら彼は否定的なものを尊重し、制限を合法的で権力的な存在というかたちにおいて捉え、克服できないものとみなすだけで、みずからのさまざまな制約とそれらの矛盾を絶対のものとみなし、そうした制限や矛盾が彼の衝動を損なうばあいでさえ、それらのために自分や他人を犠牲にするからである。

おのれ本来のありかたにとっては否定的だが意志にとっては実定的[†10]なものの廃棄は、〔革命のように〕ひとが運命にたいしてみずから加える暴力によっても、〔外国との戦争のように〕運命が外からこうむる暴力によっても実現しない。どちらのばあいも運命はもとのままであり、制約や制限は暴力によって生活から取りのぞかれない。外からの暴力は特殊に対立する特殊であり、財産の略奪であり、新たな苦悩である。拘束されていた者は〔解放されたと錯覚して〕熱狂するが、それは彼自身にとって恐るべき瞬間である。というのも、彼はこの瞬間にわれを忘れるが、気がつけば制約は忘れられていただけで根絶されていないからである。

本来のありかたと現在の生活の矛盾の感情は、それが取りさられればよいのにという欲求になる。そしてそれが取りさられるのは、現在の生活がその力とすべての尊厳を失い、まったく否定的なものになってしまったときである。

現代の困窮

現代のあらゆる現象は、昔の生活ではもはや満足できないことを示している。昔の生活は、おのれの財産の秩序正しい支配だけに執着し、まったく従順な小世界を見つめ享受しながらも、この偏狭なありかたを和らげようと自己を否定して観念のなかで天国に昇っていった。〔しかし、そうこうするうちに〕一方で時代の困窮によってあの財産は浸食され、他方で時代のぜいたくな贈り物によってあの偏狭なありかたは放棄されて、どちらのばあいも人間が主人となり、現実を支配する人間の力が最高のものとなった。この不毛な悟性的生活のもとでは、一

---

†10　「実定的」の意味については、本書三〇七頁の†1を参照。

方でおのれの財産や物品の絶対視をやましく思う気持ちが大きくなり、それにともなって他方では人間の苦悩も大きくなる。そこで現代においては、よりよい生活を求める気持ちが生まれつつあり、そうした生活への熱望は、偉大な性格をもつ個人の行動や民族全体の動き、詩人による本来のありかたや運命の描写を糧として育ってゆく。形而上学によってあの制約には境界と、全体の連関における必然性とが与えられる。かつて力あるものとみなされた制限された生活が、よりよい生活によって敵視され力づくで攻撃されうるのは、このよりよい生活も力あるものとなり、恐るべき暴力をもつからこそである。〔たしかに、現在の生活に対置される〕あの本来のありかたなるものは現実の生活においては特殊に対立する特殊としてあり、劣悪な生活への唯一の攻撃ないし反駁にはなりうるが、こうした反駁は意図的な活動の対象ではありえない。むしろ、制限されたものはそれ自身のうちに含まれるおのれの真理によって攻撃され、この真理との矛盾に追いこまれうる。制限されたものが支配力をもちうるのは、特殊にたいする特殊の暴力ではなく、普遍性のおかげであり、〔ここには矛盾があるからこそ〕そうした真理、制限されたものがみずからに要求するこの権利は、制限されたものから剝奪され、必要とされている生活の部分に与えられなければならない。普遍性や権利のこうした尊厳は、あの栄誉をまとった現在の生活と自分の衝動との矛盾に苦悩する者が、おずおずと良心に抗いながらも要求しているものにほかならない。というのも、本来のありかたを否定する実定的なものである現に存在しているものからは、権利が存在すべきだというその真理が失われているからである。

ドイツ帝国の現状

ドイツ帝国においては、いっさいの権利の源泉としての権力ある普遍性が消滅している。なぜなら、この普遍性は孤立して特殊なものになっているからである。したがって普遍性はかろうじて観念として存在するだけで、もはや現実としては存在しない。世論が明確にであれあいまいにであれ、〔帝国への〕信頼の喪失によって決定したことについては、それをもっとはっきりと自覚できるように広く周知させる必要はほとんどない。現行のすべての権利はたしかに全体とのこうしたつながりによって正当化されるが、このつながりがもはやとっくの昔になくなっているのだから、そうした権利はすべて特殊なものになっているのである。

さて、〔ここではふたつの可能性が考えられる。〕まず一方では、現に存在するものも認めるような真理から出発することが可能である。そのばあい、国家全体に含まれる部分概念は、観念的には普遍的なものと理解され、それらの普遍性が――じっさいには特殊性なのだが――が特殊性と並置される。これらの部分的な統一は特殊な統一であることがあきらかになれば、それらがそうであろうと欲し、それら自身のためにだけ要求されているものと、それらが現にそうであるものとの矛盾は一目瞭然である。

他方では《以下、原稿欠落》

ドイツ体制批判　清書稿

序論

ドイツはもはや国家ではない

ドイツはもはや国家ではない。昔の国法学者たちは、ドイツの国法を論ずるにあたって学問の理念を念頭に置いていたのでドイツの体制の概念をはっきりさせようとしたが、その概念について意見の一致を見るにいたらず、とうとう最近の国法学者はそれを見いだすことはあきらめ、国法をもはや学問としてではなく、理性的な理念には適合することなく経験的な仕方で存在するものの記述として論じており、ドイツ国家には帝国とか統治体という名目以上のものを与えるわけにはいかないと思うまでになっている。ドイツの体制がどんな概念に属するかについてはもはやどんな議論もなされないが、概念的に理解されえないものはもはや存在しない。それでもドイツが国家だというのであれば、国家が解体しているこうした現状は、外国の国法学者〔ヴォルテール〕とともに無政府状態と呼ぶしかないだろう。[†11] ところが、じっさいのところ〔ドイツでは〕これらの解体した諸部分がそれはそれでまたひとつの国家をなしており、いまなお存在するきずなではなくむしろかつてのきずなの記憶のおかげで、これらの部分が統一されているかに見えるにすぎない。それはちょうど、落ちた実が樹冠の下に転がっていることからかつてこの樹に実っていたことがかろうじてわかるようなものである。とはいえ、これらの実は、樹の下にあるからといって、また樹影が落ちているからといって、腐敗から救いだされることもなければ、自分たちがいまやその一部となっている諸元素の威力から救いだされることもない。

国家の健康は、一般に平和の安定よりも戦争の動乱においてあきらかになる。[†12] 平和とは人びとが享楽に耽りばらばらに活動している状態であり、〔そのばあいの〕統治とは、その支配下にある人にあたりまえのことしか要求しない賢明な家父長のようなものである。だが、戦争においては、〔国家の〕全体とその成員全員の連携の力があらわになり、その連携が全員からどれだけ多くを要求できる仕組みになっているか、その連携のために全員が全身全霊でなしうるものがどれほど役立つかがあらわになる。こうしてドイツは、フランス共和国との戦争において、自分がもはや国家ではないことを身に沁みて経験し、戦争そのものにおいても、戦争を終結させた講和においても、おのれの政治的現状を自覚するようになった。[†13] この講和の具体的な結末は、ドイツのもっとも美しい領邦のいくつかと数百万もの住民の喪失であり、北部よりも南部に重くのしかかって戦争の悲惨を平時にまでもちこしている賠償金であり、さらには征服者と同時に外国の法律と風習にも支配された人びとだけでなく、多くの国までもが国の独立という最高の財産を失うだろうということである。

---

†11　本書六〇九頁と六一一頁の†6を参照。
†12　本書五二〇頁以下を参照。
†13　これについては本書六〇九頁の†1を参照。

存在しているものの理解

だが、こうした結末の内的な原因である精神がどのようなものであり、この結末がそのような精神の外面的かつ必然的な現われでしかないのはどうしてかをじっくり考えるには平時のほうが向いている。そもそもこうした考察は、起きていることに没入せずむしろ出来事とその必然性を認識する人、そうした認識によって、自分ならもっと利口に首尾よくなしとげただろうといううぬぼれのせいで起きたことのすべてに恣意と偶然しか見ないような連中とは一線を画する人ならだれにとってもふさわしい。こうした認識が大多数の人にとって重要なのは、そうした認識やそこから帰結する個々の事物についての悟性的判断を〔楽しむことができる〕からにすぎず、将来こんなことが起きたときどうすればもっとうまく行動できるかを経験から学ぶためではない。というのも、〔戦争のような〕こうした大事件においてそれを指導できるような立場で行動する人はほんのわずかであり、それ以外の人はその必然性を理解し見ぬくことによって事態に貢献すべきだからである。失敗を経験すれば、内面的な弱さと無思慮を抜けだせるはずだが、失敗を犯した当人はこの経験から学ぶどころか、それを犯す癖を強めるばかりである。むしろ失敗を思い知り、その洞察によって失敗を生かすことができるのは部外者である。部外者は、もともとそうするだけの能力があり、そのための外的な状況〔戦時ではなく平時という状況〕に恵まれれば、この二点によって一私人には考えもつかないような洞察をもつことになる。私が本書の含む思想を公表するにあたって目的とし成果ともしているのは、存在しているものを理解するとともに、もっと冷静に凝視し、現実に接するときもことばを介して知るときも出来事をおだやかに辛抱強く見守るような態度を促進することにほかならない。

というのも、われわれを憤慨させたり苦しめたりするのは、存在しているものではなく、それがあるべきとおりに存在していないということだからである。だが、存在しているものはそうでなければならないとおりに存在していることを、つまりは恣意や偶然にしたがって存在しているのではないということを認識すれば、われわれはそれがそのようにあるべきだということも認識することになる。だが、そもそも人間にとって、必然性を認識し思考しようと努める習慣を身につけることはむずかしい。というのも、人間は出来事とその自由な把握のあいだに多くの概念や目的を差しはさみ、起こっていることが概念や目的に従うべきだと要求するからである。疑いなくたいていはそうはならないのだが、そうなると彼らはみずからの概念を自画自賛して、そこでは必然性が支配しているが、起こっていることを支配しているのは偶然だけであるかのように尊大にふるまう。なぜなら彼らは、概念だけでなくものの見方も偏狭であり、ものごとを個々ばらばらな出来事として捉えるだけで、ひとつの精神に統制された出来事の体系としては捉えないからである。さらにまた彼らは、その出来事によって苦しんでも、あるいは、出来事が自分の概念と矛盾するのに気づいただけでも、起こったことを厳しく責めることによって自分の概念の正しさを主張することに唯一のなぐさめを見いだす始末である。

ドイツ人がこうした悪習に染まったのは、なによりもまず時代のなりゆきのせいであろう。彼らは自分たちの要求とそのとおりに進まない事態とのあいだに永遠の矛盾があるので、まるであら探し屋のように見えるばかりか、自分たちの概念にしたがって語るときには嘘つきで不誠実であるように思える。なぜなら、彼らは自分たちの権利と義務の概念は必然的なものだと言っているくせに、なにひとつその必然性のとおりに起こったためしがなく、このために彼ら自身も一方ではことばと行為がいつも矛盾していようと平気であり、他方ではさまざまな出来事から、じっさいとはまったく別のものをでっちあげ、出来事の説明をなんらかの概念にしたがって歪曲しても平然としているからである。

だが、ドイツであたりまえに起こることを、起こるべきものの概念つまり国法にしたがって知ろうとするような人がいるとすれば、それは思いちがいもはなはだしい。というのも、国家の解体があきらかになるのは、なによりもまずすべてが法とは異なる仕方で進行するばあいだからである。同様にまた、法律の取る〔外面的な〕形式[†14]

---

†14　ズーアカンプ版にしたがって、Farbe ではなく、Form と読む。

がじつはこの解体の根拠であり原因である〔したがって、そうした形式を超えた概念こそが真なるものである〕ように思えるにしても、彼はやはり思いちがいをしていることになろう。というのも、ドイツ人がなにものもあるがままに認めず、なにごとにつけ事象の力にじっさいに含まれているとおりのものとはみなさない不誠実な人間に見えるのも、ほかでもなく彼らが抱いている概念のせいだからである。彼らはみずからの概念である権利や法律にはあくまで忠実だが、一連の出来事はそれと一致しないのがつねであるために、それで得をする立場にある人は、概念の威力をもつことばで両者を一致させようと努力する。ところが、ほかの諸概念を包含する〔もっとも上位の〕概念は、そもそもドイツはいまなお国家だというものである。それはかつて国家だったし、生気を与えるものは失われているとはいえ〔国家の〕諸形式はまだ存在しているからというのが、その理由である。

ドイツ国家体制の崩壊

ドイツ国家体制と呼ばれるこの団体組織がかつて形成されたのは、この団体においてそのあともいまも営まれているのとはまったく異なる生活においてであった。過ぎさった時代の正義と暴力、英知と勇気、とうの昔に死にたえた世代と、それとともに滅んだ慣習や社会関係の栄光と流血、幸福と困窮が、この団体の諸形式に現われている。しかし、時代の経過とそれにつれて発展した教養は、あの時代の運命と現代の生活を切り離してしまった。あの運命が宿っていた建物は、現代の運命によってはもはや支えられておらず、その運命の利害と活動にはなんの関与も必然性もなしに立ちつくし、世界の精神から孤立したまま活動している。これらの法律はかつての生活を失ってしまったので、今日の生活のほうも法というかたちでみずからを表現できずにいる。それぞれの生活はわが道を行き、自分のためだけに生き、その結果、全体は崩壊してしまった。国家はもはや存在しない。

第一章　国家の概念

財産の共同防衛と防衛軍

ひとつの人間集団が国家を名のれるのは、その財産全体を共同で防衛するために結束しているばあいだけである。このばあいこの結束がたんに防衛しようと意図するだけでなく、その実力や成否がどうであれじっさいに武装して防衛に当たっているということは、本来ならあたりまえだがやはり注意しておく必要がある。というのも、ドイツが法律とことばのうえでは共同防衛のために団結していることは、だれも否定できないだろうからである。だが、そのさいわれわれは一方の法律とことばの立場と、他方の実際の行為や現実は別々だなどとは言えないし、ドイツは実際の行為と現実においてはそうでなくとも、法律とことばのうえでは共同で防衛に当たっているとも言えない。というのも、財産と国家的な結束によるその防衛は、あくまで現実の問題であって、およそ国家というものが、ほかのことはいざ知らず、防衛を頭で考えているだけなどということはありえないからである。計画や理論というものは実現可能だとされるかぎりで現実性を主張し、じっさいそのとおりであろうとなかろうとその価値は変わらない。これにたいして、国家の理論が国家と体制〔の理論〕たりうるのは、それが現実的であるばあいだけである。ドイツの体制の諸形式は生命を欠き、その理論は現実性を欠いているにもかかわらず、ドイツは国家であり体制だと申したてるなら、うそをつくことになろう。そうかといって、ドイツが現実の共同防衛を口先だけで約束するなら、ドイツはもはや能力はないのにあいかわらず意欲だけはある老人の衰弱に、あるいは約束を守らない不誠実に陥っていると言うしかないだろう。

ある集団がひとつの国家を形成するには、共同の防衛軍と国家権力を整えていなければならない。ここからどんな特殊な統合の働きや側面が生まれ、どのような特殊な体制になろうと、集団が〈ひとつの〉権力を形成しさえすれば、あとはどうでもよい。この特殊なありかたに属するものは、そもそもきわめて多様な仕方でありうるし、特定の国家そのものにおいても、この点はまったく不規則で不釣り合いでありうる。そこでわれわれは、考察にあたって次の二つのもの、つまり、ある集団が国家であり共同の権力であるために不可欠であるものと、この権力の特殊な様態でしかないものを区別しなければならない。後者は必然の領域には属さず、概念からすれば多少はまっとうな領域にあるとはいえ、現実からすれば偶然と恣意の領域のものだからである。この区別は、国家の安定、統治の安全、国民の自由にとってきわめて重要な側面をもつ。というのも、普遍的な国家権力がみずからに不可欠なものしか個人に要求せず、その政策をこの不可欠なものの確保だけにかぎるなら、それ以外では市民の生きいきした自由と自主的な意志を認め、この意志にも大きな活動の余地を残せるからである。ひとつの必然的な中心点である政府に集中している国家権力のほうも、みずからが不可欠なものとして要求し、全体にとって欠かせないことがだれにでも納得できるものについては、外野をとり巻く個人から妬みの目で見られることがそれだけ少なくなり、危機に瀕することもない。不可欠なものとどちらかと言えばどうでもよいものが〔両方とも〕国家権力の中心点にゆだねられ、政府によって同じように厳格に要求されるなら、市民もまた同じように両者をごちゃまぜにしてしまうだろうし、市民がどちらにたいしても不寛容になったときには、国家はその不可欠な側面から危機に陥ることになろう。

国家権力にとって本質的ではない事柄

国家権力の全体が最高の統一点にどのような仕方で存在するかは、国家の現実のうち偶然に属する部分だとみなされなければならない。権力者が一人か複数か、その一人または複数の者が尊厳ある地位に就くのは生まれによってか選挙によってかといったことは、集団がひとつの国家を形成するという唯一の必然事にとってはどうでもよい。普遍的な国家権力に服従する個々人のあいだで市民的権利が平等か不平等かということも、これまたどうでもよい。この市民としての境遇の不平等にもまして、天賦の才や精神力の不平等はさらに強力な格差をもたらすが、これはもとより問題外である。ひとつの国家にはその臣民として、農奴、市民、自由貴族、みずからも臣民をかかえた諸侯がおり、特殊な政治的構成員としてのこれらの特殊な諸身分の関係そのものもすっきりしたものではなく無限なヴァリエーションがあるが、それもまた一集団が国家権力を形成するのを妨げるものではない。これはちょうど、地理的に特殊な位置にあるその構成部分が、国内法にそれぞれ違った仕方でかかわる行政区画をなしていても差しつかえないのと同じである。

市民法と司法

本来の市民法〔民法〕や司法についていえば、法律や訴訟手続きが同じだろうと、度量衡や貨幣が同じだろうとヨーロッパがひとつの国家になるわけではないように、それが不統一だからといって一国の統一が失われるわけではない。財産にかんする個人間の法的関係の細かい規定は国家権力としての国家には無関係であり、国家権力はおのれ自身と財産との関係だけ定めればよいということは、たしかに国家の概念には含まれていないが、ヨーロッパのほぼすべての国の実例がわれわれに教えるところである。これられっきとした国のなかでも最強の国でさえまったく一貫性のない法律しかもっていないからである。革命前のフランスにはきわめて多様な法律があったために、多くの州で通用していたローマ法以外にも、そのほかの州ではブルグンド法やブルターニュ法などが支配しており、ほとんどの州、それればかりかほとんどの都市ごとに特殊な慣習法があり、あるフランスの著者〔ヴォルテール〕はいみじくも「フランスを旅する者は駅馬を替えるのと同じだけ法律を替える」と語っているほどである。

法律がどんな特殊な権力によって制定されるのか、さまざまな身分や市民全般がどのような比率でそれにかかわるのかという事情は国家概念には無関係であるし、同様にまた、司法のそれぞれの審級においてその構成員が世襲か、最高権力によって決まるのか、市民の自由な信頼にもとづいて決まるのか、あるいは法廷そのものにゆだねられるのか、特定の法廷の管轄区域がどれくらいの範囲か、その範囲は偶然によって決まっているのか、国家の全体に共通の最高審級は存在するかなど、法廷にまつわる性格もやはりそうである。

行政一般と税制

行政一般の形式もやはり国家からは独立しており、これも不ぞろいでかまわない。さらにまた、市参事会の諸施設、都市や諸身分の権利など、これらすべての事情は国家にとって相対的な重要性しかもたず、国家の真の本質にとってそれらの組織の形式はどうでもよい。

さまざまな階級の税が実質的な価値から見て不平等であるばかりか、理念上の側面、つまり税の義務と権利、およびそれらの源泉も、すべてのヨーロッパ諸国において不平等である。富の不平等のせいで国家支出への分担金に不平等が生じても国家には差しさわりがなく、むしろ近代国家はそうした不平等にもとづいている。貴族、聖職者、市民、農民といったさまざまな身分の貢献度の不平等も国家には影響しない。彼らの貢献度が違う理由は、特権と呼ばれるものをすべて度外視すれば、まさに身分の違いにある。なぜなら、そうした比率は、その一部が税として納付されるものの本質的な側面、つまり、算定不可能でありそれ自体が不平等な労働という側面ではなく、生産物という側面によってしか決められないからである。

一国家のなかでも地理的な位置が異なれば税負担も異なるのか、税はどのような変化と下部組織をくぐりぬけるのか、同じ耕地にたいして都市は土地税を、私人は地代を、修道院は十分の一税を課し、貴族は狩猟権を、地域共同体は放牧権をもち、あらゆる種類のさまざまな身分と団体は税にたいして独自にかかわるのかといった偶然の事柄も、国家権力の概念の埒外にとどまる。中心点としての国家権力にとって不可欠なのは一定量〔の税〕だけで、たとえ税が不平等に徴収されていようと、その出所はどうでもよい。そもそも税をめぐるどんな事情もすべて国家には無関係である。それでも国家はきわめて強力でありうる。それは、昔の封建制のように緊急時には封建家臣が国家への奉仕に必要なものをすべてまとめて自前で調達し、それ以外については国家が直轄領に収入源をもっているか、あるいは、支出の全般を直轄領からの収入でまかないうると想定されるばあいである。だが後者のばあいでも、財政としての国家――近代において国家は財政でなければならない[†15]――が徴税の中心点になることはけっしてなく、むしろ国家が税として徴収するものは、税の大半の根本的なありかたからすれば、国家にたいしては私人であるほかの人びとの特殊な権利と同じ基盤にある。

慣習、教養、言語

現代においては慣習や教養や言語によってその成員のあいだに生まれる結びつきはゆるやかでしかないか、どんな結びつきにもならないだろう。これらのものの同一性は、かつては民族（Volk）の結束の支柱だったが、いまでは偶然のものとみなされ、そうした事情はある集団がひとつの国家権力を形成する妨げにはならない。〔たしかに〕ロシア帝国のように領域内で多くの言語が話されているようでは、ローマやアテナイ、さらに近代の小国はすべて存立しえないだろうし、ロシア帝国のように市民のあいだで慣習が違ったり、慣習と教養が大きな行政区の主要都市ごとに違ったりするだけでも、やはりそうだろう。ことばや方言が違えば〔市民は分断され〕、とくに方言が引き起こす分断は、まったくことばが通じないばあい以上にいらだたしいものとなるし、身分ごとに慣

†15　本書六三八頁以下を参照。

習や教養が違えば人間はほとんど外見によってしか人間とは認められなくなる。しかし、こうした異質で強力きわまりない要素であっても、巨大化したローマ帝国では権力の圧倒的な重圧によって克服し掌握できたように、近代国家においても国家組織の精神と技術によってそれが可能である。そのために教養や慣習の不均等は、必然的な産物であるばかりではなく、近代国家が存立するための必然的な条件ともなっている。

国家と宗教

宗教は人間のもっとも内面的なありようが語りだされるものであり、それ以外の外面的で雑多なものはどうでもよくても、人間は宗教という確固とした中心点においてたがいを認識し、それによってはじめて、そのほかの不平等で不安定な関係や状況を乗りこえてたがいを信頼しあい、信用しあえるのだから、すくなくとも宗教のうちには同一性があるべきだとされるが、こうしたこともまた近代国家には不要であることがあきらかになっている。かつてはヨーロッパの寒冷地域においてさえ、宗教の統一はいつも国家の根本条件だった。それ以外のことはまったく関知されず、この第一の一体感がなければそれ以外のどんな一体感も信頼もありえないと見られていた。ときには、この〔宗教的な〕紐帯そのものがきわめて強力になったため、それまでは国民として敵対していた疎遠な諸民族をたちまち〈ひとつの〉国家に変貌させることもめずらしくなかった。この国家は、キリスト教の聖なる共同体となり、そのために利害を一致させ力を結集する同盟となっただけでなく、同時に〈ひとつの〉世俗権力、国家ともなり、〔十字軍として〕東方の国と戦ううちに〈ひとつの〉民族、〈ひとつの〉軍隊として、おのれの永遠の生活と世俗的生活が営まれる祖国を圧倒するほどであった。

〔だが、十字軍遠征を別にすれば〕それ以前も以後も、民族が異なれば宗教が同じでも戦争の防止にはならず、民族を〈ひとつの〉国家に結束させることもなかったが、現代においては宗教の違いが国家を引き裂くことはない。国家権力は純粋な国法として宗教権力とその法〔教会法〕から独立し、自分だけで十分にやっていけるので教会を必要とせず、教会をもともとローマ国家から絶縁していたときの状況に戻した。

国家権力の中心点とは

現代において一連の国家論が、かたや自称哲学者や人権の教師によって提唱され、かたやとてつもない政治的実験〔フランス革命〕によって実行されているが、たしかにそれによれば（言語、教養、慣習、宗教のような最重要事項は例外として）われわれが国家権力の必然的概念から排除したそれ以外のすべてが最高の国家権力の直接的な活動にゆだねられ、すべては国家権力によって決定され、すべての側面が末端にいたるまで国家権力に掌握されることになっている。[†16] 民族の国内事情だとか昔ながらの気ままさや偶然で決まった組織だとかにおける上述のような側面については最高の国家権力が最高の監督権限をもたなければならないし、それらの側面が国家の主要な活動を妨げてはならず、むしろその活動こそなにものからも守られるべきであって、そのためには〔国家の〕下位組織の権利や特権を優遇してはならないというのは当然である。だが、昔のヨーロッパ諸国の偉大な長所は、国家権力がみずから必要とするものについてもその運営についても盤石だったので、司法や行政の個々の点——ある面ではそこで必要な公務員の任用、またある面では通常業務の処理や法律と慣例の運用——については市民の自主的な活動に自由な余地を残していた点にある。〔もちろん、〕現代の国家の規模では、自由民はだれでも一般的な国務について協議と決定に参加すべきだという理想はとうてい実現できない。国家権力は統治を遂行するためにも、それにかんする決議を下すためにも、ひとつの中心点に集中しなければならない。〔だが、〕この中心点が民衆の畏敬によってそれ自体で安定し、自然法則のままに生まれによって決まる不変なる君主の人格において神聖視されれば、国家権力は社会で生じる諸関係の大部分と法律によるそれらの維持を、下位の組織や団体に

†16　こうした国家論としては、ルソー『社会契約論』やフィヒテ『自然法の基礎』などが考えられる。

恐れも嫉妬も抱かずに自由にゆだねられるし、それぞれの身分、都市、村、地域共同体などは、みずからの領分に属するものをみずからおこない遂行する自由を享受できる。これについての法律が慣習そのものからそのまま、神聖なしきたりとなって少しずつかたちを取ったように、下級裁判権をもつ諸施設やそこでの市民の諸権利、都市行政や税——一方では一般税、他方では都市そのものの需要のために不可欠の税——の徴収の権利、後者の税の合法的な運用やこれらに属するすべてのものも自主的な要求から統合されて独自に生じ、成立したときからおのれを管理してもきた。

教会施設のあの煩雑きわまりない組織も最高の国家権力によってつくられたのではなく、〔聖職者の〕身分全体は程度の差こそあれ、自立的に管理され補充されている。また、〔イギリスのような〕大国では毎年、貧民のために莫大な金額が使われ、そのための広範囲にわたる諸施設が全国のいたるところに行きわたっているが、これらは国家が命じなければならない税金でまかなわれるのではなく、その施設の全体も国家の命令で維持運営されるのではない。そのために必要な多大の財産や収入は個人の寄金や贈与にもとづいており、施設の全体もその管理運営も最高の国家権力に依存しない。同様にまた、国内の社会制度の大部分は、市民の自由な行為によってそのつど特定の必要な範囲におうじて形成され、その存続と活力は、最高の国家権力の嫉妬心にも不安感にも妨げられない自由によって維持されている。ただしそのさい、政府は一方ではそうした施設や制度を保護するが、他方でその一部の過剰な成長がほかの不可欠な部分を圧迫しそうなときにはそれを制限する。

機械としての国家と市民の自由

ところが、〔フランス革命において〕その一部が実践に移された新たな〔国家〕理論には、国家とはただひとつのばねが残りすべての無数の歯車装置に運動を伝達するような機械だという根本的な先入見がある。社会というものに本質的にともなうすべての施設はすべて最高の国家権力に由来し、それによって統制され、命令され、監視され、指導されるべきだというのである。[†17] 細かいことをなにからなにまで決めたがる杓子定規な根性、ひとつの身分や職業団体などの自主的な活動や管理に嫉妬するこせこせした態度、国家権力に〔じかに〕かかわるのではなく一般的な関係しかないような市民の自主的行動にいちいち難癖をつけるこうした卑しさが、理性的原則の衣をまとわされる。それによれば、人口が二、三千万の国で貧民層のために費やされる公的支出は、あらかじめ最高統治機関によって許可されるだけでなく、命令され、検査され、監視されていなければ、びた一文たりとも支払われない。教育のことを配慮して村の学校長を任命するのも、村の学校の窓ガラスのためにはした金を支出するのも、この最高統治機関の直接的な発動であり成果であるべきであり、村役場の部屋のガラス〔のための支出〕や、村の門番や廷吏、村の裁判員一人ひとりの任命も同様であるとされる。全国どこでも、ひとくちの食べものであっても、それを産する土地から口に入るまでは、国家と法律と政府によって検査され、計量され、訂正され、命令されるような一連の系統で統制されるべきである。

ここでくわしく説明する余裕はないが、国家権力の中心点である政府は、国内外における安定のために必要な権力を組織し維持するという使命に必要でないことは市民の自由にゆだねなければならず、そうしたものごとにおける市民の自由な行動を、利益のあるなしにかかわりなく容認し保護することは、政府にとってなにより神聖

†17 「機械としての国家」は、一八世紀には常套的な表現であった。たとえば「たしかにわれわれは、われわれの体制という時計のひとつのばねでしかない」(フリードリヒ・カール・フォン・モーザー『愛国書簡』フランクフルト、一七六七年、五四頁)。「国家を特定の目的を目指すべき人工的な、きわめて複雑な機械としてあつかうのが、国家論を論じるもっとも有益なやりかたである」(アウグスト・ルートヴィヒ・シュレッツァー『一般的国法と国家体制論』ゲッチンゲン、一七九三年、三頁以下)。「すべての国家学者が言うように、整然と組織された国家はすべて機械でなければならないのだから…」(ヨハン・ゴットフリート・ヘルダー『人類史の哲学の構想』第二巻、リガとライプツィヒ、一七八五年、二〇四頁)。本書九五頁、二六四頁および二六五頁†2も参照。

なことでなければならない。というのも、こうした自由はそれ自体で神聖だからである。

とはいえ、こと利益にかんして言えば（市民が自分たちの問題を特殊な団体によって自主的に管理し、みずから司法を担い、それに必要になる公職にみずからを任命することにどんな利点があるか評価しろとおっしゃるなら）、ここでは三つの評価の観点がある。第一の評価は、そうした市民のおかげで最高の国家権力が手にするお金というわかりやすい事柄に注目する。第二は、〈国家という〉ひとつの機械において、すべてを同一の歩調で、もっとも利口な計算ともっとも賢明な目的にしたがって進める悟性と卓越性なるものに注目する。そして第三は、みずからがたずさわる部門が最高の国家権力にとって偶然的でしかなくても、市民が普遍的な問題に自発的に参加することによって生じる活力と満ち足りた精神と自由な自尊心に注目する。

第一に挙げたわかりやすい事柄〈お金〉にかんして言えば、普遍的な機械じかけを原理とする国家は、細かな問題の大部分を市民の権利と自主的行動にゆだねるような国家よりも自分のほうが優れていると無邪気にも思いこんでいる。だが一般に言っておかなければならないのは、前者のような国家はそもそも重税を課さなければ優位に立てないということである。というのも、この国家は行政や司法などのあらゆる部門を引きうけるので、同時にその費用もすべて国家にのしかかってくるからである。全体が普遍的な階層秩序にしたがって設立されているので、費用も定期的な税によって支えられなければならない。

これにたいして、国家が司法や教育費や貧民層支援のための寄付といった偶然で個別的な事柄にしかかかわらない施設に必要なものを、費用も含めて、その施設に利害や関心をもつ個人にゆだねれば、その費用は税のかたちを取らずにまかなわれる。このばあいには、裁判官や弁護士や教育者を必要とする者、あるいは、みずから進んで貧民のことを憂慮する者だけがお金を払うのであって、税は発生しない。自分が必要としない裁判官、弁護士、教育者、聖職者のためにだれも身銭を切ることはない。

また、法廷や都市行政や職業団体業務を担当する下級官吏職がその成員自身から選出されれば、選出された者はそれによって名誉という見返りを得られる。ところが、同じ職に就く者が国家のために奉仕すべきだというのであれば、ここにはそうした内面的な名誉が欠けているので国家に報酬を要求せずにはおれない。

この二つの事例は〔機械じかけの国家とは〕違った結果を生む。たしかに第一の事例では国民はいま以上に金を払うことになるという異論があるかもしれないが、そんな異論は考慮に値しない。第一の事例では、だれも自分に不要なもの、つまり普遍的ではない国家の要求に金を払わなくてすむ点に違いがあり、第二の事例では、万人にとって現実的な経費節減が果たされる点に違いがある。第一の事例では、国民が〔国家によって〕理性的に必然性にしたがってあつかわれていると感じ、第二の事例では、信頼と自由をもってあつかわれていると感じることになり、いずれにせよ機械じかけの国家とは異なる。〔機械じかけの国家についての〕第二の評価と第三の評価の仕方に違いが出てくるのは、とくにこうした事情によっている。高貴な目的にささげられてはいるが、機械じかけのきわめて悟性的な階層秩序は、なにごとにつけ市民を信頼しないので、市民からの信頼も期待できない。

こうした秩序は、みずからが命令し遂行したのではない成果はひとつも信用せず、したがって〔市民の〕自発的な寄与や献身を排除し、臣民にたいしては、彼らは無思慮だという確信や、個人の幸福に役立つものを判断し実行する能力などないし、総じて恥知らずだという信念をあらわにする。そのために、〔彼らが国家に貢献するような〕生きいきした活動も、自尊心にもとづく支持も望みようがない。

ここには、はっきりした数字で評価できるものしか眼中にない政治家には捉えきれないほど大きな違いがある。その違いはさしあたって、一方の国家では住民は裕福で幸福であり、堅実で満足しているが、他方の国〔の住民〕は愚かであり、卑屈から厚顔無恥への転化を未来永劫くり返し、貧乏であるという点に現われる。〔さらに戦争のような〕ここ一番という重大事にあっても、外面的には出来事の偶然的側面しかないようなところで、ほかでもないこの偶然事を決定的で必然的なものにしてしまう。国家権力がみずからの頼みにできるものをことごとく掌握しており、しかしまさにだからこそ、それ以上はなにも頼みにできないような仕組みになっているか、それともみずからが掌握しているもの以外にも、国民の自由な忠誠と自尊心と自主的な努力（つまり、あの階層秩序のもとでは追いはらわれてしまい、最高の国家権力ができるかぎり市民を配慮するところにしか生きられないような全能の不屈の精神）を頼みにできるかという違いは計りしれない。（フランス共和国がそうなったように）すべてが上意下達で統制され、普遍的な側面をもつものはなにごとであれ、それに利害関係のある当事者の国民に管理と実行をゆだねないような近代国家において、どれほど無味乾燥な生活が生みだされるかは、この調子で杓子定規な支配が続くかぎり、将来になってようやくわかるだろう。だが、同じように統制されたもうひとつの国家であるプロイセンにおいてどんな生活と不毛さが支配しているかは、この国の村に一歩でも足を踏みいれた人、この国に学問芸術の天才がまったく出ないのを見る人、この国の強みを考察するにあたって、一人の孤独な天才〔フリードリヒ大王〕が一時的にこの国を押しあげることができたはかない活況を度外視する人なら、だれの目にもあきらかである。

こうしてわれわれは、一国家において、国家権力に掌握されそれによって直接に決定されなければならない必然的なものと、一国民の社会的な結束においてはたしかに必然的だが国家権力そのものにとっては偶然的なものを区別するだけではなく、下位の普遍的行動については国家が多くの自由裁量を認めているような国民を幸福とみなすとともに、その国民のもっと自由で細部にとらわれない精神によって支えられうるような国家権力をきわめて強力だとみなす。

したがって、法律、司法、課税、徴税などや、言語、慣習、教養、宗教がひとつの中心点によって統制され統治されるべきだという窮屈な要求はドイツでは満たされるどころか、それらについてはじつにさまざまな多様さが認められるとはいえ、これはドイツが一国家を構成する妨げにはならないだろう。それが国家権力とは別の仕方で組織される…なら《以下、原稿欠落》

第二章　ドイツ体制の現状と課題[†18]

一　ドイツ帝国軍

ドイツ帝国軍の実態

《原稿欠落》〔ドイツ帝国軍が話題になると、〕みんなの顔が輝き、分相応に冗談を言いたい気分が一挙に目覚める。だれもが一席ぶってやろうと、この軍隊についてのさまざまなエピソードの詰まった袋に手を突っこむ。ドイツ国民はきまじめで、こっけいなことは苦手だとみなされているが、ひとは帝国の戦争のあの茶番を忘れている。これらの戦争は、外見はどう見ても真剣そのものだが、じつは内心では面白半分になされているからである。帝国軍の組織は、それがどんな帰結をもたらそうとなにひとつ態度を改めなかったが、ドイツの不幸と恥辱をもたらしたのはこの組織だという感情が人びとにあったために、それをからかいたがる一般の気分は萎えてしまった。この軍隊がいくらか役立ったのも、最近の戦争[†19]でたとえば食料補給のような軍にかんする法律や体制に背く多く

†18　訳者による便宜上のタイトルであって、章番号を含めて原文にはない。

のことがなされたからでしかない。

ドイツ諸邦と帝国軍

帝国軍の現状を示すこれらすべての実態にもまして不都合なのは、そもそもそれがひとつの軍としてまとまっていないことである。そしてこの点に、独立した国家に解体したドイツの姿がもっとも明白に見てとれる。基本法の理論上では帝国軍は恐るべき軍隊のはずだが、実践というドイツ国法のこの強力な原理はまったく別のことを示している。とてつもない数のドイツ兵を戦場でいやというほど見さえすれば、彼らが帝国軍としてドイツ防衛のためではなく、ドイツの内臓をずたずたに引き裂くために駆けずりまわっていることは自明である。いわゆるドイツの体制なるものは、こうした戦争を防げないばかりか、むしろそれを正当化し合法化してしまう。ドイツの軍隊は、ドイツ防衛のために動員されれば、なおさら取るに足らないものになる。というのも、ブランデンブルク、ザクセン、ハノーファー、バイエルン、ヘッセンは〔小国の〕五倍の規模の派兵をおこない、それぞれがすでに軍隊をなしており、統一されればひとつの恐るべき軍隊となり、そこに統合された小規模の派兵の不手際などはかき消されてしまうほどなので、彼らはドイツの法律とはまったく別のものに従うことになり、彼らのドイツ防衛への協力は、外国勢力からの協力と同じく、まるで当てにならない偶然的なものだからである。

たしかに〔皇帝のおひざ元である〕オーストリアが大規模な派兵をするばあいには、いま述べたことが当てはまらない。皇帝はほかの諸王国の君主も兼ねており、義務によって派遣された軍勢が弱くて信頼できないので、等族としての義務をはるかに上まわる派兵をおこない、ドイツが外国勢力の尽力と援護を享受できるようにしなければならないからである。しかし、それ以外の大規模な派兵にさいして、帝国は派兵が法律どおりの兵力であることも、そもそも派兵がなされることも当てにできず、たとえ派兵をおこなった等族でも、戦争のさなか、それももっとも危険なときに帝国の敵と勝手に中立条約や和平条約を結び、味方の等族が攻撃されても、あいつが弱いのだから仕方がないと優勢な敵に踏みにじられるのを見殺しにしないともかぎらない。帝国の法は、外国勢力と同盟を結び、他国とドイツのどちらかを選択する権利を等族に認めているが、それはその同盟が皇帝と帝国にたいする義務に抵触しないかぎりでという条項の制約が付いている。それにもかかわらず、この条項はじっさいには、法の原則としてはうやむやにされ、そればかりか削除されてさえいる。こうして実際の行動だけでなく、帝国等族議会の議決までもが、等族が帝国以外とのさまざまなしがらみのせいで帝国への派遣軍の編成や戦争への分担金の支払いに参加できないとさえ結論しかねないありさまである。

このように有力な等族が〔帝国の〕共同防衛への参加をやめれば、そのほかの〔弱小の〕等族はお手あげの状態に陥って、彼らも窮地や危険から身を守らなければならなくなるが、しかしそれによって全体にたいする義務もおろそかにせざるをえない。そんなときに、〔帝国の〕保護を頼りにし、それに寄与するように彼らに要求するのはまったく不自然というものだろう。そんな保護がなんの保護にもならないのはだれもが知るところであり、しかも、それは〔帝国以外と〕同盟を結ぶ権利によって法のうえでも権利のうえでも拒絶されている。こんな状況では、弱小の等族が敵と友好関係にある有力な等族仲間の保護下に入り、それによって共同の権力全体のあたま数が減るのは避けられなくなる。こうして次に、有力な等族はみずからの労力を省くだけでなく、この無為の見返りに敵からも利益を引きだすことによって得をし、そして最後に、〔兵を出すことになっても、〕むりやり保護下に置いた弱小の等族の分担分だけ〔自前の派兵の〕全体のあたま数を減らせるし、保護下の人びとからは、保護してやった見返りにこれまた利益を引きだせるので、やはり得をする。

事実またいくつかの大規模な派遣軍がじっさいに召集されても、それらの関係が不安定で共同歩調が取れるかどうかわからないため、力を合わせることができない。こうした軍隊には、作戦計画の遂行に必須である〔指揮

†19　フランス革命戦争におけるドイツ諸邦とフランスの戦争。

官の〕自由な采配はない。出兵計画のみならず個々の作戦でさえ、実行には命令ではなく交渉が必要である。ほかの国家の状況下では通常、危険な先陣争いや起用されないことへの不満が起こるものだが、〔ドイツでは〕一部の等族の派遣軍だけが酷使されるのにほかの派遣軍は厚遇され、権利の平等がそこなわれるのではないかという計算づくの懸念が生じることさえありえないことではない。異なる軍隊はたがいを異なる国民とみなして嫉妬しあっている。もっとも危機的な瞬間に退却してしまうかもしれず、これらすべての状況からすれば、数や軍事的内実からしても堂々たる帝国軍がそれにふさわしい軍功をまったく挙げられなくても当然である。ドイツの軍事的な非力は、臆病のせいでも、軍事的な無能のせいでも、近代においては勇敢さとともに勝利には欠かせない技能にかんする無知のせいでもない。帝国の派遣軍は、折にふれて勇気と軍事的献身を最大限発揮し、ドイツ人と祖先のいにしえの武勲にひけをとらないことを証明している。そうだとすれば、個々人や個々の軍隊の尽力や献身が徒労に終わるのも、最善の努力を払ってもあらゆる成果と帰結がだいなしになり、まるで海に種をまき岩を耕そうとする農民同然になってしまうように呪われているのも、まさに全体の配置と全般的な解体のせいなのである。ドイツの国家権力は財政についても軍事力と同様の状態にある。財政は、ヨーロッパ諸国が程度の差こそあれ封建制から遠ざかって以来、権力の本質的な部分となり、最高の国家権力が直接に掌握しなければならないものなのである。

二　財政

財政制度の二つの極端な形態

財政制度の両極端のうちの一方によれば、どんな支出——ごくありふれた村の裁判官や廷吏やさらに下位の公職や、公的だがひとつの村に限定された需要のために必要な支出——も、どんな種類の収入も、まずは税金として最高の国家権力に吸いあげられてから、あらためて国家支出として公務の末端のすみずみに還流する。そのさいそれは、法律、通達、決算、官吏といったありとあらゆる仲介項をくぐりぬけるが、これらの組織はいかなる点でも最高の権限ではない。それにたいして、財政〔制度〕をもたないドイツは他方の極端をなす。もっとも公平でもっとも無駄がなく、ある身分をほかの身分よりも圧迫しないような税金や国債や国庫貸付金とはどのようなものかは国家の大きなテーマであり問題であって、（こうした事柄やそのほかの〔財政上の〕事柄については、ほかの国なら最高の知能が頭をしぼる必要があるし、ことを誤ればもっともおそろしい結果になるが）ドイツにはそんな心配はいらない。もともと国家は公金の支出にいちいち余計な介入はしないからである。むしろ、村や都市や、都市の同業組合などはそれぞれ自分たちにだけ関係する財政問題を自分たちで――国家から全般的な監督は受けるが命令はされずに――処理する。また、ドイツには国家権力そのものにかかわるような財政制度も存在しない。ドイツの正規の財政はもともと、帝国最高裁判所を維持するために等族から収められる帝国国庫税にかぎられる。したがって財政はきわめて単純であって、その管理のためにピット[†20]のような人物は必要ない。もうひとつの帝国最高裁判所〔帝国宮廷裁判所[†21]〕の経常費はもともと皇帝の負担である。皇室の直轄領を競売にかけることでこの裁判所のための資金を調達しはじめたのは近年になってからである。このように財政制度は帝国国庫税ひとつだけなのに、その納入状況の悪さにはしばしば苦情が寄せられる。ドイツの体制の特徴を捉えるために注

---

†20　ウィリアム・ピット（一七五九～一八〇六）。二四歳でイギリス首相になり、財政再建に貢献した。

†21　一五世紀末に当時の神聖ローマ皇帝マクシミリアン一世は、帝国議会に押されるかたちで帝国最高裁判所を設置し、さらにそれに対抗するものとして皇帝直属の帝国宮廷裁判所を設置した。こうして神聖ローマ帝国には二種類の最高裁判所が存在することになる。木村靖二（編集）『ドイツ史（新版 世界各国史）』（山川出版社、二〇〇一年）を参照。本書六五七頁以下も参照。

目すべきは、何年も前に増額が可決されたこの税をブランデンブルクが支払わない理由である。つまり、国家の必要におうじて全員が分担するような問題において多数派の声が個々人にたいして拘束力をもつかどうかは疑わしいから、というのである。だが、こうしたことが疑わしいのなら、国家を成りたたせる唯一の要件である国家権力に結びついた国家の統一はなくなってしまうだろう。

軍事財政と等族

封建制の原則によれば、派遣軍は等族自身によってまかなわれ、必要物資もすべて支給される。さきにすでに注意しておいたように[†22]、最近の戦争での緊急の需要がきっかけでいくつかの等族が後者の権利の行使を放棄し、帝国元首と共同で私的な契約を結んで糧秣を補給するという有利な打開策を取るようになり、弱小の等族も今回はみずから兵を出陣させる権利を行使せず、強大な等族と話をつけて、自分たち弱小等族の義務である派遣軍の配備を肩代わりしてもらうようにした。ここには、〔封建制にあっては〕等族が配慮しなければならなかった派遣軍の配備やその必需品の供給が〔帝国元首という〕共同の中心点への金納に変わり、〔等族の〕義務を中心点が肩代わりして手配するきざしが見られ、個々ばらばらで、いわば個人頼みだった業務が軍事および財政制度をそなえた真の国家制度へと移行しようとしていた。軍事も財政も元首に委譲されていればようやく国家の概念が実現したのだろうが、こうした事態はすべて一方では弱小の等族にかかわるだけであり、他方では一時的な偶然の事柄だったことは周知のとおりである。

出兵では満たせないような近代戦の側面のためにローマ月税[†23]という名目で拠出されることになっている費用について言えば、これもまた派遣軍と同様の状態にある。ドイツ帝国の戦争作戦資金の概算書によれば、入金されたのは決議された金額のおよそ半分しかない。ラシュタット会議[†24]の開催にさきだつ戦争の最後の数か月、資金の現金残高の公示によればその総額は三〇〇グルデンまたは四〇〇グルデンだった[†25]。他国では帝国元首の軍資金の残高は公表されず、それが少額のばあいはなおさらそうなのにたいして、ドイツ帝国では、このように公表されても、帝国の作戦にたいする敵国がわの作戦行動や和平交渉にはとくになんの影響もない。多数派の議決が少数派になんの拘束力ももたず、多数派によってローマ月税の課税が議決されても、他国と条約を結んでいれば課税されなくてすむという原則がここでは支配しているが、これは軍事力にかんする等族の義務に当てはまるのと同じ原則である。†26

帝国財政と等族

昔は財政にかんして、帝国関税、帝国都市への課税といったかたちを取るある種の国家権力が存在していたが、当時は国家の理念にも普遍的なものの概念にもまったく縁遠い時代だったので、これらの収入は皇帝の完全な私

†22　本書六三五頁参照。

†23　新たに即位した神聖ローマ皇帝が法皇による戴冠を受けるためにローマに赴く「ローマ月間」に、各国領主は護衛の義務を負っていた。この護衛の義務がのちに軍事目的の税金の負担に置きかえられたのが「ローマ月税」である。

†24　第二次ラシュタット会議。一七九七年から一七九九年にかけて開催された神聖ローマ帝国とフランスのあいだの交渉のための会議。

†25　一七七〇年のケーニヒスベルクの左官・大工・現場監督の夏の日給は一グルデン一〇グロシェン、冬の日給は一グルデン六グロシェン。職人は夏の日給が一グルデン六グロシェン、冬の日給が一グルデン。加藤尚武ほか編『ヘーゲル事典』(弘文堂、一九九二年)六九六〜七頁の「一八世紀後半から一九世紀前半における通貨の購買力」を参照。また、一七九九年にヘーゲルが父から相続した遺産は、三一五四グルデンだった。

†26　本書六三六頁参照。

有財産とみなされた。それでもまったく不可解なことに、皇帝はそうした収入を売却することもできれば、等族がそれを買いとったり、抵当にしたりすることもできた――もっとも、結局はそれは抵当流れになってしまうのだが。同様にして、直接の国家権力も買いとられたり抵当にとられたりした。国家をなす民族の野蛮さの特徴として、これ以上あからさまなものは見られない。

もっとも、ドイツのための財政〔制度〕を創設しようという欲求が時おりは生じ、ひとつの国家としての帝国のために財源の基礎を築こうという提案がなされた[†27]ことは否定できない。だが同時に、等族には分担金を醵出する法律を定めてこうした財政力を実現する気はあるはずもなかった――その気があれば、ひとつの国家にふさわしい制度らしきものはできていただろう――ので、そうであれば、国家のための恒常的な資金を見いだしながらも、等族に負担をかけずけっして拘束しないというこの二つのことが統一されなければならなかったはずである[†28]。しかし、負担を負わされたり拘束されたりしてはならないという等族の事情が最優先であったために、〔帝国の〕全体については真剣味よりもあだな願望があるだけだった。この種の願望が抱かれるときは、願望の対象などうでもよいという内に秘めた本当の気持ち――すくなくとも、そんなものに金を出すものかという固い決意――が、ことさら愛国者を装うふるまいや顔つきの背後に隠れているものである。したがって、よりによって帝国が財政制度に忙殺されているまさにそのとき、名誉ある帝国市民の会合で、ある人物がドイツ帝国によかれと思って、「ドイツに金の山がひとつ現われたら、そこからドゥカーテン金貨を鋳造し、どれもまっさきに支払いに当てられて帝国のためには使われず、すぐ水のように消えればよいのに」という願望を述べようものなら、この願望の主が、いまだかつてない最大のドイツ愛国者とみなされるのは疑いない。なぜなら、名誉ある帝国市民たちは、そんなことを望んでも帝国の金庫にはびた一文入らないと思いいたる前に、そうなればなんの支出もせずにすむという感情をまっさきに抱くだろうからである。じっさいにそこに思いいたれば、彼らはそのことばとは裏腹に自分たちの望みがそのものずばり語られていることに気づくであろう。

それはさておき、昔の帝国議会はこうした資金が必要になると、そんな観念的で空想的でしかない財源ではなく、現実に存在する領邦という正真正銘の実在に帝国国事の出費の支払いを命じながら、どの身分も犠牲を払わずにすむようにしていた。それはちょうど、猟師たちが空想上の熊ではなく〔これから仕留める〕現実の熊を酒代の支払いに当てようと決めているようなものである。何百年か前にひとつの法律が制定されて、外国の手に落ちたすべての領邦はドイツ帝国がそれを奪還したあかつきには帝国の資金の調達に当てるということになった。そのためドイツ帝国は、それらを奪還する機会があった戦争においても、ますます多くを失って帝国の資金源を拡大するよう、つねに抜かりなく手はずを整えた。そうだとすれば、〔今回の敗戦による〕ライン左岸の喪失も、もっと慰めになるような側面から、つまりは帝国財政の財源を基礎づけるかもしれないひとつの方途と見られなければならない。当時としては熟慮のたまものだったこうした考えかたはいまなお健在である（いまでもドイツの国法学者に財政上の不幸な欠陥を語っても、彼はドイツ帝国の体制のあの側面の完璧さをいま述べたような仕方であらためてもちだすのは確実である）。こうして、そんな希望にかんして楽天的なドイツ人の気質は、ヨーロッパとドイツの政治的現状にもかかわらず、この考えかたに希望を寄せていられるのではあるが、現代では国家の本質をなす権力の一種である財政力を、いまわれわれが論じている現在においてドイツがほんとうにもっているかどうかを検討すれば、あの考えかたはやはり頼りにはならない。

かつては、対外戦争ではなく反乱を起こして追放された等族にたいする戦争において、別の等族が国家に代わって出費したときには、この費用全般を負担し後者の等族の労に報いるための特殊なやりかたがあった。くわしく言えば、追放宣告やそのほかの帝国裁判所の決定がじっさいに遂行されるときには――いつも遂行されるとは

†27　大全集版では dass 節に nicht があるが、ズーアカンプ版にしたがい削除して読む。
†28　原文で接続法第二式の müsste を直説法過去の musste と読む。

かぎらないが——、費用は敗北した党派、つまり法的にのみならず戦争においても敗北したがわに課せられた。〔とはいえ、〕七年戦争[29]で帝国の〔追放命令の〕執行を担った軍隊はその苦労に見あうどんな補償も受けなかった。執行費用のそうした調達方法は、かつては追放宣告をときたま実行するには有力な刺激だった。というのも、執行するがわは、それ以上の権利がなくても、またさほど細かな配慮をしなくても、執行を受けるがわの土地を受けとったからである。たとえば、〔このようにして〕スイス人はかつて〔スイス領内にあった〕ハプスブルク家の領地の大部分を、バイエルンはドナウヴェルトを手に入れた。

軍事力の解体と財政の欠落によって国家権力を形成できなかった集団は、外敵からおのれの独立を守る能力がない。そんな集団はみずからが一挙にではないにせよ、しだいに没落していくのをどうしてもまのあたりにせざるをえないし、戦時にはあらゆる略奪と荒廃にさらされざるをえない。この集団は、必然的に敵にたいしても味方にたいしても必要な戦費を負担しなければならず、地方を外国勢力に奪われるしかない。個々の成員にたいする国家権力は破壊され、臣下にたいする元首の権威は失墜するので、この集団に残されるものは複数の主権国家〔の乱立〕でしかなくなる。これらの国家は主権国家としてたがいに力と狡知のままにかかわりあい、強大な国家は拡大し、弱小な国家は併呑されるが、比較的有力な国家も結局は〔フランスのような〕大勢力の前ではこれまた無力である。

三　領土

帝国の領土喪失

ドイツ帝国が何世紀もの歩みのうちで失ってきた領邦は、長々とした悲しみの目録を織りなしている。一方で、国法学者は、そもそも国家権力の体制や組織の法律が水泡に帰してしまい、論ずべきことがほとんど、あるいはまったくないために、空虚で無意味になってしまった記号を、かつて存在したものや既得権の象徴として書き記すことにしがみつかざるをえないが、他方でこの既得権には、没落した貴族がいまは亡き先祖の最後の遺品を、これだけは残ったと感きわまってみずからを慰める光景がつきものである。この慰めは、いつまでも安全でだれにも邪魔されないのがとりえである。先祖の最後の遺品である肖像画は、彼らの騎士領の現在の所有者に抗議する力をもたないし、ドイツ帝国の国法に定められた既得権も、ドイツ帝国から抗議されはしないかという心配を〔外国の〕大臣にいまだかつて抱かせたためしはない。貴族と国法学者はどちらも安心して無邪気で人畜無害な楽しみに耽っていられるのである。

国法学者はいまだにハンガリー、ポーランド、プロイセン、ナポリなどへの神聖ローマ・ドイツ帝国の既得権[†30]を整理することに興じているが、そうした権利が政治的には重要でないということも言っておく必要がある。そうした権利はドイツ帝国そのものよりも、むしろキリスト教世界の首長にして世界の主人であるローマ皇帝のものであり、ローマ皇帝とゲルマニアの王は、称号の示すとおり本質的には別のものであった。そしてドイツ帝国は、〔ローマ〕皇帝の支配権に数えられたものを主張し、地理的な位置からも民族の個性からも別々のものである領邦のこんな不自然な統一を主張しようという関心も意志も、さらにのちには力ももちようがなかった。ましてや、ドイツ帝国はその欠くことができない部分であった領邦でさえ維持する意志も能力もなかったのだから、なおさらである。

〔北イタリアの〕ロンバルディア王国とのつながりの名残りは、最近までまだいくらか残っていたが、この王国を本来のドイツ帝国の本質的な部分とみなすことはできない。この国は独立の王国だったし、この国の一部がもっ

---

†29　一七五六年から六三年まで、シュレージエンの領有をめぐってオーストリアとプロイセンのあいだで起きた戦争。
†30　一五一二年以来、神聖ローマ帝国の正式名称は「ドイツ国民の神聖ローマ帝国」であった。

ていたドイツ帝国等族の資格もとっくの昔に効力を失っていただけに、なおのことそうである。

二種類の領土喪失

だが、ドイツ帝国に本質的に属し、帝国等族の資格をもち行使している領邦についていえば、帝国はほとんどの戦争のたびに、そのいくつかを失う結果に終わった。

厳密に言えば、この喪失には二種類ある。つまり、ドイツ諸領邦が正式に外国の支配に服し、帝国にたいするいっさいの権利と義務から完全に解放されるばあいだけでなく、きわめて多くの領邦が皇帝や帝国とこれまでどおりすべての法的な関係も外見上の関係も保っていながら、その領主が帝国の成員になった、あるいは成員であったと同時に独立国の君主であるばあいも、国家にとっては喪失とみなされなければならない。こうした事態は、見たところなんら喪失ではなく、すべては昔どおりだが、国家の連帯はその根柢から掘り崩されている。なぜなら、それによってこの領邦は国家権力から独立してしまっているからである。

あまり昔にはさかのぼらず、〔一六四八年の〕ヴェストファーレン講和条約以降、ドイツの無力さとその必然的な運命が外国勢力との関係でどのように現われてきたかを簡単に概観するだけにしよう。当然ながらここで話題にできるのは、講和条約締結のさいにドイツが失った領邦のことだけである。というのも、戦争による損害はどう見積もっても計りしれないからである。

ヴェストファーレン講和条約がもたらしたもの

ヴェストファーレン講和条約[†31]においては、統一ネーデルランドとドイツ帝国のいっさいのつながりだけでなく、スイスとのつながりもまた失われた。スイスの独立はじっさいにはもうずっと以前になしとげられていたが、いまやそれが正式に承認された。これは所有物の喪失ではなく既得権の喪失であり、それ自体としてはどうということもないが、ドイツ帝国にとっては重大である。この帝国は、なんの現実性もないもろもろの既得権や権利といった空想の産物を現実の所有物よりも高く評価する姿勢をしばしば示してきたからである。

こうしていまやまたドイツは、すでに百年前に失っていたメッツ、トゥール、ヴェルダンの司教領[†32]をフランスに正式に割譲することになった。さらに帝国にとって実質的な喪失だったのは、エルザス方伯領、つまりオーストリアが占領していた範囲のそれと、帝国都市ビザンツのスペインへの割譲だった[†33]。

これらの領邦はドイツとの一切のつながりを失ったが、さらに多くの領邦は法的・理論的には〔ドイツに〕依存しながら、その領主が同時に他国の君主だったために、実質的には〔ドイツから〕分離されることになった。つまり、スウェーデンはフォーアポンメルン〔西ポメラニア〕、ヒンターポンメルン〔東ポメラニア〕の一部、ブレーメン大司教領、フェルデン司教領、そしてヴィスマル市を獲得し、ブランデンブルク辺境伯、プロイセン公――のちに国王[†34]――はマクデンブルク大司教領、ハルバーシュタット司教領、カミン、ミンデンを獲得した。ブランデンブルクの領主が〔同君連合によって〕同時に〔プロイセン公国の〕君主でなかったとしても、ドイツの等族の数が

---

†31　三〇年戦争を終結させた一六四八年一〇月二四日の講和条約。ドイツは多くの領土を失い、ドイツ諸侯に完全な領土主権が認められたために、神聖ローマ帝国の分立主義が決定的になった。このとき、オランダとスイスの独立が認められた。

†32　三つともロレーヌ地方の都市（なお、メッツはフランス語の発音では「メス」）。もとは神聖ローマ帝国に所属したが、ヴェストファーレン条約のおよそ百年前の一五五二年、アンリ二世によって占領されていた。

†33　ビザンツは現在のフランスの都市ブザンソン。

†34　当時、ブランデンブルク辺境伯領とプロイセン公国は同君連合の関係にあり、ブランデンブルク辺境伯とプロイセン公は同一人物だった。すぐあとの本文にあるように、この同君連合をもとにプロイセンは王国として力をつけ、神聖ローマ帝国の主権を脅かす存在となった。

減って〈ひとつの〉集団にまとまれば、いまとほとんど変わらない結果にしかならなかっただろう。つまり、〔プロイセン公国から発展したプロイセン王国のような〕ひとつの国家権力が形成され、いまやドイツ〔帝国〕の国家権力への服従を拒み抵抗するという、まさにそれが分散していてはできなかったことをなしえたことだろう。いま述べた〔等族の〕減少のほかにも、シュヴェーリン、ラッツェブルクのような特殊な等族がいくつも消滅した。

外国勢力が力づくでのみならず求められてドイツの国事に干渉し、ドイツを端から端まで荒らしたあげく、〔ヴェストファーレン〕講和をほとんど一方的に強制したとき、ドイツ帝国がこの講和において体制と国内事情の保全を外国勢力にまかせ、それによって、みずからを国家として維持し体制を維持する能力がないことを認め、内政問題を外国の利害にゆだねてしまったことも、ドイツ国家にとっては同じく致命的だった。[†35]

このほか国内の弱体化をもたらしたのは、〔一方では〕多くの領邦に不上訴特権を与えたことであり、他方ではさらに、被告が裁いてもらいたいと思う提訴先の帝国裁判所を〔原告でなく〕被告みずから選べるようにしたことである。というのも、被告はその選択を遅らせることで訴訟を引き延ばせるからである。〔だが、〕これらすべてにまして弱体化に拍車をかけたのは、宗教問題、それもまったく外的な宗教事情、その世俗的な側面にしかかかわらないような問題についてのみならず、帝国全体にかかわるもっとほかの問題についても、帝国議会においては多数決が拘束力をもたないとする法律や、ドイツ帝国が帝国都市に抵当として与えた主権者の権利はもはや返還されないとする法律などを制定したことだった。

ヴェストファーレン講和条約以降の和約と戦争

〔ヴェストファーレン条約の〕すぐあとの講和締結、つまりナイメーヘン和約締結[†36]は帝国代表者会議なしに成立したにもかかわらず、帝国によって批准され、この締結にたいする帝国の抗議も受けいれられないとする条項も同時に批准された。この和約でブルグント伯領にたいする帝国の主権が放棄され、北ドイツの領邦のいくつかの地域は領主が変わり、南ドイツではドイツの要塞にたいするフランスの占有権が変更された。だが、ドイツ帝国は、講和締結による損失だけでなく、他国では起こりそうにないドイツならではの現象を示した。ナイメーヘンの講和締結のあとのかつてない平和の最中にエルザスの十か所の帝国都市とそのほかの地域がフランスに奪われたのである。

レイスウェイク和約[†37]は、帝国代表者の陪席のもとで締結されたが、彼らには外国大使との会議への列席は許されず、皇帝大使の一存により、報告だけ受けて同意を要求された。この和約は、フランスによる上述の地域の占領を認め、その代わりにケールの帝国要塞を帝国のものにした。だが、この講和締結は、かつてフランスに占領されていてこのとき返還された領邦における宗教情勢にかんする有名な条項[†38]を含んでおり、それがプロテスタントの等族に多くの問題をもたらし、プファルツに多大の災いをもたらすきっかけとなった。

バーデン講和会議[†39]には帝国代表者は参加せず、講和締結そのものもドイツ帝国になんの直接の変化ももたらさず、オーストリアがブライザハとフライブルクを取りもどした[†40]。厳密に言えば、これがドイツ帝国の締結した最後の和約である。したがって、バーデン和約から七年戦争[†41]までの帝国史を年表風に見わたせば宣戦布告も講和締

†35 シュヴェーリンはベルリン東方、ラッツェブルクはルーベック東南にある都市。いずれもメクレンベルクがヴィスマルをスウェーデンに割譲した代償として得たもの。
†36 オランダの都市ナイメーヘンで皇帝レオポルド一世とフランスのルイ一四世のあいだで締結された和約（一六七八～九年）。
†37 オランダの都市レイスウェイクで皇帝レオポルド一世とルイ一四世のあいだで締結された和約（一六九七年）。
†38 いわゆる「レイスウェイク条項」。返還された領邦の宗教がカトリックに定められた。
†39 スペイン継承戦争終結のために、スイスのバーデンで一七一四年に神聖ローマ皇帝カール五世とフランスのルイ一四世のあいだで開かれた講和会議。

結もないので、ドイツはこの長い期間、これまでにない泰平の世を謳歌したと思わずにはいられないだろうが、ドイツの国土はそれまで同様に戦闘と荒廃の舞台だった。

スウェーデンは、カール一二世〔一六八二～一七一八年〕の死後ハノーファー、プロイセン、デンマーク、ロシアと結んだ和約[42]によって、勇敢な王のおかげでヨーロッパ列強のあいだでかち得た地位ばかりかドイツにおける権力も失った。だが、後者の事態によってドイツの国家権力はなにも得なかった。というのも、スウェーデンの失った領邦はドイツ諸侯のものになり、彼らがスウェーデンに代わってドイツ統一の脅威になったからである。

ウィーン和約[43]でドイツは、ロートリンゲンとの関係以外にはなにも失わなかったが、この関係はいずれにせよ取るに足らないものだった。この和約は帝国によって批准されるにはいたらなかった。

オーストリア継承戦争[44]でも、ドイツは長びく荒廃の舞台になった。〔プロイセン、バイエルンのような〕ドイツ最強の諸侯がそれに巻きこまれ、外国の君主の軍隊がドイツの大地で相争ったが、それでもドイツ帝国はこのうえない平和を謳歌した。スウェーデンにとって代わった勢力であるプロイセンは、この戦争で力をつけた。

これよりもはるかに壊滅的であり、とくに北ドイツにとってそうだったのは七年戦争である。今回はドイツ帝国もたしかに戦争を、それも追放執行の戦争をおこなったが、敵は帝国が戦争をおこなっていることを承認したり和約を結んだりする敬意すら払わなかった。

最後にリュネヴィルの和約[45]は、ドイツからイタリアにおける主権にかかわる多くの権利を奪っただけでなく、ライン左岸全域をもぎとり、それだけですでに諸侯の数を減らしたが、さらに等族の数が大幅に減って〔帝国の〕個々の部分が全体や弱小の等族にとってますます脅威になる原因にもなった。

戦時中に国の半分がたがいに争ったり、共同防衛を放棄して中立を表明し、残り半分を敵の犠牲にしたりするような国は、戦時にはずたずたに引き裂かれ、平時には分割されずにはいない。なぜなら、国の強さは、その住民や軍人の数にも、その豊かさにも、その面積にもなく、諸部分が理性的にひとつの国家権力に結束することによって、それらすべてが共同防衛という偉大な目標のために利用されるその仕方にこそあるからである。

四　法制度

観念国家としてのドイツ

いまやドイツは、その戦力と財政力においていかなる国家権力もなしてはおらず、したがってひとつの国家であるどころか、独立国家の寄せ集めとみなされなければならない。それらのうち強大な国々は対外的にも独立国家としてふるまうが、弱小の国々はなんらかの大勢に従わざるをえない。ときおり特定の目的のためにドイツ帝国の名のもとに連合が成立することはあってもいつも部分的であり、その同盟員の勝手な好みで結成されるので、この連合は、外国勢力の連合がもちうるような長所をいっさい欠いている。というのも、外国勢力の連合も、け

†40　バーデン講和会議において、プロイセンを除く神聖ローマ帝国全体とフランスのあいだで一七一四年九月七日に締結された和約。
†41　六四三頁の†29を参照。
†42　一七一九から二〇年にかけてスウェーデン、ハノーファー、プロイセン、デンマークが締結したストックホルム和約と、一七二一年にスウェーデンとロシアが締結したニスタット和約。
†43　一七二五年にオーストリアとスペインのあいだで結ばれた和約。
†44　一七四〇年から四八年までオーストリアの王位継承をめぐっておこなわれた国際戦争。アーヘンの和約により、マリア・テレジアの王位継承、プロイセンのシュレージエン領有が認められた。
†45　フランスの都市リュネヴィルで一八〇一年二月九日にフランスとオーストリアのあいだで締結された和約。カンポ・フォルミオ和約を再確認するものであり、ライン左岸のフランスへの割譲が認められた。

っして長つづきせず、しかもそれが続いているあいだでさえ、戦争のようなばあいには、同一勢力がひとつの政府に完全に統率されているときほどの力強さと効果をもたらさないものだが、それでも、こうした連合において参加者たちの目的にもっとも有効な処置と方法が良識的に講じられ、したがってすべてがその目的に合わせて調整されるからである。それにたいして、ドイツ等族の連合は、この連合のために等族がつくりあげたさまざまな形式的手続きや制約や果てしない右顧左眄によってがんじがらめになっており、そのため連合のあらゆる機能は麻痺し、それが意図していたものの達成がはじめからすでに不可能になっている。ドイツ帝国がそれ自身としておこなうことは、けっして全体としての行為ではなく、程度の差こそあれ限定された範囲の連合体の行為である。他方、連合への参加者たちが求めるものを達成する手段にしても、連合の目的のために選ばれるのではない。むしろ、唯一まっさきに配慮されているのは、同盟員がばらばらであるような関係を保ち、彼らを連合しようという気にさせないことである。こうした連合は、丸石を積みあげたようなものであって、丸石がひとつのピラミッドにまとまろうとしても、それは真ん丸でたがいにかみあうわけがないので、ピラミッドがそのためにつくられた目標に向かって動きだしたとたん、ばらばらに転がってしまうか、すくなくとももちこたえられないかのどちらかである。こうした仕組みのせいで、これらの国家は、国家連合がもつ計りしれない利点ばかりか、個々の共同目的のために他国と結束しうるという独立性の利点も欠いている。というのも、これらの国家は、こうした結束にそなえてたがいに足かせをはめあっているので、どんな統一も無になるか、あるいは最初から成りたたないからである。

こうしていまやドイツの等族は自分たちの統一を廃棄し、一時的な当面の目的のために必要におうじて良心的に結束しあう可能性さえもみずから閉ざしてしまったにもかかわらず、ドイツはひとつの国家であるべきだという要求はいまなお存在している。ここには矛盾が露呈している。どんな国家の可能性も現実性もなくなるようなやりかたで等族の関係を規定しておきながら、それでもドイツは端的にひとつの国家とみなされるべきであり、ドイツ自身もみずからを端的に〈ひとつの〉統治体とみなそうとするからである。こうした精神のせいでドイツは数世紀このかた、国家を不可能にする意志とひとつの国家であろうとする意志の板ばさみになって〈一連の〉矛盾のうちに投げこまれ、どんな仕方であれ全体に服従することにたいする等族の反発と、そうした服従がなければ成立しえないという不可能性の板ばさみによって不幸になった。ドイツは国家でないにもかかわらず、やはり国家であることがどのようにして可能かという問題の解決は、きわめて簡単である。ドイツは観念においては国家だが、現実には国家でない、つまり、形式と現実がばらばらであり、空虚な形式は国家に、現実は国家でないものに属するのである。

観念国家の法制度

観念国家のシステムとは、国家の本質に属するものにはなんの力ももたないような法制度の組織である。皇帝と帝国、最高統治機関――その実態は等族と結託した元首である――にたいする各等族の義務は、基本法に則ったいかめしい無数の公文書によってこのうえなく厳格に定められている。これらの義務と権利はひとつの法体系をなし、それにしたがって各等族の国法上の関係やなすべき義務がこのうえなく厳格に制定され、個々の等族はこの法規定にしたがってのみ公共のために尽くすよう求められている。だが、この法律の本性は、国法上の関係とそれにもとづく義務が普遍的で本来的な法にしたがってではなく、私法のやりかたで規定されているために、各等族の全体にたいする関係は、財産というかたちの特殊なものになるというところにある。これによって国家権力の本性も本質的に侵害されてしまう。国家権力に由来する法令は普遍的なものであり、真に普遍的であることによって同時に適用の規則も含んでいる。法令がかかわるものも、普遍的で自己同一的なものである。国家権力の法令は〔みずからがかかわるものに〕自由で普遍的な規定性をもちこむ。法令の執行は同時にその適用であり、そしてこの適用にしてもまた、法令が適用されるもののうちには、〔その法令が適用されるべきかそうでないかを〕

区別できるものはなにもないのだから、法令そのものにおいて規定されているのでなければならず、したがって、どんな扱いにくい一定しない素材も法令の適用に反抗することはない。

一定年齢の男性の一パーセントが徴兵されるべきとか、財産の一定のパーセントないし一フーフェ[†46]の土地につき一定の税が支払われるべきだといった法令が国家権力によって発布されるばあい、この法令がかかわるのはまったく一般的に、一定年齢の男性や財産や土地であり、人間同士、財産同士、土地同士の違いではない。〔そうした違いを含まない〕この同一平面に入りこんでくる規定は、ひたすら国家権力によってのみ設定されうる。一パーセントの男性とか五パーセント〔の財産〕などがそうした一般的な規定であって、これらの規定を自己同一な素材にもちこむには、特殊な適用はまったく不要である。というのも、一本の丸太を切るにはそれに直線を引く必要があるが、〔法を適用するばあい〕そこにはあらためて抹消されるべき線や、特定の適用が従うべき線は引かれていないからである。

それにたいして、法の適用されるべきものが、この法そのものにとって多様に規定されているばあいには、法は適用の規則を完全に含むことができず、それどころか素材の特殊な部分ごとに独自の適用があり、法とその執行のあいだにも適用にかんする独自の法令が介入し、これは司法権の管轄下にある。

したがって、帝国の法は、なにも書いていない板を相手にするのとは違って、そこに引かれるべき線や区分の普遍的規則を与えることもできなければ、そうした同一の規則にしたがってじっさいに手続きをすることもできない。むしろ、帝国の法には、法がそのためにつくられた素材がすでにあらかじめ与えられた独自の規定をもって対峙している。そこで法を執行するまえに、〔素材の〕各部分のもつ特殊な線や形態が、法によって指定される線や形態とどうすれば適合するか、普遍的な法が各部分にたいしてどれほどの拘束力をもつかという可能性がまず発見されなければならない。〔法と素材のあいだに〕矛盾が生じるばあいに、こうした可能性を発見しなければならないのは司法権だが、この発見についてはそもそも次のようなことがあきらかになる。つまり、〔第一に〕たしかに発見はなしとげられねばならないが、司法権はほとんど発見ができないように最初から仕組まれており、第二に、たとえ司法権が理論的に発見したものがあっても、それはそれでまた実現されずに、観念上の発見にとどまってしまい、最後に、素材のもつ特殊な規定は普遍的な法にたいして、直線が円弧にたいしてもつような関係にあるために、発見という作業全体がほとんど不可能になってしまうのである。そうだとすれば、国家権力の普遍的な素材が含むこうした規定と国家権力の法との両立不可能性がすでに最初から存在していることになる。こうして観念国家とその憲法・国法体系は直線だが、観念国家がそこで実現されるべきものは円である。この二つの線には共通の尺度がなく通約できないことは周知のとおりであるし、実際の場面でもこの円形は直線と通約不可能にはならない。円形は暴力や違法行為や恣意といったかたちを取るどころか、それが通約不可能な線であることまでもが法の形式に高められる。円形は、国の憲法（Staatsrecht）と相いれないことによって合法的に（rechtlich）ふるまい、国法（Staatsgesetz）と相いれないことによって法律的（gesetzlich）にふるまう。

したがって、ドイツはいかにして国家であると同時に国家でないのかという問題が解決されるには、ドイツはそれがかりに国家であるとすれば観念国家としてあるにすぎないが、国家でない側面は現実性をもつということにならざるをえない。いまやこの観念国家が独りだちするためには、〔観念と現実の〕矛盾を解消し、観念でしかないものを現実に適用し、それによって観念を現実化して現実を観念に沿うものにしようとするはずの司法権さえもが、これまた観念でしかないような適用に終始するものにならざるをえない。つまり、普遍的な秩序を導入して特定の地域をひとつの国家たらしめようとしても、この秩序が現実に移行する途中で麻痺してしまい、この移行そのものはたしかに想定され命じられてはいる——というのも、秩序というものは、施行されるという目的がなければまったく無意味だから——が、移行の手続きもこれまた観念の産物になりはててしまうだろう。

†46　中世において各農民に割りあてられた農地。一フーフェは約一〇～二〇ヘクタール。

この移行の麻痺は、そのいずれの段階でも生じうる。〔たとえば、すべての等族への〕普遍的な命令が発せられれば、それは執行されるべきである。〔ある等族Aがその執行を〕拒否するばあいには司法的な手段が必要である。執行への拒否が司法的な手続きを経ずになされるなら、〔普遍的な命令の〕執行は滞ったままである。たとえ拒否が司法的な手続きを経ていても、判決が妨げられることがあるし、判決が出てもそれが遵守されるわけではない。だが、判決というこの観念の産物は執行され、なんらかの刑罰が下されるべきだから、〔Aへの刑罰を〕強制執行すべしという命令が〔別の等族Bに〕与えられる。〔だが、〕この命令もふたたび〔Bによって〕執行されない。そうなると、この執行しない者に向けて〔さらに別の等族Cによって〕その執行を強制する判決が下されなければならない。この判決も遵守されなければ、刑罰を執行しない者〔B〕にたいする刑罰を執行しない〔Cのような〕者たちに刑罰が執行されるべきだという命令が下されねばならない、ということが延々と続く。これが、法を実行すべき階層が次々に観念の産物と化してゆく味もそっけもない歴史である。

ドイツ司法権の現状

こうして、帝国の普遍的な拘束力と個々人の特殊な権利との折りあいをどのようにつけるかは司法権によって決定されるべきであり、じっさい、両者の矛盾は司法の場で生じるのだとすれば、重要なのは、法廷が執行とはまだ無関係に、判決を言い渡す職務においてどのように組織されているかということである。つまり、法廷にとってはすでに判決の言い渡しからして困難になっていないかどうか、さらに、判決は執行されなければそれ自体たんなる観念でしかないというのに、この制度はそこまで考えが及ばないどころか、このような考えもすでにたんなる観念の産物にとどまってしまうような状態にあるのではないか、ということが重要になるのである。

たんなる判決の言い渡しという点からしてもすでに、司法権の組織は、国家が国家として個々人に与える普遍的な命令を有効にするといういま問題にしているその本質的な側面が、かつてないほどの障害をこうむっている状態にある。帝国の司法権においては、市民法にかかわる司法と国法にかかわる司法がごちゃまぜで、国法と私法が同じ法廷にゆだねられている。帝国裁判所には、市民法の訴訟をあつかう最高控訴裁判所と、国法〔の訴訟〕をあつかうそれがある。帝国裁判所の司法権が国法に及ぶ範囲は、この種の最重要事項が帝国議会の仕事であり、それに準ずる多くの事案も仲裁裁判所[†47]によって裁定されるので、そうでなくても限られているというのに、判決の言い渡しについてさえ果てしない困難に直面し、多くの偶然に左右されており、判決の効力を殺ぐためにこれらの偶然が欠くことのできないものとなっているありさまである。

一般に市民法の司法と国法の司法が結びつくことによって、現行の帝国裁判所の業務が増えて、処理しきれなくなる結果になる。帝国最高裁判所が業務の処理能力で帝国宮廷裁判所に劣ることは、皇帝も帝国も帝国最高裁判所も認めている。[†48]

これほど容易に除去できる単純な弊害もないように思われる。別の裁判所をいくつも新設しなくても、現行の裁判所の裁判官数を増やせば、業務の処理がすぐに迅速化するだけでなく、同一の裁判所が複数の部局に分かれる結果になり、こうして実質的にはいくつも裁判所が新設されるのと同じことになるからである。ところが、ドイツではこんな単純な方法も実行できない。たしかに、帝国最高裁判所の陪席裁判官の数を五〇名に増員する決議がなされ、じっさいに増員されたが、ドイツ帝国はこの裁判官の俸給を調達できず、彼らの人数は時とともに一二名またはそれ以下に減り、そして最終的には二五名となった。

---

†47　皇帝フリードリヒ二世の時代に、帝国議員間に紛争が生じたばあいには、第三の議員、または双方の指名する封臣の仲裁によって解決するという協定ができた。さらにマクシミリアン一世の時代に、この仲裁裁判が法制化され、仲裁裁判所が成立した（ヘーゲル『政治論文集』（上）金子武蔵訳、岩波文庫、二一五頁の訳註を参照）。

†48　帝国最高裁判所と帝国宮廷裁判所については、本書六三九頁の†21を参照。

公式の統計があきらかにするところによれば、毎年新たに起こされる訴訟の数は、判決可能な訴訟の数をはるかに上回る。昔のようにたったひとつの訴訟事件の陳述に何年もかかりはしないが、それでもときには数か月かかることもあるからである。そうなるとまた何千件もの訴訟事件が未決のままにならざるをえないし、じっさい数字にも示されている。そこで、懇願制度が——その最大の悪用はなくなり、ユダヤ人がこの条項にもとづいて訴訟を起こすことはもはやないとしても——必要悪となる。というのも、寄せられた訴訟のすべてに判決を下すことはできないからには、当事者としては自分の訴訟に優先的に司法的な決着をつけてもらえるよう全力を尽くすのは当然だからである。

これ以外にも陪席裁判官の推挙、分派行動（itio in partes）をめぐる無数の紛争のために、帝国最高裁判所はしばしば何年間も機能不全に陥った。帝国最高裁判所がみずからの力を権力者に見せつけるという原則からわざと仕事を遅らせたりしていなくても、これらの紛争そのものが司法の進展を妨げている。

〔これにたいして〕成員が皇帝によって任命される帝国宮廷裁判所では、こうした弊害は多くがとり除かれており、たとえば分派行動の権利はあってもじっさいにはまったく行使されないし、多くのしきたりもあるといえばあるが、形式的な手続きを完璧にするために仕事が遅れることはなく、むしろただちに裁判そのものを促進するような仕組みになっているので、最近ではますます多くの裁判が帝国宮廷裁判所にもちこまれるのは当然である。

司法改革の必要性はいつもあまりにも明白だったので、考慮しないわけにはいかなかった。しかし、帝国の法律に定められているにもかかわらず二百年来なされなかった帝国最高裁判所の視察を実施しようとしたヨーゼフ二世[†49]の最近の試みが中止になった経緯にしても、この試みが実現されずに立ち消えになった理由にしても、要するに帝国の司法全般の状況を示すものにほかならない。つまり、〔帝国最高裁判所に関係する〕等族はたしかに裁判のために集まるが、そのように一堂に会しながらも、分離と非協力を旨とする自分たちのありかたを棄てるつもりはなく、たがいに拘束しあいながらも、なにも共有しようとはしないのである。

こうして判決の言い渡しは、それが執行されるかどうかとはまったく無関係に、それ自体がすでに妨害されてしまう。さらに、帝国裁判所の決定が国法とその重要問題に抵触しようものなら、その執行がどうなるかは周知のとおりである。そうでなくても、これに類する比較的重要な事案は帝国裁判所でなく帝国議会の管轄下にある。そのために、これらの事案はただちに司法の領域を離れて政治の領域に転じる。というのも、最高の国家権力が語るばあい、それは法を適用するのではなく、法を与えるからである。

†49 ヨーゼフ二世は一七六六年に帝国最高裁判所の事務の迅速化をはかるため、視察団を送ることにしたが、その人員の資格と権限についての議論が一七七六年まで続き、視察団はなにもなしえずに解散してしまった（ヘーゲル『政治論文集』（上）二一七頁の訳注一一一を参照）。

†50 正しくはユーリヒ＝クレーフェ継承戦争。神聖ローマ帝国北西部のユーリヒ＝クレーフェ＝ベルク連合公国は一六〇九年に家系が途絶えたために、ブランデンブルク選帝侯領とプファルツ＝ノイブルク公領のあいだに継承争いが生じ、これが三十年戦争の前哨戦となったが、この争いそのものは一六一四年のクサンテン条約で妥協が成立した。シラー『三十年戦史』（渡辺格司訳、岩波文庫、一九四四年）七六頁以下を参照。

†51 一七七八年から七九年にかけてバイエルン選帝侯領の相続をめぐってプロシアとオーストリアのあいだでおこなわれた継承戦争。テッシェンの和約により、オーストリアがバイエルンへの要求を取りさげた。

†52 ザクセン＝コーブルク、ザクセン＝アイゼンベルク、ザクセン＝レムヒルトといった公爵家が断絶するたびに、フリードリヒ二世はエルネスティン家と争い、領土を拡張していった。

†53 リュティヒはベルギー東部の都市リエージュ（当時は司教領）である。一七八〇年にリエージュ司教はフランス思想の影響を受けつつあった人民を帝国裁判所に提訴し、裁判所は判決の執行をケルン選挙侯とファルツ選挙侯とプロシアに命じた。しかし、プロシアは命令に反して調停を試みたが、これに失敗するとリエージュを占領して人民の無罪を宣言した。司教はふたたび帝国裁判所に訴え、裁判所はこれを支持したが、するとプロシアはこの件から手を引いてしまった（ヘーゲル『政治論文集』二一八頁の訳注一一二の九を参照）。

さらに、土地の所有のようなもっと重要な問題になると帝国議会のそうした形式的な手続きも免除され、こうした問題は帝国裁判所や最高の司法権ではなく、争っている等族間の平和的な示談によって決着をつけることが皇帝選挙協約そのほかの基本法に定められている。そして、それが平和的な示談によって可能でなければ、必然的に戦争によってなされる。

ユーリヒ＝ベルク継承戦争[†50]は、法によって決着が付けられるどころか、むしろ三十年戦争のきっかけとなった。近年のバイエルン継承戦争[†51]では、帝国裁判所でなく大砲と政治がものを言った。もっと弱小な等族に関係する問題でも、決定的な判決をおこなうのは帝国の司法ではない。コーブルク家やアイゼンベルク家やレムヒルト家といった断絶した家系の領地をめぐるザクセン家一族の継承紛争[†52]では、帝国宮廷裁判所から二〇六もの判決が出たにもかかわらず、もっとも重要な点は示談で決着が付いたことは周知のとおりである。同様にしてリュティヒ〔リエージュ〕事件[†53]では、帝国最高裁判所が判決を言い渡して執行を命じ、そのためにいくつかの等族を呼びだしただけでなく、等族のほうもじっさいに義務を果たしたことも知られている。だが、執行が開始されるやいなや、執行者のなかで最も有力な等族〔プロイセン〕は、帝国最高裁判所の判決のたんなる執行者であることに満足せず、一人よがりの善意でことを進めたあげくに、そんな非合法のやりかたでは決着が付かなくなると、執行の役目まで投げだしてしまった。

したがって、国法にかかわる状況で法が語られても、利害関係があるのが力のない等族であるときにしか法の執行はないというのが法制度の現状である。それ以外のばあいには、法にもとづく判決はなされず、力と政治状況で決着が付くからである。

求められているのは、国家権力が存在し、しかもそれがたんなる観念の産物ではなく、実行力とリアリティをもつということである。この実行力が真の実行力になるために、〔国家権力への〕服従を拒む者に法的な手続きが命じられる。ところが、この法的な手続きの実現が〔これまた〕観念の産物でしかないのである。

第三章[†54]　国法の執行がなりたたないという適法性

国家が観念国家にとどまるのは法的な手続きがいかなる実行力ももたないからだということは、前章でくわしく論じた。法的な手続きの効力は権力によって妨害されてしまう。こうした事態についてはさしあたり、この妨害は違法であり、しかも国家そのものの存立と国家権力に抵触するのだから最大の犯罪であり、反逆罪であり、不敬罪だと判断されるにちがいない。だが、たんに概念にしたがって判断しようとすれば、誤りを犯すだろう。というのも、国家権力の決定にたいする抵抗そのものが法の形式にまで高められているからである。たとえ国家がひとつの国家であることを妨げられても、それは合法的なこととしてあつかわれる。国家にあっては、それに抵抗しうるような権力は合法的なのである。

国家が観念国家でしかないのは、この国家が国家として権力をもたず、むしろ権力が個人の手にあるからである。個人にたいする国家の関係が契約の対象になって以来、皇帝選定協約や講和締結によって〔個人同士が〕権力を承認しあい、したがって合法化しあうことが、ドイツの政治的性格の普遍的傾向になっている。野蛮を脱して文化にいたろうと苦労しているときに問題になるのは、国家という普遍的なものと個人のどちらが優位を占める

---

†54　ヘーゲルの原稿には「章」とあるだけで、具体的な数字はない。

べきかということだった。ヨーロッパのほとんどの国で完全に、少なからぬ国で不完全ながらも国家が勝利したが、ひとつの国家であろうとする要求においてドイツほど不完全な国はない。つまり野蛮状態とは、ある集団がひとつの民族であっても同時にひとつの国家ではないことであり、国家と個人が対立し分裂した状態にあることである。元首はひとつの人格でありながら国家権力であり、この人格から身を守ることは、人格にたいしてふたたび人格を対置することでしかない。洗練された国家においては、君主の人格と個々人のあいだには法律つまり普遍性が介在する。君主の個別的な行動は万人にかかわり、万人を傷つけることもあれば、万人を益することもある。だが、君主が同時に国家権力だと言おうと、彼が最高の権力をもつと言おうと、そもそもひとつの国家が存在すると言おうと、意味は同じである。国家が最高の権力であるということと、個人がその権力によって押しつぶされてはならないということの矛盾を解消するのが法律の力である。法律の力への不信は知恵の欠如に由来するものにほかならない。この欠如は、国家に最高の権力を与えなければならない必然性と、個人がその権力によって押しつぶされないかという恐れのあいだを動揺している。国家の組織についてのすべての知恵が生きるのも、この課題が解決してこそである。しかし、ひとつの国家が存在する、つまり、国家権力が最高権力であるという前者の事態は、もろもろの法律が存在するということもただちに含意している。《以下、原稿欠落》

『ヘーゲル初期論文集成』解題

I　哲学論文

「フィヒテとシェリングの哲学体系の差異」

一般に「差異」論文と呼ばれている。本書は匿名で出版された『カル親書』の翻訳を別にすれば、ヘーゲル最初の出版物である。版元はイェーナのザイトラー書店。各章および第一章の各節の表題はヘーゲルのものであり、第二章の節の区分と表題は仏訳を参考に訳者が加えたものである。

序文の末尾に「一八〇一年七月」という日付がある。ヘーゲルはこの年の一月、五歳年少の友人シェリングを頼ってフランクフルトからイェーナに移住している。フランクフルト時代にも準備はしていただろうが、本格的な執筆はイェーナ移住以後であろう。同年四月には完成していたと推定される。第四章ではラインホルトの『一九世紀初頭の哲学の状況をもっと簡単に概観するための寄与』第一部を論評しているが、この年の四月に出た同論文の第二部は脚注で触れられているだけであること、同年五月に出版されたシェリングの『私の哲学体系の叙述』には言及がないことなどが、その理由である。シェリングの一〇月三日付のフィヒテ宛書簡にはこうある。「つい最近、きわめて優れた頭脳の持ち主の本が出ました。「フィヒテとシェリングの哲学体系の差異」というのがそのタイトルです」。このことから出版は九月末から一〇月初めにかけてと考えられる。

本書の表題には、フィヒテとシェリングとラインホルトの名前が挙げられている。当時、この三人はどのような関係にあったのだろうか。

フィヒテはカント批判哲学を徹底化して、「知識学」という独自の立場を打ちだした。カントは『純粋理性批判』において「物自体」を、存在するものとして前提されなければならないが認識不可能なものとみなしたが、フィヒテの『全知識学の基礎』（一七九四年）によれば、物自体でさえも「絶対的な自我」によって生みだされる。ただし自我はそれを意識しないので、自分に対立する「非我」と考えてしまう。「知識学」は、「自我」がみずからに対立するように見える「非我」がじつは「自我」の所産にすぎず、「自我」こそが世界の主役であり「自由」であることを自覚していく過程を記述し、それによって精神と自然、理論理性と実践理性の対立を乗り越えようとする。

「フランス革命、フィヒテの知識学、ゲーテの『ヴィルヘルム・マイスター』が現代の最大の潮流だ」と述べたのはフリードリヒ・シュレーゲルだが(『アテネウム断片』二一六番)、まさにフィヒテの哲学は、「自由」を第一原理として新しい社会を建設しようとするフランス革命の哲学である。

フィヒテ哲学に感動したシェリングは、「哲学一般の形式の可能性について」(一七九四年)と「哲学の原理としての自我について」(一七九五年)という二つの論文でその思想の核心をみごとに要約してみせた。フィヒテは自分の後継者にふさわしい若者の出現を喜んだが、この早熟の天才はわずか二年後には「自然哲学」を展開して、フィヒテとは異質の方向を示すようになる。「知識学」においては、自然は自我によって克服されるべき障害としかみなされていなかったからである。さらにシェリングは『超越論的観念論の体系』(一八〇〇年)で、フィヒテの知識学に当たる超越論的観念論と自然哲学とを相補的な関係にあるものとして論じた。このころからシェリングとフィヒテの関係はぎくしゃくしはじめたが、それでもシェリングの自然哲学はフィヒテの知識学を補うものと考えることができた。しかし、シェリングが一八〇一年の「わたしの哲学体系の叙述」で絶対的な同一性を原理とする「同一哲学」を主張するにいたって、二人は決裂することになる。

では、ラインホルト(Karl Leonhard Reinhold 一七五八〜一八二三)はどうか。彼は、難解をもって知られるカントの『純粋理性批判』について本格的評論を書いた最初の人物である(『カント哲学にかんする書簡』一七八六年)。だが、彼はやがて『人間の表象能力の新理論の試み』(一七八九年)や『哲学者たちの従来の誤解を訂正するための寄与I』(一七九〇年)などによってカント哲学を徹底化し、「基礎哲学」という独自の立場をつくりあげていく。そして、イェーナ大学に招聘されたフィヒテに接近し、共同編集による雑誌を刊行する計画を立てたが、やがてバルディリ(Christoph Gottfried Bardili 一七六一〜一八〇八)を支持するようになり、フィヒテとも距離を置くようになる。

ヘーゲルが本論文を執筆したのは、シェリングが「わたしの哲学体系の叙述」を出版する直前であり、彼がまだフィヒテ陣営の論客とみなされていた時期である。それだけに両者の体系の決定的な「差異」を明確に主張するこの論文は、新鮮な驚きとともに読まれたにちがいない。同時に、本論文はラインホルトとバルディリをともに批判し、当代の哲学をリードするのは自我と自然、つまり主観と客観の対立以前の同一性である絶対者を原理とするシェリングであり、ひいてはヘーゲル自身でもあることを宣言している。

なお、若きカール・マルクスの博士論文のタイトル「デモクリトスとエピクロスの哲学体系の差異」はヘーゲルのこの論文をヒントとしている。

「哲学的批判一般の本質」

本論文は『哲学批判雑誌』全体の「緒論」に当たる（この雑誌については後述する）。ヘーゲルは自筆の履歴書にはこの論文を自著として挙げているが、他方シェリングは一八三八年一〇月三一日付のヴァイセ宛書簡でこう述べている。「一部をヘーゲルが書き、いますぐ正確に挙げることはできないが多くの箇所は私が書いた。根本的な思想は私のものであり、すくなくとも私が校閲しなかった箇所はない」。本論文は二人の共著だと考えられる。

本論文は『哲学批判雑誌』の巻頭を飾るにふさわしく、「哲学的批判」とはそもそもなんであるか、哲学的批判の使命とはなにかをあきらかにする。

それによれば、批判にはまず尺度が必要であり、「その尺度は、評価するものからも評価されるものからも独立しており、…事柄そのものの永遠不変の原像から取ってこられたものでなければならない」。しかも、芸術作品の理念が芸術批評によってはじめてつくられるのではないのと同様に、哲学の理念は哲学的批判の条件でもあれば前提でもある。したがって哲学的批判の使命は、対象のうちに潜んでいる「理念」をあきらかにし、それを対象に認識させることである。

哲学的批判の方法は対象のありかたにおうじて三つに分かれる。まず第一に、対象がみずからの理念にまったく無自覚であるばあいには、対象において理念に向かおうとする努力を妨げている「外皮」をこすり落としてやることである。第二に、哲学の理念を認識していながら哲学を寄せつけまいとしているばあいには、哲学を逃れるために用いられているさまざまな逃げ口上を発見し、その根拠のなさを指摘することである。第三は、哲学をもっているふりをし、偉大な哲学体系が使うような形式やことばを使いはするが、「根本的には内実のない空虚なことばのもやでしかない」ばあいであり、『哲学批判雑誌』はとりわけこれを標的にしている。というのも、この傾向が「現在のドイツ哲学を支配している」からである。この傾向はカントとフィヒテが学問としての哲学の理念を提出したことによって助長された。その結果、どんな思想も自分こそ理念を表現する哲学体系だと主張するようになったのである。

しかも、大衆はこれらの哲学思想に無批判にすがりつく。というのも、大衆は「古い形式を脱ぎすてるためにじつに恐ろしい動乱を必要としたきわめて過酷な停滞の数世紀」を経験したために、落ち着きのない生活ゆえの不安な精神をもつようになったからである。そこで哲学のほうもみずからを通俗化して大衆に迎合しようとする。その結果、はかない有限なものが幅を利かせることになる。したがって、哲学的批判の使命は、有限なものにみずからの有限性を気づかせ、制限されたものへの固執から「救済」することである。

こうした方法にはすでに、常識的意識に寄りそいながら、それを絶対知にまで導いていく『精神現象学』(一八〇七年)を予感させるものがある。

『哲学批判雑誌』について

『哲学批判雑誌』はヘーゲルとシェリングの共同編集によって一八〇二年から一八〇三年にかけて刊行された雑誌である。これにさきだって、一方ではフィヒテとシェリングが、他方ではシェリング、シュレーゲル兄弟、シュライアーマハーが、ゲーテとシラーに参加してもらって「批判的な研究機関」を設立しようと努力していたが、この試みは実現しなかった。さらに執筆者にかんしても、シェリングはシュライアマハーにヤコービ論の寄稿を依頼していたようだが、これも不調に終わった。その結果、編集者も執筆者も結局ヘーゲルとシェリングの二人だけになってしまった。雑誌の扉頁にはシェリングの名前がヘーゲルの名前の上に印刷されており、共同編集とはいえ、当時すでに論壇で盛名を馳せていたシェリングが主導的な地位にあったことを物語っている。すべての記事は匿名だが、二人のどちらが各論文を執筆したかは、現在ではヘーゲル自筆の履歴書と後年のシェリングの証言にもとづいてあきらかになっている。

本誌は第一巻と第二巻に分かれ、各巻が三分冊からなるが、第一巻第二分冊のあとに第二巻第一分冊が、さらにそのあとに第一巻第三分冊と第二巻第二分冊が同時に出るという変則的な仕方で刊行された。ヘーゲルの「信仰と知」が当初は第一巻第三分冊に掲載の予定だったにもかかわらず、長くなりすぎたためこの論文一本だけで第二巻第一分冊を刊行することになったらしい。

各巻各分冊の刊行時期と内容は以下のとおりである。( )内に執筆者を示す。刊行時期は出版社の広告、関係者の書簡や日記などから推測されたものである。

第一巻第一分冊・一八〇二年一月ごろ

「緒論　哲学的批判の本質について」(シェリングとヘ

ーゲルの共著)
「絶対的な同一性の体系について」(シェリング)
「常識は哲学をどのように理解するか」(ヘーゲル)
雑報欄

第一巻第二分冊・一八〇二年三月ごろ
「懐疑主義と哲学の関係」(ヘーゲル)
「リュッカートとヴァイス」(シェリング)
雑報欄

第二巻第一分冊・一八〇二年七月ごろ
「信仰と知」(ヘーゲル)

第一巻第三分冊・一八〇二年一二月ごろ
「哲学一般にたいする自然哲学の関係について」(シェリング)
「哲学における構成について」(シェリング)
「自然哲学関係の著作の紹介」(シェリング)
雑報欄

第二巻第二分冊・第一巻第三分冊と同時刊行
「自然法の学問的な取りあつかいかた」(ヘーゲル)

第二巻第三分冊・一八〇三年五月ごろ
「自然法の学問的な取りあつかいかた」(承前)(ヘーゲル)
「哲学的な関連から見たダンテ」(シェリング)
「自然哲学関係の著作の紹介」(承前)(シェリング)
ダンテ論の付論(シェリング)

「懐疑主義と哲学の関係」

当時懐疑主義の代表的な論客だったゴットロープ・エルンスト・シュルツェ(Gottlob Ernst Schulze 一七六一〜一八三三)の『理論哲学批判(*Kritik der theoretischen Philosophie*)』(一八〇一年)を批評しながら、みずからの懐疑主義論を展開している。

シュルツェは、一七九二年に匿名で出版した『エーネジデムス、あるいはイェーナでラインホルト教授によって展開された基礎哲学の基礎について(*Aenesidemus oder über Fundamente der von Herrn Professor Reinhold in Jena gelieferten Elementar-Philosophie*)』で、イギリス経験主義の哲学者ヒュームの立場からラインホルトの「基礎哲学」を、さらにはラインホルトが継承したカントの『純粋理性批判』を批判した。エーネジデムスはアイネシデモスのドイツ語表記である。アイネシデモスは前一世紀に古代懐疑主義の一派であるピュロン派懐疑主義（もうひとつの学派はアカデメイア派懐疑主義と呼ばれる）を理論的に確立した人物である。『エーネジデムス』は、エーネジデムスがヘルミアスという人物に宛てた書簡とそれへの注釈という形式を取っている。古代懐疑主義の伝統を現代に生かすのは自分であるというシュルツェの自負のほどがうかがえる。

本論文でヘーゲルは、同じシュルツェが新たに出版した『理論哲学批判』を取りあげ、シュルツェ自身の懐疑主義とその古代懐疑主義理解を厳しく批判する。シュルツェは超感覚的な認識を求める哲学をみずからの懐疑主義にもとづいて批判するが、その一方で「意識の事実」や感覚的な認識、さらには近代の物理学や天文学までも否定しがたいものとして認める常識に立脚している。ヘーゲルに言わせれば、シュルツェは古代懐疑主義も哲学も誤解している。古代懐疑主義はなによりも常識的な知識の全体を否定するものであり、しかも、プラトンの『パルメニデス』やスピノザの実体概念に見られるように、懐疑主義と哲学はそもそも一体のものだからである。

そのさいヘーゲルが古代懐疑主義を理解するのに参考にしたのが、セクストス・エンペイリコス（三世紀ごろ）の『ピュロン主義哲学の概要』（金山弥平・金山万里子訳、京都大学学術出版会、一九九八年）である。この著書はピュロンと彼以降の懐疑主義の展開をわかりやすく体系的に論じており、一五六二年にラテン語訳が出版されると、「次に続く三百年間の哲学の進路を決定することになった」（J・バーンズ、J・アナス『古代懐疑主義入門』金山弥平訳、岩波文庫、二〇一五年、二四頁）。古代懐疑主義の立場からヒューム的な近代懐疑主義を批判する議論は、のちの『エンチュクロペディ』第三九節にも見られる。ヘーゲルは同節で本論文の参照を求めており、五十代のヘーゲルにとっても若き日の本論文は自信作だったようである。

「抽象的に考えるのはだれか」

ヘーゲルがバンベルクで新聞編集者として活動しはじめた一八〇七年四月から六月にかけて書かれたと推測される。草稿は残っているが、活字化されたものは今日まで発見されていない。

この文章がどのような機会に書かれたかははっきりしない。本文中でヘーゲルは『教養階級のための朝刊新聞』の懸賞（一八〇七年一月二日に広告が出て、応募締めきりは同年七月一日だった）を話題にしているが、懸賞の課題が「エゴイズムにかんする韻文」であることからすれば、この文章が懸賞に応募したものとは考えにくい。バンベルクでの社交生活が機縁となって、パーティーなどでひとを楽しませるために口頭で読みあげた可能性もあるし、仲間内で回覧される私家本に収録された可能性もある。アンケ・ベンホルト゠トムゼン（Anke Bennhold-Thomsen）が詳細に分析しているように、原文には押韻が見られることからしても、こうした可能性は否定しきれない（Hegels Aufsatz: Wer denkt abstrakt?, *Hegel-Studien* Bd. 5. 1969）。

硬直した思考を批判するのはヘーゲルの基本姿勢のひとつだが、「抽象的に考えるのは教養のない人間だ」という常識からすれば逆説的な断定を下したり、「養老院にくらすありふれたおばあさん」のことばに教養ある思考を見たりする話の運びは、「抽象的」や「考える」ということばの常識的な理解を揺るがし、一面的には捉えきれないことばの奥行きに読者の目を向けさせる（ベンホルト゠トムゼンの前掲論文を参照）。最晩年の『大論理学』第二版序文でヘーゲルは、ドイツ語の単語が多様な意味ばかりか対立しあう意味さえもっていることに「ドイツ語の思弁的な精神」を認めている。ことばの多義性を意識的に活用するこの文章にも、それに通じるものがうかがえる。

本文の末尾には一八世紀フランスの思想家ドニ・ディドロの『運命論者ジャックとその主人』への言及があり、「エスペース」というフランス語に言及するさいにもディドロの『ラモーの甥』が念頭にあったと思われる。この文章が全体としてふざけているのかまじめなのかどちらとも捉えがたいのは、ヘーゲルがディドロの特異な文体を意識していたせいかもしれない。

「ドイツ観念論最古の体系プログラム」

一九一三年三月、ベルリンで開催されたオークションに、ヘーゲルの筆跡で書かれた著者不明の草稿が出品された。この草稿は、ヘーゲル遺稿集の刊行を計画していた彼の弟子フリードリヒ・フェルスター（Friedrich Förster）の遺品に含まれていた。これをまずベルリンの王立図書館が、ついでプロイセン国立図書館が入手し、ヘーゲル研究者のフランツ・ローゼンツヴァイク（Franz Rosenzweig）が『ドイツ観念論最古の体系プログラム（*Das älteste Systemprogramm des deutschen Idealismus*）』という表題をつけて、一九一七年に出版した。

執筆時期については諸説あるが、紙のすかしなどにもとづいて、一七九六年一二月から一七九七年はじめにかけてとする説が有力である。これは、ヘーゲルがベルンでの家庭教師生活を切りあげてシュトゥットガルトの実家に戻ったあとの時期、あるいは実家からフランクフルトに移住してまもない時期に当たる。

問題はこの草稿の著者がだれかである。ローゼンツヴァイクはシェリングを著者とした（*Das älteste Systemprogramm des deutschen Idealismus.* Ein handschriftlicher Fund, Heidelberg 1971）。それにたいして、一九二六年にヴィルヘルム・ベーム（Wilhelm Böhm）はヘルダーリンを候補者に挙げた（Hölderin als Verfasser des »Ältesten Systemprogramms des deutschen Idealimus«, *Deusche Vierteljahrsschrift für Literaturwissenschaft und Gesitesgeschichte* 5, 1927, S. 734-743）。さらに三〇年後の一九六五年にはオットー・ペゲラー（Otto Pöggeler）がヘーゲルが著者であると主張し（Hegel, der Verfasser des ältesten Systemprogramms des deutschen Idealismus, *Hegel-Tage* 1965）、一九七六年にディーター・ヘンリッヒ（Dieter Henrich）がそれを支持した（Aufklärung der Herkunft des Manuskripts »Das älteste Systemprogramm des deutschen Idealismus«, *Zeitschrift für philosophische Forschung* 30, 1976, S. 85-88）。これについての詳しいことは、*Mythologie der Vernunf; Hegels >ältestes Systemprogramm<des deutshen Idealismus*,（Hrg., von Christoph Jamme und Helmut Schneidear, Suhrkamp Taschenbuch Wissenschaft, 1984）を参照。

さらに最近では、ディーター・ブレマー（Dieter Bremer）がこの草稿はヘーゲルがだれかの読みあげる文章を聞きながら筆記したものという新説を提出し（Zum Text des sogenannten ältesten Systemprogramms des deutschen Idealismus, *Hölderlin Jahrbuch* 30, 1996/97, 432-438）、著者問題はいまでも決着がついていない。じっさい、この草稿はいまなおヘーゲル、ヘルダーリン、シェリングそれぞれの全集・著作集に収録され、ヘーゲルの『大全集』では第二巻の末尾に「著者未確定」として収録されている。

このように、『ドイツ観念論最古の体系プログラム』の著者についてはいまなお多くの議論があるが、当時のヘーゲルとその周辺の思想状況を簡潔に伝える記録として重要であることには変わりがない。「自由な人間を機械の歯車のようにあつかう」国家への批判は、本書に収録した「差異」論文におけるフィヒテ国家論批判や「ドイツ体制批判」の議論に通じるものがある。また後半部分に見られる、美の理念に優位を認める「美的プラトン主義」とも言うべき態度も、理性に奉仕する「新たな神話」への希求も、のちのヘーゲルが放棄するものであるにせよ、当時の彼にとっては共感の余地があったものであろう。以上の理由から本書に収録することにした。

II　宗教論文

「ユダヤ人の歴史と宗教」
「イエスの教えとその運命」

この二つの草稿の初出は、ヘルマン・ノール編集の『ヘーゲル初期神学論集』(一九〇七年)であり、「キリスト教の精神とその運命」という表題のもとに二つまとめてひとつの論文として刊行された(邦訳『ヘーゲル初期神学論集』第二巻、中埜肇訳、以文社、一〇七〜二五九頁)。

テュービンゲン神学校卒業後のヘーゲルは、一八〇一年にシェリングを頼ってイェーナに移住するまで、スイスのベルンやドイツのフランクフルトで貴族や商人の家庭教師として生計を立てていた。そのかたわら彼は、ユダヤ教、キリスト教をめぐる論文も書きためていた。ノールはこうした草稿を年代別・内容別に整理して「民族宗教とキリスト教」、「イエスの生涯」、「キリスト教の実定性」、「キリスト教の精神とその運命」という標題をつけ、そのほかの断片も含めて一冊にまとめて出版した。これによって青年ヘーゲルが宗教の問題と悪戦苦闘した様子があきらかになった。

それによれば、ベルン時代のヘーゲルは、カントの『実践理性批判』に依拠して、道徳法則を宿す人間の主体性によってキリスト教の「実定性」を克服しようとしていた(「実定性」とは、宗教において神や教義が人間生活から遊離し硬直化したありかたを言う)。「キリスト教の実定性」はそうした試みを論じたものである。だが、フランクフルト時代になると、「ユダヤ人の歴史と宗教」や「イエスの教えとその運命」では、カント的な道徳法則も批判されるようになる。

カントの道徳法則は、現実のいかなる具体的状況にも左右されず無条件に「こうすべきだ」と命令する。人間の感性や欲求は道徳法則に支配されるべきものでしかない。人間は結局のところおのれのうちなる道徳法則に隷属し、その点では神の律法に隷属するユダヤ教徒と変わりがない。

こうしたユダヤ教的・カント的な実定性にたいして「人間をその全体性において回復しようとした」のが、イエスの愛の教えである。愛は、人間を支配・隷属の図式に当てはめることなく、そのまま肯定し受けいれる。だが、キリスト教の愛の教えは、キリストと弟子たちが教団として結束し、社会から遊離するにつれて、これまた実定的なものへ硬直化してしまう。この過程にさまざまな角度から光を当てるのが「ユダヤ人の歴史と宗教」と「イエスの教えとその運命」であり、ほぼ同時期に書かれた「愛と宗教」の草稿群(後述)とともに、人間と自然の調和とそこからの離反、犯罪と刑罰と許しの関係、共同飲食の意味、愛と財産の関係など、興味深い議論も展開されている。

しかし、その後の研究によってノールの編集方法、とりわけ草稿の執筆時期の推定は見直しを迫られることになる。本書が底本とした大全集版の第二巻(二〇一四年)は、ヘーゲルが使用した原稿用紙のすかしにもとづいて執筆年代を推定し、残された草稿を原則として年代順に並べて収録している。すかしにもとづく年代推定は、ヘーゲルの時代には原稿用紙を購入したらすぐに使用したという前提にもとづいている。ヘーゲルは原稿用紙の左がわに文章を書き、その後、必要に応じて右がわに改稿を書くことも多い。したがって、この方法はけっして決定的とは言えないが、現在もっとも信頼できるものであるのもたしかである。

ヘーゲルはけっして『キリスト教の精神とその運命』という本を書こうとしていたわけではない。ノールは執筆年代の異なる草稿をテーマにしたがってかなり恣意的につなぎあわせている。そこで本書では、大全集版の第二巻にもとづいて訳出することにした。そのさい、次のような方針を立てた。

- 全体として文章の完成度が低いと訳者が判断した草稿は割愛する。
- 配列にもやや変更を加えたうえで、訳者の判断で各草稿に表題を付す。具体的には、草稿が論じているテーマにしたがって、「ユダヤ人の歴史と宗教」と「イエスの教えとその運命」という表題を付けた。ちなみに「キリスト教の精神とその運命」というノールが付けた表題は適切ではない。本文中には「キリスト」や「キリスト教」という表現はほとんど出てこない。
- 初稿と改稿の両方があるばあいは後者を訳出する。改稿部分の文章が不完全でそのままでは読解が困難なばあいには、ノール版や大全集版で編者が加えた補足を参照する。
- ノール版では、改稿部分の文章を初稿の文言で補っているばあいもあるが、翻訳にあたってはその補足も参照し、訳註で断った。ヘーゲルが本文の欄外に書いた文は、ノールの判断を参考にして原註(＊で示す)とするか、もしくは【 】で括って本文の該当する箇所に挿入する。

本書に収録した草稿について、大全集版とノール版の対応関係を示しておく。「テクスト…」とあるのは大全集版所収の草稿に付された整理番号である。

「ユダヤ人の歴史と宗教」

「一、ユダヤ人の歴史が教えること」テクスト四三（一七九五〜六年）…「ユダヤ教の精神のための下書きⅢ」

「二、アブラハムからモーセまでの歴史」テクスト四八（一七九五〜六年）…「キリスト教の精神とその運命」第一章「ユダヤ教の精神」の冒頭を除く大部分

「三、アブラハムの精神とユダヤ人の運命」テクスト六一（一七九九〜一八〇〇年初頭）…「キリスト教の精神とその運命」第一章「ユダヤ教の精神」の冒頭

「四、ユダヤ人の人間関係」テクスト六二（一七九九〜一八〇〇年）…ノール版には未収録

「イエスの教えとその運命」

「一、イエスの道徳」テクスト五四（一七九八〜九年）…「キリスト教の精神とその運命」第二章「イエスの道徳」の前半

「二、愛による運命との和解」テクスト五五（一七九八〜九年）…「キリスト教の精神とその運命」同右・後半

「三、イエスとユダヤ人の対立」テクスト五六（一七九九年）…「キリスト教の精神とその運命」第三章「イエスの宗教」冒頭部分

「四、純粋な生命としての神」テクスト五七（一七九九年）…「キリスト教の精神とその運命」同右・第二の部分

「五、「ヨハネ福音書」第一章の読解」テクスト五八（一七九九〜一八〇〇年）…「キリスト教の精神とその運命」同右・第三の部分

「六、イエスと信仰」テクスト五九（一七九九〜一八〇〇年）…「キリスト教の精神とその運命」同右・第四の部分

「七、イエスの運命と教団の運命」テクスト六〇（一七九九〜一八〇〇年）…「キリスト教の精神とその運命」第四章「イエスの運命」および第五章「キリスト教団の運命」

「愛と宗教」

初出は、ヘルマン・ノール編『ヘーゲル初期神学論集』である。「ユダヤ人の歴史と宗教」や「イエスの教えとその運命」とほぼ同時期に書かれ、テーマも関連しているにもかかわらず、「愛と宗教」の草稿群は「付録」におさめられている。ノールはこれらの草稿群がみずから付けた表題「キリスト教の精神とその運命」のテーマに

はうまく収まらないと判断したのである。この部分は『ヘーゲル初期神学論集』の邦訳では訳出されていない。それにたいして、ズーアカンプ版はこれらの草稿を「宗教と愛にかんする断片」という表題のもとに第一巻に収録している。本書の表題はズーアカンプ版を参考にしている。大全集版は、「ユダヤ人の歴史と宗教」や「イエスの教えとその運命」のばあいと同様に、草稿を年代順に配列しなおしている。翻訳の方針は「ユダヤ人の歴史と宗教」「イエスの教えとその運命」と同じである。

以下に大全集版とノール版の対応関係を示しておく。

一、信仰と愛について（ベルン時代）

「道徳、宗教、実定性」テクスト四〇（一七九五～六年）…「道徳性・愛・宗教」前半

「宗教の創設」テクスト四一（一七九五～六年）…「道徳性・愛・宗教」後半

「信仰と一体化」テクスト四二（一七九五年）…「信仰と存在」

二、一体化と愛について（フランクフルト時代）

「愛の本質」テクスト四九（一七九七年）…「愛」

「宗教と愛」テクスト五〇（一七九八年）…「愛と宗教」

「一八〇〇年の宗教論」

初出はヘルマン・ノール編『ヘーゲル初期神学論集』（第一巻、水野健雄訳、二七五～二八四頁）である。ノールは大全集版ではテクスト六三（一七九九年）とテクスト六四（一八〇〇年）として収録されている二つの断片を「一八〇〇年体系断片」という表題のもとに刊行した。しかし、これらの草稿が「体系」の断片であった証拠はなにもない。そこで本書では、それが宗教をあつかっていることから、ほかの草稿の宗教論から区別するために、「一八〇〇年の宗教論」とした。

もとは全体で四七ボーゲンあったと推測されるが、現在ではそのうちhhという記号が付されたボーゲンと「一八〇〇年九月一四日」という日付が文末に記され、yyという記号の付されたボーゲンが残っているにすぎない。

前年の一月に父を亡くし、三一五四グルデンの遺産を相続したヘーゲルは、家庭教師生活を切りあげる決心をし、同年一一月二日にはイェーナのシェリングに宛てた手紙で、学者としてともに仕事をする希望を語っている。本草稿が近い将来の学者としての活動を念頭に書かれたのはまちがいない。

ここでヘーゲルは、人間の反省的思考は有限者の連鎖を断ちきれないのだから、無限性に高まるには反省的思考にもとづく哲学ではなく宗教が必要だと考えている（本書四五九頁以下）。その点ではまだ哲学にたいする宗教の優位が主張されている。しかし、「宗教」を「直観」に置きかえれば、ここでの発想は、直観によって有限者の連鎖を乗りこえるような哲学を模索する、翌年の「差異」論文に通じる（本書四四頁以下）。宗教を頼りにしなくても哲学による無限性への高揚が可能だと考えるのがイェーナ期以降の「哲学者へーゲル」だとすれば、本草稿が伝えているのはまさに「哲学者」としてデビューする直前のヘーゲルの思索である。

Ⅲ　歴史・政治・社会論文

「自然法の学問的な取りあつかいかた」

本論文（通称「自然法」論文）は、『哲学批判雑誌』の第二号（一八〇二年）に主要部分が、第三号（一八〇三年）に残りの部分が掲載された。原文に章分けはなく、訳者の判断でラッソンによる章分けと章の表題を踏襲した。

ヘーゲルは一八〇二年の夏にイェーナ大学で「自然法、市民法、国際法」にかんする講義もおこなっている。本論文は、晩年の『法の哲学』（一八二七年）と並んで、ヘーゲルの社会哲学を知るうえで重要である。

ヘーゲルによれば、自然法学は哲学の一部門であり、しかもその本質的な部門である。したがって、その使命は法領域の本質である哲学的理念をあきらかにすることである。しかし、自然法にたいする従来の二つのアプローチ、つまり「経験的な」アプローチも「形式的な」アプローチもそれに成功していない。

「経験的な」アプローチは、ホッブズやルソーのように人間の「自己保存本能」や「社交性」といった特定の性質を経験的に選びだし「自然状態」に設定することで、それを人間の本性に祭りあげる。しかし、経験主義には「自然状態というカオスや人間という抽象のうちでなにが残され、なにが度外視されなければならないかの基準が、経験主義にはそもそもまったく欠けている」（四八一頁）ので、せっかく設定した「自然状態」を次にはたんなる「虚構」だと主張せざるをえない。そして、「自然状態」がそうした抽象的なものなので、自然状態の放棄によって得られる「社会」や「国家」も「没形式で外的な調和を示す空虚な名前」（四八三頁）でしかない。特殊と普遍、個人と社会は対立したままである。

「形式的な」アプローチは逆に、カントやフィヒテのように「純粋理性」とか「実践理性」といった普遍的原理から個人の特定の倫理や義務を演繹的に導きだそうとする。だが、この原理は差異化の原理を含んでいないので、じっさいにはどんな特定なものにもたどりつけない。たとえば、「あなたの意志の格率が同時に普遍的な立法の原理としてもみなされなければならない」というカントの定言命法を使って、「貧乏人は助けるべきだ」ということを導きだそうとすると、結果はだいなしになる。「だれもが貧乏人を助けると考えると、もはや貧乏人は一人もいないか、いるのは貧乏人ばかりで、人助けのできる人がだれも残らなくなるかのどちらかであり、いずれにせよ助けるということがなくなってしまう」（五〇三頁）。そうだとすれば、まず貧乏人が存在するという事実が前提されなければならないが、この事実からは「貧乏人は助けるべきだ」ということをけっして導きだすことができない。つまり、格率の原理は普遍的な立法の原理としては役立たないので、「形式的な」アプローチも個人の倫理や実際の法を恣意的に密輸入せざるをえない（ちなみにレオ・シュトラウスは『自然権と歴史』で本論文に言及して、ヘーゲルが「カントおよびフィヒテの観念論と、「反社会主義的な自然権の体系」、すなわち人間の自然的社会性を否定して「個人の存在を第一義的で最高の事柄として措定する」自然権の教理との類縁性に着目した」（塚崎智・石崎嘉彦訳、ちくま学芸文庫、三五八頁）ことを高く評価している）。

そうだとすれば、自然法学は個人でも抽象的原理でもなく、個別と普遍、個人と社会の有機的な統一体つまり「民族」とその「習俗（Sitte）」をはじめから対象としなければならず、したがって、「人倫（Sittlichkeit）の哲学」にならなければならない。そして自然法学はそうした全体性の立場から、市民法と国法と国際法の境界線を定め、どれかひとつの法モデルがほかの法を支配することがないように努めなければならない。

しかし、ヘーゲルは自然法イコール人倫の哲学というみずからの主張に、同時に問題を見てとってもいる。民族集団が大きくなれば（五六八頁）、さらにはなんといってもドイツ民族のように民族が解体してしまっているばあいには（五七〇頁）、複数の習俗が対立するようになり、法がそのうちの特定の習俗だけを反映するようになれば、その習俗は「実定的なもの」になり、ほかの習俗を抑圧し、ひいては民族の有機的生活の解体を助長しかねない。だからといって、人倫の哲学はもはや絶対的形態を求めて「世界市民主義という具体性のないものに逃れるわけにもいかないし、人類の権利という空虚なものや、多民族国家や世界共和国といった同じく空虚なものに逃れるわけにもいかない」(五七二頁)。それではどうすればよいのか。この論文におけるヘーゲルは有効な解答をいまだもちあわせていないように思われる。

「**歴史的・政治的研究**」

この草稿はカール・ローゼンクランツの『ヘーゲル伝』(中埜肇訳、みすず書房)によってのみ伝承されている。一「トランプゲームについて」、二「監獄制度」、三「カント『人倫の形而上学』の註釈から」は、本文中のそれぞれ二三頁以下〔邦訳四四頁〕、八五頁〔九六頁〕、八七頁〔九七頁〕に収録されており、残りはすべて「第六章 歴史研究断片」の表題のもとに巻末の「史料」にまとめられている〔巻末の史料は訳出されていない〕。「史料」にまとめられた草稿の表題は大全集版にしたがっている。

本文中に収録された最初の三篇の執筆年代は、それが収録されている文脈からそれぞれ一七九七年、一七九五年か九七年、一八九八年と推定されている。とくに一「トランプゲームについて」にかんしては、ローゼンクランツみずからこう前置きしている。「ヘーゲルは一七九八年にフランクフルトで、トランプゲームについてみずから次のような意見を述べている」。巻末の「史料」に収録された項目については、ローゼンクランツはおもにベルン時代に、一部はフランクフルト時代に書かれたとしている。さらに、ホフマイスターは草稿の成立をフランクフルト時代とみなし(『ヘーゲルの発展のドキュメント』(*Dokumente zu Hegels Entwicklung*) 二五七〜七七頁)、ジョルジュ・ルカーチはベルン時代とみなしている(『若きヘーゲル』一九四八年版、七六頁以下)。

これらの草稿からは青年ヘーゲルの多彩な関心がうかがわれるので訳出した。

「**ドイツ体制批判**」

ヘーゲルはフランクフルト時代からイェーナ時代にかけて、めまぐるしく変わるドイツの政治状況を考察した膨大な草稿を残している。「ドイツはもはや国家ではない」という文句で有名なこの草稿群は一七九九年から一八〇三年にかけて執筆された。その間にラシュタット会議(一七八九〜九九年)、第二次対仏同盟(一七八九〜一八〇一年)、リューネヴィユ和約(一八〇一年二月九日)、帝国代表約定(一八〇三年二月二五日)などの政治的事件が起こっている。この草稿群にはどんな表題も付けられていない。分量は膨大であり、大全集版の一頁から二一九頁までを占め、次の四つのグループに分類されている。

(1) 予備作業と草稿(一七九九〜一八〇一年)

（2）イェーナ時代の草稿と推敲（一八〇一年）
（3）清書稿断片（一八〇二〜三年）
（4）抜粋と注解（一八〇一年から二年）

本書はこのうち（3）清書稿断片と、（1）のうちの二つの草稿（五〜一四頁と、一六〜一八頁、従来「第一序論」と「第二序論」と呼ばれてきたもの）を訳出した。ただし、現存する清書稿には原稿そのものの欠落や章番号の欠落がある。原文には、章の区分らしきものとしては、「I　国家の概念」と章番号なしの「国法の執行がなりたたないという適法性」があるにすぎない。それ以外の区分や表題はズーアカンプ版を参考に訳者が加えたものである。

この草稿群の存在をはじめて世に知らしめたのはカール・ローゼンクランツの『ヘーゲル伝』（一八四四年）である。だが、彼はわずかな抜粋を発表しただけであった。続いてルドルフ・ハイム（Rudolf Haym）が『ヘーゲルとその時代（*Hegel und seine Zeit*）』（一八五七年）で、現存しない断片にも言及し、執筆年代の考察をおこなった。

この草稿をはじめて完全なかたちで編集したのは、ゲオルク・モラ（Georg Mollat）の『ヘーゲルのドイツ体制批判（*Georg Wilhelm Friedrich Hegel: Kritik der Verfassung Deutschlands*）』（一八九三年）である。本書はこの著書の表題を採用している（Verfassungを「体制」と訳した理由については、本書六〇九頁†4を参照せよ）。その後、ゲオルク・ラッソン（Georg Lasson）の『ヘーゲル政治・法哲学著作集（*Hegels Schriften zur Politik und Rechtsphilosophie*）』（一九一三年、一九一七年）、ヨハンネス・ホフマイスター（Johannes Hoffmeister）の『ヘーゲルの発展のドキュメント』（一九三六年）などによって、草稿の執筆年代のより精密な決定と、新しい草稿の発見がおこなわれたが、いずれの著作も、これらの草稿群が一冊の書物を出版するという一貫した構想のもとに書かれたと考えていた。ズーアカンプ版も基本的にはこの想定にもとづいている。本書で訳出した二つの草稿は「前書き（Vorrede）」と「序論（Einleitung）」とされているし、清書稿にも執筆年代の異なるさまざまな部分が断ることなく挿入されている。

しかし、この草稿群がはじめから一冊の著作を前提として統一的な意図のもとに書かれたという証拠はない。じっさい、新たな政治的事件が起こるたびに執筆が中断されたり、草稿が書きなおされたりした形跡が見られる。フランツ・ローゼンツヴァイクは『ヘーゲルと国家』（一九二〇年）において、この時期のヘーゲル国家思想のめまぐるしい変化を指摘している。そこで、本書では「清書稿」だけを訳出し、彼の政治思想の変化をあきらかにするためにそれ以前の二つの草稿を加えた。

既訳としては、金子武蔵訳「ドイツ憲法論」(『ヘーゲル政治論文集』上巻、岩波文庫所収)がある。訳者のきわめて詳細な訳註と解説は、「ドイツ体制批判」の内容とそれが書かれた背景を理解するのにはきわめて有益だが、この訳書は主にモラ版を底本としている。

ヘーゲル略年譜

＊本書に収録した作品は太字で表記する。
＊本年譜の作成にあたっては、ヘーゲル『法の哲学』（中公クラシックス、二〇〇一年）巻末年譜および『ヘーゲル事典』（弘文堂）を参照した。

一七一四年　バーデン講和会議。プロイセンを除く神聖ローマ帝国とフランスのあいだで和約が締結される。

一七四〇年　プロイセン王フリードリヒ二世即位。オーストリア継承戦争（〜四八年）。

一七四八年　アーヘンの和約でプロイセンのシュレージエン領有が認められる。

一七五六年　七年戦争（〜六三年）。シュレージエン領有をめぐるオーストリアとプロイセンの戦争。ヴォルテール『諸国民の風俗と精神について』。

一七六二年　ルソー『社会契約論』、『エミール』、ディドロ『ラモーの甥』。

一七七〇年　ゲオルク・ヴィルヘルム・フリードリヒ・ヘーゲル、八月二七日ヴュルテンベルク公国の首都シュトゥットガルトに生まれる。父は公国の収税局書記官。

一七七七年　シュトゥットガルトのギムナジウムに入学。

一七七八年　バイエルン継承戦争（〜七九年）。バイエルン

一七八三年　九月二〇日、母死去。

一七八六年　エピクテトス『提要（エンケイリディオン）』、ロンギノス『崇高について』などを翻訳。

一七八八年　一〇月、テュービンゲン神学校（現在のテュービンゲン大学神学部）に入学。ヘルダーリンと同級生になり、二年後に入学してきたシェリングとも親交を結ぶ。

一七八九年　フランス革命勃発とともに熱狂的に支持し、革命を記念してシェリングらとともに「自由の樹」を植えた。カント『純粋理性批判』、ヤコービ『スピノザ書簡』、ルソー『エミール』、『社会契約論』などを読む。

一七九〇年　一〇月、シェリングがテュービンゲン大学に入学。

選帝侯領の相続をめぐるプロイセンとオーストリアの戦争。テッシェンの和約により、オーストリアがバイエルンへの要求を取りさげた。

一七八一年　カント『純粋理性批判』

一七八三年　ウィリアム・ピット（小ピット）がイギリスの宰相になる。モーゼス・メンデルスゾーン『イェルサレム』。

一七八五年　カント『人倫の形而上学の基礎づけ』。

一七八六年　フリードリヒ・ヴィルヘルム二世がプロイセン王に即位（〜一七九七）。

一七八八年　カント『実践理性批判』。

一七八九年　フランス革命勃発。ラインホルト『人間の表象能力についての新理論の試み』。

一七九〇年　カント『判断力批判』、ラインホルト『哲学者たちの従来の誤解を是正するための寄与』。

一七九二年　ジャコバン党指導下で国民公会成立。恐怖政治が始まる。ドイツ皇帝フランツ二世が即位

一七九三年	神学校を卒業。スイス・ベルンの貴族シュタイガー家の家庭教師となる。この年から翌年にかけて「民族宗教とキリスト教」を執筆。**「歴史的・政治的研究」**はこのころから一八〇〇年にかけての時期に執筆されたと推測される。	（～一八〇六）。シュルツェ『エーネジデムス』。イギリス宰相ピットの提唱で、第一回対仏大同盟が結成される。
一七九四年		フランス、テルミドールの反動。フィヒテ『全知識学の基礎』、シェリング『哲学の形式の可能性について』。
一七九五年	この年から翌年にかけて「キリスト教の実定性」、**「ユダヤ人の歴史と宗教」**（「ユダヤ人の歴史が教えること」、「アブラハムからモーセまでの歴史」）、**「愛と宗教」**（「道徳、宗教、実定性」、「宗教の創設」、「信仰と一体化」）を執筆。	カント『永遠平和のために』、シェリング『哲学の原理としての自我について』。
一七九六年	七月、アルプス地方を旅行。八月、ヘルダーリンに詩「エレウジス」を送る。この年の一二月から翌年一月にかけて**「ドイツ観念論最古の体系プログラム」**。	フィヒテ『知識学の原理にもとづく自然法の基礎』。
一七九七年	一月、ヘルダーリンの紹介でドイツ・フランクフルトの商人ゴーゲル家の家庭教師となる。この年に**「愛と宗教」**（「愛の本質」）を執筆。	ラシュタット会議開催（～九九年）。カンポ・フォルミオ和約でドイツはライン左岸を失う。プロイセン王フリードリヒ・ヴィルヘルム三世即位。ヘルダーリン『ヒュペーリオン』第一部。
一七九八年	「カル親書」のドイツ語訳を匿名で出版。ヘーゲルの最初の出版物となった（カルはスイ	フィヒテ『知識学の原理にもとづく倫理学の体系』。

スの法律家・政治家で、ベルン共和国の圧政にたいするヴァード（ヴォー）地方の抵抗運動の指導者。一七九三年に亡命先のパリで書簡体のパンフレットを出版し、ベルン政府の圧政を歴史的に究明した）。続いて政治的パンフレット「ヴュルテンベルクの最近の内情について」を書くが未発表。**「愛と宗教」**（「宗教と愛」）、翌年にかけて**「イエスの教えとその運命」**（「イエスの道徳」、「愛による運命との和解」）を執筆。

一七九九年　一月に父が死去し、遺産三一五四グルデンを相続。これをもとに学者として立つ決意を固める。この年に**「イエスの教えとその運命」**（「イエスとユダヤ人の対立」、「純粋な生命としての神」、「「ヨハネ福音書」第一章の読解」）を執筆。翌年にかけての時期に同じく「イエスと信仰」、「イエスの運命と教団の運命」、「アブラハムの精神とユダヤ人の運命」、**「ユダヤ人の歴史と宗教」**（「ユダヤ人の人間関係」）、**「ドイツ体制批判・草稿一」** および **「草稿二」** を執筆。

一八〇〇年　九月 **「一八〇〇年の宗教論」** を執筆。「キリスト教の実定性」の改稿作業。

一七九九年　フィヒテが無神論論争によりイェーナを去る。七月、第二次対仏大同盟。フランスでは一一月、ブリュメールのクーデターが起こり、一二月、統領政府が成立。シュライアーマッハー『宗教論―宗教を侮蔑する教養人のための講話』、ヘルダーリン『ヒュペーリオン』第二部。

一八〇〇年　五月、ナポレオンがアルプスを越え、六月、マレンゴの戦いでオーストリア軍を破る。プロイセンを盟主とする北方同盟結成。シェリ

一八〇一年　一月にイェーナに移住。七月**「フィヒテとシェリングの哲学体系の差異」**。八月に「惑星軌道論」でイェーナ大学の講師の資格を獲得。秋から講義を始める。

一八〇二年　シェリングと共同で『哲学批判雑誌』（第一号）を発行。「緒論」として**「哲学的批判一般の本質」**を書き、「常識は哲学をどのように考えるか」、**「懐疑主義と哲学の関係」**、「信仰と知」、**「自然法の学問的な取りあつかいかた」**（最終章を除く）を匿名で発表。この年から翌年にかけて**「ドイツ体制批判」（清書稿）**。

一八〇三年　『哲学批判雑誌』（第二号）に**「自然法の学問的な取りあつかいかた」**の最終章を発表。おそらくこの時期に、**「ドイツ体制批判」**の公刊を断念。

一八〇五年　二月、ゲーテの推挙で員外教授に昇進。

一八〇六年　二月に『精神現象学』の印刷始まる。一〇月一

ング『超越論的観念論の体系』、バルディリ『第一論理学綱要』、ラインホルト『一九世紀初頭の哲学の状況をもっと簡単に概観するための寄与』。

一八〇一年　リュネヴィルの和約。フランスとオーストリアのあいだで締結された和約で、カンポ・フォルミオの和約が再確認され、ライン左岸のフランスへの割譲が認められた。シュルツェ『理論哲学批判』。

一八〇三年　二月末、レーゲンスブルクでドイツ帝国代表者会議主要決議。教会領の世俗化と小国の直属性の喪失を決定。神聖ローマ帝国の実質的な崩壊。

一八〇四年　五月、ナポレオンが皇帝に即位。カント（一七二四〜）没。

一八〇五年　第三回対仏大同盟。

一八〇六年　ナポレオンを保護者とするライン同盟の結

三日、イェーナがフランス軍に占領される。馬に乗ったナポレオンを目撃し、彼を「世界霊」と評する手紙を友人のニートハンマーに書く。同日の夜半に『精神現象学』を脱稿。

一八〇七年

下宿の管理人だったブルクハルト未亡人（一七七八〜一八一七）とのあいだに婚外子ルートヴィヒ（〜一八三一）が誕生。友人のニートハンマーの世話でバンベルク新聞の編集者となる。最初の主著『精神現象学』出版。**「抽象的に考えるのはだれか」**。

成。八月、皇帝フランツ二世の退位による神聖ローマ帝国の滅亡。

一八〇七年

ナポレオン軍のイェーナ侵攻。

あとがき

本書は『精神現象学』刊行までの（年代的にはおよそ一七九五年から一八〇七年までの）論文をおさめている。『精神現象学』は、哲学はもとより自然科学、歴史、芸術、政治、宗教といったじつに多彩な領域における西洋の知的遺産を弁証法という一貫した論理のもとに鳥瞰させてくれる画期的な著作だが、それを可能にしたのは青年時代の思索の積み重ねである。そこで本書は、「I 哲学論文」、「II 宗教論文」、「III 歴史・政治・社会論文」の三章を設けて、青年ヘーゲルの知的活動をできるかぎり多方面にわたって収録するように努めた。そのさいなによりも重視したのは執筆年代である。当時の彼の思索はかなりめまぐるしく変化しているからである。そのために、とくに「大全集版」（*G. W. H. Hegel Gesammelte Werke*, In Verbindung mit der Deutschen Forschungsgemeinschaft hrg., von Nordrhein-Westfälischen Akademie der Wissenschaften und der Künste, Hamburg 1968ff.）を参考にした。この版は最新の決定法を駆使してヘーゲルの初期論文を年代順に配列しなおしている。しかし、読みやすさの点から「ズーアカンプ版」（*Hegel Werke in zwanzig Bänden*, Suhrkamp Verlag Frankfurt am Main）も参照した。

未完草稿については、訳者が新たに表題を付けたものがいくつかある。たとえば、「キリスト教の精神とその運命」や「一八〇〇年の体系断片」などの表題はすでに定着しているが、前者については、それに含まれる草稿群の執筆年代にかなりのばらつきがあり、ヘーゲル自身がまとまった著作を計画していたとは考えられないために、あえて二つに分けて「ユダヤ人の歴史と宗教」と「イエスの教えとその運命」とした。後者については、その草稿が体系の断片だったとは証明できないので、「一八〇〇年の宗教論」とした。くわしくは、巻末の「解題」を参照していただきたい。

訳文の作成にあたっては、以下の翻訳を参考にした。

（邦訳）

『ヘーゲル初期神学論集Ⅰ・Ⅱ』久野昭・水野建雄・中埜肇訳（以文社）
『初期ヘーゲル哲学の軌跡――断片・講義・書評』寄川条路編訳（ナカニシヤ書店）
『キリスト教の精神とその運命』細谷貞雄・岡崎英輔訳（白水社）
『キリスト教の精神とその運命』伴博訳（平凡社ライブラリー）
『ヘーゲル初期哲学論集』村上恭一訳（平凡社ライブラリー）
『フィヒテとシェリングの哲学体系の差異』山口祐弘・山田忠彰・星野勉訳（批評社）
『懐疑主義と哲学との関係』加藤尚武・門倉正美・栗原隆・奥谷浩一訳（未来社）
『近代自然法批判』松富弘志・国分幸・高橋洋児訳（世界書院）
『ヘーゲル批評集』海老澤善一訳（梓書房）
『ヘーゲル政治論文集（上）』金子武蔵訳（岩波文庫）
加藤尚武編訳「知られざるヘーゲル」『現代思想　総特集・ヘーゲル』所収（青土社）
ローゼンクランツ『ヘーゲル伝』中埜肇訳（みすず書房）

（英仏訳）

The Difference Between Fichte's and Schelling's System of Philosophy. H. S. Harris, W. Cerf 訳（State University of New York）
La différence entre les systèmes philosophiques de Fichte et de Schelling. B. Gilson 訳（Vrin）
Between Kant and Hegel : texts in the development of post-Kantian idealism. G. di Giovanni, H. S. Harris 訳（State

University of New York)
Hegel: Political Writings. H. B. Nisbet 訳（Cambridge）
訳註および解題の作成にあたっては、前掲訳書のほか、大全集版の註およびヴァルター・イェシュケ『ヘーゲルハンドブック』(座小田豊ほか監訳、知泉書房）に依拠した。

以下に凡例めいたことを書いておく。
（一）原文が隔字体（ゲシュペルト）の箇所には傍点を付した。ただし、人名や著作題名がゲシュペルトになっているばあいは省略した。
（二）頭文字が大文字で強調されているか、訳者が術語として強調されていると判断した箇所は〈 〉で括った。
（三）＊は原註、†は訳註である。
（四）（ ）はヘーゲルの補足、〔 〕および——は訳者の補足である。また（ ）は原語を、訳註内の〔 〕は翻訳書の該当頁を示すためにも用いている。
（五）「II 宗教論」における【 】は、ヘーゲルの草稿の欄外書きこみを本文中に挿入した箇所を表わす（この点については「ユダヤ人の歴史と宗教」「イエスの教えとその運命」への解題を参照されたい）。
訳稿の作成にあたっては、吉田がまず下訳をつくり、村岡がそれを修正し、さらに二人で検討して、訳語と訳文の最終的な統一をおこなった。

最後に、テュービンゲン大学のウルリヒ・シュレッサーとユーリア・ペータースの両先生に感謝をもうしあげる。お二人からはドイツ語にかんする訳者の質問に懇切丁寧で有益なご回答をいただいた。

作品社の編集者髙木有さんにも感謝したい。すでに『精神現象学』、『大論理学』、『法哲学講義』、『美学講義』、

『自然哲学』・『論理学』・『精神哲学』の三部作といった髙木さん編集による質の高いヘーゲル著作集が刊行されているが、この企画の一端にたずさわれたのは訳者にとって光栄なことである。また、髙木さんには本書の全体的な構成や訳語についてさまざまな貴重なアドバイスをいただいた。心からお礼をもうしあげる。

訳　者

二〇一七年二月

【ユ】

【ヨ】

【ラ】

【リ】

【ル】

【レ】

【ロ】

【キ】

【ク】

【コ】

【サ】

【シ】

【ス】

【セ】

【ソ】

【タ】

【テ】

「ヘーゲル初期論文集成」人名索引

＊「〜主義」「〜派」などのかたちで登場する人名も、当該の人名としてあつかう。
＊本文中に登場する人名のみをあつかい、訳者のつけた小見出し・訳註・解題は対象外とする。
＊当該人名が、本文中に訳者の補足した〔　〕内にのみ登場するページは（　）で囲んで表示する。

【訳者略歴】
村岡晋一（むらおか・しんいち）
1952年、熊本県生まれ。中央大学大学院文学研究科博士後期課程中退。
現在、中央大学理工学部教授。専門はドイツ観念論、ドイツ・ユダヤ思想。
著書：『対話の哲学』『ドイツ観念論』（いずれも講談社）。
訳書：ローゼンツヴァイク『健康な悟性と病的な悟性』（作品社）、
ジェイ『アドルノ』、ベンヤミン『パサージュ論』（いずれも共訳、岩波書店）、
ローゼンツヴァイク『救済の星』（共訳、みすず書房）、
レーヴィット『ヘーゲルからハイデガーへ』（共訳、作品社）ほか。

吉田　達（よしだ・とおる）
1964年、神奈川県生まれ。東北大学大学院国際文化研究科博士後期課程中退。現在、中央大学理工学部准教授。専門は思想史。著書：『ヘーゲル具体的普遍の哲学』（東北大学出版会）ほか。

ヘーゲル初期論文集成

2017年4月25日　第1刷発行

著　者　G. W. F. ヘーゲル
訳　者　村岡晋一・吉田　達
発行者　和田　肇
発行所　株式会社 作品社
〒102-0072 東京都千代田区飯田橋 2-7-4
電　話　03-3262-9753
ＦＡＸ　03-3262-9757
http://www.sakuhinsha.com
振　替　00160-3-27183

装　丁　小川惟久
本文組版　米山雄基
印刷・製本　シナノ印刷株式会社

ISBN978-4-86182-631-3 C0010